ALAN TURING THE ENIGMA

艾伦·图灵 传

如谜的解谜者

〔英〕安德鲁·霍奇斯_著　　孙天齐_译

上

湖南科学技术出版社

图书在版编目（CIP）数据

艾伦·图灵传　如谜的解谜者 /（英）安德鲁·霍奇斯著；孙天齐译. — 长沙：湖南科学技术出版社，2017.8（2025.5 重印）
　书名原文：Alan Turing-The Enigma
　ISBN 978-7-5357-9333-1

　Ⅰ.①艾… Ⅱ.①安… ②孙… Ⅲ.①图灵（Turing, Alan Mathison 1912-1954）－传记 Ⅳ.①K835.616.16

中国版本图书馆 CIP 数据核字(2017)第 140649 号

ALAN TURING-The Enigma
© Andrew Hodges 1983
湖南科学技术出版社独家获得本书中文简体版中国大陆地区出版发行权。
著作权合同登记号：18-2015-073
版权所有，侵权必究。

AILUN TULINGZHUAN RUMI DE JIEMIZHE
艾伦·图灵传　如谜的解谜者

著　　者：[英]安德鲁·霍奇斯
译　　者：孙天齐
责任编辑：孙桂均　吴　炜
出版发行：湖南科学技术出版社
社　　址：长沙市芙蓉中路一段 416 号泊富国际金融中心
网　　址：http://www.hnstp.com
邮购联系：本社直销科　0731-84375808
印　　刷：长沙鸿和印务有限公司
　　　　　（印装质量问题请直接与本厂联系）
厂　　址：长沙市望城区普瑞西路 858 号
邮　　编：410200
版　　次：2017 年 8 月第 1 版
印　　次：2025 年 5 月第 8 次印刷
开　　本：880mm×1230mm　1/32
印　　张：22.25
字　　数：430 千字
书　　号：ISBN 978-7-5357-9333-1
定　　价：78.00 元（上、下册）

（版权所有·翻印必究）

艾伦的父亲朱利叶斯·图灵。摄于1907年前后。

艾伦和哥哥约翰,在圣伦纳兹海滩上。摄于1917年。

艾伦和他的母亲,在布列塔尼半岛圣伦纳尔湾的崖岸上。摄于1921年。

默卡上校,默卡夫人和克里斯朵夫在度假。摄于1929年夏天。

乔治·麦凯伦,彼得·霍格和艾伦·图灵,从萨里郡的哥达明出发去远足。摄于1931年复活节。

艾伦·图灵在格尔福德街上的一次偶然街拍。摄于1934年。

艾伦·图灵（左二）与他的父亲（左一），母亲（左三）和一位朋友（右一），在艾尼斯摩大街8号外面。摄于1938年。

男孩们在巴尚。从前至后分别是：艾伦，鲍博，卡尔和弗雷德·克莱顿。

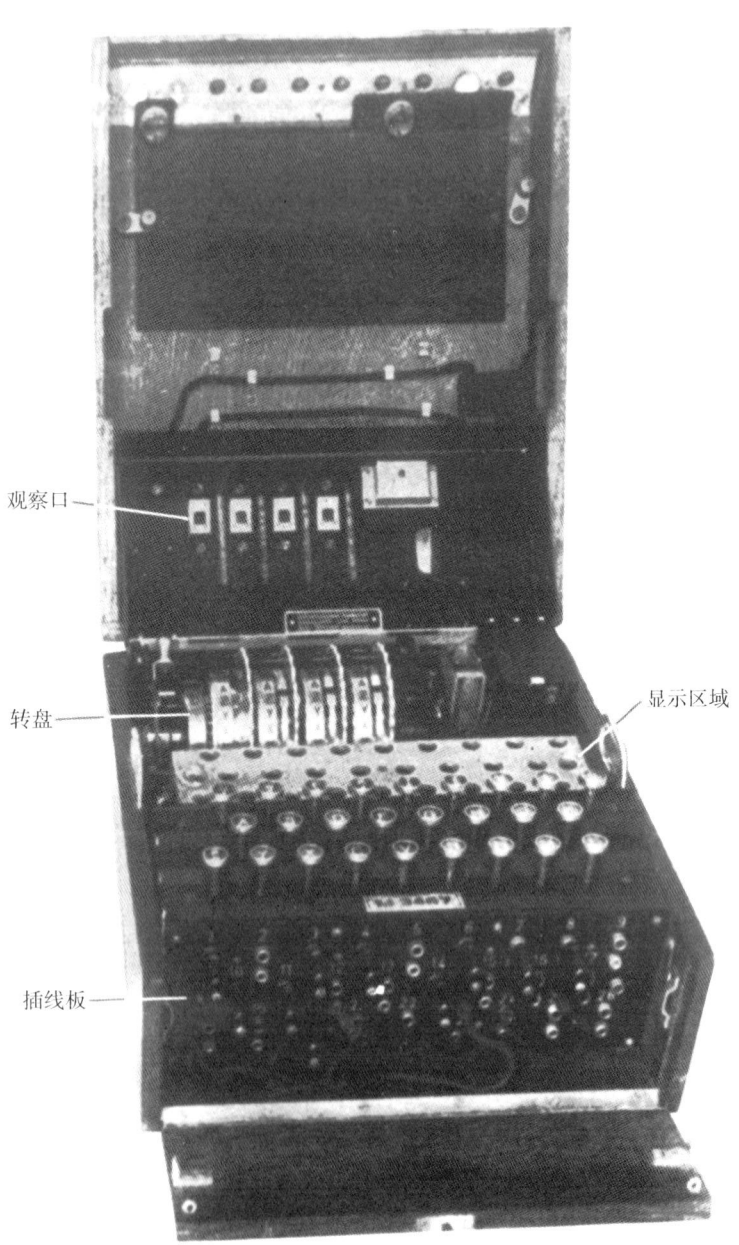

揭开罩子可以看到4个转盘的海军谜机

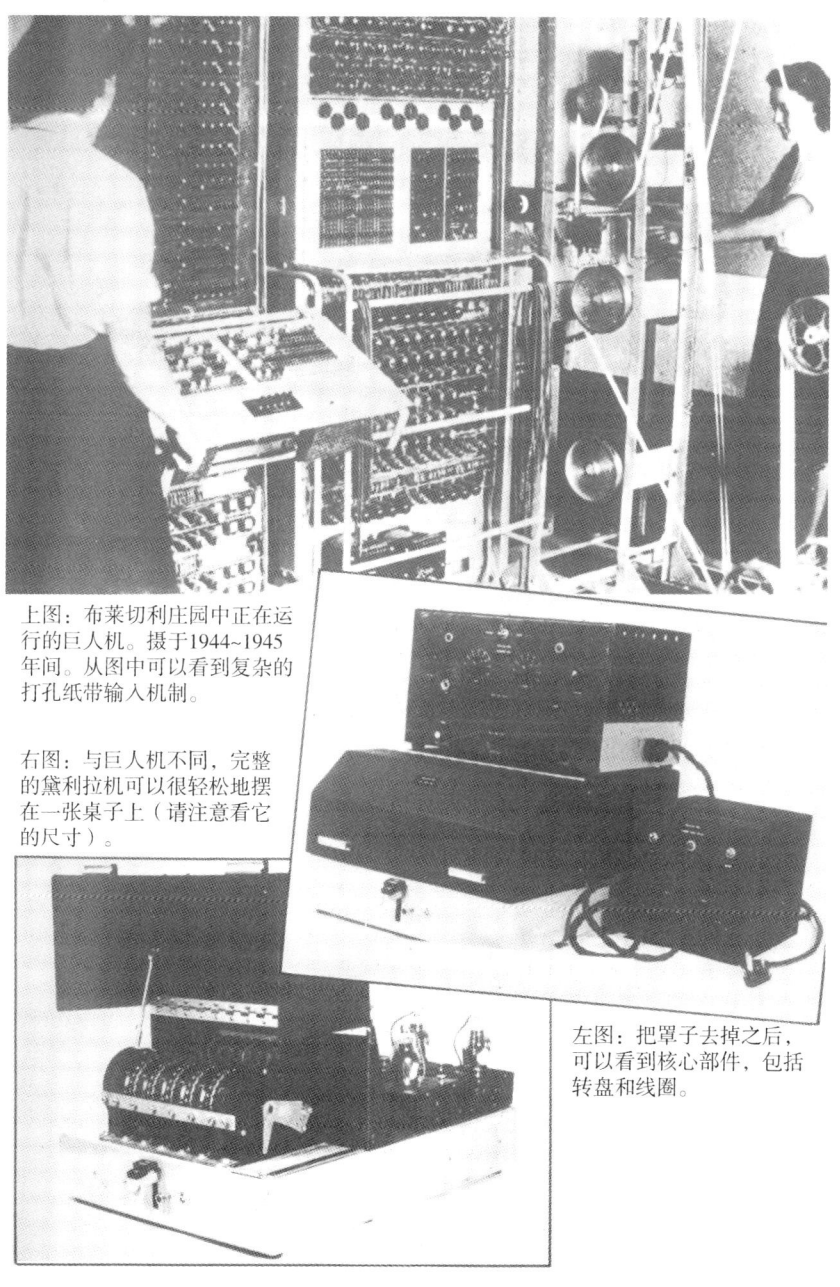

上图：布莱切利庄园中正在运行的巨人机。摄于1944~1945年间。从图中可以看到复杂的打孔纸带输入机制。

右图：与巨人机不同，完整的黛利拉机可以很轻松地摆在一张桌子上（请注意看它的尺寸）。

左图：把罩子去掉之后，可以看到核心部件，包括转盘和线圈。

上图:1953年夏天,罗宾·甘迪在法国度假。

左图:图灵在一次5千米赛跑中的抓拍,可能是在1946年12月26日拍摄。

下图:1950年11月,英国国家物理实验室展出ACE计算机原型机。图中右一为吉姆·威尔金森。

上图：曼彻斯特计算机原型机。图中这六个机柜展示的是"婴儿机"，首次运行于1948年6月。这张照片摄于1949年6月，这时候整个机器的规模已经达到了图中的两倍。

左图：艾伦·图灵和两名弗兰地公司的工程师，正在曼彻斯特操作马克一号计算机。摄于1951年。

1951年,艾伦·马西森·图灵当选英国皇家学会院士。

作者序（美国版）

很高兴有机会向大家介绍新版《艾伦·图灵传》。从1983年本书第一次发表，到今天，艾伦·图灵提出的通用计算机已经发展成了国际互联网，他当年的梦想已经照进了我们的现实生活。所以，对于21世纪的读者们来说，与20世纪末的读者相比，应该更能与他的故事产生共鸣。

我在旧版的札记中曾经写道，随着新的进步，图灵的意义将越来越重要。我希望读者们能够感受到，现在的发展已经使我的预言越来越显得正确了。举例来说，近年来将神经网络与主流计算机结合起来的想法，与图灵当年提出的观点是一致的。再比如说，图灵在年轻时就曾经探索过量子力学与智能的关系，如今，量子计算机出现了，这是多么有趣呀。

现在，在诸如计算机程序设计这些专业学科中，不断地涌现出各种各样的新观点，但这些都没有改变我之前所描述的——图灵在1945年时，将逻辑运算付诸实践，奠定了计算机科学的基础。关于图灵在第二次世界大战中破解密码的工作，在1983年之后又有了一些新的信息，这要感谢冷战的结束以及密码学的高速发展。布莱切利公园纪念馆已得到了妥善的重建，图灵当年亲手打印的谜机分析报告以及其他相关文件，也被美国于1996年公之于世。虽然我们现在仍然没法搞清楚这个故事的全部，因为从这些文件中，还是看不出来他设计的图灵炸弹机究竟在多大程度上受到了波兰炸弹机的启发，但是我们可以从中看出，图灵早在1939年末就开始对德国的海军通信开刀了，进行了大量至关重要的工作。现在我们也更加清楚地知道，图灵当年是在别人的蔑视和鄙夷下，开始进行这项工作的，而且在人们意识到他对同盟国在大西洋战场上的胜利所起的关键性作用之前，他遭受了非常多的挫折和打击。此外，这些文件还公开了图灵在1942~1943年间曾对美国进行的高级访问，然而对于他在战后扮演了什么样的角色，却丝毫没有透露。

对专业的读者们来说，还有一个好消息。《艾伦·图灵科学成就选》已经在1992年出版了3卷，在2000年又出版了1卷。这些书涵盖了图灵的重要成果，尤其是在生物和纯数学领域。在哲学方面，我写了一篇小短文，提出了我对图灵1936年以后所做的可计算性研究的一些观点。罗杰·彭罗斯对于人工智能的挑战，也使我对图灵早期的观点产生了一些新的看法。

1983年之后，图灵的一位朋友诺曼·劳特利奇，找到了两封图灵在关键时期写给他的信。在信的开头，图灵制造了一个说谎者悖论的三段式，提到了他在1952年被逮捕的事情：

机器能思考

图灵对人们撒谎[1]

所以机器不能思考

第二封信里描述了1953年图灵的住处被警察监视时的事情，他把警察称为"可怜的甜心"。

---

[1] Turing lies with men，此句是双关语，另指"图灵与男人共枕眠"。

然而，图灵在1954年的神秘死亡仍是一个未解之谜。那时的他正被公开的同性恋身份所纠缠，而且面对着冷战带来的恐惧，可究竟是什么逼他离开了这个世界，仍然没有什么明确的线索。图灵从被逮捕直至自杀的两年生活经历，1983年被休·怀特莫成功地改编成了舞台剧和电影《密码破灭》，其中进行了合理的推测，但也没有什么直接证据。图灵生命中的最后几天究竟发生了什么，也许比任何一个科幻作家编造的故事都更加离奇。图灵的故事没有结束，计算机的故事更没有结束，他们都如同沃尔特·惠特曼所说，将成为"未来的历史"。

在我旧版的札记中，我说过计算机将使纸质书成为多余，这并没有发生，但是互联网为我们提供了更新颖的方式。这本书包括了原版的文章（改正了一些小错误），为了让读者更过瘾，看到更多、更新的信息，以及生动的图灵机演示，我在1995年开设了图灵网站。在网站上我收到了许多来自美国人民的温暖祝福，这也为此次再版铺平了道路。

有请各位读者光临图灵的在线空间：http：//www.turing.org.uk/

您也可以直接浏览详细的评论：http：//www.turing.org.uk/book/update/

安德鲁·霍奇斯

道格拉斯·霍夫施塔特序

你可曾想象，所谓智能，其实是一大堆神经元之间，那些复杂而抽象的小动作？

你可曾想象，用蚂蚁代替神经元，将这个巨大的蚂蚁网络看成一个大脑？

你可曾想象，用晶体管代替神经元，让这个人工神经网络产生自主思想？

你可曾想象，用软件来模拟这个结构，使一台普通的计算机拥有智能、灵魂和自由的意志？

你可曾想象，无论是生物还是电子，各种不同的物理基础都能产生思维和感觉？

你可曾想象，一台机器能够流畅地使用人类的语言，与人类一起畅所欲言？

你可曾想象，这台口齿伶俐的机器，其实如计算器和打字机一样，空虚而缺乏思想？

你可曾想象，如何分辨真正的自我思维和这种口齿伶俐的机器假象？

你可曾想象，在意识和思维方面，人类以其傲慢与偏见，一直都在误解机器？

你可曾想象，机器可以由它自己做出独立的决策？

你可曾想象，机器可以拥有自己的信仰？

你可曾想象，机器也会犯错误？

你可曾想象，机器坚信，自己拥有独立的思维、自主的意识？

你可曾想象，机器可以提出自己的看法，并不需要人类在编程时告诉它？

你可曾想象，基于一套固定的运行规则，能够产生创造力和想象力？

你可曾想象，其实最聪明的人类，也不能逃脱这套掌控我们的神经元的规则？

你可曾想象，机器也有情感？

你可曾想象，思维和情感，并不取决于身体的结构和样式？

你可曾想象，机器会被诱惑，会欢欣鼓舞，会怡然自醉？

你可曾想象，机器会坠入爱河，品尝禁果的滋味？

你可曾想象，机器在自己的世界中，也会为社会准则所累？

你可曾想象，机器的情侣，也讲究般配，或是不般配？

你可曾想象，机器也会沮丧，也会痛苦？

你可曾想象，机器也会自我宣泄，摔门而去，狂奔十里？

你可曾想象，机器也会在马拉松比赛后，享受痛并快乐着的微妙感觉？

你可曾想象，机器也会充满情趣地给自己的妈妈来一场恶作剧？

道格拉斯·霍夫施塔特序

也许，你从未想过这些古怪到极点的问题，但它们却曾经在一个人的脑海中熊熊燃烧了几十年。这个人就是伟大的英国数学家、计算机科学之父，艾伦·马西森·图灵。在某种意义上，它们唱出了图灵那纷繁纠结的一生，谁要想对图灵做出一个公正的评断，就一定要奋不顾身地重走那条布满荆棘的道路，才能悟出他的生命奥义。然而，我们欣慰地看到，英国数学家安德鲁·霍奇斯成功地完成了这样一次令人惊奇的探险之旅。

在这本图灵传记中，作者精心收集了无数的资料，并与图灵一生中不同时期的故友进行了大量的交谈，终于生动而准确地刻画出这个最复杂、却又最迷人的科学大师。图灵这个人，令我们震撼的不仅是他在 20 世纪科学界做出了何等惊人的贡献，还有他的生活方式是何等的不寻常，并最终为他带来了何等巨大的灾难。即使在今天，我们这个世界在看到图灵身上那些狂放不羁的烙印时，仍然不免一丝颤栗。

霍奇斯的这些引人入胜的生动描写，并不是第一本关于图灵的书。图灵的妈妈萨拉·图灵在图灵死后，曾经著述了一个粗略的回忆录，为我们介绍了这个可爱、古怪、对智能生命和机械装置拥有无尽好奇的男孩。可是，尽管那本小书也具有一些价值甚至魅力，但它却粉饰了大量的事实真相。安德鲁·霍奇斯则更加深入地探索了图灵的思想、身体和灵魂，以及他与英国主流社会是多么格格不入。而这对于图灵的妈妈来说，不要说写，她甚至压根不敢看。

艾伦·图灵是个同性恋，而且他本人并不隐瞒这一点，按照现在的说法，他出柜了。在 20 世纪 20 年代以及随后几十年中，身为同性恋者，对于一个人，尤其是对于一个英国上层社会的成员来说，就是肮脏、恐怖和十恶不赦的同义词。

一个古怪的不信上帝的同性恋者，一个成就辉煌的英国数学家，两顶大帽子把图灵扣得好生纠结。然而，他却肩负着两项伟大的历史使命，一边是计算机科学中最有诗意的概念和理论，一边是在第二次世界大战时为世界和平而解谜。毫不夸张地说，我们今天得以逃离纳粹的铁蹄，应该感谢图灵的汗马功劳。这段故事名垂青史，正如本书的书名所说，图灵，是个如谜一样的解谜者。

在这本传记中，安德鲁·霍奇斯非常详细而用心地描绘了这个多才多艺、却最终毁灭了自己的人，他的诚实和正直，对于那个时代和社会来说，实在是太多余了。这本书里除了感同身受的深切同情，还有科学家特有的准确和清晰，霍奇斯以其令人瞩目的工作，为非数学或计算机专业的读者讲清楚了每一个技术细节，因为这些使图灵着迷的天才想法，也深深地吸引了他自己。

本书是一本杰出的著作，塑造了一位杰出的科学大师。图灵在天有灵，倘若知道他的故事被人挖出来，如此广泛地公之于世，也许会不禁打个寒战。但是，我们很难想象，还有哪个人的传记，能比这一部更加充满思想和同情。

道格拉斯·霍夫施塔特

译者序

艾伦·图灵是这么一个人：他 7 岁时还分不清左右，却在 24 岁时发明了现代计算机的理论模型；他神情呆滞，衣着邋遢，却在第二次世界大战时担任同盟国的情报核心，改变了大西洋战局；他一生为人正直，眼不容沙，最后却因为同性恋遭到法律的迫害；他研究人工智能，想让机器有生命，而他自己的肉身却被一颗毒苹果终结。他是一个如谜的解谜者，一个黑色的数学家，一个冷浪漫的计算机科学之父，一个哈姆雷特般的男人。

他若在天有灵，恐怕不希望有这么一本书——自不量力地企图拿着放大镜审度他的灵魂，鄙夷良久，幡然醒悟，惊叹一声失敬。图灵不愿跟任何人沟通，他只求孑然一身，在数学和机器的荆棘丛中穿行，宁肯伤痕累累，也不愿出来跟这虚伪的人世打个招呼。他解读了世界上最难的密码，但他的生命却让这个世界永远无法解读。

我们能看到的，只有这本书。作者安德鲁·霍奇斯是牛津大学的数学家，也是一位同性恋者，他收集了大量史料，写成这本图灵传。我从事的研究也是图灵开创的，不敢说站在他的肩膀上，但可谓其身后一走狗。所以，我早有把这本书翻译出来的念头。一年前，在网上看到马慧元老师说："如果我要翻译一本书，那一定是这本图灵传。"这一激励使我开始行动了。在我完成时，我有幸请到马慧元老师作序,难得如此首尾相扣的故事,但愿图灵看在此缘不易的份上,原谅我的冒失。

罗素说:"蠢货对智者的言谈所做的翻译,永远都不可能准确,因为他会不知不觉地把他听到的话翻译成他自己能理解的东西。"在这本译作中,错误是难免的,希望读者不吝赐教,以便在将来的版本中改正。另外,计算机不是光有 CPU 就能工作的,这本译作的完成也绝非我一己之力所能及,在此衷心感谢所有为本书做出贡献的人,尤其要感谢编辑对我的帮助。

最后,我翻译了一首诺贝尔的小诗,献给图灵,也作为拙序的结尾:

你说我是个谜,其实我们都是谜,
在苦痛中开始,在折磨中结束。
被卑微的事物拖向死亡,
把崇高的理想,背负到诸天之上。

孙天齐

| 马慧元序 |

（一）关于这本传记

几年前我颇有些在网上闲聊的热情，有一次不小心在某个帖子里脱口而出："如果我只打算把一本书翻成中文，那么一定是安德鲁·霍奇斯的这本《艾伦·图灵传——如谜的解谜者》。"说归说，我并没有足够的毅力和时间去践约。

这本厚厚的传记，我当时只看过一小部分，印象深刻。简单地说，图灵是这么个英国人：生于1912年，死于1954年，是数学天才也是同性恋，这在半个多世纪前的英国还是大忌。1952年，因为报告自己的住处被人抢劫而被警方发觉（引贼入室的正是他的伴侣），被强迫注射雌性荷尔蒙。不满42岁的时候，他最终吃掉一个毒苹果而死。

没有人知道为什么。本书提到图灵的死，居然一笔带过，只说结果。虽说图灵那一刻没有目击者，但如果他愿意的话，无论如何可以八卦出来，顺便煽情几句。但是，他这样说，"图灵像白雪公主那样，吃了一个毒苹果。"好个浪漫的死法，好个简单的描述，简单得乖僻而残酷。本书作者霍奇斯的冷静令人十分吃惊。我见过冷静的作者，但没见过这么冷静的。他自己也是同性恋，按理说同病相怜，但他一切叙述皆从外部证据入手，一直讲到20世纪50年代对同性恋的残忍"治疗"，仍然不动声色，不妄自推测，不抒情，不悲伤——这个人的思维方式，倒真像图灵测试中那个既冰冷又诡异的回答者！慢着，难道我们这个世界不就这么荒诞么，从外部永难抵达深渊一样的真相。

如今冷静下来再细读这本书，仍然感想多多。观看科学家的人格和抽象思考互相投射，确实很有意思，尽管不敢妄加解读，尽管怎么解读也是谜上加谜。

话说作者霍奇斯也是一位奇士，我爱屋及乌，对他也产生一些兴趣。这个人把形而上，形而下，都弄得津津有味，一边宣称自己跟图灵一样是公开的同性恋，一边敬业狂热地工作和写作。他还正巧是著名物理学家、《皇帝新脑》的作者、人工智能的反对者彭罗斯的学生，现在在牛津大学数学系教书。他的网页上琐碎地写他做了什么工作，打什么工，十分自得。提到让他出名的、卖了十万册的图灵传记，他说图灵不会想到自己会那么出名，不会介意自己作为一个纯数学家，只被同行知道。而他为此书在两年时间里全职写作，以微薄的资助维持生计——"由于条件所限，只能被迫尽快完成任务，有时简直草率得像图灵的鞋带！"

图灵的老母亲在他死后写了一本薄薄的传记。霍奇斯说，奇怪的是，她写的传记却带有难得的客观色彩，好像写陌生人。后来我借了这本小册子来读，印证了这个感觉。为什么呢？因为图灵的母亲不仅不懂数学，也不懂得他（哪怕母亲可以津津乐道图灵小时候的脏脸蛋、涂鸦、打架），她对科学的全部理解就是"应用"。看到这几句，我不由大恸，为这交流的阻隔、简单的悲哀。图灵非常爱母亲，然而他的古怪行径无疑让母亲担忧多年，毫无办法，他后来进了监狱，流露出自杀之意，不过他曾向母亲一再保证，不会伤害自己。图灵死前没有遗嘱，没有任何确切证明自杀的迹象。他没有留下任何抗议，看上去不能排除意外而死——也许是因为顾及对母亲的承诺吧。母亲真的一直相信，他是不慎服毒而死的，因为那些日子里，他迷上了化学实验。

霍奇斯写道，图灵母亲的传记，最大的优点是客观，最大的缺点是，只会以别人的结论判断自己的儿子，好像儿子是小学生，时时靠老师打分。她最喜欢说的是，儿子的成绩被哪位名流赞扬了，获得什么奖，和自幼厌恶势利和规矩的图灵完全不同。儿子飞扬而纯真的天性，她也从来不曾懂得一点点。这样说来，儿子真的是陌生人。母爱留不住他，他终将消失。这个不修边幅的大男孩，似乎也从来不理解这个世界，他只会以自己的方式和世界对话。青年时期，他曾和如今公认的计算机科学创始人之一冯·诺依曼一起工作，也难以沟通，尽管冯·诺依曼非常欣赏他。按理说两人都才华超群，志趣类似，本应惺惺相惜，然而冯·诺依曼是炙手可热的学界巨头，从研究到管理处处如鱼得水，同时拥有工程经验、良好教养，那时已被公认为最重要的数学家之一。而年轻的图灵则只有坚硬、锐利的思想和不圆通的个性，除此之外，交际笨拙、没有管理能力，在研究上则另辟蹊径，无可依靠。剑桥之后，图灵在波士顿大学随数学家丘奇读博士，其间给母亲写信说道："他昨天带我去吃晚饭。这些人都是大学教授，可是谈话内容真让我失望。他们只对自己的事情有兴趣，这些旅行琐事真把我烦死了。"毕业后，他谢绝了和冯·诺依曼合作的机会，回到英国。

而"不沟通"这几个字,让我感慨多多。世上的天才奇思,往往在"不沟通"的状态下孕育而成,而人世不只需要奇思妙想。种种芜杂俗务,要的就是个体与环境步调一致,水往低处流。

如此这般,你才能换来他人眼中的正常生活。

图灵其人的形象,由今人之口来叙述,倒是很容易被脸谱化成"天才怪人"。而当年因畸恋被排斥而形成的封闭和痛苦,今人无法分担。少年时代,他显露出聪明,不过他自己也不知道以后会有怎样的道路。他和别的孩子一样考各种试,去争取奖学金,也有过失败的经历,不过最后如愿以偿,进了剑桥。这期间的科学兴趣和最要好的朋友、也是伴侣克里斯朵夫有关。克里斯朵夫十分聪明,热爱科学,先得了三一学院的奖学金,而图灵没拿到,克里斯朵夫要去上学,他俩一起去听音乐会,图灵知道要和他分开,劝说自己"我们还会再见面的"。可是,克里斯朵夫当夜就生了急病。六天的挣扎之后,克里斯朵夫死了。18岁的图灵完全被击垮,这是他最早也是最严重的情感创伤。

那个时代的英国,像许多历史悠久、文化发达之地一样,人际摩擦细致,等级森严,普通人出头愿望强烈,社会生活气氛压抑。剑桥的空气相对宽容。图灵仍然和少年时代一样害羞、邋遢,鞋带总是拖拉着,衣服皱巴巴。他交不到什么朋友,但有过几个伴侣。当时对同性恋最大的容忍和尊重就是"保持沉默"。同性恋中受过良好教育的那些,隐隐约约从古希腊历史中得到一点安慰和回应。

在一次旅行中,相识多年、同为数学专业学生的朋友莫里斯和他留宿在亲友家中。主人并未多想,让两个男人睡在一张床上。

"友谊突然爆出裂痕。莫里斯大吃一惊——他一点也没想到。图灵赶紧道歉,撤回。"也许是因为极度的窘迫,图灵突然愤恨地发作,倾诉起少年时代父亲在印度任职,自己小小年纪被送到寄宿学校的经历。"谁把我变成了这个样子?"莫里斯接受了道歉,再也不提此事。

这样的经历不止一次。他和别的同性恋者一样努力而笨拙、最大程度地掩盖自己身上的独特之处,内心还要和主流话语的歧视顽抗。因为无法顺应社会上的多数人,身体、灵魂、自我,这些靠推理怎么也扯不清的纠葛,无论自责还是自我安慰,都不能获得圆满的解释,使之平静。

(二) 加密

图灵的重要成就之一,是第二次世界大战中的"解密"贡献,其实这也引向对计算机的设想。

第二次世界大战前,德国的数学和科学成就在欧洲领先,海军用收音机收发信息来交流,波兰军方数年来一直在努力解码。截获这些信号很容易,但你怎么在上千条加密过的信息中读出意思?加密由一个名为"Enigma"(谜)的通信密码机来做。这个模型并不新鲜,战前就有,而且早被商业化了。战争中,它被加了个接线板,一下子增加了许多可能性。口令由人轮班掌握,一日数易,几乎没有破解的可能。当时波兰在解码方面已经和德国苦斗许久,仍不能取胜。尤其是,德国人稍稍改动接线,就令解码装置一下子失去了用场。波兰人用的方式,还是以穷举为本,只是速度比较快。

图灵和许多数学家被派往布莱切利庄园（当时的英国情报破译中心）。在这里，他旧习不改，仍然看上去邋邋遢遢，对他认为不够聪明的高级军官"不够尊重"，宁可和聪明的低级军官下棋。在这个地方，同性恋更是大忌，好在他不可替代，所以被容忍。

而英国人运送粮食的船只总是被德国人打沉。最糟糕的情况下，英军舰队只有一个星期的供给。解码常年没有进展，损失不可尽数。

最后，图灵和同事们经过长久努力，设计出一种破译机（取名"Bombe"，原意是一种甜食），先排除若干自相矛盾的解读方式，余下的再穷举，一下子快了很多。不仅如此，几台Bombe环形相连，抵消了插线板所增加的可能性。他们渐渐可以在几分钟内解出一条信息，最终的结果，是让战争提前结束两年。当然，战争时期的研究，实用是第一，无暇顾及理论的严密，而有时实在只能靠无奈的赌注和猜测，政府对战争的预测，并不比公众强多少。第二次世界大战后丘吉尔下令将当时的两百多台"Bombe"全部销毁。

以上当然仅仅是解密加密史中的一小段。这本传记充满细节，读起来并不太容易，不过，它常常把我带回到当年在校园里读书的回忆中。我曾经选过一门"网络安全"课，记得老师说了句极有意味的话：在工业上，不能用诡计（trick）来实现加密，因为花招迟早被人识破。一旦识破，它就很脆弱，不再有任何用处。那么，管用的、能够持久的加密是什么样的呢？答案是，在加密被标准化之后，也就是算法已知、解密程序存在的情况下，仍然需要长时间运算才能解开的编码。时间要长到什么程度？理论上说，用现存的数学算法，理论上都不能在可行时间内算完。典型的如 RSA，该算法虽然不断改进，但其思想近 30 年铁打不动，就是因为大质数的幂运算本身有着很高的复杂度。理论上说，你等它算完的成本，高于解开秘密的成本。或者你算完的时间，比密码有效期还长。当然，这是理想情况。密码被破解的可能性还是存在的。

而从小就迷恋解码思想的图灵，不知是否也经历过类似的惊讶和好奇：加密思想其实是有哲趣的。人活着，一边攻破一边设障。最有效的障碍，不是靠小聪明，一个一旦告诉你答案就不堪一击的秘诀，而是靠数字本身的复杂度和无序性来实现的。加密技术多多，基本可归为隐藏，换句话说，是让有序的东西看上去无序，从而无法获得有意义的信息。而意义，不正意味着方向和秩序吗？打乱（不管是人为还是自然）和生成秩序的方法有多种，并且随着人的认知能力的增加而增加。

从第二次世界大战甚至更早，用统计分析的方式来找规律并解密的方法就存在了——图灵他们也用过。比如某个字母出现的频率，分析多了就可以对应上答案。所以加密也是针对于此。物理中"熵"（Entropy）这个概念是衡量混乱度的，熵值越高越混乱，故加密的理想正是找到一种编码方式，达到比较高的无序状态，让你看不出哪个字母出现频率高，并且在你设想出一条规律的时候来迷惑你，让规律显得似是而非。你看，多数时候科学研究都是寻找规律，但加密则相反，把牌洗到最乱，淹没规律——这当然是为了对付人。所以人和人、人和自然界的关系转了个圈：你要掌握一个东西，要减低其熵，等你获得它之后要用盾对付别人的矛,也就是增强其混乱度。攻防之间,此规律输给彼规律——往往是复杂度比较高的规律获胜。

当然,解密也可以不那么正大光明地跟真正的数学问题对决。它可以通过分析时间来接近解密,特别是对某些算法。比如,加密中某些运算,比如耗时较长的乘法,时间较短的移位等。因为其计算复杂度有差别,解密者分析时间,可以大概猜到到底什么运算进行得比较多。后来加密者想出对策,把这些运算统统改成查表,也就是说,无论快慢运算,索性都改成查表找结果,这样一来,不但加快了速度,还统一了时间。当然,查表也不是万灵药——万灵药是不存在的,秩序和反序之间,从来都是"道高一尺,魔高一丈",而对解密的成就,往往带来纯数学研究的进展。

在战争中,这些看上去有趣并纯洁的数学游戏,背后则是暴力、血腥和性命。

(三) 图灵机

战后,科学家们兵分几路,兴趣开始分散。图灵最热衷的是继续发展解码思想,并制成真正"能计算的机器",他认为总有一天,人类在科学、艺术各个领域都会遇到"机器"的挑战。而《哥德尔、艾舍尔、巴赫:集异璧之大成》的作者侯世达,在《艾伦·图灵:生活和思想传奇》一书的序言中说,"我怀疑图灵是否真的以为,机器会代替人类。""彻底了解任何一个人,都不是我们全部的智慧所能抵达的——连试图彻底了解自己都只会带来无尽的谜语和矛盾。对此图灵应该比任何人都更清楚,因为这正是图灵机的核心。"

其实，计算机的发展限度，并非图灵所能预料（或者打算预料）。霍奇斯说自己对侯世达的担心毫无兴趣。如今我们眼看计算机飞速发展，笔者对新鲜模型倒有那么点审美疲劳。相当多的时候，最感兴趣的不是人工智能进展如何了，而是这个老掉牙并且不好使的图灵机模型。图灵自己说过，"我的模型只能做非常简单低级的工作。"在场的人大哗，也许潜台词是，"那你做它干什么？"

那么图灵机到底是什么？它的功能很有限，资源就是无限长的带子，有个读写头在一个个孔上左右移动，而孔代表 0 或 1。你可以读之写之，但只能写 0 或 1。读写头的移动方式则根据函数决定，而函数是以过去的状态作为输入，决定下一状态的。同时可以以另一纸带辅助计数，比如在带子 A 上走三格，在带子 B 上走一格，并且还可以擦掉某些已写的痕迹。而且，已写的被记住，随时可用。它的能力，基本就这些。

你看，图灵机本身不是计算机模型，而是数学模型，看上去和"电脑"毫无关系。图灵机本身并没有直接带来计算机的发明，但它对计算的本质认识，是计算机科学的基础。它告诉我们计算是系列指令的集合，还有，什么可算，怎么决定，什么可以决定。

如下图：

S_0 表示起始状态，上面弯弯的指回自己的线表示可走无限个 1 或 0，》是往右走，《是往左走，走到最后如果红点掉进最后那个圆圈，"有限状态（Finite State）"，它就决定了，这个字符串（红点的足迹）是所定义的语言——这个判断正是操作的目的。

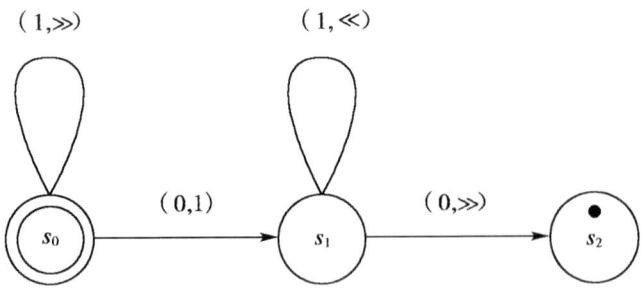

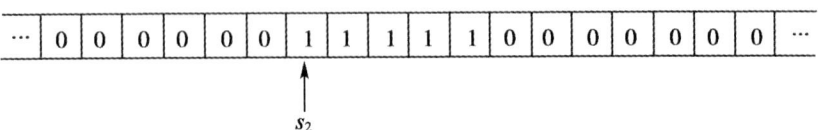

如果掉不进去，就不是。在这里，语言规则本身指定读写头的移动。游戏规则当然有很多种，但都基于状态导致输出（这种方式引发了庞大的递归体系），读写头左右移动，所经历的"历史"被判断，和定义相符与否。相符就接受，否则拒绝。

要实现它，只需这样的设备：一条或多条无限长的纸带；一个读写头；一套控制规则（根据当前状态决定下一步走法）；一个状态寄存器（存储当前状态）。你可以对纸带读之写之，但只能写 0 或 1，而且，已写的被记住，随时可用。图灵机后来生出一些"变种"，但它的"智商"，总是限于读写和涂抹。注意，图灵机是虚拟的，只供思想模型之用。

和图灵机相关的一个概念还有，"有限状态机"（Finite State Machine），也是描述语言之间的抵达，换言之，设计一种从此达彼的路线——也是我们曾经奋斗一学期的事情。那时我们每天的作业都是用铅笔画圆圈和线（你瞧，计算机系研究生有时完全不需要计算机），表明从此怎么达彼，一般来说，手段是字符串后面连接上0还是1。比如，用它表示所有被4整除的数，要研究被4整除的数变成二进制有什么规律，然后为这样的二进制字符串设计出路线——一个字符出发，中间路过0或1，都捡起来垫在屁股底下，然后越坐越高，转了一圈之后发现自己已经人模狗样，"扑通"一声栽进某个"状态"，化成语言丛中一滴水珠。

注意，这种模型虽然和"计算机"有关，其思想和途径跟东方古老的算盘完全不同。世界在图灵机中被简化成这个样子，缤纷的变化缩成如此有限的能力，不能不说是一种奇迹。此思想模型其实古已有之（比如把计算过程当作"黑箱"的想法），不过图灵是第一个把它系统化、形式化的人，而且为之提供清晰的算法和证明。

你看，它不像算盘那样，以口诀之助提高计算速度，反倒把数字计算"原始化"，好像回到了用小石头在沙滩上计数的年代——正是因为状态简单，所以能和硬件（磁带、晶体管等）接轨，开始了无限制的增长。最终引向计算机科学——最少产生了最多，最原始变成最先进。

从思想来说，图灵机这条无限长的纸带和可以无限进行的读写动作，就概括了一切纸笔上进行的数字表达和数学运算。这个思维过程，妙在对"等价"的认识。比如，纸带可一端伸展和两端伸展是等价的——前提是不考虑效率。而对效率和空间、资源的忽略，将数学世界的认知推进了一大步。这是用算盘来增加资源、方便计算的思路不能想象的。我们从而关注"可能"、"不可能"，而不是快慢、长短，于是我们看待数学的目光被更新了。从这个简单的数学模型，图灵和后来的丘奇、哥德尔等人提出的可计算性、停（图灵）机、可判定性、不完备定理等，掀起了一场革命。

而当年我囿于学生的视角，哪有时间去惊叹模型之美？我们最关心的是习题结果和作业成绩。大家都知道，各种科学课程，不做题是学不会的，为什么？因为做题让你明白"场合"和"条件"，听上去非常正确和简单的定理，在什么条件下可以用，要对"条件"有反反复复娴熟区分才可，也就是，要明白A，得知道什么是非A。想想看，图灵机的抽象和了不起也在于此：当年有了图灵机的设想，但没有衬托它的"非图灵机场合"，图灵在黑暗中摸索，从尚未吸收到学术经验中的未知，驶向更遥远的未知。

时至今日，他的猜测，有一些被划分到"非图灵机"——图灵机这个抽象化奇想的结果，终于在无数次的辨识中，转变成"习题"。好在还有一系列后来者，包括彭罗斯，对"图灵"和"非图灵"争辩不休。图灵机的概念仍然是开放而活跃的。

（四）停机

除了搞研究，图灵是个段位不低的长跑者，据说最好成绩曾经接近当时的马拉松世界纪录。这个充满奇想的人，却沉醉于这样简单枯燥的运动。他好比一只长"纸带"上的读写头，一生不停地"计算"。计算可以转化，生命却并不如此简单，它禁不起错读、无法重写。智慧的生命在简单而无穷的纸带面前悲哀地告负，"图灵机"无言地停机，而他的生命和别的生命一样，消失得简简单单。

霍奇斯提到图灵之死，其实也有自己的诠释。"你问他为什么死，好比问第一次世界大战为何发生：某一声枪击，列车时刻表，或者国家情结，可能都是原因。从某个角度看，不过是原子运动而已，遵循着物理定律，从另一个角度看则是个神话；再换个角度，是不可避免的发生。"在我读来，"不同水平的描述"，让我想起人工智能研究中的人机对弈。其实，任何一个事件，都有巨大的复杂度，如果你仰头追问，为何同性恋被视为犯罪，为何他们一定要被"纠正"成"正常人"，为何事物总有自己的边界和极限，为何总有些语言要掉落到图灵机之外？我自己的解释是，个体生命之间是不同的，不同的质地和经历造成交流的阻隔。这个社会能做的事情，只是在他死后竖起好几座铜像，英国首相布朗在几千人的呼吁下，2009年正式表示"向图灵道歉"。再有，同性恋早就不会因此进监狱了，而图灵则成了同性恋组织的骄傲。

可是，人生之间的差异仍然存在。想象力、欲望和需求，总是在世上处处受制。

我们都熟悉的丘奇-图灵论题，大意是这样：一切直觉上可计算的函数都可用图灵机计算，反之亦然。我们今天制造出的形式化的关系，都来自"等价"的认识。而要认识等价，首先要理解将一个计算过程粉碎到底层的过程。这个论题的哲学意味也非同小可：人性、伦理、社会、历史，是不是都有个事关生命特质的"底层"基础？人群有着惊人的"求同"本能，而社会中的人，时时处处关心"自己眼中的他人之眼"，一些奇异的个体要么被扭曲、被多数人同化，要么被遗弃。

在求同和挣脱之间，我们好比用图灵机来考量的"语言"，用一生来判断自己的归属。

目 录

第一章　他得学会合群　　　　　　　　（ 1 ）
第二章　思考什么是思考　　　　　　　（ 66 ）
第三章　彼岸新星　　　　　　　　　　（152）
第四章　解谜接力赛　　　　　　　　　（216）

连接两个世界　　　　　　　　　　　　（317）

第五章　运转起来　　　　　　　　　　（334）
第六章　水银延时线　　　　　　　　　（402）
第七章　退隐山林　　　　　　　　　　（505）
第八章　面朝大海　　　　　　　　　　（591）

第一章　他得学会合群

探索伊始，我心已醉。
只说那微妙的知觉，形态，力量，
只说那轻巧的昆虫，动物，
还有感受，还有目光，还有爱，
都让我由心敬畏，欣然忘食。
我止步不前，不再期待远方，
我要留在这里，用狂喜的曲子，不住地歌唱。

大英帝国之子艾伦·图灵，出身于一个半贵族半资产阶级的家族。在他的祖先中，有上流社会的商人、军人和牧师。随着不列颠席卷全球的扩张，他们也开拓了自己的世界。

上溯到 14 世纪，图灵家族发源于北苏格兰阿伯丁郡的佛汶然地区。1638 年，这个家族里有一位准男爵，叫约翰·图灵，他离开了苏格兰，来到英格兰。图灵家族的信条是"勇者好运"，但不幸的是，约翰勇气有余，却没遇到好运。在英国内战中，准男爵吃了败仗，佛汶然遭到大肆洗掠，在王政复辟后，他也没有得到赔偿。于是，到了 18 世纪，图灵的家族没落了。在他的家史上，有这么一首歌谣：

> 沃尔特，詹姆斯和约翰深谙，
> 无用的冠冕之荣耀，
> 不及安静祥和的生活，
> 而生活啊，要由圣洁的信仰来点亮！
> 可是，平静的时光抛弃了他们，
> 佛汶然的荣耀黯然倾倒。
> 直到罗伯特爵士归来，
> 重拾昔日的声望：
> 班夫的高塔如城堡般耸立，
> 昂扬的歌声日夜敲响。
> 亲朋好友欢聚一堂，
> 为图灵家族的复兴高声歌唱！

歌谣里的故事是这样：1792 年，罗伯特·图灵爵士从印度归来，终于带回好运，恢复了爵位和领地。但是，图灵家族并没有真正复兴，因为他和家族的各大支系，都偏偏没儿子。到 1911 年，图灵家族只剩三个很小的分支，一位 84 岁的英国驻鹿特丹领事继承了爵位，带领兄弟儿孙在荷兰形成了一个分支。还有一位约翰·罗伯特·图灵，带着他的后代形成了另一个小分支，这位就是艾伦·图灵的祖父。

1848年，约翰·罗伯特·图灵以第11名的成绩，获得剑桥大学三一学院的数学学位。但他随后放弃了数学，就任圣职，当了牧师。1861年，他娶了19岁的范妮·博伊德，并离开剑桥，定居在诺丁汉郡。在那里，他们一共生了十个孩子，有两个幼年夭折，剩下的四男四女，全靠他的牧师薪水维持生计。1883年，在他最小的儿子出生后不久，约翰罹患中风，见了上帝。

他的遗孀范妮身体羸弱，持家的重任落在年长而坚强的姐姐珍妮肩上。为了让家里的男孩接受良好的教育，他们举家搬到了贝德福德。珍妮办了一所学校，并让两个妹妹在里面教书，几位姑娘日夜操劳，一心为了让家里的男孩们成才。不幸的是，长子阿瑟又成了图灵家族的一位勇敢却不走运的人：他应征去印度当兵，结果在1899年西北边界战中遭到伏击，当场战死。三儿子哈维移民到加拿大，成为一名工程师，后来在第一次世界大战时回国，改行做《鲑鱼与鳟鱼》和《田地》杂志的编辑。小儿子艾里克当了律师。家中的女孩们，只有珍妮结婚了，嫁给贝德福德的一位地产商，赫伯特·特拉斯坦·伊夫爵士。另一个女孩希比尔，成为一名宗教执事，夹着一本福音书到处传教。1902年，在维多利亚时代的最后，艾伦的祖母范妮·图灵死于肺结核。

在刚才的介绍中，有一位还没提到，也就是约翰的二儿子，生于1873年11月9日的朱利叶斯·马西森·图灵——这位就是艾伦的父亲。朱利叶斯没有继承约翰的数学天赋，而是成了一名文科高材生。1894年，他获得牛津大学基督学院的学士学位，还拿了奖学金。他忘不了童年时期的窘困，拒绝继续花钱读书。他是个很好强的人，从不跟人谈论童年的苦，也不抱怨自己遇到的种种荆棘坎坷。他希望进入印度文职机构，自从1853年自由改革以来，印度文职人员的竞争异常激烈，甚至比英国外交部还要难考。但是苦心人天不负，在1895年8月的统一考试中，朱利叶斯在154人当中排名第七。他对印度各项法律、塔米尔语及英属印度史颇有造诣，在1896年的复试中，他又考了第七名。

1896年7月，复试的前7名被调到印度的马德拉斯省，朱利叶斯随之走马上任了。这个省覆盖了印度南方的大半疆域，朱利叶斯在此就任民政事务官。跟1792年罗伯特爵士离开时相比，此时的印度，一切都已经不同了。勇者不再有什么好运，能忍受40年酷暑的公务员才有好运。据当时的一位作家记载，这位民政官非常乐于与当地人交流感情。维多利亚改革，使印度社会逐渐现代化，大英帝国也开始受到真正的尊敬了。

不久，朱利叶斯又调任到内政部，临走时向亲戚借了100英镑，买了马具和一匹小马。他在贝拉里、卡努尔和维萨卡帕特南地区，当了10年助理税务官兼法官。他每天骑着他的小马，走过一村又一村，上至审计监察，下至播种灌溉，什么都要管。1906年，他转正了，成为首席税务官。1907年4月，他第一次回国，这位背井离乡孤独奋战了十多年的男人，终于又要踏上英国的土地了，对他来说，也是时候该成家了。就在这趟回国的途中，他遇到了艾赛儿·斯托尼，也就是艾伦的母亲。

艾赛儿·斯托尼的祖先也是大英帝国的开拓者。1688年的革命之后，约克郡的一位年轻人，托马斯·斯托尼（1675～1726）在英国最早的殖民地上拥有了土地。他在蒂珀雷里建了一座庄园，后来传给了他孙子的孙子，托马斯·乔治·斯托尼（1808～1886）。后面这位托马斯一共有五个儿子，大儿子继续接管了庄园，其他人则随着帝国的扩张各奔四方。三儿子成为水利工程师，为泰晤士河、曼城运河和尼罗河设计过水闸。小儿子移民去了新西兰，四儿子爱德华·沃勒·斯托尼（1844～1931）到印度当了工程师，这就是艾伦的外祖父。在印度，爱德华平步青云，攒下一笔非常可观的财富，成为马德拉斯铁路的首席工程师，负责建设唐各布达拉桥，还发明了斯托尼无声涡轮。

爱德华头脑精明，脾气却很糟糕。他娶了萨拉·克劳福德为妻，她来自一个住在爱尔兰的英格兰家庭。他们生了两儿两女：里查德子承父业，到印度做工程师；爱德华·克劳福德是皇家军医的一名少校；伊夫莲嫁给了印度军的柯万少校。还有一位艾赛儿·萨拉·斯托尼，就是艾伦的母亲，她于1881年11月18日，出生于印度马德拉斯省的博德努尔。

虽然斯托尼家并不缺钱，但是艾赛儿的童年生活并不比朱利叶斯愉快多少。家里的四个孩子全被送回爱尔兰上学，远离父母。这是一个典型的英属印度家庭，这些孩子的童年，成为英国扩张的牺牲品之一。他们寄宿在舅舅威廉姆·克劳福德家里，他是克莱尔郡的一位银行经理，结过两回婚，头婚有两个孩子，二婚有四个孩子。所以，这个地方对于四个小寄宿者来说，是一个没有爱和关怀的地方。

1891年，这一家搬到了都柏林，在那里，艾赛儿每天乏味地坐着马车去上学，每顿饭只花三便士，这对她的发育造成了一些影响。17岁时，她被送到切尔腾纳姆女子学院去"纠正土方言"。在那里，她受到了贵族子女们的歧视，他们嘲笑她是"铁道+银行"的产物。尽管如此,她的心里仍然有一个梦想在摇曳,她想学习音乐艺术。因此,她在6个月后,去了巴黎大学文理学院。但是,她在巴黎也没待多久,因为她很快就发现了,法国人在歧视别人这个方面,并不比英国人逊色。于是,在1900年,艾赛儿跟她的姐姐伊夫莲一起,前往古努尔跟父母一起生活。来到印度,她终于摆脱了生活压力,但同时也告别了知识的世界——反正那个世界似乎永远排斥她。

艾赛儿和伊夫莲在印度待了7年,在这段日子里,她们引领了古努尔少女界的时尚潮流。驾马车,发名片,画水彩画,演戏剧,还有一套十分复杂的餐桌礼仪。在她父亲带着全家去克什米尔度假时,艾赛儿情窦初开,与一位传教士医生坠入了爱河。但由于这位可怜的传教士实在太穷,他们的感情最终被世俗击垮了,艾赛儿恢复单身,闺中待嫁。1907年春天,他们一起乘船回英国,在途中,艾赛儿邂逅了朱利叶斯。

他们走的是太平洋航路,还没等走到日本时,他们的爱情就已经不可收拾了。朱利叶斯其实是个有节制的男人,但是他也懂得什么时候该激动。他俩共进晚餐时,朱利叶斯对侍者说:"你给我拿啤酒来,一直拿,我不说停,你就一直拿。"等到他向爱德华提亲时,又摇身一变,成了光彩体面的印度公务官员。他的提亲成功了,但是啤酒这件事,着实给他的岳父留下了极坏的印象,他建议女儿,最好不要嫁给这种轻浮的酒鬼。他们穿越了太平洋和美国,期间还一起到黄石国家公园游玩,看到美国年轻人的亲热行为,感觉很震惊。1907年10月,他们在都柏林举行了婚礼,为了这场婚礼的花销该由谁出的问题,朱利叶斯和爱德华互相抱怨了好几年。1908年1月,他们夫妻二人回到印度,9月1

日，在古努尔的家中生下了第一个孩子约翰·图灵。朱利叶斯利用职务之便，带着他们在马德拉斯好好玩了一通，他们去了帕瓦蒂普然、维萨卡帕特南、安南塔普、博兹瓦达、奇卡克尔、卡努尔，在 1911 年 3 月，他们来到了查塔布尔。

在查塔布尔的深秋里，艾赛儿又有喜了，这是他们的第二个儿子，也就是未来的艾伦·图灵。在印度东海岸这个无名的小地方，他的第一个细胞形成了，渐渐分裂出大脑和心脏。朱利叶斯不想让他在印度出生，于是在 1912 年，他们一家回到了英国。

这次返乡之旅，把这一家从印度带到了一个危险的世界。英国已经不是那个英国了：大罢工、妇女运动、爱尔兰内战、国民年金保险法、官方机密法、还有丘吉尔说"践踏现代文明的巨型四肢"，这一切都体现着维多利亚王权的丧失和政府权力的扩张。宗教的地位也动摇了，取而代之的是同样让人迷茫的科学。新的技术改变了人们的沟通方式，就像惠特曼在《摩登时代》里面说的一样。没有人知道接下来会发生什么，是全面圣战，还是阶级清洗。

但是，世界的变化仿佛不关图灵家什么事，他们对此一点兴趣都没有。他们与 20 世纪是绝缘的，一心只想把 19 世纪剩下的东西搞好。而他们的第二个儿子，却不得不降生在这个纠结的时代，他会措手不及地被卷入这场冲突，但同样也会被这冲突的结果庇护 20 年。

1912 年 6 月 23 日，他在帕丁顿的一间产房[1]里诞生了。 7 月 7 日，他得名艾伦·马西森·图灵。朱利叶斯把假期延长到次年 3

---

[1] 现为科洛纳德酒店，位于伦敦 W9 沃灵顿大街。街对面是圣救世主教堂，艾伦即在此处受洗。

月，他们一家前往意大利过冬。随后，他回到印度的工作岗位，而艾赛儿则留下来陪着两个孩子：出生不久的图灵和4岁的约翰。1913年9月，她也回到了印度。朱利叶斯已经充分领教了马德拉斯的酷暑，于是决定让两个儿子留在英国。所以，艾伦从来没有跟这位亲切的印度官员一起生活过，也没有见过东方的鲜艳色彩。朱利叶斯背井离乡去印度，而艾伦却在英吉利海峡的风中度过童年，尽管这里是他的故土，但其实却是双重的背井离乡。

朱利叶斯把他的两个儿子寄养在一对军人夫妇家里，沃德上校和沃德夫人。他们住在黑斯廷一个名叫圣伦纳兹的海滨小镇，拥有一所海边的大房子。房子的对面，是赖德·哈葛德的家，他是《所罗门王的宝藏》的作者。有一天，渐渐长大的艾伦在路上闲逛，捡到了哈葛德夫人的一枚蓝宝石钻戒，夫人奖励他两先令。

沃德一家，可不是那种会把钻戒丢在路上的人。沃德上校，说得好听点儿，他冷酷就跟耶和华一样。沃德夫人则认为，抚养男孩，就要让他们长成真正的男人。她的眼睛里总是闪烁着愉快的光芒，两个孩子都很喜欢这位奶奶。他们真正的成长乐园，是南尼·汤姆森开办的幼儿园，那里还有别的孩子。沃德夫妇有至少4个女儿，还有其他寄养的孩子，不久后，他们还把艾伦的表弟表妹，也就是柯万上校的3个孩子也一起接过来寄养。艾伦非常喜欢沃德夫妇的二女儿海兹尔，但是讨厌最小的琼，琼比艾伦大，但是比约翰小。

令沃德夫妇失望的是，图灵兄弟不屑于打架和玩具枪，甚至对无畏级战舰模型也不感兴趣。沃德夫人给图灵夫人写信，抱怨说约翰就是个书呆子，图灵夫人随后写信给约翰，把他责备了一番。沃德夫妇想了很多办法,希望激起他俩的玩兴,比如迎着微风散步,在海滩上野餐,办聚会时做游戏,还有围着门前的篝火吃东西。

但是不管怎么样,这里都不是家,虽然图灵夫妇尽可能地多回英国,但即便在他们回来时,这个地方也不是家。图灵夫人1915年春天回来时,艾伦已经会说话了,他显得格外早熟,很会吸引别人的注意。在遇到挫折时,他非常倔强。他还把坏掉的木偶种到土里,希望能长出一个新的,不知道他是在做实验还是在故意捣乱。他还慢慢学会控制合作与不合作之间的界线,开始拒绝做一些小孩子该做的事。再后来,他开始动不动就跟南尼或沃德夫人吵嘴。

1915年秋天,图灵夫人要回印度了,她临走时问艾伦:"你答应过妈妈,会学得很乖的,对不对?"艾伦回答:"对,但有时我就忘了!"这次他们只分离了6个月,1916年3月,图灵夫妇冒着德军U型潜艇的危险,一路穿着救生衣,顺着苏伊士运河回到南安普顿。他们全家人去西部高地度假,住在开梅福德的一家酒店,图灵先生在那里教约翰钓鱼。1916年8月,他们决定不再冒这个危险了,未来的三年不能再见面。图灵先生返回印度,而艾伦的母亲则在圣伦纳兹留下来,和艾伦一起,过双重背井离乡的日子。

第一次世界大战,对图灵一家几乎没有什么影响。对于这一代人来说,世界给他们留下的遗产,似乎就是1917年的机械化屠杀,U型潜艇封锁,飞机地毯式轰炸,还有美俄革命爆发。但对于图灵一家,这些东西造成的唯一结果,就是图灵夫人一直留在英国。这一年5月,约翰被送到肯特郡的汤布里奇威尔斯附近的海兹赫斯特预科学校，于是只剩下艾伦陪伴在图灵夫人身边。她喜欢去教堂做礼拜，选了一个非常高的圣公会教堂，每个星期天都拉着艾伦去跟上帝交流。艾伦很讨厌教堂里的香，于是把它叫作"怪味教堂"。图灵夫人还要求艾伦学习水彩画，这是她的得意之技。她带着艾伦去看剧会，艾伦瞪着大眼睛，戴着水手帽，摆出一副古怪的表情，他喜欢看那些学艺术的女生。

艾伦通过一本《快乐阅读》，用3周时间学会了阅读，他还用更短的时间学会了识数，并且养成了一个烦人的习惯：每次走过路灯时，都要停下来看上面的编号。但是，艾伦分不清楚左右，他在左手的拇指上画了一个红点，称为"识别点"，通过它，来判断哪边是左。

艾伦的理想，是当一名医生，这是一个令家人很高兴的志向。他父亲喜欢医生的高薪，他母亲喜欢医生的地位。但是，当医生总不能靠自学吧，于是他们考虑，该让艾伦去上学了。1918年夏天，图灵夫妇把他送到圣麦克尔私立学校，学习拉丁文。

比艾伦大9岁的英国作家乔治·奥威尔，曾经自称是"上层中产阶级里的下层人"，他在战前写道：

> 如果你是个绅士，无论你收入多少，都要咬着牙齿去表现得像个绅士。上层中产阶级的特点就是，他们没有商业传统，只崇尚军人、官员或者学者。这个阶级的人，手里没有土地，但却总是自认为，自己是上帝眼中的地主。他们不经商，只从事专业职务或者从军，以此来维持半贵族的形象。男孩们总是数着盘子里的石头，念叨着"陆军，海军，牧师，医生，律师"，用这样的方式，来计划自己的未来。

现在,图灵一家就是这个处境。除了在苏格兰度过的几个假期之外,两个男孩几乎没有什么快乐。他们的奢侈品,就是看电影,溜冰,看杂技。在沃德那里,他们感受到了一种持续不断的清洗,把他们从其他同龄孩子中划分出来。如奥威尔所说:

> 我在很小的时候,还不到6岁,就感受到了阶级划分。本来我很向往工人阶级,因为他们总是在做一些有趣的事,比如渔民、铁匠和瓦匠。但是,我很快就被禁止跟管道工的孩子们一起玩,因为他们是平庸的。

尽管印度公务员的薪水并不低,但图灵一家的生活并不宽裕,因为他们现在要为将来攒钱,他们必须要为一件事买单,那就是公学。至于战争,革命,通货膨胀,这些似乎都跟他们没关系,两个孩子要上公学,这就是他们唯一关心的事。艾伦现在的主要责任就是别惹祸,次要责任是学拉丁文,这两样事,是上公学的必要条件。

随着德国的溃败,休战期开始了。艾伦对拉丁文实在是一点兴趣也没有,所以在写作方面遇到了很大困难。他的手和脑似乎无法合作,写作就是跟笔做斗争,这次斗争持续了整整10年。在这期间,凡是他写的东西,要么就是打满了叉,要么就是把纸弄得奇脏。

但尽管这样,此时的艾伦仍是一个阳光开朗的男孩。在圣诞节去拜访图拉斯坦·伊夫时,他的叔叔伯蒂很喜欢给他讲笑话,因为他总是天真无邪地咯咯傻笑。然而,这样的假期对于约翰来说，简直就像噩梦一样，因为他要照顾艾伦，这是一个谁也无法轻松胜任的事。约翰描述道：

> 他穿着水兵服赶时髦，它倒是挺合身，但是我完全不晓得，还有什么东西能比水兵服更难收拾。领子、领带、围巾、腰带、裤子，在箱子外面扔得到处都是，怎么把它们弄整齐，根本就是超出了人类的智力。我弟弟一个扣子都不管，我一点不夸张，他什么东西都不管，哪只脚穿哪只鞋，对他来说根本没有区别。我得帮他处理所有的事，包括刷牙和抠耳朵，这些事让我精疲力竭，只有在我们去看童话剧时，我才能暂时不用为他操心。但就算在这时，艾伦仍然非常烦人，《彩虹尽头》里的绿龙和怪兽一出场，他就开叫大喊大叫……

圣诞童话剧是一年的高潮，但艾伦却不怎么感兴趣。艾伦后来回忆说，小时候我觉得这剧总是没完没了，我不知道它是周期性上演的。后来，他们回到沉闷的巴斯顿住宅，艾伦喜欢上了研究地图。他过生日时，要了一个地图作礼物，并且马上钻研了一遍。他还喜欢药方，把治疗荨麻疹的酸模合剂的成分抄下来。他有一本书，是一小本自然科学笔记，这是他母亲读的《天路历程》的补充资料。有一次，艾赛儿在给他讲书时，偷懒跳过了一篇很长的理论论文，这令艾伦生气地喊叫"你全给搞糟了！"然后跑回了卧室。不管是谁，一旦答应了艾伦的要求，就必须坚持到底，不能变卦也不能骗他。幼儿园的南尼也发现了这一点，回忆在跟艾伦玩的时候说道：

> 我现在印象最深的就是，他那么小的时候，就表现出一种正直和智慧，你不能跟他耍任何虚伪的花招。我记得有一次跟艾伦一起玩，我故意让他赢，但他马上就指出来，并且吵闹了好长时间……

1919年2月，在3年的分离之后，朱利叶斯·图灵先生回来了。然而，现在再想在艾伦面前重建威信，可不是那么容易的，艾伦已经可以轻松地顶嘴了。有一回，朱利叶斯叫他把鞋舌整理好，说鞋舌应该像烙饼一样平。艾伦立即反驳说，烙饼明明是卷的。艾伦如果有什么想法，他会习惯说"我知道"或者是"我早就知道"，比如说，他早就知道伊甸园的禁果不是苹果，而是李子。夏天时，图灵先生带他们到阿勒浦度假。阿勒浦在苏格兰遥远的西北地区。因为有钓鱼教练，所以这次豪华的假期令他们觉得非常愉快。朱利叶斯和约翰在钓鳟鱼，图灵夫人在画海湾的素描，而艾伦则在石楠花丛中自己玩耍。他想了一个收集蜂蜜的好主意，准备在野餐时泡茶。当蜜蜂嗡嗡飞过时，他就在观察它们的飞行路线，并通过标出交会点，确定蜂巢的方位。那点脏乎乎的蜂蜜不算什么，但他的这种聪明，给朱利叶斯留下了深刻的印象。

这一年的11月，艾伦的父母又走了，他又被留在沃德家，而约翰则回到了海兹赫斯特。图灵先生被调到马德拉斯的一个大城市，做财政工作，艾伦在圣伦纳兹的海边，每天配配无聊的食谱。1921年，当他的母亲再回来时，他已经快要9岁了，但还没有学会比较长的除法。

他母亲发现，这时的艾伦变了，从极度活泼，变得不爱交际了。在照片中，他那10岁的小脸庞，甚至还透着强烈的抑郁和孤僻。于是，她带着艾伦离开了圣伦纳兹，在法国西北部的布列塔尼度过暑假之后，他们来到了伦敦，她在那里自己教艾伦。在伦敦，艾伦总是喜欢拿一块磁铁，在下水道里找铁屑玩，这让艾赛儿很操心。1921年5月，朱利叶斯·图灵被提拔为马德拉斯政府发展部副部长，负责农业和商业。12月，他回到英国，全家一起去圣摩瑞兹过冬，艾伦在这里学会了滑雪。

然后，艾伦该去上学了，可是圣迈克尔学校却不要他。女校长泰勒说，艾伦确实挺有天分，但是学校也有学校的制度。这事儿一直拖到1922年新年，艾伦的人生终于走进了新阶段，他跟哥哥一样，来到海兹赫斯特。

海兹赫斯特是个小学校，由达灵顿先生开办，布兰金先生教数学，姬丽特小姐教画画和各种类型的音乐。这里一共有36名男孩，都是9到13岁这个年龄段的，约翰很喜欢这里，他现在已经读到最后一学期了，是个好学生。然而，他的弟弟来到这里，却感觉如鲠在喉，他觉得那些制度剥夺了他的悠闲生活，简直就要把人逼疯。他现在整天就是上课、参加活动和吃饭，没有时间做自己有兴趣的事。后来有一阵子，他迷上了折纸，开始教其他男孩折纸，约翰回忆说，他当时看到了铺天盖地的纸青蛙和纸船。艾伦对地图的热爱，启发达灵顿先生举办了一场地理竞赛，艾伦得了第六名，约翰觉得地理很无聊，输给了艾伦。还有一回，学校举行音乐会，当约翰独唱《希望与荣耀的土地》时，艾伦在后排笑得差一点呛到。

复活节时，约翰离开了海兹赫斯特，去马尔伯勒上公学。夏天，朱利叶斯先生又带着全家去苏格兰，他们这次去洛金文。艾伦喜欢在山间的小路上实践他的地理知识，另外还跟约翰在湖边比赛钓鱼。

这两个兄弟，很喜欢玩一些非暴力的比赛，比如说，为了对付无聊的斯托尼外祖父，他们就会玩一个游戏：谁能想办法让他停止讲那些烦人的故事，谁就算获胜。在洛金文，他们进行了一场让图灵夫人觉得十分低俗的比赛，看谁把吃剩的猕猴桃皮扔得更远。艾伦打败了他们家所有的人，他聪明地让猕猴桃皮胀起来，然后把它们高高地抛过树篱。

艾伦暂时忘记了他的责任和义务，在这里享受着令人惬意的午后阳光。9月份，父母把他送回了海兹赫斯特，当他们乘坐的士离开时，艾伦从学校里冲出来，挥舞着手臂，疯狂地追赶。但是没办法，他们只能咬着嘴唇，搭船回到印度马德拉斯。艾伦对海兹赫斯特的体制，仍然抱有不同的看法，他的平均分慢慢提高了，并且开始对老师的教学提出一些让人尴尬的意见。比如说，当说到教初等数学的布兰金先生时，艾伦对约翰说："他对未知量 x 的含义的理解是错的。"

艾伦比较喜欢一些安静的小游戏或辩论，他讨厌而且害怕体育课和课后的游戏，比如其他男孩冬天玩的冰球。艾伦后来说过，他为什么擅长奔跑，就是因为当年为了躲冰球而练成的。不过他很喜欢当边线裁判，他喜欢精确地判定球出线的位置。在一次期末活动中，大家评论道：

图灵为什么喜欢冰球场

因为边线是一道几何题

后面还说，艾伦在玩冰球时，一直在：

  观察场边的雏菊的生长

艾伦的母亲，图灵夫人艾赛儿，还想象着这样的场面，画了一幅素描。虽然这只是同学们对他的心不在焉的一种嘲讽，但这句话里确实有一些真实成分，因为在这个时期，有一些新鲜的事情发生了。

  1922年末，不知道是谁送给艾伦一本书，叫《儿童必读的自然奇迹》。他后来告诉母亲，这本书让他大开眼界，让他知道了世界上还存在一种知识，叫作科学。这本书，不仅让他认识到什么是生命，而且也改变了他的生命之路。如果说，有一样东西，曾经改变过图灵，那无疑就是这本来自美国人的书。

  这本书出版于1912年，作者埃德文·特尼·布鲁斯特如此描述它："……这是首次尝试为年轻的读者们讲述生理话题。总之，这是一次尝试，启发孩子们产生这样的疑问：'我和其他生物有什么共性？又有什么区别？'并且给出了回答。另外，孩子们经常会问一些让人为难的问题，其中最难回答的就是：'我是怎么形成的？是怎么来到这个世界的？'在本书中，我也尝试为那些严肃却困惑的家长，提供一些解答这类问题的基本原理。"

  换句话说，这本书讲到了性科学。它从"鸡怎么进到蛋里"开始谈起，谈到"其他种类的蛋"，直到"男孩和女孩是怎么产生的"。布鲁斯特还说："男孩与女孩确实是有区别的，但不要认为其中一方高于另一方。"

  这个区别是什么，布鲁斯特没有细说，他将话题引到了海星

和海胆的卵,然后技巧性地回到人体上:

> 所以,我们并不像泥马和木马,而是像用砖头砌成的马。我们是由小砖组成的,我们为什么能长大,就是因为一块砖分裂成两个半块,然后半块又能长成一整块。但是我们现在还搞不清楚,这些砖如何决定自己什么时候长,以及哪里长得快、哪里长得慢、哪里不长。

生命的成长过程,是这本书里最重要的科学话题,但布鲁斯特并没给出详细的解释,他只是描述了这些现象。有意思的是,就在1911年10月1日,当艾伦·图灵的小砖第一次分裂的时候,生物学家达西·汤姆普森教授向英国学会报告说:生理学的本质问题,就像谜一样不可解。

还有一件事,《自然奇迹》也没说清楚,那就是人的第一块砖是从哪来的。它只给出了一个让人不解的暗示,说:"蛋本身也是来自一个细胞的分裂,当然,这是母亲身体的一部分。"这个过程的细节,就要留给那些"严肃而困惑的父母"来解答了。图灵夫人在这个棘手的问题上,也像布鲁斯特一样,采取了隐晦的手法。她给在海兹赫斯特的约翰写了一封信,以鸟和蜜蜂开始,以"不要越轨"结束。可以想见,艾伦应该也是被用同样的方式教育的。

但是在另一个方面,《自然奇迹》是非常现代的,它绝不是一本简单的自然书。它里面传递了一种思想,那就是任何东西的存在,都是有原因的,而且这种原因源自科学,而非上帝。其中有很长的篇幅,解释了为什么男孩喜欢扔东西,女孩喜欢小婴儿,为什么这个世界的理想模式是父亲去办公室工作，而母亲留在家里。这些美国生活的画面，对于印度公务员的儿子来说，理解起来存在一定的复杂性，但是这里有另外一些内容，与艾伦的生活有直接的关系：

> 你知不知道，为什么在你想去游泳的时候，大人却非要让你去上学，在板凳上坐5个小时，学那些讨厌的课程？这是因为，只有这样，才能让你的大脑开始形成思维区……这必须趁大脑还在发育时就开始，通过长时间的学习，慢慢形成以后你都要使用的思维区。当我们长大后，我们的大脑就不能再形成新的思维区了……

这样一来，连上学的合理性也被科学化了，神权至上的旧世界，现在只剩下了模糊的隐喻。布鲁斯特还谈到了生物进化，他甚至还认为，生物就是一种机器：

> 身体显然就是一个机器，它非常复杂，比人工制造的机器要复杂许多，但它毕竟还是机器。以前我们不知道它是怎么工作的，以为它就像蒸汽发动机。现在我们已经知道了，它确实是个气体发动机，就像摩托车、摩托船或飞机的发动机一样。

现在还搞不清楚细胞分裂或变异的具体过程，但是看起来，这确实不像和天使有什么关系。艾伦经常观察雏菊的生长，他也许会想道：雏菊似乎知道自己该做什么，它确实是基于一系列细胞，像机器一样地工作着。那么我自己呢？我的身体是怎么知道自己该做什么的？当冰球嗖嗖地从他眼前飞过时，他思考了许多问题。

除了观察雏菊之外，艾伦还喜欢搞些小发明。1923年2月11日，他写信说[1]：

亲爱的爸爸妈妈

我得到了一台可爱的相机是麦克尔希尔斯送我的可以换胶卷的如果你们想看看我复制了一份给你们放在另一个信封里里面有16张照片我还可以做出你们知道的押韵短诗站在茶桌旁的男孩这周我又考了第二名迈顿发来问候GB说我写得太粗了应该向威尔斯要一些新的钢笔尖我现在用的就是新的笔尖明天有场讲座这是我自己发明的墨水

像海兹赫斯特这样的学校，存在的意义是为了普通入学考试，然而在这考试中，却没有什么关于科学、发明或现代世界的内容。《自然奇迹》中说，每件事情都是有原因的，但是这些学校只是像机器一样运转着，似乎是没有原因的。这就是在英国体制下建立起来的思维区——即使在燃烧的甲板上，人们也是一样按部就班地工作，直至烧死。

因此，所有的老师都极力地阻碍艾伦，不让他搞那些没有用的"科学"。但他们无法阻碍他的发明，尤其是发明书写工具：

---

[1] 图灵的原文就是没有标点的，我们在这里忠实地重现。另外，下文中图灵的原文存在语法错误。本书都按原文重现，不予更改。

4月1日（愚人节）

　　猜猜我正在用什么写字？是我自己发明的钢笔它是这个样子的：

（此处有一张简陋的钢笔设计图）

你们看，按一下E点（钢笔填充管的软头），就能吸满墨水了。本来我以为轻轻挤一下就能跑出一点墨水但这好像还不太好用。

　　听说约翰去了法国鲁昂他看到圣女贞德雕塑了吗？我希望约翰喜欢鲁昂不好意思我今天不怎么想继续写了迈顿说约翰寄了些东西。

因为这支钢笔，大家又有了新的句子来形容艾伦：

一支钢笔漏的墨水
够四支钢笔用半天

在7月的另外一封信中，图灵还用绿色的墨水（这是不许用的），粗略地勾勒了一个关于打字机的想法。

　　约翰去鲁昂的时候，图灵家有了一个大变化。约翰在去马尔伯勒之前，就对父亲说，他想从沃德家产生一点改变（大意就是想搬走），于是图灵先生同意了。他们在赫特福德郡，找了一个教区牧师家庭，从1923年夏天开始，作为他们的新家。复活节时，约翰第一次和弟弟分开，住在鲁昂的高迪尔太太家里。到了夏天，艾伦也实在很想去，于是就去和他一起住了几个星期，感受了法国的文化和文明。艾伦对小资小清新风格的高迪尔太太印象很好,她让艾伦把耳朵后面洗干净,否则约翰就会被训一顿,艾伦觉得"这简直太好了"。高迪尔太太也很喜欢听艾伦的奉承,而且还允许他偷偷去电影院,这让约翰很不高兴。图灵兄弟二人,外表都非常帅,具有很微妙的魅力,相比之下约翰更明显一些,艾伦稍逊。这一次度假很不愉快,约翰拒绝骑单车带艾伦玩,他们只好一起无精打采地闲逛轧马路。高迪尔太太说,艾伦就跟蜗牛一样,艾伦走路确实像蜗牛,总是沿着排水沟慢慢走。其实,这不也是在形容整个图灵家族吗?迟钝的图灵,郁闷的图灵,总是失败,要么最慢,要么最差。

后来,两个男孩回到了赫特福德郡的新家,变得开心多了,在这里度过了余下的夏天。红砖的教区宅邸,透着乔治王时代的艺术风格,副主教罗勒·梅耶是一个迷人而成熟的男人,附近还有玫瑰花床和网球场,沃德家那套严明的纪律也一去不复返了。约翰很喜欢在网球场和女孩们一起玩,他现在已经15岁了,显然会对此很有兴致。艾伦则开心地在丛林里一个人骑单车,还可以随心所欲地把屋子搞得乱七八糟。在一次教会活动时,一位吉卜赛算命人说,艾伦将来会是一个天才,梅耶夫人也觉得,艾伦确实不是个一般的孩子。

他们在梅耶家并没有住很久,因为他们的父亲朱利叶斯·图灵先生,被竞争对手气得要命,突然决定要辞职。他的竞争对手凯普贝,本来在上岗考试中成绩不如他,但却被提拔成马德拉斯首席秘书长。于是,朱利叶斯不愿再等待下一次晋升机会了,干脆告老还乡。他每年能拿 1000 英镑退休金,但是却没有爵位[1]。

不过,他们一家并没有回英国,图灵父亲不想交税,如果他每年在英国待不到 6 个星期,那就不用交所得税了。于是,图灵一家前往到法国迪纳度假。

图灵先生是 1926 年 7 月 12 日辞职的,他走了之后,马德拉斯仍然照常发展,但他自己的经济状况却完全不同了。艾赛儿现在要详细记录家用开销的账目,像去苏格兰度假这样的事情,从此以后再也不可能了。从很多方面来看,他过早退休是一件坏事,他的两个儿子也觉得,这是一个灾难。艾伦认为,父亲本来应该胜过那个什么凯普贝的,而约翰后来则评论道:

> 我以前真的没想到,我父亲这么容易就被击败了。其实我本来早就应该想到的,因为很多人都说,我父亲一点都不关心级别和制度,也不关心自己的政治前程,总是口无遮拦地把自己的想法说出来。有一个例子足以体现这一点,那时候他在马德拉斯,做威灵顿的首席助理,有时候他们意见不同,我父亲就会说:"你记住,你不是印度的老大!"这种严重的找麻烦的话,实在是让人没法接受。

图灵夫人对此也经常抱怨,尤其是当她羡慕威灵顿夫人的时候。说实话,图灵先生工作很负责,遵守规章,服从安排,一心为当地的数百万人民服务。但是在马德拉斯官场,这些都没有什么用。他的余生,充满了挫折感和幻灭感,钓鱼和桥牌,也无法

---

[1] 凯普贝倒是获得了爵位。

缓解他的苦闷和压抑。特别是图灵夫人想要回欧洲,这更加恶化了他的情绪。他们不断地给对方提出要求,但是谁也不能满足谁,到后来除了一起收拾花园以外,就很少再沟通了。

这趟法国之行的结果是,艾伦喜欢上法语了,现在这成了他最喜欢的学科。实际上,他是喜欢用法语作为一种密码。在海兹赫斯特时,他就用达灵顿先生看不懂的法语,给母亲写明信片,讲法国大革命。这是他在迪纳时,从布瑞顿的女佣那里知道的,这位女佣经常说,社会主义革命即将来临。

不过,真正让艾伦入迷的,仍然是科学。他父母回来时,看到他紧紧抓着《自然奇迹》,对此他们也并不完全反对。图灵夫人的祖父的二堂兄,乔治·约翰斯托·斯托尼(1826~1911),是一位挺有名的爱尔兰科学家,当她还是小女孩的时候,曾在都柏林见过他。这位科学家最著名的事迹,是在1894年创造了"电子"这个词,那时还没有原子价这个概念。家族里有这么一位皇家科学院成员,这让图灵夫人感到十分自豪,那种头衔和地位,给她留下了深刻的印象。她还给艾伦看了印有巴斯德(1822~1895年,法国化学家,细菌学家)肖像的法国邮票,让他看看当科学家的光明前景。也许她还想起了多年以前让她仰慕的那位克什米尔的传教士医生。总而言之,她一切的想法都是围绕一个原则,那就是她希望成为贵族,她希望斯托尼家族有人用科学来推动王国进步。然而,艾伦的父亲对此却有不同的看法,他觉得一个科学家每年顶多能挣500英镑,即便当上政府科学家,也多挣不了多少。

他虽然这样想,但他还是以自己的方式在帮助艾伦。1924年5月,当艾伦回到学校时,给父亲写信说:

>……你在火车上教我测量，我已经学会了，我现在知道怎样测量树的高度、河谷的宽度等。我还举一反三，知道怎样在无须爬山的情况下，测量山的高度。

艾伦还学会了绘制地图。据图灵先生回忆，1924年夏天，他们在牛津待了一阵子，9月时，他们去北威尔士的一个木房子度假。然后艾伦自己回到海兹赫斯特，图灵夫妇留在那里。艾伦回海兹赫斯特之后，自己绘制了雪都尼亚山的地图。

地图是个老爱好，除此之外，艾伦还喜欢研究家谱，尤其是错综复杂的图灵家谱。这个庞大的维多利亚家族，不时地跳出一个又一个准男爵，这让他觉得很有挑战性。

另外，艾伦还喜欢国际象棋，他曾记录道："本来达灵顿先生说人数太少，没法举行象棋锦标赛。现在我已经成功地召集了足够多的人，所以我们可以办锦标赛了！"

但是，这一切的爱好，在化学面前都显得苍白了。艾伦一直都很喜欢药方，喜欢配制奇怪的墨水，在梅耶家时，还喜欢在树林里烧泥巴。他很熟悉化学反应的概念，而且在牛津过暑假时，还接触到了一箱子化学药剂。

《自然奇迹》里面没有讲太多的化学，只有一点关于毒物的知识。布鲁斯特讲得并不很学术，他说：

>任何一种生物，无论是人还是植物，一生都是在与各种毒物斗争。毒物会通过各种渠道找上我们……酒精、氯仿、各种生物碱，比如做药的可卡因，还有尼古丁，也就是烟草

的生物碱，各种毒菌的毒，以及我们喝的咖啡因……

还有一章叫作《关于糖和其他毒物》，谈到了二氧化碳在血液中产生的影响，以及大脑对此的反应：

> 当脖子里的神经中枢刚尝到一点儿二氧化碳时，它不会怎么样，但当这种感觉开始增强时（大概 15 秒以内），它就会通过神经传达给肺，它会说："嘿嘿嘿！你们怎么回事？赶快干活了！用力呼吸！否则血液就要开始燃烧血糖了！"

艾伦觉得这些都很有趣，但是下面这段关于"苏打"的比喻更有趣：

> 二氧化碳在血液里变成苏打，血液带着这些苏打进入肺，苏打在肺里再重新变成二氧化碳。

在《自然奇迹》中，没有出现专业的化学术语。艾伦肯定已经发现了，这些名称都是不专业的，因为他在 1924 年 9 月 21 日回到学校后，曾经给父母写信说："别忘了我要的科学书籍，我不要儿童百科"，并且说：

> 《自然奇迹》说，二氧化碳是在血液里变成苏打，并在肺里变回二氧化碳的。如果可以的话，请把苏打的化学名称或方程式寄给我，我看看它到底是个什么东西。

不知道艾伦有没有读过儿童百科，也许他会觉得太幼稚了，所以没有读过。但他在这个时期，已经用一些日常用品，做了很多小实验，学会了化学的一些基本概念。

他的父母都不擅长化学，但在11月，他找到了一个很好的学习渠道："我很幸运，我得到了一本特别好的书。" 1924年圣诞节时，艾伦还得到了一套化学药品、坩埚和试管，并且还有一间地下室，可以用来使用这些东西。他从海边拖了一堆海草回来，用来提取碘。艾伦的这些爱好，让约翰觉得很不可思议，他的时间全都花在网球、高尔夫球、跳舞和在娱乐场调情上。

邻居有一位英国校长，艾伦的父母请他来辅导艾伦的普通入学考试。但现在的艾伦，却已经完全陷入了科学的世界。1925年3月，艾伦回到学校时写道：

> 我这学期的普通入学考试[1]，和上次名次一样，平均分53%，法语考了69%。

他真正关心的还是化学：

> 我想知道去哪能找到一个陶瓷容器，这样我就能研究高热反应了。我已经试着学了一些有机化学，比如这样的东西：
> $H(CH_2)_{17}CO_2H(CH_2)_2C$
> 我知道这种 $C_{21}H_{40}O_2$ 也许是一种油。我还发现，有一种形象的公式非常有用，比如说酒精是：

---

[1] 其实是一次模拟考试。

$H(CH_2)_2OH$ 即 C_2H_6O 即

$$H-\overset{\overset{H}{|}}{\underset{\underset{H}{|}}{C}}-\overset{\overset{H}{|}}{\underset{\underset{H}{|}}{C}}-OH$$

甲基乙醚是：

HCH_2OCH_2H 即 C_2H_6O 即

$$H-\overset{\overset{H}{|}}{\underset{\underset{H}{|}}{C}}-O-\overset{\overset{H}{|}}{\underset{\underset{H}{|}}{C}}-H$$

你看，这样就能看出它们的分子结构。

接着在一个星期之后：

> ……在高热实验时，产物往往是气体，这时就不能用坩埚，必须有个陶瓷容器。我要一个一个地做我想做的实验，我想用天然材料来造出一些东西。

艾伦现在已经开始对自己的世界观产生意识了，这种对简朴和自然的向往，不仅体现在化学上，而且体现在今后的很多方面。对他来说，生命本身就是由这些构成的，其他的一切都是多余。

对于图灵夫妇来说，这些都是无关紧要的事，不管怎么说，化学只是艾伦的假期娱乐。他马上就要13岁了，当务之急就是上公学。 1925年秋天，艾伦参加了马尔伯勒入学考试，令人吃惊的是，他竟然考得非常好（但没获得奖学金）。这时约翰的一句话，改变了他弟弟的命运，他说："看在上帝的份儿上，别把艾伦送去，这会毁了他的。"

这件事情确实很棘手，艾伦必须得适应公学生活，否则哪个公学会喜欢一个整天用泥巴和果酱做实验的学生？这是一个很严重的矛盾。图灵夫人说：

> 在小学时期，艾伦的生活圈子很小，大家能够理解他，并且喜欢他。但是，如果他去了公学，肯定会遇到很多困难。为了给他找个合适的学校，我真的煞费苦心，生怕他不能适应公学的生活，变成一个高智商低情商的怪物。

但她的苦恼并没持续很久。她有一位朋友，格维斯夫人，是舍尔伯尼公学一位教师的妻子。1926年春天，艾伦再次参加了考试，并进入舍尔伯尼。

舍尔伯尼是一所历史悠久的英国公学，它最初是个修道院，1550年开始搞教育，到了1869年，彻底变成了学校。1909年，在一阵低迷期过后，诺威尔·史密斯担任了校长，学校由此开始复兴。到了1926年，诺威尔·史密斯已经使学生规模从200人增长到400人，把舍尔伯尼建成了比较卓越的公学。

在艾伦去之前，图灵夫人先到了舍尔伯尼，拜访了校长的夫人，对诺威尔夫人诉说了一些她的期待。诺威尔夫人考虑了她的想法，把艾伦安排在乔弗雷·奥汉兰家里寄宿。

夏季学期从1926年5月3日开始，这是个星期一，也是英国大罢工的第一天。在从圣马洛出发的渡船上，艾伦听说只有慢速火车还在运行。于是他突发奇想，打算从南安普顿骑60英里单车，前往舍尔伯尼。

我把行李交给托运员大约11点从码头出发3先令买了份有南安普顿的地图但上面却没有舍尔伯尼。舍尔伯尼在地图外面。3英里。好不容易找到邮局，1先令给奥汉兰拍电报。遇到一家单车店，6便士搞定。12点左右离开3先令6便士吃午饭7英里到林德赫斯特3英里2便士买个苹果。8英里到比尔利踏板出问题6便士修好。4英里到林沃德。南安普顿的街上到处都是罢工者。很愉快骑车穿过新森林公园和一片荒野到林沃德然后顺利到达温伯尼。

艾伦在布兰德福特最好的旅店过了一夜，假如他父亲知道这件事，保准不会同意。（艾伦必须要计较每一便士，这毫不夸张，比如他会在信的结尾写着："请寄回1英镑1便士：1英镑钞票和1便士邮票"）幸好旅店老板只是象征性地收了他一点钱，而且早上还特地为他送行。

然后，布兰德福特附近有些很好的下坡，整个路上只是有点颠，最后一英里全是下坡。

他从一座小山顶上，望见了他的终点：乔治王风格的小镇，和大修道院旁的舍尔伯尼公学。

这样一个小男孩，面对大罢工时，能不慌不忙地拿出一套应急方案，并且成功地解决了问题，这是很不简单的。当地的报纸，报道了艾伦这趟单车旅行，人们都觉得很吃惊。当温斯顿·丘吉尔向那些"敌人"高呼"无条件投降"时，艾伦却利用罢工，享受了两天自由。这件事很快就过去了，接下来的日子，正如一本描写舍尔伯尼的书，艾力克·沃《青春织机》里面回忆道：

> 新来的男孩，在公学度过的第一周，恐怕是他一生中，度过的最悲惨的日子。不仅要面对各种各样的欺侮，还要面对自己内心的孤独，对犯错误的恐惧，以及对一些其实并不存在的困难的恐惧。

当故事的主人公第二天晚上给家里写信时，艾力克·沃这样描述："哪怕这母亲是个傻子，也能从字里行间看出，她的儿子正处于黑暗而无垠的悲惨境地中。"对艾伦来说，情况甚至比这还要糟，他不仅不知道怎样融入新环境，而且因为罢工，他的行李还一直被困在南安普顿。一周后，他写信说：

> 这边没有任何衣服或其他东西简直烦死我了……很难在这边安顿下来。快回信。星期三什么事也没有就是在宿舍写作业找教室订教材一周后差不多会好一些……

一周后，艾伦确实好了些：

> 我越来越适应这里了。但行李还是没到，所以我也好不到哪去。下周二我们要开始沉闷吃力的工作了。在这里，折磨迟到者的手段，就跟高卢委员会一样，老大一喊小弟们就赶紧跑最慢的人就得去干活。这里早上要冲冷水澡，就像马尔伯勒的冷水澡一样。我们每周一三五6:30吃茶点，所以我

从中午就憋着不吃饭……印刷工人也罢工了，结果伯纳特书店没有我们订的书，所以我缺很多书。跟别的公学一样，新来的男孩必须唱些歌。不过现在还没到时候。我还不知道要唱什么，反正不是《金凤花》……我们的作业极少，比如读《使徒行传》第三章和第四章，只要45分钟。

爱你

艾伦

唱歌确实是有的，还有一些别的典礼，但是在这种时候，艾伦往往是被踢来踢去扔进纸篓的角色。艾伦的母亲对这封信的评价是，这显示了艾伦"古怪的幽默感"。然而，如果她能读出言外之意，她更应当感到一种责任，而不是同情。

艾伦现在终于开始学习科学了，他写道：

我们每周学两小时化学，刚学到"物质的性质""物理变化和化学变化"之类的。我给老师讲我制碘的事，还给他看了样品，老师很高兴。这里校长被叫作"首领"。我想学希腊语，而不是古希腊语……

校长安德鲁确实因为艾伦懂那么多而高兴，他说艾伦身上有"令人高兴的坦率和天真"。西科特学院的监督生，阿瑟·哈里斯，作为对单车旅行的奖励，收艾伦做了自己的小弟，或者说跟班。但无论科学还是单车，在舍尔伯尼，这些都不是重点。

校长常常在讲话中，谈到校园生活的意义。他说，舍尔伯尼并非完全为了打开思维，虽然这在过去，是学校的主要意义。现在的英国公学,已经明显地发展成了小型国家,这里有残酷的现实环境,也体现着言论自由、公平正义、议会民主、权益权力等社会概念。校长说:

> 从教室,从宿舍,从操场,从游行,从你们和老师的关系,从你们的资格和级别,你们应当开始懂得权威,顺从,合作,忠诚,把学校利益置于个人利益之上……

资格和级别,权力和责任的平衡,这对于大英帝国来说,是更珍贵的东西。而"打开思维"这件事,顶多能算个细枝末节就不错了。

维多利亚改革的影响之一,就是使竞争激烈的考试成为公学生活的重要部分。成绩好、听话的学生,就有机会成为这个小型国家里的知识阶级,艾伦不属于这个群体,人们对他一点指望都没有。学校里还教橄榄球和板球,这里的男孩们很看重这些游戏,他们在这些游戏中,学会控制情绪。世界大战引起的社会变革,对故步自封的公学没有产生冲击,这里的体制仍然是监视且控制着每一个男孩,这些才是舍尔伯尼真正的重点。

在科学方面,舍尔伯尼只是在维多利亚改革中,做出了一个敷衍的让步,从1873年开始,引进一位科学老师。这主要是为了医学而设,并不是为了展示自然世界,而且一直因为"很庸俗",而经受着绅士们的侮辱。科学不顾一切地求证真理,但并没有因此而受到尊重,正如斯托尼家为帝国建了大桥,但却有更高的阶级在指挥他们。公学坚定地抵制着19世纪科学的胜利,诺威尔·史密斯把知识界分成古典、现代和科学,他认为:

> 只有最肤浅的脑子,才会认为那些新发现是先进的,认为我们离解开宇宙奥妙更进了一步……

这就是一个小型的顽固的英国,在这里,老大和小弟分得很清楚。在学校外面,男孩们充当小弟,把牛奶桶装到火车上,直到国家的老大们结束罢工。艾伦也在做这些事,但他的肤浅的脑子,对贵族、帝国建造者和白人政客面对的困难完全不关心,他对这套体制毫无兴趣。

体制,这是一个经常被提到的词,但体制的运转,几乎是与个体无关的,它会无情地抹杀掉每个人的个性。艾伦所在的西科特学院,从1920年才开始接收寄宿生,但现在却已经形成了监督生、小弟、厕所里的狠打和弱肉强食的自然法则。虽然院长乔弗雷·奥汉兰不愿承认,但这确实是事实。这个40岁的单身男人,靠着兰卡棉花赚来的私人财产,扩建了学院的房子。他不想把男孩们培养成流水线产品,也不像其他院长那么积极地给男孩们灌输信仰,他的学院也因此被冠上"散漫"的不良名声。他鼓励音乐和艺术,反对以强凌弱,在艾伦到来后不久,连唱歌仪式也取消了。作为一个崇尚兼容并包的古典主义者,他是这个小型国家里,最接近自由政府的人。这套体制,如果不考虑细节的话,可以说已经成为事实政体。你可以选择遵守、反对或者退出——艾伦选择了退出。

"他显得沉默寡言,有点孤僻,并非因为不高兴,我想只是因为害羞",奥汉兰评论说。艾伦没有朋友,这一年,他被其他男孩捉弄了至少一回,他们把休息室一些松散的地板做成陷阱,用来捉弄艾伦。艾伦只是默默地继续着化学实验,但这令他们更加反感了,因为这展示了艾伦的智力,而且会产生刺鼻的味道。"他的生活习惯有点脏、邋遢,"奥汉兰在1926年末写道,"他不觉得需要改变自己的生活方式,他总是有自己的事情要做,但是这并不能得到别人的同情:他看起来总是很开心,但我不知道他是不是真开心。"

"他的生活方式,会给他引来伤害,尽管我还看不出,他有什么不开心。但不可否认,他不是一般的男孩,这不是坏事,但可能会让他有点不开心。"他在1927年春季学期的最后,有点语无伦次地写下了这些。相比之下,校长对艾伦的评论则比较轻快:

> 他找到自己的职业后,一定会做得很好,但如果他在学校里愿意尽最大的努力,他就会做得更好——他得学会合群。

艾伦不是布鲁斯特说的那种,继承了原始人类的本能,喜欢向其他人投掷东西的男孩。在这方面,他更像他的父亲,他父亲小时候在贝德福德时,就不喜欢玩那些东西。图灵先生没有像他妻子那样,对校长过度尊重,他提出特殊要求,使艾伦免于打板球。后来奥汉兰允许艾伦玩高尔夫球,于是艾伦迅速地把体育馆搞得和他的屋子一样乱七八糟,这使艾伦成了一个讨厌的人。因为他本来肤色就比较黑,再加上总是抹得到处都是墨水,所以大家都觉得他很脏。他的笨手一伸出来,就仿佛是他自制的钢笔一样,随时都有可能喷出墨水。他的头发永远都不能倒在他想要的方向,衬衫从裤子里耷拉出来,领带缠在僵硬的领子外面,而且他好像还不知道哪个扣子该对应哪个眼儿。在星期五下午的军事训练营,他站在那里,帽子戴歪了,肩膀隆起来,穿着像灯罩一样的奇怪制服,还把裤腿卷了起来。这些特点,使他经常受到嘲笑,更不用说他那种怯懦、抑郁、尖细的嗓音——他不是真的结巴,而是犹豫,他好像需要用一套笨重的程序,费力地把自己的想法翻译成人类语言。

图灵夫人看到,她最担心的事情发生了,那就是艾伦无法适应公学生活。他也不是那种只跟老师亲近,而不受同学欢迎的学生,他连这一点也做不到。第一学期,他被分在一个叫作"贝壳"的班级,这个班级的其他学生,全都比他大一岁,而且都是能力很差的那种。后来他被提拔了,但也只不过是调到了正常能力的年级。艾伦自己倒不在乎这些。老师们像流水一样更迭着,前四个学期一共有17个老师,但他们中却没有一个能够理解这个做梦的男孩。据这个时期一位同学说:

> 不止一个老师喜欢挖苦艾伦,并以此为乐。因为艾伦的领子经常被墨水弄脏,所以老师有时会说:"图灵,把墨水抹到衣领上呀!"然后全班就哄堂大笑。这是个微不足道的小事,但却一直记在我心里,这是一个典型的例子,体现了对于一个敏感而无辜的男孩来说,公学是一个怎样的地狱。

学校每个学期会对家长做两次报告,图灵先生每次都会把信封放在早餐桌上,吸着烟斗看《时报》,以使自己坚强一些。艾伦则会无助地说,爸爸也应该看看其他男孩的报告。但问题是,爸爸并不为其他男孩付钱,他只是看到,他辛苦赚来的钱基本上打水漂了。

图灵先生并不在意艾伦不走寻常路,他在这方面非常宽容。实际上,约翰和艾伦在这一点上,正是像他们的父亲,他们三个都认为,要勇敢地说出自己的想法,并按自己的想法去做。在这个家庭中,图灵夫人则代表着大众的观点,她的品位和判断,被家里的其他成员认为是乏味而过时的。所以,尽管她丈夫和约翰都认为无所谓,但她觉得必须要改变艾伦。而且,尽管图灵先生很宽容,但他也不能接受,昂贵的公学学费被浪费,他在钱这个问题上,是绝对不含糊的。他已经厌倦了逃税,在瑟瑞的格尔福特边上买了个小房子,现在除了要交税,还要想办法给约翰找工作。他不让约翰前往印度从政,他预测1919年的改革会毁了印度官员的前途。约翰想要从事印刷业,图灵先生认为他应该去南美洲搞人造氮肥,最终他们采纳了图灵夫人的保守建议,让约翰去当律师。图灵先生为此需要支付450英镑,使约翰得到录用,并且还要资助他5年的生活费。

但是,艾伦并不理解,他上学的机会来之不易。即使是他最喜欢的法语课,老师也评价说,艾伦完全提不起兴趣,他只在老师逗乐的时候才会拿出点儿注意力。他的习惯是,平时不学习,考试考第一。但他刚来舍尔伯尼时要学的希腊语,现在是彻底扔下了,考了三个学期都是最后一名,最后学校干脆允许他放弃这门课了。奥汉兰评论说,这使艾伦得到了一种特许的赦免权,从此他就误认为,只要漠视一门课,就可以从这门课中解放。

当报告谈到数学和科学时,表扬就稍微多了点儿,但总是还有很多批评。1927年夏天,艾伦给他的数学老师兰多夫,看了一些他的成果,他独立给出了反正切函数的无穷级数。可以想见,兰多夫大吃一惊,并告诉其他老师,说艾伦是个天才。但这件事并没引起什么轰动，就像石头一样沉入了舍尔伯尼这潭死水，因为这只是六年级课程的标准答案。但问题的重点是，艾伦没有使用微积分，就算出了这个结果，更了不起的是，他能够看出来这个级数是存在的。

但这个小成功，仅仅能把艾伦从留级的边缘救回来，即便是兰多夫，也在报告中消极地说：

不是很好。他花了大量的时间研究高等数学，却忽视了基础课的学习。任何学科都需要先打好基础，他在这方面的表现很糟糕。

校长则提出警告：

我希望他不要两头耽误。如果他要留在公学，他必须以受良好教育为目标。如果他只不过想当科学家，那么上公学对他来说就是浪费。

这里面暗示了一件事，那就是开除，这是早餐桌上的一道霹雳，使图灵夫妇的一切希望，都面临着化为泡影的危险。但艾伦在接下来的一个学期里，改变了校长的看法。他因为腮腺炎，被隔离住在医院里，在期末考试时，却取得了和平时一样的好成绩。校长报告说：

他在数学和科学方面，没有得到应有排名和奖项，但在文学方面，有了很大的提高。如果他像现在这样继续干下去，他就会做得很好的。

暑假时，图灵一家又到威尔士度假，这次去的是费斯泰格。在一间木房子里，尼尔德先生对艾伦很感兴趣，并送给他一本关于爬山的书，他在书上写了很长一段话，鼓励艾伦像爬山一样，攀登智力的顶峰。在这个时期，他是仅有的几位认真看待艾伦的人之一。

《自然奇迹》里说，人体是一个活药店，布鲁斯特用这个比喻，来描述最新发现的激素的作用。身体的各个部位，向其他部位传达化学信号，这个过程是依靠激素，而不是神经。1927年，艾伦15岁了，他长高了，一些更刺激的改变，也在这个时候发生了。

1927年11月7日，艾伦参加了坚定礼，就像军事训练营一样，每个人都有义务参加坚定礼。当艾伦跪在萨利伯瑞主教面前，发誓与肉欲和恶魔断绝关系时，他确实是认真的，或者说他至少相信其中的一些东西。然而，诺威尔·史密斯校长却这样评论：

> 我希望他能认真对待坚定礼，如果他真的认真了，他就不应该只顾满足自己，而忽视明确的义务。

但是，对艾伦来说，把一堆可笑的句子翻译成拉丁语，擦亮军服上的扣子，这些义务，远远算不上"明确的"，他根本无法理解这些是为什么。艾伦并不是不认真，他只是对"认真"有他自己的定义。而校长的话，实际上更符合艾力克·沃所写的：

就像对大多数男孩一样，坚定礼对高登的影响很小。他不是无神论者，他相信基督教，只是因为所有优秀的人都相信它，所以它应该是正确的。但同时，这对他的行为并没有什么影响，如果说他这时有什么真正的信仰，那恐怕只有室内足球……

这段话在1917年是很犯忌的，《青春织机》在舍尔伯尼也是禁书，如果有人被发现私藏此书，常常会立刻遭到暴打。舍尔伯尼的学生们，基本上每周都会有一个人因此挨打。

这位作者还说：

　　听好，我不是要攻击公学体制，我认同它的大价值，尤其是它主张的责任、忠诚和服从。但是，它无法避免任何体制都会面临的危险，那就是会导致守旧、奴性和盲从，或者说，泯灭了独立的人格。

"这种体制，无法避免这些，"他继续说，"但如果我们每个人……采取正确的态度，就可以克服它们。"然而对于个人来说，想要克服体制带来的东西，是非常艰难的。正如史密斯校长说："这样的学校里的人，要比社会上的人们更加清楚……我们都活在一套普遍的纪律当中，我们的生活，已经全都被规定好了，指向一个明确的目标……"他更进一步地认为，"无论学生个体具备什么样的独创性，实际上都是在向着高层次的纪律前进。"史密斯并不是个目光短浅的人，他热爱华兹华斯的诗，是一位富有浪漫色彩的古典主义者，但他不知怎么，就向教育体制妥协了，也许他自己的内心也备受煎熬。

但是，在一个纪律重重的体制中，如果要谈人格独立，可以不谈那些浪漫的高层次，但必须要谈讲脏话的问题。校长呼吁大家不讲脏话，并宣传这是一种热爱舍尔伯尼的表现。尤其要提醒那些

> 具有独立人格……在文明家庭长大，本来不喜欢脏话，但却不好意思表现自己的厌恶，也许还因此受到嘲笑，以至于开始学习脏话的男孩们。

在一所全是男性的学校里，脏话的内容可想而知。男孩之间的接触，充满了性的元素。一个明显的例子，就是一条关于不同宿舍或不同年级之间的不准交往过密的禁令。这样的禁令，以及与此相关的那些流言蜚语，都不是公学对外宣传的一部分，但它们都真实地存在着。史密斯很反感"对家人和老师说一套语言，对同学和舍友说另一套"，但这就是校园生活的一部分。正如《自然奇迹》写道：

> 我们一般都说，我们用大脑思考。这是对的，但却不够具体……大脑有两半，两半大脑非常相像，但尽管如此，我们只用其中的一半，来思考所有的事情。

艾力克指责说，舍尔伯尼这个地方，为口是心非提供了优良的训练环境，使人能够割裂地使用两半头脑。思考，或者说正式的思

考，是在一个半脑中进行，而日常的生活，则用另外一个半脑。这并不是虚伪，没有一个理智的人，会把这两个世界颠倒。这样的模式运转得很好，只有在偶尔"搭错筋"时才会搞错，而在这样的时候，艾力克颇有感触地说："你就能够看到，什么叫真正的罪恶。"

1927年，学校的私下传统，稍微产生了一些改变。男孩们在读《青春织机》时（他们一定会读，因为这是禁书），他们对书里展示，至少是暗示的性关系感到相当惊奇。当他们外出参加比赛，遇到其他学校的男孩时，他们对其他学校的自由也感到很惊奇。今天的舍尔伯尼男孩们，受到的纪律束缚比艾力克所在的1914年更为严厉，但学校终归无法阻止化学信息在400个正在发育的"活药店"中流动，也无法阻止盥洗室里的脏话。

艾伦的人格非常独立，但是脏话这件事，从另一个角度上，成了他的大难题。对于多数男孩来说，脏话只是一种玩笑，用来缓解学校的无聊。但对于艾伦来说，这些脏话，似乎触及了生命的本质。他已经知道了关于鸟类和蜜蜂的那些事，至于人类婴儿，虽然还是个秘密，但每个人都知道，存在着这样一个秘密。可是，艾伦还意识到了另一个秘密，一个其他人都不知道其存在的秘密，那就是他自己的秘密。现在吸引他的，不只是"大自然最普适的道理"，还有他自己对性爱的欲望。

艾伦是个严肃的人，不是艾力克所说的"普通男孩"。对他来说，每件事都必须有个原因，必须在逻辑上能讲通，必须要有道理。但是，舍尔伯尼完全不是这样，这里对他的唯一帮助，就是让他产生了更加强烈的自我意识。为了保持独立，他必须在官方和私下的种种规矩中，找到自己的对策，没有人能帮助他。

如果说史密斯校长对公学体制仍有一些保留意见,那么艾伦在1927年秋天遇到的老师,特劳尼·罗斯,则是一个彻头彻尾的公学体制支持者。他曾就读于舍尔伯尼,1911年从牛津毕业,然后又回到这里。在30年的舍监工作中,他什么都不记得,但又什么都没忘。他是一个苛刻的对头,丝毫没有校长那种对于缺乏独创性的困惑。

罗斯对他的年级,并不怎么感兴趣,但他的知识和生活经历,却让学生们受益匪浅。他教了一星期拉丁语翻译,一星期拉丁语散文,一星期英语,这些都包括拼写,还有如何开头、写信和写收寄地址,如何列提纲,如何写十四行诗,如何总结摘要,如何做报告,如何写论文。

在纪律问题上,罗斯认为随着民主制的发展,纪律和道德的约束性会逐渐减弱。在科学问题上,他认为德国之所以战败,就是因为德国认为科学和唯物主义比宗教信仰更强大。他认为科学是低级而狡诈的学科,常会嗤之以鼻说:"这屋子闻起来一股数学味儿!拿消毒喷雾来!"

艾伦总是固执地把时间花在他认为有趣的事情上,有一次,他在"宗教传授时间"做代数,结果被罗斯逮到了。罗斯对此写道:

> 我可以容忍他写那些玩意,尽管那是我见过的最恶心的东西,我也可以容忍他难辨的、像鸡爬一样的字迹,但我无论如何也不能容忍,他对待《新约》的那种愚蠢态度。
>
> 他不应该再这么留在这个年级,这太荒唐了。

1927年12月，罗斯把艾伦的英语和拉丁语成绩排到最后一名，作为报告的附件，然后评论说"我私下挺喜欢他的"，来作为一种调和。艾伦在一张泼墨的纸上，愤怒地签字承认了这份报告。艾伦在家里时，家人也都挺喜欢他，尽管他那些乱七八糟的实验有点烦人，但他有自己的快乐和自由。他在家里也从不抱怨舍尔伯尼，他好像就是把这当成生命中的一个事实来接受，实际上，这也确实是。

每个人私下都挺喜欢他，但是如果把他放在体制中来看，就是另外一个故事了。1927年圣诞节，校长写道：

> 艾伦是个走到哪都让人头疼的孩子。某种程度上讲，他是反社会的，但我认为如果让他走入社会，倒是有很好的机会发展他的特殊天赋，并且学会一些生活的艺术。

在作出这番评论之后，史密斯校长就退休了。他离开了公学体制的矛盾，也离开了艾伦的独立人格问题。也许，他没有遗憾。

1928年的新年，舍尔伯尼变了。史密斯校长的继任人，是C. L. F. 鲍尔黑，他曾在马尔伯勒做过助教。巧合的是，在校长离开时，正逢体育老师凯瑞去世了，这两个人被称为"首领"和"公牛"，20年来一直掌管着舍尔伯尼的世界。正是因为凯瑞，罗斯成了"斗牛犬"。

对艾伦来说，这也标志着改变。宿舍长布来梅（比艾伦大一岁，很认真也很孤僻的一个男孩）打听了艾伦的情况，并试着让他能显得整洁一些，试着让艾伦了解并相信，生命中除了数学，还有其他很多东西。他的第一个目标，可悲地失败了，第二个目标也遇到了困难，他说："艾伦有神奇般的注意力，会完全沉迷在一些深奥的问题中。"

布来梅觉得他有必要打断他，告诉他该做礼拜了，该做游戏了，或者该去上课了。总的来讲，他是一个很善意的人，他唯一的信念，就是让这个体制尽量顺利地运转。在圣诞节时，奥汉兰这样写到艾伦：

> 他非常烦人，他现在应该知道，我对他在窗边用两根破蜡烛烧的那些恶心的玩意一点兴趣都没有。可是他却很开心地忍受这种折磨，然后又会陷入各种其他的麻烦，比如体育训练。我对他几乎绝望了。

艾伦则认为，"那些恶心的玩意"的唯一遗憾，就是奥汉兰没有看到，高温加热蜡烛时产生的蒸气，燃烧起来的颜色非常好看。艾伦仍然痴迷化学，但他的实验报告总是脏乱到可怕的程度。在一些数学和科学的小结中，老师在表扬他"很有前途"的同时，也总是说，他缺乏有效的沟通能力。奥汉兰评论说："他在展示自己时，举止仍然糟糕至极，这使他无法表现他的魅力。"罗斯把艾伦转到了另一个年级，但直到1928年春天，他的成绩仍然是倒数的。罗斯评论他："他根本不知道什么叫恶劣的举止、肮脏的书写和混乱的图形。"还有一位老师则评论："他的思想好像特别混乱，在展示自己时有很大的困难。他应该多读一点书。"

现在，艾伦能否通过认证考试，并升入六年级，仍是一个疑问。奥汉兰和科学老师希望给他个机会试一试，但其他人都表示反对，而这个决定，将由对艾伦一无所知的新校长来做。鲍尔黑是把新扫帚,他扫去了舍尔伯尼的传统,当级长例行批判脏话时,反而被他搞得很难堪(于是他们觉得,校长是用马尔伯勒的标准管理舍尔伯尼)。当这位新校长在全校宣布,不会在教堂为凯瑞举行悼念仪式时,全校的员工都感到很吃惊,官方的历史如此记载:

> 虽然这么说有点没根据,但羞怯确实往往会给人留下自负和冷漠的印象……他参加过战争,因此健康状况不太好,这使他出现在公共场合,甚至是长时间的私人谈话,越来越艰难。但是作为校长,亲和力又是必需的。

不知这是原因还是结果,鲍尔黑校长"中毒"了,按布鲁斯特的说法,他中了酒精之毒。他和罗斯的权力斗争,在舍尔伯尼上演,而这场新旧之争,在某种程度上奠定了艾伦的未来。因为大体来说,鲍尔黑胜过了罗斯,而且鲍尔黑允许艾伦参加认证考试。

假期时,图灵先生为艾伦指导英文。图灵先生热爱文学,他可以背诵几页《圣经》、吉卜林作品和爱德华时代的幽默小说,比如《船上的三个人》。但这些对艾伦并没有帮助,因为艾伦学习的教材是《哈姆雷特》。后来艾伦说,哈姆雷特至少有一句话让他喜欢,这令图灵先生感到了一丝欣慰,直到艾伦做出解释,说这句话是最后一行,"众人退下"。

1928年夏季学期,艾伦转到W.J.本斯利教士的年级,以准备认证考试。但他并不觉得有什么理由,可以让他改变自己的生活方式,所以他还是被本斯利排在最后一名。本斯利鲁莽地打赌说，如果艾伦能通过拉丁语考试，他就主动为艾伦指定的任意慈善机构捐款10亿英镑。奥汉兰则预测：

> 他的大脑其实和这里的其他男孩一样好，他的大脑本来也应当能通过拉丁语、法语和英语这种"没什么用"的科目。

最终，奥汉兰看到了艾伦交的卷子，它们竟然惊人的清晰而整洁。艾伦通过了所有的考试：英语、法语、基础数学、高等数学、物理、化学，还有拉丁语。本斯利欠下的10亿英镑，从没还清，也没再提——权威总有改变规则的特权。

舍尔伯尼的六年级没有数学课，就像其他学校，比如温彻斯特一样。但六年级有一门科学课，艾伦最擅长的数学，在这门课上会起一些作用。但艾伦并没有升到六年级，他在1928年秋天留级到五年级，但学校允许他参加六年级的科学课。这门课的老师，是年轻的刚从剑桥毕业的爱普森，他是一个温文尔雅的人，也就是经常会被学生们戏弄的那种。而艾伦则因此得到了一个突破体制的机会，那就是爱普森用一种消极的方式，实现了艾伦的愿望：不管他。

> 我深思熟虑之后，决定要这么做。就让他和他的仪器们在一起吧，让他天生的数学天赋随意发挥，我只在他需要的时候帮助他……

他发现，相比于教科书上的方法，艾伦总是更喜欢他自己想出来的方法。一直以来，艾伦都在剑走偏锋，他从来不向体制妥协。

在参加认证考试时期,也或许是在这之前,他就开始从爱因斯坦的著作中学习相对论了。虽然这只需要基础数学,但其思想的高度,却远远超出了学校大纲所有内容。如果说是《自然奇迹》把艾伦带进了后达尔文世界,那么爱因斯坦则把他带进了20世纪的物理革命。艾伦就此写了一本红色的小备忘录,给他的母亲。

艾伦看到了爱因斯坦最本质的东西,那就是他一直在怀疑。对爱因斯坦来说,没有什么"明确的义务",一切都不是明确的。艾伦的哥哥约翰说:

> 你可以跟艾伦打赌,挑战一些明摆的道理。比如,你说地球是圆的,艾伦就偏要提出一堆证据,来证明它是平的,或者是胚珠形的,或者是在1000摄氏度的液体中煮了15分钟的暹罗猫形的。

这种笛卡儿式的怀疑,对于艾伦的家庭和学校来说,是很难理解的,英国人往往对此嗤之以鼻。怀疑是一种很高难很诡异的思维状态,它长久地占据着知识界,比如说,人们怀疑"伽利略-牛顿定律",而到了19世纪后期,人们确实发现了它不符合电磁定律。这种心理暗示很强大,它使爱因斯坦敢于说出,之前假设的力学基础是错误的,并在1905年提出了《狭义相对论》。紧接着,狭义相对论被证明与万有引力定律相悖,为了消除这个矛盾,爱因斯坦继续深入努力,甚至开始怀疑欧几里得空间,并在1915年提出《广义相对论》。爱因斯坦所做的,并不是根据实验,按艾伦的说法,他就是凭着怀疑,严肃地考查每一个问题,然后得出一个符合逻辑的结论,哪怕这个结论让人难以接受。艾论说:"现在他有了自己的定理,这样才能符合他的逻辑,摒弃时间、空间等旧的概念。"

艾伦还看到,爱因斯坦避开了哲学式的关于"时间和空间到底是什么"的讨论,相反地,他把注意力集中在一些可以做到的事情上。爱因斯坦强调,"木棒"和"时钟"是物理学中可操作的研究手段,但像"距离"这样的东西,只有在一些严格定义的测量操作中才有意义,不能绝对理想化。艾伦写道:

> 如果你站在自己的角度来定义距离,并让你的想法满足你的定义,然后你问,两个点之间的距离是否一样,这就是无意义的……

尽管如此,艾伦并不崇拜别人,相比于爱因斯坦的方法,他还是更喜欢他自己的方法。他说:"这样我才会觉得它看起来不那么怪。"他看到书的最后几页,轻松地给出了一个推导,说广义相对论中的短程线运动定律,会取代牛顿的惯性定律。

> 他现在知道了固体运动的一般规律。当然,这将满足广义相对论。他没有直接给出定理,我觉得这是个遗憾,所以将由我来给出。那就是:"对于一个粒子发生的两个事件之间的间隔,当沿着其自身的世界线测量时,会取到最大值或最小值。"

为了证明,他给出了等效原理:"任何自然的引力场都可以等效成人造的。"所以我们现在就假设,用一个人造的场代替自然场,既然这个场是人造的,那么就存在着伽利略定律系，所以粒子会一致地按该定律运动。换句话说，这时的世界线是一条直线。而在欧几里得空间里，两点之间，直线总是最长或最短，因此，这条世界线满足了上述所有条件，以形成一个系统。

艾伦说，爱因斯坦并未在他的著作中阐述他的运动定律。这可能是艾伦自己推导的，也可能是他从一本1928年出版的书里看到的。他是在1929年读的这本书《物理世界的本质》，作者是阿瑟·爱丁顿爵士。爱丁顿是剑桥大学天文学教授，研究天体物理学和相对论数学理论。这本影响深远的书，是他最有名的作品之一，他在这本书中，展示了1900年以来科学界的巨大进展。书中对相对论进行了深入的介绍，也谈到了运动定律，虽然没有证明，但也许为艾伦提供了思路。当然，艾伦所做的并不是阅读一本书，他是在为自己收集想法。

这项探究，完全是艾伦自发的，爱普森不知道这件事。艾伦与自己所处的环境，一直小心地保持着距离，这个环境带给他的，只有没完的唠叨和斥责。他只能从他完全困惑了的母亲那里，得到些许安慰和鼓励。但是，接下来发生的事，使艾伦与这个世界，开始产生联系了。

罗斯的学院有一个男孩，名叫克里斯朵夫·默卡。1927年初，艾伦第一次见到这个男孩，吃了一惊，一是因为他比同龄人矮很多，他比艾伦大一岁，而且比他早一年上学，但是很瘦小，头发是金色的；二是因为艾伦"好想再看一眼他的脸，太有魅力了"。1927年，克里斯朵夫从学校离开了一阵，回来后，艾伦发现他的脸看起来更瘦了。他和艾伦分享对科学的热爱，但他是个与艾伦不同的人。体制对艾伦来说意味着羁绊,但对克里斯朵夫,却意味着奖学金、奖项、荣誉和赞赏。这学期他又回到学校,他到达的时候,艾伦在迎接他。

艾伦内心的孤独,终于被打破了。要和比自己大的男孩交朋友,不是件容易的事,艾伦并不擅长交谈,但他在数学上找到了突破口。"这学期,克里斯和我列出了我们喜欢的问题,还一起讨论我们喜欢的方法。"他是艾伦的初恋,艾伦自己认为,这是他诸多同性爱人中的第一个。他有被征服感("崇拜他踩过的泥土"),还有仰视感,他就像一抹鲜艳的色彩,在黑白世界里喷薄("他让别人看起来如此单调")。最重要的是,克里斯朵夫是一个很严肃地对待科学的人。渐渐地,他对艾伦也认真起来了,虽然还是有点拘谨。("克里斯给我留下的最清楚的回忆,就是他对我说的那些亲热的话。")所有这些因素凑到一起,让艾伦有了沟通的理由。

在爱普森的课间,艾伦有时会和克里斯朵夫讨论相对论,有时会给他看自己的其他成果。比如,他用自己的反正切级数,计算圆周率到小数第36位,然后生气地发现,最后一位算错了。过了一阵,艾伦又找到另外一个与克里斯同处的机会,他偶然发现,在每周三下午有段时间,克里斯会去图书馆,而不是回宿舍。(本来罗斯不允许男孩们在无人监督的情况下学习,他担心无约束的交往可能会导致性行为)艾伦写道:"那里有克里斯的陪伴,我十分享受,从此我总是去图书馆,而不是回到自己的书房。"

爱普森创办了一个留声机社团,这又为艾伦提供了一个机会。克里斯朵夫钢琴弹得很棒,也是这个社团的活跃成员。艾伦对音乐不感兴趣，但每逢星期天下午，他常会和布来梅一起，去爱普森的宿舍（布来梅自己也有留声机和录音机，放在公共书房），在这里他可以偷偷地瞄着克里斯朵夫。布来梅一直想让艾伦知道，这世界上除了数学还有其他东西，也许这也是其中的一项努力。他还给艾伦演示，如何用简单的材料自制矿石收音机，因为他知道艾伦可能没有零花钱来买这些东西。艾伦艰难地成功了，他高兴地看到，自己的笨手做出了真正能用的东西，他从不指望自己能与心灵手巧的克里斯朵夫媲美。圣诞节时，爱普森写道：

> 这个学期，以及接下来的两个学期，将用来给他弥补一些知识上的漏洞。他的思维很敏捷，很聪明，但其他方面却不太行。他很少被困难打倒，但他的方法经常是粗糙、笨拙、凌乱的。不过可以相信，迟早会周到和完善的。

艾伦将会发现，高等认证考试与爱因斯坦的知识相比，是十分枯燥的。但他现在很关心自己的期末成绩，因为克里斯朵夫的考试成绩"高得让人绝望"。1929年新年，还有另外一个插曲，那就是艾伦适时地升到了六年级，这样他就能一直和克里斯朵夫一起上课了。艾伦每堂课都坐在克里斯旁边，艾伦写道：

> 克里斯朵夫好像对我不怎么热情，而且说了一些让我担心的话。但不久之后，我们就开始一起做化学实验了，我们不断地改变对各种事物的看法。

不幸的是，克里斯朵夫一月和二月的大部分时间，都因为感冒而缺席。艾伦只有在春季学期，才能和他一起学习5个星期。

> 克里斯的成绩总是比我好，他思考问题非常周到。他很聪明，而且从不忽视细节，比如他很少在算术上犯错。他很擅长给每件事找到一个最好的方法。举个例子说明他的能力，他能默数一分钟时间，误差只有半秒。他白天有时候能看到金星，虽然他的视力确实好，但我还是觉得，这是很惊人的。他的能力还涉及生活中的所有事情，比如驾驶、五子棋和桌球。
>
> 每个人都会钦佩这样的能力，我当然也希望我能做到。克里斯总是很骄傲地展示这些，我想，这就是他的魅力。他以前经常会展示他那让我流口水的钢笔，后来他承认，他是故意想让我嫉妒。

有点矛盾地，艾伦也写道：

> 在我看来，克里斯好像很谦虚。比如，他从不指出安德鲁先生的错误。他从来都不得罪别人，而且经常为那种没人会道歉的事情，去向别人道歉（比如向老师们）。

一般的男孩，就像校园故事和杂志所说，往往是轻视老师的，带着一些臭脾气。这是这套体制最自相矛盾的地方，但克里斯朵夫似乎超脱于一切之上：

克里斯有一点让我觉得很不正常,就是他有非常明确的道德准则。有一次考试的论文题目是"对与错",克里斯写,关于"对与错","我有非常明确的想法"。不知道为什么,我从不怀疑克里斯所做的事,我觉得这不只是因为崇拜。

克里斯认为说脏话是很荒唐的,我不知道他在宿舍是什么样,但在我看来,他总是能让周围的人主动不想讲脏话,而不是通过恐吓让他们不敢讲,这就是他的人格魅力。我记得有一次,我故意嘲讽了他一番,想看看他有什么反应,但他并没有显得自负或让我难堪。

尽管有这些令人惊奇的美德,但克里斯朵夫毕竟是个有血有肉的人。他从铁路桥上,把石头扔进火车烟囱,困住了一个火车工人,因此差点儿惹上大麻烦。他还把气球送到田野对面的舍尔伯尼女校。还有一个男孩,名叫默麦根,是个强壮的运动员,和他们一起上物理课。当格维斯上课时,他们三个要一起做实验。格维斯的香肠灯,使课堂变得很活跃,"孩子们,再拿个香肠灯!"是他的口头禅。他们三个一直想把这个场面画成漫画,而克里斯朵夫还想把它谱成音乐。

1929年夏季学期,他们为了高等认证考试,进行着枯燥的复习,但即使是复习,也被浪漫渲染得色彩斑斓,因为"我总想和克里斯做得一样好,我也一样充满想法,只是没有一样能够彻底实施"。艾伦自打开始学习,从来都不注意任何细节和风格问题,但他现在觉得,克里斯朵夫能做好的,他也要做得一样好。他必须要训练自己,用体制认可的方式去沟通,他缺少这方面的技能。安德鲁发现,艾伦终于试着改善他的书写风格了,但爱普森却认为，他的高等认证考试的试卷，仍然表明他急需改善卷面的整洁性。高等认证考试的数学科工作人员评论道：

> 艾伦·马西森·图灵，在发现一些不明显的线索，以及寻找快速解法等方面，表现出来一些潜质。但是，他显然缺少代数证明所需的细心和耐心。他的书写太差，为此丢了很多分，因为他的一些字完全不能辨认，有时他甚至因为自己看错了自己的字，而导致算错。他很有数学才能，但这不能完全遮他的不足。

艾伦的数学得了1033分，而克里斯朵夫的得了1436分。

克里斯朵夫·默卡的家庭，是个富有而显赫的科学和文艺家庭，还拥有一家本土工程公司。他们在詹姆士一世时代，住在一间靠近布罗格罗夫的房子，到后来搬到了一间郊区的大房子，起名叫"钟屋"。克里斯朵夫的爷爷是个企业家，在伯明翰创办了比利斯默卡公司，生产蒸汽机。他的父亲瑞奇纳德·默卡上校，后来成为该公司的董事长，并开始生产蒸汽涡轮机和空气压缩机。克里斯朵夫的母亲是约瑟夫·斯万爵士的女儿。约瑟夫·斯万爵士出身于一个普通家庭，1879年独立于爱迪生而发明了电灯。默卡上校保持着对科学研究的兴趣，默卡夫人则把她的干劲用到了自己的追求中。她在钟屋办了一个牧羊场，买下并整修凯特西尔附近村庄的村舍，每天都很忙。她在伦敦斯莱德艺术学校读过书，1928年回到那里，住在维多利亚附近的公寓里，创作雕塑。当她回到维多利亚时，她还假装是"斯万小姐"，后来她邀请一些艺术学生到钟屋做客时，她的"默卡夫人"的身份，使她陷入了尴尬。

他们的大儿子拉普特·默卡，于1920年进入舍尔伯尼，后来获得了剑桥大学三一学院的研究奖学金，最终在苏黎世的一家科研机构从事科研。和艾伦一样，他是一个劲头十足的实验者，但他更有优势，他父母能在家里给他建一个实验室。他的弟弟，也就是把这一切告诉艾伦的人，也能使用这个实验室，这令艾伦感到很嫉妒。

克里斯朵夫给艾伦讲了拉普特1925年去剑桥之前做的一个实验，这是一个安德鲁经常用来吸引注意力的化学反应，而且涉及艾伦的最爱——碘。碘溶液和亚硫酸盐溶液放在烧杯里混合，会使碘以一种特殊的状态析出沉淀。艾伦评论："这是一个漂亮的实验。两种溶液在烧杯里混合，等待一定的时间，整个突然变成深蓝色。我知道它需要30秒，然后再在0.1秒之内变成浅蓝。"拉普特研究的，不是简单的离子重组问题，而是如何延长这个变化时间。这需要物理化学的知识，还有对很多公式的理解，这些都在学校大纲之外。艾伦说：

> 我和克里斯想知道时间与沉淀之间的关系，并证明拉普特的理论。克里斯已经做了一些相关实验，我们对这些实验期望很高，但结果却很不幸地与理论不相符。在接下来的假期里，我做了更多实验，并提出了一个新理论。我把结果寄给他，于是我们在假期开始通信了。

他不光给克里斯朵夫写信，他还邀请他到格尔福特来。罗斯如果知道这件事，一定会被这样的大胆行为吓晕。克里斯朵夫在

8月19日的回信（稍微拖了几天）中写道：

> ……在谈实验之前，首先谢谢你邀请我去和你一起住，但我恐怕去不了，因为我那时刚好要去另一个地方待三个星期左右，也许是国外……很抱歉来不了，谢谢你的邀请。
>
> 而钟屋进行的新实验，则使碘酸盐的问题被抛到脑后了。有测量空气压强、液体摩擦力，还有一个和拉普特一起做的物理化学实验，6米长的反射望远镜计划，还有……
>
> 我又添了一台新机器，非常好用。假期我没读数学书，只读了一本关于物理、包括相对论的书，那本书很好。

艾伦努力地重复了克里斯朵夫设计的测量空气压强的实验，并在回信里谈了一些关于化学和机械的想法。但是，克里斯朵夫却在9月3日的信给他泼了冷水：

> 我没认真研究你的圆锥摆，我没看明白你的方法，但要提醒一下，你里面的运动方程有个错误……我现在在帮我哥哥为一位艺术家分析胶土……用有机溶剂烧……我把硫黄混进铁皂，做了一种还不错的胶土，就跟我们想要的差不多……还加了一点羊脂。祝你有个愉快的假期。21日见。
>
> 你的C.C.默卡

在这一年早些，克里斯朵夫还给艾伦介绍了天文学，现在化学要为天文学让路了。艾伦的母亲，在他17岁生日时，送给他一本爱丁顿的《恒星的内部结构》，还有一个1.5英寸（1英寸=

2.54厘米，下同）的望远镜。克里斯朵夫有一个4英寸的望远镜（"他一有机会，就会滔滔不绝地讲他绝妙的望远镜"），18岁生日时还得到了一本地图集。除了天文学，艾伦还在更深入地阅读《物理世界的本质》。在1929年11月20日的信中，有一段话：

> 在薛定谔的量子理论中，每个电子有3个维度。他不相信真的有10^{70}个左右的维度，但这个理论解释了电子的行为。他考虑了6个、9个或其他大脑无法想象的维度，你也可以给每个新电子引入新的变量，来与空间坐标相协调。

这是爱丁顿所说的基础物理理论中的另一场革命，比相对论更加神秘。量子理论通过模糊的波粒二象性，打消了许多争论。

爱丁顿有很多要说的，因为在20世纪20年代，理论物理发展得太快了，1929年薛定谔的量子力学方程才只有3岁。这两个男孩，还读詹姆士·简爵士的书，这是剑桥的一位天文学家，这个领域也取得了全新的发展。现在人们已经知道一些星云是气团，而另一些是银河边缘的星星，还有一些则完全是独立的星系。人们还认识到，宇宙膨胀了100万倍。艾伦和克里斯朵夫讨论这些想法，而且提出怀疑，艾伦认为这很有意思。他会用铅笔把克里斯的想法写下来，并牢牢记在心里。

1929年9月28日，他还用法语，写了一些很正式的话[1]：

亲爱的首领……我渴望得到您的问候

---

[1] 这份作业被评价为：九处代词错误，5/25，很差。

> 亲爱的先生……请接受我的诚挚的祝福
>
> 亲爱的朋友……一握你的手，感到热烈……我的爱和回忆……
>
> 你的亲爱

另外还有些圈圈叉叉，一个涉及碘和磷的反应，还有一张图，怀疑欧几里得的"过任意直线外任意点，有且只有一条平行线"。

艾伦保存着这些信作为纪念，但他从来不懂得表达他的柔情。至于"爱和回忆"之类的，在他脑子里可能受到了严重的抑制，尽管他也在后来写过："有些时候，我尤其深刻地感觉到他的魅力。我总是在想，会有一个夜晚，他在实验室外面等我，我到了之后，他用他的大手拉着我，出去一起看星星。"

艾伦的家长报告，语气开始改变了，这令图灵先生又惊又喜。他对数学完全没有兴趣，因为他不愿意计算所得税，但这并不妨碍他以艾伦为荣。约翰也很钦佩，艾伦进入了那个体制，并又得到解脱。图灵先生与他的妻子不同，他从来不对他儿子的行为表示反对。图灵夫人现在总说"我早就说过……"，并产生了很多幻想和愿望，她觉得她选择的学校是很明智的。她确实非常关心艾伦，不光是在为人处事上，而且她还努力地理解着艾伦对科学的热爱。

艾伦现在要考虑的是，如何获得大学的奖学金，这奖学金不只是荣誉，也是一份很不错的资助，几乎足够一个大学生的生活，而二等奖学金就明显少很多。现在18岁的克里斯朵夫，很有希望像他哥哥一样，获得三一学院奖学金。而17岁的艾伦，要获得同样的奖学金却非常困难。在数学和科学方面，三一学院在大学中拥有最高的声誉，这是继德国哥廷根之后的世界科学中心。

虽然公学很擅长训练学生赢奖学金，但是这事并不容易。奖学金考试的特点是，考题都没有固定的答案，也就是富有想象力的那种问题，没有教学大纲。这些预示着未来的大学学习。对艾伦来说，这很令人兴奋，但激发他的野心的不只是这个，还有不久将离开舍尔伯尼的克里斯朵夫。不知道他什么时候走，也许是在1930年的复活节。相比于单纯地失去奖学金的痛苦，与克里斯朵夫分开一年，更让艾伦承受不了。但在11月份，艾伦突然产生了一种新的预感，他在冥冥中感觉到，复活节之前会有一件事情发生，并且会阻止克里斯朵夫去剑桥。

剑桥的考试，使艾伦有机会与克里斯朵夫共处一个星期，而且不受宿舍纪律的约束。他对与克里斯共度一周的期待，并不逊于对剑桥的期待。12月6日，星期五，克里斯朵夫的室友维克托·布鲁克斯从伦敦开车去剑桥，并邀请了克里斯朵夫，还有艾伦。他们一起搭上去伦敦的火车，他们去那里拜访默卡夫人。默卡夫人带他们去她的工作室，让他们玩大理石，然后留他们在公寓吃午饭。克里斯朵夫过去常常取笑艾伦，尤其是关于"致命物"的玩笑，这个玩笑就是假装某些无害的东西是有剧毒的。他拿默卡特制钒钢刀叉的钒开玩笑说，这"毫无疑问是会立刻毙命的"。

在剑桥的一个星期，他们可以过着年轻绅士的生活，有自己的房间，而且没有熄灯号。他们穿着晚礼服，在三一学院食堂吃饭，那里高挂着牛顿的肖像。这是一个考察自己的竞争者，并且与之比较一下的机会。艾伦在这里新认识了一个人，莫里斯·普利斯，他们凭着几乎完全相同的爱好，轻松地展开了谈话。普利斯是第二次参加考试了,一年前,他坐在牛顿肖像下,对自己说,他现在已经死而无憾了。克里斯朵夫尽管见识多一些,但在这一点上,对他们来说都是一样的,没有什么能与此媲美。

艾伦写道:

> 那是一顿很好的晚餐,然后我们在食堂和其他同学打桥牌。我们……应该10点回学院,但在还剩4分钟时,克里斯想要再玩一局。我不让,于是我们就按时回去了。第二天,星期六,我们又玩牌。十点后,我和克里斯继续玩了别的游戏。我记得很清楚,当我们决定暂时不睡觉时,克里斯露出了迷人的微笑。我们玩到12:15。过几天我们打算去天文台,如果可以的话,克里斯的一个天文学家朋友会邀请我们过去。我们觉得可以,但克里斯不这么认为。

克里斯朵夫"喜欢所有的游戏,而且经常能发掘一些新游戏"。他的拿手恶作剧,是让人相信一些谎话,在剑桥时,他说服艾伦把手表调快20分钟。"当我后来识破时,他非常开心。"他们还一起去电影院,诺曼·西特利也和他们一起去,这是克里斯朵夫的小学朋友,现在是剑桥的大学生。克里斯朵夫给他讲,艾伦拥有自己的微积分记法,并能在考试时把所有的东西转成标准式。艾伦在这方面的特立独行,使爱普森很担心,他发现艾伦的试卷上经常有一些不正规的写法,他十分怀疑剑桥考官能否看懂这些狂放的思维。

从电影院回来的路上,艾伦故意缠着西特利,和他一起走,来试探克里斯朵夫有多希望他的陪伴。然后他得到了满足:

克里斯明显（用眼睛）示意我走在他旁边。克里斯知道我有多喜欢他，但他不想让我表现出来。

艾伦清楚地知道，他和克里斯朵夫不是一个宿舍的，他们之间的每件事，都有可能引来议论。（"我们从来没有一起骑单车出去过。"）

12月3日，在艾伦说的"生命中最快乐的一周"之后，男孩们回到学校，度过这学期的最后几天。在宿舍晚餐时，他们这样描述艾伦：

这颗数学大脑躺在床上也是醒着，
到处做着演算然后在脑子里回想。

学期结束后，考试结果印在12月18日的《时报》上。克里斯朵夫赢得了三一学院奖学金，但艾伦没有，这是一个严重的打击。艾伦给克里斯朵夫写了封祝贺信，然后收到一封特别友好的回信：

亲爱的图灵：

非常感谢你的来信。我很高兴得到这份奖学金，对于你没有得到，我感到很遗憾。

……度过了我见过的最晴朗的两个夜晚。我从没这么清楚地看过木星，我可以看到5或6个环，甚至还有中间最大那个环上的一些细微之处。昨晚，我看到木卫一从木星附近的阴影区跑出来。它出现得比较突然（几秒之内），看起来十分迷人，这是我第一次看到卫星。我还清楚地看到了仙女座星云，但没有持续很久。我还看到了天狼星、双子星和猎户座 α 星的光谱，还有猎户星云的光谱。我现在在做光谱摄影仪。很快会再写信给你的。圣诞快乐！

> 你永远的 C.C.M.
> 1929 年 12 月 20 日

像"做光谱摄影仪"这种事，艾伦在格尔福特是远远做不到的。他拿一个旧的球形玻璃灯罩，把它装满巴黎灰泥，然后用纸包好（这让他想到了曲面性质），在上面标记星星组成的星座。如果他对照书本来做，可能会更容易而且更准确，但是可以想见，艾伦一定要坚持按照自己对星空的观察来做。他每天早上 4 点起床，以便标示那些 12 月傍晚的天空看不到的星星，也因此吵醒了母亲，使她以为家里进了贼。他给克里斯朵夫写信说了这件事，并问他是否可以考虑一下，除了三一学院之外的其他学院。如果这是对于感情的试探，那么他再一次得到了满足，因为克里斯朵夫回信说：

> 亲爱的图灵：
> ……关于考试我真的无法给你建议，因为我完全不了解情况。约翰的学校很好，但我个人更希望你能来三一学院，这样我就可以经常看到你了。
> 你完成你的星空仪后，我很有兴趣看看，但我想把它带到学校可能有点不切实际。我一直想做个星空仪，但从来没

实施,特别是我现在已经有了六等星图……

最近我一直试着看星云。有天晚上我看到一些很好的,一个天龙座里面的七等亮星。10秒。我也尝试在海豚座找一个八等的彗星……不知道你能否用望远镜找到它。我试图估算它的轨道,但却失败了,因为要解含有10个未知数的方程。

黏土分析还在继续。拉普特做了味道很可怕的肥皂,还有油腻的酸味物质从……油菜油和尼尔鞋油渗出来……

1930年1月5日

这封信是克里斯朵夫在伦敦写的,他去那里看牙医。第二天他在钟屋又写了一封信:

……我在标记的方位立刻找到了那颗彗星。这比我期待的更加明显而有趣……我估计它将近七等亮级。它……在你的望远镜里应该是明显的。最好的方法就是熟记四等和五等亮星,然后并慢慢移到正确的地方,永远不要忽视所有已知的星星。……半小时后我将再看看它是否变清楚了(刚才被云遮住了),看看能否跟踪它在星空中的运动,并通过强大的目镜(X250)看看它到底是什么样的。海豚座里那对四、五等亮星已经双双进入了探测器的范围。

你的C.C.默卡

此时艾伦已经看到那颗彗星了,他用的是更加随意的方法。

亲爱的默卡：

非常感谢你的彗星标记图。我星期天的时候已经看到它了。我那时正在看海豚座，以为那是小马座，并看到像这样的东西（一幅小草图），不太清楚，差不多有 3′长。我没有太认真地检查。后来我在狐狸座寻找那颗彗星，以为那个是海豚座。我从《时报》知道，那天的彗星是海豚座的。

……对于这彗星，天气很让人烦恼。星期三和今天本来都挺清楚的，直到日落，然后一大片云从那个区域飘过来，直到彗星没了才散开……

你的 A. M. 图灵

1930 年 1 月 10 日

请别总是那么客气地感谢我给你写信，如果你非要感谢，那就感谢我的字迹让你能看得懂吧。（如果你确实看懂了的话）

艾伦在模糊的夜空中，标记了彗星从小马座直到海豚座的轨迹。他把星空仪带到了学校，给克里斯朵夫看。布来梅在圣诞节时就走了，艾伦现在要与别人共用书房。漆黑的星空仪，小心翼翼地摆在那，尽管上面只标记了很少的星座，但艾伦的博学，还是使年轻的男孩们感到很惊奇。

在这个学期的三个星期，2月6日，一些来访的歌手，唱起了悲伤的离歌。艾伦和克里斯朵夫都在，艾伦看着他的朋友，努力地试着告诉自己："这并不是最后一次见他。"那天晚上，艾伦在黑暗中突然醒过来。大修道院的钟敲着，两点四十五分了。他起了床，从宿舍的窗户看出去，望着星空。他经常会带望远镜上床，窥探另一个世界。月亮在罗斯的学院后面落下，艾伦心里想，就当这是他对默卡说的"再见"吧。

艾伦并不知道，克里斯朵夫病了，就在这个夜晚，就在此时此刻。他被救护车送到伦敦，在那里做了两个手术。经过6天的痛苦折磨之后，1930年2月13日中午，他死了。

第二章　思考什么是思考

我歌颂那电光中的肉体，
它必于我不弃，我亦于它不离。
我既被它禁锢，索性终生追随，
使它免于腐朽，并将灵魂填入其中。
败坏肉体的人，可敢面见阳光？
渎污生命的人，岂不和渎污死灵一样？
肉体之所为，与灵魂何异？
若说肉体不是灵魂，那什么是灵魂？

没有人告诉过艾伦，克里斯朵夫·默卡小时候喝了病牛的奶，染上了牛结核病。这使他的健康受到严重危害，他的生命一直处于危险之中。1927年6月29日，默卡一家到约克郡观看日全食，在返程的火车上，克里斯朵夫就已经病得厉害了。于是他做了一个手术，这就是为什么当他秋末回到学校时，身体瘦弱得让艾伦感到震惊。

"可怜的图灵知道这件事会崩溃的"，一个朋友第二天在舍尔伯尼写信给马修·布来梅，"他们的关系那么好"，事实上确实如此。旁人看来，他们是好朋友，但实际上，艾伦是把半颗心都献出去了，而现在他将失去一切。舍尔伯尼恐怕没人能真正体会艾伦的心情。克里斯去世后的那个星期四，新来的宿舍长戴维斯，悄悄递给艾伦一张纸条，把这个噩耗告诉他。艾伦立刻给母亲写信，请她把花送到周六黎明的葬礼上。图灵夫人马上回信，建议艾伦写信给默卡夫人。周六时，他写了：

亲爱的默卡夫人：

我想说，关于克里斯我有多么难过。去年我和他一起工作和学习，我想我再也找不到像他那样聪明而迷人、但又不自负的伙伴了。我很喜欢和他分享我的工作，还有他推荐我学习的东西，比如天文学。我想他对我也有同样的感觉。

虽然他已经不在了，但我知道，我要像他还活着一样，在我的工作中，保持那个劲头。尽管物是人非，但这应该是他希望我做的。你懂的，这是人生最悲痛的事了。

真诚的艾伦·图灵
1930年2月15日

如果你能寄一些克里斯的照片给我，我将感激不尽。他的照片可以作为榜样，提醒我努力，细心，整洁。我很想念他的脸，还有他在小路上对我笑的样子。还好，我保存了他写给我的所有的信。

艾伦那天清晨醒来，在葬礼上的时候：

  我很高兴的是，星期六早上，那些星星也来参加葬礼了，向克里斯致哀。奥汉兰先生告诉我，克里斯会继续活在我的心中。

第二天，星期天，他更加沉痛地写信给母亲：

  亲爱的妈妈：
  我依你的建议给默卡夫人写信了，这让我产生了一种信念……
  我相信，我一定会在某个地方再次遇到默卡，在那里，我们又可以一起工作。现在，我要暂时独自前行，我不能让他失望，就算物是人非，我也要保持一样的干劲，就像他还活着一样。我只有获得成功，才能有资格享受他的陪伴。我记得奥汉兰对我说过"付出总会有收获"，还有善良的伯纳特说"在夜里要忍耐，因为清晨的欢愉就要到来"。我很难过默卡离开了我，我不想再与任何人交朋友了，他让所有人看起来都那么平庸，我想我甚至不是真的欣赏布来梅……
                1930年2月16日

收到了艾伦的信，图灵夫人给默卡夫人写信：

亲爱的默卡夫人：

我们的孩子，是那么好的朋友，我想告诉你，作为孩子的母亲，我为你感到多么难过。你一定感到极为孤独，很难忘记那些卓越的成绩，因为克里斯朵夫有那么聪明的头脑和可爱的性格。艾伦告诉我，每个人都会情不自禁地喜欢默卡，他自己就是那么喜欢他，于是我也和他分享了这种热爱和钦佩。在考试期间，他经常给我讲克里斯朵夫的成绩。他写信让我代表他去献花时，是那么悲痛。他觉得自己不能给你们写信，希望我把他的慰藉一并致予你们。

你真诚的

艾赛儿. S. 图灵

1930 年 2 月 17 日

默卡夫人立即邀请艾伦，在复活节假期时留在钟屋，她的妹妹摩莉·斯万，还把克里斯朵夫的照片送给艾伦。但遗憾的是，她那里只有少量呆板的证件照，而且是低级傻瓜相机拍的。艾伦回信说：

亲爱的默卡夫人：

很感谢你的来信。我应该有很大的可能会去钟屋，非常感谢。我们 4 月 1 号放假，但在 11 号之前，我要和院长奥汉兰先生去一趟考恩沃，所以我会在那之后、在 5 月之前去拜访你。我听说过很多关于钟屋的事，拉普特，望远镜，山羊，还有实验室。

请代我感谢斯万小姐的照片。我把它摆在桌子上，鼓励我努力工作。

1930 年 2 月 20 日

艾伦失去克里斯朵夫的悲痛程度，让默卡一家有点惊讶。克里斯朵夫在家时，一般不谈论学校的朋友，要提起谁的时候就会说"有个人"，大家对"一个叫图灵的人"的印象就是他的实验。默卡的父母只是在 12 月时见过艾伦一面，他们是从他的信中了解他的。3 月初，他们改变了计划，决定去西班牙度假，这在克里斯朵夫在世时就打算过。3 月 6 日，他们邀请艾伦一起去旅行（代替克里斯朵夫），而不是去钟屋。第二天，艾伦写信给母亲：

> 我很遗憾不是去钟屋，我很想去那看看默卡告诉我的一切——但我被邀请去直布罗陀一星期。

3 月 21 日，默卡夫妇来到舍尔伯尼，艾伦在晚上时，到罗斯的房间去见了他们。放假后，艾伦和奥汉兰一起到了考恩沃北海岸的罗克。这趟旅行是奥汉兰自己掏钱的，同去的还有本·戴维斯和三个西科特学院的男孩：霍格、伯纳特和卡斯。艾伦后来给布来梅写信说：这里很好，很锻炼人，还有大量好吃的和啤酒。

图灵夫人则前往伦敦拜访了默卡夫人，默卡夫人在日记中写道（4 月 6 日）：

> 图灵夫人今晚到公寓来见我，我之前没有见过她。我们几乎一直在谈论克里斯，她告诉我他对艾伦影响到什么程度，还有艾伦对他的看法，他们一起工作，他帮助艾伦。她

在这里留到十一号,然后回到格尔福特,去看巴赫音乐会。

在考恩沃的十天以后,艾伦在格尔福特的家中短暂休整了一下,图灵夫人仓促地帮他收拾好,然后4月11日到达蒂尔伯里,参加默卡家的聚会。除了默卡上校,默卡夫人,拉普特,还有洛伊兹银行的主管,埃文·威廉斯先生,威尔士矿业公司的主管鲍威尔·蒂夫林。默卡夫人的日记中说:

……中午我们划船。沐浴明媚的阳光,直到三点半,我们驶入薄雾,并放慢速度。我们喝茶前放了一次锚,并在午夜时到达泰晤士河的入海口。很多船舶在我们身边吹响号角……拉普特和艾伦对雾很有兴趣,雾确实是挺有意思的。

艾伦和拉普特同住一个船舱。他尽其所能与艾伦讨论简和爱丁顿,但他发现艾伦很害羞。每晚睡觉之前,艾伦都要看很长时间照片。在船上的第一个早晨,艾伦开始和拉普特谈起克里斯朵夫,这是一次深入的交谈。第二天,在和拉普特玩甲板网球之后,他们又交谈了一次:艾伦告诉拉普特,他是如何被克里斯朵夫吸引,还谈到了他对灾难的预感和那天的月落。("这些事倒不难解释,但我却总觉得太蹊跷了!")星期一,他们在凯普文森特闲逛,艾伦一直在看克里斯朵夫给他的最后一封信。

他们在半岛只待了四天,然后从险湾驾驶到格兰纳达。此时正是神圣周,他们在星光下观看宗教表演。星期五他们回到直布罗陀,并在第二天登上了回家的客轮。周日是复活节,艾伦和拉普特又在船上交谈了。

拉普特对艾伦的创造性思维印象很深，他觉得艾伦和他熟悉的三一科学家没有什么差距。艾伦的未来，现在还不太确定。他会到剑桥读科学或数学吗？他会得到奖学金吗？在旅途的最后，他和伊万·威廉姆斯谈了工业中的科学，威廉姆斯谈到煤炭工业的一些问题，比如对有毒尘埃的分析，但是艾伦对此表示很怀疑，他对拉普特说，这恐怕只是利用深奥的科学术语来欺骗那些矿工。

他们的旅行很愉快，一路都住着最好的旅馆，但艾伦最想去的，仍然还是钟屋。默卡夫人感觉到了这一点，并得体地邀请他前往钟屋，帮忙整理克里斯朵夫的遗物。于是，星期三早上，艾伦参观了她在伦敦的画室和不列颠博物馆，然后他们就一起搭火车前往布罗格罗夫。两天后，艾伦终于见到了实验室，未完成的望远镜，山羊和克里斯朵夫给他讲过的一切。4月25日，星期五，艾伦回家了。但默卡夫人没有想到，第二天他又回到了伦敦，并带给她一包克里斯朵夫的信。星期一，艾伦写道：

亲爱的默卡夫人：

我写这封信，感谢你让我加入您的旅行，并且告诉你，我很开心。我之前没想过，除了与克里斯在剑桥的那一周外，我还会有这么快乐的时光。我还要感谢你，送给我那些克里斯用过的东西，我拥有它们，意味着很多……

你挚爱的

艾伦

1930年4月28日

我很感谢你让我来到钟屋。那座房子和与他有关的一切，都给我留下了美好的印象。很高兴能帮助你整理克里斯的东西。

图灵夫人也写信说：

> 亲爱的默卡夫人：
>
> 艾伦昨晚回到家，看上去精神很好，很高兴他喜欢和你在一起的时间，参观钟屋对他来说是特别珍贵的经历。他今天去城里看望别人，说改天再给我讲钟屋的故事，我知道，这意味着那肯定是很难忘的故事。我们还没好好聊过，但我敢肯定，和你在一起，会慰藉他的记忆。他很珍惜那些铅笔和星图，还有你给他的其他东西……
>
> 希望我这样说不会唐突：在我们聊天之后，我知道克里斯是一个非常乐于助人的人。我想，如果在学校教堂捐一块纪念牌"圣·克里斯朵夫"，摆上"圣·克里斯朵夫"的鲜花，激励以后的男孩们，鼓舞他们努力前行，这将是最好的对克里斯的怀念。他那些卓越而谦逊的故事，会不断地传承下去……
>
> 1930 年 4 月 27 日

默卡夫人也有类似的想法。她捐了一个彩色窗户"圣·克里斯朵夫"，但不是给舍尔伯尼，而是给凯特西尔的教区教堂。她不是为了传递"卓越而谦逊的故事"，她是想借此表达，生命仍在延续。回到学校，艾伦写信给默卡夫人：

  这学期有高等认证考试,我希望我能考得像克里斯一样好。我经常想念他,想念我有多么喜欢他,我们是真正的好朋友。他走了,而我却留在世上,我必须得做些什么。

1930 年 5 月 3 日

默卡夫人还看望艾伦,让他帮忙推荐一些克里斯喜欢的书。她将为舍尔伯尼捐助一个奖励基金,她想知道,克里斯喜欢什么书:

  我想,克里斯应该从迪比奖中得到了《物理世界的本质》(爱丁顿)和《我们身边的宇宙》(简)两本书,可能还有《恒星的内部结构》(爱丁顿)和《天文学与天体演化学》(简)中的一本。我推荐《物理世界的本质》。

默卡资助的基金,将奖励给富有创造性的工作。艾伦一直孜孜不倦地研究碘实验,现在他开始着手把它们写下来,准备申请这个奖项。冥冥之中,他觉得克里斯朵夫仿佛通过心灵感应在与他竞争。他给他母亲写道:

  ……我刚给一本化学书的作者米勒写了一封信,想问他能否给我一些关于我去年夏天做的实验的资料。拉普特说,如果米勒肯给,他可以帮我去苏黎世拿。我也不知道他肯不肯给,唉,真烦。

1930 年 5 月 18 日

艾伦现在对画透视图很感兴趣:

第二章　思考什么是思考

这周我们画画了……但是我不听吉丽特小姐讲的那一套。她就讲了一些很模糊的方法，画平行线，然后有一些"让垂线保持垂直"之类的口诀。我倒想知道，她怎么画低于视线的东西？我不按她说的画，我用的是透视法。

图灵夫人给默卡夫人写信说道：

……艾伦喜欢上了画画。我以前一直很苦恼他不喜欢这个，我想，他是从你那得到了鼓舞。我觉得他真的很喜欢你，就在与你告别的第二天，他非要跑到城里去，为了给你打个电话。你对他实在是太好了，从很多方面为他打开了新的世界……每当我们单独一起时，他总会谈起克里斯，你，还有默卡上校和拉普特。

1930 年 5 月 21 日

艾伦希望能在夏天的高等认证考试中考得好一些。他报了剑桥大学彭布罗克学院，它的奖学金很高，要求的分数也很高。虽然他只有一半的胜算，但只有这样他才有机会挑战三一学院。结果他失败了，数学卷子比去年难了很多，所以他的分数并没有提高。但爱普森在报告中说：

……我想他已经成功地改善了数学风格，比去年好多了，马虎少多了……

还有格维斯说：

他比去年这个时候做得更好，一方面是因为他懂得更多了，但更主要的是他越来越成熟了。

安德鲁看了艾伦提交的申请"默卡科学奖"的材料，然后说：

艾伦给我看碘酸与二氧化硫反应的研究报告时，我第一次意识到，这是一颗多么非凡的头脑。我认为该实验是一个漂亮的典范，艾伦以令我震惊的方式，解出了其中的数学问题……

碘为他赢得了奖项。艾伦给布来梅写信说：

默卡夫人真好，他们全家都很有意思……他们为了纪念克里斯而设立一个奖项，今年我很荣幸地获得了它……

我开始学德语了，我明年什么时候可能要去趟德国，虽然我并不太想去。我本来想留在舍尔伯尼过冬，但是第三组有很多人都要留下来，这些人实在太恶心了。过了2月之后，这里唯一靠谱的人就剩下默麦根了，但他学习物理和化学时很不认真。

然而，德语老师对艾伦的评论是："他在语言方面似乎没有任何天赋。"艾伦恐怕并不愿意听着这句话过冬。

夏天的一个周日，西科特学院的男孩们午后散步回来，发现艾伦（他现在已经开始被他们仰慕了）正在做一个实验。他在楼梯井里，安装了一个长钟摆，用来探索钟摆的运动是否与地球的旋转相协调。这是基本的傅科摆实验，也许他在伦敦的科学博物馆看过，但这却在舍尔伯尼引起了很大轰动，其影响仅次于他1926年的单车之旅。艾伦还对彼得·霍格说，这与相对论有关。实际上确实如此，爱因斯坦也被这个问题所困扰着：钟摆的运动如何与遥远的星星相协调？钟摆是怎么知道那些星星的？为什么旋转会有绝对标准？

除了对星星的一贯兴趣之外，艾伦要把他对克里斯朵夫的看法写下来。因为默卡夫人要做一本选集，并在4月时请艾伦来写对克里斯朵夫的回忆：

> 我给你写的对克里斯的印象好像都是在描写我们的友谊所以我想我还是给你写些客观的东西这样你可以和其他的一起印出来。

艾伦尝试了三次，但还是无法做到他说的"客观"。他是一个坦率的人，不懂得如何掩饰内心的感受。6月18日，他寄出了前面的几页，并解释说：

> 我对克里斯的记忆，印象最深的是他给我讲的那些知识。我很崇拜他，抱歉，我无法掩饰。

默卡夫人还想要更多，艾伦答应说，等放假了会试着再写一些：

> ……你想知道那些细节，我知道你的意思。我放假后到

了爱尔兰，会有很多安静的时光来回忆。在放假前我没办法，因为这学期没什么时间了，而且学校里也没有合适的氛围。我删掉的那些文字，都是克里斯给我的一些印象，我后来读的时候，觉得那些对于不了解克里斯和我的人来说，没有多大意义。我试着避免这样，尽量少写主观的评论，你懂的……

1930 年 6 月 20 日

暑假第一周的军训，差点导致艾伦和他母亲不能应邀前往钟屋。但幸运的是，舍尔伯尼就在这时爆发了传染病，于是军训被取消了。

8 月 4 日，星期一。艾伦到达钟屋。默卡夫人记录："……一直想要给他盖紧被子。他睡在我的房间，睡在克里斯朵夫去年睡过的睡袋里……"第二天，图灵夫人也到了。默卡上校让艾伦到实验室里，做他和克里斯朵夫聊过的那些实验。有一天，他们出去看表演，并为克里斯朵夫扫墓。周日傍晚，默卡夫人写道：

> ……我和图灵夫人、艾伦在兰彻斯特。他们下午 7 点多，就要回爱尔兰了。我和他们一直聊到 7 点……艾伦今天早上还进来和我聊天，他说他很喜欢这里，在这里感到了克里斯的温存。

图灵一家回到爱尔兰，在多内加尔度假。艾伦和父亲以及约翰一起钓鱼，并和母亲一起爬山，并继续着自己的思考。

在夏季学期末，奥汉兰赞赏艾伦说："这学期表现很好。但还有一点明显的小失误,他太有个性了。"艾伦已经渐渐学会与这个体制共存了。这并不是说他曾经反抗过,因为他始终只有退缩,也不是说他现在很顺从,因为他依旧孤僻。但他现在已经能够接受"明确的义务"了,只要不违反原则,他就不会过于排斥。 1930年秋季学期,他的同学彼得·霍格当上了宿舍长,而艾伦则当上了监督生。奥汉兰写信给图灵夫人说:"我相信他会做好的,他很聪明,还有幽默感,这些都会帮助他……"他给宿舍里的低年级男生们讲了一些训导。一个新来的男孩大卫·哈里斯,是四年前的宿舍长阿瑟·哈里斯的弟弟。艾伦作为监督生,两次逮到他把足球服忘在挂钩上。艾伦说:"我非得揍你一顿不可了。"艾伦真的动手了,这使哈里斯在他的年级出了名,因为他是新生中第一个挨打的。哈里斯靠着煤炉,艾伦动手打他,但是因为地面太滑,艾伦又没穿合适的鞋,一直在打滑,所以只是随便打了几下,有一下在背上,有一下在腿上。这对树立威信并无益处,实际上,艾伦是个很没威信的监督生,连低年级的学生也敢随便惹怒他,吹灭他的蜡烛,或在他的房间放碳酸氢钠。他们把他称为"老图绒",取名于图绒面包。一个稍微大些的男生克努普,曾经遇到这样的事:

> 我们西科特学院的书房,在长长的走廊两侧,2~4个男孩共用一间。有一天傍晚,很安静,我们听到从走廊传来脚步声,然后我们就听到了藤条的嗖嗖声、杯子打碎的声音,还有藤条打在屁股上的声音,这是第一下。第二下和这是一样的。当时我和同学们都在笑,肯定是图灵打人的时候,打翻了一些监督生泡茶用的杯子,他打了两下都是这样。从这

声音中,我们就知道厕所里发生什么了。打第三下和最后一下时,他没再打翻杯子,因为已经没有完整的杯子了。

更令人懊恼的是,艾伦锁起来的日记被一个男孩拿出来弄坏了。艾伦的忍耐也是有限的:

> 图灵……是一个可爱但很邋遢的人。他比我大一岁,但我们是挺好的朋友。
>
> 有一天我看到他在厕所刮胡子,他的袖子松松垮垮,整体看上去很讨厌。我友好地跟他说:"图灵,你看看你那样子。"一开始他好像并没在意,但我不识趣地又重复了一遍,这下把他激怒了,他让我留在原地等着。我有点吃惊,我知道将要发生什么。过一会他回来了,果然带着藤条,让我弯腰并抽了我一顿。然后他把藤条送回去,继续剃胡子。我没什么可说的,我觉得确实是我的错。后来我们还是朋友,谁也没再提起这件事。

除了"纪律、自律、责任"这些事,艾伦脑中还有一件更重要的事,那就是剑桥:

> 亲爱的默卡夫人:
>
> 我一直在等待彭布罗克的信,然后写信给你。前几天,他们说不能给我奖学金。我就担心会这样,我那三科成绩太一般了……我对12月的考试充满希望。我喜欢他们的试卷,比高等认证考试好很多。但是,我好像已经不像去年那么期

待了。要是克里斯还在就好了，我们能一起待一周。

　　我的"克里斯朵夫·默卡"奖的奖品两本书收到了。昨天傍晚，我在《数学之乐》中看到了弦图，非常有意思……有件出乎意料的事，我这学期当上学校的监督生了，而我上个学期连学院的监督生都不是。

　　我加入了这里一个叫作"无用者"的社团。我们每隔一个星期天，自愿去一些老师的宿舍，喝过茶后，会有人读一篇他写的论文。这些论文都很有趣。我已经同意读一篇关于"其他世界"的论文了。我现在已经写一半了。这个社团很有意思，不知道克里斯以前为什么没参加。

　　我妈妈去奥伯拉梅高了。我想她很喜欢那里，但她还没跟我详聊。

你挚爱的

A. M. 图灵

1930 年 11 月 2 日

艾伦晋升为学校监督生，这让他的母亲感到莫大的欣慰。但意义更为重大的是，这为艾伦带来了人生中的一段新友谊。

　　学院里有个比艾伦小三岁的男孩：维克托·别特尔，他也是一个既不遵守也不反抗，只是逃避体制的人。像艾伦一样，他也承受着一段别人无法体会的悲痛，因为他的母亲此时因为牛结核病而生命垂危，艾伦在她来看望维克托的时候见过她，这让人很难受。艾伦也知道了其他一些鲜为人知的事：维克托被另外一个学院的监督生打得太狠，以致脊椎受到了伤害。这使艾伦开始反对鞭打的规矩，而且他从来不打维克托（尽管维克托总是惹麻烦），只是把他交给其他监督生。他们之间的纽带就是互相同情，后来又发展成了友谊。虽然这与公学的纪律不符（不同年级的学生禁止交往），但因为有奥汉兰的监督，所以这段友情得到了允许。

他们花了很多时间学习编码和密码，通过《数学之乐》，这是克里斯朵夫·默卡奖的奖品，从1892年出版以来，令很多人受益匪浅。该书的最后一章，论述了密码术的基础。艾伦喜欢的主题，并不是非常数学化的那种，他喜欢在一个纸条上打孔，然后连同一本书，交给维克托。可怜的维克托要一页页翻书，看从纸条上的孔里透出来的字，再把它们拼成一条信息，比如"猎户星座的腰带"。艾伦对天文学的兴趣，也感染了维克托，艾伦给他讲解星座。艾伦教他还玩魔方（也是从《数学之乐》中学会的），还经常玩国际象棋。

巧合的是，维克托家也与斯万电灯有关系。他的父亲，阿尔弗雷德·别特尔1901年发明并获得"丽诺丽特电反射灯管"的专利，发了一笔小财。在第一次世界大战之前，他享受美好的生活，在蒙特卡罗顺利地进行飞行运动，赛车运动，帆船运动和赌博。

阿尔弗雷德·别特尔个子很高，很有威严，他有两个儿子，维克托是长子。维克托的性格大部分像他母亲，他母亲在1926年出版过一本关于和平主义者和唯心主义者的书。他兼具母亲明亮的眼神，奇妙的魅力，以及他父亲帅气的外表。20世纪20年代时，阿尔弗雷德·别特尔又开始研究照明，1927年取得一项新发明的专利，"K射线照明系统"。这项发明是为了让图片或海报得到均匀一致的照明。想法是把海报放在一个玻璃框里，框的表面是弧形的，反射顶部灯管的光，使光线均匀地照在海报上（如果没有这样的反射，海报的顶部会比底部更亮）。但这里有一个问题是，如何为玻璃计算最合适的弧度。维克托想到了一个方程，但却无法证明，他把这个问题交给艾伦。结果艾伦想得更加深入，他指出玻璃的厚度会引起更加复杂的问题，也就是表面会引起第二次反射。这使K射线系统的曲面做了重要的修改，并很快应用到外墙悬挂牌匾上。第一笔订单，是来自里昂斯有限公司。

就像碘酸盐和亚硫酸盐的计算一样，数学公式在自然界中的应用，总是令艾伦愉快的。他总是喜欢实用的证明，虽然他对此并非很擅长。

在另一方面，艾伦拒绝舍尔伯尼向他灌输对肉体的排斥。他希望学术和感情同步发展，并且发现这两件事具有共同的困难：他无法协调而自然地表达自己。但是，他发现自己很擅长跑步。每当下雨天，宿舍取消例行的跑步时，他总会第一个出去跑。维克托也会和他出去一起跑，但是大约两千米以后，他说"我不行了，图灵，我得回去了"，然后他在返回的路上，会被跑了更远才返回的艾伦超越。

跑步很适合他，因为这是一种自给自足的运动，不需要设备，也不需要社会支持。他跑得并不是很快，也不是很好看（因为他扁平足），但他强迫自己，培养了很好的耐力。这对舍尔伯尼不重要，重要的是他在学院代表队里，成了其中的骨干，这使彼得·霍格很惊喜，并赢得了克努普的钦佩。他不是第一个强迫自己进行身体锻炼的学者，他要证明自己在跑步、走路、骑车和爬山方面的耐力，一方面是他很渴望回归自然，但还有一个更重要的原因：他通过跑步达到体力透支，以此来取代手淫。从此以后，他感到身体的性倾向引起的冲突并不那么严重了——无论是在生理上，还是在心理上。

12月，在去剑桥的路上，他去了滑铁卢，没有去默卡夫人的画室。他母亲和约翰去那儿看他，艾伦说他要去看霍华德·霍奇的露天电影《地狱天使》。在剑桥，他没有得到三一学院的奖学金。但他并没有来错地方，因为他的第二志愿满足了，他得到了国王学院的奖学金。他在专业奖学金获得者中排名第八，每年80英镑[1]。

大家都来祝贺他。但他却想要做点什么，他想做的，就是克里斯朵夫"被召唤走"的时候要做的事。对于一个能把抽象的关系和符号，看成有形的日常对象的人来说，赢得国王学院的奖学金就像弹琴或修车——看起来很聪明，令人愉快，但别无其他。很多人在年轻时都能获得很高的奖学金。相比于校长的一句轻描淡写的"很好"，彼得·霍格在学院晚宴时做出的评价更有意义，他说：

> 我们当中的下一位数学家
> 对爱因斯坦有很深的研究
> 却不遵守爱因斯坦的规则

艾伦休息了两个多学期，这是很正常的事，因为在1931年的情况下，实在没什么临时工作可做。他未来在剑桥的专业将是数学，而不是科学。1931年2月，他被G. H. 哈代录取，学习纯数

---

[1] 作为比较，一个有经验的工人每年赚160英镑，无业单身青年的保障金是每年40英镑。

学，这是大学数学的经典基础。他第三次拿到了高等认证考试分数，这次数学作为重要科目，取得了卓越的成绩。他又再次参加默卡奖，并赢得了它。他得到了一张证书，写着"你卓越的表现不负克里斯的精神"。默卡一家为这个奖项赋予了现代风格，使它在古板的舍尔伯尼背景上显得很突出。

3月25日，复活节假期时，艾伦和彼得·霍格（现在想当鸟类学家）和一个稍大的男孩乔治·马克略尔一起去旅行。在格尔福特到诺福科的路上，他们在男工宿舍住了一宿，这很适合艾伦，他不喜欢那些奢侈而花哨的东西（他母亲觉得很难接受他这一点）。有一天，其他两个人搭了车，艾伦一个人走路。他在五天的军事训练营中，取得了军事战术训练的资格。约翰得知此事，起了一身鸡皮，他对艾伦打扮成士兵这件事，有一种与别人不同的敏感。

大卫·哈里斯成为他的跟班，他觉得艾伦是一个心肠很好，但有点没头脑的大哥。鲍尔黑进行了一项大改革，也就是允许监督生在星期日下午，去其他宿舍喝茶。当艾伦偶尔动用这项特权时，哈里斯就只能在他们喝酒时，默默地自己煮豆子和烤吐司。艾伦是有特权的人了。他还在继续研究透视画，这是受到维克托的艺术兴趣和天赋的影响，他们经常会讨论透视与几何。 7月，艾伦参加学校艺术比赛中的素描项目，他画了一个大教堂，并把它送给彼得·霍格。维克托赢得了水彩奖。艾伦从一个跟班，发展成 A.M. 图灵，再到学校监督生，军事训练营小队长和"无用者"成员，并得了很多奖，还有每年50英镑的剑桥津贴。他在数学方面获得了爱德华六世金奖。在纪念仪式的时候，他受到赞扬，这是他在舍尔伯尼校刊上唯一一次受到嘉奖。其中某处写着，奖学金的获得者：

> G. C. 劳斯，对他（校长）有很大的帮助，他总是那么和蔼而令人愉悦，完全可谓是舍尔伯尼人的典范。（热烈鼓掌）另一项公共奖学金，数学，获得者是 A. M. 图灵，他是近年来这个年龄段最卓越的男孩之一。

奥汉兰说，这对他将来的学习和就业有很多好处，并对艾伦作为监督生的忠诚工作表示了感谢。

默卡夫人邀请艾伦和图灵夫人在这个夏天再次到钟屋做客。艾伦8月14日写了一封信，回答了默卡夫人的一些问题，并附上克里斯朵夫的所有信件。但是，因为一些原因，他们没有前去拜访。9月的前两周，艾伦和奥汉兰一起去了萨克。彼得·霍格，阿瑟·哈里斯，还有两个奥汉兰的老朋友，举行了一个派对。他们待在18世纪的农场，艾伦在小岛的礁石岸边洗澡。阿瑟·哈里斯在水边画素描，艾伦站在他身后，指着前方路上的一堆马粪说："你怎么没把它们画进去？"

当新生跨进国王学院的门槛时，很少有人不为其宏伟而感到震撼。剑桥并不是一个全新的环境，从许多方面来说，大学看起来就像一个大型公学——虽然少了几分狂暴，但是继承了它的很多精神。如果熟悉对学院和学校的忠属关系，就会觉得大学里的学院体制很好理解。大部分学生都遵守着制度，晚上11点的宵禁，日落后要穿长袍，无长者陪同时不能接触异性。

剑桥的校规是很封建的。大多数学生来自公学，很少数来自中产阶级下层，他们都从文法学校拿过奖学金，懂得"绅士"和

"跟班"之间的关系。至于女士,她们应该对她们的两个学院满意了。

正如公学一样,有很多古老的大学,相比于在学术界的地位而言,它们在社会上的地位更重要。在这里,没有什么能干涉宝贵的自由——私人房间。剑桥的房间有两个门,按照传统,外门如果关着,就说明主人不在。艾伦终于能够工作和思考了,但他仍然感到抑郁,他无论什么时候都是这样的。只要不把学院的工作人员搞翻脸,他就可以随便把房间弄得多么脏乱。每当图灵夫人来看望他,都会责备他用小煤气炉煮早餐是很危险的,但她并不经常来。第一年过后,艾伦就很少回格尔福特看望父母了。他独立了,他终于独立了。

这里还有一些讲座,基本上都是最高标准的。按照剑桥的传统,讲座的内容涵盖数学的所有课程,讲座者都是各自领域的世界级权威。其中之一就是 G. H. 哈代,那个时代最卓越的数学家之一,1931年从牛津大学回到剑桥,担任萨得莱恩讲座教授。

艾伦现在处于科学世界的中心,在这里,像哈代和爱丁顿这样的大师比比皆是。在1931年,除了艾伦之外,还有85位学生准备攻读数学学位。他们分成两个不同的组:A 项目和 B 项目。A 项目是标准学位,分两个部分授予:一年后授予第一部分,两年后再授予第二部分。B 项目也要做同样的事,但在最后一年,他们还有额外的几门考试,包括五、六或更多门更高级的课程,相当于学位的第三部分。艾伦·图灵相当于跳过了第一年的课程(这是历史遗留问题),直接开始学习第二部分课程,并要用第三年来学习 B 项目的高级课程。

获得奖学金的学生都希望参加 B 项目,艾伦也不例外。他感觉进入了另一个世界,在这里,地位和贫富变得毫无意义,最伟大的人物高斯和牛顿,都是出身于农场。30年前,卓越的数学家大卫·希尔伯特说:数学没有种族国界……对于数学家来说,整个文明世界都是同一个国家。这是他在1928年国际数学家大会上,代表德国数学家演讲时说的,他这么说是有原因的,因为德国曾在1924年被该会议拒之门外。

艾伦非常喜欢数学的这种超脱世俗之外的特点。G. H. 哈代从另一个角度阐释这种特点:

> 317是一个素数,不是因为我们觉得如此,也不是因为我们希望如此,而是它本来就是如此,数学的事实就是如此。

哈代本人是一个纯数学家,他研究的数学分支,不仅超脱世俗,还超脱了物理世界。数字具有非物质性,纯数学的关键在于绝对化的逻辑推理。

另一方面,剑桥也很重视应用数学,但并不是把数学应用到工业、经济或者其他有用的社会科学领域,英国的大学没有把学术与实际利益相结合的传统。它是指数学和物理的结合,一般来说,是最基础而理论化的物理。牛顿在研究引力定律的过程中发展了微积分,而在20世纪20年代,也有一段类似的繁荣时期,量子理论的研究需要新的工具,而这工具意外地在纯数学的发展中被发现了。在这方面,由于爱丁顿等人(比如还有P. A. M. 狄拉克)的贡献,剑桥的地位不逊于量子论的起源地——哥廷根。

艾伦对物理世界并不陌生,但在这个问题上,他更倾向于绝对精确的事物和严格的推理。半理论半应用的剑桥荣誉学位,使他开始走向科学的核心。他已经和纯数学成了朋友,并以此来对抗世俗世界中的失意。

除此之外,艾伦的朋友很少,特别是在第一年。这段时间,他在心理上还以为自己在舍尔伯尼。国王学院的奖学金获得者,通常会形成一个精英小圈子,但艾伦是个例外。他是一个19岁的腼腆的男孩,受过的教育大多是背诵默写、无聊的诗、正规的信之类,而不是展示自己的想法。艾伦在这个圈子里的第一个朋友是大卫·晨佩侬,他是另外两位数学奖学金获得者之一。他在温彻斯特学院,并获得了奖学金,在社交方面,他比艾伦更有自信。他们俩有同样的笑点,同样不受制度和传统的禁锢,甚至同样说话结巴,晨佩侬比艾伦稍好一点。这是一段授受不亲的、公学式的友谊,但对艾伦重要的是,"晨"并没有因为违背传统而受到打击。艾伦和他谈克里斯朵夫,给他看自己想念克里斯时写的日记。

他们一起参加大学课程,一开始艾伦需要努力追赶,因为晨佩侬已经学得很好了,而艾伦却还是写得乱七八糟。事实上,他的朋友"晨"很早就出版过论文,而艾伦却没有。国王学院的两位数学导师是 A. E. 英哈姆和菲利浦·霍尔。 A. E. 英哈姆很严肃,有一种讽刺性的幽默感,在学术上以严谨著称。菲利浦·霍尔是最近才当选的,他的羞涩之下,有着非常随和的气质。他喜欢和艾伦聊天,他觉得艾伦充满想法,说话时有一种特殊的抑扬顿挫。 1932年1月,艾伦令人印象深刻地写道:

前几天我令一位导师非常高兴,因为我证明了一个定理。

他说在我之前，该定理只被谢宾斯基[1]用一种非常复杂的方法证明过。我的证明相当简单，胜过谢宾斯基一筹。

值得一提的还有，艾伦加入了学校的划船俱乐部。另外，他又一次坠入爱河了，这次是和肯尼斯·哈里森，他是另一位与艾伦同级的国王学院奖学金获得者，攻读自然科学荣誉学位。艾伦和他谈了很多关于克里斯朵夫的事，很显然，他把同样拥有金色头发、蓝色眼睛、从事科学的肯尼斯，当成了死去的初恋情人的转世。不同的是，艾伦现在敢说出自己的感觉，而他与克里斯朵夫在一起时，这是从来不敢的。肯尼斯喜欢他的直接，而且这不影响他们讨论科学。

1932年1月末，默卡夫人把艾伦1931年给她的，与克里斯朵夫之间的所有通信都寄回给艾伦。她已经全部逐字逐句地复印过了。这是克里斯去世两周年。默卡夫人给他寄来一张卡片，请他2月19日一起在剑桥吃晚餐。艾伦为她的到来做了一些安排。这个周末其实不太方便，因为他正忙于划船比赛。艾伦抽时间带她四处转了一下，默卡夫人看到他的房间非常杂乱。他们还去看了艾伦当年与克里斯朵夫一起，在三一学院待过的地方，以及默卡夫人想象的，克里斯朵夫本来会坐在的地方，三一教堂。

4月的第一周，艾伦再次拜访钟屋，这次是和他的父亲。艾伦睡克里斯朵夫的睡袋。他们一起去凯特西尔教堂，观看圣·克里斯朵夫彩窗，克里斯朵夫的肖像镶嵌在玻璃里，艾伦说，他想不出还有什么能比这更好看了。周日他去那里的教会，举行一场通

---

[1] 20世纪波兰著名纯数学家。

宵的留声机音乐会。图灵先生和默卡上校一起读书、打桌球，艾伦则与默卡夫人在客厅娱乐。有一天，艾伦和他父亲一起出去散步，他们走了很远，还在埃文河畔的斯特拉特福度过了一天。最后一天晚上，艾伦躺在床上，在克里斯朵夫躺过的地方，默卡夫人走过来，对他说晚安。那一瞬间，艾伦仿佛感觉到了，克里斯朵夫·默卡的灵魂，仍然在钟屋游荡着。这是怎么回事，难道艾伦的大脑，能接受另一个世界的信号吗？关于这次拜访，艾伦写信给默卡夫人说：

灵魂的本质

在过去，科学界往往认为，我们了解了某一时刻的宇宙，就能预测将来会发生什么。这个观点，是基于天文预测方面的成功。然而，现代科学得出的结论是：当我们和原子、电子打交道时，我们无法知道它们确切的情况，因为我们的测量工具本身就是原子和电子。预测宇宙这种想法被推翻了，"我们所有的行为都是预先确定的"这个理论，也因此而垮掉了。我们有某种意识，在控制着一部分或者整个大脑的原子的运动，身体的其他行为，则是为了增强这种运动。现在必须解决的问题是，宇宙中其他原子的运动是如何控制的。也许是一样的原理，还有灵魂的远程作用，但因为没有东西来增强这种运动，所以它看起来好像是纯粹被概率控制的。很显然，物理没有预先确定，几乎就是很多概率的组合。

正如麦克塔伽所说，缺少灵魂的实体是无意义的（自始至终，我说的实体，不光是指物理上的固体、液体或气体，还包括光和引力，也就是组成宇宙的全部实体）。我个人认为，灵魂会永恒地与实体发生相互作用，但不一定总是表现为同样的形态。我相信在我们死后，灵魂会到达一个与我们完全隔绝的宇宙，但我现在考虑到，实体和灵魂紧密联系，这在形态上可能会自相矛盾。这有可能是对的，但那些宇宙又不太像是存在的。

至于灵魂和身体的真正关系，我认为，当身体活着时，可以吸引并抓住灵魂，使其紧紧地联系在一起。当身体睡着时，我猜不出会发生什么，但当抓着灵魂的身体死亡时，它就会"失灵"，然后灵魂会去寻找一个新的身体。

至于"为什么我们要有身体"这个问题，灵魂能不能独立地存在着并相互产生作用，我想也许是可以的，但那样就没什么事情可做了。灵魂需要驱使身体，并且照顾身体。

艾伦在学校读爱丁顿的书时，产生了许多类似这样的想法。他告诉默卡夫人他喜欢《物理世界的本质》，是因为爱丁顿从科学宝座上，向宗教伸出了橄榄枝。他从新兴的量子理论中，看到了一座连接经典决定论和自由意识论的桥梁。

任何学习应用数学的人，都熟悉艾伦所说的"在过去，科学界往往认为"的那种形式。书本上的所有问题，都是有足够的已知条件，然后通过一些物理系统，就能预测它的整个未来。但在实践中，除了一些极简单的系统之外，这种预测是无法实现的。而且在理论上，这些简单系统和复杂系统之间，也并没有什么本质上的区别。还有一个事实是，在某些学科中，比如热力学和化学，通常只考虑总体平均情形，在这些理论中，信息可以出现，也可以消失。当一块糖在茶中融化了，总体平均来看它还是一块糖，但它本来携带的信息就消失了。但是，假如能够充分描述其细节，那么那些丢失的信息，仍然保留在原子的运动中。这就是拉普拉斯在1795年总结的观点：

> 假如有一位强大的智者，他能综合所有驱动自然的力，以及施力物体的所有情况，并且能够分析所有这些数据，那么对他来说，就没有什么是不确定的。未来就会如同历史一样，展现在他的眼前。

这个观点意味着，对于我们用其他方式（比如化学、生物学或其他方式）描述的任何事物，都还存在着一个包含所有物理细节的描述，在这种描述下，一个事情完全取决于过去。拉普拉斯派的观点是，没有任何事情是不确定的，也许它们看起来像是不确定的，那只是因为人类无法实现必要的测量手段。

这其中的障碍是，人类对这世界强加了另一种描述，也就是人类自然语言的描述，这里面有主观上的判断和取向，正义和责任，而障碍就在于，我们无法将这两种描述联系起来。物理上的"必然"和心理的"必然"没有联系，物理规则决定了你一定会怎样，但实际上却没有人觉得自己像被线牵着的木偶。正如爱丁顿所说：

> 我的直觉，比物理世界的任何物体更直接地告诉我：在这个世界上，没有任何因素来决定我即将举起右手还是左手。它是一个不受约束的动作，只取决于我将要产生的意愿。我的直觉是，并不存在一种能够决定未来的因素，秘密

地隐藏在过去当中。

但正如他所说,他不满足于保持"科学和直觉井水不犯河水"。因为他也无法否认,身体是服从物理规律的。那么这两种描述之间,必须要有某种联系,要有某种看起来完整的统一。爱丁顿不是一个教条的基督徒,但他希望维护自由意识论、灵魂以及一些神秘东西的存在,然而他又不得不使之与物理规律相协调。于是他发问:"一堆普通的原子,是如何构成一个能思考的系统的?"艾伦也想解决这个问题,但他只是凭着年轻人的勇气,他相信克里斯朵夫在帮助他,也许是通过"比任何物理世界的物体更直接的直觉"。但如果说思维不是独立于物质的,不是独立于大脑的物理基础的,那似乎就无从下手,看起来无论以什么方式,大脑都无法产生思维。

新兴的量子理论,则提供了一个协调的机会,因为该理论认为,一个事件是绝对不确定的。如果一束电子被引导至有两个孔的盘子上,这些电子将会分别通过两个孔,而且似乎无法预测某个电子将会通过哪个孔,整个路径也无法预测。爱因斯坦围绕这一现象,在1905年描述了光电效应,这对早期量子力学做出了非常重要的贡献,但却从未有人相信事实真的是这样。不过爱丁顿欣然接受了,而且不惮于用它富有表现力的笔,将它传播给大众,来证明决定论是错误的。薛定谔的概率波和海森伯的不确定原理,使爱丁顿认为,思维作用于实体,并不违反物理规律,它也许可以决定那些不确定事件的结果。

但这并不那么简单。爱丁顿想到,如果用这种方式,来考察意识如何作用于大脑中的物质,那么就要问,思维如何决定一个原子的波函数？爱丁顿认为这是做不到的。"看上去，思维并不是决定一个单独原子的行为，而是影响一个有组织的群体，实际上是干预了原子的总体行为。"但量子论中，并没有解释如何完成这样的群体大动作。在这一点上，爱丁顿的观点是主观的，而不是精确的，但他似乎很沉醉于这种朦胧感。随着他的深入思考，物理学的概念变得越来越朦胧，最后他干脆用《爱丽丝镜中奇遇记》中的那句无意义的话，来形容电子的量子化描述：

> 一些我们不知道是什么的东西，在干一些我们不知道是什么的事情，这就是我们的理论。这个理论听起来很不像话，我在别处见过一句话，倒跟这有点像：
> 黏稠的三不像们，
> 围着日晷钻地洞。

爱丁顿很小心地说，在某些情况下，这套理论是好用的，因为与实验结果相符。1929年，艾伦抓住这一点："当然，尽管这个理论能解释电子的行为，但他仍不相信会有 10^{70} 个维度。他想到过6维，9维，或者随便多少维，反正是画不出来的。"但是，现在似乎不该再问，波或粒子到底是什么，因为19世纪的波粒战争已经结束了。物理变成了世界的符号化描述，而这个世界的哲学则是"一切都在意识中"。

这就是艾伦的知识背景。"我们有一种意识，能够决定大脑中一部分或者所有原子的行为"。爱丁顿的想法，填补了两者之间的鸿沟：身体（艾伦从《自然奇迹》那里学到的）和灵魂（他想要相信的）。艾伦从理想主义哲学家麦克塔伽那里，找到了另一个证据，并且引入了关于轮回的思考。但是他没有推进，也没有证明爱丁顿的观点，他回避了爱丁顿指出的，在讨论"意识"的行为时存在的一些困难。他换了一个角度，讨论身体是如何将"意识"实施出来的，以及对活人或死人来说，身体与灵魂之间的本质关系。

这些观点，实际上隐隐浮现了未来，尽管在1932年，人们几乎还看不到未来。6月，艾伦得知自己在剑桥的第一部分学位考试中，成绩是二等。"在这之后，我无颜见人，我不想解释，我只想在下次考试中得到一等，向大家证明我并不是真的那么差"，这是他写给默卡夫人的信中说的。但事实上，这时更重要的事情是，他收到了上次在舍尔伯尼获奖的奖品，这是一本正式的讲解量子理论的书。这是一个很有雄心的选择，该书出版于1932年，书名为《量子力学的数学基础》，作者是年轻的匈牙利数学家，约翰·冯·诺依曼。

6月23号是他的20岁生日，7月13号是克里斯朵夫21岁的生日。默卡夫人送给艾伦一支钢笔，就是克里斯朵夫曾经炫耀的那支。艾伦从剑桥写信：

亲爱的默卡夫人：

……我记得克里斯的生日，本来想写信给你，却不知道该怎么说。我想，昨天是你生命中最快乐的日子吧。

你真的太好了，想到把那支钢笔送给我，没有什么能比它更让我想念克里斯了，想念他对科学的态度，还有他灵巧的双手。我很清楚地记得，他使用这支钢笔的样子。

但是，如果他在20岁的时候，看到那些欧洲数学家的新理论，他也一定同样像个刚离开舍尔伯尼，刚离开家的孩子。我的暑假过得跟以前差不多：

我和父亲刚去德国待了两个多星期。我们大部分时间都在黑森林散步，但父亲每天不能走超过 10 英里（1 英里＝1.6 千米）。我读了半本德国数学书，几乎学会德语了。后来我就回家了，反正大概就是这样……

你挚爱的 艾伦·图灵

艾伦和约翰在爱尔兰度过另一个假期，在那里，他的家人乘着潜艇出现在考克，令艾伦很吃惊。9 月的前两个星期，他跟奥汉兰一起在萨克度过，这是他们第二次在一起度假，也是最后一次。艾伦带了一些果蝇，因为他正在业余时间研究遗传学。在格尔福特时，果蝇逃跑了，在屋子里嗡嗡飞了好几个星期，让图灵一家人非常恼火。奥汉兰写道：

我很怀念在考恩沃和萨克度过的，我生命中最快乐的假期：他的友好，他异想天开的幽默，他羞怯地摇头，他用尖细的声音宣布证明了欧几里得的错误，还有他正在研究果蝇——你永远不知道接下来会是什么。

即使在僵化的体制中，仍然存在着自由的瞬间。舍尔伯尼也给艾伦留下了一段与维克托的友谊。艾伦的这位年轻朋友，此时不得不离开学校，他的父亲在萧条时期，遭受了严重的经济损失。他没有拿到毕业证书（他告诉艾伦，这是因为把太多的时间花在了象棋和密码上），但很快在伦敦的补习学校补上并通过了认证,然后开始了用艾伦的话说"像注册会计师一样冷酷的生活"。1932年的圣诞节,艾伦在他家待了两周,并在维多利亚附近的阿尔弗雷德·别特尔的办公室工作。这次拜访蒙上了一层黑色,因为维克托的母亲在11月5日就去世了。死神的深重阴影,就像一条带子,将两个男孩联系起来,这条带子也勒死了艾伦的信仰——他从此非常不愿意讨论宗教。维克托虔诚地信仰基督教,也信仰超感知和转世轮回。在维克托看来,艾伦很想相信一些什么,但他的科学头脑,又使他不愿被束缚,所以把自己搞得很纠结。维克托试图使他保持信仰,他们讨论什么是虚幻,什么是现实,他们讨论死后,也讨论生前。维克托跟艾伦说:"你看,其实没有人能教你数学——他们只是帮你从前世的记忆中想起数学。"但是维克托看到艾伦不相信"不能在数学上证明"的事。

这时期,维克托的父亲,正全身心地投入研究,来克服丧亲之痛。艾伦在他的办公室工作,做一些复杂的计算。阿尔弗雷德·别特尔是照明测量学的开拓者,他为麦森工作,计算地板和墙壁反光的分布和强度。艾伦没有进入麦森公司大楼的许可,他只能根据想象,来为别特尔先生验算。

艾伦和别特尔先生渐渐亲密起来,他给艾伦讲他年轻时在蒙特卡罗的经历。他给艾伦演示他的赌博系统,艾伦回到剑桥后一直在思考它。1933年2月2日,艾伦写信寄回他的分析结果,这个系统对赌博毫无帮助,别特尔先生赢钱是全凭运气,并无技术含量。他还发了一个公式,用来计算半球形空间的地板照明情况,非常实用而且简洁。

赌博系统虽然实际上没有用,但对别特尔先生来说,这赋予他很多勇气。他是一个很强势的人,对金钱的欲望深埋于心,对很多事情都有自己的观点。作为一个虔诚的基督徒,他对看不见的世界有着强烈的信仰。他还告诉艾伦,他的电灯设计已经寄给他了,但艾伦觉得这些知识太多太杂,无法吸收。他还有一些关于大脑的想法,自从20世纪他就开始想,基于电子原理,不同的电压会导致不同的心情。一个电子的大脑!这就像一个科学的想法了,于是他们在这一点上讨论了很久。

圣诞节过后,艾伦写信给布来梅:

> 我仍然没有决定长大后要做什么,我的志向是在国王学院做研究。恐怕这个野心有点过大,因为我基本上不可能达到。
>
> 很高兴参加你的成年宴会。我想等我成年了,我就跑到英格兰的某个角落,离家里远点。其实,我也不太想成年(在学校的日子是最快乐的,等等)。

舍尔伯尼是艾伦生命中的一部分,而且他很忠于自己的过去,没有将它切除。尽管那些演讲训练、领导才能和帝国的未来都不曾触动他,但他至少继承了表面上的英国公学文化。那种斯巴达式的风格,贫富平等,还有传统与个性的混合。艾伦·图灵没有因为自己的智商而感到优越,他只是坚定地做着自己的事情。在这种以剥夺和扼杀为基础的公学中,作为一个标准化的产品,能够意识到自己的思想和行为,是非常重要的。艾伦在为自己的人生而奋斗时,展现了一种纯粹的使命感,而这正是校长反复教诲的。

但是艾伦不能总是活在19世纪,剑桥把他带入了20世纪。

1932年大学宴会后,艾伦喝醉了,他胡乱地走到大卫·晨佩侬的房间,说要"把握自己"。"我必须把握自己,我必须把握自己",艾伦用古怪的嗓音,一遍又一遍地重复。晨认为,这是艾伦的一个转折点。也许这确实是,因为1933年的艾伦开始走向现代世界所面临的问题,并开始试图解决它们。

1933年2月12号,克里斯朵夫逝世三周年,艾伦写道:

> 亲爱的默卡夫人:
> 我想你看到这封信时正在想念克里斯,我也是。这封信是想告诉你,我明天会想念克里斯和你。我相信他现在无论在哪里,都会很开心的。
> 你挚爱的艾伦

而其他人都记得那个星期却是因为,2月9号牛津大学学生会提出,拒绝无条件地为国王和国家而战斗。剑桥也有相似的意见,他们并不是那种极端的和平主义者,但他们拒绝为口号而战斗。盲目的爱国主义是不行的,第一次世界大战后,对公共安全的防御是合法的,但这并不包括发动战争。在国王学院,怀疑论非常盛行,艾伦逐渐发现,在这个大号的公学里,学院不光是规模庞大而已。

国王学院在大学体制中享有特殊的权威。在约翰·梅纳德·凯恩斯的努力下,它变得非常有钱。它还因为纯粹的道德自治权而著称,凯恩斯说:

> ……我们完全推翻了普适的道德准则,我们宣布,有权

根据具体情况来判断什么是道德。这在我们的信仰中,是很重要的一部分,激进而暴力化的道德判断,是最危险的性格。我们要推翻所有的传统道德和观念,我们是严格意义上反道德主义者。我们需要认真考虑,什么是真正值得拥有的,我们不存在道德上的责任,没有义务去承认或遵守它……

E. M. 福斯特则显得更温和些,但他的观点更具一般性,他认为在任何制度下,都应当优先尊重个体。1927年,国王学院历史学家,"国际同盟"最早的拥护者,路维士·狄更生在他的自传里写道:

人们每天都嚷着丘吉尔,共产主义,法西斯。为了这些政治概念,为了这个名为帝国的吓人的东西,似乎每个人都愿意牺牲生命,牺牲一切美好。这真的值得吗?这是个只会使蛮力的发动机。

只会使蛮力,这是问题的关键。凯恩斯这时正忙于财政,他的信念是,只有这个问题解决了,人们才能开始思考真正重要的事。这种态度与对责任感的迷信有很大区别,道德不再在权力体系中扮演原来的角色。在这方面,国王学院与舍尔伯尼非常不同。

国王学院的生活态度还包括,把游戏、聚会和闲聊当做一种天然的追求,认为聪明人一样会对普通的东西感兴趣。虽然国王学院只是慢慢地与伊顿公学脱钩,但这里的一些老师已经开始积极努力,鼓励那些不是公学出身的学生,努力让他们觉得像在家里一样自然。它十分强调教师和学生要在学院里融为一体,他们每年的学生都少于60人,没有哪个大学是这个样子的。所以艾伦渐渐地看到,他碰巧来到了一个独特的环境,在这个环境中,他可以最大限度地做好自己。国王学院为艾伦证明了他一直以来的信念,那就是,他的责任就是为自己着想。竞争不是个完美的机制,但它仍然不失为一种转机。假如艾伦去了三一学院,他会觉得更加孤独。尽管三一学院也信仰道德自主,但却缺乏国王学院所鼓励的人际亲密。

1933年,艾伦写信分享他的异见:

> 亲爱的妈妈:
>
> 谢谢你的短袜……我想放假某时去苏联待一阵子,但还没决定。
>
> 我加入了一个组织叫作"反战委员会",在政治上相当于共产主义。我们的主要计划是,当政府想要发动战争时,就组织军火和化工行业罢工。我们建立了保障基金,来支持罢工的工人。
>
> ……最近这边有一部很好的戏剧,作者是萧伯纳,叫作《千岁人》。
>
> 你的
> 艾伦
> 1933年5月26日

在不久的一段时间里,反战委员会在英国蓬勃发展,并联合了和平主义者、共产主义者和国际主义者，共同反对全国性的大规模战争。精心安排的罢工，在1920年确实阻止了英国政府插手波兰反苏。但对于艾伦来说，真正的重点不在于政治贡献，而在于一种质疑权威的决心。自从1917年，英国拼命地鼓吹，布尔什维克主义的苏联是恶魔的王国，但到了1933年，每个人都看到，西方资本主义的某些东西是完全错误的。两百万人罢工，这种令人迷惘的情形没有先例，在这种情况下，谁也不知道该怎么办。苏联在1929年的第二次革命后，提出宏观调控作为解决办法，知识界都很感兴趣这要如何运作，这是现代世界的试验田。艾伦也许很喜欢用假装平静的"相当于共产主义"这样的话来惹怒他的母亲——重点不在于标签，而在于他这一代人要独立思考，用比父母更广阔的视角去看世界，而不是被舆论吓倒。

艾伦实际上并没有去看苏联，即使他去了，他也会发现，自己对苏维埃体制毫无兴趣。他没有成为剑桥20世纪30年代的政治人物，他对"只会使蛮力的发动机"没兴趣。《共产党宣言》说，终极的目标，是建设这样一个社会，在这个社会中，每个人的自由发展，是所有人自由发展的条件。但是在20世纪30年代，要想成为共产主义者，就意味着认同苏维埃政体，而后者却是完全不同的概念。在剑桥，那些觉得自己富有责任感的、级长阶级的成员，也许很认同苏联统治者，他们正想把英属印度改造成那样，为了自己的利益把农民集体化。对英国公学的产物来说，他们比较看不起商贸，这只是反对资本主义的一个小原因，更主要的问题是宏观调控。然而艾伦·图灵没有兴趣搞组织，也不想被任何人组织起来。他刚从一个极权体制中逃脱，不想再陷入另一个。

马克思主义号称是科学的，它提出了一个可以科学证明的历史发展规律。正如红皇后告诉爱丽丝:"你可以说它没意义,但这只是因为你的字典里没有这个词。"艾伦对历史问题没兴趣,马克思主义试图把科学联系到"生产制度"上,可艾伦的字典里没有这个词。苏联用政治眼光评判相对论和量子论,而英国思想家兰斯洛·赫本则用经济眼光评判数学的发展。那些启迪艾伦和其他科学家的美好真理,他们全然不关心。剑桥的共产主义者,有一种正统基督教派的特征,带着救赎和皈依的氛围,而这正是信仰基督的艾伦·图灵所怀疑的东西。像另一位怀疑论者肯尼斯·哈里森一样,艾伦蔑视共产主义。

在经济问题上,艾伦渐渐赞同阿瑟·庇古(国王学院经济学家,比凯恩斯更早开始着手完善19世纪的宏观资本主义)。庇古认为,更平等的分配制度可以提高经济福利,同时他也是福利国家的早期倡导者。庇古和凯恩斯的观点大体上相似,他们在30年代都呼吁要提高国家支出。艾伦还开始订阅《新政客》,并且大致认同中产阶级的先进主张,这份主张是关于个人自由和更合理的社会制度。科学规划的好处有很多(所以有了阿道司·赫胥黎1932年的讽刺作品《美丽新世界》,可以说知识分子们已经抛弃旧观念了),艾伦也在论述更有雄心的冒险,比如新的住房方案(这与他母亲有点关系,她持有贝斯奈绿色住房协会的股份。艾伦认为他们应该优先为那些确实需要住房的家庭安排住房),但他并没把自己当成一个科学组织者或策划者。

实际上他认为,社会就是个体的总和,比起社会主义,他的观点更接近于 J. S. 密尔的民主个人主义。他的理想是,使个人保持自我完整、独立、自给自足、不必妥协、不必虚伪。这个理想相比于经济或政治来说,更涉及道德,更接近国王学院的传统价值观，而不是20世纪30年代的新发展。

像很多人一样（比如 E. M. 福斯特），艾伦读塞缪尔·勃特勒的《埃万共和国》，得到了很多乐趣。这是一位维多利亚时代的作家，他用"爱丽丝镜中奇遇"的手法戏弄道德公理。艾伦也非常欣赏勃特勒的继承人萧伯纳，欣赏他富有深刻内涵的娱乐剧。对于30年代见过世面的人们来说，勃特勒和萧伯纳已经是老朽的经典，但对于一个刚从舍尔伯尼走出来的人来说，他们拥有一种解放的魔力。萧伯纳认同易卜生（艾伦也同样认为易卜生的戏剧非常出色）所说的"精神革命"，要在舞台上表现真实的人，那种不靠"正统道德"，而是依靠内心信念的人。但是萧伯纳也提出了一个难题：什么样的社会能够包容这样真实的人？这个问题，问到了年轻的艾伦·图灵心里去。1933年5月，艾伦觉得《千岁人》非常好，这部戏带着费边主义的科幻色彩，讽刺首相阿斯奎和洛伊德·乔治。这与艾伦的理想主义思想，产生了深深的共鸣。

但有一个问题，在萧伯纳的戏中没有提到，在《新政客》中也很少说起。1933年，有剧评家评论《绿色的月桂树》，这部戏关于"一个男孩的堕落"，并说"性变态者是比肝病患者更有趣的主题"。在这方面，国王学院很是独特，在这里，可以怀疑一个萧伯纳认为不是问题，而勃特勒则一笔带过的问题。

但仅仅是"可以"，还是没有人能突破官方和非官方的界线。在公开的语境里，国王学院和别的地方都是一样的。在内部表达异见的自由，对艾伦当然是有益的。比如，有一件事是对他有利的，肯尼斯·哈里森从他的父亲（也从国王学院毕业）那里，学会了对同性恋的理解。但是凯恩斯和福斯特，布鲁斯伯里派，对艾伦来说，却是高高在上的。国王学院的强项在于艺术，特别是戏剧，但艾伦却将它拒之门外。当艾伦表演着最戏剧的元素——同性恋时，他受到了太多的威慑和恐吓。如果说，在舍尔伯尼，他的性取向被打上"下流"和"肮脏"的标签，那么现在，他同样要忍受一个外界觉得很重要的标签——对雄性权利的背叛。在这里，他找不到立足之地，在国王学院，没有一个合适的角落，能容纳这位腼腆的数学家。在很多方面，艾伦就像个作茧自缚的囚徒，国王学院能做的，只是在他自己想要走出来的时候，对他给予保护。

在宗教信仰上也是一样，当国王学院将不可知论奉为一切时，他拒绝跟随潮流，他只是对触及禁忌的自由而感到刺激。他在发展他的学术生涯方面，并未形成一个正常人的社会关系，他不像他的大部分朋友，他既不是"第十社"也不是"麦森格社"的成员——这是两个国王学院学生社团，他们一起读剧本，谈论到深夜，喝着可可饮料，探讨关于文化和道德哲学的论文。但是艾伦太糟糕了，甚至很粗俗，他无法融入这种舒适的聚会。他也没有入选校级的社团——使徒社，这个俱乐部吸引了很多国王学院和三一学院的学生。在很多方面，对于国王学院来说，艾伦太平凡了。

在这方面，他和他的一个新朋友詹姆斯·阿特金斯有些共同点。他是与艾伦同年的另一位数学奖学金获得者。詹姆斯和艾伦相处得很好，他举止亲切友好，礼貌地回避关于克里斯朵夫或科学的话题。艾伦邀请詹姆斯去湖区散几天步。

他们6月21到30日去了湖区，这样艾伦就实现了6月23日不在家的目标，也就是他说的"又长大了"。实际上，他们那天从马代尔的青年旅店出发，过高街，到帕特代尔。天气反常地闷热，这使艾伦在一定程度上脱了些衣服，这也许鼓励他后来在山坡上休息时，进行了温柔的性尝试。这意外而刺激的时刻，也许对詹姆斯来说更为重要，他在公学时，正赶上情窦初开，却被严加抑制。假期他想了很多，接下来的两周，他觉得自己对艾伦的喜爱和渴望被唤醒了，他盼望7月12日长假之后在剑桥与他重逢。对他来说，比起音乐研究国际大会期间参加音乐会，学习数学并不是那么重要，他在音乐中找到了艾伦在数学中找到的那种纯粹。

然而詹姆斯却不知道，就在那一天，艾伦去了钟屋怀念克里斯朵夫。复活节，他又去了那边，在他的圣地参加教会，他写道：

> 我亲爱的默卡夫人：
> 真高兴我可以在钟屋过复活节。我总是喜欢特别地把它和克里斯联系起来。它提醒着我，克里斯现在还以某种形式活着。也许我只是太希望他还活着了，但不管怎么说，想象他只是暂时离开我们，这是很有好处的。

他7月的造访，正值7月13号的捐窗纪念礼，这是克里斯朵夫的第22个生日。本地的孩子放假一天，他们在彩色玻璃窗口下放花。一个亲戚歌颂克里斯朵夫的友善，他们唱克里斯朵夫最爱的赞歌《优雅的圣灵》。

在钟屋的大帐篷里，一个魔术师用面包和柠檬汁把孩子们逗乐了。拉普特演示了克里斯朵夫关于碘酸盐和亚硫酸盐的实验，然后他的叔叔向他们解释。他们还吹泡泡和放气球。

艾伦在这次苦辣参半的仪式后的两三周回到剑桥，过了不久，詹姆斯就表示，想要继续和艾伦维持已经发生的性接触。但是他有一种感觉，艾伦不像夏天那么主动了，而且詹姆斯猜不透这是为什么。也许，艾伦没与詹姆斯谈过的克里斯朵夫，就是一部分原因。这次造访使艾伦回忆起激烈而浪漫的爱情，这是他与詹姆斯之间不存在的关系。他们很满足于自然的性友谊，他们并没有假装出爱情来。但是这样至少可以使艾伦觉得不孤单了。

有时候，艾伦似乎也会被激怒。1933年12月，在开拓者宴会上，当来自詹姆斯母校的大学生，以讨厌的口吻对艾伦说话时就引起了冲突，他对艾伦说："你别看着我，我不是同性恋。"艾伦的反应很激烈，他对詹姆斯吼道："如果你想上床，滚边儿待着去！"但这只是几年友谊中的例外时刻。

没有其他人知道这件事，虽然一般来讲，这次宴会事件也说明，艾伦对他的性取向并不是很保密。有一位本科生（对詹姆斯说）对艾伦很有憧憬。1933年秋天，艾伦交了另一个朋友，他们的主要关系就是讨论性。他叫弗雷德·克莱顿，他的性格很不同。艾伦和詹姆斯都很含蓄，他们就这样，不捅娄子，这与和弗雷德的情况正相反。弗雷德的父亲是一个利物浦附近的乡村学校的校长，而且他没有上过公学。他的年龄更小，曾经是艾伦划船的舵手，但随着慢慢了解，弗雷德知道艾伦是一个在性方面没有秘密的人，无论是他自己还是别人，都不忌讳谈讨此事。

弗雷德对交换观点和情感经验很有兴趣，他对性感到很困惑。他也面对着同性恋的吸引，利用着国王学院允许自由讨论的好处。一个研究员说他看起来是很正常的双性恋男，但这其实并不简单，对弗雷德·克雷顿来说，没有什么是简单的。

艾伦告诉他的朋友，他对被割除包皮有多么厌恶，还有他与园丁男孩的最早记忆（大概是在沃德家里），他觉得可能正是这个决定了他的性取向。不知道这对不对，反正他给弗雷德和其他人留下了一个印象：他的性取向虽然和公学有关，但更重要的是他小时候的性印象。弗雷德阅读哈夫洛克·艾力士和弗洛伊德的著作，把在古典音乐上的新发现讲给他的数学朋友，他对拉丁文和希腊文也没兴趣。

困惑，是一个完全合理的反应，在1933年的情况下，即使是国王学院，也很少公开地研究同性恋。这些内容都是悄声地、隐晦地交谈的，而且这并非是因为法律。简单地说，在20世纪30年代，法律禁止所有男性同性恋活动，但更重要的是J. S. 密尔的不同说法：

> ……法律制裁的主要作用是，它能强化一种社会禁忌，而这种禁忌才是真正有效的。在英国，这种社会禁忌的作用，比法律制裁要明显得多。

现代心理学，使20世纪变得不同了。20年代，革新者知道了弗洛伊德，并在实践中用他的理论来讨论同性恋到底是什么出了错，但这个思想萌芽很快就被埋没了，因为官方努力使同性恋遁于无形。作为受人尊敬的中产阶级的观点，1928年《周日快报》展现了这个观点，它评价《孤独之井》说："宁愿给孩子一瓶氢氰酸，也不要给他看这本小说。"正统制度仍然高于一切，即使是对于受过良好教育的同性恋者来说，他们所拥有的鼓励，也仅仅是那些来自古代世界的悲哀信号：王尔德的审判，还有哈夫洛克与爱德华·卡本特笔下的罕见例子。

在奇怪的环境中，例如剑桥，有一个有利的优势去享受同性恋，但只是生理方面。难过之处，不是法律上的，而是精神上的——一种身份的拒绝。异性恋的爱情、欲望和婚姻，尽管也有一些困难和痛苦，但还是会有很多的小说和音乐来表达和赞美它。而同性恋的价值则是很低的，如果说得彻底些，是滑稽的，可耻的，病态的，恶心的。当他们被嵌入这些词语时，想保护自己不受伤是很难的。想保持一个完整的自我，不分裂成一个守法的表象和一个隐秘的内心，则更加难。发展自己的社会交际，增加自己与别人的沟通，则是根本不可能的。

而艾伦处在一个能够发展的地方。这里毕竟是福斯特传播他的小说手稿《莫瑞斯》的地方。这本书说"做一个微不足道的王尔德"，但要想实现这件事，却有一个问题，那就是这本书必须是一个符合现实世界的故事。但实际上它却不是，其中有一个矛盾——主人公最后隐入山林了。

还有另一个矛盾是，必须保守秘密50年。但是，这里仍是一个能够协调这些矛盾的地方。尽管国王学院把艾伦排挤到了边缘，但至少能保护他不受到外面更残忍的世界的伤害。

如果说艾伦很喜欢《千岁人》，那就是因为萧伯纳在戏剧里表现了他的思想，生命有其自身的力量。这又引起了"灵魂"的问题。萧伯纳笔下的角色说："抛开那枯萎的宗教和乏味的科学吧，掌控自己的生命，我们可以尽情地在花园中嬉戏，直至时间让我们进入墓园。"这是1933年艾伦遇到的问题，但他不能接受萧伯纳的轻易结论。对萧伯纳来说，如果科学不符合他的想法，他就会毫无顾忌地改写科学。面对"生命自身的力量"，决定论就只能马上靠边站。萧伯纳还关注达尔文的进化思想，讨论这种进化是不是各种变化（包括了社会变化和心理变化）的原因，他写道：

> 达尔文的自然选择，作为一个纲领，让我们从进化论中看到一种希望，取代令人沮丧的宿命论。正如勃特勒所说，"心灵与整个宇宙有别"。这一代人，欣喜地觉得自己被从全能的裁决者那里拯救出来了。

对于萧伯纳来说，科学的意义，就是制造一个有希望的纲领，来取代宗教。为了这个目的，生命必须要有一种力量，对这种力量，公元3000年的超级智能可以说，我们的物理学家解出了它，我们的数学家在方程中表示了它。

但对艾伦来说，科学是一种事实，而不是一种自慰。数学家兼物理学家约翰·冯·诺依曼对"生命的力量"这种话题没说什么，但他的《量子力学的数学基础》1932年10月已经到了艾伦手里，艾伦大概直到夏天才读它，这时他还收到了薛定谔和海森伯的关于量子论的书。1933年10月他写道：

> 我从舍尔伯尼获奖的书，读起来很有意思，应用数学家觉得它难懂，但我却觉得毫无困难。

冯·诺依曼与爱丁顿的观点很不一样。在他的构想中，物理系统的状态变化是叠加的，观察它的过程使它坍缩，但这个测量过程本身又是叠加的，你不能说这整个系统到底在哪个环节坍缩了，它并不在任何特定的环节上。冯·诺依曼表明了他的这种奇怪的观察逻辑是自洽的，而且与已知的实验现象吻合。艾伦并不完全接受这种解释，但是当然，它更不支持心灵操纵脑的波函数这种观点。

艾伦觉得冯·诺依曼的书是很有趣的，不仅是因为它试图解决一个对他来说在哲学上很重要的问题，还因为冯·诺依曼的研究方式是尽可能地通过逻辑。对于艾伦·图灵来说，科学就是要考察其本身，而不是收集外在的现象。科学怀疑公理。他用纯数学家的方法对待这个问题，放任完全自由的思考，然后再看它与物理世界是否一致。他总是和肯尼斯·哈里斯争论这个问题，后者对于实验和理论的关系，有着更传统的观点。

应用数学家觉得冯·诺依曼的量子力学难懂，是因为这需要对现代纯数学的发展有深入认识。他从不同的角度研究薛定谔和海森伯的量子论，然后通过很抽象的数学方式，来证明他们是等价的。冯·诺依曼的工作，是基于理论的逻辑自洽性，而不是实验结果。这正合艾伦的胃口。这是一个漂亮的例子，表明了纯数学的扩展如何在物理学上起到意想不到的作用。

在战前，希尔伯特提出了一个关于欧几里得几何学的构想，他考虑了无限维度的空间。这个空间，在物理空间中是不能想象的，它更像是用音乐描绘的虚拟场景，你可以想象长笛音、小提琴音或钢琴音，它们是由很多个基音，第一泛音，第二泛音等组成的——每种声音（理论上）是有无数个分音来使它与其他声音区分开。在这个空间中，一个点就好比一个声音，两个点可以相加（好比两个声音叠加），一个点能够和一个因子相乘（好比放大一个声音)[1]。

冯·诺依曼注意到,要想研究一个量子系统的状态,比如氢原子中的电子,正需要希尔伯特的这种观点。这种状态,就像声音一样可以叠加,而且这样的状态有无穷多种可能,正如一个声音可以有无数的泛音。希尔伯特空间可以用于严密地定义量子力学,并进行清晰的公理化逻辑推导。

希尔伯特空间这种意外的应用,正支持了艾伦对纯数学的看法。1932年,艾伦还得到了另一个支持,那就是,狄拉克基于抽象数学而预言的正电子,被发现是确实存在的。数学和科学,究竟是什么关系,这对艾伦·图灵来说,是一个复杂的、微妙的、对他个人的现代思考很重要的一个问题。

数学和科学的区别,在19世纪末才澄清。在此之前,人们往往认为,数学就是代表现实世界中的数量,然而这样的观点很快就被"负数"这样的概念终结了。19世纪,数学的很多分支都朝着抽象观点发展,数学符号越来越脱离物质实体。

学校教的代数,也就是18世纪的代数,会用字母来代表数值。它们遵守那样的加法或乘法规则,是因为它们就是真正的数值。到了20世纪,这个观点已经被抛弃了。像"$x+y=y+x$"这样的规则,也可以看成是一种游戏规则,来说明符号之间如何移动和结合。这种规则其实也可以用数字来说明,但这既没必要,也不怎么合适。

这种抽象的意义,就是把数学从传统的计数和测量中解脱出来。在现代数学中,如果你愿意,符号可以遵守任何规则,它的

---

[1] 这个说法并不特别准确,实际上,希尔伯特空间和量子态与任何日常经验都不相同。

意义不仅是数值，它还可以根本没意义。量子力学是一个很好的例子，说明数学的扩展成功地应用于物理学。它证明了，建立一个不是由数值组成的，而是由形式组成的理论，是非常必要的，希尔伯特空间就是代表。另外一个，量子物理学家们正忙于研究的纯数学问题，就是"抽象群"的发展。数学家们形式化地描述"运算"，把运算的结果也看成抽象的。[1]

但在另一方面，面向抽象的发展，也给纯数学内部带来了一些危机。它被当成一种游戏，按照随意的规则来玩弄符号，那么数学的实在感跑到哪里去了？1933年3月，艾伦读了伯特兰·罗素的《数学哲学引论》，这本书就试图解决这个关键问题[2]。

危机首先出现在几何研究中。18世纪，人们相信几何是科学的一个分支，是这个世界的真理，而欧几里得公理就是它的核心。但到了19世纪，人们发现，几何系统的新发展与欧几里得产生了分歧，人们开始怀疑，宇宙是否真的是欧氏的。在抽象系统

---

[1] 这些抽象的结果，还可以被推导、统一、类比。这是一个富有创造性和建设性的进步，因为只要改变抽象系统的规则，就能建立一套有潜在应用的新代数系统。

[2] 数学语言中的"群"，与自然语言中的意思不同，它是指遵循特定规则的一组运算。你可以想象一个球体的旋转，设A，B和C是三种不同的旋转动作，那么你可以看到：

(i) 存在一种旋转，与A的效果是相反的。

(ii) 存在一种旋转，与A然后B的效果是一样的，我们把这种旋转叫作"AB"。

(iii) AB再C，和A再BC的效果是一样的。

满足这些规则的旋转动作，形成了一个"群"。抽象群论用一些符号来表示这些规则，抛弃它们的实体。这样一来，推导出的理论，不但可以应用于实际的旋转，也可以应用于量子力学，还可以应用于看似不相关的密码学领域。（密码学非常喜欢"群"的特性：密码必须由明确的规则来解码，而且如果你连续对一个密码解码两次，结果是你会得到另一个密码。）到了20世纪30年代，人们就可以抽象地研究"群"，不需要依靠任何实体表示。

的角度上,欧几里得几何是不是完备而自洽的,是有待于探讨一下的。

欧几里得原理,是否是一个完备的几何理论,此时还搞不清楚。那些关于点和线的概念,都是凭直觉得到的,还有些多余的假设也被用来做证明。从现代的观点看,有必要抽象化点和线的逻辑关系,用形式规则来描述它们,使它们不局限于特定的物理意义,展现抽象游戏本身的意义。如同希尔伯特所说:"我们应该同样可以用'桌子、椅子、酒杯'来描述问题,而不只是'点、线、面'。"

1899年,希尔伯特成功地提出一个公理体系,使他可以不依靠特定的实体,而推导出欧几里得的所有定理。然而,他的证明需要另外一个假设,那就是关于"实数"[1]的理论。对于希腊数学家们来说,"实数"是对长度的测量值,它可以无限细分,最重要的是,假设"实数"在物理空间中是固定的。但是对于希尔伯特的观点来说,这并不够。

幸运的是,人们发现,还可以用另一种方式描述"实数"。到了19世纪,人们理解了"实数"还可以表现成无限小数,比如把 π 写成 $3.14159265358979\cdots$ 一个实数可以用这样的方式精确表达——整数的无限序列。直到1872年的时候,德国数学家戴德金精确展示了,如何用整数的语言来定义实数,而不需要测量。这一进步统一了数字和长度的概念,也把希尔伯特的几何问题,转化成了一个算术领域的问题。正如希尔伯特所说,他把一切都归

---

[1] 实数并不比其他数更真实,这个名称只是个历史意外,是为了区分同样带有误导性的术语"复数"和"虚数"。不熟悉这些的读者,可以把"实数"看做"假想的无限精度的一段长度"。

约到了尚待解决的算术公理相容性的问题。

在这一点上，不同的数学家有不同的看法。一种观点认为，讨论算术公理是荒谬的，没有什么比整数更原始低级了。而另一方面认为，当然可以讨论整数的基本属性是否存在一个核心，其他问题都是由这个核心衍生来的。戴德金同样解释了这个问题，他在1888年做出说明：所有的算术，都是由三个概念衍生来的：首先有数字1，其次每个数字都有一个后继，然后有一套归纳法，这使所有数字都能形式化描述。这些可以作为抽象原理写出来，如果你愿意，你同样可以用"桌子、椅子和酒杯"来描述，关于数字的所有理论，都可以由此推导，不需要考虑"1"和"＋"这样的符号意味着什么。一年后，1889年，意大利数学家G.皮亚诺对此给出了标准化的公理。

1900年，希尔伯特对数学界提出23个未解决的问题，来作为对新世纪的问候。在这些问题中，第二个就是皮亚诺公理的相容性，他认为，数学的严格性皆取决于此。"相容性"是一个决定性的词语，比如说，有的算术定理需要无数步来证明——比如拉格朗日定理：任一自然数都是四个平方数的和。谁能保证说，一直往下找，不会遇到矛盾？对于这种永远无法验证的事，凭什么来做出这种保证？那么皮亚诺的这套抽象规则，如何保证不会遇到矛盾？正如爱因斯坦质疑运动定理，希尔伯特现在要质疑 $2+2=4$，至少说，他要求一个理由。

G.弗雷格在他1884年的《算术基础》中，就考虑了这个问题。他提出一种逻辑的观点，认为算术来自于实体的逻辑关系，它的相容性需要由现实世界中的基础来保证。对弗雷格来说，数字"1"有明确的意义，也就是一张桌子或一个酒杯所共同拥有的意义。如果说"2+2=4",就必须保证任何两个东西和其他两个东西放在一起,一定会有四个东西。弗雷格的工作就是把"任何""东西""其他"这些概念抽象化,通过最基本的客观存在来构建算术。

然后伯特兰·罗素超越了弗雷格的观点,他通过引入"集合"的概念,把弗雷格的观点更加具体化。他的主张是,如果从一个集合中取出的物体总是相等的,那么就说,这个集合只含有一个元素。这样就可以用"相等"的概念来定义"一个"。同时,相等还可以定义为对任意谓词有同样的值域。这样来看的话,数字概念和算术公理就可以通过最原始的实体、谓词和命题而严格地推导出来。

不幸的是,事情并没有这么简单。罗素希望不通过计数,而是通过相等的概念,来定义单元素集合,然后再用"包含所有单元素集合的集合"来定义数字"1"。但是在1901年,罗素发现,这种"集合的集合"会引发逻辑矛盾。

这个问题就在于,自我指涉的结果,有可能导致自相矛盾,比如"这句话是谎言"。在德国数学家 G.康托尔的无限理论中,也出现了类似的问题,罗素发现,康托尔悖论和集合论悖论是很类似的。他把集合分成两种,一类包含自己,一类不包含自己。罗素写道:"一般来说,集合不是自己的一个元素,比如人类的一个元素是一个人,但人类本身不是一个人。"然而,如果考虑抽象概念的集合,或者集合的集合,它就有可能是自己的一个元素。罗素接着说,这就有可能引发悖论:

> 考虑一个集合,它的元素是所有的"不属于自己的集

合",那这个集合本身属不属于它自己?如果它属于,那它就不是"不属于自己的集合",所以它不属于;但如果它不属于,那它就是"不属于自己的集合",又应该属于。无论它属不属于,都说不通,这就产生了矛盾。

这个悖论,无论集合代表什么,都是无法解决的。哲学家们可以长期讨论这个问题,爱多久就多久,但那些都与弗雷格和罗素要做的事情无关。这个理论的关键,是要通过一种确定的、严密的、普适的、无争议的方法,把算术问题从原始的逻辑中分离出来。你不用关心罗素悖论代表什么,它就是一组符号,这些符号本身,就能按照这个规则,无情地导致这个灾难性的矛盾。在任何一个纯逻辑系统里,都不能出现这样的自相矛盾。如果有人说 $2+2=5$,那就能得出 $4=5$,于是 $0=1$,以至于任何数字都等于 0,结果就是,任何等价于 $0=0$ 的命题,都是正确的。如果这样看的话,数学要么完全相容,要么就全是浮云。

在那十年中,罗素和 A. N. 怀特海,努力想要纠正这个错误。本质的困难是,现在已经证明,随便弄一堆物体就叫作集合,这会导致自相矛盾。我们需要更加精准的定义。罗素悖论并不是集合论唯一的困境,但只有它在《数学原理》中占了很大篇幅,这本1910年的权威著作,才能从原始逻辑中推导数学。罗素和怀特海提出的方法,是给不同的集合建立一套层次关系。先有原始的对象,然后有对象的集合,然后又有集合的集合,集合的集合的集合,等等。不同层次的集合,是不相同的,这样一来,一个集合就不可能包含它自己。但是,这又有了新的麻烦:本来想用这套理论来解释数字系统,结果现在这套理论过于复杂,比数字系统本身还复杂。不知道这是不是考虑集合和数字问题的唯一方法,在1930年,还有其他许多可供选择的方案,其中,冯·诺依曼也提出了一套。

数学应该是一个完备的相容的整体,这个听起来不错的需求,打开了一个充满困难的潘多拉魔盒。一方面,数学命题看起来就像任何正确的东西一样正确。但另一方面,它表现的只是纸上的符号,一旦有人纠缠符号的意义,这些符号就会引起悖论。

正如"爱丽丝镜中奇遇"里面的花园,你越是走向数学的心脏,就越会迷失在纠结的森林中。数学符号和物质实体之间没有关联,这个问题吸引了艾伦。罗素在书的结尾说:"以上不完全的考量表明,在这个学科中,还有无数问题没有解决,还有许多工作需要做。如果这本小书能够给予学生启发,对数理逻辑进行严肃的研究,那我写这本书的主要目的就达到了。"《数学原理》的主要目的确实达到了,因为艾伦由此开始严肃地思考"层次"的问题——更大意义上说,他开始严肃地思考柏拉图的问题:什么是真理?

肯尼斯·哈里森也了解罗素的一些观点,艾伦花了很多时间和他讨论。相比于艾伦的苦恼,他只会问"这玩意有什么用?"而艾伦则笑着说,它当然完全没用。不过,艾伦也有热情的听众,因为在1933年秋天,他受邀到道德科学俱乐部读一篇论文。这对于本科生来说,是一项殊荣,特别是他并不是来自哲学或相关的专业。在专业哲学家面前演讲,是一件很恐怖的事,但艾伦带着他特有的冷静写信给母亲:

1933 年 11 月 26 日

……星期五我要给道德科学俱乐部读一篇论文，一些大概关于数学哲学的东西。但愿他们不要都听过了。

道德科学俱乐部记录了1933年12月1日星期五的情况：

秋季第一学期第六次会议，在国王学院图灵先生的房间举行。A.M.图灵读了一篇关于"数学和逻辑"的论文。他认为，仅从纯逻辑的角度看待数学是不够的，数学命题有很多不同的解释，逻辑学只是其中一个。详细讨论附在后面。

R.B.布列斯威特（签名）

里查德·布列斯威特，科学哲学家，一个年轻的国王学院研究员，可能正是他邀请的艾伦。无疑，在1933年末，艾伦·图灵致力于量子物理和纯数学这两个领域，进行了非常深入的思考，试图建立抽象与具体，符号与实物之间的联系。

德国科学家是这个领域的核心，甚至是整个科学界的核心。但是随着1933年的到来，希尔伯特所在的哥廷根毁掉了，核心变成了一个下水井盖。冯·诺依曼远赴美国，不再回来，还有一些人则来到剑桥。10月16日，艾伦写道："有几位杰出的犹太人今年到剑桥来了，至少有两位分到了数学系，波恩和柯朗。"他这学期可以好好听波恩的量子物理讲座了，下学期还可以听柯朗[1]的微分方程。波恩到了爱丁堡，薛定谔到了牛津，但是大部分逃亡科学家发现，还是美国比英国更欢迎自己。因此，普林斯顿大

---

[1] 不久前，1933年7月，艾伦得到了一份复件，是希尔伯特和柯朗的《数学物理方法》。

学的高级研究院,在这一时期飞速发展。当爱因斯坦1933年在那里居住时,物理学家朗之万评论道:"这是一个重大的事件,就像梵蒂冈走出罗马,走向新世界一样。物理学的磁极转移了,美国将会成为自然科学的中心。"

犹太人不光是种族受到了纳粹官方的干预,甚至还包括科学观点本身,比如在数学哲学领域:

> 最近一些数学家在柏林大学见面,讨论他们在第三德国的科研场所。他们宣称,德国数学家愿做浮士德。仅有逻辑基础对他们来说是不够的,德国人靠直觉产生无限的概念,这要比法国人和意大利人的逻辑方法优秀许多。数学是一门伟大的科学,它能减少混乱。社会主义的任务同样是减少混乱,所以根据直觉和逻辑的共同作用,他们和新秩序之间的"灵魂联结"已经建立了……

这让英国人很惊讶,一个政党居然也对数学感兴趣。

在这个时期,对《新政客》来说,希特勒对《凡尔赛条约》的仇视,印证了凯恩斯和狄更生总说的话。问题是,现在对德国公平,就意味着对暴行让步。保守的观点是,新的德国对英国来说,是一个潜在的威胁,但它同时也是一个对抗苏联的堡垒。1933年11月,剑桥再度掀起反战热潮。艾伦写道:

> 1933年11月12日
>
> 这周有一些事情。帝威利电影院安排播放《我们英勇的海军》,这明显是军事家的鼓吹。反战组织进行了抗议活动,

但不是很顺利，一共收集了400个签名，60多个来自国王学院。电影到了后来，谁也不说话了，因为主战派知道了我们的抗议，听说我们想中断电影，就守在了电影院门口。

还有一个评论，是他认为在停战日的花环典礼上的反战示威很成功。艾伦的想法并不是完全的和平主义，他的朋友詹姆斯·阿特金斯是一个和平主义者，但艾伦并不是。但是，军火商对第一次世界大战的自私的推崇，对他产生了很大影响。他有一种强烈的感觉，不应该因为对武力的赞颂，来制造第二次世界大战。

爱丁顿，一个贵格会教徒，一个和平主义者和国际主义者，他将艾伦的生涯推进到下一步。这次不是关于量子力学的"无意义的话"，而是关于科学方法论的讲座，艾伦在1933年秋天参加了该讲座。爱丁顿谈到测量结果的分布，以及它的图像，术语叫作"正态曲线"。比如说，果蝇的翼展会趋向于一个中心值，并且以一种特定的方式，向两端逐渐消失。为什么会这样，是概率与数理统计中的一个关键问题。爱丁顿给出了一份大纲，解释为什么会这样，但这不能满足艾伦。艾伦和以往任何时候一样，抱着一种怀疑态度，他要通过严格的纯数学标准，给出一个精确的证明。

1934年2月底，他成功了。这并不是一个开拓性的成果，但这是他的第一个独立提出的有影响的成果。尤其是，对他来说，这就是一个联系纯数学和物质世界的方法。但是，当他向别人展示这项成果时，别人告诉他，中心极限定理已经在1922年被林德伯格证明了。艾伦只按自己的想法工作，他并没有先看看他的目标是否已经被实现了。但别人建议他,如果附一个解释,也许仍然可以用来申请国王学院的研究员。

1934年,从3月16日到4月3日,艾伦参加一个剑桥的活动,去奥地利的阿尔卑斯山玩滑雪。靠贵格会的一些关系,他们可以使用法兰克福大学在奥德边境的莱西附近的滑雪小屋。在他回来的路上,艾伦写道:

>……我们收到了一封有趣的米查的来信,他是滑雪党的德国那边的领导……他说"……但我的思想与你们在一起……"
>
>我向维也纳的祖博[1]寄了一些我去年的研究,在剑桥找不到对这个感兴趣的人。不过恐怕他已经死了,因为那本书是1891年写的。

眼下最重要的事情,是剑桥的荣誉学位考试。5月28日到30日,是第二部分课程的考试,6月4日到6日,是B项目的额外考试。而在这期间,他还必须迅速回一趟格尔福特,去看望父亲。图灵先生现在60岁了,做了一个前列腺手术,已经告别健康了。

他以优异的成绩通过考试,使他和其他八个学生一起,成为"B项目星级学者"。这只是一个考试,艾伦抱怨并反对母亲频繁发电报,并试着说服她不要赶来参加6月19号的学位典礼。他获得了国王学院的研究奖学金,每年200英镑,而且他可以留下来争取研究员职位,这是他孜孜以求的梦想,而现在他比1932年更

---

〔1〕 一本描述中心极限定理的书的作者。

有信心了。和他一起留下来的几个人中,包括弗雷德和肯尼斯·哈里森。大卫·晨佩侬转到了经济学专业,还没有拿到学位。詹姆斯被第二部分课程的抽象性搞晕了,只获得了二级学位。他不知道怎样展开自己的事业,在接下来的几个月中,他拜访了艾伦好几次,又做了一些家教兼职。

艾伦的大学生活结束了,他的精神昂扬了许多,正如外面的世界,新的工业崛起了。他开始放下剑桥的严肃,不那么拘束了,还有了一点风趣和幽默。他既不属于艺术家,也不属于运动员。他继续留在划船俱乐部,和其他成员友好相处,一次喝下一品脱的啤酒。他和其他人玩桥牌,但因为数学家的一贯缺点,别人都不让他记分。客人到他的房间里,会看到一些杂乱的书籍、笔记、未回复的关于袜子和衬裤的信件。墙上挂着各种各样的纪念品——有克里斯朵夫的画,还有杂志上的性感的男人图片。他还喜欢到市场和街道上闲逛,有一次在伦敦的法灵顿路上捡到一个小提琴,为此他还学了一些课程。这没有产生什么美好结果,其实他也有一点"艺术家"的细胞,他只是讨厌那种无病呻吟的行为方式。1934年的圣诞节,艾伦想要一个泰迪熊,他说小时候从没拥有过,这让图灵夫人很不理解。图灵夫人总是送他一些更实用的礼物,但他却有自己的想法。

毕业对他的生活方式影响不大,只是放弃了划船,重新开始跑步。学位典礼之后,他去德国进行单车之旅,并邀请一个朋友丹尼斯·威廉姆斯同去。丹尼斯是个一年级的道德科学荣誉生,在道德科学俱乐部、国王学院划船俱乐部和滑雪旅行中认识了艾伦。他们带着自行车,乘火车到达科隆,然后每天骑大约30千米。这次旅行的一个目的地,是参观哥廷根,在那里艾伦请教了一些权威，大概是关于中心极限定理。

也许柏林有个畸形的流氓政权，但德国仍然是学生旅游的好地方，车费便宜，还有青年旅社可住。他们在所有的地方都看到了纳粹标志，但对于英国人来说，这些并不险恶，只是荒诞。有一次，他们停留在一个矿村，听说采矿者在上班的路上唱歌——与纳粹刻意的标志形成很好的对比。在青年旅社，丹尼斯和一个德国旅行者交谈，告别时出于对当地习俗的礼貌，还友好地说"希特勒万岁"（如果不这么说，甚至有可能被打）。正好艾伦进来，看到了这个，他告诉丹尼斯，"你不该那么说，他是个社会主义者"。他肯定是之前跟那个德国人聊过了，丹尼斯则很惊讶，这个人竟然对艾伦坦白自己反对当局。艾伦并不是正经的反法西斯主义者，他只是不喜欢那些仪式。对丹尼斯来说，这就像旅途中的另一个插曲，有两个英格兰男孩和他们遇到一起，丹尼斯觉得应该邀请他们过来喝一杯。艾伦却说这是"贵族习气"，这让丹尼斯觉得他很小气而且没诚意。

1934年6月30日，纳粹冲锋队被清洗之后，他们碰巧在汉诺威待了一两天。尽管艾伦所知的德语只是来自数学书，但至少比丹尼斯强一些，他从报纸上翻译了一些报道，比如希特勒在处决罗姆之前，曾给他机会自杀，等等。这是一个标志性的事件，从这之后，希特勒获得了至尊的力量。这结束了纳粹党内一个主要的斗争，保守派感激地认为，这是"堕落"德国的结束。随后，当希特勒受到质疑时，他很熟练地编造故事：那是些专搞同性恋的叛徒。

对于一些剑桥的学生来说，只要匆匆看一眼新德国，就会产生强烈的反法西斯立场。但图灵并不这样。他虽然总是对反法西斯主义者很友好，但他自己对政治并没有兴趣。他有通向自由的其他道路，那就是致力于自己的事业。让其他人做他们能做的事，他要做他自己认为正确的事。

1934年的夏天和秋天，他继续做他的学位论文。截止时间是12月6日，但艾伦·图灵提前一个月就提交了，并且为下一步做好了准备。对他早期发展起了重要作用的爱丁顿，建议他参与自己的研究课题。另一个建议来自希尔伯特，尽管不是那么直接。1935年春天，当他的论文在国王学院研究员中传阅时，艾伦开始攻读数学的第三部分课程，授课者是 M. H. A. 纽曼。

纽曼将近40岁，与 J. H. C. 怀特海一起，作为英国拓扑学最著名的倡导者。这个数学分支是研究几何的抽象结果，那些不需要测量的概念，比如连接，边，相邻，等等[1]。在古典几何学占据主流的剑桥，纽曼象征着一个不断前进的新力量。

拓扑学的基础是集合论，所以纽曼也致力于集合论的基本原理。他也参加了1928年数学家大会，就是希尔伯特代表1924年被排除在外的德国的那一场。希尔伯特主张重新探索数学的基础。纽曼的课程，就是继承希尔伯特的精神来讲的，而不是罗素的逻辑方法。确实，罗素的传统已经渐渐衰弱了，因为1916年他首次被逮捕，并被剥夺了在三一学院的教席，于是他就离开剑桥了。在他的同行中，维特根斯坦转向另一个不同的方向，哈瑞·诺顿发疯了，而弗兰克·拉姆齐在1930年死了。这使纽曼成为剑桥唯一一个对现代数学逻辑有深刻认识的人，当然，还有一些人对这

---

[1] 拓扑学一个的简单例子是"四色定理"。要想为一幅地图染色，保证每两个相邻的国家都是不同的颜色，那么一共只需要四种颜色。艾伦对这个问题有些兴趣，但直到1976年，它一直未能得到证明。

些方法感兴趣,包括布列斯威特和哈代。

希尔伯特的计划,本质上是他19世纪90年代开始的工作的拓展。它并不急于解答弗雷格和罗素的问题,也就是数学到底是什么。一方面,这样就不那么哲学化,不那么让人吃力。另一方面,罗素的那个艰难的困境实际上很难解决。希尔伯特提出的问题主要是,在原则上,《数学原理》的限制是什么。有没有一种方法,来判断什么可以被这套理论证明,而什么不可以。希尔伯特的方法,叫作形式主义,它把数学看成一套形式规则。允许的证明步骤,就好比国际象棋中允许的走法,而公理就好比是开局时的摆法。在这个类比中,"下国际象棋"就相当于"做数学",只是把国际象棋的命题(比如"两个马将不死对方")换成数学命题。希尔伯特计划,就是考虑这样的命题。

在1928年的大会上,希尔伯特明确提出了他的问题。第一,数学是完备的吗?是不是每个命题(比如"任意自然数都是四个平方数的和")都能证明或证伪。第二,数学是相容的吗?也就是说,用符合逻辑的步骤和顺序,永远不会推出矛盾的命题,比如$2+2=5$。第三,数学是可判定的吗?他的意思是,是否存在一个机械式的方法,可以应用于任何命题,然后自动给出该命题的真假。

在1928年,这些问题都不能得到解答。但希尔伯特的观点是,每个回答都将会是"是"。早在1900年,希尔伯特宣布"所有数学问题都是有解的……没有数学照耀不到的角落"。当他1930年退休时,他研究得更深入了:

> 举一个不可解问题的例子来说,哲学家孔德曾经认为,

科学永远无法给出宇宙的化学成分。但没过几年，这个问题就被解决了……在我看来，孔德找不到一个不可解的问题的真正原因在于，这种不可解的问题压根就不存在。

这个观点，比实证主义者还要激进。但就在这同一个大会上，一个年轻的捷克数学家，柯特·哥德尔的宣布，给了他当头一击。

哥德尔能够证明，算术一定是不完备的：存在既不能证明，也不能证伪的命题。他从皮亚诺的整数公理开始，经过集合层次理论的拓展，使这个系统可以代表整数的集合、整数的集合的集合，等等。总之，他的论点可以应用到任何涵盖了算术公理的形式系统，与其公理本身的内容无关。

接着他展示了，所有的证明，那些像国际象棋一样的逻辑演算规则，它们自己本质上就是算术的。也就是说，它们只是通过计数和比较这种操作，来判断一个命题是否能被另一个命题替代——就像判断棋子的移动是否合法，只是计数和比较而已。实际上，哥德尔表明，可以对这个系统进行编码，这样就可以用数字来表示关于数字的命题。这是他的核心想法。

哥德尔继续展示，如何把证明编码，以便整个算术系统都能用算术的方式描述。这个扩展基于这个事实：如果数学是一个纯粹的符号游戏，那就可以把符号全部换成数字。他能够说明，"是一个证明"或"是可证明的"这样的性质，跟"是平方数"或"是素数"一样算术化。

这个编码的结果是，人们能够写出自我指涉的算术命题，比如那个人说"我这句是说谎"。哥德尔确实构建了一个具有这样的性质的命题，他说，"这个命题是不可证明的"。这个命题既无法证明，也无法证伪，因为它会导致自相矛盾。一个命题用公理进行逻辑推演，却既不能证明，也不能证伪，所以，对于希尔伯特的问题来说，哥德尔已经证明，算术是不完备的。

还有，哥德尔的特殊命题还有一个明显的问题。因为它是不可证明的，所以从某种意义上来说，它永远是真的。但如果要说它是"真"的，就需要一个外部的观察者，从这个系统之外来看待。你不能在这个公理系统内部来表明这一结论。

另外一点是，这个论点假设了算术是相容的。实际上，如果算术不是相容的，那么每个命题都可以被证明。所以更确切地，哥德尔表明，一个形式算术系统，要么不完备，要么不相容。他也能够说明，算术在它自身的公理系统中，可以证明是相容的。要做到这一点，需要这样一个证明：存在一个不能被证明为"真"的命题（比如 $2+2=5$）。哥德尔能够说明，这样的命题，与宣布自己不可证明的句子，本质上是一样的。这样一来，他解决了希尔伯特的前两个问题。算术无法被证明是相容的，而且一定不是既完备又相容的。这是数学发展中的一个惊人的转折，因为希尔伯特已经认为，他的计划已经准备收尾了。这使那些想要在数学中找到绝对完美的人们感到沮丧，它意味着，有新的重大问题出现了。

纽曼的课程就以证明哥德尔定理作为结束，因此把艾伦带到了学术界的前沿。希尔伯特的第三个问题仍然悬而未决，哥德尔的结论，并不排除存在某种方法，可以区分一个命题是否可被证明。也许相当古怪的哥德尔式主张可以以某种方式被分开。正如纽曼所说，有没有一个明确的方法，可以用一个机械的过程，来判断一个数学命题是否可以证明呢?

从某种角度来说,这是一个很高的要求,直奔当前数学界所有知识的核心。比如哈代在1928年相当愤慨地说:

> 很幸运,当然不存在这样的方法,否则如果存在,那我们就有了一套机械的规则,来解决所有的数学问题,而我们的数学家生涯也就走到尽头了。

有很多关于数字的命题,是经过了几个世纪的努力,也没有成功地证明或证伪的。比如费马大定理,说任意立方数都不能表示为两个立方数的和,任意四次幂也不能表示为两个四次幂的和,等等。还有哥德巴赫猜想:任意偶数都是两个素数的和。很难相信,这些顽强的命题,可以被一套规则自动证明。另外,那些已经得到解决的难题,比如四平方数定理,极少有被"机械的规则"证明的,往往都是通过创造性推演,或者构建新的抽象代数概念。哈代说:"只有完全不懂数学的人,才会相信有一台超自然的机器,数学家们只要转动他的摇把,就能得到新的发现。"

从另一方面来说,数学的发展确实给"机械方法"的问题带来了越来越多的麻烦。哈代也许会说,这些发展"显然"还不是整个数学,但是自从有了哥德尔的定理,没有什么东西是"显然"的。这个问题需要更加严格的分析。

纽曼意味深长的"用一个机械的过程"这句话,在艾伦的脑海里久久萦绕。同时,在1935年春天,他还前进了另外重要的两步:研究员推选,在3月16日举行。菲利浦·霍尔刚刚成为选举委员,他为艾伦提名,并说他还并没有在独立证明中心极限定理的研究中展示全部的潜力。不过,他的解释是多余的,因为凯恩斯、庇古和学院院长约翰·谢帕德,对艾伦都有自己的评价。他第一年就被选举为46个研究员之一。舍尔伯尼的男孩们,一起度过了半个假期,他们这样说:

  图灵果然非常灵,
  早早当上研究员。

  他才22岁,研究员职位,三年中每年有300英镑,而且不用交税。他在剑桥定居,获得房间和饮食的待遇,并且可以在高级餐桌进餐。第一天,他还跟学院的院长玩牌,并赢了一些先令。但他更喜欢和他的朋友大卫·晨佩侬、弗雷德·克雷顿和肯尼斯·哈里森一起吃晚餐。它没有改变他的生活方式,但他却实现了做想做的事之自由。在研究员工作之余,他还管理三一学院的本科生。如果他们希望一睹国王学院的古怪,来到艾伦的房间基本上就会如愿以偿。艾伦会抱着泰迪熊坐在炉火旁,前面放一本用尺子撑着的书,并用"这熊今天早上很搞笑"来问候他们。
  在推选期间,艾伦还拿出了他的第一份可出版的论文,用他自己的话说,是一个小发现。这是一个很好的关于群论的成果,他4月4日对菲利浦·霍尔(从事这个领域的研究)说,他"正在认真考虑这一问题"。当月晚些时候,艾伦提交了成果,由伦敦数学协会出版了。
  这个成果是对冯·诺依曼的一篇论文的改进,他基于群论,提出了概周期函数论[1]。冯·诺依曼当月晚些就来到了剑桥。他离开普林斯顿避暑,在剑桥开了一个讲座,主题就是概周期函数。艾伦当然去见了他,很可能参加了这个讲座。

他们是非常不一样的人。艾伦出生的时候,冯·诺依曼是富有的匈牙利银行家的8岁大的儿子,他没有经过公学的训练。1922年,艾伦在海兹赫斯特玩纸船时,18岁的诺依曼已经出版了他的第一篇论文,然后他又前往哥廷根,师从希尔伯特,接着1933年去了普林斯顿,将英文作为他的第四语言。关于"概周期函数"的论文,是冯·诺依曼的第52篇。他的著作非常丰富,从集合论公理,到量子力学,到拓扑群论,还作为副业做了无数其他课题。

约翰·冯·诺依曼,是20世纪数学界最伟大的人物之一,而他在物质世界也同样成功。他有庄重的举止,老于世故,幽默风趣,受过正规的工程训练,学习博学的历史知识——他还有10000美元的工资,以及可观的外快。他的形象,完全不同于一个22岁,穿着旧运动服,尖锐但却害羞,说话吞吞吐吐,就算说一种语言都成问题,更不用说四种语言的人。但是数学不在乎这些东西,当艾伦5月24日写道:"……我申请明年[2]到普林斯顿做访问学者。"一场思想的碰撞也许要上演了。

另外的一个原因是,艾伦在1929年的奖学金考试时,认识并一直联系的朋友莫瑞斯·普利斯,准备9月份去普林斯顿,他已经获得了研究员职位。不管怎么说,普林斯顿越来越明显地成为新的哥廷根。那里汇集了大西洋两岸一流的数学家和物理学家,

---

[1] 纯数学领域的一个新进展,拓展并推广了周期的概念。
[2] 根据上下文,不清楚是指1935年6月还是1936年7月。

来自欧洲,特别是德国的重要力量,源源不断地转移到美国。像艾伦这样想做一番事业的人,再也不能忽视美国这片土地了。

1935年,艾伦继续研究群论,同时也思考量子力学,并联系R. H. 福勒(数学物理教授),要一个合适的课题来研究。他最喜欢的一个课题,是福勒建议他尝试解释水的介电常数。但是,艾伦在这方面并没有做出进展。这个问题,还有吸引了20世纪30年代野心勃勃的年轻数学家们的整个数学物理领域,都被他暂时放到一边。因为他看到了新鲜的、在数学核心、在他的思维核心的东西。这个问题几乎不需要剑桥的学位,它只用到了自然界中最普通的常识,尽管它如此普通,但却引出了一个雄伟的想法。

艾伦习惯于下午沿着康河长跑,有时候甚至一直跑到依利。他后来说,那天是在格兰彻斯特,他躺在那里的草地上,想到了如何回答希尔伯特的第三个问题。那一定是1935年的初夏。纽曼说"用一个机械的过程",于是艾伦·图灵就想到了机器。

"显然,我们的身体就是机器。它是一个非常复杂的机器,比人工制造的机器要复杂许多倍,但它毕竟还是机器。"这是布鲁斯特的模棱两可的说法。从某种角度来说,身体是活的,它不是机器。但从另一个角度来说,更加走近了看,看到那些"小砖块",似乎就像一个机器了。但问题并不在于机器的蛮力,而是在于机器没有思维。

希尔伯特的可判定性问题,并不是指物理、化学或生物细胞的决定论。它是一种更抽象的东西,所有的操作,都在符号之间进行,没有任何有质量或者化学成分的东西。

因此,艾伦需要把这种机器的特点抽象出来,应用到对符号的操作中。哈代所说的超自然机器的摇把,从没有人真正想要设计一个，而艾伦现在就要做这件事。尽管他并不是哈代说的"完全不懂数学的人"，但他现在确实在用非常天真的方法，在面对这个问题。他从零开始，想要制造一台机器，来解决希尔伯特的问题，自动判断任意数学命题是否可以被证明。他似乎忘了数学是多么宏伟而复杂。

能够操作符号的机器，当然是存在的，比如说打字机。艾伦还是孩子的时候，就一直梦想着自己制造打字机。图灵夫人有一台打字机，所以他很早就开始思索，人们说打字机是机械的，这是什么意思。它的意思就是，对于操作者的任何操作，它的反应都是完全确定的，人们可以准确地预测，在按下任何一个键后，这机器会有什么动作。但这其中，有一个有意思的地方，即使是一个简易的打字机，它的反应也会取决于特定的情况，艾伦把这称为当前状态。也就是说，打字机会有一个"大写状态"和"小写状态"，在不同的状态下，它会有不同的行为。艾伦抽象并推广了这个想法，他想象一种机器，有有限种状态，在某一时刻，它处于其中一种状态。然后，就像打字机的键盘一样，这台机器可以做有限种动作，这样一来，我们就可以规定这台机器在所有情况下的行为，因为这也将是有限的。

然后，打字机要想工作，还有一个必需的特性，那就是它的打印头可以在纸上移动。而它要打什么字，与它的打印头在什么位置是无关的。艾伦把这个想法，也推广到他设想的机器中。这个机器有内部的状态，还有一个可以移动的打印头，但它的动作与打印头的位置无关。

如果忽略页边距和换行等细节，上面这些想法，就描述了打字机的本质。状态和允许的位置，键盘如何确定打印的字符，换档键切换大小写，还有空格和退格。一个工程师只要知道这些，并且造出一台相应的机器，无论是什么颜色、什么重量，它就是一台打字机。

但是，用打字机作为模型，太有局限性了。虽然它能处理符号，但它只是把符号印出来，而且它还需要人类操作者来逐个选择符号，改变大小写和位置。艾伦·图灵便问，那么什么样的符号机器才是普适的呢？作为机器，它要保留打字机的有限状态和确定行为。但只有这些是不够的，它还要有些别的。艾伦设想的机器，相当于一台超级打字机。

为了简化，他忽略了页边距和换行这样的技术问题，设想这台机器只在一行上工作。但重要的是，他设想纸带的长度是无限的。在他的描述中，他的超级打字机，可以无限地在纸带上向左或向右移动。为了清晰，他设想纸带划分成方格子，每个方格只能写一个符号。这样，他的机器是有限定义的，但却拥有无限的空间来工作。

然后，这台机器还要可以读出，或者用他的话，"扫描"它所在的格子。它不但可以写入符号，现在还可以清除符号。但它一次只能移动一个格子，无论向左或向右。现在，打印机的操作者要扮演什么角色呢？他提到了"决策机器"，外在的操作者，负责在特定时刻做出决策。但问题是，他的想法的关键在于他所说的"自动"机器，它应该不需要人类的干预。因为他的目标是哈代所说的"超自然的机器"——希尔伯特问题中的那个机械程序，能够判断任意数学命题是否可以证明，最重要的是，它不需要人类智力的干预。

"自动机器"可以自己工作，根据它的构造，自动地读出和写入或来回移动。它每一步的行为,完全由它的状态和读出的符号来决定。准确地说,对于每一种状态和读出符号的组合,机器的构造决定了:

1.写入一个新的(确定的)符号,还是保持现有符号不变,还是清除它并留下空格;

2.保持当前的状态,还是变成另一个(确定的)状态;

3.向左移动一格,或向右移动一格,还是留在当前位置。

如果把所有这些定义自动机器的信息写出来,就会形成一个有限大小的"行为表"。无论在物理上如何制造这台机器,这张表都将完全定义机器的行为,如果用抽象的观点来看,这个表就是那机器。

不同的表,可以定义不同行为的机器。可以想见,这样的表格会有无数种,也就是有无数种不同行为的机器。现在,艾伦已经将"机械的过程"这个模糊的概念,演绎成了非常严密的一张"行为表"。现在他面临的问题非常明确:在这无数种机器(也就是行为表)中,有没有一个可以满足希尔伯特的要求?

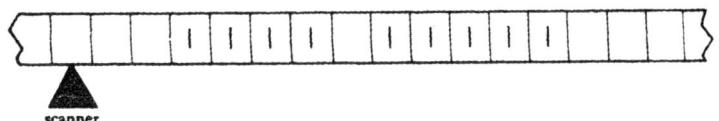

一个机器的例子:后面的行为表,定义了一台加法机。起始时,有两组"1"中间用一个空格隔开,扫描器位于它们的左侧。这台机器的功能,是将两组"1"加起来,合为一组,然后停止,也就是变成这样:

这台机器的任务,就是将空格填入"1",并清除最后一个

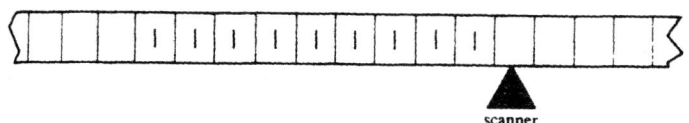

"1"。它一共有 4 种状态。一开始，它沿着纸带向右移动，寻找第一个"1"，这是第一种状态；当它找到后，它进入第二种状态，继续移动；遇到空格后，它进入第三种状态，沿着第二组移动；再遇到空格，就进入第四种状态，清除最后一个"1"，并停机。

那么完整的行为表就是这样的：

	Symbol scanned	
	blank	1
Config. 1	move right; config. 1	move right; config. 2
Config. 2	write '1' move right; config. 3	move right; config. 2
Config. 3	move left; config. 4	move right; config. 3
Config. 4	no move; config. 4	erase; no move; config. 4

像例子中这样的最简单的机器，就可以实现相加。它具有识别功能，比如"向右寻找第一个符号"。如果再复杂一点，在逐个擦除一组"1"的同时不断地复制另一组"1"，并且识别什么时候该结束，就能实现乘法。这种机器也具有判断功能，比如判断一个数是否能被另一个数整除，或者一个数是素数还是合数。很明显，这种"机械的过程"，还有很大的拓展余地。但问题是，这样的机器能解决希尔伯特的可判定性问题吗？

要想通过写出一个这样的行为表，来解决这个问题，这实在是太难了。但却有一个办法，可以抄小路奔向答案——艾伦突然产生了一个"可计算数"的想法。这个关键的想法是，任意一个由明确规则定义的实数，都可以用一个这样的机器计算出来。比如说，存在一个机器，来计算圆周率 π，就像他在学校时人工算的那样。因为这只需要一套加、乘、复制的规则。因为它是一个无限小数，所以这个机器将永远不会停止，而且它需要无限长的纸带。但在某个特定的时刻，它会处于某一个小数位，并且只用了有限的纸带。整个计算过程都可以用行为表来规定，然后把它丢在那里，让它独自在纸带上跑来跑去。

这就是说，他现在得到了一种方法，可以用有限的表格，来表示无限的小数，比如 π。对于3的平方根或7的对数也可以，任何一个由规则定义的数字都可以。他称这样的数为"可计算数"。

准确地说，机器本身对小数或小数位一无所知，它只是产生一串数字序列。他的一个机器，从一条空白的纸带开始，产生这样的序列，他称为"可计算序列"。然后，用一个以小数点作为开始的可计算序列，就可以定义一个0到1之间的可计算数。严格来说，任意0到1之间的可计算数，都可以用有限的行为表来定义。他的论点有一个重要之处：任何可计算数字，总是由一个无限的序列来表示，哪怕它每一位都是0。

现在我们来考虑这些行为表，从简单的开始，到越来越复杂的，它们本身也可以按某种顺序排列起来，成为一个列表。这就意味着，所有的可计算数可以构成一个列表。虽然在现实中不太可能真的写出这个列表，但这个想法本身是可以完美定义的，这样一来，3的平方根可能是第678个，而77的对数可能是第9369个。这是一个非常了不起的想法，因为这个列表包括了任何可以通过算术运算得到的数，比如方程求解，或者正弦和对数这样的数学函数。当艾伦意识到这一点，他就知道了希尔伯特的问题的答案，这就是他在格兰彻斯特的草地上突然发现的奥秘。现在有一个很漂亮的数学工具，摩拳擦掌，准备要出场了。

早在50年前康托尔就发现，他可以把所有的分数——所有的比值或者说有理数——放进一个列表。如果从直觉上考虑，小数似乎比整数多很多。但是康托尔展示了，如果严格地看，并不是这样的，因为它们是可数的，并且可以按照某种顺序排列。我们只考虑约分后的分数，那么0到1之间的有理数就可以表示成：

1/2 1/3 1/4 2/3 1/5 1/6 2/5 3/4 1/7 3/5
1/8 2/7 4/5 1/9 3/7 1/10...

接着，康托尔继续展示一种技巧，叫作康托尔对角线证明，来证明存在无理数。首先用无限小数来表示有理数，于是得到一个0到1之间的这样的数的列表：

```
 1  .5000000000000000000....
 2  .3333333333333333333....
 3  .2500000000000000000....
 4  .6666666666666666666....
 5  .2000000000000000000....
 6  .1666666666666666666....
 7  .4000000000000000000....
 8  .7500000000000000000....
 9  .1428571428571428571....
10  .6000000000000000000....
11  .1250000000000000000....
12  .2857142857142857142....
13  .8000000000000000000....
14  .1111111111111111111....
15  .4285714285714285714....
16  .1000000000000000000....
 .   .....
 .   .....
```

这个技巧就是考虑对角线上的数,也就是:

.5306060020040180…

然后改变其中的每个数字,比如每一位都加1,9改成0,那么就得到一个新的无限小数:

.6417171131151291…

这个数不可能是有理数,因为它的第1位与表中第1个数的第1位不同,它的第694位与表中第694个数的第649位不同,以此类推,它与表中的每个数都不同,所以它不在这个列表中。但是因为这个列表包括了所有的有理数,所以这个对角线数不是有理数。

对于无理数的存在,毕达哥拉斯早就搞清楚了。但康托尔的重点并不在此,它说明的是,不可能有一个列表把所有的实数列出来,因为任意举出一个列表,都可以由它推出漏掉的数。康托尔精确地证明了实数比整数多,还由此创立了一套精确的理论,来讨论什么是无限。

对艾伦来说,这个问题的意义是,它展示了怎样由有理数推出无理数。因此,用类似的方法,通过一条对角线证明,可计算也可以推出不可计算。当艾伦想到这里时,他马上就知道了希尔伯特问题的答案——不。不可能存在一种"机械的过程"来解决所有数学问题,每一个不可计算数都是活生生的例子。

然而在他完全搞清楚之前,还存在很多工作要做。一方面,这个论点看起来还有一点矛盾,康托尔的对角线法本身,似乎就是一个机械的过程,对角线数是由明确的规则来生成的,为什么不可计算呢?它是由机械的过程产生出来的,怎么就不可计算了呢?如果用机器来计算它,会出什么问题呢?

假设有人要设计一个康托尔机,来计算这个对角线上的不可计算数,那大致的过程是这样的:它从空白的纸带开始,先写下数字"1",产生第 1 个行为表,然后运行这个表,写下它产生的第 1 个数字,加 1;接下来,写入数字 2,产生第 2 个行为表,运行,写下它产生的第 2 个数字,加 1;以此类推,当它的计数器读出"1000",就产生第 1000 个行为表,并运行它直到产生第 1000 个数,然后把它写下来,加 1。

这个过程的一部分,确实可以用机器来做,在一个给定的表中查询某一项,然后运行与之对应的机器,这是一个机械过程,机器可以做到。有一个问题是,这个表现在是二维的,但这也很好办,要把它编成可以放入纸带的形式,只是个技术问题。实际上,还可以全部用数字来表示它,哥德尔已经展示了,用数字来表示公式和证明。艾伦称之为"描述数",每个表都有对应的描述数。总之,把这个表放入纸带,按一定顺序排列起来,只是一个技术问题。这其中也体现了哥德尔用过的强力想法,数字本身和对数字的操作,没有实质的区别,从现代数学的角度看来,它们都是符号。

这个问题解决了,下一个问题是,需要一个机器来模拟其他任何机器的工作。艾伦称之为通用机器。它要先读出描述数,解码成行为表,然后运行。只要给它提供另一个机器的描述数,它就能把它们编译成表并执行。它可以做任何一个机器能做的事,只要告诉它那个机器的描述数。它是一个能做任何事情的机器,足以让人叹为观止。更重要的是,它有着非常明确的形式,艾伦设计出了通用机器的行为表。

现在对于康托尔机来说,这也不是麻烦。还有一个问题是,对于一个可计算数的列表,如何按顺序为其中的每个数编写行为表。如果把这些运行表编码成描述数的话,它们并不会按顺序用到每一个整数。实际上,在艾伦设计的系统中,即使是最简单的运行表,也会编码成一个非常大的描述数。但这也并不要紧,只需要通过一个机械的过程,按顺序逐个处理每个整数,把那些"不能代表合法的行为表的数"跳过去就行了,这也只是技术问题。然而,真正的问题,反倒看上去更加微不足道。比如,现在遇到了第4589个合法的行为表,你怎么判断它能不能产生第4589个数字?或者说,你怎么判断它能不能产生数字?没准它会陷入死循环,根本不会产生数字,然后整个康托尔机就卡壳了,永远无法完成它的工作。

这个问题的答案是,判断不了。没有办法提前检查一个表能不能产生一个无限序列。也许有办法检查某些特定的表,但没有一个机械的过程——没有一个机器,能够检查所有的指令表。我们顶多只能说:运行那个表试一下。但是可以想象,要想试验能否产生无限序列,这就需要无限的时间。没有一种规则能够在有限的时间里,检查任意的行为表,正如对角线数不能在有限的时间内打印出来。所以,康托尔的对角线法,不能机械化,不可计算的对角线数,确实不可计算。现在,一点矛盾也没有了。

如果一个描述数,能够产生无限小数,艾伦把它称为可用数。于是他表明,没有明确的方法能识别出一个不可用数。他用一个非常明显的例子证明,希尔伯特说的那种东西是不存在的。

还有一些其他方法也能表明,不存在任何机械过程,能够筛选不可用数。他自己最喜欢的方法是,这个问题中包含了自我指涉。假如存在这样的机器,能够检查不可用数,那它也可以检查它自己。然后他证明，这会导致自相矛盾，所以不存在这样的机器。

无论哪种方法都能证明，这个问题是不可解的。艾伦现在只需要一个技术性的步骤，就能用严格的形式解决希尔伯特的问题。艾伦·图灵给了希尔伯特计划致命一击，他已经证明，数学不可能被任何有限的程序击败。他直奔问题的核心，并用一个简明而漂亮的方法解决了。

然而，他并没有止步于一个数学把戏，接下来，他还开创了新的东西——关于机器的想法。对于那些有明确方法的问题，这种机器真的能够全部解决吗？读出，写入，清除，移动，停止，这套动作就够了吗？这个问题是至关重要的，他有一种潜在的怀疑，那就是这种机器也许还能解决更广泛的问题。他演示了他的机器能计算出任何在数学中常见的数字，他还说明可以组建一个机器，快速地推导出希尔伯特数学体系中任何一个可证明的命题。然而，他还写下了几页在数学研究中很不寻常的想法，他为了改进机器的设计，开始考虑人类如何通过思考和在纸上记录符号来进行计算：

人们通常在纸上记一些特定的符号来计算。我们可能把这张纸想象成，分成若干个方格，就像小孩的算术本一样。在基本算术中，有时会用到纸的二维特征，但这是有办法避免的，我认为我们显然可以同意，纸的二维特征对于计算来说，并不是必需的。我把计算设想成，是在一维的纸上进行的，也就是说，在分成方格的纸带上。我还设想，可以打印的符号是有限的。假如我们允许无限的符号，那就会存在两个符号的差异无穷小。

他要论证"无限个符号"是不现实的，假设有无限个符号，就像：

> 一个阿拉伯数，比如 17 或者 999999999999999，通常被看成一个单独的符号。同样，在各种欧洲语言中，一个单词被看成一个单独的符号（中文似乎拥有无限可列个符号）。

接着，他否定了这样的假设：

> 对我们来说，一个符号和一组符号的区别是，组合符号如果太长，就不能一下子识别。这是符合日常经验的，我们不能只看一眼，就说出 9999999999999999 和 999999999999999 是否一样。

因此，他认为应该限定机器只使用有限的符号。接下来，最重要的想法出场了：

计算者（computer）在任意时刻的行为，都取决于他正在看着的方格，和他此时的思维状态。假设有一个界限 B，来限定计算者可以同时有多少条视线，也就是他同时可以看到多少个方格。如果他想看到更多，那他必须分成多次来看。我们假设思维状态的数量也是有限的。这样做的原因，与限制符号的数量一样。如果我们认为思维状态有无限多个，那么其中一些就会无限地相近，并混淆起来。而且，这样的限制对计算并不会造成严重的影响，因为可以通过在纸带上记录更多的符号，来避免出现更复杂的思维状态。

这是在 1936 年，此时 computer 这个词，还只有一个含义，那就是一个做计算的人。这篇文章还提出，人类的记忆能力必定是有限的，甚至还讨论了一点人类大脑的本质。他假设思维状态是可数的，以此作为论证的基础，这是一个非常大胆的想象。应该尤其注意这一点，因为根据量子力学，物质的状态确实可以无限地相叠。他继续讨论他的计算者：

> 我们想象一下，把计算者进行的运算，分成若干不可再分的基本操作。每一个这样的操作，都可以看成是计算者和纸带的一组物理变化。只要我们知道计算者从纸带上依次看到的符号序列（也许是以某种特殊顺序），以及计算者的思维状态，我们就能知道这个系统的状态。我们假设，一个基本操作，最多只能改写一个符号，如果需要改写多个，可以分解成多个基本操作。可改写的方格，与视线正在看方格，需要满足的条件是一样的。我们可以不失一般性地假设，可改写的方格，必须是正在看的。
>
> 除了改写符号，基本操作还包括转移视线。下一步要看的方格，必须是视线可及的。我认为可以做一个合理的假设，与视线正在看的方格，不超过一定距离的方格，才是视线可及的。不妨设为，视线可及的方格，就是与正在看的方格距离小于 L 的方格。
>
> 说到视线可及，也许有人会说，还有其他一些方格也是视线可及的。比如，一些带有特殊符号的方格，会格外吸引计算者的视线。我认为，如果这种方格里面是一个单独符号的话，那么我们应该避免这种方格出现在视野之内，否则会搞乱我们的理论。如果这种方格中有带有一组符号，那就不能把识别它的

过程当作一个基本操作。这是一个应该说明的重要问题，比如说，在大部分数学论文中，定理都是有序号的。通常这个号码不会超过1000，我们可以通过号码，立即找到它指代的定理。但如果论文非常长，有一个第157767733443477定理，那我们读到后面，读到一句：……因此（应用定理157767733443477）我们得到……我们翻回去找这是什么定理时，就需要逐个数字地比对，也许还要用铅笔指着，防止眼睛看花。除此之外，如果还有其他的当前可见的方格，那只要我的机器能通过某种过程找到它，就不会搞乱我的理论。

基本操作的具体动作包括：

（a）将一个正在看的方格里面的符号改写；

（b）将一条视线，转移到与它正在看的方格距离小于 L 的另一个方格；

也许有些改变还伴随思维状态的改变，所以，更普遍的基本操作应该是下面这样的：

（A）对符号进行可能的（a）改变，并对思维状态进行可能的改变；

（B）对视线进行可能的（b）改变，并对思维状态进行可能的改变；

这些操作的执行，实际上是确定的，取决于计算者的思维状态和他观察到的符号。在操作执行后，反过来又会决定计算者的思维状态。

然后艾伦说，现在，我们可以建造一个机器，来取代这个计算者。他的论点的核心非常明确，人类计算者的每种思维状态，都可以用相应的机器状态代替。

他这番论证的薄弱之处,就在于他引入了思维状态这种东西。于是,他又给出了另一种论证,来说明他的机器可以执行任何明确的过程,不需要思维:

> 我们仍然假设,计算是在纸带上进行的。现在,我们避免引入思维状态,我们用一个更加具体而明确的方式来考虑。计算者也许需要停下来休息,或者暂时走开,这样他就必须记下一张便条(写成某种规范的格式),记录计算的进展以及下一步操作是什么,以免重新开始工作时,把前面算过的都给忘了。这个便条,就相当于思维状态。我们假设这个计算者很没耐心,他每坐下一次,只能做一步操作,就要去休息。那么,他每做一步,都要写一张便条,记录下一步操作是什么,以便能够写出下一张便条。这样一来,每一步计算的结果,就完全取决于当前的便条和纸带上的符号……

然而,这两种论证并不是等价的。实际上,它们是对立的。第一种的焦点,是人的思维范围,也就是思维状态的数量;而第二种则把人当成无意识的,只是按部就班地执行指令。这涉及了自由意识和决定论之间的矛盾,前者站在内在意识的立场上,而后者则是外部参数。这篇论文中没有讨论这个问题,但这却给未来埋下了一颗种子。[1]

艾伦受到希尔伯特判定性问题的刺激,然后不仅解答了它,还走得更远。他给这篇论文起了题目,叫作"论可计算数及其在判定问题上的应用"。一直都在潜伏、积蓄着的探索之火山,被纽曼的讲座助了把力,终于找到机会喷发了。这个无名的、幼稚的圈外人,突然闯进了数学界,解决了一个中心问题。而且,因为它涉及了现实世界中人类是如何思考的,所以它不仅是抽象数学的问题,也不仅是一个符号的游戏。从可观察和可预测的角度来说,这不能完全算是科学。他创立了一套新的模型和框架,就像爱因斯坦或冯·诺依曼一样,这是一场想象力的风暴,他在挑战公理,而不是现象。也许这个模型并不是全新的,之前也有很多想法,《自然奇迹》也说过,大脑就像机器。但艾伦所做的是,用精确的纯数学逻辑,将那种朴素的大脑的机器模样给描绘出来了。他的机器——不久后被称为"图灵机"——为抽象符号和实体世界之间建起了桥梁。惊人的是,他想象的这种机器,仿佛真像是可以造出来的。

显然,图灵机,与他早期对拉普拉斯决定论的一些思考,是有关系的。但这是一种间接的关系。一方面,他曾经考虑过的"灵魂",并不是指执行智力活动的"思维"。另一方面,图灵机

---

[1] 这两种论证,表明了对机器状态的两种截然不同的解释。对于前者,我们会把状态理解为机器内在的状态,就像行为心理学认为的,对不同的刺激作出不同的反应。然而对于后者,我们会把状态看做一种明确的指令,行为表就像一个指令的列表,告诉机器应该做什么。机器执行一条指令,然后再执行下一条,机器的一切本质就是读取和解码纸带上的指令。图灵本人并没有纠缠于这个问题,后来他就直接地使用了状态和指令这类术语。而这些术语的使用,影响了未来的很多事情。

的描述与物理无关。尽管如此,他跳出了自己先前的圈套,就是"有限的思维状态",这种设定涉及了思维的物质基础。他转而采取了更安全的"便条"这种论证。在1936年,他确实不再相信,他1933年对默卡夫人说的那种"有用的"想法——关于灵魂不死和灵魂感应。艾伦很快就成为一个坚定的唯物主义者,并声明自己是无神论者。克里斯朵夫·默卡又死了一次,《可计算数》标志着他的彻底远去。

在这个改变背后,他对旧观念,还埋着一点深层的眷恋。他在考虑,如何从科学的角度,精确地描述意识和灵魂这样的东西,因为他敏锐地感觉到了唯物观点和人类思想的力量。这个疑问一直还留着,现在他要从另一个角度来解决它。这需要一个理由。克里斯朵夫已经让他放下了《自然奇迹》的观点,但是现在,他又要重新把它捡起来了。

还有另外一点眷恋,他想要用明确的、实在的方式,而不是又臭又长的那套哲学,来解决决定论和自由意识的矛盾。在早期,他喜欢爱丁顿关于大脑原子的想法。他仍然对量子力学及其解释很感兴趣,这个问题冯·诺依曼还没有解决,但他绝不会认为这是废话。通过对世界建立一套新的观点,并将其形式化,他已经找到了自己的方向。原则上讲,量子物理可以涵盖一切,但在现实中,讨论世界上的一样东西,需要很多不同层面的描述。达尔文的自然选择的决定论,取决于个别基因的随意变化,而化学的决定论,则取决于个别分子的随意运动。中心极限定理也是一个例子,它表明如何在最普遍的无序中看到秩序。科学,正如爱丁顿观察的,融合了各种各样的决定论和各种各样的随意。而重点是,就图灵机而言,艾伦创造了他自己的决定论,在一个逻辑的框架中，来讨论思维是什么。

他完全是独立研究的，一次也没有和纽曼讨论过他的机器。只有在高级餐桌上，有一天他和里查德·布列斯威特讨论哥德尔的定理时提过几句。还有一次，他向艾里斯托·沃森提了一个关于康托尔方法的问题，这是一个年轻的国王学院研究员（还是一个共产主义者），从数学转行到了哲学。他向大卫·晨佩侬描述了他的想法，他知道了通用机器，并且戏谑地说，如果把这东西造出来，需要阿尔伯特大礼堂才能容下。假如艾伦真的想把它造出来，这倒是个中肯的评价。在阿尔伯特大礼堂南面的科学博物馆里，收藏着巴贝奇分析机的遗迹，这是一百年前人们计划的通用机器。艾伦很可能看过这个，但即使他看过，从他的想法和语言来看，他并没有受到这个东西的影响。在1936年，不存在任何模型与他的机器类似，那时只有普遍的电子工业的术语，比如传真机、电视、电话等。这完全是他的独立发明。

一篇长论文，大量的想法，大量的技术工作，从1935年的春天，到1936年4月中旬，可计算数一直占据着艾伦的生活。1936年4月中旬，从格尔福特的复活节回来，他拜访了纽曼，并提交了这份草稿。

对于哥德尔与艾伦的发现，以及他们对"思维"的描述，有很多问题要问。这是对希尔伯特计划的最后审判，结束了天真的唯物主义幻想，通过计算能解决所有问题，但这审判还存在一些深层的不清楚的地方。对于某些人来说，包括哥德尔自己，对于相容性和完备性的否定，表明了大脑与机器相比的一个新优势。但在另一方面，图灵机打开了一扇门，让决定论通往一个新方向。在这个模型中，可以用最基本的砖块：状态、位置、读出、写入,来搭建最复杂的过程。这是一场令人拍案叫绝的数学游戏,用标准的形式来表达任何确定的过程。

艾伦证明了,不存在一种超自然的机器,能够解决所有的数学问题,但在此过程中,他发现了一些有点像是超自然的东西。通用机器能做任何机器所做的工作,而且他论证了任何人类计算者的工作,都可以由机器做到。因此,如果有一种机器,能够读取各种其他机器的描述,放入自己的纸带中,就能执行等价的人类心理活动。一个机器,一个代替人类计算者的机器!一个电子的大脑!

乔治五世的死亡,标志着人们对过去的反抗已经转变成为对未来的恐惧。德国人已经毁掉了启蒙运动,把钢铁熔浆注入了理想主义者的灵魂。 1936年3月,莱茵区被重新占领,这意味未来将要倒在军国主义怀里了。谁能看到一位无名的剑桥数学家的命运转折?是的,这里就是转折。因为如果有一天,希特勒失去了莱茵区,那么那时,就在那时,通用机器将会真正地来到这世界。这成就了艾伦·图灵,但却带来了数百万的牺牲,而且这样的牺牲不会因为希特勒之死而结束。这就是这个世界的一个"判定性问题",而且没有方法能够解决。

第三章　彼岸新星

我听见对我的指控，说我对抗制度，
可是，我虽不顺从，却从未对抗。
它的存在与我何干？它的破灭与我何干？
我只想在曼哈顿，在内陆或沿海的每一个州，每一座城，
在田野中，在树林里，在航行水面的每条船上，
远离那些没完没了的理事，代表，规矩，争议，
我只想要伙伴之间亲密的爱。

1936年4月15日，大概是在这天，艾伦告诉纽曼，他证明了希尔伯特的判定性问题是无解的。同样是在这一天，普林斯顿的美国逻辑学家阿隆佐·丘奇也发表了他的证明。丘奇在一年前发

现，不可解的问题是存在的，在这篇证明中，他用精确的形式把它描述出来，回答了希尔伯特的问题。

这两个人的思想，沿着不同的道路同时到达了这里。一开始，剑桥这边还不知道大洋彼岸发生了什么。5月4日，艾伦写信给母亲说：

> 后来过了四五天，我遇到纽曼先生，他当时在忙别的，说这几周没时间看我的理论。但他看了我对《法国科学学刊》的评论[1]，做了一些修改并认可了。我又找了一位法国专家帮我检查，然后寄出去了，目前还没收到回复，有点烦人。我想在两个星期之内完成全文，大概会有50页，眼下还很难决定留下哪些内容，删掉哪些。

5月中旬，当纽曼开始读艾伦的论文时，他几乎无法相信，图灵机如此简单地解决了希尔伯特的问题。在哥德尔解决了前两步之后，这个问题已经让大家花了5年时间了。纽曼的第一个感觉是，图灵肯定是搞错了，应该存在某种更精密的机器，来解决那个不可解决的问题。但是纽曼最终确信了，任何有限定义的机器，都不可能做到图灵机做不到的事。

紧接着，丘奇的论文跨过了大西洋。它先发制人，给艾伦的成果带来了危险，因为学术论文是不允许重复的。不过，丘奇的成果有些不同，某种程度上说，他不如艾伦。丘奇提出了一个叫作"λ算子"的模型[2]，逻辑学家斯蒂芬·克林发现，这个模型

---

[1] 这是用法语写的，是图灵夫人协助他翻译成法语并打印出来。
[2] λ算子能够非常简洁有力地对数学过程进行抽象和泛化。

可以将所有的算术公式变形为标准形式。在这个模型中,"证明"就是按照某个基本的规则,把一个λ表达式转化成另一个。然后丘奇能够证明,不存在一个λ算子,能够判断一个表达式是否能够转化成另一个。找到这么一个无法解决的问题,就能证明,希尔伯特提出的判定性问题一定是无解的。但是,"λ算子"并不是显著的"机械的过程"。丘奇给出了一个说明,任何有效的计算过程都可以用λ算子表示。但图灵的模型更加直接地弥补了丘奇的缺陷。

所以在1936年5月28日,艾伦仍然向伦敦数学协会提交了他的论文,希望发表在其会刊中。纽曼写信给丘奇:

> 亲爱的丘奇教授:
> 你最近寄给我的定义可算数、并证明希尔伯特判定问题无解的那篇论文,强烈地吸引了这里的一位年轻人。他叫A. M. 图灵,他也正准备发表一篇论文,其中他定义了可计算数,并解决同样的问题。他描述了一种机器,可以计算任何可计算序列,与你的方法不一样,但看起来非常有力。我认为,如果有可能的话,明年他应该过去和你一起工作。他将会给你寄去他的论文,供你评论。
> 如果你觉得他的成果是正确而有价值的,我希望你能给剑桥克莱尔学院的校监写封信,支持图灵申请宝洁奖学金,以便他明年可以去普林斯顿。如果他申请不到,也仍然可以过去,但是我觉得那就有点不合适了,因为他还是国王学院的研究员。在普林斯顿那边,有没有什么助学资助呢?……我要指出的是,图灵的工作完全是独立完成的,没

有任何人给予他任何指导或评论。更重要的是，不能让他孤芳自赏，他应该尽快与该研究方向的先驱学者取得联系。

1936 年 5 月 31 日

纽曼还写信给伦敦数学协会的秘书官 F. P. 怀特解释情况：

亲爱的怀特：

我想你已知道图灵在可计算数方面的工作。就在它即将终审时，普林斯顿的阿隆佐·丘奇给我寄来一篇论文，在很大程度上，与图灵的成果有重复之处。

但我仍然希望图灵的论文可以出版，因为他们两者采用的方法是很不一样的。而且，他们的成果非常重要，所以不同方式的论证是有价值的。图灵和丘奇的主要成果，是证明了希尔伯特之后的学者研究了好几年的判定性问题——即，找到一个机械的过程，来判定一组给定的符号，在希尔伯特公理体系中是否可证明——总体来说是无解的……

1936 年 5 月 31 日

艾伦 5 月 29 日告诉他的母亲：

我刚完成了我的论文，已经寄出去了。我想它将会在 10 月或 11 月发表。给《法国科学学刊》的评论很不顺利，收信的那个人到中国去了，我的信好像被邮局搞丢了，第二封信寄到他女儿那里了。

在这期间，阿隆佐·丘奇在美国出版了一篇论文，用不同的方法,和我做了一样的事。纽曼先生和我都认为,因为方法明显是不同的,所以我的论文也应该发表。阿隆佐·丘奇在普林斯顿,所以我决定要到那里去。

艾伦申请了保洁奖学金,普林斯顿提供三个名额,一个给剑桥,一个给牛津,一个给法兰西公学院。艾伦没有成功,因为剑桥的那个名额最终给了数学家兼天文学家 R. A. 莱托顿。尽管如此,艾伦认为,国王学院的研究员资助,其实也足够了。

与此同时,关于他的论文发表,他现在必须能够说明,他的可计算数与丘奇所说的可算是完全等价的,也就是说,它可以表示成 λ 算子表达式。因此,艾伦研究了丘奇和 S. C. 克林 1933 年和 1935 年的论文,并于 8 月 28 日完成了论文的附录,来扩展上述必需的证明。这两个想法的共同点是很明显的,丘奇定义的规范形式,相当于图灵定义的可用机器,而且他们都使用了康托尔对角线,以产生一个解决不了的问题。

如果艾伦是个遵守规则的学者,他在解决希尔伯特问题之前,就应该首先读遍所有的相关文献,包括丘奇的工作。这样就不会出现被别人抢先的问题,但他也就永远无法创造出图灵机了。图灵机不仅解答了希尔伯特的问题,而且提出了新的问题——思维状态。纽曼所说的孤芳自赏,不是个好事,但也未必是坏事。无论是中心极限定理,还是判定性问题,艾伦都扮演了数学界的斯科特船长,总是排在第二名。令人感叹的是,艾伦本人并不把数学和科学看成一种竞争。他可以毫不在乎地拖延好几个月,也不屑于强调自己的独创性,他从降生的那一刻起,就注定要扰乱这个世界。

至于中心极限定理,他申请研究员时的论文入选了那个夏天的剑桥数学论文史密斯奖。这引起了格尔福特的一阵忙乱,图灵夫人和约翰花了半个小时,赶在最后一分钟给他准备好包裹。约翰在1934年8月结婚了,艾伦现在做叔叔了。对于他的哥哥或父母来说,他在工作和生活中遇到的哲学困境,都是另一个世界的事情。艾伦成功的消息现在越来越多。图灵夫人对灵魂世界很有兴趣,照理说她应该对艾伦关于自由意识的思考最敏感,但即使这样,她也从未意识到这个问题。艾伦从没有认真地把他的内心困境说出来,他只是偶尔做些非常隐秘的暗示。

国王学院对艾伦的中心极限定理评价很高,让他获了奖,还有31英镑奖金。他现在已经把帆船运动当作假期娱乐了,并打算用这笔钱来买船。但他最终决定不这么做,他还要攒钱去美国。

初夏时,维克托·别特尔过来,和艾伦一起待在剑桥,他们双方都非常热情。维克托来访的一个重要原因是,他现在加入了家庭企业,正在致力于开发K射线系统。他和艾伦在学校时讨论的几何学帮助了他,他希望从艾伦这里得到一些建议。他要做一个双面的系统,两面都有海报,只用一个光源,使它们都能均匀地反光(这是一个啤酒连锁企业要求的)。然而艾伦说他正在致力于自己的研究,于是他们只是一起观看了"五月激情"船赛。

有一次,他们在聊艺术和雕塑,就在这时,艾伦突然说了句让维克托很惊奇的话。他说他觉得男性的身体结构很美,而女性的身体则很丑陋。维克托试图使艾伦相信,耶稣与玛丽亚的关系,已经指明了正确的道路。但艾伦对此不置可否,这不是一个有答案的问题。他所能做的,就是表达自己身处镜中奇遇世界的感受，在这个世界里，传统的想法在他看来都是错的。这大概是他第一次在国王学院之外，提起这个话题。

维克托很难知道该如何回答，他只是一个还不太成熟的21岁小伙子。虽然艾伦保持着"完美的绅士形象"，但他待在艾伦的房间里，仍然存在着一些担忧。但是他们仍然保持着很好的友谊，在这个问题上保留各自的看法，就像对待宗教问题一样。他们讨论这是由遗传还是环境而造成的，但无论是什么，很清楚的是，艾伦就是这样的，事实就是这样的。对艾伦来说，没有上帝，他不追求别的，只想要内在的相容。在数学中，相容性无法用规则来证明，也没有自动的机器来判定。他的生命公理现在越来越清晰了，虽然如何接受它们是另外一回事。他曾经追求自然界中最普通的东西，他喜欢一切平凡的东西，但他最终却看到，自己成了一位英国的同性恋无神论数学家。这可实在不是个平凡的事情。

在向西方出发之前，他又去了趟钟屋，他已经三年没有去过了。默卡夫人现在病了，但精神上仍然像往常一样充满活力。她在日记中写道：

> 9月9日（星期三）：……艾伦·图灵来了……他过来道别，要去美国普林斯顿9个月，与几位顶尖学者一起研究他的课题，哥德尔，阿隆佐·丘奇，还有克林。我们在晚餐前聊了一会，说了些新鲜事……他和爱德温一起玩桌球。
>
> 9月10日：……艾伦和卫尼卡在这和我一起喝茶。和艾伦谈了很久，谈他的工作，还有在他的研究框架中（一些逻辑学的深奥分支）一个人是否会到达"死亡终点"等。

> 9月11日：艾伦一个人去教堂看克里斯彩窗，还有他之前没看过的小花园。因为那小花园是他来看捐窗仪式那天才刚刚弄好的……艾伦教我玩了一个游戏……
>
> 9月12日：……拉普特和艾伦在我的房间喝茶，然后我下楼吃晚餐，给了他们一个惊喜——我们十个人搞了一场快活的留声机音乐会……男人们打桌球。
>
> 9月13日：……艾伦和雷纳德一起解题……艾伦、拉普特和两个女孩在池塘游泳……拉普特、艾伦和我一起喝茶……艾伦努力讲解他正在研究的东西……他们走了。

默卡夫人无法体会，这个"深奥的逻辑分支"与他失去的孩子有什么关系，她不知道艾伦研究的这些事情怎么就把克里斯朵夫召唤去了。

9月23日，图灵夫人在南安普顿为艾伦送行，把他送上了冠达公司的拜伦加利亚号邮轮。艾伦在弗灵顿路的市场上买了一个六分仪，作为航行中的消遣。他还带上了所有中上层英国人对美国和美国人的偏见。五天的大西洋之旅，丝毫没有改变他的偏见。在"北纬41度20分，西经62度"处，他抱怨道：

> 我很惊讶，美国人简直是最让人不能忍受、最迟钝的一种生物。刚才有一个人来和我聊天，展现了美国糟透了的一面。当然，他们也不会全都是这个样子。

第二天早上，9月29日，曼哈顿的灯塔进入了视线。然后艾伦来到了新的世界。

我们实际上星期二早上 11 点就到达纽约了，但还要进行检疫和移民局的检查，所以直到下午 5:30 才下船。在移民局检查时，排队排了两个多小时，还有一群孩子在我身边吵闹。通过海关后，我被出租车司机宰了，我认为他的收费很荒谬。我在寄存行李时，也被收了比在英国多一倍的高价。我想他们这里可能就是这样的。

艾伦继承了他父亲的一个观念：出租车就是宰人的。但在美国这个多元化的地方"也不会全都是这个样子"。当天晚上，他乘火车到达普林斯顿，这个地方可不是供底层阶级观光的地方。如果说剑桥是精神的象征，那么普林斯顿就是财富的象征。也许在所有美国一流大学中，普林斯顿是最自给自足的，它与经济大萧条绝缘，这里的人完全不知道美国遇到了麻烦。实际上，它看起来一点也不像美国。这里有哥特式的建筑，有对男生的约束，还有卡耐基湖上的划船。普林斯顿试图打造成另一个牛津或剑桥，使其成为一片绿野仙踪。似乎光与庸俗的美国隔绝还不够，研究生学院还要与本科生隔绝，它享有独特的崇高声望，眺望着一大片干净的田野和树林。研究生学院的塔，完全是牛津莫德林学院的复制品，被称为象牙塔，因为它的捐助者是制造象牙皂的。

普林斯顿的数学发展，得益于它 1932 年出资 500 万美元创办的高级研究院。这个研究院直到 1940 年也没有独立的建筑，它资助的绝大多数科学家，都在普林斯顿以前的数学研究院大楼里工作。虽然必须要区别开，但实际上没有人知道，也没有人在乎到底谁是普林斯顿大学的,谁是高级研究院的。这个双面机构,吸引了数学界的一些大人物,特别是从德国来的。从某种意义上说,虽然这是一个纯美国机构,但它却像一艘穿越大西洋的移民船。资助丰厚的普林斯顿研究员职位,也吸引了世界级的研究生前来,相比之下来自英国的要多些。尽管没有国王学院的同学,但艾伦的三一学院朋友莫瑞斯·普利斯,已经在这边待了一年了。这里有成群的来自欧洲的精英,为艾伦·图灵提供了继续开拓科学疆土的机会。 10月6日,艾伦第一次寄信回家,语气相当自信:

> 这里的数学系没有辜负我的期望,这里有很多最杰出的数学家。J. V. 诺伊曼,外尔,柯朗,哈代,爱因斯坦,莱夫谢茨,还有其他一些人。不幸的是,这边研究逻辑的人没有去年那么多了。当然丘奇还在这里,只是哥德尔,克林,罗瑟和博内斯都离开了。我只在乎哥德尔,因为克林和罗瑟只是丘奇的学生,我可以与丘奇一起研究就可以了。而博内斯,从他的文章来看,他已经有点落伍了。当然,如果我能遇到他,也许就会有不同的印象。

其中,哈代只是从剑桥来访问一个学期。

> 刚开始他不苟言笑,也许是羞怯。我到达的那天,在莫瑞斯·普利斯的房间遇到他,他一句话都没跟我说。但他现在越来越友好了。

哈代是上一代人，与图灵一样，也是个英国同性恋无神论数学家，而且他是世界上最杰出的数学家之一。在研究兴趣上，他比艾伦幸运，他喜欢数论，干净地沉浸在纯数学的经典框架里。他不像艾伦那样需要自己创造，他的研究更加规范而专业。但是，他们俩都是体制的受难者，对于他们来说，凯恩斯式的剑桥是唯一可能的归宿，尽管他们并不能融入那里的圈子。他们俩都是保守派，哈代稍微不保守一点，他曾经担任科学家工会的主席，还在房间里挂上了列宁像。作为一个老人，他的信念已经相当固定了。伯特兰·罗素曾经机智地，根据他们所排斥的传统，把新教怀疑论者与天主教怀疑论者区别开。艾伦在这个时期偏向于前者，而哈代则是后者。另外，哈代喜欢板球，他在其中得到了许多乐趣，但他去了美国之后，转而喜欢上了棒球。他在三一学院时，会组织板球比赛，无神论者对决宗教信徒。哈代很喜欢用一些东西来设计游戏，特别是无神论。

艾伦在剑桥的时候，参加过他的讲座和课程，并因为被忽视而感到委屈。虽然友好，但他们的关系，并没有突破辈分和种种隔阂。他的世界观与哈代很相似，如果他与哈代的交往尚且如此，那么他与其他年长者的交往情况就可想而知了。虽然他已经是严肃的学术界新秀，但他的形象和举止，却仍然只是个大学生。

艾伦信中的名单仅仅意味着，他可以参加他们的讲座和研讨。爱因斯坦偶尔会出现在走廊上，但几乎不和别人交流。S. 莱夫谢茨是拓扑学的先驱，拓扑学是普林斯顿数学系的核心，也是现代数学的重要进展。但艾伦和莱夫谢茨的交往，仅仅是莱夫谢茨问他能否听懂 L. P. 艾森哈特的黎曼几何讲座，而艾伦则认为这个问题非常无礼。柯朗、外尔和冯·诺依曼，覆盖了纯数学和应用数学的主流，使希尔伯特在哥廷根的研究在西海岸重现生机。但在他们之中，只有冯·诺依曼和艾伦有交往，因为他们都对群论感兴趣。

至于逻辑学家，哥德尔已经回到捷克斯洛伐克了。克林和罗瑟，已经做出了比艾伦说的更加重要的新发现，但他们也已经去了其他地方，艾伦见不到了。同样来自哥廷根的瑞士逻辑学家P.博内斯，是希尔伯特的亲密伙伴，也已经回到了苏黎世。因此艾伦对默卡夫人说的"和几个重要数学家一起工作"并没有完全实现。和他一起研究逻辑学的，除了一些研究生之外，就只有丘奇了，而且丘奇是个快要退休的人，也不怎么参与研讨。总之，普林斯顿无法医治艾伦的隐者之心，艾伦写道：

> 我和丘奇见过两三次，我们相处得很好。他很欣赏我的论文，觉得对他正在思考的一项研究有所帮助。我不知道我会按照他的计划走多远，我打算朝一个稍有不同的方向发展。也许在这一两个月内，我会开始写一篇论文，之后我可能会写一本书。

不知道他们的计划是什么，反正没有取得成果。艾伦没有留下符合这个说法的论文，也没有书。

艾伦认真地参加丘奇的讲座，这些讲座非常高难。他还做了丘奇的类型论的笔记，表现出对数理逻辑的持久兴趣。课上一共有大约十名学生，包括年纪小一些的美国人维纳博·马丁，艾伦帮助他理解这门课程。艾伦说：

>研究生有很多是研究数学的,他们都很愿意讨论工作。这方面和剑桥很不一样。

在剑桥人们认为,在高级餐桌之类的地方讨论工作是没有品味的表现。但普林斯顿没有把这种"英国大学的品位"与建筑风格一起引进过来。所有来自牛津或剑桥的英国学生,都觉得美国人见面打招呼是很搞笑的,他们会说"你好,幸会,你是学什么课程的?"而英国人的工作,则必须在体面的表演背后隐藏起来,这种伪装令热爱职业的人们感到不适应。但对于艾伦来说,这个因为缺乏修养而被剑桥的时髦圈子排除在外的人,则更加喜欢这种简单直接的风格。从这一方面来说,美国很适合艾伦,但仅仅是在这一方面。 10月14日,艾伦写信给母亲:

>丘奇前几天晚上带我出去吃晚餐。同座都是大学的人,我觉得交谈挺令人失望的。他们基本上只谈他们来自哪个州,没有别的内容,还聊了一些旅行景点,反正我觉得十分无聊。

他喜欢思维的游戏,在这封信中,他隐隐地提到了一个想法,也许萧伯纳会认为这是一个阴谋:

>你经常问我数学的各个分支有什么用。我刚刚发现,我现在的研究可能有一种用处。它让我认识到什么是最通用的加密方法,它使我能够构造很多特殊、有趣的密码。其中有

一种的加密速度非常快,而且如果没有密钥是不可能解开的。我想以可观的价钱把它卖给英国政府,但不知道这是否有违道德。你怎么想呢?

密码,是一个把机械过程应用到符号的好例子,可以用图灵机来实现。因为密码的本质,编码者必须按照事先与接收者约定的规则,像机器一样工作。

从某种角度说,任何图灵机都可以看成是通用的密码,它把纸带上读到的东西处理一番,然后再写回纸带上。可是,要让它有用,还必须要有一个相反的机器,可以重新复原出原来的纸带。不管艾伦想要怎么做,他必定要从这里入手,至于特殊、有趣的密码,他现在也没有更多的想法。

图灵夫人并无道德上的纠结,她是斯托尼家族的成员,认为科学就是为了利益而存在的,她毫不怀疑女王政府的道德权威。但艾伦继承的是不同的传统,不光是因为剑桥的清高,也因为 G. H. 哈代说过一个对现代数学意义重大的观点:

> 真正的数学家的真正的数学,比如费马,欧拉,高斯,阿贝尔和黎曼的数学,几乎都是完全没有用的(无论是应用数学还是纯数学,都是这样的)。不能以用途为标准,来评价真正专业的数学家……在现代,应用数学最伟大的成就,就是相对论和量子力学,而目前无论在哪个层面,这些科目都几乎和数论一样没用。这是应用数学最基本的部分,也是纯数学最基本的部分,正是这个部分,才是最重要的。

面对数学和应用科学的不断分化，哈代用这种基本性，来攻击现行的左派观点——兰斯洛特·霍格本从社会和经济效益来诠释数学。哈代说了很多，他坚持认为，有用的数学在任何情况下都是弊大于利，因为它总是被用于军事。他认为，数论领域的一切无用研究，都是一种美德，而不是什么羞愧：

目前还没有人发现数论有什么军事用途，但是这似乎也不会维持很久。

在第一次世界大战之前，哈代就有着和平主义的坚定思想，但是接触过20世纪30年代反战运动的人都知道，军事应用也可以用来避免战争。艾伦现在发现了一些东西，比如符号游戏的军事用途，他开始陷入数学家的困境了。他用轻松的语言对母亲诉说，但这背后却存在着很严肃的问题。

在这个时期，英国的学生们自娱自乐，来使研究生生活更加有趣：

一位来自英联邦的研究员，弗兰西斯·普莱斯（别混淆了，这不是莫瑞斯·普利斯），有一天组织了一场曲棍球赛，一方是研究生学院，另一方是130英里之外的瓦萨女子学院。他组织了一组队伍，不过只有一半的人以前玩过。星期天，我们进行了几次练习赛，并乘车前往瓦萨。我们到的时候，下起了微微小雨，而且他们说场地不适合举行比赛，这是非常讨厌的。不过我们最终说服了他们，在那个场地进行了一场不太正规的比赛，我们以11比3获胜了。弗兰西斯试着安排一场复赛,到时候肯定会在正规的场地上进行。

要说这个队伍很业余,那可就说错了,来自牛津大学新学院的拓扑学家肖恩·怀利和物理学家弗兰西斯·怀利,都是国家级的选手。艾伦完全不是同一级别(即使他没有把注意力用在雏菊生长上,他也不行),但他也很喜欢这个游戏。不久后,他们每周在一起玩三次比赛,并且有时候到本地的女子学院去。

柔弱的英国人,玩着一个女性游戏,这也许会使普林斯顿的学生吃惊,但是在领导层中,存在着一点令人尴尬的英国崇拜,英国体制中很多迂腐的方面也会受到赞赏。在1936年的夏天,人们在普林斯顿的小教堂里悼念乔治五世。有一个研究生院的教授,一直在喋喋不休地歌颂王室,这对于受过教育的英国人来说,是非常正常的事。至于乔治五世的继承人爱德华八世和辛普森夫人到地中海度假的新闻,在普林斯顿引起了一阵轰动。艾伦在11月22号写信给他的妈妈:

> 我寄给你一些剪报,是我们这里对于辛普森夫人的一些看法。我觉得你可能没听说过她,但这些天她已经成了这里的头条了。

事实上,英国的报纸确实对这件事一直保持沉默,直到12月1日,布拉德福德的主教指出,国王需要承当上帝的恩典,鲍德温也出来发表了观点。12月3日,艾伦写道:

> 我不明白人们为什么要干涉国王的婚姻。也许国王不该

和辛普森夫人结婚，但这是他的私事。我不接受主教的说法，我也不认为国王需要承当什么。

但是国王结婚并不是私事，这会影响整个英国。艾伦反对政府对私生活的干预，这是一个很超前的想法，他的阶级普遍反对的是国王对国家的背叛，这是一个比哥德尔和罗素的发现更加严重的逻辑悖论。12月11日，温莎夫妇浪迹天涯，乔治六世即位当政。那天，艾伦写道：

> 我想，国王退位对你来说是很震惊的，我估计大家十天前还不知道谁是辛普森夫人吧。我对整件事情的观点，在一定程度有点分裂。首先，我完全支持国王保留王位，并且与辛普森夫人结婚，无论引起什么争议，这都将是我一贯的观点。然而，最近的一些见闻，令我的观点发生了一些变化。这些见闻让我看到，国王对国务非常懈怠，把它们随便扔给辛普森夫人和朋友们去处理。这是很令人痛心的渎职。还有一两件类似的事情，但这件是我最在意的。但无论怎么说，我对大卫·温莎的态度仍然怀有敬意。

艾伦的敬意，还来自他听到的一段退位演说的录音。他在1月1日继续写道：

> 我对爱德华八世的退位感到遗憾。我认为是政府抓住辛普森夫人这个机会，故意想要找茬摆脱他。我们不谈他们想要摆脱他是否明智，这是另一回事。我很敬佩爱德华的勇

气。对于坎特伯雷的大主教，我认为他的行为是可耻的。他一直等到爱德华彻底离开，然后就开始借题发挥，当爱德华是国王的时候他不敢这样做。

12月13号，大主教在广播中谴责国王，说他为了个人的幸福而放弃了肩负的使命，对于英国统治者来说，追求幸福从来不应该是摆在首位的。而艾伦对婚姻和道德的观点则是比较现代的。有一次在国王学院，他与克里斯朵夫·斯戴德讨论，艾伦说，人们应该服从自己本能的感觉。对于主教这一类跟图灵夫人特别亲近的人来说，他们代表着旧体制。艾伦对丘奇逻辑课上的美国朋友维纳博·马丁说，这些人用了非常卑鄙的手段来对待国王。

工作方面，他在11月22日写信给菲利浦·霍尔：

> 我在这里没有什么惊人的成果，可能会发表两篇或三篇小论文，只是一些想法的片段。如果能发表，其中一篇将会是对希尔伯特不等式的证明，还有一个我去年做过的关于群论的工作，巴尔认为也值得发表。我会把它写出来，发表在《数理逻辑》上。
>
> 我对普林斯顿很适应。不过这里的人们说话有一种固定的模式，绝无例外！美国人的生活方式很讨厌，你找不到一个真正意义上的浴缸，而且他们对室温的看法也很讨厌。

对于"说话的方式"，艾伦抱怨如下：

> 这些美国人在说话时，会有摸耳朵等各种各样的怪癖。

如果你对他们表示感谢,他们会回答"你是受欢迎的"。刚开始我还挺喜欢这个说法,我以为我很受欢迎,但是现在,我觉得这种感觉就像把球打到墙上一样讨厌。他们还有一个习惯,经常发出"啊"的声音,当他们没有适当的回答时,就用这个声音来代替,他们认为保持沉默是不礼貌的。

艾伦到达普林斯顿之后,收到了《可计算数》的印刷件,它现在马上就要被发表了。阿隆佐·丘奇建议艾伦召开一个研讨会,把他的发现与普林斯顿的主流研究结合起来。11月3日他写信回家:

> 丘奇刚才建议我,给数学俱乐部做一个关于可计算数的讲座。我希望能得到这个机会,让别人注意到我的研究,但不知道是否能成功。

一个月后,他成功了,但后来的结果却令人失望:

> 12月2日,我在数字俱乐部演讲,出席的人非常少。你必须名气很大,才会有很多人来。比如这周是G.D.伯克霍夫的讲座,他很有名气,屋子都坐满了,但实际上他讲得很不靠谱,后来大家都觉得很可笑。

1937年1月,《可计算数》终于发表了,但结果同样令人失望,几乎没有引起什么反应。丘奇重新审阅了该文章,直接引入"图灵机"这个名称,并寄给《符号逻辑》期刊。但是,只有两个人来申请印刷本：国王学院的里查德·布列斯威特和德国的孤独的逻辑学代表海因里希·舒兹，他写信说，他在芒斯特组织了一场研讨会，可怜兮兮地申请两份外面世界论文，对他们来说，现在与外面世界保持同步是很困难的。在数学的世界里，这个国家灭亡了。 2月22日，艾伦写信回家说：

> 有两封来信要求印刷件……他们似乎对这论文很有兴趣，应该是给他们留下了一定的印象。但我对这边的反应很失望。外尔在几年前也做过一些相关工作，我希望他能提出一些看法。

也许艾伦还希望约翰·冯·诺依曼能够给出一些评论，对艾伦这个天真的桃乐丝来说，冯·诺依曼是一位强大的巫师。像外尔一样，冯·诺依曼也对希尔伯特的计划感兴趣，曾经希望能够证明它，但这已经被哥德尔定理判死刑了。他是一个阅读狂，每天早上别人起床时，他都已经工作很久了，他阅读各个领域的数学文献，但他却说，自从1931年以后，他再也没读过逻辑方面的论文。不知为什么，在艾伦写给母亲或菲利浦·霍尔的信中，只字没有提到冯·诺依曼。

至于伦敦数学协会的普通读者，艾伦的论文没有给他们留下印象，是有很多原因的。数理逻辑似乎已经成了边缘学科，数学家们只是整理整理已经很明显的事实，或者制造一点本来不存在的麻烦。艾伦的论文开头很诱人，但随着通用机指令表的引入，很快便走进了晦涩的德国哥特式的丛林（这似乎是图灵的一贯风格）。能够读到最后的人，往往是在某个领域进行实际计算的应用数学家，比如天体物理或者流体力学，他们需要解很麻烦的方程。可是他们读完便发现，这篇论文几乎没有用，因为它并没有谈到如何在实践中制造这种机器。比如说，艾伦设定了这种机器是在方格中写入可计算数，并以方格作为工作空间，而不是采用一些更普遍的、无限制的工作空间。总而言之，在数理逻辑的小圈子之外，艾伦的这篇论文非常没有吸引力。兰斯洛特·霍格本提倡科学要以人为本，从这个角度来看，艾伦的论文似乎百无一用。

不过，在数理逻辑的小圈子里，确实有一个人非常有兴趣地读完了这篇论文。他是一位波兰裔数学家，名叫艾米尔·波斯特，在纽约城市大学教书，早在20世纪20年代以前，他就产生了类似于哥德尔和图灵的想法，但没有发表。 1936年10月，他向《符号逻辑》提交了一篇论文，关于通过一种普适的方法提高计算精度。他在其中引用了丘奇的论文，正是回答希尔伯特判定性问题的那篇。波斯特指出，一个确定的过程，可以写成指令的形式，交给一个无须思考的操作者，在无限多的一排盒子中进行操作。操作者的能力只是阅读指令，以及：

（1）在他所在处的盒子里设一个标记（假设盒子是空的）；

（2）清除他所在处的盒子里面的标记（假设盒子有标记）；

（3）移动到左边的盒子；

（4）移动到右边的盒子；

（5）查看他所在处的盒子里是否有标记。

很明显，波斯特的"操作者"所做的事情，原理与图灵机完全相同，就连他描述该模型的语言，都与艾伦大同小异。波斯特的这种构想，似乎像是受到了工厂流水线的启发，但他的论文不像《可计算数》那么有野心，他既没有构造一个通用的操作者来解决希尔伯特的问题，也没有讨论关于思维的事情。但他正确地意识到，他的这个构想可能会弥补丘奇的缺陷。可是，仅仅差了几个月的时间，他被图灵机抢先了一步，而且丘奇已经证明了艾伦的工作是完全独立的。这件事情说明，如果世界上没有艾伦·图灵，那么他的想法，也会很快以另外的形式被人们发现。因为这个想法是一座必要的桥梁，来连接逻辑世界和实体世界。

在另一种意义上，艾伦觉得连接逻辑世界和实体世界是非常困难的，在逻辑世界中产生想法是一回事，但要把这些想法向现实世界中的人们表达清楚则完全是另一回事，而且是非常复杂而困难的事。不管艾伦是否情愿，但是学术界毕竟也是由人组成的，也需要交流和沟通。艾伦脱离了这一点，他是个超脱世俗的人，他希望真理就像变魔术一样凭空产生，他认为像推销似的宣传学术是一种耻辱。他认为那些凭借学术而获得某种头衔或名气的人全都是"骗子"，他春天时提交的关于群论的论文，被一位审稿人错误地提出了批评，于是艾伦就给他扣上了这顶帽子。

艾伦认为自己应该努力做好自己的事，不能像他的朋友莫瑞斯·普利斯那样，不但提高学术能力，还要想办法充分地利用这种能力。

1929年12月在三一学院共度的那个星期之后，他们两个人都已经走过了很漫长的一段道路。艾伦先当选了研究员（这要感谢国王学院对他的论文课题比较宽容，就是中心极限那个），但是莫瑞斯现在当选了研究员，而且是三一学院的，这看起来要更牛一些。他们都认为自己才是那颗新星。他们的兴趣朝着不同的方向发展，但是都对基础的问题感兴趣。他们经常会在剑桥的讲座上见面，有时在喝茶时交换笔记。莫瑞斯也住在格尔福特，图灵夫人曾经邀请他一起喝茶。他还在车库里建了一个实验室，艾伦曾经去参观过，并对此钦佩不已。

在普林斯顿，莫瑞斯第一年的导师是量子物理学家泡利，但在今年转到了冯·诺依曼麾下。莫瑞斯认识这里所有的人，所有的人也都认识他。他会戴着18世纪歌剧风格的眼镜，出席冯·诺依曼的华丽聚会，不过今年这样的活动减少了，因为冯·诺依曼的婚姻生活出了点问题。但不管怎样，如果说有一位英国学生，懂得如何与冯·诺依曼交往，并且能感受到他的友善、热情、风流潇洒、学识渊博，那这个学生肯定是莫瑞斯，而不是艾伦。而另一方面，如果说谁更懂得如何与离群索居、行事低调的哈代打交道，答案仍然莫瑞斯。他和每个人都能相处得很好，同样，也正是他让艾伦觉得，自己在这个新世界是很受欢迎的。

在国王学院的学术气氛中，没有那么多争强好胜、出风头的事，但是在美国，这些是很重要的。通过竞争而成功，这就是美国梦，然而艾伦却对此很不适应，他的思想仍然是保守的英国式，希望一切都顺其自然。

国王学院还在另一件事上使艾伦避开了冷酷的现实，甚至使他在这方面很随便。维克托1936年5月拜访艾伦时，给他讲了一件事，说有个以前的舍尔伯尼同学，被人发现房间里面有"小姐"，于是被抓了。艾伦随便地评论说，他看不出这个人有什么错。艾伦不是个上纲上线的人，他总是愿意阳光地对待这个世界，但这个问题并不随便，他必须要融入这个世界。

在《千岁人》中，萧伯纳幻想了公元31920年的超智能生物，他们从对艺术、科学和性的兴趣中脱离出来（"那些幼稚的游戏：

跳舞，唱歌和交配"），转而只关心数学（"那才是真正迷人的，我要远离那些扯淡的舞蹈和音乐，坐下来做一些算术"）。对于萧伯纳来说，这些并无实际意义，数学只是一种智力活动的象征，而并不是他所涉足的领域。但是，艾伦在24岁的时候，在还没有对"幼稚游戏"感到厌倦的时候，就把自己的身心都献给数学了，他好像是从数学中，得到了一种性的快感。1937年，他与新朋友维纳德·马丁去参加H. P.罗伯森的相对论讲座，还一起去卡耐基湖流出的小河上划独木舟。艾伦婉转地表示自己对同性恋有兴趣，但他的朋友却明确表示自己没兴趣。于是艾伦没有再提此事，这也并没有影响他们之间的关系。

那位"新泽西诗人"也许会理解他，但是艾伦并没看到惠特曼所描绘的美国，他看到的只是一片满是性禁忌的土地。特别是在大清洗运动之后，这个国家把同性恋看成了一种隐秘的反美活动。在普林斯顿，没有人谈论同性恋。艾伦被维纳德这样宽容的人拒绝，已经算是走运了。

艾伦面对的困难，是每一个从镜中奇遇世界醒来的同性恋者都要面对的，这困难不仅来自内心，还来自社会的现实，因为这个世界完全不是为同性恋者而存在的。在20世纪30年代末，男性和女性之间，画着一条刚性的界线，艾伦对此只能感到无助。那些蒸汽浴室、午夜酒吧，对艾伦来说都是另一个星球的东西。他无法让世界接受他的性取向，至少是剑桥以外的世界。

他明显地感觉到，这种接受是不可能实现的，这个问题是不可解的。他的胆怯，使他逃避严酷的现实，他一直试图用一种私下的、温和的方式来解决问题，以达到一种委曲求全的成功。

感恩节时，艾伦接受一位牧师的邀请，前往纽约度过。他在曼哈顿闲逛，体验他们的交通和地铁，还去了天文馆。艾伦更有兴趣的是圣诞节的假期，莫瑞斯·普利斯带他去新罕布什尔滑雪：

> 16日他提议去滑雪，18日我们出发了。一个叫做万尼尔的人在出发前加入了我们，这样挺好，因为我与一个同伴独处时，总是会争吵起来。莫瑞斯很热情地邀请了我，假期中他也对我很友好。我们在一个村子里待了几天，那里只有我们几个游客。然后我们去了别处，那里还有另外几个来自英联邦的研究员，也有一些其他国家的。我也不知道为什么我们要改去那里，我想可能是莫瑞斯想跟更多的人一起玩。

也许艾伦希望莫瑞斯多跟自己玩，因为他就像是成年的克里斯朵夫·默卡。当他们开车穿越波士顿时，车抛锚了。在他们回来的时候艾伦记录道：

> 上个星期天，莫瑞斯和弗兰西斯·普利斯安排了一个寻宝大派对。共有13种不同的线索，有字谜，密码，电文，还有一些我不懂的东西，这些加密方式很巧妙，只是我不经常使用。

有一个线索，巧妙地把大家引到弗兰西斯和肖恩共用的盥洗室，在那里的报纸下面，藏着下一个线索。肖恩·怀利发现自己很擅长编写密码。艾伦参加解谜和话剧活动，午餐时他们又玩了象棋和其他游戏,雪融化时他们开始玩网球,后来又精力十足地玩起了曲棍球。这些新人在普林斯顿的运动场上,成立了一个旅美英国人联盟。1937年5月,正是在这个运动场上,他们目睹了兴登堡号的大火映红了地平线。

艾伦很喜欢这一切,但他的社会生活就是一个谜。像任何同性恋者一样,他的生活就像一场模仿秀,而不是扮演自己的真正角色。有些人会觉得自己很了解他,某种程度上确实是这样,但他们并不真正了解他面对着多么艰难的困境。艾伦作为一个同性恋者,却要尽最大的努力去消灭同性恋的存在。还有一个困境不这么严重,但同样始终与他纠缠,那就是他必须融入学术界的传统体制,但这种体制并不适合他。在这两件事上,他只能破坏他的自我世界。没有什么问题是只靠思想就能解决的,因为他的肉体生活在这个社会中。实际上,这些问题是不可解的,只会不断地给他制造困惑和意外。

1937年2月初,《可计算数》的印刷本寄到了艾伦手上,艾伦把它寄给了一些朋友。有一份给爱普森(他现在已经离开舍尔伯尼了),还有一份给詹姆斯·阿特金斯(他现在在沃尔萨文法学校教数学)。艾伦还给詹姆斯写了一封信,信中非常悲伤地说,他曾经想到了自杀,要用苹果和电线。

这又是一例成功之后的失落,《可计算数》的工作,就像是艾伦的爱情,现在它已经结束了。艾伦现在面临的问题是,下一步要做什么。我的精神哪去了?我的研究是不是死胡同?我做了这些事情是为了什么?这些问题,对于萧伯纳笔下的人来说都很无所谓,但对艾伦来说却是很严重的。事实上,这并不是艾伦的理想。艾伦曾经思考过,我们为什么要有肉体,为什么我们的精神不能独立地存在和沟通。他认为也许这是可以的，但这样就不能做事了，有了肉体我们才能做事。但是现在，他的肉体该做些什么，才能无损于他的纯洁的精神？

1937年1月到4月，艾伦一直在专心写论文，一篇关于λ算子，两篇关于群论。其中，逻辑论文是在克林的基础上提出一些新观点。一篇群论论文与莱恩赫·巴尔1935年的研究有关，这位德国代数学家现在也来到了高级研究院。另一篇群论论文则是一项创新的工作，是通过与冯·诺依曼交流而入手的，关于一个由波兰数学家S.乌拉姆提出的问题：能不能用有限群来逼近连续群，比如说能不能用多边体来逼近一个球。冯·诺依曼把这个问题交给艾伦，艾伦在4月时成功解决并提交了论文。这项工作做得很快，艾伦的结论是，在一般情形下，连续群不能被这样逼近。

这时候，艾伦得到了继续留在普林斯顿的机会。2月22日，他写信回家：

> 我昨天去艾森哈特家，参加例行的星期天茶会，他们劝我再留一年。艾森哈特夫人从社会的角度，或者说半道德半社会的角度，给我讲为什么再留一年是有好处的。院长让我申请保洁奖学金，并暗示说我能得到（2000美元）。我说国王学院可能更希望我能回去，又说了一些模棱两可的承诺。我在这里认识的人都会离开，而且我也不想在这个国家度过漫长的夏天。我想知道你有什么想法，我更倾向于回英国。
>
> 艾森哈特院长是一个守旧的人，他甚至会在讲座上因为使用

了现代的抽象群而道歉，但他是个很善良的人。他和他的夫人，在茶会上总是周到地招待学生。艾伦收到了菲利浦·霍尔寄来的一个通知，说剑桥的讲师席位有一个空缺名额，这是艾伦非常想要的。讲师席位意位着剑桥会成为他永远的家，这是解决他自身问题的唯一方法，也是对他做出的成绩的肯定。4月4日，艾伦在给他的回信中写道：

> 我正在争取，但是成功的可能性不大。

他还写信给母亲，这时她正动身去巴勒斯坦朝圣：

> 我和莫瑞斯都在争取这个职务，但是我觉得我们可能都得不到。我想趁早争取一下这些东西，获得一些存在感也是个好事。我以前忽略了这些问题，莫瑞斯可能更清楚什么东西对职业生涯有用，他总是努力地与那些数学权威交往。

和艾伦想的一样，他没有获得剑桥的教席。英哈姆从国王学院写信给他，鼓励他在普林斯顿再留一年，这让他做了决定。5月19号，他写信说：

> 我已经决定了，在这里再留一年，但我必须按照之前的计划，夏天回英国避暑。感谢你对我的资助，我想我可能并不需要了，如果照院长说的，我能得到保洁奖学奖，那我将会很宽裕，否则的话，我就应该回剑桥。如果再以这样的方式留在这里，那就有点太奢侈了……

我将于 6 月 23 日启程，出发前我会在这里旅游一下，这个季节不太适合工作。我也有可能不旅游，我不想为了旅游而旅游。

很遗憾莫瑞斯明年就走了，他是一个很好的伙伴。

很高兴王室坚持对抗内阁，维持爱德华八世的婚姻。

因为艾伦还要继续留在这里，所以他决定要争取一个博士学位，就像莫瑞斯那样。在讲座上，丘奇提出了一个论文课题，关于哥德尔定理的意义。艾伦在 3 月时写完了，他想从逻辑学中找到一些新想法，《可计算数》并不完美，但是很有希望。

至于保洁奖学金，他确实得到了。因为剑桥的校监收到了一些推荐信，其中一封是这样写的：

先生：

A. M. 图灵先生告诉我，他正在申请一个 1937～1938 学年剑桥访问普林斯顿的保洁奖学金。在 1935 年的最后一个学期我前往剑桥访问时，还有 1936～1937 整个学年图灵先生在普林斯顿时，我一直有机会关注他的研究工作。我很支持他的申请，并且希望你知道，图灵先生在过去的一年中，表现非常出色。他在数学领域的发展非常成功，令我很有兴趣，特别是他在概周期函数论和连续群论方面的工作。

我认为他是最值得获得保洁奖学金的人，如果你能将此授予给他，我会非常高兴。

约翰·冯·诺依曼敬致

1937 年 6 月 1 号

艾伦请冯·诺依曼写这封推荐信，是因为他的名气很大，但不知道为什么，这封信中没有提到《可计算数》，这可比信中那些重要多了。难道艾伦在论文印刷好，并寄给很多人以后，还是没有让冯·诺依曼知道吗？如果艾伦得到了冯·诺依曼的欣赏，他的第一件事就应该是让冯·诺依曼关注《可计算数》。如果这是因为艾伦害羞，耻于把他的研究"推销"给数学权威，那么这就是艾伦缺乏世俗感的典型例子。

然后艾伦的预感只对了一半，也许另一半会让他懊恼：莫瑞斯·普利斯获得了剑桥大学的讲师席位，此外还有上一年度的保洁奖学金获得者雷·力托顿。艾伦花了一些时间去旅游，因为莫瑞斯把他的车卖给了艾伦，是一辆1931年的福特V8，去年夏天他曾经开着这辆车，逛遍了几乎整个州。莫瑞斯教艾伦开车，这可不是个好差事，艾伦笨手笨脚，不太擅长操作机器。有一次艾伦开车掉进了卡耐基湖，差点把他们都淹死。6月10号，他们一起去拜访一位图灵家的亲戚，这想必是图灵夫人劝艾伦去的。这位亲戚名叫杰克·克劳福德，年近古稀，以前是罗得岛州威克费德的教区长，现在已经退休了。

这次拜访不像艾伦想象的那么冷淡乏味，他与杰克·克劳福德很聊得来。杰克年轻的时候，曾在都柏林的皇家科学学院学习：

> 我很喜欢在杰克家的日子。他是一个精力充沛、成熟稳重的人。他自己建了一个小型观测台，有一架望远镜，他还给我讲怎么打磨镜子……玛丽很小，似乎可以把她抱起来放

在口袋里，她很调皮，很喜欢杰克。

他们都是很传统的人，艾伦觉得这里比普林斯顿更像一个家。他们并没有多虑，很自然地让艾伦和莫瑞斯睡在一张双人床上。

于是，友谊的铁链骤然崩断，莫瑞斯大惊失色，因为他毫无戒备。艾伦赶忙道歉，然后撤出，他没有一丝害羞，只是充满了愤怒。他愤怒地讲述，他的父母去印度待了那么久，把他留在寄宿学校。《青春织机》里面说过：

> 接着杰弗里疯狂地宣泄，他大声咆哮道：不公平吗？对，就是不公平，这就是不公平！是谁把我变成这个样子，难道不是弗赫斯特吗？……他把我变成了这样，然后转身对我说，我不配成为这个伟大学校的一员，然后我不得不滚蛋……

这令人尴尬的时刻，使艾伦觉得自己很可怜，否则他永远不会将此表露出来，也不会思考该如何解脱。现在他应该向前看了，而不是一直纠结，可是前面是什么？如何向前？莫瑞斯接受了他的解释，并且再也没有提起此事。艾伦在25岁生日那天，登上皇后玛丽号，并于6月28日在南安普顿上岸。他错过了6月4日的研究生垒球比赛。

1937年的平静的夏天，艾伦回到了剑桥，他手上有三个主要的项目。首先是对《可计算数》进行一些整理。苏黎世的博纳斯，在他的证明中发现了一些错误，他必须在伦敦数学学会会刊上发表一个更正。他还要补充一个形式证明，表明他的"可计算"和丘奇的"有效过程"是等价的。现在有一个相同的定义是"递归函数",这是一个非常巧妙的方式,可以用一些基本的函数来描述另外一个函数。哥德尔提出了这个想法,而且被克林采用,这个想法在哥德尔对不完备性的证明中起到了关键作用,并产生了"递归函数"的定义。现在可以证明,一般化的递归函数和可计算函数是等价的,所以丘奇的λ算子和哥德尔的方法,都是与图灵机等价的。而图灵机模型,是这些当中最接近机械过程的。这三种关于机械过程的不同想法,分别被独立提出,最终又殊途同归,在当时这是一件明显而惊人的事。

第二个项目,关于博士论文中的"逻辑学的新想法",总体上就是看看有没有什么办法,能够逃脱哥德尔的力量。这其实并不是一个新问题,因为罗瑟(现在在康奈尔大学)已经在1937年3月写了一篇关于这个问题的论文。但艾伦打算在这个问题上发动一场更猛烈的进攻。

第三个项目是很有野心的,艾伦想在数论的核心问题上施展一番拳脚。这并不是个新兴趣,早在1933年,艾伦就在读英哈姆关于该领域的文献。在1937年,英哈姆给他寄了一些新的论文,他看了之后,便打算再挑战一下自己。说这个项目很有野心,是因为艾伦选择的问题,长久以来吸引并套牢了许多伟大的数学家。

素数是个很平常的东西,但却产生了一系列莫名其妙的问题。很早以前,其中一个问题被解决了,也就是欧几里得证明了素数有无限多个。所以,虽然在1937年人们已知的最大素数是 $2^{127}-1=170141183460469231731687303715884105727$,但是人们知道永远还有更大的。然而,素数还有另一个性质,虽然很容易看出来,但却很难证明,那就是它的分布越来越稀疏。一开始几乎每个数都是素数, 100以内则只有1/4的数是素数, 1000以内只有1/7,而到了10000000000以内,就只有1/23了。人们需要知道这是为什么。

大约在1793年, 15岁的高斯注意到,这个稀释的过程是有规律的。 n 以内的素数的间距,与 n 的大小有关,准确地说,它与 n 的自然对数成正比。高斯在他的余生中,只要有空就去验证这个猜想,他很喜欢做这样的事。他检查了3000000以内的所有素数,死而后已。

直到1859年,这个问题一直没有新的进展。直到这一年,黎曼提出了一个新想法,他发现可以引入复数[1]作为桥梁,连接离散的素数,与平滑的连续函数,比如对数函数。黎曼由此得到了一个素数密度的公式,对高斯发现的对数规律做了一些改进。但是这个公式仍然不准确,而且也无法证明。

黎曼的公式,忽略了某些无法估算的误差。在1896年,人们认为这种误差太小,不会影响主要结果,但现在要找的是素数的分布规律,这是一个精确的规律——光有观察是不够的,还要证明它永远有效。但是,故事并未结束,从素数列表来看,其分布

---

[1] 复数是数学抽象化的又一个进展。最初人们引入复数,将实数与虚数(比如-1的平方根)结合起来的时候,数学家们感到非常纠结,不知道这样的东西是否真的存在。从现代的观点来看,可以简单地把一个复数看成一个数对,它可以形象地画在平面坐标系上,两个数对之间有一套简单的乘法规则,这样就可以产生很强大的理论。19世纪以来,黎曼的工作主要是在纯数学领域发挥作用,但是人们后来发现,它们在物理领域也有很多用处。傅立叶分析就是一个例子。20世纪20年代以来的量子理论,更加深入地应用了复数的概念。这些数学概念,对接下来的故事来说并不重要。不过,这种纯数学和现实应用之间的关联,倒是和艾伦·图灵后来的工作很有关系。

规律与对数函数惊人地吻合,总体来说,误差不仅很小,而且是非常非常小。但问题是,对于整个无限的范围来说,总能保持这样小吗?如果是,那么这是为什么?

黎曼的研究工作,把这个问题带入了一个完全不同的形式。他定义了一个复函数,叫作"ζ函数",误差始终能保持这样小,基本上就等价于这个命题:黎曼ζ函数的零点全都分布在平面的某条直线上。这个命题被称为黎曼猜想。黎曼本人,以及其他很多人,都认为这个猜想是成立的,但却没有人能够给出证明。1900年,希尔伯特把它列为20世纪的第四个数学难题,有的时候还说它是数学中最重要的问题。哈代被这个问题困扰了30年,仍未获得成功。

这是数论的核心问题,并引出了一系列相关问题,艾伦选择了其中一个,作为自己的研究方向。如果不考虑黎曼的改进,只考虑那个原始命题,即素数的稀释与对数函数成比,那么在特定的范围内,它总是会高估素数的数量。对几百万个数值进行归纳,随着范围越来越大,可以看出这个现象似乎总是成立的。但是在1914年,哈代的合作者J. E. 列托伍德将此推翻,他认为会存在某些转折点,使这个公式转而低估素数的数量。随后在1933年,剑桥的一位数学家S. 斯奇乌斯表明,如果黎曼猜想是成立的,那么就会在

$$10^{10^{10^{34}}}$$

之前找到一个转折点。哈代评论说,这个数可能是有用的数学研

究中出现过的最大的数[1]。人们现在要问,这个巨大的范围是否有可能缩小,或者说,是否有可能不依赖于黎曼猜想的正确性而找到一个范围。这就是艾伦现在要研究的问题。

艾伦在剑桥的另一个收获,是认识了哲学家路德维希·维特根斯坦。他以前也许在道德科学俱乐部见过维特根斯坦,维特根斯坦(他喜欢伯特兰·罗素)已经读过了《可计算数》。 1937年夏天,国王学院的研究员艾力斯特·沃特森为他们引见,他们时常会在植物园见面。沃特森围绕图灵机的概念,给道德科学俱乐部写了一篇关于数学基础的论文。维特根斯坦是工程师出身,他很喜欢实践,他想要通过一种实体的构建,来证明艾伦的想法。有趣的是,希尔伯特计划的失败,终结了维特根斯坦前期的信念,在他的《逻辑哲学论》中,他认为所有表述清楚的问题都是可解的。

在假期中,艾伦有时会去划船,还去伦敦与维克托一起待了一阵子。尽管维克托的父亲原则上拥护女权运动和利润平分这样的自由思想,但是他的公司却以严格的独裁模式运作,还包括他的家庭。维克托的弟弟吉拉德在帝国理工学院学习物理学,他把时间都用来研究飞机模型,他的父亲却很生气,并要阻止他的这

---

[1] 10^{34} 就是 100000000000000000000000000000000,这个数大约是组成一个大型建筑的原子的数量。$10^{10^{34}}$ 是一个更大的数,它是 1 后面跟着 10^{34} 个 0,这可能需要海量的纸才能在十进制下把它写出来,你可以想象这是人类有史以来制造的所有物体的总数。斯奇乌斯数则是一个更大的数,1 后面跟着 $10^{10^{34}}$ 个 0!事实上,数学家们肯定也想到过比这还大的数,因为这里只不过进行了 3 层指数运算,我们可以轻易地进行 10 层,10^{10} 层,$10^{10^{10}}$ 层,甚至把这些作为一个增长的步骤,然后定义一种超级增长,然后超级超级增长,然后……这种定义,实际上就用到了递归函数,这是等价于图灵机的另外一种研究机械过程的工具。无论如何,在我们一般的角度看来,斯奇乌斯数已经大得惊人了。

些研究。艾伦听到这件事很愤怒，他认为吉拉德这样做同样是在探索科学，艾伦很敬重别特尔先生，所以他感到格外失望。他非常赞同吉拉德对父亲所说的，他只会遵守合理的规则，无论是在家族企业还是科学研究方面。

还是在伦敦，艾伦在周末去见了詹姆斯。他们住在罗素广场附近的一个脏乎乎的民居里，同去看了一两场电影，还有爱尔默·赖斯的《审判日》。尽管艾伦觉得，詹姆斯的肉体没有什么吸引力，但他也觉得，和一个不会拒绝他的性要求的人待在一起很自在。这个周末之后的12年中，詹姆斯几乎没有更深一步的经验，而艾伦却有不断的新探索，这就是后话了。

9月22日，艾伦在南安普顿见到了普林斯顿的美国朋友威尔·琼斯。他们约定好一起回美国，乘坐德国公司的欧罗巴号客轮。威尔·琼斯在牛津度过了这个夏天，他选择德国船，只是因为它很快。假如艾伦是个坚定的反法西斯主义者，他就不应该乘坐德国船，但如果他是个传统的人，那就不应该在航行途中读着一本画着镰刀锤子的书来学俄语。他们到达美国时，艾伦写道：

> 很高兴与威尔·琼斯同行。船上似乎没有任何有趣的人，所以我和威尔讨论哲学来消磨时间，还花了半个下午的时间来计算船的航行速度。

回到普林斯顿后，艾伦和威尔·琼斯在一起聊了很长时间。威尔·琼斯来自密西西比州，在牛津大学学过哲学。他对科学很有兴趣，对艺术也有研究，同时还是一位哲学家。他目前正在写学位论文，关于康德提出的，即使人的行为像天体运转一样确定，也仍然存在着道德的判断。他与艾伦讨论量子力学是否会在这个问题中产生影响，这个问题已经困扰艾伦五年多了。现在来看，他似乎同意罗素的观点，在某种层面上讲，世界确实是以确定的方式发展的。他现在不太有兴趣在哲学角度上讨论自由意识，也许是因为，这会与他强烈的唯物主义信仰产生冲突。值得一提的是，默卡夫人在1932年送给他的钢笔，在这次航行中被他弄丢了。

艾伦还给威尔·琼斯讲了一些数论，他很喜欢艾伦讲解的方式，从最简单的公理出发，精确地推导出其他东西，不是像学校里面的那种死记硬背的数学。艾伦没有和威尔谈论他的感情问题，但他可能从更广泛的交谈中得到了安慰，因为威尔也很赞同G.E.摩尔和凯恩斯的道德观。

艾伦和威尔去年就已经认识了，在他们的朋友圈中，还有一个人也回到了普林斯顿。这就是麦卡姆·麦克菲尔，他参与了艾伦的一项副业：

> 大概是在1937年的秋天，图灵首先警觉，德国可能会引发一场战争。那时，他除了埋头工作于他著名的论文之外，还发挥他的智力，抽时间研究密码学。在这方面，我们讨论了很多。他想到，通过一个约定的密码手册，可以把单词转化成数，这样就可以把一条信息转化成一串二进制数。为了让敌人即使掌握了密码手册也不能破解信息，就要把这个代表特定信息的数，乘以一个非常大的密钥数，然后传输它们的乘积。这个密钥数的长度，可以根据需要来设定，应该保证在一个德国人每天用台式计算器工作8小时的情况下，需

要花费 100 年才能算出这个密钥。

实际上，图灵还设计了一个电动乘法机，并且制造了前三个或四个模块，来试验它是否能工作。为了实现这个计划，他需要一种继电器开关，当时在市场上买不到，于是他要自己制作。普林斯顿的物理系有一个很小、但是很不错的机械加工间，供研究生使用。我对这个计划的小贡献就是，把我的钥匙借给了图灵，这可能是违反规定的。我还教他使用车床，钻机，冲压等，我告诉他怎么操作才不会切断手指。他最终成功地做出了继电器，他的乘法机很好用，我们很高兴。

从数学的角度看，这个项目并不高级，因为它只能计算乘法。但是，尽管它没有应用什么高级理论，但它体现出来的某些基础数学的应用价值，是 1937 年的人们没有发现的。

首先，用二进制形式进行实际计算，这看起来很新奇。艾伦在《可计算数》中已经使用了二进制，以便只用 0 和 1 就能表示所有可计算数。在实际的乘法机中，二进制的优势更加明显，它使乘法简化为：

×	0	1
0	0	0
1	0	1

二进制的乘法表是非常简洁的，乘法机要做的只是移动和相加。

这项计划的第二点是关于逻辑，对 0 和 1 进行的算术运算，可以看做是逻辑运算，比如前面的乘法表，可以看成等价于逻辑上的"与"运算。也就是说，如果有命题 p 和 q，则 p 与 q 的真值表可以表示为：

	与	假	真
q	假	假	假
	真	假	真

（表头上方为 p）

这是同样的运算，只是解释不同。艾伦对这些东西非常熟悉，任何一本逻辑教材的第一页都会讲这些运算。1854 年，乔治·布尔将他所说的思考规则形式化，从那以后，这些运算有时也被称为布尔代数。所有的二进制运算都可以用与，或，非来表示成布尔代数。艾伦在设计乘法机时，就通过布尔代数来减少需要的基本操作的数量。

这个方法，也同样可以用来制造图灵机。但是，要想用一台实际工作的机器来表现这些，还需要一些方法来控制机器的物理状态。要解决这个问题，就要用到开关，开关的功能就是在两种状态中进行切换，开或关，0 或 1，真或假。艾伦使用的开关，是由继电器来控制的，这样一来，电流就可以将他的逻辑想法，变成实际的物理工作。电磁继电器并不新鲜，美国物理学家亨利在几百年前就已经把它发明出来了，它的物理原理和电动机是一样的，电流通过线圈，使磁头发生移动。总之，继电器的用途和开关是一样的，就是用来接通或断开一个电路。人们叫它继电器，是因为它最早是用于电报系统，一个较弱的信号通过继电器，就可以触发一个清楚的信号。

在1937年，人们并不清楚可以用二进制或布尔代数来表示组合开关的逻辑功能，但对于逻辑学家来说，这是很简单的。艾伦的任务就是，用一系列继电器开关的组合，来实现图灵机的逻辑功能。他的想法是，由一个输入终端，用电流形式将数字表达给机器，继电器通过开关的方式，让电流经过，并体现在输出端，就像把编码后的数字写出来。这并不使用实际的纸带，但从逻辑上来看，它们是完全一样的。图灵机即将来到这个世界了，它的初级阶段就是那个乘法机，现在它已经实际运转起来了。艾伦走进了机械加工间，这是他的一小步，但却是一个重要的标志，这意味着他越过了数学与工程、逻辑与物理之间的界线，他开始面对这个实体的世界了。

然后对于一个密码机来说，艾伦的想法完全不靠谱。他应该注意到，德国人可以计算多个密文的最大公约数，然后就能得到那个作为密钥的乘数了。尽管艾伦后来做了一些改进，弥补了这个漏洞，但仍然还有其他严重的问题，比如，在传输过程中如果有一位数字发生了错误，那么整个密文都将无法解密。

这一点是他没有认真想过的，于是他干脆放弃了这个二进制乘法机的计划。他每周都会收到从英国寄来的《新政客》[1]，其中会有一些恐怖的关于德国内外政策的文章。尽管对艾伦来说，

---

[1] 很明显，《新政客》吸引艾伦的一个原因是它的解谜专栏。1937年1月，他的朋友大卫·晨佩依用一个巧妙的矩阵方法，解决了爱丁顿提出的问题，战胜了M. H. A. 纽曼和J. D. 博纳尔，获得了亚军，这使艾伦非常高兴。不过，艾伦关于退位事件的评论，虽然有些单纯的理想主义，但却分析得十分深入到位，这就充分说明，他对这本杂志的兴趣不只是解谜。

做一些军事工作只是为了有趣,并不是为了什么责任感,但纳粹的种种行为已经使他相信,参与这种工作,不再需要有道德上的不安。

艾伦还思考着其他机器,但与德国没什么关系,这是一个完全不同的想法,他想要计算黎曼的 ζ 函数。他认为黎曼猜想很可能是错误的,因为这么多大量的努力都不能证明它。说它是错误的也就是说,ζ 函数的某些零点并不在那条特定的直线上。这可以通过大量计算来验证,只要计算出足够多的 ζ 函数的值。

这个计划已经启动了,黎曼亲自计算了最初的一些零点,并认定它们确实都排在一条线上。 1935~1936年,牛津大学的数学家 E. C. 蒂施马奇用天文预测中使用的打孔卡片设备,证明了 ζ 函数的前 104 个零点都在一条线上。艾伦的想法是,要检验接下来的几千个零点,希望能找到一个不在线上的。

这里面存在两个问题。首先,黎曼的 ζ 函数的定义,是一个无限项的和式,尽管可以表示成一些其他的形式,但这些变形都要涉及估算的问题。对数学家来说,需要找到一个好的估算方法,并证明它是好的,也就是误差足够小。这个工作并不涉及算术,而是涉及与复变函数有关的技术。蒂施马奇使用的估算方法,是从黎曼 70 年前在哥廷根的论文中挖掘出来的。但是,要想计算几千个新的零点,就需要新的估算方法。艾伦现在就要开始去寻找并证明。

第二个问题与此不同,这是一个实际计算中的基本问题。他需要把数值代入一套近似公式,然后计算几千个不同的项,这个公式的形式是一系列不同频率的周期函数的总和,类似于计算天体位置。这就是为什么蒂施马奇要采用天文学中的打孔卡片,来做加法、乘法、查询余弦表这些重复而繁琐的工作。在艾伦眼中，这个问题更像一个更大规模的问题——潮汐预测。潮汐可以看成是大量不同周期的波浪的总和。在利物浦，有一台机器能自动地执行这样的求和，它产生特定频率的周期运动，并把它们叠加起来。这是一个简单的模拟机，它为需要计算的数学函数构造一个物理的模拟。这是和图灵机很不一样的想法，图灵机是基于一套有限的、离散的符号集，而这个潮汐预测机则像是一把计算尺，它与符号无关，只依赖于长度的测量。艾伦意识到，这样的机器就可以用于 ζ 函数的计算，从而避免那些繁琐的工作，比如乘法和查余弦表。

艾伦一定是把这个想法告诉了蒂施马奇，因为有一封 1937 年 12 月 1 日来自蒂施马奇的信，赞同了这项计划，并且提到：“我在利物浦也见过那台潮汐预测机，但我没想到可以用在这里。”

这时还有一些插曲。艾伦仍然在玩曲棍球，他们的队伍已经溃不成军了，因为缺少了弗兰西斯·普利斯和肖恩·怀利。感恩节的时候，艾伦第二次开车去北方，拜访杰克和玛丽·克劳福德，他的驾驶技术已经很有进步了。圣诞节前，艾伦接受维纳博·马丁的邀请，前去和他一起度假。马丁住在南卡罗来纳的一个小镇上。

> 两天后我们开车南下，在那里待了两三天，然后回到弗吉尼亚，拜访了威尔伯尼夫人。这是我去过的最南的地方，大约是北纬 34 度。虽然内战已经过去很久，但那里的人们似乎仍然很穷。

威尔伯尼夫人，用艾伦的话说，是一个弗吉尼亚州的神秘女人。她的爱好之一，就是在圣诞节的时候，邀请一些英国研究生前来度假。艾伦和威尔·琼斯又组织了一次寻宝活动，但已经不像去年那么热闹了。4月时，艾伦和威尔一起去旅游，他们去了安那波里斯的圣约翰大学，还去了华盛顿。

> 我们还去听了一会参议会，看起来很不正规，只有六七个人出席。

他们从旁听席往下看，看到了罗斯福的党主席吉姆·法利。但对于艾伦来说，这都是另一个世界的人。

艾伦这一年的主要任务，是完成他的博士论文，主题是关于是否有办法逃脱哥德尔定理。基本的想法就是在系统中加入更多的公理，使不可证明的命题变成可证明的。添加一条公理是很容易的，可以使一条命题变得可证明，但问题是，哥德尔定理同样适用于扩大后的公理集，所以又会产生新的不可证明的命题。因此，加入有限多个公理是不够的，必须要讨论另一种情形，那就是加入无限多个公理。

这仅仅是个开始，数学家们都知道，有很多方法可以处理无限问题。康托尔在研究整数的次序时，就考虑到了这一点。他假设说，如果把整数这样排列：首先是所有的偶数，按升序排列，然后是所有的奇数。从直觉上来说，这样排成的序列，应该是正常顺序的两倍长，同理还可以排成三倍长，甚至可以是无限倍长。总之，这个序列的长度是无限的。同理，也可以用这种方法，把一个无限长的算术公理表，扩展成两倍，甚至无限多倍的无限列表，也是无限的。现在的问题是，是否存在一个这样的列表，使哥德尔定理不适用。

康托尔用序数来描述他的这些整数序列，而艾伦则把扩展算术公理系统称为序数逻辑。某种意义上讲，很明显，从希尔伯特的角度来看，这些序数逻辑都是不完备的。因为如果有无限多个的公理，我们就无法把它们全写出来，所以必须要有一组有限的公理来生成它们。这样一来，这个公理系统还是基于有限的规则，所以哥德尔定理仍然适用，也就是说，其中仍然存在无法证明的命题。

然而，还有一个更加难以捉摸的问题。在艾伦的序数逻辑中，一个产生公理的规则，是把一个序数公式代入一个特定的表达式，这是一个机械的过程。但是，判断一个公式是不是序数公式，并不是一个机械过程。艾伦的问题是，能否把算术系统中所有的不完备性集中起来，集中到一个不能解决的问题上，这个问题就是判定哪些公式是序数公式。如果这一步能成功，可能就会得到一个完备的系统，其中的任何命题都是可证明的，只是没有一个机械的过程来描述这个公理系统是什么。

艾伦把判定一个公式是否是序数公式的这项工作，比作是一种直觉。在一个完备的序数逻辑中，任何算术定理都能够通过机械过程配合这种直觉来证明。艾伦希望通过这种方式，使哥德尔定理的力量得到一定的控制。但是很遗憾，他的结论是消极的。完备的逻辑确实存在，但是有一个问题，人们无法知道在证明一个定理的过程中，有多少个步骤要依靠直觉。用艾伦的话说："我们无法衡量一个定理有多'深'，也说不清楚这个系统在做什么。"

在这个问题上，艾伦有个想法，他想到一种算卦式的图灵机，这种机器对应着一个不可解的问题（比如判定一个序数公式），这就引入了"相对可计算性"的观点，或者说相对不可计算性，于是开创了一个数理逻辑的新领域。艾伦也许想到了《千岁人》中的超智能，他们替萧伯纳回答了政客们的那些不可解的麻烦事，答案就是：滚回家去吧，你个傻瓜！

在艾伦的论文中，有一点没有说清楚，那就是这种直觉可以达到什么程度，是只能判定一个不可证明的命题，还是能够解决人类的所有问题。他是这样写的：

> 数学可以看成是这两种过程的组合，我们可以称之为直觉和推导（在此我们假设数学家的作用只是判定一个命题的真伪）。直觉活动包括做出一些无意识的、自然形成的判断……

艾伦还说，序数逻辑就是对这种组合的形式化。但是，即使引入了直觉，这仍然对有限定义的形式系统的不完备性起不到什么作用。人们在1931年才知道不完备性，但直觉却早就已经有了。在《可计算数》中也有类似的模糊，即在机械的过程中，做了一些并不机械的事情。这对探索人类的思维是否有意义？在这个时期，艾伦自己也搞不清楚。

关于未来，他的打算是回到国王学院，希望能在1938年3月，三年的研究员职位到期时延长任期。而另一方面，他的父亲则写信建议他在美国找份工作（看起来他不太爱国）。不知道是什么原因，国王学院拖了很久才通知他，他的研究员职位已经延长

了。3月30日,艾伦写信给菲利浦·霍尔:

> 我正在写博士论文,非常难写,我总是反复地重写其中的一部分……
>
> 我更担心的是,我不知道我的研究员职位能不能延长。我怕他们说今年不推选,那就彻底没办法了。希望你能从侧面帮我打听一下,非常感激。
>
> 但愿在我回去之前,希特勒不要进攻英国。

自3月13日德国与奥地利结盟之后,每个人都开始严肃地看待这个问题了。同时,艾伦也找到艾森哈特,向他咨询是否有可能在美国找份工作。艾伦回复父亲:"我并不想留在这里,除非英国真的会在7月之前陷入战争。他也不知道现在有没有空缺职位,他说会帮我留意。"随后,这里真的有了一个工作机会,冯·诺依曼要在高级研究院招一个研究助理。

与冯·诺依曼的研究兴趣相同的人,无疑会比较优先。当时他在做数学与量子力学或其他物理理论的交叉研究,并不包括逻辑学或者数论。但是从另一角度来说,如果能与冯·诺依曼一起工作,将会是在美国的学术生涯的一个理想开端,艾伦的父亲的想法是很明智的。这里的竞争很激烈,而且市场不晴朗,到处都是从欧洲跑过来的人。如果跟冯·诺依曼一起合作过,无疑会增加很大的竞争力。

从职业生涯的角度看,这是一件大事。4月26日,艾伦给菲利浦·霍尔写信说"这里出现了一个工作机会",但是在5月17日,他写信给图灵夫人说:"这里有份工作,给冯·诺依曼当助理，每年1500美元，但是我不想做。"这是因为，他已经发电报给国王学院，确认他的研究员职位延长了，所以他很果断地做出了决定。

现在的艾伦，已经在这片绿野仙踪里小有名气了，他已经不需要再为没人听他的讲座而苦恼了。现在冯·诺依曼也知道了《可计算数》，一年前他还不知道。1938年夏天，冯·诺依曼和乌拉姆一起去欧洲旅行时，曾提议玩一个游戏，在一张纸上写下一个尽可能大的数，然后用图灵的模型来定义它[1]。可是，无论这里现在有什么样的诱惑、奖赏、赞美，艾伦的脑子里都只有一个简单的想法——他想回家，回国王学院。

在10月时，艾伦曾经希望能在圣诞节之前完成博士论文，但实际上他没有完成。按他的说法，丘奇提了很多建议，结果把论文的长度搞到了很糟糕的程度。艾伦是个打字机的专家，但他的实际操作水平却很差，最后反而搞得一团糟。5月17日，他的论文终于提交了。5月31日有一个口头考评，评委是丘奇、莱夫谢茨和H.F.波布拉斯特，他们的评价是，该候选人非常优秀地通过了考评，不仅是在数理逻辑领域，而且还在其他领域有所造诣。此外还有一个科学法语和德语的测验。用这些方式来考核艾伦，实际上有点荒唐，因为与此同时，艾伦还作为评委，为一位剑桥候选人的博士论文审稿。那篇论文后来被艾伦驳回了。6月21日，艾伦获得了博士学位，但他并不在乎这个头衔，这在剑桥几乎毫无用处。

---

[1] 乌拉姆还写道：在1939年初，冯·诺依曼就对他非常钦佩，对我提起他，以及他的杰出的想法……在我们谈论形式系统的机械方法时，冯·诺依曼很多次提到图灵。

艾伦从这片绿野仙踪走出去时，与故事中的情节不太一样。这里的大巫师并不是骗子，而且还希望他留下来。桃乐丝解决掉了邪恶的西方女巫，但艾伦的情况却与之不同。虽然普林斯顿有别于美国的传统社会，但仍然使艾伦不得安宁。他的问题一直没能解决。他的内心很自信，但是就像他3月看的《教堂里的谋杀》一样，他虽然活着，但却是分裂地活着。

但是在某一点上，他有点像桃乐丝。他始终有事可做，并从容地等待机会到来。7月18号，艾伦乘坐诺曼底号邮轮，在南安普顿上岸。他随身带着用面包板制作的乘法机，外面裹着很厚的牛皮纸。他写信给菲利浦·霍尔说，7月中旬见。他并没有多说什么，还有很多谨慎的准备工作，需要他自己做。

艾伦的想法是对的，女王政府确实很关心编码与密码问题[1]，有一个部门专门负责这项技术工作。1938年时，这个部门是第一次世界大战时遗留的、由海军设立的第40室。

1914年，苏联人打捞到了德国的密码本，并转呈英国海军，随后，英国从大学和其他学校招募了大量人员，来破译各种各样的无线或有线的信号。这项工作的负责人，是海军的霍尔上将，这个人非常乐于把玩外交信息（比如著名的齐默尔曼电报）。霍尔对政治权术很在行，正是他曝光了凯斯门日记。停战后，这个组织保留了下来，但在1922年，外交部成功地接手了它。当时把它改名叫政府编码密码学校，而且主张学习外国势力所使用的密码

---

[1] 在下文中，编码是指所有的文本通信系统，无论是否加密。而密码是指对第三方保密的通信系统。密码技术是指设计密码的技术，密码分析是指从密码中解出隐藏的信息。密码学则包括设计和破译密码。在当时，这些概念的区别还并不清楚，艾伦·图灵经常会将密码分析称为密码技术。

技术,来促进英国编码与密码技术的提高。现在它表面上对外交大臣负责,实际上由秘密情报部门直接领导[1]。

政府编码密码学校的负责人,是海军的阿拉斯泰尔·丹尼斯顿中校,经过财务部的批准,他雇用了30个助理作为高级人员,另外还有大约50个工作人员和打字员。在助理中,分为15个资深助理和15个初级助理。资深助理都在第40室供职,也许只有费特莱恩除外,他是从苏联逃亡而来,因此担任对俄部门的领导。这里还有奥利文·斯传奇,他是林顿·斯传奇的兄弟、著名女权主义者瑞·斯传奇的丈夫。还有迪尔威·诺克斯,第一次世界大战前的国王学院研究员。斯传奇和诺克斯都是凯恩斯圈子的成员。初级助理是在20世纪20年代部门扩张时招募的,最近加入的是A. M. 肯德里克,在1932年加入。

政府编码密码学校(以下简称"政密学校")的工作,在20世纪20年代的英国政局中扮演了重要的角色。他们截获并公开的苏联情报,造成了1924年工党政府的倒台。但是为了防止英国变成第二个德国,编码密码学校并不是非常活跃。在截获意大利和日本的通信的工作中,他们获得了许多成功,但是官方历史认为他们很不幸,因为他们在1936年之后所做的大量军事工作,几乎没有关于德国的。

一个基本的原因是经费问题。丹尼斯顿申请增加人手,以便在地中海地区进行军事工作。1935年秋天,财政部允许他增加13个职务,但只是为期6个月的临时工。1937年1月,从丹尼斯顿对财务部的一次典型的通信中,可以看到:

---

[1] 英国间谍组织军情六处,缩写为SIS,代号为MI6。除了在行政上的关系之外,它与密码分析部门基本上是分开的。

西班牙方面的情况……自从埃塞俄比亚危机之后，通信量确实增加了……下面是 1934，1935 和 1936 年最后三个月掌握的通信量：

1934　10638

1935　12696

1936　13990

在过去的一个月中，现有员工只能通过加班，来应对通信量的增长。

1937 年间，财务部同意了增加长期员工，但是这仍然不能解决这种情况：

德国的无线通信量……增长了。要想在英国的工作站截获它们，仍然存在很大难度。1939 年，我们缺少设备和人员，无法截获德国所有的通信，截获的通信也无法进行彻底研究。一直到 1937 年和 1938 年，政府编码密码学校没有增加任何人员，而且因为在截获德国情报方面始终处于劣势，所以我们招募的 8 个研究生，也都改去应对同样增长的日本和意大利的通信量了。

然而，问题还不仅仅是人员和预算。这个老部门在 20 世纪 30 年代末的机械化革命中并不成功。第一次世界大战之后，现代密码破译技术进入了黄金发展时期。现在德国已经把一个超出他们想象的困难，摆在了他们面前——谜机。

在1937年，与日本和意大利不同，德国的陆军、海军，也许包括空军，还有一些其他组织比如纳粹党卫军，使用了一种完全不同的通信系统——谜机。这种机器在20世纪20年代就已经推向市场了，德国人通过不断的修改，使它更加安全。1937年，政府编码密码学校已经破解了修改之前的原型，它被德国、意大利、西班牙等一些势力使用。但是现在的新型谜机，我们无法破解，而且它似乎能继续坚持下去。

在1938年，这个谜机就是英国情报问题的核心。但是他们认为，这个问题是无法解决的。以他们目前的人员来看，也许确实是这样的。在这个古典主义者的部门中，甚至一位数学家都没有。

1938年，仍然没有增加长期员工来弥补这个缺陷。他们计划，为了应对战争局势，需要雇佣60名密码专家。艾伦·图灵正是因此而走进了这个故事，他就是这些新兵中的一员。他也许是从1936年起，就已经和政府有了联系，又或许是在乘诺曼底号邮轮回来之后，通过某种渠道演示了他的乘法机。但更有可能的是，他是由某位在第一次世界大战期间供职于第40室的老教师引荐给丹尼斯顿的。这里的艾德考克教授，自1911年来就是国王学院的研究员，艾伦曾在国王学院的高级餐桌上谈过关于密码的问题，他的积极性可能由此传到了政密学校。总之，他被雇用了，在1938年夏天他回来后，参加了政密学校的一些培训课程。

艾伦和他的朋友们都意识到，战争很可能就要爆发了，当务之急，是要想些明智的办法来担任一些靠谱的职务，以免到时候被拉到前线，作为炮灰去冲锋。这种想法，实际上是贪生怕死，但政府的一些保护知识分子的政策，打消了他们的负罪感。于是，艾伦·图灵做了一个重大的决定，开始与英国政府进行长期的合作。他对女王政府怀有种种质疑，现在能够进入它的内部去看看，无疑让他很兴奋。但是，他已承诺愿为政府保守一切秘密，这就意味着，他内心中的一部分已经投降了。

就像白皇后把爱丽斯带入旅途一般，艾伦加入这个严肃而艰难的政府部门时，它正以一种混乱的状态，在安全码与字符串的海洋中苦苦挣扎。1938年9月，全世界都看到了，它在与谜机的较量中失败了。在那之前，英国人民仍然相信，在现有情况下，仍有合理的方案来应对德国的野心。但在那之后，关于正义和自主的道德辩论，最终在力量的现实面前停止了。为了避免国王学院研究员弗兰克·卢卡斯所说的"恐怖的明天"，剑桥大学的人们进行了重组，正如白皇后在刺痛之前的尖叫。伦敦的孩子们聚集在纽汉姆学院，男生们都感觉自己即将要被拉去充军了。现在情况很不明朗，但是有一些可怕的事情就要发生了。政府似乎一心只顾制造轰炸机，激进派到处强调现代化空战的毁灭性力量。

旧世界的一切将要结束了，但有一些东西，流入了对新世界的幻想。10月，《白雪公主和七个小矮人》来到剑桥，艾伦和大卫·晨佩侬一起去观看。艾伦最喜欢的场面，是那个邪恶的巫婆把一个苹果放进沸腾的毒汤：

> 让苹果浸满这汤，
> 渗入沉睡与死亡。

艾伦一遍又一遍地反复吟唱这个不祥的征兆。

在宴会上，艾伦邀请了牛津的肖恩·怀利。肖恩·怀利和大卫·晨佩侬现在都是温彻斯特的研究员。艾伦把乘法密码机告诉了晨佩侬，还告诉肖恩他被征募和暑期培训的事，普林斯顿的寻宝游戏，现在产生了一个严肃的结果。艾伦还说到他在研究概率论时，喜欢抛硬币做实验，虽然他在国王学院已经不需要注意形象问题了，但如果有人看见，仍然会觉得他有点弱智。莫瑞斯·普利斯现在当讲师已经两年了，他和艾伦谈了一个关于铀核裂变的想法，莫瑞斯想出了一个方程式来计算链式反应需要的条件[1]。

根据推测，艾伦可能再次申请了讲师席位，如果真的是这样，那他就是再次失望了。不过，他还申请了在春季学期讲授一门关于基础数学的课程（纽曼今年不讲了），这个申请被批准了，并象征性地支付给他10英镑，因为这并不是一门正式的第三部分课程。他还参与评估弗兰里奇·韦斯曼，这是一位维也纳派的哲学家，流亡到英国来，想开一门算术基础课。总之，艾伦在剑桥找到了一小块自留地。

1938年11月13日，张伯伦来到大学教堂参加停战协议日的活动，一位主教欣喜地称赞，说他在与希特勒的谈判中表现出来的勇气和洞察力拯救了欧洲的和平。但是，剑桥的观点更加注重眼前的现实，在国王学院，克莱芬教授根据政府在德国11月的暴力行动后的政策，主持了一个犹太避难者安置委员会。这对于艾伦的朋友弗雷德·克雷顿来说，是一个意义重大的事情，他在1935~1937年间，曾长期在维也纳和德莱斯顿做研究，这是与在普林斯顿玩曲棍球完全不同的经历。

---

[1] 大卫·晨佩侬在读过一篇 J. B. S. 霍尔登的论文之后，也与艾伦讨论过链式反应的原理。

这意味着两件非常困难和危险的事。一方面，他深刻地体会到了纳粹政权代表着什么，另一方面，涉及两个男孩。一个是维也纳的一个犹太寡妇的儿子，弗雷德在维也纳时曾与他同住。另一个是他在德莱斯顿教书时在学校里遇到的。1938年11月的事件，使维也纳的那一家陷入了危急的境地，弗雷德希望能把这个孩子救到英国。圣诞节之前，贵格会的救济行动把这两个孩子救过来了。他们住在哈维奇海岸的一个难民营里，写信给弗雷德，弗雷德马上动身前往。他看到在潮湿冰冷的、像奴隶市场一样的气氛中，年轻的逃亡者们唱着歌，一些德国或英国的歌。

艾伦听到这个故事时，也深受震撼。1939年2月，在一个阴暗的星期日，他和弗雷德一起前往哈维奇营地。他有一个想法，想资助一个想上学的孩子。大部分孩子对不用上学感到高兴，但罗伯特·奥根菲德是个例外，他来到英国后，改名叫作鲍勃。他从十岁起就梦想成为一名化学家。他来自一个相当不错的维也纳家庭，他的父亲在第一次世界大战时是一名随从参谋，坚定地一直送他去接受教育。在英国，没有人出钱资助他，于是艾伦想要资助他。这个想法有些不切实际，因为艾伦的研究员薪水不够让他这样做，尽管他还积蓄了一点保洁奖学金。艾伦的父亲写信问他："你这样做明智吗？人们不会误解吗？"这个说法让艾伦非常懊恼，但是大卫·晨佩侬也认为他父亲的想法不无道理。

但这个问题很快就解决了。在兰卡郡的海边，有一所拉索尔公学，他们主动提出，要免费录取一些难民。他们打算安排鲍勃过去。鲍勃北上参加了面试，并且被拉索尔录取了，但有一个限制条件：他首先要在语言学校学英语。在路上，有些曼彻斯特的朋友照顾他，并把他托付给一个富有的磨坊主家庭。这为他的未来铺就了道路,虽然艾伦只是给他一些礼物和学习用品,但鲍勃非常感激他的恩情。艾伦的冲动是正义的,鲍勃就像艾伦一样坚强,在失去了自己的一切之后,仍然坚持为未来而奋斗。

与此同时,艾伦更加密切地关注政密学校,圣诞节期间还有另一场培训,艾伦前去参加,和帕特里克·威尔金森一起住在圣詹姆斯广场的酒店里。帕特里克·威尔金森是国王学院的资深研究员,也加入了密码学校。之后,艾伦每两三个星期就会过来,帮助进行一些工作。他发现自己与迪尔威·诺克斯和年轻的彼得·吐温很合得来。迪尔威·诺克斯是一位资深助理,彼得·吐温是牛津大学的物理学研究生,当2月份公布有空缺时,他作为一个新的长期人员加入了。艾伦获得许可,可以把一些谜机的研究工作带回国王学院,因为他承诺在研究时会把门锁上。丹尼斯顿很明智地在真正开战之前,就让他的后备力量投入到研究当中。但他们也无能为力,以现在对谜机的认识程度,完全没办法破解它。

如果图灵夫人知道她的小儿子现在肩负国家机密,一定会感到十分惊讶。艾伦现在已经学会了如何巧妙地处理家庭关系,特别是对他母亲。他们都认为他已经两耳不闻窗外事,一心只读圣贤书了。艾伦在他母亲心中的形象,就是智商很高,但心智不健全。她要为艾伦打理外表形象之类的事,比如每年给他买新衣服(但他从来也不穿)、买圣诞礼物、带他给姑姑过生日,还有理发。特别地,她会敏感地指出并批评艾伦那些有失身份的中下阶级举止。艾伦在家里就用他天才少年的形象来应对这些。他会尽量避免对抗,到了复活节,他会一边工作一边唱赞美歌,用僵硬的语气歌颂"我们的主啊"。他并不是要撒谎,他只是靠这些来避免受到伤害。他不会对其他人做这种事,对于他来说,也是对于大部分人来说,家庭是最后一个可以说谎的地方。

不过,图灵夫人也感觉到,他的儿子肯定做了什么难以理解的大事,因为有很多外国人对他感兴趣,她有一次收到了一封来自日本的信,还有斯科尔斯在德国《数学与密码学》中提到了艾伦的工作。她只能通过这些外界的声音,来了解他的儿子究竟在做什么,她需要依靠这些官方反应,来觉察到底发生了什么事。艾伦在美国时,她帮他邮寄《可计算数》的复印件,艾伦也曾努力地给她解释过数理逻辑和复数,但这完全以失败告终了。

1939年春天,艾伦第一次在剑桥开课了,他的班上有14名第三阶段的学生,但他给家里写信说,到课的人数肯定会越来越少。但他至少要留住一个学生,这样他才能为6月的课程考试出题。其中的一道题,就是关于可计算数的证明。能把这个问题作为试题,是很令人愉快的,仅仅在4年前,纽曼还认为这个问题是无法解决的呢。

与此同时,艾伦还参加了维特根斯坦的数学基础课程。虽然这与艾伦的课程名称相同,但它们的内容完全不一样。图灵的课,是一场数学逻辑的游戏,由最初的公理,推导出整洁而严密的定理,按照精密的规则系统,发展出数学体系,并发现这个过程中的局限性。而维特根斯坦讲的是数学哲学,他的问题是,数学到底是什么东西。

维特根斯坦的课非常与众不同。一方面,他要求所有学生不准缺席。艾伦违反了这个纪律,结果遭到了批评:他缺席了第七节课。这很可能是因为, 2月13日那天他去了钟屋,参加克里斯朵夫去世九周年的纪念仪式,整个教区都在纪念他。这门课共有

31个学时，每周两次，持续两个学期。班上大约有15个人，包括艾力斯特·沃特森。每名学生都要先去维特根斯坦在三一学院的简朴房间接受他的单独面试。他的面试是出名的漫长而尖锐，因为维特根斯坦比艾伦更加反感礼节性的谈话。艾伦在普林斯顿时就对维纳德·马丁说，维特根斯坦是一个非常古怪的人，因为他们谈了一些逻辑问题之后，维特根斯坦突然说他要回房间去思考一下刚才说了些什么。

他们有着同样的粗鲁、随便、简单、不羁的外表，要说有什么区别，也就是艾伦喜欢运动夹克，而那位哲学家喜欢皮夹克。在对待问题的痴迷和严肃方面，他们也非常相像。维特根斯坦当时50岁，接替G. E. 摩尔担任哲学教授。他们两个人都不能用世俗的标准来衡量，他们都是独特的人，活在自己创造的精神世界中。他们都只对最根本的问题感兴趣，尽管他们研究的方向不一样。维特根斯坦是一个更加戏剧化的人物，他生在一个巨富的奥地利家庭，但却放弃了家财，在一个农村教了几年书，还在一间挪威的小屋子里孤独地待了一年。尽管艾伦是大英帝国的儿子，但他的出身完全无法与维特根斯坦相提并论。

维特根斯坦关心的问题，是数学与日常语言的关系。比如说，纯数学的证明过程，与"里维的犯罪证据就是他在犯罪现场而且手里拿着枪"这个证明过程有什么关系呢？《数学原理》只是把这个问题推到了另一个问题上：它需要人们直接接受什么是"一个证明"，它需要人们直接接受计数、识别以及符号的意义。哈代说，317就是一个素数，这是什么意思呢？这是否意味着人们总是接受那些他们能算对的东西？他们怎么知道什么规则是"正确的"？维特根斯坦的问题，把证明、无限、数学、规则这样的词语引入日常生活中，然后表明它们很可能是讲不通的。作为一个专业数学家，艾伦倾向于支持数学家们的工作，他尽力地维护纯数学的抽象性，抵抗维特根斯坦的这种引入。

特别是，他们俩进行了一场关于整个数理逻辑体系的争论。维特根斯坦认为，创造一个严密的、确定的逻辑系统，对于追求真理而言，是没有用的。他紧紧抓住这一点：完备逻辑系统的矛盾特性，会使得任何命题都能被证明。

维特根斯坦：……我们来看说谎者悖论，所有的人都在困惑这个问题，这根本就不正常，太不正常了……一个人说"我在说谎"，我们如果假设他说的是实话，于是他就是在说谎。好吧，那又能怎么样呢？你如果要把自己绕进去，那就会把脸给憋紫……但这只是个没用的文字游戏，有什么可较劲的呢？

图灵：因为人们通常认为矛盾意味着错误，遇到矛盾就说明我们把什么东西搞错了，但在这个问题中，我们却看不出有什么错误。

维特根斯坦：是的，本来就没有错误……那它有什么不好？

图灵：这样看起来没什么不好，但如果把一个矛盾的原理用于实践，那就会出问题。

维特根斯坦：……问题是，为什么人们要害怕矛盾？人们害怕数学之外的矛盾，比如顺序的矛盾，描述的矛盾，这是很容易理解的。但问题是，为什么人们要害怕数学内部的矛盾？如果实践当中出了问题，错误并不在于原理中有矛盾，而是在于你使用了不该使用的原理……

图灵：如果你不能确定微积分是没有矛盾的，那么你就没有信心在实践中使用它。

维特根斯坦：我认为这完全没道理……假如那个说谎者说："我在说谎，所以我说的是真的，所以我既说谎又没说谎，所以产生了一个矛盾，所以 $2 \times 2 = 369$。"这又能怎么样呢，你别真用这个结论去做乘法，不就行了么？……

图灵：但是，如果对矛盾放任不管，总会在什么地方出问题。

维特根斯坦：我看不出会有什么问题……

艾伦对此并不信服。任何一个纯数学家都要维护这个学科的美好，努力使它相容、自洽。这就是美好的对数学的爱，要让世界变得安全，不要让任何东西出错。但1939年的世界，显然并不是这样。

艾伦没有完成关于斯奇乌斯数的研究，他留下了一个漏洞百出的手稿，而且没有继续研究它。但他仍在继续追求那个更加核心的问题，就是检验黎曼 ζ 函数的零点。3月初，他完成了理论的部分，提出并评估了一种计算 ζ 函数的方法，并提交给了出版社。剩下的就是计算部分的工作，这方面也已经有进展了。麦卡姆·麦克菲尔给他写信，提到乘法机的事情：

你在那边有没有蓄电池和车床这些东西，来制造你的机器？希望你不会遇到太大的困难，以至于进行不下去。顺便说一句，如果你有时间做这个项目，你可以去找我弟弟帮忙。我已经跟他说过这个机器了。他对你绘制电路图的方法很感兴趣，你知道那些死板的工程师是怎么画这些图的吧？

他的弟弟唐纳德·麦克菲尔是国王学院的研究生，正在研究机械工程。乘法机没有什么进展，但唐纳德·麦克菲尔现在加入了艾伦的另一个项目，那就是计算 ζ 函数的机器。

在1939年，不是只有艾伦一个人在思考能够自动计算的机器。电子工业的发展，产生了很多新的想法和方案。在美国，游戏已经开始了。其中一个是美国工程师范内瓦·布什1930年在麻省理工学院设计的差分机，它可以为某些方程式建立物理的模拟。曼彻斯特大学的英国物理学家 D. R. 哈特里也制造了一个类似的机器。紧接着，剑桥也建造了一个差分机，1937年，数学系还批准了一个新的实验室用来安置它，并安排应用数学家 M. V. 威尔克斯来负责这台机器。

但是，这些机器对 ζ 函数问题是没有用的。差分机只能模拟一种特定的问题，而且还有很多限制。与此类似，图灵的 ζ 函数机也只能处理一类特定的问题。这与通用图灵机完全不同，它很难推广到其他问题。3月24日，艾伦向皇家学会申请拨款，以便制造这种机器，他在申请上写道：

> 该机器并不是万能的，它用于在更大的范围内进行计算[1]，并用于其他一些与 ζ 函数有关的研究。对于与 ζ 函数无关的问题，该机器并无用处。

---

[1] 就是计算 ζ 函数更多的零点。

负责审批这个申请的，是哈代和蒂施马奇。艾伦得到了他申请的 40 英镑经费。艾伦的想法是，虽然这台机器不能进行精确的计算，但可以用它来锁定零点的范围，然后人工进行精确计算，他认为这会减少 50% 的工作量。还有一个重要的原因是，这将会很有趣。

利物浦的潮汐预测机，是用皮带和滑轮构造的一个系统，来模拟一系列波动的叠加。皮带绕在滑轮上，通过测量它的长度来得到计算的结果。艾伦起初在 ζ 函数问题上，也借鉴了这个想法，但后来他就改变了主意。他想通过一个齿轮组的转动，来模拟需要周期函数，计算的结果并不体现在长度上，而是重量。他们要叠加 30 个周期函数，每一个都用一个齿轮组的转动来模拟。30 个齿轮会分别挂上不同重量的物体，距圆心有一定的距离，随着齿轮的转动，这些物体的力矩会发生周期性的变化。整个系统的力矩叠加在一起，再用一个单独的重物来把它配平，这个单独的重物就是计算的结果。

这 30 个周期函数的频率，分别是 30 个整数的对数。它们必须用分数进行近似，因为无法用齿轮来表示无理数。因此，比如说一个频率是 3 的对数[1]，那么表现在齿轮上，就是 $34 \times 31/57 \times 35$。这就需要四个齿轮，分别有 34，31，57 和 35 个齿，它们组合起来，作为一个波形发生器。其中有些齿轮可以共用，所以一共需要大约 80 个齿轮，而不是 120 个。这些齿轮精密地组合在一起，只要转动一个大把手，就可以让它们同步转动。要想制造这台机器，必须有非常精密的齿轮制造工艺。

---

[1] 艾伦使用的是以 8 为底的对数，在这个例子中就是 $\log_8 3$。

唐纳德·麦克菲尔绘制了设计图纸，日期是 1939 年 7 月 17 日。但是艾伦并没有把制造工作交给他。实际上，在 1939 年夏天，艾伦自己的房间变成了一个齿轮迷阵。现在已是研究员的肯尼斯·哈里森有一次被他邀请去喝酒，并看到了这些。艾伦给他解释了，但是没有说清这些到底是什么，很难说清这些无言的齿轮，要如何揭示几亿亿直至无穷的素数规律。艾伦开始制造齿轮，他用帆布背包把原料运到工程系，而且拒绝了一位研究生的帮助。晨佩侬也帮他磨了一些齿轮，这些都放在艾伦的房间。8 月时鲍勃前来拜访，见到这些，大为惊讶。

肯尼斯·哈里森也感到非常吃惊，因为他经常与艾伦交谈，他非常了解，这位纯数学家是在符号世界中工作的，而不是与物理实体打交道。从这个意义上讲，这台机器本身就是一个矛盾。这在英国是尤其奇怪的，因为这里不存在学术工程师的说法，不像法国、德国或美国（比如范内瓦·布什）。这种向实体世界的跨越，对学术界而言简直是胡闹。但在艾伦·图灵看来，机器可以解决某些单靠数学无法解决的问题。他在经典数论的核心问题上已经有了进展，但这并不能满足他。图灵机和序数逻辑、维特根斯坦的想法、电子乘法机，还有眼前这一堆齿轮，这一切都表明了抽象和实体之间的某些联系。这并不是科学，也不是应用数学，但可以看做一种应用逻辑，一种没有名字的东西。

现在，他在剑桥已经有了更大的立足之地，1940 年春天，他再次受邀讲授数学基础，而且这次得到了全额薪水 50 英镑。如果他是一个普通人，可能此时就会希望成为专职讲师，永远留在剑桥，做一名纯粹的逻辑和数论专家。但对于艾伦·图灵来说，这不是他想要的结果。

这也不是历史结果，因为已经没有课可讲了。3月，德国控制了整个捷克斯洛伐克。3月31日，英国政府向波兰承诺捍卫东欧边界，并疏远了世界第二工业强国苏联。这只是为了遏制德国的手段，而不是真的援助波兰，英国无法给予它的同盟什么实质帮助。

波兰看起来也无法帮助英国什么，但实际上却是可以的。1938年，波兰情报部门表示，他们掌握了一些关于谜机的信息。迪尔威·诺克斯前去交涉，但却空手而归。英法同盟的形势现在已经不同了。7月24日，英法两国代表出席华沙会议，这次他们得到了他们想要的。

一个月后，一切又变了，英波联盟更加岌岌可危。明眼人都能看出，英国人捞不到什么好处。他们现在在圣奥尔本建了一个新的无线电侦听站，不再依靠警察趴在树丛里来做这项工作了，但是政密学校自1932年以来就一直强调说，无线侦听器存在极严重的缺陷。但是这一次，他们意外地钓到了大鱼，波兰人拱手把鱼放在银盘上，交了出来。

当报纸上铺天盖地报道《苏德互不侵犯条约》时，艾伦已经离开剑桥，去享受为期一周的假期了。他和弗雷德·克莱顿一起去划船，同去的还有来英国避难的孩子。他们去了他常去的博山，在那租了一条船。平静的表面之下，暗藏着些许不安。那些没玩过划船的孩子们，十分怀疑这两个人能不能行，他们调动手表，以使他们能够按时回来。鲍勃说，这简直像是瘸子带瞎子。但弗雷德担心的是另一个问题。艾伦经常开玩笑说，在拉索尔待了几个学期的男孩们不会有性经历[1]。

有一天他们航行经过海岭岛,上岸去看飞机场上排成一排的皇家空军飞机。男孩们对此并未留下深刻的印象。夕阳西下,潮水上来,船陷到了泥中。他们只好把船扔下,涉水过岛,然后搭公交车回去,脚上带着厚厚的黑泥。

艾伦1940年的课程无法进行了,他从此再也没能回到纯数学的安全世界。唐纳德·麦克菲尔的设计没能实现,黄铜磨制的齿轮只能永远尘封在箱子里。因为现在有更强大的东西转起来了:谜机的转轮,还有坦克的履带。战争已是箭在弦上,一切阻碍都是徒劳。希特勒没有想到,英国这次真的遵守了诺言,对德国宣战了。

这正如《千岁人》在1920年所预言的:

> 巨炮瞄准每一个城市和海港,铁鸟冲上云霄向每个人投下炸弹。一位绅士在无助中站起,对一样无助的我们说:哦,又打起来了。

不过,他们并没有看起来那么无助。9月3日11点,艾伦回到剑桥,和鲍勃一起坐在房间里,这时从收音机里传出了张伯伦的声音。艾伦已经准备好了,即将投入到一个逻辑而机密的事业中,他将扼住世界的命运,进入一个最狂野的梦境。

---

[1] 艾伦想错了。

第四章　解谜接力赛

抚过一切，抚过自然，
抚过时间，抚过空间，
就像扁舟抚过水面。
这是一场灵魂的航行——
不只是生命，还有死亡。
我要歌唱死亡。

第二天，1939年9月4日，艾伦·图灵前往政府编码密码学校报到，这所学校已于8月搬到了布莱切利庄园。布莱切利是一座小城，坐落于白金汉郡，在平凡而阴郁的街道两边，排列着砖砌的维多利亚建筑。这座小城恰好位于英国智力界的几何中心，从伦敦出发的铁路正是在这里分成两条，一条通往牛津，一条通往剑桥。在铁路分叉点的西北方，有一个小山坡，上面点缀着一座古老的教堂，如果站在这里向山谷下面俯瞰，进入眼帘的就是静谧的布莱切利庄园。

火车忙碌地把17000名伦敦孩子疏散到白金汉郡，布莱切利的人口顿时上涨了25%。一位议员说："有些人后来又回去了，因为地面上已经没有地方可住，所以他们最终做出了最明智的选择，从哪来的还回到哪去。"在这种情况下，这些政密学校的绅士们引起了不小的骚动。当地居民抱怨说，这些人占据了布莱切利庄园，却整天游手好闲，而且下院议员还被禁止在议会上提起此事。据说，当艾德考克教授到达车站时，一个小男孩高声叫嚷："先生，我要把你的秘密说出去！"这实在是让人很尴尬。这些人的住处，是白金汉郡中间的几个旅馆，艾伦被安排在布莱切利庄园北方三英里处的王冠旅馆，他每天骑自行车去工作。女房东朗肖夫人经常抱怨，一个身强体壮的年轻人却整天无所事事。艾伦有时还会在吧台打打下手。

刚到布莱切利时，这里就像一个高级的公共自习室，大家挤在一起用餐，躲避国难，尽职尽力而毫无怨言。这里有着很浓郁的国王学院味道，有老一代的诺克斯、艾德考克、伯奇，也有年轻的弗兰克·卢卡斯，帕特里克·威尔金森，当然，还有艾伦·图灵。他们都有凯恩斯式的剑桥背景，这也许对艾伦是有好处的，尤其是这使艾伦与迪尔威·诺克斯关系紧密，而其他人普遍认为这个人很难接近。9月3日，丹尼斯顿写给财政部：

亲爱的威尔森：

> 这段时间，我们已经按照专家类应急人员名单，开始招募紧急事务人员，财政部批给他们的报酬是每年600英镑。随信附上一张名单，这是第一批到达布莱切利庄园的人员。

丹尼斯顿的这份名单，是第一天到达布莱切利庄园的9名专家。艾伦并不在这份名单上，他与另外7个人一起于第二天到达。在接下来的一年中，又陆续来了60位新成员。

紧急招募使政府部门的密码分析人员数量增长到4倍，所有密码分析人员的总数增长到大约2倍。在第一批招募的人员中，只有三位来自学术界，除了艾伦以外，还有W.G.威尔奇曼和约翰·杰弗里[1]。戈登·威尔奇曼很资深，他比艾伦大6岁，自1929年起在剑桥担任数学讲师。他的研究领域是代数几何，这个数学分支后来成了剑桥的中坚，但却一直没有引起艾伦的兴趣，他们之前的发展道路没有交点。

威尔奇曼与艾伦不同，在战争爆发之前，他与政密学校没有任何联系，他在这里完全是新手。诺克斯指派他分析德国信号，这项工作意义重大，他的努力很快就将分析水平提高到了新档次。威尔奇曼使识别不同的谜机内核成为可能，这是一个非常重要的进展，使政密学校大开眼界，也使他们看到了明天的希望。但是，仍然没有人能够破解谜机，有一个小组正在与之苦苦斗争，这个小组的成员，包括诺克斯、杰弗里、彼得·吐温，还有艾伦·图灵。他们在庄园的马房里工作，后来把这里取绰号叫"村头"，他们在此研究波兰在那天11点时提供的资料。

---

[1] J.R.F.杰弗里是剑桥唐宁学院的数学研究员，1941年初因肺结核去世。

第四章 解谜接力赛

密码本身没有什么乐趣，在 1939 年，密码工作是非常枯燥乏味的，但它是无线电通信的必要环节。无线电广泛用于空、海和机动的陆地工事。一个无线电信息发射出去，可以被所有方向接收，所以必须对信息进行加密。不光是间谍或其他机密信息需要加密，整个通信系统的所有信息都需要加密。这就意味着漏洞和限制，还有极大的工作量，但是他们别无选择。

20 世纪 30 年代的密码技术并不依赖数学技巧，只是一些基本的叠加和替换。叠加并不是个新颖的想法，朱利叶斯·恺撒就通过把字母叠加 3 位，使 A 变成 D， B 变成 E，等等，使他的通信无法被高卢人理解。准确地说，这种叠加就是数学上讲的模加，也就是无进位加法，因为它将 Y 变成 B， Z 变成 C，就好比把字母排成了一个圆圈。

在恺撒时代远去 2000 年之后，固定数字的模加，已经很难满足需要了，但这个基本思路并没过时。有一种很重要的密码技术，仍然使用模加的想法，但它不是使用固定数字，而是用一个变化的数列形成密钥，然后叠加到信息中。

在实践中，首先会根据标准密码手册，把一个消息中的单词全部编码成数字。然后，密码人员的工作，就是将这些明文，比如：

    6728 5630 8923，
    9620 6745 2397，
    5348 1375 0210

与一组密钥进行模加，得到一个密文。

要想读取这组信息，接收方必须知道密钥是什么，然后才能对密文进行正确的模减，得到原始的明文。所以需要有一种系统，事先在发送方和接受方之间，生成统一的密钥。

其中一个重要的原则，叫作一次性原则。对于20世纪30年代的密码技术来说，这是一个简单又实用的方法。把密钥复制两份，一份给信息的发送方，另一份给接收方。该系统的安全性就在于，只要密码是完全随机生成的，那么敌人的密码分析员就束手无策。比如，给出一个密文"5673"，分析员可能会猜，明文是"6743"而密钥是"9930"，但是，也有可能明文是"8442"而密钥是"7231"，他无法判断哪种猜想是正确的，也看不出来哪一种更像是正确的。因为密钥是没有规律的，每个数字都有均等的概率。实际上，在明显无规律的密码中找到内在的规律，这就是科学家和密码分析员的工作。

在英国通信系统中，有一次性的密钥本，每次使用一页，取出一组随机的密钥，用过了就作废。每一页的密钥都是不同的，因此这个系统十分安全。但是，这需要人工编制大量的密钥，从工作量来说，甚至与通信本身不相上下。这项吃力又枯燥的工作，由政密学校编构部门的女士们来承担，该部门在战争爆发后，并没有撤入布莱切利庄园，而是迁到了牛津大学曼斯菲尔德学院。情报部门的麦卡姆·马格瑞治说：

> 这是非常吃力的工作，这类工作是我最不擅长的。首先，要取一张一次性的密钥纸，将电报中的很多组数字，减掉密钥纸上对应的数字，然后根据密码手册，找出消息本来的意思。在相减的过程中，一旦出了任何差错，就会全部前功尽

弃。我废寝忘食地做着这项工作，但却不断地陷入可怕的混乱，然后又要从头开始……

另一种密码系统，是基于"替换"的想法。这种形式也非常简单，艾伦在普林斯顿玩的寻宝游戏中就使用过。这种方法就是，将字母表中的字母，按照特定的规则进行替换，比如：

A B C D E F G H I J K L M N O P Q R S T U V W X Y Z
K S G J T D A Y O B X H E P W M I Q C V N R F Z U L

根据这个规则，TURING加密后就变成了VNQOPA。但是，这样一个简单的、单字母的替换规则，只要通过观察字母的频率、相同字母的规律等，就可以很容易地破解。在普林斯顿的寻宝游戏中，艾伦他们通过设计一些XERXES之类的古怪词语，来增加破解的难度，但这样的系统对于军事应用来说，实在是过于幼稚了。不过，1939年使用的某些系统，并没比这先进到哪里去。某些字母替换系统，使用了一些技巧，比如说轮流使用多套规则。当时的一些讲授密码学的资料或教材，主要都是讲这种字母替换法。

稍微复杂一些的系统，不是替换单个字母，而是替换676种字母对。当时英国有一种密码系统，就是这种类型的，与密码手册配套使用。英国商船队使用的就是这样的系统。

密码操作员首先要把信息翻译成商船通信码，比如：

信息	通信码
预计到达时间	VQUW
14	CFUD
40	UQGL

下一步需要将行数变成偶数，因此操作员可能会添上一个没有意义的词，比如：

气球　　　　　　　　　　　　ZJVY

然后就可以进行编码。操作员先取出纵向的第一对字母，在这里就是 VC，然后在替换表中找到对应的替换。这张表包括了所有的 XX 这样的字母对。操作员重复这个过程，对每一对字母进行替换。

其他就没什么特别的，与叠加型的密码一样，接收者必须知道使用的是哪个替换表，否则就无法解密信息。然而，如果在通信中说出来"使用 8 号表"，那么敌方分析员就会将使用同一张表的信息搜集到一起，寻找规律进行破解。因此，还要再做一些伪装工作。除了替换表之外，还有一份单独的列表，上面全是 8 个字母的序列，比如 BMTVKZMD。操作员会选择其中一个序列，把它添加到密文的开头。接收者拥有同样的列表，于是就知道该查找哪一张替换表。

这个简单的方法，体现了一个非常重要的概念。在密码技术中，密码的某些部分并不传递消息，而是说明如何解码。这种伪装起来、隐藏在密文中的信号，称为指示信号。一次性密钥系统，也是通过这种指示信号，来说明使用的是哪一页密钥。除非双方事先把所有的一切都固定下来，进行详细的约定，而且不会发生任何变化，否则都必须要在密文中加入某种形式的指示信号。

从 1936 年开始，艾伦就在思考一种通用的密码系统，现在他非常兴奋，因为这种数据与指令相结合的模式，使他立即联想到他的通用机。他的机器首先把描述数解码成指令，然后根据指令来操作纸带上的数据。实际上，任何密码系统，都可以看成是一个机械的过程，也就是图灵机，不光是加法或替换，还包括对本身的操作过程进行查找和执行。优秀的密码技术，在于对整个系统规则的把握，而不在于某个特定的消息是什么。密码分析包括了对规则本身的研究，将密码操作员的整套工作流程，解构成一套机械过程。

也许商船队的密码系统并不具有最优的复杂性，但对于普通船只的实用系统而言，它已经接近了人工操作的极限。谁都可以幻想一套更安全的系统，但如果解码过程过于复杂，只会引起更多的延误和错误。但是，如果使用机器来取代操作员，执行一些机械的过程，那情况就不一样了。

在这方面，英国和德国都在使用类似的机器进行较量。德国的官方无线电通信，已经全面部署了谜机。英国政府则基本上依赖于泰派克斯系统，整个陆军和大部分皇家空军都在使用这种机器，而外交部和海军则依旧使用基于密码手册的人工系统。谜机和泰派克斯都用机械化的过程来进行加法和替换，这样就实现了一些非常复杂的系统。机器的功能，实际上与在手册上查表没有什么区别，但是它们可以做得更快更准确。

这种机器的存在，并不是什么秘密。每个人都知道这种机器，至少每个看过劳斯·鲍尔的《数学之乐》的人都知道。其中有一章是美军密码分析员艾博瑞汉·辛科夫写的，他提到：

最近有很多研究，旨在发明一种密码机器，对信息进行编码和解码，大部分是基于周期性的单字母替换。

周期性的单字母替换，是指有一些字母替换的序列，然后不断地重复使用这些序列。

最新的机器是用电驱动的，通常情况下，周期是一个非常大的数……这些机器系统速度极快，准确性比人工操作高很多。它们还可以与印刷机和发报机组合起来使用，可以自动完成编码、发送和记录的一条龙工作，还可以对信息进行接受和解码，同样都是自动完成。以目前的密码技术来看，这些机器的性能是手工操作完全无法达到的。

同样，原型版的谜机也不是秘密。1923年，在刚发明出来不久，谜机就在国际邮联大会上展览过。它被商业化销售，用于银行业。1935年，英国在它的基础上进行了一些改造，创造了泰派克斯，而几年前德国的密码专家则用不同的路子进行了改造，虽然改造版的名字还叫谜机，但性能却比商用版高出很多。

但这并不是说，艾伦·图灵现在面对的德国谜机就是领先时代的，在20世纪30年代，它并不是最先进的。谜机唯一的20世纪新特性，或者说19世纪后期新特性，就是它是用电驱动的。它通过电路，自动执行一系列的字母替换（如图一所示）。但是谜机的厉害在于，它在某个特定的状态下，只替换一个字母，然后通过外部的转盘，切换到一个新的状态。每种状态下，输入与输出之间的对应关系都是不同的（如图二所示）。

原型版谜机

为了简便起见，图中只表示了8个字母，实际中的谜机可以操作26个字母。这是该机器的某个特定的工作状态，这些线表示相应的电路。输入端是一个简单的开关系统，如果按下一个键（在这个例子中是B），电流就会按照图中的粗线方向流动，然后

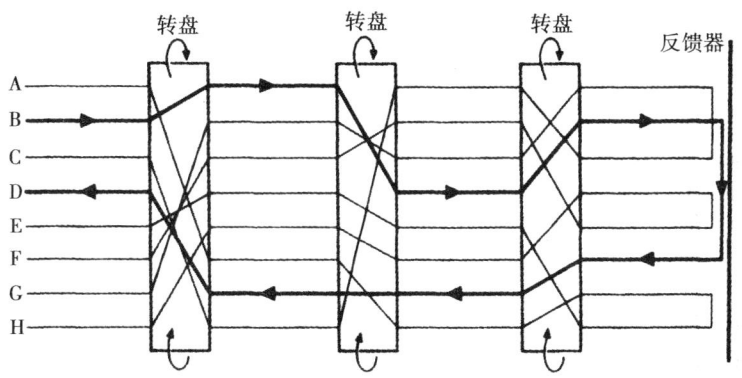

图一

输出端对应的灯泡就会亮起来(在此例中是 D)。这个机器的下一个状态是:

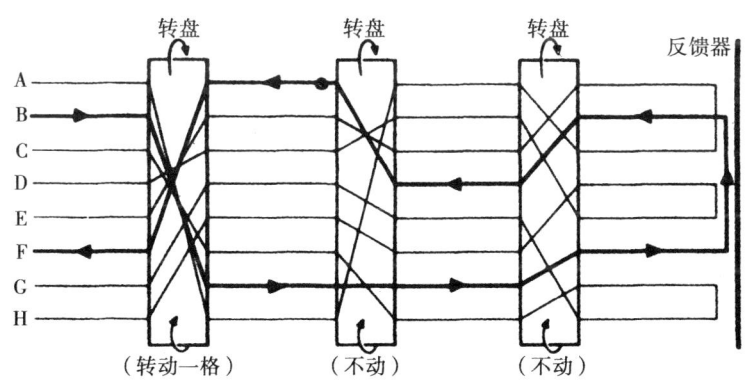

图二

对于 26 个字母的谜机来说,一共有 $26^3=17576$ 种不同的转盘状态。它们基本上就像加法机或康普托计算机那样组合在一起[1]，第一个转盘每转一圈，中间的转盘就旋转一格，中间的转盘每转一圈，最里面的转盘就旋转一格。反馈器是不能移动的，它是一个固定的设备，与最里面的转盘的输出相连。

所以，谜机是一个周期为17576的单字母替换机，但这并不算是一个"非常大的数"。实际上，用一个密码手册也完全可以把这些规则全部写下来。这种机器本身并没有产生什么质的飞跃。劳斯·鲍尔在1922年版的书里写了一个警告：

> 经常有人提议，使用自动的不断变化的机器来进行编码……但是这里存在着一种危险……必须考虑到某一台机器落入敌方手里的情况……因为人工操作实际上也能实现同样的效果，所以我并不推荐使用这种机器。

用机器生成的密码，也更容易被机器破解。尽管谜机很复杂，但除非它能生成一种密码，保证即使敌方拥有同样的机器也无法解码，否则就是掩耳盗铃，制造一种危险的安全感。

谜机的制作工艺，也并没有像辛科夫描述的那么现代且先进。这种机器的操作员，仍然要做很多繁琐耗时的工作，比如把转换后的字母抄写下来。没有自动的印刷和发送，没有一条龙，这些事都要靠人工。它还远远不像现代的闪电战武器，这个笨重的设备，技术含量并不比电灯多多少。

然而，从密码分析的角度来看，密码操作员的工作量与机器

---

[1] 实际上可能更为复杂，但这不影响我们的故事。

的物理结构无关，而是在于它的逻辑原理——就像图灵机。谜机的一切，都可以体现在一个行为表中，这张表描述了它的每个状态，以及在每个状态下会做什么。从逻辑的角度上看，谜机在任何一个给定的状态下，都会执行一种特定的动作。对于一台谜机，无论在任何状态下，如果它将 A 替换成 E，那么在同样的状态，E 就会被替换成 A。谜机的替换表，实际上是一种对换。

我们前面假想的 8 字母机，在第一幅图的状态下，替换规则是：

明文　　ABCDEFGH

密文　　EDGBAHCF

在第二幅图的状态下，则是：

明文　　ABCDEFGH

密文　　EFGHABCD

这些可以写成对换的形式：在第一个例子中是（AE）（BD）（CG）（FH），第二个例子中是（AE）（BF）（CG）（DH）。

谜机的这种性质，在实践中有一种优势，也就是说，解码操作与编码操作是一致的。用群论的术语来说，密码是自反的。接收方只要把机器设置成与发送方相同的模式，然后将收到的密文输入进去，就能解码得到明文。这样，谜机就不需要区分编码和解码两种不同模式，这使它变得更加可靠，不容易产生错误和混乱。但是这也产生了一个严重的缺陷：谜机的替换规则总是这样一种特殊的形式，因此每个字母在编码之后都不可能是其本身。

这是基础版谜机的构造，但其军用版并不只是这样。一方面，那三个转盘不是固定的，它们可以任意移动或更换。在 1938 年后期，只制造了 3 种转盘，但它们可以按照 6 种不同的顺序安装。因此，这个机器就能产生 $6 \times 17576 = 105456$ 种不同的替换规则。

转盘外面必须用某种方式做上标记，以便识别它当前的状态，于是这又增加了它的复杂性。每个转盘都镶着一圈金属带子，带子上依次铭刻着26个字母，当带子在转盘上固定好之后，一个字母就代表着一个盘位。机器上方有小窗口，可以看到代表当前盘位的字母。然而，字母与电线之间的对应关系是可以改变的。用数字1～26来表示电线，用窗口上显示的A～Z来表示转盘的位置，通过带位设定[1]，就可以决定它们的对应关系，比如令字母G对应1号线，字母H对应2号线，等等。

带位设定是密码操作员的工作，然后他可以用窗口上的字母来表示当前的盘位。从密码分析的角度看，这意味着即使公开宣布正在使用盘位K，也不会泄露布莱切利所说的核位模式，也就是电线的连接关系。只有同时知道盘位和带位时，才能推导出相应的核位。不过，如果分析员知道盘位，而且带位是不变的，那么他就可以得到一个相对核位。比如说，假定K在9号线上，那么M就一定在11号线上。

然而，更重要的复杂特性是配线板，这是军用版和商用版的主要差别，也是最让英国分析员垂头丧气的东西。它的作用是，可以在输入之前，以及输出之后，分别自动地进行一次额外的字母对换。技术上来说，是在电线的一端安上插头，插入一个有26个孔的配线板，这需要巧妙的电路连接，还要使用双股电线。在1938年末，德国的机器中通常只对6对或7对字母进行这种对换。

假设原型版谜机通过转盘和反馈器，在某种状态下，形成了

---

[1] 很不幸，波兰人提供的资料之所以没什么用，很大程度上就是因为带位设定带来的复杂性。

这样一个替换表：

ABCDEFGHIJKLMNOPQRSTUVWXYZ

COAIGZEVDSWXUPBNYTJRMHKLQF

结合配线板，进行额外的7组对换：

（AP）（KO）（MZ）（IJ）（CG）（WY）（NQ）

那么产生的结果就是，按下 A 键，电流会通过配线板传到 P，然后由转盘传到 N，最后再由配线板传到 Q。

由于配线板在输入前和输出后都要使用，因此谜机仍然保持着自反性，而且没有任何字母可以在编码后保持不变。如果在一种状态下 A 会编码成 Q，那么在同样的状态下，Q 一定会编码成 A。

因此，配线板并没有影响这个有用却又危险的性质，但它会大大增加谜机的状态数。如果一个配线板可以对换7对字母，那就有 1305093289500 种配线状态[1]，对于每一种配线状态，又有 6×17576 种转盘状态。

可以想见，德国专家们非常自信，对商用谜机进行了这些改进之后，它已经达到了人工操作几乎无法达到的效果。艾伦9月4日来到布莱切利庄园时，发现大家都在兴致勃勃地研究波兰人公开的资料。这些技术资料8月16日才被送到伦敦，所以现在还是热气腾腾的。这里面揭露了波兰人七年来破解谜机的进展。

首先，波兰人已经弄清了那三个转盘的连线关系。知道有人在使用这种机器，和弄清这种机器的连线关系，这是完全不同的两个概念。1932年还是和平时期，在那时就已经开始研究连线关

---

[1] 也就是 $[26!/(7!\ 12!\ 2^7)]$

系，不得不说这是一种高瞻远瞩。法国情报部门在1932年9月或10月，通过间谍得到了一份谜机操作指南。他们把它发给了波兰，同时也发给了英国。波兰雇用了三位高水平的数学家，他们根据这份情报推导出了连线关系。

通过敏锐的观察，合理的推导，以及基础群论的运用，转盘的连线关系和反馈器的结构都已经弄清楚了。现在需要猜测的是，键盘上的字母，是如何接入到加密机制中的。因为他们可以通过一个无序的连接方式，引入更多的复杂元素。但他们最终推测并证明，谜机并没有利用这种潜在的自由度，它的键盘就是按照字母顺序直接接入转盘的。于是，他们已经从逻辑上复制了一台谜机，可以利用它来继续探索。

根据谜机特定的使用方式，他们现在只能观察到这些。下一步，就是通过实际的使用，来研究常规的解码方法。他们没有破解谜机，但是他们破解了这个谜。

谜机的基本原理是，将它的转盘、带子和配线板，设定到某个选定的初始状态，然后就可以对信息进行编码，它的转盘会自动旋转步进。在实际的通信系统中，信息的接收方必须知道那个选定的初始状态。这是所有密码系统都面临的一个问题。光有机器是不够的，还需要有确定的、固定的、约定的方法来使用它。德国在实践中的做法是，机器的初始状态部分取决于执行操作的时间。因此，它必须要利用指示信号，而波兰正是利用指示信号而获得成功的。

确切来说，操作指南中讲解了三个转盘的次序，配线板以及带位设定。密码操作员的工作，就是为三个转盘设定初始盘位。也就是要设定一个三位的字母串，比如 WHJ。最原始的指示信号机制，会直接发送 WHJ，然后接下来发送密文。在实际中，会弄得更复杂一些，WHJ 本身也会在机器里进行编码。为了实现这个目的，每天的操作指南中，还会包括一个当天的所谓底层设定。这些与盘位、带位和配线板一样，是每个操作员都非常熟悉的。假如底层设定是 RTY。操作员首先要给他的谜机设定盘位、带位和配线板，他会转动转盘，设定初始盘位为 RTY，然后对他自行选定的盘位进行编码。这个盘位指示要重复两次，也就是说，他要对 WHJWHJ 进行编码。假如说编码的结果是 ERIONM，那他就将 ERIONM 发送出去，然后再把初始盘位设定为 WHJ，开始编码正式的信息并发送出去。这样做的优点是，每个信息在开头六个字母之后，都是以不同的盘位设定进行编码的。缺点是，在一天当中，整个通信网络中的每一条信息，开头的六个字母都是以完全相同的机器状态进行编码的。更严重的是，这六个字母总是代表着两个相同的三位字母串。正是这种重复的特性，被波兰的密码分析人员抓住了。

他们的方法是，每天从拦截到的所有无线电信息中，收集其开头六个字母，形成一份列表。他们知道，这个列表肯定有规律可循。如果在一条信息中，第一个字母是 A，第四个字母是 R，那么在其他信息中，只要第一位是 A，那么第四位肯定也是 R。收集足够多的信息，就可以建立一个完整的表，比如：

第一个字母： A B C D E F G H I J K L M N O P Q R S T U V W X Y Z

第四个字母： R G Z L Y Q M J D X A O W V H N F B P C K I T S E U

还有另外两个表，分别表示第二和第五个字母的关系，以及第三和第六个字母的关系。利用这三张表，就有很多办法可以推导出当天的谜机的设定状态。其中最重要的一种方法，是通过一套机械的分析形式，来应对操作员的机械式工作。

他们用轮换的形式来描述这些字母关系，这是基础群论中很常用的方法。要把一组特定的字母关系表示为轮换形式，首先从字母 A 开始，记下 A 连着 R，接着找到 R 连着 B，以此类推 B 连着 G，G 连着 M，M 连着 W，W 连着 T，T 连着 C，C 连着 Z，Z 连着 U，U 连着 K，K 连着 A，这样就形成了一个完整的轮换：（ARBGMWTCZUK）。所有的字母关系可以表示为 4 个轮换：

（ＡＲＢＧＭＷＴＣＺＵＫ）（ＤＬＯＨＪＸＳＰＮＶＩ）（ＥＹ）（ＦＱ）

这样做的原因是，分析人员发现，这些轮换的长度（在这个例子中是 11，11，2，2）与配线板无关，它们只取决于盘位。配线板影响轮换中的字母，但不会影响轮换长度。这项观察表明，如果把整个通信系统看做一个整体的话，盘位会在密文中留下很漂亮的蛛丝马迹。事实上，它们会留下三条线索，也就是这三张字母关系表的轮换长度。

接下来，如果他们拥有一份完整的轮换长度档案，记录每一种盘位的轮换长度，那么只需要查找这份档案，就可以确定当前使用的盘位。问题是，这需要登记 6×17576 种可能的盘位。然而他们竟然做到了。在实践中，波兰数学家们制造了一台包含谜机转盘的小型电动机器，可以自动地统计需要的数据。他们花了一年的时间，制成了一套档案卡，后面的查找工作就有效地机械化了。只需要 20 分钟，就可以在这些档案卡中，找出与密文的轮换长度相匹配的盘位。这将揭露编码开头六个字母所使用的盘位，由此可以解出其余部分的盘位，然后这一天的信息也就全都破解了。

这是一场漂亮的胜利，但缺点是它完全依赖于这种特定的指示信号机制。然而这种机制并未一直存在，海军型谜机首先取消了这种机制：

> ……1937年4月底，德国改变了海军的指示信号，于是他们只能解出4月30日到5月8日的海军通信，而且全是马后炮。这个变化使他们确信，新型指示信号大大提高了谜机的安全度……

而在1938年9月15日，正当张伯伦飞往慕尼黑的时候，更大的灾难降临了，德国所有的通信系统都改换了指示信号。对德国来说，这只是一个小变化，但对波兰来说，这意味着所有的轮换长度档案，在一夜之间全部变成了废纸。

在改进后的系统中，底层设定不再是事先固定好的，而是由密码操作员来选择的。然后，他就直接以明文的形式，把它发送给接收者。比如说，操作员选择 AGH，那就把初始盘位设定为 AGH，然后他会再选择一个盘位，比如 TUI。他会用 AGH 盘位来编码 TUITUI，假如说得到了 RYNFYP。他将 AGHRYNFYP 发送出去，作为指示信号，然后开始发送用 TUI 盘位编码的信息正文。

这种方法的安全性在于，每天都有不同的带位设定，否则开头三个字母就会（这个例子中是 AGH）就会泄露一切。相应地，分析员的任务就变成，要想办法破解整个通信网络的带位设定。令人惊奇的是，波兰分析员通过一种新的线索，真的能够解出带位设定，或者说，能够解出与一个盘位（这个例子中是 AGH）相对应的核位。

与旧方法类似，这个线索也是基于整个通信系统，利用开头九个字母中的后六位的重复性而发现的。由于没有相同的底层设定，所以在第一和第四，第二和第五，第三和第六个字母之间，就不再有固定的对应关系了。但是，这个思路有一个部分，就像柴郡猫的笑容一样，依然是有效的。在某些情况下，第一和第四个字母恰好相同，或者是第二和第五，第三和第六个字母，这被无厘头地称为一只"母鸡"。假设 TUITUI 被编码成 RYNFYP，重复的 Y 就是一只母鸡。这个现象，实际上反映了在编码 TUITUI 的过程中的一部分转盘状态。而他们的新方法就是，把足够多的信息放到一起，从中推导出全部的状态。

更确切地说，如果一个核位在编码的过程中，三步之后产生了一个相同的字母，那么就称这个核位会产生一只母鸡。这种现象并不罕见，平均每 25 次通信中就会出现一次。大约有 40% 的核位会产生母鸡。是否会产生母鸡，与配线板无关，配线板能影响的只是哪个字母是母鸡。

分析员可以很容易地找出当天通信中所有的母鸡。他们并不知道产生这些母鸡的核位，但通过明文形式的盘位（比如例子中的 AGH），他们可以得到一个相对的核位，由此可以得出一个母鸡模式。因为只有约 40% 的核位会产生母鸡，所以基本上一个母鸡模式只会匹配一个核位。这就是他们的新线索。

然而，他们不可能像归纳轮换长度一样，提前归纳每一个核位的母鸡模式。必须要有其他更巧妙的方法，来进行这种匹配。他们的方法，就是利用打孔卡片。这是一套所有核位的卡片，上面并不是写着"有母鸡"或"无母鸡"，而是靠是否打孔来区分。理论上讲，他们可以事先构造一张巨大的表，然后再把当天的母鸡模式制成一张卡片。拿着这张卡片，叠在核位大表上慢慢移动，与每个核位进行对比，最后就会找到一个核位，使它们所有的孔都匹配。但是，这个做法效率太低了。他们换了一种做法，把核位分成多张表格，全部重叠在一起，然后把它们按照某种方式错开（错开的方式取决于当天的母鸡模式），这时能够透光的位置就是匹配的核位。这种错开法的好处是，每次操作可以同时检查676个核位。但这仍然是一项很耗时的工作，一次完整的查找，需要进行 6×26 次操作，另外还需要代表 6×17576 个核位的打孔卡片。不过，勤劳的波兰人只用了几个月，就成功地实现了这一切。

这并不是他们设计的唯一方法。打孔卡片系统需要掌握大约10个母鸡的位置才能有效工作。他们设计的另一种方法，只需要知道3个母鸡就可以了。但这种方法不仅利用母鸡的位置，还同时利用了作为母鸡的字母。这个方法还有一个限制：这些特定字母必须是不受配线板影响的。由于1938年的配线板只影响6或7对字母，所以这个限制并不是很重。

这个方法的原理是，由三个特定的母鸡字母组成一个模式，用这个模式与各个核位进行匹配。但是，对全部 6×17576 个核位的母鸡字母进行归纳和查找，同样是不可能的，就算用打孔卡片也不行，这个数量太大了。于是，他们迈出了全新的一步。他们不做事先的归纳，每次都根据盘位来进行查找，而这个工作并不是依靠人力，而是用机器来做。1938年11月，他们造出了这样的机器，一共制造了六台，分别对应于一种不同的转盘次序。这些机器在工作时，会发出非常响亮的声音，因此得到了一个响亮的名字——炸弹机。

炸弹机如果找到一个匹配，就会通过一套电路，自动推导谜机的核位电路。从本质上来说，正因为谜机是一个机器，所以就有可能用机器来破解它。基本的想法就是，用电线将六台原型谜机连接起来，当出现三个特定字母的母鸡时，电路就导通。由母鸡的模式，来确定这六台谜机的相对核位，保持相对核位不变，让谜机自动检查每一个可能的绝对核位。整个搜索过程，在两个小时之内就能完成，也就是说，每秒可以检查若干个核位。这是一个很粗鲁的方法，没有代数方法那么精巧，它所做的一切，就是一个接一个地尝试每种可能。但正是这种做法，将密码分析技术带入了20世纪。

不幸的是，对于波兰分析员来说，德国的技术稍微有点超越了20世纪。他们的电动设备刚刚投入使用，谜机的新改动就又使它变成了废物。1938年12月，德国通信系统增加了转盘储备，现在一共有五种不同的转盘了。原来有六种不同的转盘次序，现在变成了60种，原来需要六套穿孔卡片，现在需要60套。于是波兰人茫然了。这就是1939年7月，英法两国代表到达华沙时见到的局面。波兰已经没有能力继续前进了。

这就是艾伦听到的全部故事，这个故事只能走到这里了，但即便如此，波兰还是比英国领先了好几年。英国的进展仍然停留在1932年的水平，既不知道连线关系，也不知道键盘是按字母顺序接入转盘的。波兰分析员曾经以为，谜机的设计者会引入一种复杂的连接方式，但随后他们惊奇地发现，他们放弃了这种能力。同样，政密学校也令人惊奇地放弃了与谜机的对抗，从某种程度上讲，他们在这方面已经是不战而屈了。他们从来没有真正地思考过，也没有真正地想要挑战过。现在他们已经越过了很多的障碍，摆在面前的结果，就是波兰人无法解决的问题：

当来自波兰的资料，特别是连线关系，到达政府编码密码学校时，过去的通信很快就可以破译了，但是近期的通信还是不能。

他们遇到的困难与波兰人是一样的，没有足够的炸弹机或打孔卡片来对付五个转盘的谜机。还有另外一个困难是，自从1939年1月1日之后，德国把配线板改成了10对字母，这使波兰的炸弹机几乎彻底瘫痪了。在这一切的背后，暗藏着更深层的困难，那就是波兰的方法完全依赖于特定指示信号。英国现在需要一种全新的技术，艾伦第一次大展身手的时刻到来了。

英国的分析员们，立即着手制作60套打孔卡片，他们还想让第一种母鸡方法发挥一些余热，这种方法现在需要检查100万个盘位，"艰巨"这个词已经无法形容它了。与此同时，他们心里也很明白，一旦那个九字母的指示信号更改了，哪怕是最轻微的更改，也会让这些卡片瞬间变成废纸。他们需要更加通用的新技术，不依赖于特定的指示信号的新技术。

如果不考虑配线板的话，这样的技术还真的存在。比如说，意大利的谜机，还有佛朗哥势力在西班牙内战中使用的谜机，在1937年4月就被政密学校破解了。一种特定的破解方法，是基于辛科夫所说的直觉或猜词。这种方法是，分析员必须首先猜到一个词，以及它的确切位置。因为军事通信有很多典型特征，而且谜机不能把字母编码成它本身，所以这种猜词法并非不可能。如果已知连线关系，只要猜词正确，就可以很容易地推导出第一个转盘的配置，以及它的初始盘位。

这样的分析用人工就可以做了。但是在理论上，可以做出更机械化的方法，因为就算有100万个可能的盘位，也算不上是非常大的数字。就像波兰的炸弹机，机器可以逐个逐个地尝试每个可能的盘位，直到能够将密文中的猜到的词正确地转换成已知的明文。

在下面的图例中，我们忽略基础型谜机的内部细节，只将它看成是一个盒子，能把输入字母转换成输出字母。机器的状态用三个数字表示，也就是盘位。我们忽略中间和最里面的转盘的转动，假设它们是静止的，这在实践中是很重要的，但并不影响基本原理。

假设已经知道，有一台无配线板的谜机，能将 GENERAL 编码成 UILKNTN。这意味着存在着一个盘位，能将 U 转换成 G，转一格后将 I 转换为 E，然后是 L 转换成 N，以此类推。可以搜索所有的盘位，来找到这个特定的盘位，这基本上不会有什么障碍。最有效率的做法是同时处理这七个字母。要达到这个效果，需要七台谜机,将它们的盘位设定为各差一格,然后分别输入UILKNTN,看是否出现了 GENERAL。如果没有,所有谜机都转动一格,再重复这个过程,直至找到正确的盘位。最终,机器的状态会显示为:

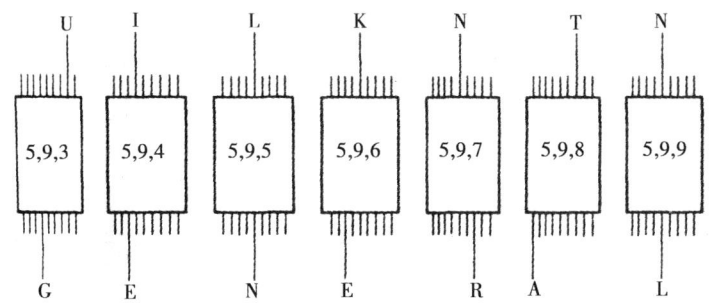

这些完全不超出波兰炸弹机的技术范围,很容易就可以连线并让它运转起来,当且仅当七个字母输出 GENERAL,就完成了一次工作。

即使倒退一段时间,这个想法也不是很难想到。牛津的物理学家 R. V. 琼斯,不久前成为情报部门的科学顾问,1939年末被派往布莱切利庄园。他与丹尼斯顿的副手爱德华·特拉维斯交谈,聊到目前的密码分析问题。特拉维斯提出了一个更有野心的问题,要实现自动识别德语。琼斯提出了很多种不同的方案,其中一个是:

根据输出的字母,在卡片的 26 个位置上的对应位置打孔……将做好的卡片经过一组光电管,每个光电管统计一个字母的数量。统计出来之后,用字母的频率分布与德语的普遍分布进行比较,普遍分布情况可以制成模板。

特拉维斯觉得艾伦会喜欢这个想法，于是把琼斯介绍给艾伦。但就谜机来说，中心方法仍在完全不同的方向上，它需要利用一个已知的明文片段。当然，现在的困难是，军用谜机使用了配线板，这种天真的搜索过程是不可能成功的，因为一共有150738274937250[1]种可能的配线方式，机器也无法进行这大规模的搜索。

不过，严谨的分析员们并没有被这个可怕的数字吓倒。巨大的数字本身，并不能保证自己不受攻击。尤其是对那位在普林斯顿玩寻宝游戏的人来说，他曾经从403291461126605635584000000[2]种可能的替换关系中找出了正确答案。这并非毫无头绪，因为 E 是很常用的，而 AO 是很少见的，通过类似这样的线索，就可以将大量的可能性排除掉。

可以看到，假设有一台谜机，只在输入转盘编码之前使用一次配线板，那么配线板引起问题就不难解决。我们假设这台机器会把 GENERAL 编码为 FHOPQBZ。

同样地，我们可以把 FHOPQBZ 输入七台相连的谜机，并检查它的输出。但是这一次，由于引入了一个未知的配线板，所以不能指望它会输出 GENERAL。但是这并不是徒劳，假设在运行过程中的某一点，机器的状态变成这样：

---

[1] 也就是 $\frac{26!}{10!\ 6!\ 2^{10}}$，实际上，若是 11 对字母，能增加的配线方式就很少了，如果是 12 或 13 对，反而会减少配线方式。

[2] 这是 26!，谜机每个转盘的连线关系也有这么多种可能。

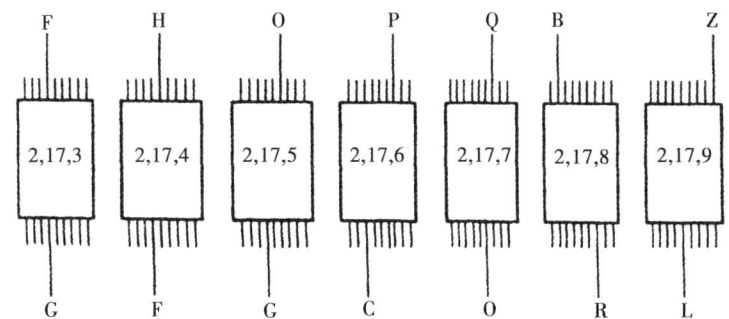

然后我们可以考察，GFGCORL 是否有可能通过配线板而编码成 GENERAL。在这个例子中，显然是不行的，因为没有一种对换，可以使第一个 G 保持不变，而第二个 G 变成 N，也没有一种对换，可以把第一个 E 变为 F，却把第二个 E 变成 C。当然，也没有一种对换，可以把 R 变成 O，但却把 A 变成 R。总之，以上任何一项观察，都可以排除掉这种盘位。

这个问题的一个思路，就是相容性。把密文输入谜机，输出是否与明文只差一组对换？从这一点看，上例中的（OR）和（RA），或（EF）和（EC），就会引起矛盾。只要有一个矛盾，就可以排除几十亿种配线关系。因此，数量的大小与密码系统的逻辑特性相比，就显得外强中干了。

这里面还有一个至关重要的发现，那就是该思路同样可以用于转盘两端同时使用配线板的军用型谜机。但这并不是马上就发现的，也不是由一个人发现的。这是花了两个月的时间，主要由两个人发现的。因为杰弗里忙于制作新的打孔卡片，所以由另外两个数学家，艾伦·图灵和戈登·威尔奇曼，来负责设计一种新机器，这种机器就是后来的英国版炸弹机。

破解工作首先由艾伦开始，威尔奇曼被临时派去进行通信分析了。艾伦首先想出，要将猜词和逻辑相容性搜索的过程进行机械化。波兰人已经机械化了一个简单的识别形式，但是它依赖于特定的指示信号。艾伦设想的这种机器更有野心，它要使代表结果的电流，流过一个假想的配线板，而且并不是简单地识别一个匹配，而是找出其中的矛盾。

图灵炸弹机

假设现在已知，有一台带有配线板的完整谜机将 GENERAL 编码成了 LAKNQKR。因为 GENERAL 在进入转盘之前，已经执行了一些未知的配线对换，所以现在不能在原型谜机中进行检查。但是我们还有别的希望。先只考虑一个字母 A。配线板对 A 的改变只有 26 种可能，所以我们可以考虑把它试出来。我们先假设（AA），也就是假设配线板不影响字母 A。

接下来，利用这样一个事实：字母在进入转盘之前和从转盘出来之后，经过的是同一个配线板。如果谜机用了两个不同的配线板，一个负责对换输入前的字母，另一个负责对换输出后的字母，那么这个故事就完全不一样了。还要利用一个事实，在下面的像一组"床位"一样的图中，存在一种很特殊的特性——闭合回路。我们从（AA）出发，进行一些推导，就很容易看到这一点。

现在考虑序列中的第二个字母，我们把 A 输入谜机转盘，并得到输出，比如说输出 O。这就意味着配线板一定包含（EO）对换。

现在看第四个字母，由（EO）就可以推导出一个关于 N 的对

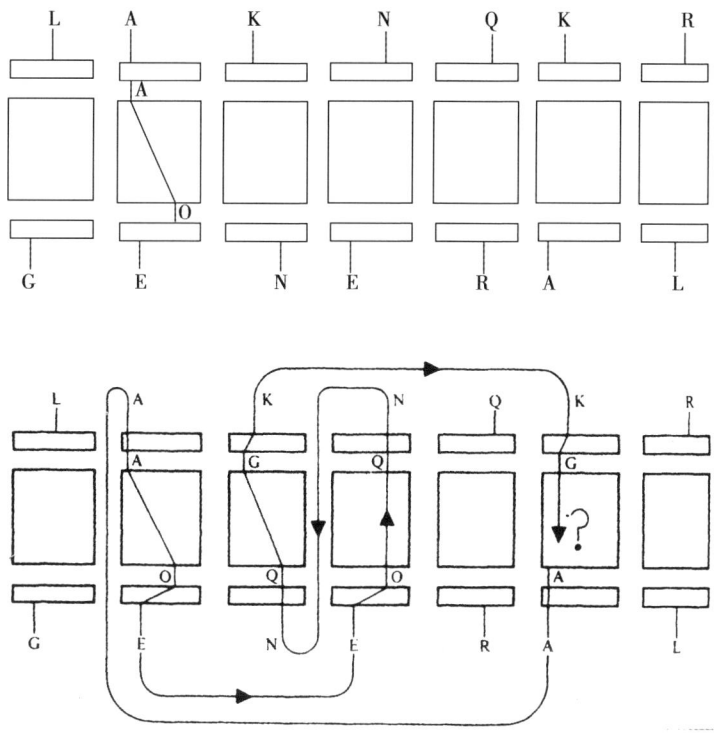

换,比如(NQ);现在由第三个字母又可推导出 K 的对换,比如(KG)。

最终我们考虑第六个字母,回路在这里闭合了,在(KG)和原本假设的(AA)之间,可能会相容,也可能会矛盾。如果发生矛盾,即说明原来的假设是错误的,可以把它排除。

这个方法并不理想。因为它完全依赖于床位中的回路,但不是所有的床位都有这种现象[1]。然而这个回路的想法确实是有用的，因为回路可以很自然转换成电路。它至少告诉我们，配线板不是一个无法逾越的障碍。

这只是一个开始，也是艾伦的第一步成功。就像大部分军用科研工作一样，最重要的并不是运用最先进的理论知识，而是运用最先进的研究方法，把它用在最基础的问题上。自动化的想法，在20世纪是很普遍的，并不是只有《可计算数》的作者才知道。但是，艾伦对于数学机器很有兴趣、对机械化想法很有兴趣，这是非常有价值的[2]。配线板的矛盾或相容，只是一个确定的、有限的问题，并不是像哥德尔定理那样，涉及变化无穷的数论。但是，形式化的数学概念和分析方法，仍然会在其中起到很大的作用。

1940年初，艾伦在新型炸弹机的设计中体现了这个想法。在英国报表机器公司的哈罗德·克伊恩的帮助下，该机器投入了实际制造，其进度之快，是和平时期无法想象的。这个工厂本来是利用继电器执行一些简单的逻辑功能，比如加法和识别，以制造一些办公室用的计算器和分类器。现在他们的任务是，用继电器来实现炸弹机的开关功能，识别出相容的盘位。艾伦是最合适的

---

[1] 关于得到回路的概率，可以用概率论和组合数学来回答，而这正是艾伦，或者说任何一位剑桥数学家的优势。如果像前面的例子一样，在一个词中就得到循环，这是很幸运的。而在实践中，分析员必须检查更多的床位，才能得到回路。而且，一个回路是不够的，因为有太多的盘位可以碰巧相容。更高的要求是，需要找到三个回路。

[2] 尽管如此，但炸弹机与通用图灵机并无关系。它比波兰炸弹机要通用一些，因为波兰炸弹机只能用于特定的指示信号，但除此之外，图灵炸弹机也只能用于特定的连线关系，而且需要事先猜出一组准确的床位，所以它也不算是严格意义上的通用。

人选，来决定需要做什么，因为他有丰富的继电器乘法机经验，能够洞察这种机器中的逻辑问题。在1940年，也许没有谁能比艾伦更适合进行这项工作。

然而，艾伦没有再使他的设计有什么大幅度的进步，在这一点上，戈登·威尔奇曼扮演了至关重要的角色。他加入了谜机密码分析组，并且带来了一项非凡的成就：他完全不知道波兰已经使用了穿孔卡片的方法，也不知道杰弗里手里已经有这套东西了，他自己重新发明了穿孔卡片方法。接下来，在研究图灵炸弹机时，他发现谜机的缺点还没有被充分利用。

回到图灵炸弹机的例子中来，我们注意到，刚才我们没有深入考虑另外两个线索，也就是图中的粗线：

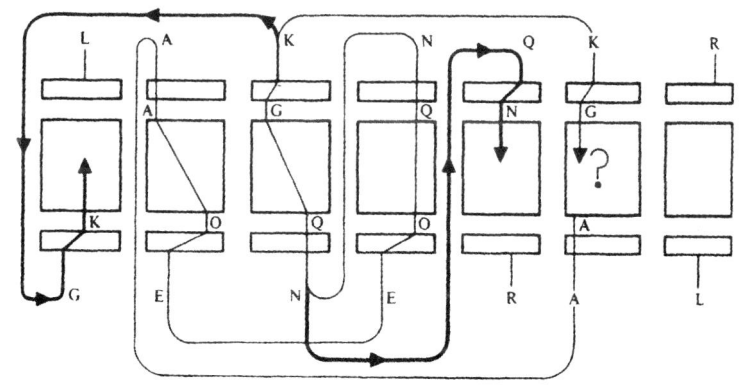

因为（KG）也意味着（GK），因此在第1床位，我们能够得到L的线索。同理，因为（NQ）也代表（QN），所以在第5个床位可以得到R的线索，而且这将进一步在第7床位得到L的线索。很明显，在这个闭合于第6床位的回路中，有可能会出现矛盾。事实上，并无必要为文本找到一个这样的普适回路，但是要想最大限度地发挥推导方法的力量，就确实需要考虑到从（KG）到（GK）的额外线索。

威尔奇曼不仅看到了这种进步的可能，而且迅速地解决了如何让机械程序处理更多的线索这个问题。只需要一个简单的电路，后来称为对角线板。这是一块 26×26 的方形板，上面有 676 个端子，每个端子代表一个像（KG）这样的，用电线斜对着连接起来，以使（KG）与（GK）是相连的。对角线板可以连接到炸弹机，并有效地提高它的效率。不需要额外的转换，每一步推导都靠实时的电流来实现。

威尔奇曼不敢确定自己解决了这个问题，于是他画了一张线路图，并确信它是好用的。他急忙跑到村头，把它拿给艾伦看，艾伦刚开始也有点怀疑，但很快就为它带来的进展而兴奋起来。这是一项非凡的成就，他们不需要再人工寻找回路了，而且只需要少量的床位就可以工作。

增加了对角线板之后，炸弹机拥有了几乎神奇的精度和速度。推出任何一个线索，比如（BL），就会立即反作用于明文和密文中的每一个 B 或 L。这使得每一步的线索都能发挥四倍的效果，有了它，炸弹机可以用于任何有三四个词的床位。分析员只需要从床位中选择十几个字母作为"菜单"，没必要包含回路，很多字母都会引出其他字母的线索。这将生成一个非常严格的相容状态，几十亿个错误的状态会以光速被排除。

这个原理，就像人们可以从一组公理中推导出很多定理一样惊人。在推导过程中，还有一个特别的巧妙的逻辑。像刚才描述的，每次操作需要对配线板进行一个假设。如果（AA）产生了矛盾，那么就去试验（AB），以此类推，直到所有 26 种可能性都试到。然后转盘才会转动一次，用同样的方法继续检查。艾伦发现，这是没必要的。

一般来说，如果（AA）产生了矛盾，而且此时的盘位是错误的，那么（AB）（AC）等就都会产生矛盾，所以就没必要逐个检查。而在盘位正确的时候，如果（AA）也是正确的，那就不产生矛盾，如果它是错误的，就会推导出除了正确的之外的每一种情况。也就是说，不需要逐个试验26种配线板假设，只需要抓住一种假设，当电流有1个终点或25个终点时，让炸弹机停止。这不是一项本质的改进，但这使速度提高到了26倍。对艾伦来说，这就像数学逻辑中，一个矛盾可以推出所有的命题。讨论到这一点，维特根斯坦说，矛盾不会带来麻烦，但现在正是这些矛盾，给德国带来了麻烦。

因此，炸弹机的逻辑原理是惊人的简单，就是追随线索的增长。但是要制造这样的机器，就不那么简单了。它有实际的性能要求，炸弹机必须在几小时内，而不是在几天内，检查平均50万个盘位，这意味着每秒钟要检查至少20个盘位。自动电话系统可以在千分之一秒内执行一次开关动作，但与此不同的是，炸弹机的组件需要高强度地，连续地工作几个小时，而且转盘也要一直同步运作。如果不能解决制造工艺的问题，所有的逻辑设计，都只不过是没有意义的梦想。

尽管炸弹机已经设计好了，并且开始制造了，但谜机的问题并没有完全解决。炸弹机并不能解决所有的问题。很重要的一点是，当出现相容的状态时，炸弹机就会停止，但此时并不一定就是找到了正确的盘位。这样的停止，有时候会意外发生。通过概率论，可以计算这种意外停止的概率。每当它停止，都必须由人工在谜机中检查，看它是否可以正确地将其他的密码也解成德文，直到找到真正正确的盘位。

前期的猜词，以及过程中的人工检查，这都不是小事。事实上，一位优秀的敌方加密员，会使这些事情变成不可能。使用谜机的正确方法就是，要使敌方无法猜词，比如在信息的开头中，插入几个随机的无意义字母，或者在长词中插入几个 X，在传输时进行"埋藏处理"，总的来说，就是在合法接收方能够理解的前提下，使用一些无法预测的非机械操作。如果能够充分做到这些，那么炸弹机就永远无法找到一组准确的床位。但是，谜机的使用者们太轻信这种聪明的机器了，所以经常会留下一些线索，被英国分析人员利用。

然而，即使他们解决了这些问题，并且学会了如何精准地猜词，但是故事还远远没有结束。问题在于，通信网络中每天都有上千条信息，如何确保每一条信息都能破解。这个问题的答案，取决于整套密码系统。在战前使用的简单系统中，指示信号是重复的三位字母，只要能破解一条信息，就能找到它们的底层设定，从而破解所有的信息。但敌人并不会一直这样乐于助人。而且，只有在切入整个通信系统，并且熟悉它之后，才能准确地猜词，从而使用炸弹机。但要想切入这套系统，又必须先让炸弹机投入使用。这就形成了一种互锁。

他们真的找到了办法，来解除这个互锁——用于德国空军 9 字母指示信号的打孔卡片。1939 年秋天，60 套打孔卡片制作完成了，并有一份复件，送到了维格诺尔的法国密码分析员手中。这是希望的曙光。自从 1938 年以后，他们再也没有破获过谜机的信息，所以他们无法保证这些卡片是否还有用。但是，这种希望是合理的，因为政府编码密码学校的记录表明：

> 今年年底，我们的使者带回了好消息：破解成功了……（10月28日，格林）[1] 通过……他送去的打孔卡片。我们立即开始研究（10月25日，格林）……这是我们国家在战时破解出的第一条谜机信息，在1940年1月初……德国对谜机进行新的改进了吗……在我们等待答案期间……又有一些1939年的信息被破解了。最终幸运的一天到来了……1月6日红机的信息也解出来了。其他信息也很快就解出来了……

他们的幸运保持着，打孔卡片使他们首先切入了这个系统。就像普林斯顿的寻宝游戏一样，每一步成功，都会为下一个目标提供线索，现在的下一个目标，就是更快速、更广泛地解码。像打孔卡片这样的，结合了代数、语言学和心理学技巧的特定方法，为更高的目标开辟了一条道路。但是这仍然不简单，因为规则一直在改变，他们必须全力奔跑才能追上。他们的打孔卡片及时赶上了，如果他们落后几个月，线索链就会断开，他们就永远无法追上了。1940年春天的情况尤其危险，而他们凭借智力和直觉，坚强地挺过来了。

现在，英方行动的主要特点，就是猜测和希望。对于战争如

---

[1] 威尔奇曼在前期对不同型号谜机的分辨工作中，用颜色来标识它们。红机就是指德国空军使用的9字母指示信号系统，绿机是指德国内政部使用的系统。在早期破解之后，绿机改为指代那些完全不可破解的谜机，因为它们是以很恰当的方式操作的。

何才能胜利，政府也完全没有主意。英国和德国，就像《爱丽丝镜中奇遇》里的叮当哥和叮当弟，他们都同意要打一架，但叮当弟英国却不愿意先动手，而叮当哥德国则希望打到六点就去吃饭。叮当弟的武器就是张伯伦的雨伞。红国王在东边打鼾，没有人知道他在做什么梦（连布莱切利庄园的人也不知道）。只要英国顶住，似乎扩张了的德国的封锁就会从内部崩溃。而英国既渴望又害怕"大乌鸦"飞过来，而眼下它正在大西洋的另一边，雄心勃勃地振翅高飞。

恰当地说，1940年3月，布莱切利庄园费时费力费钱，终于解出了德国空军的信息，但是结果却是，这些信息几乎只包含几首用来做通信试验的童谣。他们经常会突然感到一种不现实感。在剑桥也是一样，艾伦休假时，偶尔会回到剑桥，去研究数学或看望朋友。在国王学院时，他们排队进入防空洞（除了庇古，他拒绝向德国空军妥协），但预期的轰炸并没有发生。疏散到剑桥的孩子们，有四分之三已经在1940年中期回家了。

然而在圣诞节之前，战争还未结束。1939年10月2日，因为持续的战争，艾伦选择暂停了他的研究员职务，虽然他的数学基础课已经公布在课程表上了，但他不会去上。接着是芬兰的事。此期间，有次在帕特里克·威尔金森的房间里有个聚会，艾伦在那里见到了一位三年级的学生罗宾·甘迪。罗宾也在研究数学。虽然艾伦鄙视"不要动芬兰"这种胡扯，但他很喜欢罗宾，他没有恶心地走出去，反而温和地用苏格拉底式的追问，将他引到矛盾。

有一件事是真的，那就是海上的冲突已经发生了。就像在第一次世界大战一样，与英国交战那些岛国的强弱，影响了世界贸易经济。三分之一的货船是英国的,而且除了煤和砖之外,英国没用什么可以自给自足的。在封锁的情况下,德国可以通过引进欧洲的资源和劳动力而存活,而英国的存活则必须依靠海路,这就产生了严重的不对称。

海战将成为艾伦的特别职责。1940年初,不同的谜机系统被分配给各位首席密码分析员,他们被安置在布莱切利庄园的各个营房。威尔奇曼负责陆军和空军的谜机系统,在6号营房,并加入了许多新招来的人员。迪尔威·诺克斯也与一些新招来人员一起,承担了意大利谜机,这也被德国情报部门使用[1]。这些系统没有使用配线板,可以通过心理学方法来破解。而艾伦被分配在8号营房,领导研究海军型谜机。其他的营房负责截获信息并翻译破译结果。3号营房负责翻译6号营房破解的陆军和空军通信,而海军通信则由弗兰克·伯奇领导的4号营房负责翻译。

艾伦并不是很了解他的整个工作环境,他只熟悉4号营房的紧急气氛。这也许并不是个鼓舞士气的环境。他为海军工作,而海军只是很勉强地把他们的密码人员派到政密学校。保守的海军希望自己拥有自主权,作为世界上最大舰队的拥有者,海军认为自己有能力控制战争。但它实际上却失败了,它们没有学会这一点:海军不仅要依赖力量,还要依赖信息,因为枪炮和鱼雷必须在正确的时间打到正确的地方,否则打了就是白打。我们英勇的海军,实际上就像独眼巨人一样。海军的情报组织,在新生代的任何人看来,都是维多利亚时代的落后产物。

海军在第一次世界大战时成立了情报部门,到了和平时期,

---

[1] 诺克斯的工作在1941年3月的马塔潘角战役中,得到了非常好的回报。

这个部门基本上成了摆设。在1937年，海军情报部门既没有兴趣也没有能力来收集或宣传关于外国舰队的组织、部署与行动信息，这个情况比1892年好不到哪里去，他们使用过时的大量卷纸来记录日本、印度和德国战舰的行动……这些报告经常是滞后好几个月，而且只有四分之一是真实可靠的。海军情报部的行动组（只有一个兼职的官员），甚至没有订阅洛伊德的列表，这份列表至少提供了一个非常可靠的、关于世界上所有商船的每日日志。情报机关报告的关于战舰行动的报告，实际上都是不可靠的，因为要在海中确定船只的位置，比获取它们什么时候靠港的信息要困难多了。但海军上将却并不是真的想知道这些。

直到1939年9月，一位名叫诺曼·唐宁的新人使这种情况有了改观。终于有了卡片索引而不是大堆卷纸，与洛伊德之间也有了电话专线，另外还有了一个跟踪室，里面有及时更新的商船位置信息。与政密学校的联系则没有这么成功，事实上，这个第一次世界大战后由外交部接手的密码分析组织，一直被海军当作敌人对待。直到1941年2月，唐宁还打算要由海军重新控制它。

有远见的唐宁还成立了一个新的海军情报部门的子部门，即作战情报中心，取代了原来的行动部，来接收并处理来自各个渠道的情报。这在第一次世界大战期间是不可能的，这代表了一个革命性的进步。在战前，作战情报中心有36名工作人员。他们有许多困难需要克服，但是1939年的主要问题是他们实际上没有什么情报可处理。就像叮当弟一样，海军可以勇敢地进攻任何它能看见的东西，但问题是它几乎什么也看不见。

通常情况下，海岸司令部的飞机会看到U型潜艇，然后皇家空军会将此通知海军。空中侦察仅仅是雇了一名商业飞行员，去拍摄德国的海岸线。在欧洲的间谍提供的情报是很少的，最好的情报就是来自一个丝袜商人，他与德国海军邮局有联系，时不时能得到一些船只的邮政地址，因此能为它们的行踪提供一些零星的线索。当 1939 年 11 月拉尔瓦第号被击沉时，海军甚至无法知道敌舰是什么级别的。至于信号，不仅无法破解谜机的信号，而且德国海军：

> 在进攻波兰之前不久，部署了战时无线电程序，无法再利用他们的呼叫信号来跟踪他们的行动了。政密学校和作战情报中心对德国海军信号系统进行了几个月的研究……推导了一些结果。第一步是将 U 型潜艇和其他的通信系统区分开，这项基本的工作直到 1939 年末才完成。

直到战争爆发，政密学校的对德事务部海军司还只有一名官员和一名员工，直至 1938 年 5 月，连一个密码专家都没有。这只是在与德国的较量中失败的一个方面。这些情况在波兰人和炸弹机的帮助下，现在有所改善，但前景仍然不容乐观：

> 自从战争爆发，政密学校一直在研究德国空军的谜机，在海军通信上进展甚少。这么做有两个原因。一是空军通信量更大，二是，也是更重要的，海军在使用谜机时，比空军更为小心。因此，在 1940 年初期，政密学校只解出了 1938 年的 5 天信息，并且发现海军的机器相比于空军进行了根本性的改进。1940 年截获的少量海军信号确认了，虽然一次只使用 3 个转盘，但海军一共有 8 种转盘，他们不是 5 选 3，而

是 8 选 3 ……

为了找到一个切入点，艾伦现在需要更多的东西。从 1939 年 12 月以来，政密学校已经让海军知道，这种需要是非常紧急的，但是海军却基本上无动于衷。但是战争发生了（至少在海上），这说明德国专家的工作，必然基于一个假设，那就是谜机本身有可能被缴获，落入敌方手中。实际上也确实如此，7 个月后，波兰在 1940 年 2 月从 U-33 中缴获了三个谜机的转盘。但是，这并没有给下一步进展提供充分的基础。这台海军机器是远远不够的。如果德国海军能更加正确地使用这台机器，不要愚蠢地把三个字母重复两遍，那它就不会被波兰人利用。而且一些和平时期的通信，会为破解工作提供一点微薄的线索。

然后，海上的战争蔓延到了陆地上，德国攻击挪威，打翻了英国的算盘。英法的反应毫无作用，因为德国密码分析部门能够破解他们的大量通信，实际上他们从 1938 年开始，一直都在做这个，而且这项工作取得了很明显的效果。在这场战役的后期，英国皇家海军本土舰队的总司令抱怨说：“非常令人尴尬，敌军总是知道我们舰队的位置……而我们总是在被他们击沉一部分之后，才能知道他们的主力位置。" 6 月 8 日，在最后从纳维克撤退时，英国的光荣号航空母舰，被德国的沙恩霍斯特号和格奈泽鲁号战列巡洋舰击沉。作战情报中心连光荣号的位置都不知道，更不用说德国军舰的位置了，他们还是从一个公开的胜利广播中得知了这次击沉。

挪威将布莱切利庄园卷入了战争，他们用手工的方法，解出了空军和内务部的一些通信，揭露了很多关于德国行动的情报。

对于海军来说，4号营房做的通信分析工作，其实可以帮助光荣号，但是他们却没有利用这些信息，否则挪威的局势也不会发展到这种地步。作战情报中心现在不得不注意布莱切利了，他们意识到，海军迫切地需要一个更优越的情报机关。在战争开始时，海军是彻底无知的。4月9日，当海军下令打响纳维克的第一场战斗时，它还以为德国在那里只有一艘军舰，而实际上，德国已经有十艘驱逐舰在该港口集结了。

在这样的情况下，一个几乎是奇迹般的，能帮助艾伦解决海军谜机的机会被错过了。因为

> 4月26日，德国巡逻艇VP2623，在从德国到纳维克的途中，被英国海军俘获了，并从中得到了一些文件……如果在大肆洗劫VP2623之前能够仔细检查它一下的话，还会得到更多的信息。海军立即发布命令，禁止再发生这种毁灭性的粗心大意的行为。因为那些解码信息几乎都被破坏了，只剩下一些关于德国在挪威战役中的损伤程度的信息。

缴获密码设备是在意料之中而且被允许的，但是那些记载着当前指令的、脆弱的、易溶于水的文件[1]，则完全是另一回事。

然而，内阁的剧变意味着，温斯顿·丘吉尔现在要收拾这个乱七八糟的局面了。"禁止再发生这种毁灭性的粗心大意的行为"，这是一个重要变革的象征。他们必须要重视情报，否则就会输掉这场战争。

---

〔1〕后文称为软件。

与此同时，关于德国空军谜机，布莱切利在1940年初的成功，向实际使用迈出了第一步。他们的进展举步维艰，因为在1940年5月1日，德国专家在除了黄机[1]之外的谜机上，全面引入了新的指示信号。穿孔卡片刚刚准备展开它的寻宝之旅，就已经变成废纸了。但是在5月1日的变化后的几天里，德国错误地同时在新旧两套系统中发送信息。所以到5月22日，6号营房能够通过空军信号破解新的红机，而且在那天之后，几乎每天都能破解它。然而在那个时候，德军已经到达索姆河，并继续向敦刻尔克挺进了。布莱切利的成功，在第一阶段的西线战事中，没有来得及揭露德国的意图。事实上，英国有整整两个星期，完全不知道敌人要干什么，在内阁的记录中，关于战争的讨论一直围绕着荷兰和比利时方面。等他们发现真相时，已经为时太晚，有心杀敌却无力回天。

但是现在，第一台炸弹机开始运行了，也许1940年5月时运行了一台图灵的原型机，在8月之后，又运行了更多的对角线板改进型。自然，这个机器大大提升了速度和适应性，政密学校用它来破解每天都在变化的谜机系统。炸弹机没有安置在布莱切利，而是放在各个外面的工作站，比如白金汉偏远角落的盖赫斯特庄园。负责管理机器的，是皇家海军女勤队，她们都是女大学生，不知道自己在做什么，她们也不需要问理由，只是给机器装上转盘，然后打电话给分析员，告诉他们机器在什么状态下停止。这些机器令人印象深刻，非常精致，在推导线索时，继电器发出咔哒咔哒的声音，就像一千根针在编织。

---

[1] 黄机是内务部在挪威战役期间临时使用的系统。

布莱切利的军官们,都对炸弹机的操作感到震撼。机密部门的官员,F.W.温特伯汉,说炸弹机就像布莱切利和作战情报中心的占卜师。他们的发现表明,信息是一件大事。如果爱德华时代的军事通信也采用密码机器,那么炸弹机就会以机械化大生产的速度源源不断地提供军事情报。

在第一次世界大战中,第40室在海军中隐秘地工作,但他们得到的情报,与审讯得到的结果从来都不一致。只有在1917年秋天,当U型潜水艇不可一世时,负责追踪它们的官员,才得以得到一些信息,这就好像左手不知道右手在干什么。虽然海军的密码分析工作相比于英国的其他方面来说,已经算是好的了,但是第40室的工作方式,仍然是无记录无索引,对不具有眼前价值的东西就立即丢弃。

直到法国沦陷,人们才意识到这次战争与1915年不同了,第40室的恶习才被纠正。波兰人、威尔奇曼,还有艾伦·图灵,他们已经造出了炸弹机,他们不会再重蹈覆辙了。用机器来破解机器,谜机产生的密码被机械地破译成直白的语言。每天都能解出当天的设定,然后得到丰富的情报。这是最基本的一步,现在他们需要更进一步的破译机,以便:

> 信息中除了正文之外,还有很多隐晦的语言——机构、设备、地图、坐标、位置代码、人名代码、行话、缩写,还有一些秘密标记等。比如说,德国人的坐标经常是基于1:50000的法国地图,而英军已经不用这套地图了,而且无法搞到它。政密学校只能通过德国的情报,把它慢慢重绘出来。

因此，3号营房的档案系统，需要把德国系统作为一个整体反映出来，来给密码通信赋予意义。只有做到这一点，谜机的破解才能带来真正的价值。破解它们不是为了得到有趣的谜语，而是要了解敌人要干什么。没有他们，欧洲就是一片空白，有了他们，才有可能看穿迷雾。

这种解密没有先例可循，也不知道该如何进行。在1940年，最紧迫的问题是，如果不追究来源，如何让人相信这些情报。之前因为有间谍的作用，这些情报一直都被忽略了。结果就是到了后来，没有一个军方官员认真看待它们，因为它们的可靠性"只有80%"。直到有了"占卜师"的说法，他们才开始考虑更好的安排，到法国去对德国空军通信进行破译。

停战的消息传来的那个下午，布莱切利庄园不值班的人员带着典型的英国式镇定在玩球[1]，压力太大没什么好处。在接下来的几个月里，英国的眼睛和耳朵主要都是靠雷达，但在这一年的后期，是谜机的破解工作提供了关于德国空军的导航系统的情报。雷达无论是在技术发展上，还是在皇军空军的部署规模上，都比布莱切利领先三年，布莱切利这个不太协调的机构，完全施展拳脚的时机还没到来。

在布莱切利的圈子里，没有任何的英雄主义的虚伪。不仅是因为情报工作是最绅士的军事工作，也不仅是因为大家心里都只是想着做好自己的事、少惹麻烦，而是因为更高层的原因，那就是密码分析工作其实是很有意思的。不但有钱拿，有荣誉，还能

---

[1] 他们也许非常担心德国可能已经知道谜机被破解了，但是目前还没有相关的证据来表明这一点。

满足好奇心。对于专业数学家而言,能够把一些基本的想法付诸实践,而不是一味地埋在超前的知识当中,这简直就像度假一样有趣。这就像是纯粹地在解一道《新政客》中的谜题,不同的只是,没有人知道是否真的有解。

1940年,艾伦有一个计划,要保护他的积蓄不受眼下灾难的影响,但他的方案却很搞笑。晨佩侬注意到,在第一次世界大战期间,白银可以用来保存货币价值。于是,他和艾伦都要投资银块,但当晨佩侬谨慎地把他的白银存入银行时,艾伦却以他的个性不出所料地决定,把他的"埋藏程序"做个彻底。

艾伦打算把银锭埋到地里,等击退侵略后,再把它们挖出来,而且这至少可以逃避战后的资本征收。(在1920年,丘吉尔和工党很擅长这种措施。)这是个古怪的想法,对战争结果的悲观设想是可以理解的,但如果真的有入侵,即使是最小规模的入侵,密码专家们也会进行疏散(就像波兰人逃到法国那样),在这种情况下,他应该采取一些便于运输的方式来保护他的积蓄。他花了250英镑,买了两块银锭,用一辆破旧的婴儿车,把银锭运到绅利附近的树林里。一块埋在树林里,另一块埋在桥下的河床里。他写了一份找回银锭的指南,并把它编码成密码。有一份指南被装进一个瓶子,埋在另一座桥下。艾伦很喜欢讨论应对战争的巧妙计划,有一次他还对彼得·吐温透露了另一个计划——买一箱子剃须刀刀片。这个想法更古怪,想象一下沦陷后的英国,艾伦坐在街角叫卖他的刀片。

1940年8月或9月,艾伦有一个星期的假期,他与鲍勃一起度过,他很关心这个男孩。艾伦安排他们住在一个很好的旅店,这是威尔士的一座城堡。对于鲍勃来说,第一个学期不出所料就像地狱一样，但他和艾伦一样，坚强地挺过来了，而且至少没有遇到一般公学都有的反犹太主义。艾伦问了一些他的过去和家庭，但他们无法聊起来，因为鲍勃想要尽力地忘掉过去，而艾伦没有能力治愈他的悲伤。实际上，他可能永远不知道在曼彻斯特发生的一幕：鲍勃哀求磨坊主把他的母亲从维也纳救出来，但他们却无能为力。

他们一起钓鱼，在小丘上散步。过了一两天，艾伦委婉地提出了性要求，但鲍勃立即粗暴地拒绝了。艾伦没有再提，这也并没有影响度假。鲍勃意识到，艾伦心里可能从一开始就藏有这个企图，但他并没觉得艾伦是在利用他，他只是对此不感兴趣而已。

丘吉尔完全没想过这些，他号召英国人民谨守自己的责任，还说帝国会常青一千年。但是责任和帝国并不能解开德国密码，而丘吉尔却从未期待过艾伦·图灵。

如果说直接侵略的危险减小了，那么对贸易的攻击，就是对英国运转机制的侵略。在战争的第一年，被U型潜艇击沉并不是最重要的问题，更重要的是海峡和地中海贸易的中断，还有英国港口吞吐量的减少。

不过，从1940年末开始，情况变得清楚了。英国的商船队需要供给一个离敌人的大陆只有20英里的岛，而且中间经过了一个潜艇遍布的海域。

英国还要维持全球的贸易网点，而且为了保持交战状态，还必须去攻击意大利，对英国来说，意大利现在就像新西兰一样远。他们吸取了1917年的教训，自从战争爆发以来，就部署了护航措施，但经济拮据的海军，无法将商船队一直送进大西洋。现在，德国在几个星期内，就拿下了他们四年来一直设防的目标，那就是法国在大西洋海岸的潜艇基地。

要想阻止德军在海上的胜利，现在只有一根救命稻草了。像1917年那么强大的U型潜艇力量，在1939年时还没有组建起来。丹泽的虚张声势表明，希特勒是跌跌撞撞进入战争的，那时邓尼茨只有不到60艘潜艇。缺乏深谋远虑的种种行为，使这个数量级一直保持到1941年末。虽然U型潜艇在法国崩溃之后数量激增，令人恐惧，但这本身并不是英国的灾难。

为了保持战时政策正常施行，英国每年需要进口3000万吨物资，为此他们拥有3000万吨运载力。1940年6月之后的一年间，潜艇的攻击平均每月会造成近20万吨运力的损失，这个损失刚好能够按时补充。但是大家看到，U型艇的力量现在增大到三倍，而且带来了相应加倍的效果，这会使供给力和运力储备变得逐渐枯竭。每艘潜艇至少会击沉20艘船，而且当它潜入水底时，拿它一点办法也没有。要想对付潜艇，相比于物理的力量，更关键的是逻辑上的力量。德国的失败就在于，没有利用这个极大的优势，来追打它唯一存留的敌人，反而给了这敌人喘息之机，容他们发展出了新型的通信武器，来发挥逻辑的力量。

艾伦现在已经开始研究海军谜机了，后来（有段时间）彼得·吐温和肯德里克也加入进来了。文书工作由一些被叫做"大屋女孩"的女性人员来做。1940年6月，又雇用了一名新的数学家：琼·克拉克，她是几个"男专家"中的一员，但实际上是个女性。行政部门坚决不同意授予她同等的报酬和级别，于是她只好被排到语言学家级别，这个级别是战前机构为女性专门设立的，特拉维斯说，如果将她编为皇家海军女勤队的官员，可能会得到更好的报酬。总之，营房里的剑桥气氛更浓了。她刚要读第三年，就被戈登·威尔奇曼招到布莱切利了，在她读第二部分课程时，他曾教她射影几何。她的哥哥是国王学院的研究员，她在剑桥见过艾伦一次。

在1940年夏天，艾伦·图灵发现，自己拥有了指挥别人的地位，这是公学毕业之后的第一次。就像在公学一样，女勤队和大屋女孩扮演了跟班的角色，而且他要负责接洽武装部门的成员。艾伦应对文秘和各种行政事务的方法，就和因获得奖学金而被任命为监督生的时候一样。另一方面，一个值得注意的与公学不同的地方是，这使他第一次接触到了女性。

在1940年的余下时间里，海军谜机没有多大进展。4月的缴获事件虽然浪费了不少，但还是给他们带来了一些要研究的东西，也正是这个原因，使琼·克拉克被调到了8号营房。

这是1940年5月期间，政密学校能够解读上个月6天的海军谜机通信，因此增加了大量关于德国海军的加密方式的经验。政密学校能够确定，虽然德国的商船仍采用手工方式加密，但他们的海军单位，哪怕是最小的，也全面部署了谜机。还有更重要的是，他们只使用两种型号的谜机，内务型和外务型。潜艇平时与水面单位共用同一种，而在水下操作时，会改为使用外务型。

但是，在4月和5月间，只有5天的通信被破解了，而且随着了解的深入，政密学校看到了最令人恐惧的事情——德国海军有95%的通信是加密的，而且是内务型谜机，很难破解。艾伦的研究表明，如果没有更多的资料，就不可能再有什么进展了。当他们等待的时候，艾伦并没闲着，他提出了一套如何利用新资料的数学理论，这比建造炸弹机还要困难得多。

第四章 解谜接力赛

对于密码通信，有的人可能会凭着经验说出个四五六，但现在的目标是机械化大生产，必须把模糊的直觉变成精确的机械过程。这其中需要的许多理论工具，在18世纪就已经构建好了，但对于政密学校来说，这些还是很新鲜的。英国数学家托马斯·贝叶斯已经将反概率形式化了，反概率这个术语是说，对于一个结果的原因的概率，而不是对于一个原因的结果的概率。

艾伦的基本想法就是计算原因的概率，人们经常不需要思考就在进行这种计算。一个典型的例子是：假设有两个盒子，一个装着两个白球和一个黑球，一个装着一个白球和两个黑球。那么有人猜哪个盒子是哪个，他可以进行一次实验，从某一个盒子中取出一个球（当然，不能看里面），如果是白的，根据常识判断，它来自包含两个白球的盒子的概率，是来自另一个的概率的两倍。贝叶斯理论对这个想法给出了更严格的描述。

这个理论有一个特性：它不是针对事件的发生，而是针对认知状态的改变。实际上，记住这一点是非常重要的：实验只能使概率发生相对的改变，而不会产生绝对的改变。得到的结论，总是取决于实验者一开始的先验假设。

为了给出这个理论形象化认识，艾伦喜欢想象一个极理智的人基于假设来打赌。他喜欢打赌这个想法，并在其中引入概率。在前面的例子中，实验的结果会这样或那样地使概率增加一倍。如果做更进一步的实验，概率最终会增加到非常大的程度，虽然理论上说永远无法达到100%。或者说，这个过程可以看成是在积累越来越多的证据。从这点来看，更自然的想法是，给概率加上了一些东西，而不是乘法运算。通过引入对数，就可以形式化这个想法。美国哲学家 C. S. 皮斯在1878年提出了一个相关的想法，称为证据权重。这个想法的核心是，科学试验会给出一个数字的证据权重，来增加或减小预设的概率。在前面的例子中，白球会将"来自有两个白球的盒子"的假设增加 log 2 的权重。虽然这不是个新想法，但：

> 图灵率先认识到，有必要为证据权重取一个单位名称。当对数的底为 e 时，他称这单位为 1 自然板，底为 10 时就是 1 板……参考分贝，图灵引入分板来描述 1/10 板。之所以称为板，是因为有一个板布里镇，在那里印刷了很多卡片，从而使证据权重应用到了一个重要的密码分析过程中。

1板的证据，可以使一个假设成立的概率增大到之前的10倍。而与分贝类似，1分板大约是人类直觉能够感觉到的证据权重的最小改变。艾伦把直觉机械化了，他准备把它放进机器，让它积累分板，并做出理性的决定。

艾伦用了几种不同的方式来提出这个理论。最重要的应用，就是一个新型的试验过程，后来被称为顺序分析。他的想法是，通过某种方式为证据权威构造一个目标，然后一直进行试验，直到达到这个目标。相比于事先决定要做多少次试验来说，这是一个非常高效的方法。

艾伦还引进了一个原则，通过一个试验产生的平均证据权重，来衡量试验的价值。他甚至还思考一个试验产生的证据权重的方差，来测量它的稳定程度。通过整合这些想法，艾伦开创了猜测的艺术，并应用于20世纪40年代的密码分析。又是典型的图灵作风，他完全是靠自己研究出来这些，他不知道过去的发展

（比如他根本不知道皮斯定义了证据权重），而且他只用自己选择的理论，而不用 R. A. 费舍尔在 20 世纪 30 年代主张的统计方法。

因此现在，当他们假设一个床位"可能"是正确的，或者一个特定的转盘"可能"是最外面的那个时，就有办法把微小线索的证据权重，用系统的、理性的方式累积起来，并可以设计一个过程，最大限度地利用他们掌握的信息。要知道，他们节省一个小时，就能让一艘潜艇多航行 6 英里。

刚过 1940 年末，理论开始转为实践。大约在 12 月，艾伦写信给肖恩·怀利邀请他加入，那时他正在威灵顿学院任教。他大概在 1941 年 2 月到达。不久，一位国际象棋冠军休·亚历山大，从布莱切利的其他地方调到 8 号营房。亚历山大也来自国王学院，他毕业于 1931 年，因为在国际象棋上花了太多的精力，所以没有当上数学研究员。他在温彻斯特任教，后来成为约翰·李维斯集团的研究主管。战争爆发时，他和英国其他的国际象棋大师一起，正在阿根廷参加 1939 年国际象棋奥林匹克竞赛，并被抓起来了。后来英国队成功回国，而德国队却没有，这使英国感到很欣慰。1941 年 5 月，年轻的数学家 I. J. 古德从剑桥调到 8 号营房，8 号营房再次增添了力量。但是在那时，一切局面都已经不同了。

> 当我到达布莱切利时，国际象棋冠军休·亚历山大来车站接我。在走向办公室的路上，休给我讲了许多谜机的秘密。当然，我们并不是故意要在办公室之外谈论这类事情。我永远都不会忘记那次绝妙的谈话。

艾伦·图灵的想法，已经体现在工作系统中了。核心是炸弹机，周围还有打孔卡机器，还有大屋女孩在生产线上工作，使猜词过程像预想的一样有效。他们开始为战争做贡献了。

第一次有计划的缴获，发生于1941年2月23日挪威海岸的罗弗敦岛突袭期间，这意味着，有人要为艾伦想要的谜机指令而丧命了。德国的克莱勃斯号武装船被击毁，指挥官没有来得及破坏机密文件就被杀了，从这里得到的情报，足够8号营房解出整个海军1941年2月直到3月10日之前的通信。

对于那些截获信息的人来说，时间滞后是令人极其懊恼的。与其他部门的绝大部分报告不同，海军的信息必须是最有用的信息。比如其中一条解码信息写着：

> 海军领事华盛顿报告护航2月25日塞布尔岛东部200海里。13艘货船，4辆坦克100000吨。货舱：飞机零件、机器零件、卡车、军需品、医药。护航的可能是HX114。

然而，当3月12日破译这条信息时，已经晚了三星期了，没法做出什么反应，只能惊奇一下这位海军领事是怎么知道这些的。两天后，他们读到一则来自邓尼茨的信息：

> 自：海军潜艇指挥部
> 护送U69和U107的舰队将会在3月1日0800点到达2点方位。

追踪室在两周前就想要这条信息了，最好还能知道2点方位是什么地方。这需要靠积累更多的通信才能解释。比如：

第四章 解谜接力赛

英国船安契西斯在 AM4538 被空军击毁。

只要他们不像第 40 室那样把这条信息扔进废纸篓，那么它就能指示出 AM4538 的具体方位。

他们没能破译 1941 年 3 月的通信，但是紧接着 8 号营房迎来了一场胜利，他们没有依靠更多的缴获，就破译了 4 月的通信了。4 月和 5 月的信息，都通过密码分析方法破解了，他们终于攻入了敌方的系统。4 号营房现在可以直面敌人了，因为有了这样的信息：

    自：海军指挥部斯塔万格

    给：海军西海岸　　［4 月 24 日信息，于 5 月 18 日破译］

    敌报　　　　　官员 G 和 W

    最高海军司令（第一行动部）线号 823/41 re

    被捕瑞典渔船：

    （1）行动部门确信，瑞典渔船的任务是侦察英国想要开发的矿产。

    （2）确保不让瑞典和英国获知他们被捕。暂时制造一个渔船已被水雷击沉的假象。

    （3）在新的命令下达之前继续扣押船员，并发来一份详细的审讯报告。

还有一些更讽刺的：

[4月22日信息，5月19日破译]

自：C海军的C

因潜艇战役，必须严禁未经许可的人员读取通信信号。我再次重申，所有未接到行动部门或海军潜艇指挥部的命令者，严禁接收潜艇行动频道。若违反此命令，将被视为危害国家安全的犯罪行为。

虽然有几个星期的滞后，但这些信息对于积累破解经验而言，仍然是很有价值的。当然，减少滞后也是极为重要的。1941年5月末，他们已经能把滞后时间缩短到一天。有一条信息在一周内被破译：

[5月19日信号，5月25日破译]

自：海军潜艇指挥部

给：U94和U556

领袖已授予两位舰长骑士铁十字勋章。在这荣获赞誉之际，我向你们表达诚挚的祝贺。祝你们保持好运和成功。击败英国。

现在要击败英国，可没有他们想象那么简单了。这些信息虽然有点滞后，但仍然能泄露德国的计划。当5月19日俾斯麦号从基尔出发时，由于三天多的滞后，8号营房无法获知它的航线。但在5月21日清晨，一些4月的信息确定他走的是贸易航道。之后，海军用更传统的方法得到了一些情报，包括用错误的地图进行无线电定向。但在5月25日，一台空军型谜机最终泄露了正确的答案。事态的发展非常复杂，海军型谜机在这里只起到了一些间接作用。但是，假如俾斯麦号晚一个星期起航，那事情就会非常不一样了。8号营房正在迈出新的一步。

他们从一些过去的资料中，得到了一条有力的线索：

> 研究过2月和4月的秘密通信后，政密学校能够确定地表明，德国把气象船部署于两个位置，一个在冰岛北部，一个在大西洋中部，而且，虽然他们的常规报告用气象密码发送，但船上却装备了海军型谜机。

这一次对枯燥材料的巧妙分析，是新人和新方法的胜利，其中艾伦亦有贡献。海军绝不会有精力和智力来做出这样惊人的发现：这些脆弱的小气象船，在向德国供应秘密。他们现在开始准备策划一系列缴获行动了。

1941年5月7日，慕尼黑号被发现并缴获了。它泄露了的谜机的设定，使艾伦这边能够实时地破译6月的通信。终于，他们可以毫无滞后地掌握德国的当日战术了。6月28日，他们又缴获了另外一艘气象船劳恩堡号，从而得到了7月的设定。与此同时，5月9日发生了一个意外，但最终却出色地控制了，一艘护航船发现并击毁了一艘想要攻击它的U-110潜艇。在极短的时间内，公海上进行紧急行动，他们登上潜艇，并且完整无缺地带走了所有密码资料。他们吸取了1940年的教训。这些资料回答了一些尚未解决的问题，包括潜艇传送侦察报告时使用的密码手册，以及海军军官专用的特殊设定。这些高级信号会在潜艇内进行双重加密。对8号营房来说，即使解出这些信号的当日设定，并且执行解码程序，得到的结果仍然是杂乱的。这些需要双重破解，才能得到最隐秘的潜艇行动机密，而现在他们已经有条件来做这件事了。

逐渐增加的经验，迅速被海军应用到实践中。1941年6月初，海军通信几乎可以实时破译了，以致他们抢在俾斯麦号之前扫清了先行进入大西洋的运输船，除掉了八艘中的七艘。然而，这次斗牛犬行动引出了一个令人不安的问题。在8号营房中，每当他们解出潜艇会合点等信息时，他们就会天真地以为，有了这么好的情报，就可以轻而易举地除掉那些潜艇了。1941年6月，海军大概也是这个简单的想法，直到后来有人表示担心，俾斯麦号的沉没，以及一系列沉船事件，有可能会让德国当局警惕到，密码系统可能被破解了。

事实上，这次行动确实出卖了艾伦的成功，德国当局立即意识到，运输船的方位必定以某种方式被敌方截获了，并展开了调查。然而，他们的专家却排除了谜机被破解的可能性，反而归因于在德国身负盛名的英国情报局。这个判断与事实真相差距太远。他们直接将谜机被破解的先验概率设成了0，所以就没有证据权重能够使它增加了。

这是一个错误，当线索如此隐秘的时候，人们很容易犯这种错。在布莱切利，行动部门向8号营房解释，今后不会再这么草率地利用破译的信息。炸弹机的方法就像是走钢丝，一旦德国人对所有信息都进行双重加密，那就没有那么多床位了，然后所有的人都要陷入迷茫。只要德国人怀疑到有什么东西出错了，这种改变就随时随地都有可能发生。艾伦是站在刀尖上的人。

从1941年6月中旬开始，海军意识到，从谜机破译出的信息

（那时基本上是空军型谜机）应该作为极高级机密，记在特殊的一次性卡片上。其他各部门也开始适应并利用这些情报了，他们在战场前线和国内各处设立了特殊的联络机构，负责接收和处理来自布莱切利的信息。

但是，要使头脑和拳头完全配合协调，还有很长的路要走。在这方面，海军面对的变化太快了，一年前是信息太缺乏，而1941年中期，却是因为信息太多而疲于奔命，他们就在这困境中，努力地摸索着前进。必须将庞大的德国系统映射到英国的系统中，这是一项新时代的工作，超出了作战情报中心的能力。

1940年末，又有一项新措施。一位名叫罗杰·温的大律师，取代了原来的海军会计长，负责作战情报中心的追踪室。温认为8号营房提供的情报应该落实到行动中，这是一颗富有想象力的大脑，他的想法是，敌方潜艇要去哪里，我们的护航队就绕开哪里。尽管起初有很多反对意见，但随着1941年春天到来，这个新奇的想法被越来越多的人接受。温考虑到：

> 试一试是值得的，只要我们超过平均值，有51%的时间在做正确的事，那么从拯救生命和舰船的角度来说，为了这1%也是值得做出努力的。

无论这对海军来说有多么新颖，但这个主意几乎不符合顺序分析的原则。而且，当破译出来的信息通过专线传达给作战情报中心时，情况又回到了50年前：

> ……温仍然只有不到12个助手，而他们要处理的，不光是德国潜艇的方位，还有英国的战舰、护航队、独立航线的方位，还要规划大西洋航路。这些都是他们的重要任务，他们要处理的信息每时每刻都在不断地涌入，这些信息关于攻击、侦察、维修，还有来自海岸指挥部和渥太华、纽芬兰、冰岛、弗里敦、直布罗陀和开普敦的指挥部的行动、计划以及海军的贸易分配问题。他们又走上了1916年第40室的老路，只有事情到了火烧眉毛才会注意到。每当信息送达时，一方面出于安全考虑，一方面确实是缺乏人手，温只能自己一个人来处理并归档。他没有打字员，也没有档案员。

无论一个人的能力和奉献精神有多么强大，都不可能处理一个如此大规模而重要的信息系统。如果说布莱切利的成功是得益于英国传统的合作与认真之美德，那么它同样饱受了英国传统的迟缓和吝啬之苦。在4号营房，他们有自己的追踪图来简化坐标查询等工作，在有效侦察或引导护航队等方面，他们工作起来要比作战情报中心容易得多。

但是，在作战效率方面，此时还有一个更深层次的问题。在这个时期，这些年轻的科学家和学者们，内心都产生了一种联想。从很多方面来说，对于艾伦这一代人，这场战争就是在延续1933年的冲突。那时候他们不服从无脑领袖的领导，他们迫使政府采取中央计划和科学手段对大萧条进行补救。现在，布莱切利就处在一个这样的漩涡的中心。在1941年：

> 政密学校的规模在战前16个月时的基础上扩大到了4

倍。1941年初，它的组织结构十分混乱。部分原因是因为规模的迅速增长和行动的复杂性，这些超出了管理人员的经验范围。

这不是一个利落统一的组织，而是一个松垮的团体聚积物，每个小团体都按照自己的想法向前走，他们尽自己最大的努力，把信息灌输给相关的军事领导，以避免事情变得太迟。这些知识分子发现，自己处于前所未有的位置，他们丢弃了和平时期的规范结构，自行组织了一个新的结构。这次战争太重要了，不能任由那些将军和政客们来操纵。他们：

> 招募人员并分配到原有的各个部门，以及同时期迅速增长的各个小组。他们全凭各自的能力和特点，完全缺乏统一性。这促成了政密学校的兴旺发展，但也使它失去了等级意识。

部门领导们则非常愤怒：

> ……部门内部和各部门之间的混乱局面，已经成为政密学校每日的常态，这里的带头人，全是无组织、无纪律的战时人员。

艾伦躲在4号营房中，避免与部门高层直接接触。正是他的工作引起了麻烦，他是最无组织、无纪律、无级别意识的一个人，或者说，是军方的一个噩梦。

更准确地说,他对官衔等级的漠视,伤害到了某些人。密码分析员关注的,只是自身的才能和速度。这是一种希腊式的民主,但对军人来说,这就是一种混乱。8号营房就是知识分子中的贵族,这是一个完全适合艾伦的地方。休·亚历山大看到:

> 他对一切华而不实或官僚作风的东西,都极其不耐烦,确实,那些东西对他来说是无法理解的。在他看来,权威要基于理性,评价你的唯一标准,就是你比其他人更适合眼下的项目。他不会处理非理性的问题,他很难相信,竟然不是所有的人都依据理性做事。他不懂得像其他人那样,在必要的时候忍容傻子和骗子。

问题是,艾伦不得不面对组成这世界的其他人。知识分子倾向于天真的猜想,而军方的存在就是为了战争,双方都耗费了太多的精力来抵制对方的侵入。艾伦无暇顾及丹尼斯顿,丹尼斯顿也跟不上他迅速扩张的规模和视野。监督海军并负责机器的特拉维斯,是个更接近于丘吉尔的角色,他为新想法起到了很大的推动作用。还有一个人,J. H. 蒂特曼准将,他在分析员中享有很高声望。但是,行政部门都有迟缓吝啬的特点,这对于艾伦他们来说,是完全无法理解的。那些奇迹般的信息,很明显是那么的重要,他们不明白为什么体制无法接受。比如说,在1941年中期,他只能得到六台炸弹机,这与他设想的规模差得太远了。他们发疯似地研究炸弹机,这是他们赖以生存的关键,但领导们却整天在演讲一些无关痛痒的事情,对炸弹机的供应十分吝啬。这是多么荒唐的事。

第四章 解谜接力赛

在处理这种问题时,休·亚历山大很快就看到,艾伦绝不是圆滑的领导者或外交官。在这时期,杰克·古德接手了统计理论的研究,他对这个越来越有兴趣。肖恩·怀利和其他人全心投入到纯数学的研究。毫无疑问,海军谜机是归艾伦的,他彻底地掌控着它,与它一起生活,形影不离。这是白雪公主森林里的小木屋,他们都带着自己的兴趣来工作,一边工作一边吹口哨。艾伦的领导地位,一部分是因为他来得早,他一开始就加入了。而且,正如他对希尔伯特问题的研究,图灵的机器想法,并不依赖于他的剑桥数学学位。同样,他的密码分析想法,也没有依靠什么书籍或论文,因为根本就没有。他只是拿着他的文具盒,坐在他的营房里工作。

在这方面来说,战争解决了他的一些矛盾。从内心中发现某些东西,然后抽象它的意义,把它与自然世界联系起来,这是艾伦在战前一直努力追寻的事情。他觉得他正在填一个坑,而这个坑是人类历史留下的大错误。

如果说军方在理解密码的重要性方面很迟钝,那么温斯顿·丘吉尔则不是这样。他爱这些信息。他从1941年起,就被这些密码情报迷住了,他认为这是极其重要的。一开始他要求阅读每一条谜机信息,后来折衷了一下,要求每天向他提交一个特殊的盒子,里面是海军谜机信息的简报。由于政密学校正式担负着首席情报机关的责任,所以艾伦的工作使英国间谍机构的声誉逐渐恢复了。

同时,这也巩固了政府的地位,丘吉尔很喜欢这些情报。在这个时期,他的大脑一直在整合这些材料。这件事并不通过军方和外交部,甚至有时首相还会向他们提供一些他们不知道的情报,并且召开参谋长联席会议,或者直接给某个指挥官下达命令。

1930年,丘吉尔说,战争已经完全变质,这是所有民主和科学的悲哀。但是他仍然要利用民主和科学,他没有忘记这些解谜者。1941年夏天,丘吉尔前往布莱切利参观,给密码专家们一些鼓励。在草地上,他们聚集在丘吉尔身边。丘吉尔进入8号营房,被介绍给非常紧张的艾伦·图灵。首相称赞布莱切利的工作者是"不会乱叫的下金蛋的鹅"。艾伦就是这样的鹅。

1941年6月23日,他们击沉了一艘德国运输船。那一天,还有其他的事情需要思考。叮当哥现在把剑对准了沉睡的红国王。不但斯大林毫无准备,政密学校在得到海军谜机破译出来的情报后,也与部门领导陷入了争执,因为后者无法相信自己的耳朵。世界大战真的爆发了。从现在开始,大西洋成了德国的后线,而地中海成了边线。游戏的局势变了,迷雾时代结束了。

1941年春天,艾伦结交了一段新的友谊,是与琼·克拉克,这是一个艰难的决定。起初他们一起去了几次剧院,并一起度了几天假。接着一切都走上了另外一条路。艾伦提议结婚,琼欣然同意。

1941年,很多人都没意识到,在婚姻关系中,一方没有性欲是很严重的。婚姻包括性生活的和谐,这是一个很超前的观念,在当时还没有取代陈旧观念,即婚姻只是一种社会责任。艾伦从未质疑婚姻关系,以及作为管家的妻子。但他不愿自欺欺人,于是几天后他又改口告诉她,他们不能结婚,因为他是同性恋。

他以为这件事就会这样结束了,但令他惊讶的是,没有结束。他低估了琼,她没有被这恐怖的词语吓倒。婚约仍然继续,艾伦送她一枚戒指,带她回到格尔福特,并把她介绍给家人。一切都进展得很好。在旅行途中,他们还与克拉克的家人共进午餐,她的父亲是伦敦的一位牧师。

当琼与他的母亲交流时,艾伦脑中一定有些别的想法。他向往着自己的追求,但长远来看那终究是不可能实现的。他把鲍勃的事情告诉琼,如何在经济上帮助他,并且解释这并不是因为性问题。尽管艾伦是她的上司,但他们志同道合,而且艾伦很愿意和她交谈,因为感觉像是在与男人说话。艾伦在面对女孩时经常会迷失,但是琼的密码分析员工作使她很像一个男人。

艾伦安排了一项调动,以使他们能够工作在一起。在营房里,琼并没有戴上戒指,订婚的事情只告诉了肖恩·怀利,但其他人也看得出,好像有什么事情即将发生。艾伦找了一些雪利酒,在办公室里举行了一个小派对,并宣布了这个消息。下班的时候,他们讨论一些关于未来的事。艾伦说他喜欢小孩,但是现在显然不能让她丢下如此重要的工作。而且在1941年夏天,战争的局势还完全不明朗,艾伦对结局很悲观。似乎苏联和东南战线无法抵挡轴心国的力量。

当艾伦说琼就像男人一样时,他只是想开个玩笑,他只是自由地表达自己,不在乎什么礼貌。如果他想出一套娱乐方案,他俩就会兴致勃勃地一起玩。艾伦还学习针织,并且织了一副手套,只是不会收口,于是琼教他如何收口。

他们就保持着这样的友谊,这是他们的快乐,也是他们的困难。他们都喜欢国际象棋,但琼还是个初学者,她是在休·亚历山大的初级班上产生了兴致。他们配合得很默契。有一次他们在九小时的夜班后还在下棋,艾伦戏称这不是国际象棋,而是"困际"象棋。琼只有一副硬纸板做成的口袋棋子，在战争期间，很难弄到像样的棋子，于是他们打算自己动手做。艾伦从附近的坑里挖了一些泥土，他们一起捏制棋子，艾伦在皇冠旅店的房间中烧制它们。做好之后很实用，只是有点容易碎。艾伦还试着自制一个无线电台，他对琼说以前在学校里做过一个，但这次却没有那么成功。

他们在伦敦旅游的时候，去观看了下午场的萧伯纳戏剧。除了萧伯纳，艾伦现在还喜欢托马斯·哈代，他把《苔丝》借给琼。这些都是对维多利亚时代的批判。他们更多的时间是在乡村的小路上骑单车。琼在学校里学过植物学，所以能和艾伦一起重拾对《自然奇迹》的热情，艾伦对植物的生长和结构特别有兴趣。

他在战前读了生物学家狄尔西·汤姆普森发表于1917年的经典著作《生长与形状》，其中包括对生物结构的数学讨论。他对自然界的斐波那契数列特别有兴趣：

1，1，2，3，5，8，13，21，34，55，89⋯

每一项都是前面两项的和。这体现在很多常见植物的叶子和花朵中。对于其他人来说，数学与自然界之间的联系是很古怪的，但艾伦却对此感到很兴奋。

有一天，他和琼玩完网球，躺在布莱切利庄园的草地上，他又在观察雏菊的生长。他们开始讨论那些花儿，琼给他讲解她如何给植物叶子分类。叶子绕着茎，盘旋向上生长，从下往上计数叶子数和盘旋的圈数，直到某片叶子正好与第一片叶子在竖直方向上重合。这时得到的数值通常是斐波那契数。艾伦拿起一个冷杉球果，这清晰地体现了斐波那契数，雏菊也是这样的。琼很好奇的是，这些数是否仅仅是一组数列，是否还有其他的性质。汤姆普森的想法是，这些数在自然界中是有实际意义的。他们绘制了一些图表，但这不能使艾伦满意，他还要继续深入思考雏菊的生长。

1941年，在钟屋，默卡夫人去世了。他们在那里吃了些羊羔肉。海运危机不但反映在8号营房的情报中，也反映在餐厅日益低劣的饮食中。社会礼仪在20世纪30年代是很重要的，而现在却缓和了，这种心理屏障很适合艾伦。他喜欢为自己做事，无论是手套、无线电台，还是研究概率论。战争就在眼前，在自傲的英国，人们不得不学学图灵式的生活，减少对社会资源的浪费。

这位《新政客》的读者，从古老的大学中吸取了新鲜的元素。他从未想过在布莱切利的小社会中成为一个人物。某种程度上讲，他是一个人物，但他却没有迪尔威·诺克斯的独裁气质，他就像是一个害羞的邻家男孩。在8号营房的人们看来，他的人格和外貌都像一位"教授"，这个称呼格外适合他，当他和琼一起工作时，琼也称他为教授。下班后，艾伦对此颇有不满，于是琼保证说，将来他真的当上教授后，就不这么称呼他了。艾伦不喜欢这种感觉。

艾伦在学校时，曾经有一个绰号叫作"数学狂"，而且他还有从南安普顿骑车到校的事迹。正如在学校一样，他的种种怪癖故事，也在布莱切利的圈子里流传。7月初，他花粉过敏，持续的工作使他头晕目眩，因此他就戴着一个防毒面具来上班，他不在乎看起来像什么。他的单车也很独特，需要进行一个周期性的计数，每当转到一定的圈数，一个弯曲的轮辐就会碰到一个特定的链节（就像密码机似的），以防止掉链子。艾伦很喜欢解决机械故障,这使他节省了等待修理的一周时间,而且还意味着别人谁也无法骑它。他为了防止茶杯丢失(在战时很难搞到茶杯),就用一个链子把它锁在8号营房的暖气管上,众人嘲之。

　　用细绳当腰带,睡衣外面套运动服,这些事不知真假,但却广为流传。因为他处在权威的位置上,所以他的害羞和紧张更是引来了很多嘲笑。还有他说话时,句子里面总是夹着高音的"啊-啊-啊-啊-啊",仿佛他的大脑正在为了正确地表达而十分艰难地运转着。他说出来的话,又总是出人意料,有很多比喻、俗语、双关语、还有疯狂的点子、无礼的提议,还夹着他像机器一样的笑声,眨着异常明亮的眼睛。他们说他很孩子气。有一次他们填写个人情况表,有些人恶作剧地帮他填上"艾伦.M.图灵, 21岁",然后另一些人,包括琼,说应该给他填"16岁"。

　　他极少关心外表,特别是他自己的,他看起来总是刚起床的样子。他不喜欢用剃刀刮胡子,而是用一个老旧的电动修面器,也许是他怕万一剃刀刮出血来会使他晕厥。尽管他不吸烟,但他的牙齿非常黄。最吸引人们注意的是他的手,他的指甲上面有奇怪的纹路。他从来都不清洗或修剪指甲,即使是在战前也没有,他总是习惯用牙齿来啃,把它们啃得更加糟糕。

　　他现在正在读多罗西·塞耶斯写的《上帝之心》。这不是他通常的阅读爱好。这本书是塞耶斯的一次尝试,通过小说的形式来诠释基督教义。她从上帝的角度来看待自由意识,小说里的角色必须依靠自己来摆脱命运的束缚。这让艾伦觉得十分有趣,他想到一个场景,拉普拉斯的决定论表明,上帝创造完宇宙之后,便拧上钢笔的盖子,把脚搭在壁炉上,看着他的杰作自生自灭。

　　这并不是那么新鲜,但是当炸弹机咔咔运转的时候,阅读一点小说，是一种愉快的调剂。艾伦感兴趣的是，人们有时可以不假思索地做出一些聪明的事情。

机器，以及人类的一些机械行为，已经在很大程度上替代了人类的思考、判断和识别。很少有人知道这些系统如何工作，对他们来说，这就是一道神秘的神谕，产生着一些无法预知的判定。机械的、确定的过程，正在产生聪明的、惊人的想法。这与《可计算数》的背景框架是有关的，他不会忘记这个。艾伦给琼讲解图灵机，并且给她一份丘奇的论文，但她的反应也许让艾伦有些失望。在当前，图灵机和简单的读出写入，已经成为一种很实用的生活方式。

在不值班时，艾伦经常谈论的话题就是国际象棋。艾伦不仅把国际象棋当作娱乐，他还在思考从这个游戏中抽象出一些理论。他对一个问题非常感兴趣，那就是玩国际象棋是否有机械的方法。这不一定意味着要真正制造一个机器，也可以让一个愚笨的玩家，按照一个规则手册，就像《可计算数》中的便条那样。艾伦把这称为傀儡玩家。

国际象棋和数学的关系已经明确了，每一步都是相同的问题，就是如何选择正确的移动路径，来到达特定的目标，也就是把对方将死。哥德尔曾经说过，在数学中有一些目标是无法达到的，而艾伦则证明了没有一个机械的方法，能够判断是否存在一条路径来达到给定的目标。但是，仍有问题值得思考，那就是数学家、象棋玩家和密码分析人员，在实际工作中，是如何采取那些理智的做法的，以及机器可以在什么程度上模仿他们。

虽然他解决希尔伯特问题、研究序数逻辑时，都是集中研究机械过程的极限，但是现在唯物主义的暗流变得更加明显了。相比于机器不能做什么，艾伦更有兴趣研究一下机器能做什么。他摧毁了希尔伯特的梦想，但仍然怀着希尔伯特的精神，而且他满怀信心地认为，理性可以解释一切，包括理性本身。

像艾伦一样，杰克·古德也有着布莱切利式的思维方式，他不仅是个数学家，而且乐于探索逻辑与实体之间的联系。他也喜欢国际象棋，他1938年在第一期《发现》（剑桥的一份数学杂志）上发表了一篇小论文，关于国际象棋的机械化玩法。

在晚饭后的夜班时间，他们会一起讨论机器国际象棋。他们一致认为，有一个想法是很明显的，那就是国际象棋的玩家会思考"如果对手怎样怎样，我就可以走个好步"。在实际中，白方总是假设黑方会最大限度地利用局势，所以白方的策略就是尽量不给黑方留下优势，他的每一步移动，都是尽可能地降低黑方最好的一步的优势。实际上，就是将最大值最小化。

这不是个新想法。自从20世纪20年代，博弈论的研究就已经开展了，而这个原则，也已经用现代数学的方法进行了抽象化和形式化。最大值最小化，这个概念也已经被提了出来。不光是国际象棋用到这个概念，还有那些涉及猜测的游戏。这里面很多的数学工作都是由冯·诺依曼做出的，他推进了法国数学家 E.博雷尔1921年的论文中的想法。博雷尔定义了游戏中的纯策略和混合策略。纯策略是确定的规则，任何情况下的动作都是设定好的，而混合策略则包括多个纯策略，可以由人们从中选择，而根据情况，每种选择都带有特定的概率。

冯·诺依曼证明，对于任何只有两个玩家的特定规则的游戏，对每位玩家来说，都分别存在着最优策略。1937年在普林斯顿，艾伦很可能跟他讨论过扑克游戏，而且他给艾伦讲了这个结论。冯·诺依曼的这个漂亮理论，使对于任何两人游戏[1]，双方玩家都被限制在最大值最小化的策略中，双会都会看到，他们能做的就是把自己的最坏的局面搞好，同时把对手的最好的局面搞糟，这两个目标要同时达成。

扑克游戏有猜测的成分，是比国际象棋更好的例子来展示冯·诺依曼理论[2]。没有隐藏信息的游戏，比如国际象棋，被冯·诺依曼称为全信息游戏。而且他证明，任何这类游戏，总是拥有理性的纯粹策略。在国际象棋中，这将是一套完整的指南，记录了在每种局面下应该怎么走。国际象棋的所有局面，比谜机的配线板设定还要多得多，但冯·诺依曼理论并没有考虑到实用价值，这是一种强大的抽象方法，但不能付诸应用。艾伦和杰克·古德的想法有所不同，艾伦不关心博弈论，他关心的是人类思维的原理。

在他们的分析中，首先设想要有一套合理的评估系统，根据当前存活的棋子、危险的棋子、控制的棋格等，来对每一种着法的价值进行评估。在这个基础上，机械的方法基本上就是执行评估价值最高的着法。进一步的改进，是把对手的反应也考虑进来，根据最大值最小化的原则，来制定下一步的着法。在国际象棋中，对每个玩家而言，每步通常有大约30种着法，这样一来，哪怕是最简单的系统，每步也要进行将近1000次评估，如果要再往后看一步，那就要进行30000次评估。

---

[1] 严格来说，在任何零和游戏中，一方的损失总会变成另一方的收益。

[2] 对于完整的数学分析来说，扑克实在太复杂了，一个比较简单的例子是石头剪子布。在这个游戏中，对于双方来说，理性策略都是混合策略，是在三个概率相等的选项中选择一个。很显然，如果一方的策略脱离了这种随机性，那么另一方就可以利用这种脱离，来增加自己的优势。

为了简化图表，我们把 30 种着法减少为 2 种，白方如果要往前看三步，那么就面临这样的一棵树：

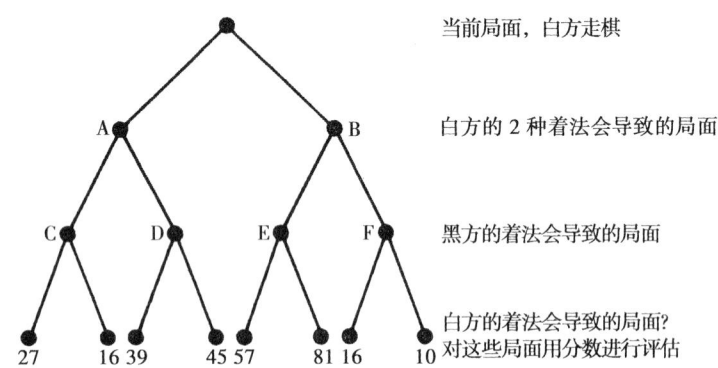

白方可能会认为，到达 E 是最理想的，但黑方不会这么乐于助人，如果白方走到 B，那么他就会回应 F。对白方而言，第二好的选择是 D，但同样可以想见，黑方会走到 C 来避免 D。在这两个不幸中，C 和 F 局面相比，C 的危险性更小一些，因为它能使白方保证至少达到价值为 27 的局面。因此白方会进行 A 移动。

机器可以通过推导这棵树，来模拟这一系列想法。对三步之后的各种局面进行评估之后，根据最大值最小化的思想，对中间各层的局面进行标示。它会将 C 标为 27，D 标为 45，E 标为 81，F 标为 16（每个下面的最好局面），然后将 A 标为 27，B 标为 16（每个下面的最坏局面）。

这个基本想法创造了一个机器，这个机器可以实现一个类似于人类智能的决策行为。与希尔伯特想要的机器相比，这个要简单得多，因为前者需要对整个数学体系进行判定，而后者才是一个真正有效的模型，可以用来研究机器的思维，这使艾伦着了魔。

这样的三步分析，在真正的国际象棋中，是完全无效的。在国际象棋中，玩家并不是以步为单位来考虑，而是以一条链作为单位。比如通过一连串的移动，实现某种封锁战术。艾伦和杰克·古德也看到了这一点，并认为向前看的深度必须是动态可变的，每一分支都要一直看到吃子为止，并且只对静态局面进行评估。但即使是这样的方案，仍然无法处理更复杂的情况，比如很多巧妙的陷阱。这是对国际象棋的一种粗略的、朴素的破解，但这是机械化思维过程的第一步进展。

他们觉得这些想法太显而易见了，不值得发表。艾伦继续进行着自己的数学研究，并提交到美国发表。作为一个纯粹的学者，他会耻于被人类的罪恶和愚蠢所打倒。有一次他说，在战前，我的工作是研究逻辑，业余爱好是密码分析，但是现在却反过来了。他应该感谢纽曼，在1940和1941年间一直与他通信，鼓励他坚持着研究逻辑，纽曼这段时间又在剑桥重新讲授数学基础课了。

艾伦的工作主要是关于类型理论的新形式。罗素觉得这些类型很讨厌，只是用来拯救集合论的不得已手段。但其他逻辑学家觉得，逻辑类别的层次性真的是个很自然的想法，随便一堆什么东西都能放进集合，这是很难接受的。艾伦就持有这种观点，他总是倾向于更加实际可行的理论，他希望看到数理逻辑能使数学家们的工作变得更加严密。在这个时期，他写了一篇论文，题为《数学记法的改革》，其中说到，尽管有弗雷格、罗素和希尔伯特的努力，但

……数学从符号逻辑的研究中获益甚少。主要的原因似

乎就是，逻辑学家和数学家之间缺少一种默契。对于大部分数学家而言，符号逻辑是令人惧怕的，但对于逻辑学家而言，又没兴趣把它搞得让人舒服些。

艾伦自己进行了一项尝试，试图填平这条裂缝：

> ……要把类型理论转为一种形式，使数学家不必学习符号逻辑就能使用。下面对类型原理的描述是由维特根斯坦在讲座中给出的，但其中的缺陷并不是由他造成的。
>
> 自然语言中既有名词也有谓词，因此类型原理可以有效地用自然语言来描述。我们可以给出这样的命题：所有的马都有四条腿。对于有限数量的马，我们可以通过逐个检查每匹马来证明。但如果我们引入"东西"或"任何东西"这样的词，就会带来麻烦。假设"东西"包括所有的事物，书、猫、男人、女人、想法、数字、矩阵、过程、命题……在这样的情况下，我们考虑这个命题：任何东西都不是6的质因式。这个命题是什么意思？我们能从中知道什么？"东西"的数量是无限的，是无法通过检验来证明的。这样的命题可能也具有某些意义，但目前我们还不清楚。实际上，类型理论就是要求我们避免使用"东西"这样的名词，避免导致"任何东西"这样的问题。

把数学的名词与谓词区分开，这是基于丘奇的工作。艾伦在普林斯顿时参加了他的课程。丘奇在1940年发表了他对类型理论的描述。艾伦的工作有一部分是在通信中与纽曼合作完成的，他们的联合论文于 1941 年 5 月 9 日到达普林斯顿。它就是在慕尼黑号被俘获的同时,穿越了大西洋。艾伦还发表了一篇更进一步的论文《丘奇系统中圆点代替括号的用法》,这是在一年后提交的。这里面提到了两篇后续的论文,但这两篇却从来没有出现过。

在艾伦看来,战争并未改变希尔伯特的说法:"对数学家而言,整个文明世界就是同一个国家。" 1941 年秋天,艾伦写信给纽曼,谈到他们的论文的复印问题,他说希望能给肖兹也寄去一份,但现在看起来不太可能。

在 1941 年,还有其他的事情也变成了不可能。战事持续到夏天,而艾伦这里也出现了内部矛盾。有一次周末,他和琼一起去拜访琼的兄弟,艾伦一个人出去待了一会,很明显他是在犹豫,但最终还是决定要继续。在 4 月的最后一周,他们一起去北威尔士度假(他们每个季度可以请假一周)。他们带着单车和帆布包,从布莱切利坐火车北上,在夜幕降临时,到达波特马多克。艾伦计划住在旅店,但旅店却已经客满。他们折腾了一晚上,并且第二天又浪费了宝贵的半天才找到住处。食物也成了问题,艾伦没有临时配给券。好在他们带了一些人造黄油,可以涂在面包上,后来又惊奇地发现了不限量供应的肉酱。他们还一起去爬小山。

回去之后不久,艾伦决定要烧掉这座桥。这是一个既难过又艰难的决定。他引用奥斯卡·王尔德的《累丁狱之歌》中的句子:

人必毁灭他之所爱,
且看他们不同手段:

> 有人是用横眉冷对,
> 有人是用蜜语甜言;
> 懦夫献上轻轻一吻,
> 勇者挥出锋利的剑!

他曾经说出过几次"我真的爱你",他的困难并不是缺乏爱。他们的分手,在营房中造成了很尴尬的气氛。艾伦告诉肖恩·怀利婚约解除了,但没有说出真正的原因。他常常想要编造一个解释,比如说他们一起去了格尔福特,而他的家人不接受琼。艾伦不参加轮班了,以避免与琼发生不必要的见面。他们双方都很沮丧,但她能够理解他。

当他们在布莱切利谈论游戏的时候,大西洋上正在发生着最大值最小化的战斗,策略与反策略,武力与反武力,侦察与反侦察。比扑克和国际象棋肮脏的是,在这些真正的博弈中,规则一直都在改变,策略的结果无法预料,而造成的损失却比纸上游戏严重得多。但与扑克相似的是,潜艇战不是全信息的游戏,其中要靠猜测。而在1941年8月,英国在对手的牌后安插了一面镜子,从而几乎能够看清德国所有的牌[1]。1941年的其余时间,已经没有必要再进行缴获行动了,8号营房能够在36个小时内完成破译,而且是8个轮子336种转盘组合的海军谜机。更不用说其他部门了,他们面对的谜机只有60种转盘组合。

这些美好的进展,并不都是8号营房的功劳。布莱切利是一

---

[1] 德国舰队在印度洋使用的外务型谜机,还一直没有被破解。另外,地中海的水面船只也不再使用内务型谜机。在1941年4月之后的一年内,这些系统仍然是对英国免疫的。

个大团队,他们是一个整体:

> 1941年春天,在一些缴获文件的帮助下,一个船坞的密码系统(沃夫特)被破解了。1941年8月,它的一些信息被海军谜机重新加密并传送。政密学校将这些信号分离出来了,这对海军谜机的日常破译工作,做出了无法估量的贡献……

除了这块罗赛塔石碑之外,气象密码也具有特殊的重要意义:

> 1941年2月进行了首次破解,并在同年5月,政密学校气象分部发现,其中包含来自大西洋的潜艇报告,那原本是通过海军谜机进行传送的。这方面的破译,对我们的帮助不亚于船坞密码的破译。

这些是布莱切利的巨大胜利,但却给艾伦带来了个人的挫折。他在这一年早些时候,为密码分析设计出了精巧的数学方法,而在破解船坞和气象信息时使用的那些直接的方法,对艾伦来说简单是一种侮辱,虽然这些也是得益于他的创造。

现在政密学校发展的关键在于团队相容性,而不在于个人的聪明。这些新发现,证明了新人们始终坚持的原则。船坞的密码本身并无利用价值,按照第40室的原则,将永远不会正眼瞧它。但政密学校的原则是破解一切,无论表面上看起来多么次要,都假设从中能够获得巨大回报。更重要的还有,必须有一个机构来控制所有的情报,并在合适的时候使用,如果海军一直滥用这些信息，那就永远都不会有这样的进展。这些都是一些行政上的问题，不需要艾伦的专业知识。他很赞赏取得的成就，但他的长处并不在此。

从更高的层面看，只有协调好各种不同的难题，密码分析工作才有意义。避免草率的潜艇打捞、抓住船坞的信息、空中侦察与情报信息的对照、档案资料的管理和使用、新型机器的研发和制造，这所有的一切都要放到一起整体考虑。

而且，对德国通信的破解，只是1941年中期大西洋游戏的诸多变局之一。纳粹德国空军将精力转移到苏联，以及英国自己的皇家空军，都使西线局势渐渐好转了。潜艇派到中大西洋的新战场，护航舰和战斗机都配备了短程反潜雷达，自动准确定向的高频哈夫达夫系统也投入使用了。更重要的是，正如在第一次世界大战中那样，美国不宣而战了。美国官方的态度对英国有利，他们的海军护航舰队进入了大西洋，英国潜艇奉命不攻击美国船舰。

但在1941年夏天，英国扭转局势的核心力量，还是破译谜机。在护航队的战略路线、对抗敌方潜艇的行动，尤其是保障供给系统方面，谜机的破译工作起到了不可替代的作用。最重要的是，英国现在能够清楚完整地了解，整个战场到底发生了什么。正是因为艾伦的研究，使英国的运力损耗降到了每月100000吨。总的来说，在1941年下半年，德国人的进展只不过是U型潜艇的数量在10月时增长到80艘。在这一年的年末，英国的海运问题已经基本上解决了。

然而战争还远未结束。英国的发展只能刚好与U型潜艇的力量增长相抵消，而且他们还要依赖于对谜机的破解。 1941年 9

月，U 型潜艇的通信系统中，添加了一个很小的复杂系统，于是英国的沉船数量在几个星期内剧烈增长。他们长期使用他们的地图，通过参考坐标网的方法来标明位置，而

> ……不是通过经纬度的方法。比如，AB1234 可能代表着北纬 55 度 30 分，西经 25 度 40 分。这本身并无问题。但是在 1941 年 9 月，德国人更换了这套标识，例如将 AB 换成 XY，并且对数字进行了一些加减，例如 1234 在通信中会说成 2345。这些变换本身，也按照某种规律，周期性地变化。

如果说德国已经知道谜机被破解了，那么这些改进措施就显得太幼稚了，如果他们不知道，那么这些措施就是浪费时间。但实际上，德国做出这些改变，并不是为了难住英国的密码专家，而是为了防止可能会出现的间谍或叛变。这些麻烦的变换，成功地迷惑了他们自己的官员：

> 有一次，我们破解了一个坐标网格，并在巡逻线上执行了一次护航清扫，结果只发现了一艘潜艇。这艘潜艇似乎误解了他接到的命令中的坐标，结果撞入了清扫范围。

在 1941 年 11 月，这个系统被改得更加复杂，布莱切利陷入了长时间的困惑。他们仍然站在刀尖上，从未忘记这一点。

在 1941 年秋天，这些密码专家开始对抗行政体制。艾伦·图灵认为，必须强迫英国政府进入现代世界。他与另外一些人打破了所有的常规，直接写信给一个人，这个人也知道如何打破常

规,而且他还有权改变常规:

最高机密
仅呈首相　　　　　　　　　　　6号与8号营房
　　　　　　　　　　　　　　　　布莱切利庄园
　　　　　　　　　　　　　　　1941年10月21日

亲爱的首相:

几周前我们荣幸地迎来你的参观,我们相信你很重视我们的工作。你将会看到,因为指挥官特拉维斯的能力和远见,我们已经装备了炸弹机,来破解德国的谜机。然而我们认为,你应该知道,这项工作现在遇到了障碍。某种程度上可以说,它已经完全搁浅了,因为我们无法招募足够的人员。我们直接写信给你,是因为在过去的几个月里,我们已经做了我们通过正常渠道能做的一切,但是结果却令人失望。我们知道,长远来看,这些要求无疑都能解决,但这意味着要浪费好几个月的宝贵时间,而且我们的需求仍在增长,人员的缺口越来越大。

我们意识到,各部门对人员都有很大的需求,而人员的分配存在着优先级。我们面临的问题是,我们是一个小机构,但却担负着极大的工作量,我们很难使领导们理解我们这里已经完成的工作有多么重要,也无法使领导们理解我们将要面临的工作有多么紧急。与此同时,我们不敢相信,我们对迅速扩充人员的需求,甚至包括正常添置机器的需求,都几乎是不可能实现的。

我们并不希望使你因此感到压力,但还是不得不列出使我们深感不安的问题。

1. 海军谜机的破译工作（8号营房）

由于人员的缺乏以及过重的负担，福力鲍恩先生领导的何勒内斯[1]部门，在夜间已经无法工作。这影响了对海军系统的破解工作，使其每天至少耽误12个小时。为了使他能够重新实行夜间换班制度，福力鲍恩需要20名以上三级女性工作人员，这将使他能够更好地控制局面，以最佳的状态处理各种需求。

还有一个更严重的问题正在威胁我们，报表公司以及福力鲍恩部门的一些有经验的男性工作人员原本已经脱离军职，但现在军队好像又打算重新调走他们。

2. 陆军与空军谜机的相关工作（6号营房）

我们的工作是截获中东地区的无线电通信，其中包括大量关于新型蓝机[2]的情报。然而，因为打字员的短缺以及现有密码分析人员的过度疲劳，我们无法破译所有的通信。从5月至今，我们一直是这样的状态。我们需要20名受训的打字员，以使局面得到控制。

3. 炸弹机的测试工作（6号与8号营房）

我们在7月时得到承诺，对炸弹机产生的"故事"进行测试[3]的工作将会由炸弹机营房的海军女勤人员接管，为此将会分配足够多的人力资源。现在已经10月末了，但是什么

---

[1] 何勒内斯是指一种正在使用的打孔卡片机器。
[2] 在非洲战场使用的空军谜机。
[3] 这是指对炸弹机的停机位置进行的一系列测试，旨在消除偶然发生的错误停机。

都没做。我们不愿过分强调这件事，因为我们需要的物资并未耽误。但这意味着，6号和8号营房不得不自行安排那些本来有其他工作的员工来进行这些测试。我们认为，情报部门本该完全有能力为此调派海军女勤人员，这只需要将足够紧急的命令传达到正确的地方。

4. 除了人力问题，在其他许多方面，我们似乎也遇到了不必要的障碍。这将浪费我们大量的时间，而且我们意识到其中有些问题是无法解决的。然而，日渐严重的后果已经使我们确信，这些工作的重要性，对我们不得不面对的领导们来说，完全没有得到足够的强调。

我们写这封信，完全是出于自己的意愿。我们不知道谁能够为这些困难负责，而且我们不想再苛责特拉维斯指挥官，他一直都在尽心、尽力、尽一切可能地帮助我们。可是，如果我们想把工作做到最好，这些需求就必须得到满足，虽然不是火烧眉毛，但也应该立即落实。如果不让你了解到这些情况及其造成的影响，我们将会愧对自己的职责。

我们永远效忠于你

A. M. 图灵
W. G. 威尔奇曼
C. H. O'D. 亚历山大
P. S. 米尔纳博瑞

这封信起到了令人激动的效果。温斯顿·丘吉尔一收到信，便给参谋长伊斯梅将军传达了一份备忘录：

今日任务

确保满足他们的一切需要，完成后向我报告。

11月18日，情报局首领报告说，已经采取了所有可能的措施。虽然那时还没有满足他们所有的需要，但对于布莱切利来说这就已经足够了。

同时还有另外一个变化，开始影响他们的工作，美国的不宣而战，使他们在分享情报方面需要与英国进行更实质性的磋商。1940年，密码分析的成果已经进行了有限的公开。这关系到艾伦的研究，在保护炸弹机的机密方面，他付出了惊人的努力。英国怀疑美国的保密能力，尽管丘吉尔把美国形容成一个更强大的势力，但实际上美国是个完全不同的国家，它明显缺乏服从、隐秘、机警，而且拥有着足以威胁英国的力量。 1941年间，他们安排联络员，与布莱切利联系。图灵的成果，现在要准备出口了。

1941年12月11日，珍珠港事件四天后，德国向美国宣战。丘吉尔的反应是："我们终将成功！……英格兰必胜，不列颠必胜，英联邦和英帝国必胜……"但是，第一个影响对英国来说是灾难性的。美国海军抽调一部分力量到太平洋，无力再应对英国的护航问题了，而且，与美国的情报交流非常有障碍。在宣战发生时，海军谜机的破译表明，有15艘U型潜艇正在美国海岸行动，但美军对此不屑一顾。大量的船只损失，使同盟的笑容开始消失。接着在1942年2月1日，又发生了更大的灾难。 U型潜艇转而用了新的谜机系统。炸弹机无法成功破解它们。没有比这更糟糕的事了。

1942年2月的中断意味着，潜艇谜机的分析工作必须从头再来了,过去两年都只能算热身。从整个战局来看,英国现在置身于难以置信的灾难。欧洲联盟受损、意大利派兵、新加坡投降,这种种打击和失败,都只能指望新手上阵的美国来弥补。皇家空军在与纳粹空军的交战中处于上风,但这只是杯水车薪,无法阻止沙恩霍斯特号和格奈泽鲁号战列巡洋舰在光天化日之下驶过多佛尔。与此同时,德国在欧洲范围的经济状况,到目前为止仍是秩序井然,他们只是刚刚转为全面战时生产。而他的对手,仅能在莫斯科老家门口勉强逃过一劫。

他们不得不想些奇招了,而且要趁早。他们幻想美军横空出世,护航穿越大西洋,打到正被强大势力严防死守的大陆。但就算美军真有个打算,在大西洋 U 型潜艇遍布的情况下,也是不可能实现的。现在希特勒对战争很认真了,到1942年1月,U 型潜艇的数量已经增加到 100 艘,而且每周都在继续增加。2月之后,他们造成的运力损失高达每月 500000 吨,这远远超过了同盟的补充速度。连维持现状都几乎不可能了,更别说获得什么新的成功。

一切都改变了。现在已经不像1940年了,英国现在没有一个人是闲着的,一切都在进行动员。事实上,英国和美国正在动员除了轴心国和苏联外整个世界的贸易经济。在布莱切利,已经没有乡间派对的气氛了,取而代之的是紧张的知识界大征兵,一队队汽车,把人们运到白金汉郡周围。1940年的混乱和1941年的争取,使他们及时补充了充足的资源。现在,军方被迫吞下骄傲,并适应布莱切利的产出:现在已经不是断断续续的金蛋了,而是高效、统一,能反映各方面敌人信息的大系统。1941年,布莱切利仍然被认为是特殊的地方,因为这个战场是没有硝烟的,在这一年的年底，密码分析员只有不到16台炸弹机可以使用。致丘吉尔的紧急信，带来了明显的改变，特拉维斯接替丹尼斯顿负责指挥，并进行了行政改革，形成了知识分子们能够接受的新模式。与此同时，情报部意识到了这个有力的事实，这些精英们正在影响丘吉尔对整个战争的控制，于是对布莱切利不再那么有敌意。

但是，尽管他们的大脑现在能够很好地集中在工作上，但现在潜艇谜机的问题仍然超出了他们的控制。1941年，8号营房使瞎子睁开了双眼，如果说那之前的盲人经历很痛苦，那么现在再次夺去他的视力，则是更加残忍的打击。准确地说，海军再次成为独眼巨人了。新谜机只在远海的潜艇上部署，近海船舰和潜艇仍然继续使用能够破解的内务谜机。因此，他们通过潜艇从海边传送的信息，能够得知目前的潜艇总数，这个数据对侦察和定向工作也是很重要的。但是，他们已经习惯了完全掌握对方的行动命令和方位报告，相比之下，现在这点资料实在太可怜了。

对8号营房来说，这次中断别有意义。本来游戏很愉快地进行着，现在德国突然改变了规则，打破了这种愉快。他们希望每天看到的都是迷人的解码工作，但现实看到的却全是己方被击沉的报告。这一来很多乐趣都没有了。

不仅谜机的使用方式改变了，而且谜机机器本身也改变了，它现在使用4个转盘了。之前海军谜机是从8个转盘中选择3个，共有336种不同的转盘组合。假如现在改进为9个转盘中选择4个，于是组合数增加到3024，增加到9倍，另外随之而来的还有盘位设定数增加到26倍。但是德国没有这样做，第9个转盘确实增加了，但它却是固定的，机器还是老机器，增加的只是26个盘位设定，相当于有26种不同的反馈器。还好，问题还没糟糕到234倍，只糟糕到了26倍。

这也是一项虚张声势的措施，就像改变地图坐标一样，也是为了同样的理由，即防止潜艇信息从内部泄露出去，并不是为了防范英国密码人员。但即便是虚张声势，也是进行了改变，而且这项改变几乎导致8号营房完全失明。能计算出潜艇数量，已经是很侥幸了。在此之前，海军谜机绷紧神经，才能在一两天内破译护航指挥所需要的信息，现在复杂度增长了26倍，相当于之前每个小时的工作量现在需要一整天，或者用26台炸弹机才能相当于1941年的一台。除非他们找到新的办法。

有一个欣慰的消息是，他们知道第四个新转盘的连线关系。1941年末，第四个转盘已经安装到潜艇谜机上了，只是处于挂起状态。在12月时，有一个潜艇密码操作员在加密一条信息时，不小心启用了它，发送之后发现有误，又用正确的设定重新发送了一遍。8号营房先后截获了这两条信息，并由此推导出了新转盘的连线关系。德国过于信任谜机了，所以很容易犯这种低级错误。在这个帮助下，他们破译了2月23日、2月24日和3月14日的通信。他们从其他能够破译的谜机中找出床位[1]，来破解这几天的通信，但是花了26倍的工作量，6台炸弹机同时工作了17天。这件事充分体现了破译工作的偶然性，假如德国一开始就使用这种扩展谜机，那么寻宝游戏也就只能进行到波兰那里为止了。

"快点！快点！"白皇后嚷着。但是现在没什么办法能让炸弹

---

[1] 3月14日的床位是从一条特殊的信息中找到的，这条信息被内务谜机和潜艇谜机同时发送，宣布了重要新闻，邓尼茨升任海军元帅。

机一夜之间加快到26倍。实际上，曾经有一个机会，可以为这种可怕的情况做准备，早在1941年春天，在破解的信息中就提到了要增加第四个转盘。8号营房的分析员后来很自责，因为没有向行政人员强调这件事。但是，在1941年的情况下，要为了将来可能的情况做准备，基本上是不可能的。那时候他们连仅够眼前使用的炸弹机都要艰难地争取，更不要说指望行政人员的先见之明了。但是经过1941年后期的改革，他们已经有了更加有力的体制。而且现在摆在面前的危机，也给他们带来了新的技术进步。

一个很重要的进步是，炸弹机也扩展了新的第四转盘，可以高速地检查26个盘位。设计这个高速转盘的任务，落在富有发明才能的剑桥物理学家 C. E. 维恩威廉姆斯肩上。他去年在雷达研究实验室工作，1942年5月这个实验室搬到了麦尔文，并更名为电子通信研究所。

这项工作要求很高的速度，随着复杂性的迅速增长，基于继电器的系统已经无法满足需要了，它太慢了。因此，有必要引入电子系统。于是，神秘的新兴的电子技术，被带到了布莱切利。

电子管的反应时间只有0.000001秒，与电磁继电器不同的是，它本身并不发生物理上的移动，而是其中的电子在移动。这为他们带来了提速1000倍的希望。但是电子管也有缺点，比如温度高，成本高，而且没几个人懂得如何使用。

准确地说，布莱切利现在的问题，就是要将系统中的继电器升级成电子管。电子管在这之前的主要用途是作为无线电接收机的放大器，现在要用它们来做开关，完全不是同一回事，虽然其原理在1919年就发现了。维恩威廉姆斯的优势就在这里，他在电子盖革计数器方面的先驱工作，使他成为少数几个懂得如何将电子技术用于离散问题的人之一。

电子通信研究所并不是唯一拥有电子工程师的机构。此外还有坐落在伦敦郊区的邮政实验室。这个研究所要保障电话系统不被个别设备制造商垄断。尽管它们规模不大，但却搞出了高水平的研究。这里的年轻工程师们，都是在激烈的竞争中选拔出来的，有着领先于20世纪30年代的雄心和技术。这里的长官T. H. 弗洛文斯

> ……在阿森纳见习后，于1930年，作为实习工程师加入了研究所。他的主要研究兴趣是远距离信号传输，特别是关于控制信号，用自动开关设备取代人工操作。他有丰富的电子工作经验，并于1931年开始进行电子管的研究。这项研究在1935年实现了长途电话线路……

这就是电子开关领域的世界领先水平。

对于政密学校来说，与电子通信研究所的专家合作，已经扩张了他们的研究前沿。现在邮局研究所也加入了。他们的工程师，承担了海军谜机危机导致的两个不同项目。W. W. 钱德勒负责辅助维恩威廉姆斯，设计高速的第四转盘。W. W. 钱德勒是1936年加入邮政实验室的，他在电子开关方面也有丰富经验。与此同时，S. W. 布洛哈斯特辅助弗洛文斯的工作。S. W. 布洛哈斯特在20世纪20年代萧条时期，还只是一名普通工人，但现在凭借在自动电话开关方面的经验，已经获得了高级职称。他们的工作，是研发一种全新的机器，用来自动检查炸弹机的停机位置，这将比手工检查快得多，从而大量消除意外停机带来的问题（转

盘增加后,意外停机的问题也更严重了)。

这些研究开始于1942年春天,但结果却令人失望。维恩威廉姆斯的快速转盘似乎总是即将成功,但是一直到年底也没成功。停机检测设备在1942年夏天就设计并制造了,但结果却很不实用。同时,弗洛文斯和他的同事向克伊恩提出了一些关于炸弹机的改进意见,引入一些电子组件,但都被拒绝了。

因此在1942年夏天,局面很不愉快。年轻的工程师们非常沮丧。他们的电子技术无法发挥作用,焦头烂额的艾伦没有看到任何成果。他们的方向是正确的,但是现在,大西洋仍然还是像2月一样无法看穿。

同时, 8号营房又增加了更多的人员,但总人数一直没有超过7人。 1941年年末,休·亚历山大带来了哈利·哥洛博,他是一名象棋专家,从阿根廷回来,并且当了两年步兵。 1942年1月,彼得·希尔顿加入了,他刚在牛津学了一学期数学,还只有18岁。他这样描述他的师父:

> ……这个男人来找我谈话,他说:"我叫艾伦·图灵,你喜欢下棋吗?我正在研究这方面的问题。"我说:"这方面我是专家。"然后他说:"哇,那真是太好了,我正好有一个问题无法解决。"

过了一整天之后,彼得·希尔顿才知道这里到底是干什么的。艾伦仍然被称呼为教授,但是他很温和。休·亚历山大成为事实上的领导。艾伦脚下的小毛毯被巧妙地抽走了。他开发出了破解海军谜机的方法,但他需要培养一个聪明人,以保障工作的可持续性。他不注意细节，也不注重处理人际关系。休·亚历山大能够使人感到安定，而且能独立写出一篇规范而清晰的备忘录，而图灵却完全不擅长这些。可以想见，艾伦意识到自己被架空了，但他不得不承认亚历山大更适合做领导。杰克·古德说：

>……有一个例子，可以体现休·亚历山大的管理能力。自从工作时间延长到24小时，我们实行了三个时段的轮班制度。有一个女孩总是说压力大，精神焦虑。于是休提出，将轮班制度改为五个时段，增加了两个时段的人手。几个星期之后，他又说五个时段不好，又改回三个时段。于是就裁掉了两个时段的人手，你应该能猜到谁被裁掉了。

他们给艾伦解释这件事情时，他放声大笑，但他自己从未想过要用这样的手段处理事情。他在轮班和裁撤之类的问题上，对女孩们一直很仁慈。但是现在，确实需要更加专业的管理。

密码分析员们截获了一些与谜机密码完全不同的通信。这不是摩尔斯码，而是电传打字机的信号。电传打字机在20世纪30年代迅速发展，使用了博多默里码，关键在于这套系统的操作是完全自动化的。博多默里码通过五孔纸带，表示出32种不同的组合，从而可以表示每个字母。电传打字机可以自动地将纸带上的孔转换成电脉冲，而接收端也能将脉冲自动地翻译成原来的文字信息。德国将这个系统引入了密码通信中，使整个加密，传送，接收，解密的过程，全部实现自动化，不需要人工干预。这套系统使用起来更加方便，而且效率比谜机更高。

从逻辑上看，在纸带上，打孔表示1，没孔表示0，通讯就是基于5位的二进制数进行的。自从博多默里码进入密码领域以来，经常作为一种叠加型密码的基础。这种密码，因美国发明家G.S.维尔南而得名。实际上，维尔南密码就是基于最简单的叠加密码，因为二进制数的模加，无非就是下面表格中的规则：

密钥 明文	0	1
0	0	1
1	1	0

也就是说，一条明文纸带，可以与一条密钥纸带进行叠加，规则就是，如果密钥纸带上面某个位置有孔，就会改变明文纸带相应位置的孔（把有孔改成没孔，或者反之），如果密钥纸上没有孔，就保持明文的相应位置不变。比如[1]：

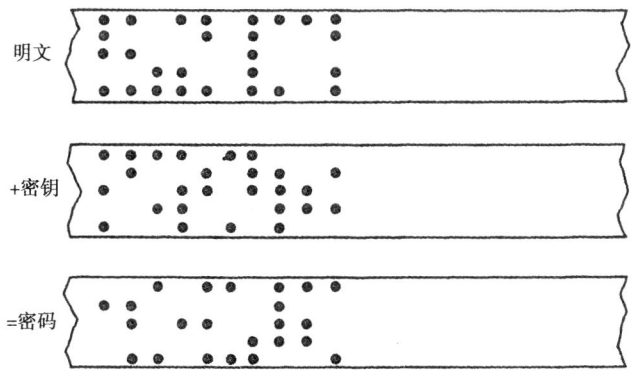

---

[1] 他们将纸带设计成从左向右读取，而且称它有"5行"。这并不符合其数学意义，但为了保持一致，我们也如此称呼。

如果密钥是随机生成的,并且遵守一次性原则,那么这套系统将会很安全,在这方面二进制与十进制没有什么区别。因为如果所有的密钥都有同样的概率,那就无法增加其中某一个的证据权重。但德国的密码系统并不是这样的,他们的密钥是由机器生成的。目前正在使用的,有若干种不同的电传打字机,但它们都有一个共同的特征,密钥是由10个左右的转盘自动生成的。

正如谜机一样,总会有缴获到机器设备的可能性,而且德国密码人员也会制造这种可能。但是破解这套系统的关键,并不在于此。1941年,布莱切利有人猜测说,有一条信息通过某种特定的方式发送了两遍。缺少完善的机器操作规范,就会导致这种低级的失误。那条信息发送了两次,用的是相同的密钥,但在第二次发送时,将密钥错开了一位。猜测到这一步之后,破译它的明文就是信手拈来。

要想做到安全,密钥序列应该随机生成,不能有任何能被识别的规律。但事实却不是这样。剑桥的一位化学家W. T. 托蒂,观察到一个非常重要的现象,其重要性不亚于波兰人1932年在谜机上的突破。他没有缴获实体的机器,而是构造了一个逻辑模型,这是第一步,是首要条件。但这次与谜机不同的是,这套系统并不是商业版的升级。另外一个区别是,这些通信虽然零碎,但却包含着更高级别的命令和报告。它们使布莱切利与柏林的距离更近了。

一套好的密码技术,应该做到即使实体机器被缴获,也无法进行更深一步的分析。而且加密机制的循环周期不应该仅是17576,而应该是真正的非常大的数。但即使做到这些,也不能说就是完全无法破解,而且到了1942年,布莱切利已经掌握了很多方法和经验。这一类机器加密通信系统[1]后来被称为鱼机。1942年,艾伦对鱼机进行了几个月的研究,并在托蒂的基础上,提出了一套非常重要的全局方法,后来直接称为图灵法。

布莱切利又有新的项目了,这类新的通信,使他们再次从头开始。但与海军谜机不同,这场游戏的主角并不是艾伦。首先,最初的工作不是由他完成的,其次,机械化分析的工作也是由另一个人完成的。这个人就是纽曼,他于1942年夏天加入了布莱切利。

纽曼是由他的朋友,剑桥物理学家P. M. S. 布莱克特引荐来的。P. M. S. 布莱克特从1937年起,在曼彻斯特教授物理,目前正把研究数理统计应用于护航组织中(海军终于允许科学家介入他们的行动了)。

纽曼被分配到鱼机的研究工作中,他认为自己并不擅长研究手工方法,因此他设想了一套自动化的机械方法。他的理论依据,就是基于艾伦在1940~1941年提出的统计方法。这些想法对于纽曼的计划非常重要,但要想实现它们,需要部署新的机器,以执行更快速的统计工作。纽曼说服特拉维斯,批准了这个新计划,而且邮政实验室也在1942年秋天加入了这项工作。他们认识到,电子技术将在这个项目中发挥作用。 1942年的其他时候,这个项目在工程方面遇到了很多困难,但困难并不在于电子技术,而是在于如何高速读取纸带的机械问题。

艾伦非常了解这个项目,但他对此做出的贡献基本上就只有图灵法。 1942年秋天,图灵法被另外一个部门负责实施,他们使

---

[1] 尚未破解的电传加密打字机系统。

用手工方法来检查鱼机通信,就像几年前刚开始破解谜机的时候一样艰难。8号营房的彼得·希尔顿,被调到那里进行这项工作,另外还有一个更年轻的小伙子,名叫唐纳德·米奇。他获得了牛津大学的奖学金,而且接受过基本的密码分析训练。他的才能得到赏识,并被派到了布莱切利的深处。他和彼得·希尔顿一起负责研究图灵法,并把他们的想法报告给艾伦。

虽然战局仍然令人沮丧,前途很不明朗,但是1942年对于这里的年轻人来说,是精彩而自由的一年,因为他们在这里看到了许多和平时期看不到的机会和想法。在一系列灾难之后,图卜鲁格沦陷了,而就在这时,艾伦迎来了30岁生日。这些新来的年轻人都很喜欢艾伦,他们很难想象,这么一个孩子气的人,竟然已经30岁了。他们同样也很难想象,这样一位能力过硬经验丰富的人,竟然只有30岁。

彼得·希尔顿是个很活泼的爱讲故事的人,他最爱讲的图灵故事,是关于英国本土民兵队。英国当局强烈要求,布莱切利的工作人员,在业余时间应该参加一些"更勇猛的工作"。虽然对部门领导不做要求,但是艾伦对步枪很有兴趣,这让哈利·哥洛博倒很惊奇,他当了两年兵,没觉得步枪有什么意思。艾伦加入了本土民兵步兵部:

> 他必须要填一份表格,其中一个问题是:你是否愿意在加入民兵之后服从军规?图灵的回答太经典了,他填的是"随你便"。结果他被录取了,因为审查人员只看下面的签名,于是……他参加训练,并成为一流的枪手。成为一流枪手之后,他觉得当民兵没什么意思了,所以就不参加训练。

于是，民兵的长官经常传唤图灵，让他对反复的缺席给出解释。我记得非常清楚，是费灵汉上校。

这大概是他遇过的最棘手的事情。他去了之后，被问到为什么不参加训练，图灵解释说，因为他加入民兵的目的，就是成为优秀的枪手，现在这个目的已经实现了。

费灵汉：参不参加训练，不是你说了算，你既然加入民兵，就有义务服从军规！

艾伦：我不是军人。

费灵汉：你什么意思？你不是军人？！你已经承诺服从军规！

艾伦：你知道吗，我早就知道会搞成这样，所以我没有承诺服从军规，你看看我填的表就知道了。

他们拿出表格一看，立刻就知道，拿他没办法了，唯一能做的就是开除他。这对艾伦来说，当然是再好不过了。这是他相当经典的一件事。他必须要填这张表，于是他就要思考如何用最佳的策略来填。这就是他的个性。

还有一次，艾伦在乡间散步，因为他糟糕的外表，以及总是摆弄篱墙上的花，所以被两名警察误以为是间谍，将他扣押审讯。结果发现，他的身份牌没有签名，而他的理由是，身份牌禁止涂写。

彼得·希尔顿对艾伦的描述是：

……一个很好相处的人，虽然总觉得看不透他。他总是有一种强大的力量，解决各种问题，而且总是从最基本的原理入手。他不仅……做很多理论工作，而且还设计电路以及实体机器。

例如，他设计了一个奇特的机器，协助哈利·哥洛博分析德国鱼雷艇使用的谜机。此外，因为有些破解工作仍然是通过打孔卡片进行的，计数这些卡片上面的孔，是非常费力的一项工作，于是艾伦经常去帮忙。这些都是布莱切利的方方面面，而艾伦处在核心的位置：

> 他总是用各种方式，解决各种问题，从来不会瞧不起什么。如果某件事在具体实践中很难操作，他就会亲自去做。我们都很受他的鼓舞……和他一起工作非常快乐。他对那些不如他有天分的人也很有耐心。我记得每当我取得一点成绩，他都会给我很大的鼓励。我们都非常非常喜欢他。

实际上，艾伦并不是真的对谁都有耐心。彼得·希尔顿是鱼机工作组最聪明的人，而且他在某些方面和艾伦·图灵非常相似。他从研究中得到纯粹的快乐，用力地抓头发，并惊叫：我知道了！我知道了！

> 有一次，领导让他每天在固定的时间上班，并工作到五点。这让他非常懊恼。我们的习惯是，可能会中午过来，然后一直工作到深夜，一直到把问题解决了为止，然后去休息，可能一整天都不会再过来……他们拿到的成果，都是我们这样搞出来的，但是他们却拿着考勤表，让我们每天记录

上班时间。

还有一次,他为办公室申请一桶啤酒,结果却被驳回了。这些都是鸡毛蒜皮的问题,但在这背后,却体现着他们与旧体制的冲突。1942年的一天,艾伦、戈登·威尔奇曼还有休·亚历山大,突然被传唤到外交部,每人得到了200英镑奖金。艾伦告诉琼说,外交部不给他们授勋,只用钱来代替。不过对于艾伦来说,他也许觉得钱更有用。

1942年9月,英国的情况稍微好转了。在图卜鲁格沦陷之后,没有再受到太严重的损失。隆美尔在埃及的东进7月时遭到奥钦列克的遏制,8月时又遭到了蒙哥马利的遏制,密码破译工作对后者起到了很大的帮助。沙漠战争与海战类似,非常依赖于信息。他们在1942年5月破解了非洲战场的各种谜机系统,8月时,8号营房又破解了地中海水面舰船使用的谜机系统。英国依靠破译出来的信息,能够找到更重要的目标去破坏,隆美尔在这样的攻击下,失去了四分之一的供给。这个胜利的消息传到8号营房,给他们的工作带来了极大的鼓舞。

在世界的另一边,日本也在中途岛海战中受到了严重的打击。美国海军证明了,信息可以拥有毁灭性的力量。然而,欧洲战区的局势仍不明朗。轴心国对苏联的进攻已经推进到斯大林格勒,第尔普突袭行动的惨败,也终结了对西部战线的幻想。比这两件事更让丘吉尔恐慌的是,以现在的情况看,一旦英美关系破裂,那么英国就什么都不是了。

虽然第一批美国部队在1942年初就已经到达英国,包括物资,坦克,特别是飞机,但这些仅够维持西欧战场。他们现在要面对的是大西洋的 U 型潜艇,其数量已经在 10 月增长到 196 艘了,这是 1940 年的 3 倍,相应地,造成的损失也变成了 3 倍。U 型潜艇使英国在一年内损失了超过一半的商船。尽管美国正在以全速制造新的舰船,但是基本上每艘出航三次左右就会被击沉,而且美国现在还要顾及自己在太平洋的需求。同盟国的船只储量实际上在减少,而德国的潜艇却在增加,到 1942 年底增加到 212 艘,另外还有 181 艘在试航。

西部战线的危机迅速蔓延,虽然这比 1940 年 9 月的空战更难熬,但同样存在着孤注一掷的解决方案。10 年前,艾伦曾经设想:"我们有意识,意识能够决定大脑中一部分原子的行动……身体的其他部分,则是增强这种行动。"现在,他就是英国大脑的一个细胞,他有一个巨大的身躯,可以把他的想法,落实到实际的行动中。英国的大脑,就是这些由继电器组成的电子大脑,这也许是人类历史上最复杂的逻辑系统。与此同时,两年的短暂休息,已经使身体的其他部分做好了更充分的准备来运用智力。在中东,它通过微弱的摩尔斯信号,使隆美尔的军队慢慢软弱。但是大西洋战场不一样,艾森豪威尔和马歇尔在这里遇到的挫折,比隆美尔还要严重,除非英国的大脑能够再次苏醒。

但是,那两年也有一些巨大的进步。盘位增加了 10 倍,迫使波兰向西方求助。如今再次增加的 26 倍,把美国也带入了这场接力赛。美国海军的密码分析员,非常敏锐地知道他们需要什么,他们的部门从 1935 年,就开始使用非常现代化的设备。当 1942 年 2 月破译中断时,他们不满足于站着等着英国追上来,他们自己可以做。这与英国的观点完全不同,英国认为美国应该集中注意日本通信,不要重复布莱切利的工作。但是美国海军坚持这么做。

6月时,它和政密学校的关系变得紧张了,因为他们获许得到的炸弹机被拖延了,于是:

> 9月,海军部门宣布,它们已经自主研发了一套更先进的机器,年底之前将会制造360台,并立即用于潜艇谜机的破解。

这让布莱切利的人们感到震惊。整个政密学校直到1942年夏天,还只有30台炸弹机。而美国人能够制造这么多台机器,并且让它们同时工作,接手大西洋的情报。

10月,政密学校第二支代表团抵达华盛顿,协商另外一种方案。政密学校同意满足美国在潜艇谜机方面的需要,提供拦截和破译技术给美国海军。作为回报,美国海军应……负责制造100台炸弹机,由政密学校来协调两国所有机器的工作,并同意对破译结果进行完整而立即的交换。

既熟悉炸弹机的一切,又能从日常工作中抽身的,只有一个人,那就是索丁教授。协议中的"协调工作",就落在了他的肩上。一边是美国的恐吓,一边是英国的傲慢,夹在中间的滋味很不好受,但现在必须要有人来做这件事。 10月19日,他获得了赴美的签证。他对艾伦说:"我到了美国的第一件事,就是买一块好时巧克力。"

显然,巧克力不是他此行的唯一目的。既然要合作行动,同盟国之间就需要更新的技术来进行通信。电报是不够的,他们需要合适的方式来进行语音通信。因为大西洋海底没有电话线,所有的语音都要依靠短波无线电。但是英国1942年6月的外交部记

录写道:

> 能够不被敌方监听的语音设施,目前还没有发明出来。

除非愿意被柏林听到,否则什么都不能讲。 1942年6月,为了避免挪威流亡政府擅自通信,甚至连奥拉夫王子都不准与他五岁的女儿通话。

语音加密的困难在于,与文字相比,语音信号携带了过多的不必要的信息,这就使它更容易被破译。电子通信研究所在这方面做出了许多努力,但美国的发展则大幅度领先,艾伦现在的工作,就是去研究他们的技术。这标志了密码分析领域的巨大改变。

语音加密在另一个意义上说,也是英国领导人的一个问题。故事是这样的:在1940年,一些聪明的小伙子,在一个乡村的庄园里,愉快地准备破解德国的情报。在1941年,事情发生了变化,丘吉尔通过这个渠道来获得重要的情报,而只有极少人知道,所以它成了一个处在国家正常体制之外的秘密小圈子。到了1942年,问题再次变化了,布莱切利庄园不再处于体制之外,反而在其中占了主导地位,几乎成了命根子。这里破解了60多个重要的通信系统,每个月破译50000条信息,平均每分钟就有一条。红机与黄机早就被抛在身后了,他们已经用尽了彩虹的颜色,开始使用蔬菜和动物的名称了:党卫军的系统叫雪梨,隆美尔向柏林报告使用的系统叫燕雀,国防军在苏联战线使用的系统叫秃鹫。只有个别系统,让布莱切利无能为力,比如U艇使用的鲨鱼系统,除了1942年2月和3月的那三天之外,它仍然是无法破译的。除此之外，德国的秘密通信系统，对于这里来说，就是一本敞开着摆在餐桌上的书。

这意味着，有一团神秘与朦胧之云，要覆盖这一场战争。所有的文件材料都要进行做伪，表现得就像看手势猜词语游戏。如马格瑞奇所说：

> 特工、反间、隐形墨水、伪装、虚张声势、检查纸篓里的东西，这很大一部分都是幌子，用来掩饰另外一个信息源。这就好比，一个人可能用很老旧的方式，卖一些没什么价值的书，这是为了掩饰他偷偷卖得很好的色情书。

英国必须要这样做，来掩饰他真正的武器，没有这些幌子，所有的数学技术都无法发挥作用。当 A. V. 亚历山大就任海军第一大臣时，他甚至无权知道海军的情报，更不要说分析方法了。布莱切利一直能够保持成功，正是依赖于德国政府相信自己的系统是安全的，而不是去研究它们是否真的安全。

艾伦的生活还在继续，他偶尔去看望大卫·晨佩侬，他正在飞机生产部门工作，当然他们从不谈起各自的工作。他仍然关心鲍勃的未来，希望他能获得剑桥的奖学金，但是鲍勃让他失望了。艾伦无法资助他，于是在1942年秋天，鲍勃离开了剑桥，去曼彻斯顿大学学习化学，通过当烧火工赚钱，来维持自己的开销。

鲍勃有着尖锐的眼神，并且猜测艾伦、晨佩侬和克莱顿正在做情报工作。他只知道艾伦在一个叫布莱切利的地方工作。当约翰·图灵在埃及工作时，他的上司的弟弟也在布莱切利工作，他们猜测这与密码有关。图灵夫人也猜到了,她想起了图灵1936年关于通用密码的信,而且还知道他在为外交部工作。她很高兴他能承担起国家的责任。她的长信,有时还没拆封,就会出现在8号营房的纸篓里。她在1941年秋天见到了艾伦。艾伦试着暗示她,自己在做一项很重要的工作,他说有一百来个女孩在为他工作。但无论是谁,都无法从这里面猜出什么重要的想法来。谁能猜到呢?图灵所做的一切,在人类的历史上从未有过。

什么是正常,什么是不正常,什么是真实,什么是假象。这位纯数学家,在这些令人惊奇的问题上迷失了,而他脑中的想法,现在却是整个欧洲的救命稻草。

已经破解的谜机和正在破解的鱼机,将最先进的思想和现代科学的力量发挥到了极致。但同时,他们也要依赖运气和意外。10月30号,另一个幸运降临了,他们在塞得港缴获了U-559,这使布莱切利在空白的大西洋上,描上了关键的一笔。因为这个偶然的事件,这个年轻的组织更加完美了,它将一个神奇的元素植入了英国,它现在站在了这场战争的控制中心。丘吉尔现在完全依赖于一个连名字都不能提的部门,没有人知道这个部门在做什么。布莱切利庄园,从最早的发现开始,用一场巨大的信息爆炸,以隐秘的方式,层层震荡军事和政治组织。这是一个链式反应,至于后来会怎样,谁也来不及设想。

蒙哥马利将军常常不屑于这些过于现代化的东西,因此还受过丘吉尔的谴责。但是这些东西却真切地帮助了他,他的军队在与德国对非军团的较量中获得了胜利。这是英国决定性的胜利。在1942年11月6号,英国重新占领了埃及,德国对中东的控制被击溃了。接着在11月8号,同盟国在摩洛哥和阿尔及利亚登陆,这是一场惊喜,是英美情报合作的第一次胜利。但现在让英国惊慌失措的是,美国人正在和维琪法国政府联络。英国有苦难言,因为正是自己拱手把火炬交了出去。

11月7日,艾伦·图灵登上了伊丽莎白女王号邮轮。这重新装修过的怪物,曲折地向美国进发,护航的军舰跟在后面。就在此时此刻,丘吉尔首相说,这只是序曲的结束,但对于那些下金蛋的鹅来说,这却已是尾声的开始。

ALAN TURING THE ENIGMA

艾伦·图灵 传

如 谜 的 解 谜 者

[英]安德鲁·霍奇斯_著 孙天齐_译

湖南科学技术出版社

连接两个世界

船板上,年轻的舵手在眺望。
迷雾那边,海岸铃响。
铃声掠洋,崖浪急上。
啊,你听到了,你听那暗礁,
叮呤,叮呤,警告航船避开死亡。
啊,舵手,你听那响亮的告诫,
你调转船头,甩下灰白的尾浪,
这高贵的船,满载着珍酿。
啊,这不朽的船!
啊,快登上这船!
肉体之船,灵魂之船,我们起航,起航,起航。

1942年11月，大西洋仍被死亡之影笼罩，对于盟军舰船来说，这是最糟糕的一个月。不过，因为北非的登陆引走了一批德军潜艇，而且伊丽莎白女王号的速度比所有的潜艇都快，所以它安全地抵达了美国。11月13日，艾伦在纽约下船，发生了一点小插曲，美国差点禁止他入境：

> 在抵达时，他遇到了麻烦。他被告知，除了外交邮袋之外，他不能携带任何其他文件入境。负责审查他的三个人，打算先把他遣送到爱丽丝岛。艾伦对此的想法是，希望这能使他的下属吸取教训，下次给他准备更妥当的证件。经过进一步交涉，以及一次2:1的表决，他被批准入境了。

W. 史蒂芬森本来应该把这种问题都处理好，他是一位加拿大的百万富翁，在洛克菲勒中心负责对英的安全合作。史蒂芬森曾经是英国情报局和美国联邦调查局之间的联络人，他在幕后做了许多工作，以增加英国对美国的投资兴趣。1941年以来，他被委以一项更复杂、更重要的工作，那就是把布莱切利的工作引入华盛顿。艾伦的古怪个性令他印象深刻，他说这个人在很多方面都是一座连接新旧两个世界的桥梁。由于新工作，他搬到了迅速扩张的首都，与1938年的冷清相比，这座城市已经有了很大的变化，美国海军密码分析部门"华盛顿通信保障中心"就坐落于此。

在布莱切利看来，美国就是彩虹桥对面的神奇土地，那里有充裕的资源和劳动力，让困窘的英国望洋兴叹。通信保障中心与美国发达的工业界广泛合作，他们在柯达公司、国家收银机器公司,还有 IBM 公司的协助下,设计和制造各种机器。如果说希特勒的实力结合了英国的思想力和美国的生产力,那么艾伦·图灵现在就要再次扮演一个桥梁角色,以联合逻辑和实体的力量。

当然,通信保障中心并不是没有自己的逻辑大脑。这里有一位成员,名叫安德鲁·格力森,是耶鲁大学毕业的年轻数学家。他和另一位成员乔·伊查斯,负责在艾伦访问华盛顿期间接待并照顾他。有一次,安德鲁·格力森带艾伦去十八街的饭店吃饭。这家饭店很拥挤,他们的桌子与旁边的桌子只相距几英寸。他们在饭桌上讨论统计学问题,比如通过一系列随机的出租车执照号,如何估计一个镇上的出租车总数。邻桌的人听到这种技术讨论,感到很厌烦,便以有可能危害安全为由,说:"别讨论这类问题!"艾伦立即反问:"那我们换德语讨论,如何?"那个人觉得很尴尬,支支吾吾地对艾伦炫耀他在第一次世界大战中的战斗经历。

现在的华盛顿人都有防范间谍的意识,但这只是个小逸闻,艾伦来访的重要任务,是关于潜艇谜机。在更高速的炸弹机出现之前,这种谜机就已经被破解了,这是依靠一系列的运气和创造力,还有德国的失误。此事要从 1941 年中期的气象信号说起,这些信号是用谜机和一种特殊的气象密码同时发送的,所以每天都能给布莱切利提供便捷而清晰的"床位"。但在 1942 年初期,这个系统发生了一点改变,于是 8 号营房的这个方法失效了。直到 10 月 30 日他们缴获了一艘潜艇,才重新有办法取得床位。但仍然有一个困难是,推导一天的盘位需要三个星期。然而,德国的一次愚蠢的失误再次拯救了他们,这次失误使第四转盘的优势完全泡汤。U 型潜艇在发送气象报告和一些例行信号时,只使用了三个转盘，这就使问题变成了布莱切利在1941年就已经解决的老问题。对德国来说，这本身不是致命的，更严重的错误在于，当他们使用四个转盘发送其他通信时，前三个转盘的盘位设定仍然不变。因此，分析人员只需要检查第四转盘的26种盘位，而不是本来应该需要检查的 $26 \times 336 \times 17576$ 种。这个失误的结果是，8号营房从12月13日开始，又能正常工作了。他们已经好几个星期没有产出信息了，但到了12月21日，他们可以清楚地获知北大西洋全部84艘潜艇的方位，这对于作战情报中心的追踪室来说，已是一桌足够丰盛的大餐了。8号营房这次不是独自战斗，艾伦·图灵正在华盛顿，把所有的方法教给美国分析人员。现在，双方破解出来的盘位设定在大西洋上空传递着，两国的分析人员展开了密切合作，双方的追踪室亦是如此。

　　破译的信息，以平均每天3000条的速度生产出来，就像一份印满了大西洋行动情报的报纸。12月初，这种持续供应刚一开始，德国的绝密情报，反而使英美军方造成了信息过剩。不需要立即处理的信息，只能先暂时扔在一边。双方的合作很成功，在新的一年里，护航队总是能够避开U艇。德国感到很困惑，他们无法明白，为什么他们击沉记录突然降到了1941年9月的水平。实际上，他们非常肯定，敌人一定通过某种方法，得知了U艇的位置。但是，德国海军指挥部情报部门的领导坚持认为，敌人不可能破译通信。他们始终认为，肯定是法国的某个基地遇到了间谍行动。这跟实际情况相差太远了。这一系列巨大的成功，除了密码分析的功劳，还有很多其他方面的因素——护航飞机的支援，雷达和反雷达技术的进步，以及第四个冬天的恶劣天气。但是，最具决定性的因素，就是盟军又能捕捉U艇的方位了。

艾伦完成任务之后，于12月末离开了华盛顿。英国的功劳尚未被美国取代，在1月14日到24日的卡萨布兰卡会议上，丘吉尔仍然可以和罗斯福平起平坐。美国要帮助英国赢回地中海，这是英国首次作为美国的基地，也是战争的一个转折点。因为蒙哥马利错过了一些绝好的机会，所以清扫北非战场耗费的时间，比预期的长了很多，而且苏联前线依然悬而未决。虽然同盟国计划把敌人打到无条件投降，但现在还什么都不能确定。卡萨布兰卡会议认为，大西洋战场仍然是最重要的。那里的局势现在已经有了转变，同盟国的造船速度，首度超过了损失的速度。

与上次离开普林斯顿时一样，艾伦顺便去罗得岛拜访杰克和玛丽·克劳福德。可惜就在他到达之前，1月6日，杰克去世了。他的遗孀请艾伦留住了几天。接着艾伦前往纽约，1943年1月19日下午，他来到西街的贝尔实验室大楼，开始研究电子语音加密技术，为期2个月。

正如大多数从事机密工作的机构一样，贝尔实验室采用蜂窝式的构造，隔间里面的人，从不知道外面发生了什么。但是，艾伦可以随心所欲地出入任何隔间，只是不能发送消息。他的特权不是来自军方，而是来自白宫。然而，他的大部分时间，还是待在一个特定的隔间中，那里的工作是破解现有的语音加密系统。艾伦刚坐下来一个小时，就解决了一个问题，因此让同行们大为惊叹。这是一个扰乱式的加密系统，它用9个磁头同时对磁带进行读写，从而将时间片段打乱顺序。当他们向艾伦解释这套系统时，艾伦立刻说："应该有945种组合，就是$9 \times 7 \times 5 \times 3$而已。"而他们的一位技术人员，花了一周才算出这个数。

在第一周，艾伦熟悉了他们正在进行的所有项目，并打算承接其中一个项目。一位工程师提出了一个想法，将语音信号乘上一个密钥信号。这是一个很不寻常的问题。1月23日，艾伦开始思考解决方案，随后他在周末来到办公室，确定了该方案的可行性。他的想法是使用声码器。

艾伦在英国的时候，可能已经知道声码器了，因为邮政研究所从1941年开始，就用声码器来接收信息。这是一项非常先进的通信技术，1935年贝尔工程师H.W.达德雷注册了该专利，从此以后它就在贝尔实验室不断得到改进。声码器的概念是，将声音的基本元素抽出来，去掉多余的元素，然后再用这些基本元素来重建语音信号。这个过程是为了降低语音信号带宽，或者说频率范围。

贝尔实验室的任何一个工程师，对降低声音的频率范围都很熟悉，因为电话会削去4000赫兹以上的声音。这使电话的声音总是死气沉沉，但完全可以听懂，也就是说，普通应用中并不需要更高的频率。但是，如果进一步直接削减频率，就会产生一种严重的嘟哝声，这就无法使用了。声码器通过一种更精密的方式来削减频率，它在3000赫兹以下的10个频率点上，采集一个对应该频率的振幅信息，然后对其进行编码。这样编码出来的每个信号，频率范围只有25赫兹。这样的方法，就能将语音信息需要的总带宽限制在300赫兹以内，而且能保证足以能够听懂的语音质量。

艾伦提出，声码器在10个不同的频率点中进行采样，这个原理，可以用来破解打乱时间片段型的语音加密系统，方法就是自动识别相邻的时间片段。把声码器应用到语音相乘加密系统则更加巧妙复杂，艾伦说，他需要进行至少一个星期的计算，来检验该方案是否可行。在贝尔实验室的第二周,他开始进行这项工作,这涉及埃尔米特多项式的计算。在第三周,艾伦得到了一些计算方面的协助。

艾伦还参与了另一个隔间的工作,那里致力于创造世界上第一个完全无法破译的语音加密系统。这是贝尔实验室正在进行的最尖端的研究,也是最高级别的机密。他们最初的目标是找到一种方法,用维尔南原理对声音进行加密,就像文本通信一样,只要使用一次性的密钥,那么语音就无法被破译。为此,他们要解决如何用"0"和"1"的形式来表示语音,这是一个相当新奇的问题。

为解决这个问题,他们从1941年就开始实验,希望将声码器的输出近似成"开"和"关",但是这样产生的语音信号是严重残缺的,无法使用。于是,他们放弃了简单的二进制形式,转而采用六进制来对声码器的输出进行编码。其效果就是把语音信号编成12串六进制数,比如041435243021353⋯这样的,然后给它模加[1]上一串形式相似、但却是随机的密钥,最后再进行传送。接收端收到信号后,减掉一组同样的密钥,就可以重新得到语音。语音信号每秒要采样50次,这意味着每秒要发送300个字符。他们成功地为这套语音系统设计了一次性密钥手册[2]。

这项新发明,被赋予了一个非常激动人心的名字:X系统。1942年11月,一台实验样机在纽约部署完毕,并用之前送到英国的信号发生器来产生信号进行测试。1943年1月,他们开始装配

---

[1] 有意思的是,虽然这种模加方法与十进制的模加方法是一样的,但是他们却不知道这种方法,而是重新发明了它。

[2] 他们还独立地发明了一种脉冲编码调制的形式。

第一台军用样机。这里面有很多技术上的障碍。原始的声码器本身就已经很复杂了,现在它还需要分配72个不同的频率,给那12串六进制数。这12串数要像和声音乐一样,用不同的频率演奏出来,而不是不同的振幅。这套系统还需要发送方和接收方保持完美的同步,要适应大西洋上空的电离层状态,以及时间延迟。

于是,英美两端都架设了满满一屋子的电子设备:

> 终端设备占据30个标准的7英尺继电器机柜,需要大约30千瓦的功率,整个房间需要全面的温度控制。参与这项工作的人,有时会感叹这可怕的转换率——输入30千瓦的功率,输出1毫瓦的语音信号。

但重要的是,它很有用,这使加密的语音第一次跨越了大西洋。在英美官方接洽之前,艾伦就作为英国政府的代表,先行考察了这套系统。1943年2月15日,在战争内阁委员会代表会议的会议记录上略有不满地记录:

> 英国合作交流委员会向本委员会提交了一份备忘录,提议由美国部署一套高度保密的设备,用于英美之间的电话通信。

委员会被告知,负责设备部署的美国官员米勒少校现在已经抵达。他打算将机器部署在由美国严格控制的建筑中,英国政府的高层官员可以使用。该设备除此之外只有两套,一套安装在白宫,另一套在五角大楼。八九个月之内无法部署更多。以下是讨论的要点：

> 1. 安全性。会议指出，目前只有政密学校的图灵博士对该设备进行过考察。鉴于该加密系统传输的信息将涉及英国的军事行动，因此我们合理地希望考察这种新型设备是否真的可靠。我们认为，此项工作最好由合作人员代表团来负责，他们拥有大量的技术人才。
> 2. 部署地点。鉴于首相需要使用这套设备，但它却不允许外线接入，因此唯一可行的安装地点，就是大乔治街的新政府大楼。会议指出，美方希望在4月1日前完成部署。
> 3. 设备的控制。设备的安全性由美国人负责，这种全权控制引发了争议，但是在当前阶段，英方不宜对此提出异议。

委员会通知了合作人员代表团，要求对新型机密设备做彻底的检查，以保证其安全性是可靠的。2月17日到25日，艾伦离开了贝尔实验室，前往华盛顿，此行很可能就是为了这项工作。根据会议记录可以看出，艾伦发现了有待改进的地方：

> 根据奈厄中将回忆，图灵博士对新设备的安全性不是完全满意，他建议进行一些改进。

与此同时，艾伦发现，他之前关于打乱时间顺序的加密系统的想法，似乎不具有可行性。于是他又加入另一个隔间，研究针对该问题的另一种方案。尽管有严格的保密制度，但他的同事还是发现，他正在进行最高级别的研究，因此发生了一个小故事。有一次，艾伦见了美国首席密码分析员威廉姆·弗雷德曼，于是隔间的同事就知道了，原来艾伦是英国最高级别的密码分析员。有一位同事名叫亚历克斯·弗洛，他听说这件事后，对艾伦说："哎，你帮我一个忙。"然后他拿出一份报纸，上面有个解谜游戏。艾伦看后回答说："我从来不做这类东西。"艾伦有时会讲起他曾经的故事，还有他与丘奇的关系，贝尔有些数学家知道图灵机。但是，艾伦仍然觉得很难适应美国的风土人情。这里的同事抱怨说，艾伦在走廊里遇见他们时，从来没有一点认识或问候的迹象，他似乎总是把别人当成透明的，视线直直地穿过他们。亚历克斯·弗洛当时已经40多岁，比艾伦年长，他为此曾经责备过艾伦。艾伦解释他为什么很难适应这里的习俗："你知道吗，在剑桥，你早上出门，用不着一直说你好，你好，你好。"他的全部精力都在工作上，没有闲心学习这些新传统，不过他答应会尽量做得好一点。

他确实没有时间搞交际，因为这是战争的关键期，他们每个人每天的工作时间都超过12个小时。亚历克斯·弗洛本来应该抽出时间和精力来照顾艾伦，但是现在这根本是不可能的。正如其他很多人一样，他也怕把艾伦搞烦了。这段时间艾伦住在旅馆里，在灯火管制时段，他试图在厕所里看书，结果却懊恼地发现，厕所的灯也不亮。

1943年的格林尼治村，也许比1938年的普林斯顿更令人兴奋。艾伦后来说，有个男人曾在旅店里提出了性要求，他对这样的随意感到惊奇。还有一次他说："我昨晚做了个梦，我梦见我扛着一面同盟国的旗，走在你们的百老汇。有个警察过来跟我说：'听着！你不能这样！'我回答说：'怎么不能？我在为世界而战！'"艾伦奇怪的嗓音，就像是用 X 系统进行调频似的，他给临时的同事们留下了深刻的印象。

2月底，艾伦对实验室的电子设备更加熟悉了。虽然他主要从事理论研究，但他提出了许多关于示波器和频率分析仪的想法，当他们使用这些设备来破解语音加密系统的时候，艾伦渊博的知识令同事们很吃惊。他还充分利用了贝尔实验室的理论资源，比如向奈奎斯特学习他的反馈理论，这是复数的一种新的应用。

艾伦在这次访问中，还进行着一项更重要的交流。他每天下午在茶餐厅，能够遇到一位科学家兼哲学家型的工程师，英国的体制中很少有这样的人。这个人名叫克劳德·香农，1941年加入贝尔实验室。当时，虽然艾伦的主要工作是由弗雷德曼负责的，但弗雷德曼是个陈旧落伍的角色，他无法像艾伦一样，用现代科学的眼光看待密码学。在思考的深度方面，香农才是与艾伦棋逢对手的人，他们有很多相似的地方。

自从进入文明时代，人类就开始思考关于机器的问题，但是直到《可计算数》的提出，机器才有了严格的数学定义。人们在通信方面，也进行了很多思考，这个领域也需要现代化的思想，而正是克劳德·香农对此给出了精确的概念定义。1940年，香农完成了他的第一份在该领域的论文，并且在1943年，他的基本思想在贝尔实验室开始得到应用。对于 X 系统的设计，有一部分问题，现在正需要由他来解答。

从发送端，到电离层，再到接收者，这个链条，用他的话来说，是一条通信频道。这是一条容量有限的、有噪声干扰的频道，发送信号即是进入该频道。香农提出了一套精确的方式，来定义这些频道容量、噪声和信号。通信工程的目标，就是更好地使用频道，避免编码信号因为噪声而失真。香农精确地指出了其中的限制。

香农的工作，与艾伦·图灵不是平行的，它们之间存在着交点。在香农看来，虽然艾伦的主要优势是机器逻辑，但他对信息学也有研究。从广泛意义来说，艾伦的密码学工作与信息学有很大关系，在具体实践中，他们两人的思想还有更具体的联系。香农对信息的度量方法，本质上与图灵的"分板"是一样的。一板的证据权重，能使一个事件的概率变成10倍。一个二进制数，或者说一位信息，则能使一个事件的概率变成2倍。这两种理论有着本质的联系，但是他们不允许讨论这些。香农只是通过一些暗示，知道了艾伦在贝尔实验室是干什么的。

而在艾伦看来，香农对机器逻辑也有独到的想法。从1936年到1938年，香农一直在研究麻省理工学院的差分机，并设计了一种重要的、基于继电器的逻辑设备，还在1937年写了一篇论文，《关于继电器的开关操作与布尔代数之间的关系》。他的做法，非常类似于艾伦在普林斯顿做的乘法机。

艾伦给香农看了《可计算数》，他读过之后，留下了非常深刻的印象。他们还讨论了《可计算数》中体现的思想，他们分别出于不同的理由而坚信这种思想。香农经常被机器模拟大脑的想法所吸引，他不但学习数学和逻辑，同时还学习神经学，并且将差分机看作实现思想机器的第一步。他们的基本观点是一致的，那就是大脑并非神圣不可侵犯，如果一台机器具有与大脑一样的工作原理，那么这台机器就同样具有思维。

在贝尔实验室，有些东西是他们可以自由谈论的。有一次，艾伦在午饭时，滔滔不绝地谈论一台"思考机器"的可能性，他说:"香农不光要把数据输入这个大脑,他还要让它能够演奏音乐!"艾伦的尖细嗓音,在贝尔实验室那些温文尔雅的年轻主管中,已经显得非常突出了,然而这时突然有另一个声音说:"不,我对超级大脑不感兴趣,我只想要个一般的大脑,比如 AT&T 公司总裁的大脑。"整个房间都被这句话惊得鸦雀无声,而艾伦却毫不在意,继续谈论他想象中的机器,给它输入商品或股票价格,然后问它"我应该买进还是卖出?"整个下午,艾伦的电话响个不停,人们都在问他,这到底是个什么机器。

1943 年 2 月 2 号,德国在斯大林格勒的失败,标志着浪潮的逆转。但是,虽然东线被武力征服,但西线仍有发展的空间和时间,因为这里并非只靠武力。复杂而精巧的密码分析,引领战争走出了旧世界,但这并不是唯一的例子。1942 年 11 月,洛斯阿拉莫斯实验室已经做好了准备,1943 年 3 月,第一批科学家入驻了,他们要在这里设计并制造原子弹。不过,原子弹并不比 1943 年的雷达技术更有用,这项技术实现了防空自动化,使成千上万的轰炸机变成了多余。曼哈顿计划也需要一个飞行员,届时他会自动地飞往佩内明德港,那里正在制造恶魔武器,也就是 V 型武器。V 型武器原本缺乏精确性,但德国人通过新型的感应引信、自主导航和自动开火技术,解决了这个问题。人们很容易理解,强力的枪炮、迅猛的舰船、不可抵挡的坦克,这些延伸了人类的四肢。现在雷达的面纱也已被揭开,它延伸了人类视力的波长范围。还有一项科技革命正在布莱切利和华盛顿展开,这就是机器科学,它不仅关于物理和化学,还关于信息、通信和控制的逻辑。

这项新科技,并不仅限于军事用途。在都柏林,薛定谔正在进行着题为《生命是什么》的演讲,其中提到,分子的模式承载了生命组织所需的信息。在芝加哥,有两位神经科学家读到了《可计算数》,并且提出一些关于逻辑机器与生理大脑之间的关系的观点。他们引入布尔代数,以此讨论神经细胞的功能。1943年2月14日,希尔伯特在哥廷根逝世,但是一种新的逻辑应用,已经开始慢慢成形了。这是战后科学的第一线曙光。这个半开玩笑的"思考机器",体现了战争将会开拓科学的视野,而且后来的事实表明,它似乎确实是可行的。

3月4日,艾伦完成了他的论文《关于基于时间片段扰乱技术的语音加密系统》。他还研究了贝尔实验室其他语音系统的大量细节。一位部门领导很担心,怕艾伦搞出专利纠纷,艾伦对此不屑一笑,因为贝尔实验室没有任何能让他瞧得起的东西。艾伦说,这只是一次"跨过大洋握手",什么东西能与如此崇高的想法相提并论?这个想法,对任何一个专利局来说,都显得过于高大,以至于他们根本看不到。从3月5日到12日,由于海军的要求,艾伦必须再去华盛顿待一周,接受一项新任务。这是一项关于U艇谜机的重要任务,德国11月以来使用的气象报告密码手册,在3月10日被更换了。不过,三个月来的成功解密,已使分析人员及时找到了替代方案。布莱切利现在有60多台炸弹机,3月10日的变动,只花了不到十天就解决了。

回到贝尔实验室,艾伦又研究了几天时间片段扰乱。他希望在回到英国后,仍然能够跟踪它的进展,并且考虑了两条可能的渠道:通过弗雷德曼,或者通过贝利教授。贝利是为英国安全协作处工作的一位加拿大工程师。3月16日4点15分,艾伦接到了安全协作处的电话,通知他可以登船了。在半个小时内,他迅速放下所有的工作，并离开了西街的办公楼。他这次要乘的船，可不再是女王号，而是一艘26000吨的英国军用运输舰苏格兰女皇号。这艘军舰速度可以达到19.5节，运载了3867名新入伍的士兵，471名军官，以及一位平民。

在延误了一周后，苏格兰女皇号在3月23日晚上离开纽约港。它喷着蒸气，向东进入中大西洋，然后驶向北方。这几千条生命被卷入了战争，此时此刻正被一套精密系统庇护着，在他们当中，只有一个人了解这套系统，但是在这里，这些知识一点用都没有。艾伦在这里就是一个普通人，他也要像其他人一样承担风险，并且服从军官的命令。风险是很大的，3月14日，一艘类似的运输舰，加拿大女皇号，被发现并击沉了。

不过，从某种意义上说，早在1939年，艾伦就已经站在了燃烧的甲板上。他对战争的态度与其他人不同，他只做他想做的工作，努力使自己不隶属于别人。他的头脑一直在工作着，被各种问题所吸引，包括在这次航行途中。当他面临无助、限制和危险时，他把精力投入到一本25分钱的电子学手册上，并且想出了一种语音加密的新方法。

有一次，他与弗雷德·克莱顿谈话时，谈到为什么有些科学家仍然要为德国工作。本着自身的感受和政治现实主义思想，艾伦认为，科学家会把精神全部集中在科学研究的内容上，无暇考虑其意义。从这个角度来说，这是一场镜中世界的战争，德国的密码分析人员，同样沉迷于他们的工作。[1]他们都活在一个梦中的世界里，从未考虑到他们正在参与战争。但是弗雷德也使艾伦

---

[1] 至少有一位斯科兹的学生在直接与艾伦竞赛。

承认，德国人的问题不止于此。

对于艾伦·图灵这一代人来说，第一次世界大战就像叮当哥和叮当弟一样没有意义。民族主义的镜子，隔开了罗素与爱因斯坦，隔开了哈代与爱丁顿，他们身上被贴着标签，必须相互摧毁。他们竭力想要从这场梦中逃出来，1933年的新一代人，公开地表达了这种愿望。但是，罗素和爱因斯坦现在却支持战争，这是一场为了停止战争的战争，这不像国家间的战争，而像是世界的内战，像是十字军与奴隶之间的战争。这主要是两个专制之间的战争，由政府强力支持，又将屠杀合理化，将经济军事化，面对这样的敌人，似乎做什么都是合理的。1933年，他们斥责军火商，但是现在，他们就是军火商。

爱尔兰遭受过英军的暴行，现在麻木地保持中立，但这并不包括药物试验和工业氰化物。布莱切利破译了一些德国的密码，而德国人却不知道。图灵说，他们心里的想法其实很纯粹，就是由想法进行逻辑推论。但是不得不承认，纳粹确实刺激了他们，如果没有这种刺激，他们没那么容易进行"推论"。

这场战争的规模，不用问也不用说，而对艾伦·图灵而言，还有一个更尖锐的刺激[1]。希姆莱嘲笑英国情报局任用同性恋

---

[1] 德国的安全政策比英国更激进。在1942年10月9日的信中，希姆莱回复医疗顾问致帝国中央安全局的一份备忘录，写了关于同性恋者从事间谍与破坏活动。"我肯定地说……英国在这方面找到了一些相当有用的人"，他写道，但是如果只为增加兵源，就对他们进行豁免，那么无疑会使同性恋者在人民中胡作非为，还要面临大批年轻人被鸡奸的危险。总之，他说，考虑到这些堕落的恶棍的叛国行为，无论是否根据第175条，都必须要对他们进行审判。在1942年，这种审判意味着他们要作为"粉红三角"被送到集中营。医生建议对他们进行重新教育，但在1943年6月23日，希姆莱尖锐地批评说，德国正在为生存而抗争，这种教育完全是浪费精力，而且其结果还很不可靠。

者,而且特意讽刺说,德国的人才实在没有能力尝试如此有特色的行为。然而,也许很少有人知道,正是这位有特色的同性恋者,把希姆莱引向了他的坟墓。

1939年,佛斯特说,要想打败法西斯,自己必须先成为法西斯。这场游戏的逻辑,隐约反映出民主违背人性的一面:不光是轰炸空袭,还有深层的内在问题。随着盟军从思考变为行动、从防御转为进攻、从新手上阵变得经验丰富,那些说不出来的天真就已经随风远去了。这种情况正是由成功而高效的科学技术导致的。在1940年,人们普遍有种幻觉,仿佛自己与世界是脱节的,现在就算是丘吉尔,在如此大规模和超级复杂的军事行动中,也显得太渺小了。在20世纪30年代,似乎在正义与邪恶之间,可以简单地做出判断。但是在1943年后,当盟军与苏联一道去咬纳粹的苹果时,什么都不简单了,什么都不再有真相了。

3月31日寒冷的黎明,一艘英国护航舰正在等待苏格兰女皇号。危险已经过去了,没有德国潜艇瞄准它,这位古怪的平民,安全地回到了自己的国家。他用大脑扭转乾坤,现在已经三年过去了,英国围绕他的大脑,建造了超级庞大的机器。他们不能只靠大脑作战,只有智慧是不够的,还必须将它付诸到这个野蛮的世界中,这是无人能够逃避的残酷法则。

第五章　运转起来

我要用宽广辽阔的词语，
来歌唱个体的人。
我要从头到脚歌唱生命的全部，
仅有外表，或仅有头脑，绝非缪斯女神所爱。
我歌唱生命的全程，
我歌唱女人，也歌唱男人。
我歌唱他们的激情、勇敢和力量，
自由地行于天赐的法则之下。
现世的人们啊，
我为你们歌唱。

斯大林格勒的挫败，标志着德国的终曲已然敲响，这场战争开始转折。但是目前，盟军在南线和西线的成功并不明显，非洲战场依旧苟延残喘，德国空军仍然不断地突袭英国。当艾伦在纽约等待回国的时候，大西洋上发生了激烈的战斗，护航队损失惨重。码头上挤满了死里逃生的幸存者，这是艾伦回国后首先映入眼帘的影像。

丘吉尔和罗斯福在卡萨布兰卡商谈之后，他们有充分的理由相信，在大西洋潜艇谜机的破译工作恢复之后，被击沉数量将会降低到1941年末的水平。1月，这个目标确实实现了，但是到了2月，被击沉数又增长了一倍，几乎回到了1942年的水平。接下来的3月，是最糟糕的月份，有95艘船被击沉，总共损失了75万吨运力。大西洋东部的护航队，有五分之一的舰船被大批德国潜艇摧毁。同盟国失去了对事态的控制，其中有着令人难以置信的原因。首先是护航队的起航时间，正好是德国改变气象报告系统而引起的九天中断期，还有更严重的是，护航队的路线被德国情报部门破译了。

护航运输队SC122于3月5日出发，HX 229于3月8日出发，相对比较幸运的HX 229A于3月9日出发。3月12日，SC122改变航线，避开他们认为是劳格拉夫U艇群所处的位置。这项信息被德国拦截并破译了。3月13日，劳格拉夫艇群攻击了一队向西行驶的护航队，因此暴露了真实位置，SC122和HX229再次转向，但这两个转向信号在四个小时之内又被拦截并破译了。劳格拉夫艇群的速度追不上SC122，但是在东面300英里处，斯蒂恶魔艇群和德兰杰艇群正在等着它们。因为目标太多，德国现在已经搞不清哪个是哪个了，但是他们运气不错，劳格拉夫的一艘U艇侦测到了HX229的位置，并召唤其他U艇。伦敦方面看到,两个护航队径直驶向了德国 U 艇的埋伏区,但是一切都已经太晚了。他们别无选择,只能决死一战。3 月 17 日,他们被德国潜艇围攻,三天后,22 艘舰船被击沉,而德国只损失了一艘 U 艇。在这次行动中,表面上看起来是运气的作用,但其背后却表明,同盟军的通信出了严重的问题。

对于伦敦和华盛顿来说,他们从 1943 年 2 月就开始怀疑这种情况了。当时他们发现,18 日有三组德国潜艇群,在 30 分钟之内接到了命令并成功地攻击了护航队。5 月中旬,盟军破译了三条双重加密的谜机信息,其中清楚地表明,盟军通信被德国破译了。盟军破译出来的谜机信息,从 1941 年起始终通过一次性密码手册来传递,所以没被德国直接发现。但是在 1943 年 2 月他们破译出来的 U 艇例行日报中,可以看出德国已经隐约意识到了这一点。然而,德国当局再次顽固地认为,问题出在雷达和间谍上。他们再一次限制己方人员接触 U 艇通信,但这显然是没有用的。德国一次又一次地盲目信任机器,这阻碍了他们看到事实的真相。但是对同盟国来说,他们的游戏秘籍也差一点就泄露了。

这是一个很差劲的故事,不是指其中的某个人,而是整个运转体系。不管是伦敦还是华盛顿,都没有一个正经的部门,能够区分德军知道什么、不知道什么。密码分析人员无权查看盟军的快报,而作战情报中心又始终缺乏人手、缺乏设备。

密码分析和操作人员都在照章办事,这种工作方式在 8 号营房看来,简直就是可耻的渎职。英美联合系统使用的护航队通信密码,实际上是德国密码部门早就能够破译的英国旧密码。虽然在 1942 年 12 月,他们改变了指示信号,使德国遇到了一些挫折,但是各种失误仍然不断发生。据美国反映:

美英海军通信非常杂乱,而且经常重复,看起来好像没有人知道一条信息应该发送几次、由谁来发送、用什么系统发送。这个问题应在 5 月前妥善解决,以使联合通信系统更加清晰,使美英双方的合作更加密切。

然而据德国反映:

哈利法克斯地区的海军上将,给予了我们很大的帮助。我们每天晚上都能截获他发送的例行日报,开头总是"地址,情况,时间"。这种重复的开头,能够帮助我们迅速识别他使用的加密方式……

他们在破解德国通信时,把思想和技术发挥到了极致,然而在自己防守时,却总是犯下最低级的错误。这导致的结果是,自从 1941 年末以来,德国的成功不仅是因为 U 艇数量的增长,还因为对盟军护航路线了如指掌。在 1942 年期间,谜机破译工作中断所造成的影响,只是故事的一半。

但与德国当局不同,英国能够立即认识到错误。错误不只在于海军,因为有一部分密码安全工作已经移交给了政密学校,但政密学校并没有像重视破译德军密码那样,来重视这些防守性工作,因此这方面的进展很迟缓。他们到 1941 年才设计出新的通信系统,而海军直到 1942 年才批准他们于 1943 年 6 月引入使用。他们甚至连批准更换新的密码手册都需要花上六个月。这种拖延,在和平时期还算情有可原,但在战争的生死关头,就显得很没道理。信息破译战、使德国夜如白昼的空中雷达,还有原子弹,这些工作很刺激，它们可以通过新型的工业技术，在几个月内像变魔术一样拿出来。但是护航保卫工作却不怎么刺激，无法激起这样的劲头。

虽然很痛苦，但他们得到了教训。5万名盟军海员在战斗中牺牲了，在西线的艰难战斗中，他们能够依靠的只有自己。1943年3月，有360艘护航舰在独自挣扎，而他们的试炼并未结束，商船密码系统一直能够被德军破译，很久以后，直到6月10日，才有了新的通信系统来保护海军。高度脆弱，低级优先，几乎没有人意识到，商船队冒着何等的危险，更没有人意识到，这种危险有多么可怕。

盟军海军通信的失败证明，蒙巴顿在战前建议使用机械密码设备是正确的，但当时却被海军拒绝了。1943年后，海军和其他部门一样，添置了泰普克斯机和美国的类似设备。德国密码部门在这方面没有任何进展。蒙巴顿的想法是正确的，却被别人用错误的理由反驳掉了，他们说机器密码并非天生就一定安全，谜机已经证明了这一点。外交部仍然使用基于手册的手动系统，它一直没有被破解。布莱切利能够破译意大利海军的谜机系统，但却对他们的密码手册系统无能为力。用机器加密的信息，很容易被机器破译，问题的关键在于，不能只考虑机器，而要考虑包括人员在内的整个运转体系。盟军在密码破译和密码使用方面，严重地缺乏平衡性，这里隐藏着另一个问题：泰普克斯会比谜机更安全吗？事实也许有点消极：德国密码部门没怎么认真对付它，正如1938年英国没花多少工夫对付谜机。在布莱切利调动资源的过程中，假如泰普克斯受到了攻击，那么故事也许会完全不同。他们可能就没有艾伦·图灵了，艾伦·图灵也没有了施展的舞台。

第五章 运转起来

现在艾伦刚回到8号营房,这样的局面对他来说很不利。这场游戏开始散发出不怎么好闻的味道。当得知护航队密码被德军破译时,密码分析员们感到极为震惊。艾伦不在英国时,8号营房由休·亚历山大接管。有一次,一位领导过来询问谁是这个部门的主管,亚历山大说:"嗯……就算是我吧。"从此之后,他就一直控制着关于海军谜机的工作。他们没有遇到什么危机,1943年7月引入的可换的第四转盘,也没有给他们带来太大麻烦。他们不需要进行缴获行动,就能直接推导出连线关系。这些工作都再也不需要艾伦了,一些高级分析员都转而开始研究鱼机了。实际上,德国其他的谜机现在也不需要英国的努力了。虽然英国在1943年6月制造了第一台高速工作的四转盘炸弹机[1],但美国在8月之后制造了更多更好的炸弹机。到了1943年年底,他们已经能够完全掌控德国潜艇的行动,并且还有余力来研究其他型号的谜机。

这些工作都已经成为常规,不再需要艾伦了。他被委以检验语音系统的任务,以及其他一些英美联络工作。现在盟军面对的问题,就是要从1942年的窄视症和拖延症中恢复过来,通信量正在迅速增加,他们不允许在1944年再出现那种脱节。对于艾伦·图灵来说,与解谜接力赛相比,这是一份抑郁的、让人打不起精神的工作。但是,这份工作迫切地需要他这样的专家。

1943年6月之后,盟军在大西洋战场戏剧性地占据了上风,该时期的击沉数量已经降低到了可以容忍的水平。回想起来,1943年3月的大西洋战场是艰难而危险的,而在此之后则可以

---

[1] 主要是克伊恩和报表机器厂的贡献,维恩威廉姆斯亦有贡献。

说，德国潜艇已经被打败了。但事实上，1943年仍有危机在延续，不是舰船，而是整个体系每天都在被更高级的体系打败。最终，他们引入了远程空中巡逻，覆盖整个中大西洋，德国潜艇1940年所拥有的逻辑优势才被彻底颠覆。到了1943年底，英国通过破译谜机通信，比德国指挥官还要清楚他们的潜艇方位，而在短距离内，则可依靠空中雷达。与此同时，护航通信也变得可靠了。这套组合招式非常成功，看起来在大西洋的扑克游戏中占到了上风，只是偶尔作弊失手才会被发现。但是在德国看来，这些不算什么上风，对他们来说，1943年的破译工作有了很大进展。到这一年底，他们将可以调动400多艘潜艇，全部装备着尖端的反雷达设备，他们一直认为雷达是导致他们打不到护航队的原因。虽然德国潜艇从个体来说越来越短命，但是那些艇群仍然很活跃而且富有杀气。这场游戏进行到这里，对一方来说已是全信息，但是另一方却不肯认输。

1942年2月引进的第四转盘，对德国来说，造成了很多意想不到的后果。它被粗心而愚蠢地运用，最后导致布莱切利的工程师们纷纷感到很无聊，从而转去研究鱼机了。1943年，英美情报人员通过协议，划分了各自负责的范围，英国负责欧洲，而美国负责亚洲。美国海军还有着更大的野心，他们的炸弹机迅速发展，反映了一个事实：大西洋现在成了美国的。艾伦·图灵的工作，将德国逐了出去，现在是为美国而保卫这片海。

艾伦在美国的时候，写信给琼，问她想要什么礼物，但在她的回信中，由于审查制度，她没有回答这个问题。于是艾伦给她带回一支很好的钢笔，也给其他人带了礼物。他带回了许多糖果，还有一些好时巧克力作为8号营房的零食。他给鲍勃买了一个电动剃须刀,并为它制作了一个变压器,使其适合英国的市电电压。他对琼说他 1 月去看望玛丽时,杰克却在之前几天去世了,这对夫妻之间的感情,深深地触动了他。他暗示琼,他们应该重新开始,但是琼没有接受这个暗示,她知道这段感情已经结束了。

艾伦借给琼一本新小说,是他的朋友弗雷德·克莱顿在 1943 年 1 月以笔名出版的书。书名叫《邪恶之松》,似乎隐约地影射了《暴风雨》中爱丽儿被西考拉克斯所囚禁,书中从弗雷德的经历出发,发泄了对政治和性的抱怨。弗莱德将情节背景设置在 1937~1938 年的德国,在其中表现了他早前对维也纳和德莱斯顿的复杂思考。

弗莱德试图理解 1933 年的理想泯灭。一方面,他表明德国人作为个体的人,与英国人是同样可敬的。另一方面,他描绘了整个体系,整个纳粹体系。他把自己写成英国人,质问德国人为什么会有那样的信仰,他试图通过德国人的眼睛,来看待他自己和英国人。他写这本书,献给他的弟弟乔治,以及沃尔夫,这是他在德莱斯顿认识的一个男孩。"自由,以及自治",他借故事中的一个德国男孩,来分析英国的自由主义,"全都是幻觉!那里所谓的自由和自治,就是不去同情别人的感受……"这是一个国王学院的自由主义者得出的结论,他试图去理解对自我的绝对否定。

这个故事还有第二条线索,就是英国男教师与德国男孩之间的半柏拉图式的友谊。这在琼看来,代表了一种对自我束缚的赞扬,但是在艾伦看来,这会带来一些其他的想法。这本书避免了这种明显的危险,而伊夫琳·沃则在《再举起几面旗》中陷入了这种危险。这种个人现实,一直在被质疑,被 1930 年后期纳粹关于男孩被犹太人教唆而堕落的政治背景所质疑。从这个角度来说，这给艾伦提供了另一条路，这说明他的性取向不能脱离他的社会角色，但也不能无视个人的自由和自我思想。

虽然艾伦已经不直接参与密码分析工作了，但他目前仍然留在布莱切利，就跟他以前不值班时待在茶餐厅的状态差不多。他这段时期的谈话，主要是关于数学和逻辑问题，艾伦特别擅长谈论一些非常本质的问题，并看到问题的背后隐藏着什么道理，或者归纳一些日常应用中的数学原理。他对抽象与实体之间的联系非常感兴趣，还喜欢对那些高级数学家的工作进行"去神秘化"。他会从壁纸的图案出发，来讨论对称性，他的《可计算数》中的纸带，也是这样一种风格，把高深的逻辑讲成实际的东西。

有一个人很欣赏这样的方式，他叫唐纳德·米奇，对于他这个古典主义者来说，这种方式很新鲜。他与艾伦非常友好，从1943年开始，他们每周五晚上都在布莱切利北边的酒吧见面，在那里玩国际象棋或者聊天，通常是唐纳德听艾伦说。布莱切利的平均下棋水平并不怎么样，当国际象棋大师到来时，经常出现悬殊的实力对比。哈利·哥洛博可以对艾伦的皇后放水，然后照样赢他。他还可以在艾伦认输时，与他互换角色，然后在艾伦觉得绝无可能的情况下反败为胜。他责备艾伦不懂得棋子之间的配合，这和艾伦的社交行为有些类似，他总是把精神全部集中在一件事上。而在杰克·古德看来，艾伦其实是过于聪明，其他人不需思考就能走的步子，他都非要从头推算一遍不可。艾伦上夜班时（1941年末），总会享受一段有趣的时光，那就是在清晨与哈利·哥洛博下棋。有一次，特拉维斯过来走访，于是他尴尬地看到，他的高级密码分析员正在值班的时候玩棋。"嗯……咳……我看看你玩什么呢,图灵。"他不太高兴地说,就像舍监抓到学生在厕所吸烟一样。"祝你能赢他。"他离开时,对哥洛博说了这么一句。他错误地以为,密码分析大师同样也是象棋高手。不过,年轻的唐纳德·米奇倒是和艾伦水平差不多。

这样的一些交流,对艾伦研究象棋机器来说,是很好的机会,他从1941年和杰克·古德交谈时,就开始构思这个机器了。他们经常讨论思维过程的机械化,引入了概率论和证据权重的理论,唐纳德·米奇已经很熟悉这些理论了。密码分析机器的发展,刺激了关于用机器解决数学问题的讨论,比如他们在午餐时讨论的寻找大素数的问题,就让电子工程师弗洛文斯很惊奇,因为他完全听不懂。但是,艾伦的想法是朝着另一个方向,他并不是很关心这种执行复杂任务的机器,他关心的是一种可以自动学习的机器。这是他在《可计算数》中提到的想法:机器的状态,可以看作思维的状态。在这个基础上,如果说机器可以通过他与克劳德·香农讨论的方法来模拟大脑,那么它就必须拥有大脑的学习新事物的能力。艾伦正在考虑一个争议:机器不管多么复杂,都只能执行人们明确设计好的指令。在这些闲暇讨论中,他们花了许多时间来探讨什么是"学习"。

这些讨论中有一点很明确,唯物主义认为,大脑的机制中不存在灵魂这样的东西。(艾伦也许已经坚定了自己的无神论信仰,与战前相比,他对那些反上帝和反教会的玩笑更加不在乎了。)为了回避关于思维、思想或者自由意识"到底是什么"这样的哲学讨论,艾伦倾向于仅仅通过对比机器和人类的行为,来检验机器的思维能力。这是对思维的实验定义,就像爱因斯坦对时间和空间进行的实验定义,这使他的理论从先验的假设中解放出来。这并不新鲜,这是理性主义者的标准做法。实际上在1933年,艾伦就已经在这个水平上进行思考了。萧伯纳的《千岁人》中,有位未来科学家发明了人造人,它能够表现,至少是模仿20世纪人类的思维和情感,而科学家无法区分人造人和生物人。《自然奇迹》也接受了理性主义观点,题为《动物用什么来思考》的文章中提到,单细胞生物与人类相比,在思维、智力和学习能力方面,只不过有着程度上的差别。因此,艾伦用模仿原则进行讨论,并不是个新想法:如果机器表现得像人类一样,那么它就是与人类一样。这给他们的讨论带来了有力的建设性优势。

在这个时期,唐纳德·米奇离开了他的部门,杰克·古德也离开了8号营房,他们作为纽曼的第一批员工,开始进行一项非常刺激的关于鱼机的工作。唐纳德·米奇在研究改进"图灵方法",他时常会向艾伦报告进展,在1943年初,他们已经能够定期地、短滞后地破译一部分鱼机信号。图灵的统计理论,包括概率、证据权重以及序列分析,在鱼机研究中起着全局性的、比在谜机研究中更深远的作用。到了1943年春天,纽曼的机械化想法也有了成果。当时艾伦还在美国,而这边的电子科技也有了新的发展,这对他们来说,有着不一般的意义。

大约在1943年4月,在纽曼和两位助手工作的F营房,邮政工程师们组装了第一台电子计数器。这台机器和它的后续型号,被称为罗宾逊机[1]。他们依靠一些早期论文,解决了一些工程上的困难,但是这些罗宾逊机仍有很多问题,比如说容易着火,纸

---

[1] 罗宾逊机有很多种,比如彼得罗宾逊机,佩刀罗宾逊机,还有一种海斯罗宾逊机,得名于著名的卡通漫画家海斯·罗宾逊,他专门画一些极其复杂的机器,来做一些极其简单的事。

带经常撕坏,而且计数也不太稳定,因为老式的继电器会产生电子干扰。最根本的技术问题是,这种方法要求两条纸带完美同步。因为这些问题,罗宾逊机对于实际的破译工作来说,既不可靠又太慢了,所以它们只是用于研究。此外还有一个流程上的困难,如果把这种机器应用于密码分析,就需要源源不断地给它供应纸带,以至于必须专门再给它制造一台辅助机器,以达到所需的纸带生产速度。

但是,在第一台罗宾逊机完成之前,弗洛文斯提出了一个革命性的想法,解决了纸带同步问题,并减轻了纸带的供应压力。他的想法是,用电子形式来储存鱼机的内核模式,如果做到了这一点,那么就只需要一条纸带。但问题是,这样的内部存储,需要使用更多的电子管。克伊恩和维恩威廉姆斯对其可行性深表怀疑,但是纽曼理解并支持弗洛文斯的新方案。

照理来说,这种方案就像是在黑暗的森林里寻宝,但问题是,此时是 1943 年,这不是个"照理的"时期。接下来发生的事,是两年前完全无法想象的。弗洛文斯告知邮政实验室的主管拉德雷,这项工作对布莱切利至关重要,而根据丘吉尔的指示,布莱切利的研究拥有最高的优先权。所以,尽管这项研究将会耗费邮政实验室一半的资源,但拉德雷别无选择。 1943 年,弗洛文斯设想的机器投入制造,经过 11 个月昼夜不停地工作,他们成功了。除了参与设计的弗洛文斯、布劳赫斯特和钱德勒之外,其他人无权察看这台机器的全部细节,更不可能得知它的用途。有很多部分是没有图纸的,只有设计者的手稿,而且没有说明书,也没有账目,无法统计到底消耗了多少物资和人力。机器在实验室里组装,接好了线,各个部分单独工作,直到 1943 年 12 月,整个机器才运到布莱切利。

3年内，他们追上了半个世纪以来的科技进步。迪尔威·诺克斯逝世于1943年2月，他走在了毕生对抗的意大利帝国之前，随他而去的还有他陈旧的工业思想。布莱切利被谜机逼进了一次科技革命，现在他们要面对第二次。新的电子机器比罗宾逊机更快更可靠，他们称它为巨人机，只要正确地使用1500个电子管，它就可以不出错误地工作很长时间。这使那些受传统教育的聪明人感到震惊，有很多不可能的事情都在1943年变成了可能。

艾伦知道所有这些发展，但他拒绝直接参与。纽曼的队伍越来越强大，他从其他营房和外面的数学界吸引了最优秀的人才，但艾伦却走向了不同的方向。他不是纽曼，在所有方面都那么精通，他更不是布莱科特，懂得如何在政治圈里活动。他为控制海军谜机而勇猛奋战，但在休·亚历山大的领导力面前却退缩了，否则的话，他本来完全可以自己坐上那个有影响力的位置，坐上协调委员会、英美委员会、未来的政策委员会的位置。但是艾伦从没想过在任何这些地方找个位置，他只想做科学研究。其他科学家发现，战争赋予了他们在20世纪30年代无法企及的权力和影响力，于是纷纷为这些而奋斗。但是对于艾伦·图灵来说，战争带来的只是新的实验和想法，以及做些实事的机会，并没有带来驾驭他人的兴趣。他的原则始终未变，他是一个本性难移的隐者，现在，他再次想要回头做点自己的事了。

1943年12月，他认真地履行了挑选圣诞礼物的义务。要改变他母亲的想法，需要的不光是第二次世界大战。12月23日，艾伦写信给母亲：

亲爱的妈妈：

感谢你问我我想要什么圣诞礼物，但是我想今年最好是不要了。我想要的礼物，肯定是得不到的。比如说，我想要一套精美的国际象棋，就像你1922年送给我的那套。但我知道目前来说这是不可能的。我这还有一套旧的，在战争结束前，我就玩这套吧。

我最近放了一星期假[1]，和晨佩侬一起待在庞古博士的木屋里，在巴特米尔湖区。我不知道这个季节原本是否适合爬山，但我们遇到了最好的天气，我们高高地站在大盖布尔山顶，那里一点雨都没下，只下了几分钟雪。但不幸的是，晨佩侬感冒了，半路就回去躺床上休息了。那是11月的中旬，所以在明年2月之前，我不会再去度圣诞假了……

你的
艾伦

在1943年圣诞，依靠谜机的帮助，英国击沉了沙恩霍斯特号。但在此时，艾伦已经展开了新的项目，这是他自己的项目。他把关于美国机器的文件，交给了戈登·威尔奇曼，威尔奇曼此时已经离开了6号营房，接手了全局的协调工作。威尔奇曼对数学失去了兴趣，他在管理方面找到了感觉，对与美国的合作尤其感兴趣。艾伦从美国回来以后，很多时间都用来设计新的语音加密方法，当其他数学家满足于使用现成的电子仪器或者知道个大概时，艾伦已经决定，凭借他在贝尔实验室的经验，用自己的双

---

[1] 从1943年11月16日到22日。

手制造出一些真正的东西。1943年末,他开始把时间花在一些实验上。

语音加密现在并不被认为是当务之急。1943年7月23日,X系统开始为伦敦和华盛顿提供高层对话服务。那天的人员代表在备忘录中写道,派来检查设备安全性的英国专家表示他们完全满意。这份备忘录还列出了以丘吉尔为首,允许使用该设备的24位英国人,以及他们可以联系的,以罗斯福为首的40位美国人,这解决了大西洋高层通信的问题。但是,英国不希望美国把他们的通信都录下来,盟军从来没有那么亲密的关系,英国政府并不愿意向美国敞开一切。从长远的政策来看,英国有足够的动机,独立地研发自己的高层通信系统。世界的政治和经济中心应该是英国,而不是美国。

但是这并没有付诸行动,艾伦的新想法也不足以作为这种发展的潜力。他的原则是,不能使用时滞不定而且衰减严重的短波信号。X系统从一开始就清楚这些问题,而且成功地克服了。艾伦现在想为自己做点什么,他不想做别人要求他做的东西。战争已经不再需要他了,他发现自己在1943年以后基本上是多余的。为了实现他的目标,他现在必须要跳槽。布莱切利现在有10000多人,出产各种机密,不光做着破译工作,还在领导面前做着各种表演。就在这时,艾伦·图灵默默地搬到了附近的汉斯洛普庄园。

政密学校扩张到了1939年无法想象的规模,而情报局也如春笋一般,在各个方面迅速发展着。战争前不久,他们雇用了布雷加迪尔·里查德·甘姆比-派利,来改进无线电通信。甘姆比-派利是皇家飞行队的退役军人,是一位慈父般和蔼的人,级别较低的官员经常把他称为"老爹"。他的第一个机会，在1941年5月到来，那时情报局接管了刚刚从MI5独立出来的无线电安全局，该局负责追踪潜伏在英国的敌方特工。他接手这项工作后，很快就控制了所有这样的特工，于是无线电安全局的任务就升级为，在全世界范围内拦截敌方特工的无线电通信。它现在叫第3特别通信组，有很多大型接收站，中枢机构位于汉斯洛普庄园，这是一个坐落在白金汉郡北部偏僻角落的大型18世纪庄园。

甘姆比-派利还负责情报局的一些其他工作，比如他从1943年10月24日开始，为一个假冒的德国军事广播站维护发射设备。（这个广播站位于白金汉郡的辛普森村，记者和德国叛逃者们在那里编造一些巧妙的谎言。）后来，第3特别通信组的工作还包括了制造供英国最高领导使用的洛克凯斯[1]密码机，该级别的通信量目前已经达到了仅与美国之间就有100万个词，当然，这里也有布莱切利的功劳。洛克凯斯机代表了维尔南一次性电传打字密码系统的最新进展。

维尔南原理有一个问题。因为电传打字机是用博多码作为输入形式的，这其中包含一些非字母符号，比如换行符、回车符等，所以无法直接由商用电报公司通过摩尔斯码进行发送。在纽约，史蒂芬森的组织中有位加拿大工程师，贝利教授，他发明了一种方法，可以避免这些字符，并使密文工整地印在纸上。这需要依靠新型的电子技术，自动识别出不需要的符号，这就涉及类似巨人机的逻辑电路，但是规模很小，通过电子开关执行布尔操作，然后输出为打孔纸带。

---

[1] 洛克凯斯机，这个名字是特拉维斯取的，灵感来自于洛克菲勒中心。

1943年末,这项工作完成了。他们雇用了富有创造力的电报工程师 R. J. 格里费斯来进行详细设计。制造工作在汉斯洛普庄园进行,格里费斯同时还在这里研究用以自动生产随机密钥纸带的电子技术。

汉斯洛普庄园与电子密码研究有紧密联系,所以这里是图灵作为语音加密项目研究基地的一个天然的选择。邮政实验室本来可能已经给他安排好了一个去处,但是汉斯洛普离布莱切利比较近,只有大约 10 英里。这里是个非常古怪的地方,看起来像是一个军事基地,有着军方的编制和语言,这跟布莱切利很不一样。布莱切利的军人要迁就年轻的知识分子,但汉斯洛普的思想风气却没有受到现代科技的影响。这里没有公共自助餐厅,只有一个军官食堂,那里挂着一幅镶着镜框的座右铭,是亨利五世的一句话:

> 凭着他们做梦都想不到的耳朵,
> 国王能够知道他们脑中的一切。

实际上,甘姆比-派利的员工,都是工作在一场梦境里,他们不知道自己在做什么,别人更不知道。新来的人需要花上好几天,才能搞清楚这里是做什么的。

艾伦与汉斯洛普庄园的第一次接触,是在 1943 年 9 月,那时他从布莱切利骑了 10 英里自行车,来这里考察情况。一位前高级官员"大个儿" W. H. 李,奉命接待艾伦。汉斯洛普并不是每个人都衣着光鲜,除了一些穿着制服的真正的军人,还有很多非军队的人员,他们是从邮政、电缆公司,还有其他类似机构中调过来的。但是,当"大个儿"把艾伦介绍给他的上级科伊恩少校时,艾伦感受到了十足的军队气氛。科伊恩绰号叫"那玩意儿",他是英国无线电测向领域的顶级专家,在第一次世界大战期间,他写了一本这方面的教材,在第二次世界大战时期花了许多时间为其修订新版。艾伦和"大个儿"一起站在他的门口,他却挥手让他们滚蛋,他根据艾伦的外表推断,此人不是清洁工就是邮递员。

艾伦在这里的工作并不多,也不怎么受重视。玛丽·威尔森奉命给他提供数学方面的协助,她毕业于苏格兰的一所大学,和科伊恩一起做过测向方面的研究。但是当艾伦给她讲解他的工作时,她却完全听不懂艾伦在说什么。所以在接下来的6个月里,艾伦基本上只能独立工作。他每周会有一些任务,但也不是每周都有。两名军队的信号员被分配过来,根据艾伦的指示,组装一些电子设备,一共就是这样。

1944年3月中旬,汉斯洛普的员工有了大变化,大批的数学家和工程专家加入了。这种变化是必要的。比如有一次,"大个儿"给艾伦看一个使他们焦头烂额的问题,其实只是一个三角级数(与天线设计有关),对于剑桥奖学金得主来说,显然是小菜一碟。艾伦立刻给出了答案,"大个儿"感到非常震撼,而那些拼命吭哧着一项一项计算的邮政工程师们则更为震撼。他们从无线电学校选拔了五位年轻官员,其中有两位对艾伦·图灵的人生有着非凡的意义,这是他的新起点。 1943年,艾伦在伦敦和维克托·别特尔共进午餐,维克托终于反抗了父亲的意愿,加入了皇家空军。那是他们最后一次见面,从此之后他们再也没有见过。现在艾伦有了新的友谊。

首先是罗宾·甘迪。1940年在帕特里克·威尔金森的聚会上，这名大学生坚持认为"不能干涉芬兰"，而艾伦则非常怀疑这一点。他的到来，给汉斯洛普带来了更浓重的国王学院气息。他于1940年12月应征入伍，在海岸防卫队待了6个月，然后成为一名雷达操作员，因此对数学有了更深的体会。后来他又成为一名指挥官。在加入了皇家电子机械工程队之后，他接受了一系列课程和实践训练，掌握了英国所有军用无线电和雷达设备的操作技术。

第二个人是唐纳德·贝利，他的背景非常不同，他毕业于沃尔肖文法学校（艾伦的朋友詹姆斯·阿特金斯就在那里教他数学）和伯明翰大学。1942年，他从该校的电子工程系毕业，也加入了皇家电子机械工程队，并同样在所有的课程中迅速脱颖而出。

他们两个人都被调到大型实验营房，并在这里遇到了艾伦。艾伦过于邋遢的外表，与他的地位很不相称，这在军事化的汉斯洛普显得格外引人注意。他穿着带有破洞的运动夹克，过时的灰色法兰绒裤子，而且后面的头发还是翘起来的。在工作中，他会像士兵打了败仗一样嘟囔着咒骂，疯狂地抓头发，发出连他自己都觉得奇怪的嘎嘎的声音。在焊接电子管的时候，他经常忘记关掉电源，然后他就触电了，并开始大声嚷叫。

但是，当罗宾·甘迪第一天被安排研究无线电接收机的变压器的高磁导核心时，他被艾伦的另一面震惊了。在他的部门中，有两名工程师正在做着繁琐的测试，艾伦正好走进来，立刻指出这些可以用麦克斯韦方程来解决。他给出了偏微分方程，并得到了绝妙的答案，一切都仿佛是给他设计好的考试题，而不是来自现实的棘手困难。

唐纳德·贝利也被类似的事情震惊了,这是一个称为黛丽拉的语音加密项目。艾伦悬赏为它征集名称,最终罗宾获得了奖励,他提出了"黛丽拉",这是《圣经》中的欺诈者。艾伦在这个项目中充分发挥了他的经验,他认为这项设计的目标是,即使敌人缴获了机器设备,也能保证完全的保密。不过,他一年前在苏格兰女皇号上构思的系统是很简单的,那是一个数学家抱着试试看的心态而做的设计。

艾伦考虑了 X 系统,思考它是因为什么特征而成为一个安全的语音加密系统。声码器并不是必需的,虽然这个项目是从它开始的。将输出的振幅分解成离散的层次,这也不是必需的。通过这些排除,艾伦的想法渐渐成形,主要有两点: X 系统能够及时地在连续时间内对语音进行采样,而且使用了模加技术以及一次性的密码本。

黛丽拉从一开始就基于这两个想法。所谓采样,就是去掉连续声波的冗余信息。声音信号可以表示成这样的曲线:

艾伦的想法是,没必要传输整条曲线,只需要传输这条线的某些点就足够了。从理论上说,接受者可以通过这些点,来拟合出一条曲线。因为高频信号的摆动过于剧烈,所以要在信号中限制高频,然后每隔一定的时间进行采样,得到一组离散的点,这些点就能够包含信号所需的全部信息。因为电话频道本身就会削去高频,所以并不需要对曲线进行更多的限制,因此只需要很少量的样本,就能够传递声音信号。

通信工程师们对这种想法很熟悉,比如说 X 系统就是每秒对 12 个 25 赫兹的频道进行 50 次采样。一个普遍的规律是,采样率必须达到最高频率的 2 倍,这是一个精确的数学结论,最早是由香农在 1915 年证明的,并在贝尔实验室与艾伦讨论过。例如,如果一个声音信号的频率不超过 2000 赫兹,那么每秒 4000 次采样就可以足够精确地表征该信号,并能得到一条通过所有采样点的曲线。艾伦向唐·贝利描述并证明了这个结论,他的想法是,可以试着利用这个事实,来改变整个加密过程。

艾伦想用 2000 赫兹的信号,并进行每秒 4000 次采样,黛丽拉则把这些采样的声音振幅叠加到一组密钥振幅上。这个叠加的过程就是模加,比如说 0.256 单位的声音振幅和 0.567 单位的密钥振幅叠加起来就是 0.823 单位,而 0.768 和 0.845 叠加就是 0.613,而不是 1.613。得到的结果是一组锋利的脉冲,高度在 0 到 1 个单位之间[1]:

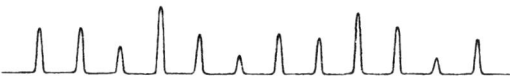

接下来的问题是,如何把这些脉冲发送给接收者。与 X 系统相比,艾伦的计划中并没有将振幅离散化,他想要尽量直接地发送它们。从理论上说,这些脉冲本身是可以发送的,但是它们的

---

[1] 从具体技术上来说并非这么简单。语音要先经过滤波,将 2000 赫兹以上的频率削掉,而且还要把它限制在特定的振幅范围内,以便可以用 0 到 1 之间的点来描述。接下来是与一个连续的密钥信号叠加,然后再把输出的结果调制成脉冲波,也就是采样。最后如果某个脉冲的振幅超过了 1 个单位,那就给它削去 1 个单位。

持续时间很短,实际上只有几微秒,因此需要很高频率的发送频道。没有哪个电话线路能够做到这一点。如果要使用电话频道,脉冲信息就必须编码成音频信号。艾伦的想法是,把这些脉冲输入一种特殊的正交电路,一个单位振幅的脉冲,会反馈为一段在1单位时间点上具有单位高度的波,而在其他单位时间点上的高度均为0。

设想电路是线性的,也就是说,输入半个单位的脉冲,就会产生半个单位高度的反馈,那么如果输入一系列脉冲,就会得到原始的波形。每个脉冲携带的信息,都会准确地体现在1单位时间点上的反馈振幅中。

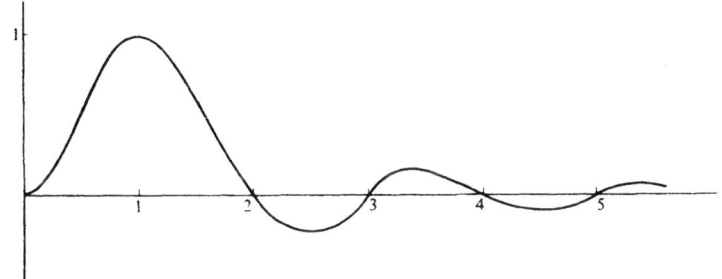

然后就可以直接进行传输了,接收方可以通过非常标准的方式接收,而解码过程也不需要什么特殊技术[1]。现在如果再有一个供应密钥的系统,那么黛丽拉就可以使用了。与马格里奇的想法、鱼机、洛克凯斯机一样,只要密钥是随机的,或者说没有能被识别的规律,那么这套语音加密系统就会像维尔南一次性密码一样安全。道理是一样的,从敌方的角度来看,如果所有可能的

---

[1] 从特性上看,正交电路会输出一个频率范围2000赫兹的随机噪声,通过采样(当然要与发送方完全同步),以及用相同的密钥进行模减,就可以得到原始声音信号的样本,然后按照标准过程将低频滤掉,就能得到原始的声音。

密钥具有相等的概率，那么所有可能的明文也就具有相等的概率。这样就实现了艾伦的目标。[1]

与 X 系统相比，基本的黛丽拉系统的缺点是，它输出的是一个 2000 赫兹带宽的信号，而不是一串数字，还有它对通信条件的要求极高，稍有差错就会丢失信息。特别是，任何时滞的变化，或者振幅的稍微失真，都会使信息无法解密。发送方和接收方必须保持微秒级的同步，因此不能通过远距离短波来发送。但是它能够用于 VHF 或电话系统的本地短波，因此在短途或国内用途上具有很大的潜力。

唐·贝利很想参与黛丽拉的研究，但他从一开始就没有得到机会。他被分配到了其他任务，只能花些业余时间来关注艾伦的工作。几个月后，他被正式批准加入，但还是经常需要做一些其他的任务。

当艾伦等待帮助时，其他人都在等待第二战场的消息。不管怎么说，艾伦的努力，不管是成功的还是失败的，都使情况变得乐观了许多。在布莱切利庄园，纽曼的部门还有另一个可以兴奋的理由，事实表明，他们在复杂的英美合作中仍然掌握着主动权。实际上，在寻宝游戏的新阶段，正是他们施以了最后一击。又是新一代人做成了不可能的事，这是他们可以骄傲地告诉图灵的。

新型的电子巨人机于 12 月部署好了，在使用过程中，杰克·古德和唐纳德·米奇有了巨大的新发现：只要在运行时进行

---

[1] 正如艾伦强调的，这个系统的关键在于模加。如果使用普通的加法，那么声音的振幅与声音加密钥的振幅之间，就会出现某种规律，从而被密码分析员利用。实际上，人的耳朵正是利用这一点，将语音从背景声中分辨出来的。

一些手动调整,就能实现目前被认为只有通过特斯特拉的手工方法才能实现的效果。这项发现的结果是,1944年3月邮政实验室接到命令,要在6月1日之前再加6台巨人机。这本是一个不可能的任务,但在他们的拼命努力下,马克Ⅱ型巨人机于5月31日晚上完成了,其他几台也陆续地生产出来。马克Ⅱ型有很多技术改进,速度提高到五倍,有2400个电子管,最重要的是,它能自动执行杰克·古德和唐纳德·米奇所说的手动调整。原始的巨人机,能够通过识别和统计,对一个给定的文本模式产生最佳的匹配。新的巨人机通过自动变换模式块,能够在尝试的过程中,计算哪一种尝试是最优的。这意味着它可以进行简单的决策行为,这比炸弹机的"是或否"更为高级。统计过程的结果,将决定巨人机接下来做什么。炸弹机只需要一个菜单,而巨人机还需要一套指令。

这大大地扩展了机器的角色,但与炸弹机一样,巨人机也有做不到的事。这里的数学家们,此时正处于一个极为尖端而复杂的理论的漩涡中。实际上,巨人机利用可变的指令表,可以用来解决很多方面的问题。它把分析员的工作带入了一种全新的境界:

> ……分析员坐在打字机前,对程序做一些调整。其他的工作最终都会简化成决策树,由机器自动来完成。

这里所谓的决策树,就像机械化国际象棋中的树状图。这意味着聪明的分析员们的某些工作,被电子的巨人机接手了。于是,他们有的转去为巨人机设计指令,有的转去处理一些难以理解的决策树。在不值班的时候,他们就聊聊自动玩国际象棋的聪明机器。他们的研究迈入了一个特殊的新阶段,德国密码界的盲目和混乱,导致了这样的结局。更让这些人觉得神奇的是,他们与机器之间,常常会产生一种对话的感觉。"数学的"和"智能的"之间的界限,现在变得非常非常模糊。不管它给德国带来了什么,反正他们正在享受一段精彩的时光,正在见证未来的历史。

在汉斯洛普,没有人会把那位骑着自行车、鼻子上绑着手帕(他的花粉病又犯了)的古怪专家,与诺曼底登陆的成功联系起来。而且在如今,他在诺曼底登陆中起到的作用,已经成为过去,他想要的成功,是真正属于他自己的事情。这正如10年前,他固执地走自己的路,尽量地避免浪费自己的能量,但却为之付出了更残酷的代价。他觉得这是一种侵犯,一种无声的侵犯。

大概与1944年6月6日的成功同时,艾伦和唐·贝利全力投入了黛丽拉的制造。主要的任务,就是制造高精度的正交电路。这个电路的设计,融入了艾伦早期的很多想法和实验发现。艾伦希望使用一些标准的组件来构造它,这个想法对于唐·贝利来说是很新鲜的,正如要用傅立叶理论[1]来计算一样,艾伦曾经花了一整个月来解一个七次方程。虽然艾伦是个业余的电子工程师,但他能够解决电路设计中的很多问题,他现在经常能够给其他人露两手关于电子的东西。但是,要想完全驯服那些散漫的电子

---

[1] 傅立叶理论和电路分析的其他问题,都涉及了复数的应用。这只需大学水平的数学即可,不像战前研究的黎曼ζ函数那么高级。这是一个很好的例子,正如艾伦在布莱切利提出的统计理论,这表明了19世纪的数学在40年代的技术发展中,起到了人们曾经意想不到的作用。

管，还需要唐的实战经验。唐还负责记录漂亮整洁的实验笔记，并在总体上与艾伦保持同步。

在绝大多数早晨，图灵都是自己骑着单车去上班，哪怕倾盆大雨，他也会自己默默赶来。他拒绝专车接送，他喜欢依靠自己的力量。有一天，太阳从西边出来了——图灵迟到了，而且衣着比平时更加凌乱不堪。他在解释的时候，拿出一沓200英镑钞票，说是在树桩中挖出来的，而两块银锭还是没有找到。

夏末，同盟军建好了桥头堡，开始在法国扫路。艾伦离开了王冠旅店，搬进了汉斯洛普庄园的军官中心。一开始他住在顶层（他一个人住单间，其他初级官员并无这种待遇），后来搬到了花园里的一间小屋，和罗宾·甘迪以及一只虎斑猫一起生活。这只猫的名字叫提摩西，是罗宾从伦敦朋友那里带回来的。图灵对提摩西很友好，尽管（也或许是因为）在他工作的时候，它会爬上打字机的键盘乱敲一气。

如果想隐居起来等待战争结束，那么汉斯洛普是个得天独厚的好地方。负责餐饮的官员是伯纳德·沃什，他是舵手餐厅的店主，这是当地的一家牡蛎餐厅。当英国其他地区都在默默地啃着煮了又煮的鸡蛋时，新鲜的鸡蛋和山鹑会像施了魔法一样，跳上汉斯洛普的餐桌。树林里的野兔，或是附近池塘边的鸭蛋，都会变成他们的加餐。在这里，图灵还可以在睡前心满意足地吃上一个苹果。他经常外出散步，或者绕着田野慢跑，同时思考一些问题，或是四处寻觅蘑菇。在这一年，他得到了一份辨别可食用与不可食用的菌类的指南，图灵据此找到了很多特殊品种的蘑菇，拿给负责日常饮食的李夫人烹饪。图灵特别喜欢那些最毒的蘑菇的名字，比如死亡帽，还有封喉伞。他喜欢念叨这些名字，然后四处寻找，但是从来都没有找到。

有一天傍晚，图灵出去跑步，结果在花园小路的一块湿砖上滑倒了，扭伤了脚踝，被救护车送到医院。不过在大多数时候，大家都觉得图灵很有活力，他赢得了运动会跑步比赛，还战胜了挑战他的艾伦·卫斯理。在午餐时间，他们会坐在一起看看报纸，先看《每日镜报》，因为上面有连环漫画《珍妮》。对战况感兴趣的唐·贝利会给大家讲东进策略，而图灵则比较热衷于科技方面的话题，比如为什么雷达波在水里很难传播，或者火箭如何加速推进。有时他们还会在午后一起散步，提摩西也会陪同。罗宾·甘迪正在学俄语，但并不是因为他曾经加入过共产党（1940年退出了），而是因为他很喜欢俄国的经典。罗宾对十月革命心存赞赏，图灵认为他在这一点上很不明智。汉斯洛普也有过一些政治讨论，尽管这里是个不问为什么、只有埋头苦干的地方。

差不多每个月都会有一场聚会，会要求穿正装，对图灵来说，就是穿上宴会夹克，要说乐趣，恐怕就是菜单上的美食了。图灵在这方面还是乐在其中的，他虽然平时一丝不苟，但偶尔也喜欢尽性狂欢，比如跟国土守备队的女士们跳跳舞。图灵喜欢听些外界的绯闻、八卦、阴谋，然后跟李夫人和玛丽·威尔森谈论一番。

在图灵的人生中，这是他第一次融入普通人，而不是特殊社会等级或特殊智商的人。这是一个莫大的讽刺，这样的情况竟然发生在一个秘密机构里。图灵喜欢这种自在的感觉，也许是因为摆脱了布莱切利的情报压力。他喜欢做小池塘里的大鱼。这种喜爱得到了回报。有一次，他应邀参加一个普通士兵举办的酒会。因为某些原因，酒会没有达到预期的效果，但图灵还是很开心，因为这打破了阶级的隔阂。此外还有一个必然的原因,那就是性的诱感。

傍晚时,绝大多数官员会玩桌球,或是到吧台喝酒,图灵有时也是这样。但是唐纳德·贝利、罗宾·甘迪和艾伦·卫斯理则更喜欢做一些动脑子的事,于是他们邀请图灵给他们讲数学。他们在楼上找了个地方,这地方在1944年的冬天是个极冷的教室,后来就一直闲在那。图灵把要点写出来,方便他们做笔记,主要是关于傅立叶分析以及复数计算的一些东西。他用蘑菇圈的例子来演示卷积的概念。

他对生物形态的兴趣,不仅反映在蘑菇上。他在跑步回来的路上,常常给唐·贝利展示斐波那契数列的例子,正如他在1941年展示冷杉。他依然对这个很感兴趣,这里面是有原因的。他自己抽时间学习数学,学习诺依曼的《量子力学的数学基础》。傍晚时,有时他会下棋或打牌,这时他仍然像个小孩子,如果他觉得有人作弊或是擅自改变规则,就会大发脾气,摔门而出。这样的事情,在他与行政官员的交往中也会发生,他一直都天真地保持着政治方面的独立和直接。

日子过得就像公学的最后两个学期一样,在获得了奖学金之后继续待在那里,没什么具体的事情可做,只有一些令人愉快的尊敬。 1944年8月,差不多在他住进汉斯洛普军官中心的时候,大实验室扩张了许多,有了4个10英尺×8英尺的房间,其中一间被分配给黛丽拉的研究工作。这给了图灵更多的个人空间,他在那里做实验、阅读、思考未来。这位英国顶级解密专家,现在就在这里跟他的德国对手进行拉锯战。 在那位靠谱的工程师过来帮忙之后,黛丽拉项目有意思多了,但这是个意外之福,唐·贝利本来并没被安排过来,他只是勉强参与进来,而且经常会被人施压,要求他为其他工作而离开这里。每当发生这种事,图灵就会很生气,并帮助他摆脱压力。

图灵建议研究一下,当使用一个大天线将信号分发到几个不同的接收点时,如果使用宽带放大器,是否会引入噪声。他设计了一些验证实验,为此需要去一趟剑桥,检索有关热噪声的文献。他们有权使用专车,唐·贝利很高兴自己第一次拜访剑桥。在出发前,图灵提醒他们,到了之后不要称呼他为"教授"。

图灵很喜欢拥有助手,但是相比于他在破译谜机时或是从事英美联络时的身份和地位,现在这样简直不足挂齿。唐只知道他以前从事密码分析工作,而且去过美国,其他的一概不知道,图灵也从不多说什么。汉斯洛普的风气是凡事都要刨根问底,但这一套在图灵这里行不通[1]。他不仅对国家机密守口如瓶,而且对私人秘密也是一样。他对承诺的恪守几乎到了烦人的程度,在他心里,承诺都是神圣不可侵犯的。(他经常抱怨政客们从来不守承诺。)因为他的级别并不高,所以他的这种行为让同事们感到很困惑。不久,他被调到第3特别通信组,这令他很不高兴,他认为自己应该有更好的任务。但他不知道该找谁说,其实也没有人真正关心黛丽拉项目。

布莱切利的同事偶尔会过来拜访他,向他咨询一些关于戈登·维尔奇曼正在设计的新的类似谜机的机器的问题。该机器用来加密博多码的信息,因此有32个盘位而不是26个。图灵对肖恩·怀利说过他对这台机器的想法,并抱怨了它的周期只有32×

---

[1] 有一次,人们在大学晚宴上谈论一位著名战时科学家的行为,图灵对这种轻率的举动表示很震惊。

32×32。他硬着头皮启动了一下,发现实际情况更糟糕,周期只有 32×32。但是,他为此所做的一些代数工作,激发了一些新的数学灵感,他把这些留给了自己。

在汉斯洛普,也有一些关于密码的咨询工作,他被派去验证由电子噪声产生的劳凯克斯密钥纸带是完全随机的。没有了4号营房的庇护,没有了休·亚历山大去跟军方交涉,图灵在交际方面经常遇到挫折。他的发言总是过于技术化,让军方官员听不下去,他对这种不称职和愚蠢感到十分沮丧。每当这样的时候,他就去汉斯洛普庄园南面的广场上跑几圈,缓解一下情绪。

还有一件事引起了争议和沮丧,这件事发生在黛丽拉的实验室里。图灵自己引起了话题,并漫不经心地表示自己是同性恋。这使他年轻的助手既惊讶又恐慌。他只在学校里听说过关于同性恋的段子(而且不觉得有什么好笑的)以及周末新闻中的一些偶尔的报道。让他反感的不仅是这个事实,还有图灵在说这件事时毫不脸红的态度。

正如数学与工程不同,这个剑桥人的态度,与唐·贝利当然不同。这位助手有着同样坚定、明确的看法,他尖锐地说,他从没见过这种不但具有最恶心的习性,而且对此自鸣得意的人。艾伦看到这种反应,感到非常沮丧和失望,他知道这其实就是社会大众对他的看法,只不过他并不经常直接体会到这种看法。总之,不管他自己怎么想,现实就是这样,普通人会觉得他格格不入,而且令人恶心。他自己的态度,也许在战前就已经根深蒂固,也或许是从取消婚约之后,他从工作中获得的自信无疑也是一方面原因。总之,他没放弃自己的立场,而是继续辩解,结果这使矛盾越来越白热化,几乎要危及黛丽拉的进展了。

> Systematic search for exceptional groups. Theory
>
> In examining all possible uprights for a given T the main difficulty lies in the large number of uprights involved. Once it has been proved that a particular upright is unexceptional the same will follow for a great number of others. ~~Therexforexinxtryxtoxclassifyxtogetherxthexuprightxtyxtoxxxwitt~~ More generally given any upright we can find a great number of others which generate either the same group H or an isomorphic group. If we can classify these uprights together in some way we shall enormously reduce the labour, since we shall only need to investigate one member of each class. The chief principles which enable us to find equivalent uprights are
>
> (i) If $U' = R^m U R^n$ then $H(U') = H(U)$
>
> (ii) If V commutes with(R) then $H(U \cup V^{-1}) \cong H(U)$. (N.B. if V commutes with(U) then $V \wedge V^{-1} = R^{\pm t}$)
>
> (iii) If $U' = U^a$ ... on ... U, U'^n ... then $H(U) = H(U')$.
>
> The principle (i) is the one of which we make the most systematic use. Our method depends on the fact that there are very few U for which none of the permutations $R^m U R^n$ leave two letters invariant (In other words there are very few U without a beetle) and none of T is even. We therefore investigate seperately the U with no beetles and the U without beetles.
>
> U with no beetle. We can find an expression which determines the classes of permutations obtainable from one another by multiplication right and left by powers of R as follows. Let ~~xxx~~ $U R^{n+1} Z = R^{f(n)} U R^n Z$ (here Z represents the last letter of the alphabet however many xy characters there may be in it). Then we take the number $f(n)$ as describing
> $f(1)f(2)...f(T)$

这是艾伦研究转盘连线关系时的一份打字稿,其中体现了他对群论的应用。虽然其中包括一些提摩西猫的贡献,但基本上这就是他平时的打字水平。

艾伦对原则性的分歧从不妥协,但是这一次,问题在双方都不让步的情况下解决了。唐·贝利把这样的图灵看成是另一个图灵,并将他与那个一起做研究的图灵放在一起权衡,然后继续喜欢那个他能够理解的图灵。因此,黛丽拉项目得以继续。 1944年底,采样声音信号并进行编码的机器制造完成了,效果很令人满意:在实验室里设定发送和接收端,给两端输入相同的密钥,密钥来自一个拆掉天线的接收机产生的随机噪声。接下来他们需要设计一个系统,给实际使用中的远距离两端,提供一致的密钥。

理论上说,黛丽拉可以像 X 系统一样,使用录制在留声机中的一次性密钥,就像电报使用的一次性密码本。但是图灵决定设计一个新系统,既能保持一次性原则,又不需要运输大量的纸带或录音,他想让发送方和接收方能够同时生成一致的密钥。

在这个特性上,他的经验发挥了作用。他们目前为止所做的工作,都没有脱离叠加机制,而图灵从 1938 年就开始思考一个更关键的问题,那就是要叠加什么。在这个问题上,他终于可以扮演剑桥数学家,或者来自布莱切利的人物了,而不是一个有点笨手笨脚的尴尬的业余电子工程师。

这项工作相当于设计一个类似于鱼机密钥产生器的东西。它必须有确定的工作过程,否则就无法在两个独立端产生一致的密钥。但它又必须避免规律或重复,然后才能像随机密钥一样安全,比如电子噪声。然而,任何一种机器都不可避免地会存在一些规律,他们的工作就是找到一套敌方密码分析员无法识破的规律。在这项工作中,图灵战胜了三心二意的德国密码部门,他了不起的地方在于,黛丽拉的密钥是个具有成千上万项的数列,这跟加密电报信息是不一样的,相比之下更像是加密一整本《战争与和平》。

用这种方法来生产语音加密的密钥,并不完全是新想法。 X

系统也不总是使用一次性的录音密钥，他们有一个替代的机器，称为打谷机。但它的速度只有每秒300个数字，只用于测试或者低级别的信号。黛丽拉的要求比这更高。

产生器必须是电子的，它的基本组件是多频振荡器，这是一对电子管，在"开"和"关"之间来回摆动，时长是一个基本周期的整数倍。图灵的密钥产生器利用了八个多频振荡器，它们分别以不同的模式摆动。这只是开始。这些多频振荡器的输出，会输入到几个非线性电路，通过复杂的方式，把它们混合到一起。图灵设计了一种电路，能够确保输出尽可能地平均。他向唐纳德·贝利解释说，正是傅立叶理论使输出的振幅具有随机性。

电路中需要有一些变化，不然产生器每次都会产生相同的声音。这是可以做到的，八个多频振荡器的输出，要通过电线来混合，正如谜机一样，它也有转盘和插线板。只要发送方和接收方事先执行相同的设定，这个类似谜机的装置就可以产生相同的密钥序列。在特定的盘位下，密钥在七分钟内不会重复。在实际使用中，可以将一端发送的信号控制在这个时间之内，而另一端的信号则采用新的密钥序列。这只需要让转盘转动就可以做到。只要有足够的盘位和插线板，这套系统就足够安全，按照图灵的说法是，就像真正的随机密钥一样安全。

为了让黛丽拉系统整个运行起来，他们动用了所有的资源。发送方和接收方必须保持各自的多频振荡器达到微秒级的同步，否则这套系统就无法工作。1945年上半年，他们花了大部分时间，来达到这里所需的精度。他们制造好黛丽拉密钥产生器后，也需要测试它的输出，测试它的平均性。他们没有频率分析仪，艾伦在贝尔实验室见过一台，也知道邮政实验室有一台，但现在是在汉斯洛普，他们只能自己造一台。这又是一项鲁宾孙式的挑战，艾伦一贯很享受这种事。经过一些研究，他们拥有了一台设备，但在第一次试验时，艾伦不得不承认"这不就像流产一样吗？"所以他们称它为"流产型马克 I 号"。

要想征用任何资源，都需要用富有技巧的交际手腕，去与行政人员打交道。他们只得到了一台双线示波器，还有一台惠普音频振荡器。就连这些，他们也费了好大的劲。他们起初被一台简易示波器给打发了，于是只好向第 3 特别通信组的麦特比上校申请像样一点的东西。对艾伦来说，这个过程的复杂程度，就像爱丽丝试图在白皇后的柜子上找东西。他在电话中与麦特比对话时，感到非常紧张，其他人评论说，他说话时的停顿完全没有规律，简直可以作为密钥来使用。艾伦讨厌那些表演性的腔调，他永远都在愤愤不平地质问，那些学术骗子、政客和商人，为什么不需要真本事，只需要油腔滑调就能成功。他仍然期望，凡事都要有理由。

对于这场战争来说，黛丽拉登场得太晚了，它不可能获得高优先级，艾伦肯定也知道这一点，毕竟这里不是布莱切利。所以，虽然他很气愤那些他无法理解的懈慢和愚蠢，但他也只能靠边站，安慰自己看开一些。在这方面，他和罗宾·甘迪的看法一样，他们都很喜欢尼格尔·巴尔欣 1943 年的小说《小后屋》，其中带着刻薄的风趣，表现了难以掩盖的辛酸，年轻的科学家们希望结束并赢得战争，但面对高高在上的帝国作风，他们束手无策。在汉斯洛普，他们听说过许多关于高层钩心斗角的故事，有公平的也有不公平的。但艾伦并没有遭受巴尔欣描写的那种煎熬，对他来说，现在不存在效率的问题，因为实际上没有人对黛丽拉项目感兴趣。就算加上两个密钥产生器,证明他的方法可以实现安全的语音加密,那又能怎么样?还是没人感兴趣。

在巴尔欣的书中,军方官员被称为"贴着红标签的龙套型无脑职业",但是对于艾伦来说,军队已经不是"荒唐"所能形容。他非常喜欢特罗洛普的小说,在汉斯洛普的小屋里储存了很多。他经常讨论教会编制与军队编制的相似之处,比如上校就是主持牧师,少将是主教,准将则是副主教(艾伦解释说,这是最低级的主教)。

偶尔有"教团"来访,甘姆比-派利和麦特比就会接待,并给他们演示一下黛丽拉。但这只是出于形式,并不是有人感兴趣,因为这项工作不是由他们直接负责的,他们也搞不清楚艾伦和唐·贝利具体是在做些什么。他们问也没有用,因为他们无法理解艾伦的话,他们一聊到科学知识,就觉得不是同一个世界的人。他们会播放一段丘吉尔的讲话录音,以此来演示黛丽拉。这是1944年3月26日的广播讲话,在说完照本宣科的战后住房政策之后,首相的话题转向更紧迫的问题:

> ……我们背水一战的时刻到来了,我们勇敢的盟军互相扶持,共同前进。我们所有的陆军、海军和空军,务必把目光集中在最前线,你们回家的唯一道路,就是胜利地穿过凯旋门。强大的美军已经到达了,还有一部分正在赶来,而我们自己的军队,也经过了史上最充分的训练,拥有史上最先进的武器。他们数量相当,即将站在一起并肩作战。我们还会派出人民最信任的指挥。我们自己、议会、媒体、各个阶级的全体人民,都要保持同样的冷静和坚强,拿出我们在大

规模空袭时独自奋战的那种精神。

在流产型马克 I 号的帮助下,他们用黛丽拉把丘吉尔的声音加密成噪声,也就是一段完全平均的不带信息的嘶嘶声。接下来通过一个解码过程,它们就又恢复了:

  我在这里要告诉你们,为了欺骗和迷惑敌人,也为了训练我们的军队,会有很多的假警报和假行动。敌人也许会用各种手段攻击我们,但英国能够承受这一切,英国从未退缩,英国从未失败。当决战的时刻到来,所有的复仇者都会在敌人的上空盘旋,对那残酷的阻碍人类进步的暴政者,给予最猛烈的打击。

反复用同一段录音来测试黛丽拉,并不是很好的方式,因为他们太熟悉了,以至于忽视了输出的语音质量。直到1945年春天,黛丽拉开始工作时,解码出来的声音,实际上仍然带有嘈杂的背景声[1]和4000赫兹的嘘声。4000赫兹信号是用来同步发送方和接收方的,但却无法从最终输出的声音中完全过滤掉。尽管有这些缺陷,但黛丽拉真的能用。艾伦几乎是徒手制造了这台精密的电子机器,而且它还真的能用。他们还用一个16英寸盘,把效果录制下来,为此还去了一趟辛普森村的那个黑广播站,因为汉斯洛普缺乏必要的设备。他们前往那里的时候,艾伦的背带突然断了,那里的首席工程师哈罗德·罗宾从一个美国行李箱中找

---

〔1〕 信噪比只有10分贝,也就是说,语音的能量只有噪声的10倍。

了一根大红色的绳子，后来艾伦每天都把这根绳子当作腰带。

领头的"鹅"一定会想到，丘吉尔的预言之所以能够实现，应该部分归功于"金蛋"的持续供应，还有黛丽拉已经投入了应用。事先的佯攻，成功地迷惑了德军统帅。在诺曼底战役的关键时刻，他们体会到了语音通信的优势。但是艾伦也许想不明白，为什么结束这场战争要花这么长的时间。

在那个自信的月份之后，布莱切利的技术发展逐渐与战争脱开了关系。如果说美国还在继续负责情报，那么只能说他们遇到了惨败。因为过于相信电子技术的奇迹，盟军在1944年12月收到了一份大礼，前线险些变成比1917年更恐怖的局面。因为在这场战斗中，德国采取了全面的无线电静默。也许军方还有更大的错误，他们没有在阿纳姆认真评估一下德军的实力。不过美国情报部门也确实没什么办法，即使知道了V1和V2火箭的情报，也无法阻止它们。值得一提的是，即使在全信息的大西洋U艇战中，盟军也不是轻松获胜的。还有一个政治原因：皇家空家一直在试图扮演一个独立获胜的角色，他们不甘心于保守地消灭潜艇，他们还想轰炸德国的城市。由于德国越来越多地实施无线电静默，密码分析几乎派不上用场了。1945年4月，当邓尼茨接替希特勒时，他依然拥有强大的武力。当年冬天，美国海岸有比任何时候都多的U艇在巡逻，而且是新型的真正潜艇，而不是具有潜水功能的船。但是它们来得太晚了，就像已经准备就绪、却从未真正使用的新型谜机一样。

纸带飕飕飞扬，转盘高速运转，在最后的几个月里，数学家们拿出了一切他们想要的，纷纷回到了自己的世界（尽管现在已经很难分辨真实与荒诞了）。盟军最后的撒手锏，是残忍的武力，而不是智慧和灵感。这并不是艾伦·图灵的战争,他的成就主要是在防御方面,他只想留住和平。1917年的大西洋局势没有重演,这是因为某些几乎不可能的事情,赶在德国认真地运用科学和工业之前,及时地变成了可能。如同1945年的欧洲,图灵的朋友所在的德莱斯顿,还有一开始的华沙,这些都是智力的胜利吗?1941年的大西洋扑克游戏,对结局产生了什么影响?答案随风飘摇而去。

实际上,几乎没有人能够去想这种事。1918年的内部瓦解,经常使英国战略家们陷入幻想,他们幻想一场轻易取胜的第二次世界大战,而纳粹正是利用那次事件,制造了叛国的传言。布莱切利庄园在逻辑控制方面造成的瓦解,无疑影响了后世的战略家,但这一次并没有广泛的影响,他们完全绝口不提。很明显,胜利的西方政府们,都想要掩盖这个事实:世界上最精密的通信系统被破解了。

没有人会问为什么要这样。所有知道这个故事的人,都把这段尘封的记忆永远地掩埋起来。整个战争年代都变成一段空白,只剩下了单车的故事。布莱切利将一些人带进了时间旅行,来到了科学决定一切的美丽新世界。现在,他们必须要回到20世纪40年代。当然,有些人始终没有忘记20世纪40年代的残酷现实,所以很清楚应该怎么回来。艾伦·图灵比大多数人都懂得如何护送自己回来,他很容易适应。而且,因为他比其他人知道得更多,所以这意味着格外沉重的思想封印。1945年5月8日,欧洲胜利日,他和罗宾·甘迪、唐·贝利和艾伦·卫斯理一起在树林中散步。唐半开玩笑地说:"喂,战争都结束了,你可以说出来了吧?"而艾伦只回答了一句:"别傻了。"

大约就在黛丽拉完成的时候，德国投降了。他们没有打算用它去对付日本，也没有什么未来的目标，实际上也没有多少人对它感兴趣。拉德雷和另一位工程师 R.J. 海尔西来到汉斯洛普，稀里糊涂地视察了一番。邮政实验室开发了一套自己的系统，可能是基于声码器，他们从 1941 年时，就是用它来接收信息的。他们的主要顾虑是，黛丽拉的输出效果太差了，难以投入商业使用，而且事实确实如此，而它的理论潜力，也没能引起他们的兴趣。接着，在 1945 年夏天，艾伦一个人在邮政实验室待了一段时间，在那里给持怀疑态度的弗洛文斯讲解他的系统。

一切都结束了，只剩下一些细节工作，而艾伦从不擅长处理这些麻烦的细节，他将之留给唐·贝利。他的脑子里，又有了新的想法。艾伦有几次和唐讨论战后计划，他希望继续回国王学院做研究员，继续拿每年 300 英镑的工资。他 1938 年获得的研究员席位，现在还剩 18 个月任期，但他已经能够肯定，他会拥有更多的时间，因为在 1944 年 5 月 27 日，他非常自信地透露，国王学院已把他的任期又延长了三年。他可以像战争从未发生过一样，回到那里，重新拾起 1939 年放下的工作，那时他眼看着就要担任讲师了。但是战争确实发生了，一切都不一样了，不仅是他的学术工作被打断了，而且他的生命本身也改变了。他的思想有了关键性的发展，而且随着战争的规模一起扩张。世界学会了勇于构想，而他也是一样。虽然他想回到剑桥，但在刚开始与唐·贝利合作时，他还说过他想要"建造一个大脑"。

他对大脑这个词的理解，与他 10 年前对思维状态的理解是相容的。图灵机的状态，可以看作是思维的状态，那么它的物理载体，就可以看作是大脑了。这个类比中有一个关键之处，对所有关心思维奥秘的人来说都非常重要，那就是图灵机模型是不依赖物理实体的。拉普拉斯式的物理决定论，在现实中是无法实现的，因此这可能会成为一个反对它的理由。但这种理由，对图灵机是不成立的，在图灵机模型中，一切都可以用有限的符号集来描述，而且以离散的状态来精确地运行。艾伦自己表述说：

> 我们的模型比拉普拉斯的更具有现实性。他所考虑的宇宙整体，是这样的一个系统，初始状态的微小偏差，会在后面产生巨大的影响。某时刻的一个电子偏移 10 纳米，就能决定某个人在一年后死于雪崩。而机械系统的基本性质，就是不会发生这种情况，我们称之为离散状态机。

要理解图灵的大脑模型，最关键的是要看到，它与物理和化学，以及爱丁顿提到的关于量子力学的想法，都是不相关的。在他的观点中，物理和化学唯一的用处，就是作为离散状态和输入输出的表现载体。真正重要的是这些状态的逻辑模式。无论大脑要做什么，都是因为它的逻辑结构，而不是因为它在人头里，也不是因为它是由细胞组成的有弹性的组织。既然是这样，那么它的逻辑结构就可以用其他载体来实现，比如一台机器。这是唯物论的看法，它不会将逻辑模式与物理实体混淆，人们经常会把这搞混。

特别的是，这与行为主义心理学的观点不同，行为主义者讨论的是，把心理学归约到物理学。而图灵机模型显然不是要用其他东西来解释思维现象，它并不是要归约心理学。他的观点是，思维或者心理，之所以能用图灵机来合理描述，是因为在一个离散逻辑系统的世界的描述中,它们是处于同一层面的。这不是一种归约,而是尝试一种变换,他想象将这样的系统,实现在一个人工的大脑中。

1945年,艾伦大概还并不知道很多关于人类大脑的实际生理功能,他可能只是看过一些不严肃的介绍,比如《儿童百科全书》里面的嗡嗡叫的电话系统,或者《自然奇迹》里面说的"大脑里面的小思维区":

> 负责记忆和处理语言的区域,是最重要的部分,它就在耳朵的附近,你用拇指就几乎能覆盖它。在语言区的下端,记录着词语的声音。往后一英寸,记录那些词语写出来的样子。往前上方移动一点,是说话中心,当我们说话时,这里就负责指挥舌头和嘴唇的运动。我们的听、看、说的处理中心都挨在一起,以便我们在说话时,可以方便地使用那些听到的或读到的记忆。

这些也许就已经足够了。艾伦可能还看过神经细胞的图片(《自然奇迹》上面有几张),但在目前阶段,他还在研究如何描述思维,所以细节并不重要。说到建造一个大脑,并不是说机器的组件要与大脑的组件相似,也不是说机器组件之间的连接非要像脑区之间的连接一样。艾伦需要知道的,只是用一种机械化的方式来描述大脑如何存储文字、图片和技能,以及感官信号输入与肌肉信号输出之间的关系。然而在10年前,他还在用布鲁斯特的模糊想法,来与自己的想法斗争。当时他反对是大脑在传输和组织记忆,他认为记忆是本来就在那里的。

说起10年前的图灵机，那时他还用指令便条的例子，来解释他对机械过程的形式化。他的重点，不在于大脑内部如何运作，而是在于工人可以机械地照着指令来执行。1936年，舍尔伯尼的校规中有很多类似的指令，让他印象深刻，还有一些来自社会习俗，当然还有拿来就用的数学公式。但是在1945年，逻辑与实体之间架起了桥梁，那些1936年的理论逻辑机器中的虚拟的"指令便条"，开始变得具体而可实现了。一个明显的例子，就是那些"成也机器、败也机器"的情报，而那些机器跟图灵机是一样的，他们依赖于符号的逻辑变换，而不依赖于物理上的力量。当人们设计这些机器时，以及设计它们执行的程序时，就是在设计详细的"指令便条"。

这是个不同但也不矛盾的关于大脑的观点。最让图灵感兴趣的是这两种观点的融合。正如在布莱切利的时候，人类智能与机器行为一直在配合使用。他的证据权重理论，显示了如何将人脑的识别、判断和决策，转换成"指令便条"的形式。他的下棋方法也是如此，还有巨人机的程序，都提出了这样一个问题：智能与机械的界线在哪里？艾伦·图灵认为这条界线不存在。在调和自由意识和决定论时，他也从未在"思维状态"和"指令便条"之间划出明确的界限。

这些问题还都有待于研究，因为德国密码机只触及了问题的皮毛。他们没有看到"指令便条"的真正威力，也没有看到机器能否像大脑一样自动建立思维区。正如他在与唐纳德·米奇讨论时强调的，机器肯定是可以自动学习的。为了探索这些问题，必须要有机器来做实验，而惊人的事实是，只需要一台机器，就能运行所有的实验。因为通用图灵机可以模拟任何图灵机的行为。

1936年,当图灵解决希尔伯特的可判定性问题时,通用图灵机是一个纯理论角色。但是在1945年,它具有了更大的实用潜力。因为炸弹机、巨人机,还有其他机器和机械过程,它们都是寄生物,都依赖于德国密码人员的异想天开和粗心大意。海峡那边稍有一点变化,就意味着他们一切作废,从头再来。这种困难从一开始就在发生,波兰人的"指印"文件、他们的打孔卡片和初级炸弹机,还有1942年情报中断期时差点发生的大灾难。构建特定的机器,给密码分析员带来了接二连三的困难,如果通用图灵机能够实现,工程师们就不需要那么拼命了,他们只需要设计新的指令表,并把它编成描述数,打在纸带上就行了。这样的机器,不仅可以替代炸弹机、巨人机、决策树和布莱切利其他所有的机械工作,还能更广泛地替代所有的计算工作,即战时专门雇用数学家来做的那些。无论是 ζ 函数机、七次方程求解,还是电子电路中的大规模方程组,都可以用同一个机器来解决。对于1945年的大多数人来说,这件事情是无法理解的,但是艾伦不属于大多数人。 1945年,他又写道:

> 即使我们想让一台正在计算氦原子能级的机器,突然改去列举所有阶为720的群,那也不需要对机器本身做任何改动。

1948年他这样说:

> 我们不需要使用不同的机器来做不同的工作,只要一种机器就足够了。对于不同的工作,我们可以把"设计不同的

机器"这个问题，变成"给通用机设计不同的程序"。

　　从这一点来看，艾伦想要建造的大脑，并不只是一个升级版的巨人机。它不是由经验发展而来，而是来源于潜意识中的想法。通用机不只是一个机器，它还是所有机器的总和。它将取代的，不光是布莱切利的机器，而是那里所有的例行工作，那里有10000多名员工在工作，而它都能够取代。甚至连高级分析人员的智力工作，也不再是神圣的，因为通用机可以像人脑一样工作。无论人脑能做什么，理论上讲，都可以转换成描述数，打在通用机的纸带上。这就是艾伦·图灵的设想。

　　但是在设计通用图灵机的论文中，他并没有提到它可以实际制造出来。尤其一点是，图灵没有提到它的运行速度。在《可计算数》中，即使把它理解成像蜗牛那么慢，也不会影响他的论点。但如果要讨论它的实体可行性，它就必须能在合理的时间内执行几百万次操作。只有电子技术能够满足这种速度上的需求，正是电子革命在1943年彻底改变了世界。

　　更具体地说，关键在于，电子组件可以执行大量的离散的开关动作，因而可以用来实现图灵机。图灵在1942年就掌握了这一点，后来他又掌握了关于罗宾逊机、X系统和劳凯克斯机的相关知识，他还从汉斯洛普的新朋友那里，学到了很多雷达方面的知识。但最重要的两个进展，发生于1943年。巨人机的技术成功让图灵认识到，成千上万的电子管真的可以连接起来，在实际成功之前，几乎没有人相信这一点。接下来他徒手研究黛丽拉，用了一套几乎是发疯的方法。在恶劣的条件下，用一台官僚们淘汰下来的破设备，他证明了自己可以独立承担电子工程项目。在他的理论想法和机械经验的基础上,电子科技知识成为他的计划中的最后一块拼板。他已经知道了如何建造一个大脑,不是他战前想象的电动大脑,而是电子大脑。因此,大约在1944年,艾伦的母亲听到他说,他要建造通用机,并用它来研究人类大脑的工作原理。

除了离散、可靠和速度之外,还有一些基本问题需要考虑。通用机的纸带,必须有足够的空间来容纳机器要执行的描述数,以及供它运行的工作空间。在1936年,抽象的通用机配置了无限长的纸带,这意味着,虽然在任意时刻机器使用的纸带长度总是有限的,但他假想了机器总是能够满足任何空间需求。

但是在实际的机器上,空间总是有限的,因此,没有一台实际的机器可以成为真正的通用机。艾伦还在《可计算数》中表明,人脑的记忆容量也是有限的,倘若如此,那么人脑就只能记住有限数量的行为表,而且这些可以放进一个足够长的纸带。从这个论点出发,实际机器的纸带是否有限,并不影响它具有人脑的功能。但问题是,实际建造一个机器,到底需要多长的纸带?纸带的长度要使机器具有足够的能力,但又不能超越技术可行性。还有,怎样安排这些存储,才能尽量避免使用过多的电子管?

这些实际问题,需要唐·贝利来解决。欧洲战争画上了终止符,黛丽拉的问题也基本上解决了,艾伦现在的兴趣就是建造大脑。他向他的助手描述了《可计算数》中的通用机,以及存储指令的纸带。他们开始一起思考,如何实际制造可以存储这些信息的"纸带"。就这样,这位英国同性恋无神论数学家和他的助手在这无线电情报站的小屋里，构想出了计算机[1]。但是世界并不是如此看待这件事的，而且世界也并不是完全不公平。艾伦·图灵的发明载入了史册，但他既不是第一个思考构造通用机的人，也不是唯一一个在1945年看到《可计算数》中的通用机的电子化前景的人。

各种各样辅助思考的机器是存在的，这要追溯到古老的算盘。这些机器大概可以归成两类，模拟的和数字的。艾伦在战前研究的两个机器，分别就是这两种机器的例子。ζ函数机依靠对转盘的测量，这个物理量，是需要计算的数学量的模拟。而二进制乘法机则是通过观察开和关，这个机器不进行测量，而是组织符号。实际上，机器还是模拟和数字的混合，这两者没有明显的界线。比如说炸弹机，它当然是操作符号的，本质上是数字的，但是它同时需要依靠转盘的精确运动，来模拟谜机的加密。甚至比如说，用手指来计数，这是数字化的概念，但同时也是对物体的物理量的一种模拟。然而，有一个界定模拟和数字的标准，那就是考查当提高精度的时候，会发生什么。

图灵设计的ζ函数机，可以很好地表明这一点。它可以在一定的精度范围内计算ζ函数。如果他觉得这种精度不足以供他研

---

[1] 也就是说，他提出了具有存储程序功能的自动电子数字计算机。接下来的"计算机（computer）"这个词就是指所有这样的机器。但是对1945年的大众来说，这个词的意义和1935年并没有什么区别，就是指从事计算的人，或者能够进行机械化计算的机器（比如防空炮）。直到大约10年后，这个词才拥有了新的意义。在这段时期，人们还使用了一些更复杂的术语，很多概念也都不太清楚，比如存储程序。艾伦·图灵还没有开发出实物，但他提出了一系列强有力的想法，正是他的这些想法，产生了后来的计算机，所以我们在这里提前使用这个词，应该不会太违背历史。事实上，这种提前，也反映了艾伦面临的困难，他活在40年代，却在做20世纪60年代的事。

究黎曼猜想，他需要更高的精度，那就需要彻底改造物理设备——用更大的齿轮，或者更精确的平衡。要想提高精度，必须要更换新的设备。相反地，如果ζ函数机是基于数字方法，比如纸、笔和台式计算器，那么如果要提高精度，就需要增加也许几百倍的工作量，但却不需要改变物理设备。战前的差分机，就面临着物理精度的问题。通过这一点，可以明显地区分模拟方法和数字方法。

艾伦显然对数字机器更感兴趣，因为《可计算数》中的图灵机，就是一个假想的数字机。艾伦有那么长的一段经历，都在研究密码分析中的数字问题，这也加重了他对数字机的倾向。但他也并没有无视模拟方法，除了ζ函数机之外，黛丽拉机也具有模拟机的特点，它依赖于对振幅的精确测量和发送，这使它与X系统有着本质的区别。图灵也许不得不承认，对于某些问题，数字方法完全无法与模拟方法匹敌。把一个飞机模型放进风道，会立刻得到几个世纪都算不出来的受力分析图。在1945年，在模拟和数字两者之间，关于它们的实用性和研究优先性，还有很多进一步讨论的余地。但是对艾伦来说，这种讨论都是别人的事情，他完全致力于数字方法，这是图灵机的基础，而且其中隐藏着通用机器的潜力。模拟机器不可能具有通用性，这样的机器只能解决特定的问题。接下来，他要找到一个入手点，并且要与数字计算器的发展竞争。

早在17世纪，就有可以进行加法和乘法运算的机器，艾伦在汉斯洛普有个台式计算器，用它来做一些电路方面的计算。这些设备和通用机器之间，还有很长的距离，然而艾伦知道，100年前就有人跨出了这一步，他就是英国数学家查尔斯·巴贝奇

(1791～1871)。他曾经跟唐·贝利提起过巴贝奇，他了解巴贝奇的计划。

巴贝奇在研究差分机的基础上，为了将构造数学表的过程机械化，构想了一种分析引擎，其基本特性就是能够机械地执行任何数学运算。这就体现了在做不同的工作时，可以通过设计新的指令，而不是设计新的设备，这是非常重要的思想。巴贝奇没有《可计算数》这样的理论来证明其通用性，他的注意力集中在十进制的数值运算，但他也确信这种机制可以执行任何符号运算[1]。分析引擎和通用图灵机，在很多方面都有相似之处。巴贝奇也需要一个"扫描器"，在一串指令上来回操作。他想到了把指令做成打孔卡片，从而使织机可以自动在锦缎上织出复杂的图案。他还打算用齿轮的位置来存储数值。每一张指令卡片会执行一次算术操作，比如"用5号位置的数减去8号位置的数，并将结果存到16号位置"。他把执行算术运算的部件称为"作坊"。但是，巴贝奇计划的重要创新之处，并不在于机械运算，而是在于他发现了，对算术过程的组织和逻辑控制才是最重要的。

特别是，巴贝奇有一个关键的想法，机器必须能够在一串指令卡片中来回遍历，并根据实际计算的情况，来决定跳过或重复。这种"条件分支"的想法，是他最先进的地方。而这种自主

---

[1] 洛甫雷斯伯爵夫人阿达，曾在1842年这样评论巴贝奇的想法：分析引擎和普通的计算机是不同的，它具有完全独特的地位。它所体现的想法是极其有趣的。机器能够组合任何符号，实现任何算术功能，这就在实体操作和抽象过程之间建立起了联系。在未来，人类的很多工作将变得更快、更准确，而这需要开发一种新型的、强大的语言，这完全不同于我们现在的工作方式。不仅是逻辑和实体，还有数学内部的理论和实践，都将建立起具体的联系。我们看到，历史上从没有过什么东西，能够具有分析引擎目前设想的特性，甚至从来没有人想过这种思考机器的可能性。

性，与图灵机是等价的，图灵机就是根据纸带上的指令来切换机器的状态。巴贝奇很清楚，正是这一点，使他的机器具有通用的特性。

如果没有"条件分支"，或者说一个机械化的"如果……则……"的能力，那么他的伟大构想，与普通的加法机就没什么区别，就只能将它看成一条流水线，从开始到结束，一切都是确定的，程序一旦开始运行，就不会有任何变化。而在他的模型中，"条件分支"意味着机器不仅具有工人的能力，还具有识别、决策和控制的能力。巴贝奇对这方面问题有很深刻的理解，他的《机械制造经济学》是现代工业管理的基础。

巴贝奇关于通用机器的这些想法，比他的时代超前了100年。在他有生之年，这些想法从未能够真正实现。他过于野心十足的一番论述，吓跑了政府基金，他对行政人员和其他科学家的藐视，也阻碍了他的计划。尽管他通过自身努力，开创了机械过程的新时代，并且吸收了各个领域的理论和实践知识，但这一切都没能帮助他实现这个项目。

就在提出分析引擎的概念100年之后，关于通用机的理论和构造产生了新的进展。1937年，《可计算数》的出版使这一切想法都变得更加精确、详细、严谨。在实践方面，正当20世纪30年代的经济复苏和电子工业的发展，提供了强大的新生力量时，那场镜中奇遇式的战争爆发了。

第一个进展，发生在1937年的德国，在K.楚泽位于柏林的家里。楚泽是一位工程师，他重拾了巴贝奇的许多观点，但不包括条件分支。他起初设计了一台巴贝奇机，并在1938年制造出来。这是一台机械机器，不是电子的，但楚泽通过使用二进制作为权宜之计，避免了巴贝奇需要的成千上万个啮合的十齿齿轮。这在理论上并不是革命性的进展，但是从实践的角度来看，这是极其重要的简化。一般的工程师都会用十进制来表示数字，而楚泽从中解放出来了。与此同时在 1937 年，艾伦在他的乘法机中也采取了同样的想法。不久之后，楚泽和他在战前一起进行电子实验的同事一起，改造了他的机器，利用了电磁继电器，而不是机械组件。楚泽计算机用于飞行器工程，而不是用于密码破译。讽刺的是，对于楚泽来说，战争似乎结束得太早了。1945 年，短命的纳粹丢下了楚泽，他绝望地试图拯救他的成果，避免被盟军轰炸成碎片。

而盟军并不知道这件事，他们那里也在产生着类似的但规模更大的发展。在英国，除了巨人机之外，没有这样的由指令序列来控制的数字计算机。而美国的情况则完全不同。英国在最后一刻获得了慌忙却得意的成功，是因为人们把自己的一切都贡献给了战时事务。但富裕的资本主义美国人，却比其他国家提前两年就开展了两个不同的项目，来研究巴贝奇的构想。他们在和平时期也是这样，比如在 20 世纪 30 年代初就抢先研制模拟差分机。1937 年，哈佛大学物理学家 H. 艾肯从电磁继电器的角度入手研究，IBM 公司根据他的成果制造了实际的机器，并于 1944 年交付给美国海军，用于机密工作。它的规模之大，让人叹为观止。但是也像楚泽的机器一样，尽管艾肯了解巴贝奇的想法，但他并没有实现条件分支，他的机器从头到尾都是按照指令顺序执行的。艾肯的机器是采用十进制计数的，在这一点上他比楚泽要保守一些。

美国的另一个项目是在贝尔实验室进行的。这里的工程师 G.

斯蒂比兹，一开始只想设计一台继电器机器，用来执行十进制的复数运算。但是在战争爆发后，他又加上了执行固定的算术运算过程的功能。他的工作"模型3号"就在纽约的办公室进行，其实当时艾伦就在那里，但这并没有吸引他的注意。

然而，还有另外一个人详细地考查了这两个前沿项目。他与艾伦一样，具有极强的抽象能力，他就是巫师战争中的那位数学家，约翰·冯·诺依曼。从1937年开始，他就担任美军弹道研究的顾问。1941年之后的大部分时间，他都在研究爆炸和空气动力学中的数学问题。1943年上半年，他在英国，与英国应用数学家G. I. 泰勒共同研究这些项目，在此期间，他第一次参与到大型计算项目的规划，也就是如何组织和分配工作人员，从而尽可能好地在台式计算器上完成计算过程。回到美国之后，他于1943年9月加入原子弹项目，他在这个项目中的工作，同样与爆炸冲击波有关。预测冲击波需要进行好几个月的艰难计算，因此在1944年，他为了解决这个问题，考察了所有可能的计算机器。国防研究委员会的W.韦弗建议他联系斯蒂比兹，在1944年3月27日，冯·诺依曼写信给韦弗：

> 我将致信斯蒂比兹；我很有兴趣学习基于继电器的计算方法，这很有可能会解决我正在研究的问题。

4月10日，他再次写信给韦弗，说斯蒂比兹已经为他演示了继电器机制的原理和应用。4月14日，他给洛斯阿拉莫斯实验室的R.佩尔斯写信，内容关于将冲击衰减的计算过程机械化，并且还提到他与艾肯也取得了联系。1944年7月，他们对于使用哈佛-IBM机进行了磋商。但就在这之后,一切都变了。因为战争的压力,他们需要布莱切利那样的技术革新。在另一个地方,也就是宾夕法尼亚大学莫尔学院,于1943年4月开展了另一个大型计算机项目。这就是ENIAC——电子数字积分式计算机。

这台新机器,是由电子工程师J.P.埃克特和J.莫切利设计的。冯·诺依曼第一次听说这台机器,完全是出于意外,他是在火车站与H.H.戈尔斯坦闲谈时得知的,戈尔斯坦正是ENIAC项目的参与者。冯·诺依曼立刻看到了这台机器的前景,它一旦建成,就会带来比艾肯的机器快1000倍的运算速度。从1944年8月开始,冯·诺依曼定期地参加ENIAC项目组的会议。 1944年11月1日,他给韦弗写信:

> 我希望和你谈谈另外一些关于机械计算的问题。我非常感谢你帮助我与该领域的工作者取得联系,特别是和艾肯与斯蒂比兹。我与艾肯进行了大量的交流,并和莫尔学院的项目组进行了更多的交流……他们现在正在研制另一台电子机器。他们邀请我担任顾问,主要是负责逻辑控制和存储方面的问题。

ENIAC项目令人印象超级深刻,足以给人一种看到了未来的感觉。它使用了超过19000个电子管,在这方面超越了巨人机。这两个机器在很多方面都很类似,但是有一个区别是, ENIAC直到1945年夏天还没有完成,它也来得太晚了,对战争一点用都没有了。

之所以比巨人机使用了更多的电子管,是因为它是以十进制进行存储的,它用10个电子管分别表示10个数字,比如用第9个真空管导通,来表示数字"9"。而巨人机采用的是单脉冲,用纸带上的孔来表示逻辑上的"是"或"非"。

但这只是一个非常表面的不同。这两个机器都证明,上万个电子管是可以组合起来使用的,而在这之前,人们一直认为这样的集成是不可靠的[1]。ENIAC实现了楚泽、艾肯和斯蒂比兹都没有实现的想法,与马克Ⅱ号巨人机一样,它能够自动进行决策行为,根据一步计算的结果,来决定下一步的操作。ENIAC实现了条件分支,这样的设计,使它能够根据计算程序的需要,在存储的指令当中进行任意次数的重复执行,而不需要人类进行操作。这些都是巴贝奇早就看到了的,但他没有看到两件事:一是电子元件的速度有这么快,二是ENIAC是一台实实在在造出来的机器。

与巨人机一样,ENIAC也是为特定任务而设计的,它用来编制火炮的射程范围表。它在本质上模拟了炮弹在不同的气压和风速条件下的弹道,这涉及成千上万的计算项。它配置了外部的开关,用来设定弹道计算所需的常数,还配置了其他的外部设备,用来输入指定的指令,电子管则用来存储计算过程中的数值。这些都与巨人机很像。通过这两个项目,人们很快就看到了新的前景,这些机器可以用来执行更广泛的任务,而不仅是当初设计的那些。唐纳德·米奇和杰克·古德,很大限度地扩展了原始巨人机的能力,后来的马克Ⅱ号还被用来为破译的信息打孔,但这只是为了好玩,而不是为了提高效率。尽管它的目标是德国

---

[1] 但在这个方面,这两个机器都不是先驱。早在1939年,爱荷华州立大学的J. V. 阿塔纳索夫就开始利用电子技术进行机械运算。

密码机，但其指令表的灵活性，使它可以很轻松地摇身一变成为数字乘法机。而 ENIAC 则具有更加严格意义上的灵活性，冯·诺依曼很快就看到，它可以用来解决洛斯阿拉莫斯实验室的问题。[1]

然而，ENIAC 并不是通用机，它在一个很重要的问题上，背离了巴贝奇的想法。巴贝奇设想的分析引擎，能够接受无限数量的指令卡片。艾肯的继电器机器具有这个特性，只是将卡片换成了类似自动钢琴用的纸卷。但在 ENIAC 中就不一样了，它的电子化运行速度太快了，不可能有那么快的速度给它输入卡片或纸带。工程师必须找到一种方法，让它在几百万分之一秒内取得指令。

在 ENIAC 上，他们通过一个外部设备系统，来为每项工作设定相应的指令。它的形式很像手动电话系统中的插头连接，这与巨人机也很类似。这个方法的优点是，将插头插好之后，所有的指令都可以在机器需要的时候立即取到。但它的缺点是，指令序列的长度受到了限制，而且插插头的工作需要耗时一整天。而且这种插插头的过程，显得有点像是为不同的任务改造不同的机器了。ENIAC 和巨人机，都像是在为不同的任务而制造具有细微差别的不同机器，它们都没有真正实现巴贝奇的通用机概念，这种通用机在改变用途时完全不需要任何硬件改动，只需要重写指令卡片。

1944年后期，就在冯·诺依曼加入 ENIAC 研究组时，埃克特和莫切利想出了一种完全不同的方法，来解决这个问题。他们抛

---

[1] 它的第一次正式使用，是在 1945 年末进行的关于氢弹的试算。

开硬件,用电子的形式,将指令存储在机器内部,从而使它们可以被以电子的速度取用。ENIAC 将计算的过程进行内部存储,而原始巨人机也对鱼机的密钥序列进行内部存储。将指令存储在机器内部,这是一个很新颖的想法,人们一般会自然地想到,指令要从外部进入机器,然后在内部执行。但是在冯·诺依曼写给韦弗的信中提到的"另一个电子机器项目"中,却真的引入了这个新想法。

不管是直觉常识,还是仔细的思考,人们都会认为,数据和指令,完全是两回事。很明显,必须要把它们分开,数据放在一个地方,操作数据的指令则放在另一个地方。这确实很自然,但却是错误的。1945 年 3 月和 4 月间,ENIAC 研究组提出了一份《关于 EDVAC 的报告草案》,EDVAC 是离散变量自动电子计算机的缩写,这就是所谓的"另一个电子机器项目"。

这份报告的日期是 1945 年 6 月 30 日,署名是冯·诺依曼。实际上这并不是他的设计,但描述的方式却明显带有他高于技术之上的数学化特征。

特别是,这份报告集中了很多严谨但却新颖的想法,基于这些想法,ENIAC 队伍正在计划制造更好的机器。他们讨论了目前机器的不同的存储类型,包括中间结果、指令、固定的常数、统计数据。然后他们指出:

> 该设备需要一个大容量的存储体,其不同的部分,根据性质和用途的不同,要执行不同的功能。然而,将整个存储体视为一个整体,是非常令人兴奋的。

这个关于"一个整体"的想法，与通用图灵机使用的"一条纸带"是等价的。通用图灵机的指令、数据和运行需要的存储空间，都在一条纸带上。这个新想法，与巴贝奇的设计完全不同，这是数字机器发展过程中的一个重要的转折点。因为它把一切都集中到了一个新的问题上：构造一个大容量、高速、有效、共用的存储体。这将使一切在概念上都变得简单而清晰。冯·诺依曼觉得这个想法很"令人兴奋"，它太好了以至于不像是真的。但实际上，《可计算数》中早就提出了这个想法。

　　因此，在1945年春天，一边是ENIAC研究组，另一边是艾伦·图灵，都自然地想到了要构造一台具有共同存储性质的通用机。但他们采取的方法很不一样。ENIAC甚至在还没完成之前，就已经在原理上显得过时了。它就像一把重锤，凭借蛮力，凶狠而强力地凿击眼下的问题。冯·诺依曼想要在所有已知的计算方法的丛林处，开辟一条自己的路，以满足军方研究和工业发展的全部需求。其成果很符合兰斯洛特·霍格本的科学观：新想法要取决于当前的政治和经济的需要。

　　然而，当艾伦·图灵打算要"建造一个大脑"时，他只是独自默默地研究、思考，在英国的后花园中慢慢踱步，陪着情报部门勉强留下的几台设备。他与冯·诺依曼不同，没有人要求他给出计算问题的解决方案，他只为自己而思考。他的身上集中了以前从未有人集中过的经验：他的单纸带通用机经验，大规模电子脉冲技术的经验，还有把密码分析的想法变成机械过程的经验。在1939年之后，他一直在思考符号、状态和指令表，以及用什么方式才能把它们做成实际的机器。现在，他可以把这些想法都集中起来了。

现在战争已经结束了，艾伦的目标与 G. H. 哈代更接近，而不是为了世界的现实发展，他想要解决的是决定论与自由意识之间的矛盾，而不是为了有效地进行大型计算。然而，没有人愿意为这个没有实用价值的"大脑"付钱。1945年1月30日，冯·诺依曼写道，EDVAC 可以用来解决三维的空气动力学和爆炸冲击波问题，研究炮弹、炸弹和火箭，提高推进和爆炸的性能。这些，用丘吉尔的话说，都是人类的进步。如果艾伦·图灵真的要建造一个大脑，他也必须要从希尔伯特和哥德尔的逻辑出发，向远处走很长的一段路。

《关于 EDVAC 的报告草案》提出了很多理论上的问题（这反映了冯·诺依曼的兴趣），它注意到了计算机和人类神经系统的相似性。它用它自己的方法在"建造大脑"。然而，它的重点并不在于"思维状态"的抽象观点，而是在于机械的输入输出，与神经的传入传出之间的相似性。它也注意到芝加哥神经学家 W. S. 麦卡洛克和 W. 皮茨在1943年发表的论文，他们用逻辑方法分析了神经元的行为，并使用符号主义来描述电子器件的逻辑关系。

因为麦克洛奇和皮兹曾经受到过《可计算数》的启发，所以可以说，EDVAC 间接地借鉴了图灵机的概念。但是它其中既没有提到《可计算数》，也没有准确地描述通用机的概念。不过，冯·诺依曼在战前就已经熟悉它了，而且当他从"数据和指令必须分开存储"的想法中解放出来之后，肯定意识到了它们之间的联系。原子弹项目组的 S. 弗兰克尔，是最早一批使用 ENIAC 的人，据他说：

在大约1943年还是1944年，冯·诺依曼意识到了图灵在 1936 年发表的《可计算数》的重要性……冯·诺依曼向我推荐这篇论文，在他的极力建议下，我非常认真地进行了研究……他非常坚定地向我强调，那些巴贝奇没有提出的基本概念，全部应该归功于图灵，我很肯定他也向其他人强调过这一点。

因此可以说，巫师从桃乐丝那里受到了一些启发。然而，在这两个美国和英国的新计划之间，重点不是微妙的相似性，而是其中显著的独立性。

不管冯·诺依曼是受到了谁的启发，总之《关于 EDVAC 的报告草案》是第一次将这些想法集中地写出来。所以，英国的创造又一次流到了美国，而且现在所有人的目光都集中在美国。美国人赢了，艾伦又是第二名。这一次，美国人的优势只是拥有政治和经济上的支撑，艾伦的独立想法永远无法得到这一切。

事实上，也许正是因为 ENIAC 和 EDVAC 的想法的存在，才使艾伦生命的下一阶段成为可能。6 月时，艾伦在汉斯洛普接到一通电话，是 J. R. 沃默斯利打来的，他是英国国家物理实验室的数学部门主管。

沃默斯利是一个新成立的组织里的一位新人。国家物理实验室本身并不是新成立的，它 1990 年创建于特丁顿，以对抗德国国家资助的科学研究。它坐落在布西庄园，此处后来用作盟军最高统帅部。这是联合王国最大规模的政府实验室，在英国享有极高的声望。现任董事是查尔斯·盖尔顿·达尔文爵士，他于 1938 年就任，他是进化论学者达尔文的孙子，也是一位知名的剑桥应用数学家。他的主要贡献是在 X 射线晶体学领域，被称为"新量子理论的诠释者",似乎他能理解那几句无意义的废话。战争期间,他在华盛顿的英国中央科学代表团担任了一年主席,并且成为英国军方的首席科学顾问。

然而,数学部门却是新成立的。大约在1944年3月,有一份关于设立数学中心的提议,这是一个在战时对战后进行打算的好例子。这份提议被送到一个大型的联席委员会,这种合作和统一协调,在和平时期是无法想象的。政府继续实行战时的财政原则,打算用集中、整合的机构,来接管战时从事军事计算的各个独立部门。而查尔斯·达尔文爵士则说服委员会,将这个数学中心建成国家物理实验室的一个部门。

打电话到汉斯洛普,并不是达尔文安排的,而是沃默斯利自己打的。沃默斯利于1944年9月27日当选为这个新部门的主管,他是个虎背熊腰的约克郡人,本来在军需部工作,并兼任联席委员会的成员。他可能是被D. R.哈特里提名的,哈特里在数学方面是达尔文的后盾。沃默斯利作为联合作者,在1937年与哈特里共同发表了一篇论文《关于差分机在偏微分方程中的应用》。

1944年10月,这个新部门的研究计划包括自动电话设备在科学计算中的应用,以及用于高速计算的电子设备。这里面透露了明显的意图,就是要追赶美国的发展。哈特里在曼彻斯特大学做过差分机,他对计算机很感兴趣,并且也参与了很多战时的科研项目。在他参与的一些高层交流中,有时会泄露出一些关于艾肯机和ENIAC的细节,这些都反映在沃默斯利1944年12月的报告中。他的报告强调要建造一个大型差分机,他看到了电子技术的高速性,并建议"建造一个机器,来机械化地执行特定范围的运算……该机器可以根据之前的操作结果,来对后面的指令做出决策……美国已经在研究这个课题了"。1945年4月,他们召开了新闻发布会,新部门正式成立,并且谈到了"分析引擎,差分机,以及其他现有的或今后将会发明的机器,必将有伟大的前景,但目前还无法预测它明确的发展方向"。不过,他们的方向似乎很明确,那就是向西方学习。1945年2月,沃默斯利收拾好行李,准备去美国待两个月,学习他们的计算设施。3月12日,他成为第一个直接接触到 ENIAC,并知道 EDVAC 报告的非美国人。

5月15日,沃默斯利回到国家物理实验室修改他的计划。从美国学到的东西,已经足够让人思考很久了。但是它们对沃默斯利来说,还有着特殊的意义,他的袖子里还藏着另一张牌。在战争之前,在沃尔维奇兵工厂研究实用计算时,他就听说了图灵机。难得的是,作为业余数学家,他并没有被数理逻辑的深奥语言吓倒。根据他的记录:

> 1937～1938年:JRW 阅读了《可计算数》论文。JRW 见到设计累加器的电话工程师 C. I. 诺福科,并讨论了使用自动电话设备建造图灵机的计划,制定了简要的方案,并讨论了提交给国家物理实验室的可行性。结论是,机器的速度很慢,无法有效使用。
>
> 1938年6月:JRW 在沃尔维奇,用零用开支,购买了一个单向选择器和一些继电器,准备在业余时做些实验。这些实验不受弹道工作的压力。

在哈佛看到艾肯机之后,沃默斯利写信给他的妻子说,那台机器简直就是现实版的图灵机。因此在1945年6月，根据他的记录：

> JRW见到M. H. A.纽曼[1]，并告诉纽曼他希望认识图灵，当时，见到了图灵，并且邀他到家里做客。JRW给图灵看了第一份关于EDVAC的报告，并建议他加入国家物理实验室，安排了面试，并说服了主席和秘书。

艾伦被任命为临时高级科学官，工资是每年800英镑。他把这件事告诉唐·贝利，并说这已经是他们能够招聘的最高级别，而且已经向他保证会在几周内晋升他。这可不是镜中奇遇中，绵羊卖蛋给爱丽丝，5.25便士买一个，2便士买两个。这是600英镑买海军谜机，800英镑买数字计算机，英国政府无疑在艾伦·图灵身上占了大便宜。艾伦说，沃默斯利问他是否知道$\cos x$的积分，唐·贝利立刻说，这个问题对于未来的高级科学官员来说简直太可笑了。"啊，"艾伦拿自己的粗心开玩笑说，"没准我就算错了呢。"

对沃默斯利来说，他为艾伦·图灵的到来感到很高兴，并且传达给同事们。对于不关心级别和地位的艾伦，能够得到英国政府的支持，来实现通用图灵机，这也是一件令人兴奋的事情。他对政府仁至义尽，现在政府终于回报他了。国家物理实验室的宗旨是，打消理论和实践之间的隔阂，而这完全是艾伦想要做的。尽管他对行政事务有很多看法和怀疑，但现在他从中得到了机

---

[1] 在这里我们必须假设沃默斯利已经知道了布莱切利的秘密（通过达尔文和哈特里，也许还有布莱克特），因此他才知道巨人机的存在和艾伦的大概下落。

会。当第8营房的人们收拾解散时,他与琼·克拉克告别,并兴奋地讲到了自动计算机的未来,并让他们都放心,数学家永远不会下岗。

在1945年7月的大选中,他投票给工党。他后来含糊地说,该要改变一下了。但是,艾伦·图灵并不是工党的拥护者,他也并不是真的关心政治。作为一个萧伯纳的崇拜者,一个《新政客》的读者,一个反对狭隘保守的旧体制的战时科学家,他会支持改革。但无论是旧体制还是新体制,对他都没有什么真正的吸引力。

他的态度仍然倾向于J. S. 密尔的民主个人主义,但他与密尔不同,他对商业竞争没兴趣。事实上,他对此一无所知。他的轨迹就是从公校,到大学,再到政府部门。他在大学假期时打工的别特尔公司,本身就是20世纪的异类,代表着与格莱斯顿一同死去的精神。而且在战时,设备的承约人完全受政府合约的委托,不需要考虑利润问题。

金钱、贸易、竞争,这些都与艾伦的生活中心不相关,他在很多方面,仍是一个保持理想主义的学生。他对原始的自由主义的推崇,他在汉斯洛普表现出来的对弱者的同情,还有他对绝对本质的痴迷,比密尔更具有乌托邦的味道。他将自己比作托尔斯泰,而克劳德·香农感觉他更像尼采,超越了善恶。但也许比起这两位,在精神上与他更为接近的,是另外一个19世纪后期人物,爱德华·卡本特。图灵与这些欧洲思想家有很多共同之处,但他批判托尔斯泰对性的压迫,以及尼采的傲慢和自负。他认为社会主义是一个更好的体制,因为他看到了一位英国社会主义者对体制并不感兴趣,而是把兴趣放在科学、性、朴素生活,以及把它们和谐地组织起来等方面。他生于1844年，在第一次世界大战期间写了些话，正符合那时还在圣伦纳兹海边玩耍的小男孩，而多年来，艾伦也始终在不羁地印证着这些话：

> 我曾坐在布莱顿的沙滩上做过一个梦，而现在，我坐在人生的岸边，做着同样的梦。我记得那时，我得到了一个明确的结论——人是为了两样东西而活着：自然之壮阔，爱情与友情之美好。今天，我仍然这样想。否则还有什么呢？富贵、名声、地位、安逸、奢华，这些是多么无聊，多么没有意义，真的不要把生命浪费在这些上面！这些东西都是台阶，它们真正的意义，是带领你走向壮阔与美好，若不是这样，它们就会变得可恨而危险。我们要融入自然之阔，友爱之美（但是，主啊，我们现在还差得太远了），除此之外，人生还有什么终极目的？其他的一切，游戏和考试，教堂和礼拜，议会和市场，职位和电话，甚至谋生的一切必须，如果不是为了这个目标，那它们还有什么用处？

在所有的缺点和糗事背后，在所有关于他的言行举止的议论背后，有着这样的一个事实——艾伦作为一个小男孩，他从不知道有些人并不是这样看待人生的。现在他33岁了，是纳粹德国的战争打破了他的幻想。

还有一个比这更像的地方，那就是卡本特作为一名剑桥数学家，也对决定化的思维问题有兴趣。他还有着一样的中上流阶级背景，对生物生长一样感兴趣，一样放弃了基督信仰，一样公开自己是同性恋。他出版于1895年的书《同性之爱》，是第一本在现代（而不是古希腊）心理学和社会学背景中讨论同性恋取向的英国作品，这是他对静态道德律的全面进攻的一部分——正如凯恩斯反对普适准则。虽然他没有完全反驳同性恋确实具有一定的特殊性，但他认为同性恋是一种正常的生命现象，天生注定，它本身并没有善恶可言，同性恋者就像其他人一样，可能很随和，可能很自私，也可能很龌龊。

1945年，艾伦·图灵也是这个观点，他越来越觉得，肩负这样的性取向，就像扛着十字架一样，是与生俱来的，正如他对自然科学的爱，没有来由，也没有对错。在卡本特之后，50年来没有人敢于比卡本特更加公开地站在这个立场上，而现在图灵敢。战争的现代性没有改变这个事实，自从他1933年对性的认识更加清楚以来，只有半柏拉图式情感是允许的。相比于他，其他人更倾向于掩饰和欺骗，用世俗的眼光看来，他们是聪明的，因为这是比苏维埃还要可怕的禁忌。电子革命与此无关，1945年的论战也与此无关，这不是政客的话题。但艾伦·图灵不是这样的人。

早期的工党对卡本特提出的简朴生活和新道德的态度很开放。他朴素易懂的"活着的理想"以及"社会主义怎样实现这种理想"，在那个天真的年代确实有一些作用。甚至在1924年，第一个工党内阁掌权后，还在他的80岁生日上，送了一封感谢信。但是在20世纪30年代，人们为此付出了代价。1937年，乔治·奥威尔在《通往威根码头之路》中嘲弄这种白日做梦似的天真：

人们有时会产生一种印象，似乎"社会主义"和"共产主义"这样的词语本身就带有一种魔力，能够吸引英国每一个喝果汁的人、穿拖鞋的人、暴露狂、性爱狂、公谊会信徒、江湖医生、和平主义者、女权主义者。

E. M. 佛斯特是一个自由主义者，而非社会主义者，他还记得1944年，卡本特一百周年纪念，他歌颂这个被遗忘的人。他和路维斯·迪金森都受卡本特的思想影响——尚未出版的《毛里斯》的隐居山林的结局，来源于卡本特与一个工人阶级年轻人的生活——但国王学院缺少对性的开放，这有点对不起他的遗产。

工党仍然唱着卡本特的歌《英格兰崛起》和《红旗》，但工党之所以得到支持，反映了新人和现代方法的成功，而不是这两首颂歌的成功。现在，政治界意识到了科学的重要性（尽管不是以卡本特希望的那种态度），但是没有性和简朴生活。1937年，当第一台大型计算机打响了计算接力赛的发令枪时，乔治·奥威尔就像反对素食主义和简朴主义一样，反对"机械化、实际化、现代化"的信条。但是战争为它赋予了力量，现在有了很好的理由：如果没有它，英国早就完蛋了。

奥威尔通过呼吁一个"传统而体面的英国"而跳出了这场纠纷。艾伦·图灵可能也想跳开，但他现在无助地肩负着非常奇怪而不合理的矛盾。包括"机械化、实际化、现代化"在战时的发展，还有其他伟大的发展，以及仍然在追寻"自然界最普遍的事物"，以及仍然是奥威尔所称的"性爱狂"。他无法避免这些东西，而且他已经有一半的思想向政府屈服了，不能自由地尝试。他已经走上了与奥威尔不同的道路，这是一条不归路。

虽然图灵的矛盾已经达到了古怪的程度，但他不是唯一矛盾的人。战争已经用迅猛的社会变革，给静态道德律沉重的一击。质疑旧的权威，使用新的人才，每个人都意识到，旧的体制被打败了，更深层次地说，人们意识到生死关头可以逼迫体制做出改变。令保守派失望的是，英国经历了第二次动荡，而且这次的思想影响了所有的人。布莱切利庄园，还有其他地方，共同见证了这个改变。故事的主角不光是那些"教授"们，还有18岁的男孩们，"女数学家"们，邮政工程师们，他们都扮演了重要的角色。

在其他方面也是这样，团体意识，共享非常有限的资源，这使人们更加接近于艾伦·图灵所想的"能量的最少浪费"，简朴，但又不失趣味。就算在汉斯洛普这样的地方，陷在情报的惊涛骇浪中，仍然有晚会、假期爬山、煮蘑菇、游戏以及自学的愉悦，这都体现了卡本特想要解释的"简朴生活的价值"。

还有一种新的精神，这本来是机器的一种精神。极大扩张的国家机构，更加集中的经济，这都是智力和协作的大战的遗产。现在这些无法撤销。正是机器，而不是人工控制，启发了欧内斯特·贝文："我们必须抛弃利润的计算，以及引领昔日进步的其他东西，要充分赋予我们的管理人才和技术人才以施展的空间……"确实是这样的。政密学校和邮政实验室的功绩已经证明，让它们免受不必要的竞争和错误的公共经济限制，是非常值得的。现在，国家物理实验室接手了电子计算机的开发，这值得欢呼两下，正如佛斯特所说的，为管理上的社会主义做法欢呼两下。但是，尽管管理和技术很重要，但它们并不是故事的一切。当他们还在等待另一场战争结束时，还有一些其他的东西正在渐渐消失。

希特勒不在了，英国大选的结果公布了，艾德礼取代了丘吉尔。差不多在同一时间，艾伦·图灵启程前往德国，他们的队伍由五位英国专家和六位美国专家组成，去考察德国通信技术的发展。弗洛文斯也是其中一员。他们7月15日出发，在天气很热的一天抵达了巴黎。他们要在这里与美国人会合，但是美军总部搞不清楚他们是谁，于是就耽误了一天。那天傍晚，他们收到了伦敦的电报，他们被安排在军方运输站，这是位于玛德莱娜附近的一个酒店。第二天，他们在法兰克福的 I. G.法本大厦向美军总部报告时，又发生了昨天的事。这是巴顿的地盘，他们受到警告：在未获得许可之前，不准继续前往巴伐利亚，否则将被军事警察逮捕。又耽误了一天之后，他们终于坐上吉普车，沿着坑坑洼洼的路出发了。他们要赶在夜幕降临之前，抵达200英里之外的目的地。他们一路上被阻拦了37次，因为作为公务人员，他们没戴帽子。

艾伦·图灵乘坐着军用吉普车，在美国人的监视下，踏入了高斯和希尔伯特的荒土。他们一行被安排住在拜罗伊特附近的一个通信实验室，为此需要走到1000英尺的山顶上。这里曾经是个医院，屋顶上仍有红十字，也就是说，他们是睡在病床上的。乡村来的妇女为他们洗衣服，只为了得到一小块肥皂。在这个队伍里，只有图灵和弗洛文斯对密码学感兴趣，其他成员都不知道自己是来干什么的。在被带来的德国科学家中，有一位很自豪地制作了一个鱼机式的机器，并演示它能执行几十亿个步骤，而且密钥都不重复。艾伦和弗洛文斯眼前一亮并说："真的吗？"德方数学家认为这个机器只能保证两年内无法破解，之后会存在一定的风险。

他们在那里的时候，蘑菇云为1939年的预言交上了答卷。哈代最近刚刚愉快地宣称量子力学百无一用，但实际上它真的已经充分发展了。莫里斯·普利斯在英国的研究早期起到了一定作用，最后画龙点睛的则是冯·诺依曼，他计算了爆炸的最大破坏力。蘑菇云在第二敌人的老家升起，它将成为一个昔日的帝国，以及一个潜在的新帝国。美国人为战争画上了句号。然而假如在1943年，没有这些人来帮助盟军看破谜机，那么1945年的战争也许会是一个完全不同的故事，第一个原子武器可能会握在德国手中。

惊人的秘密终于浮出水面了。美国士兵把消息传到了他们的驻地，艾伦并未觉得吃惊，他在战前就想到了这种可能性，而且他非常擅长感知信息。他从美国回来时，就用几筐火药来举例子，对杰克·古德和肖恩·怀利提到了链式反应的问题。在汉斯洛普的午餐上，他提到了潜在的铀原子弹。现在在驻地，他在给其他人讲解其中的物理原理。

图灵在德国待到大约8月中旬，然后回去写访问报告。6年过去了，战争正式结束了。他为战争做出了直接的贡献，布莱切利庄园的人们，不用再对这个世界负责了，他们可以回家了。图灵是幸运的。虽然他的工作总是被浪费，但他已经从战争中得到了他想要的东西，而且现在准备好要为和平时代做贡献了。英国免遭失败，但也因此欠了美国，殖民时代的结束，只是新的问题的开端。英帝国开始没落了，但是新的种子正在发芽。

第六章　水银延时线

我走在壮丽的和平岁月的宽阔路上，
（浴血的苦斗终于结束，可叹那些美好的理想啊。
面对那样的艰难险阻，终于光荣地胜利了。
现在你迈着大步，却可能走向更大的战场，
也许那时会有更可怕的危险，更久的战役。）
我听到周围充满了世界，政治，生产的成功，
科学在崛起，城市在发展，发明在传播。

我看到那船，（它们再也不会很快就沉没了）
大型工厂，领班，还有工人，
我听到他们一片喝彩，我对此并不反感。

> 我要实在告诉你们,
> 科学,船只,政治,城市,工厂,自然有其价值。
> 就像宏伟的队列,随着远处的号角,
> 得意地前行,宏伟地出现在视野中。
> 他们代表现实,现实理应如此。
>
> 但我还有自己的现实,有什么比我的更现实?
> 要将神赐的平等和自由,
> 还给地球上每一个奴隶。
> 先知的启示,精神的世界,流传千年的诗,
> 这就是最现实的现实。

艾伦·图灵在去国家物理实验室就职之前,就开始考虑他的通用机的实际构造。他和唐·贝利一起,讨论过通用机的一个工程问题,即它的存储设备,或者说"纸带"。他们讨论了他们能想到的所有的离散存储形式,比如说磁带。他们看过一台从德军手中缴获的"玛尼托芬机",那是最早的成功应用的磁带录机。但他们从根本上排除了这个选项,因为磁带与理论的图灵机模型太像了,它需要来回移动,这会造成很多麻烦[1]。图灵现在比较喜欢的方案是"声音延时线"。

这个方案的原理是,声波穿过一条几英尺的管道,大约需要

---

[1] 不知道为什么,他们没有考虑磁芯存储。事实上,他们完全清楚用通电导线绕成的环形磁芯的所有特性,这是宽带变频器用到的技术,唐·贝利经常被迫放下黛丽拉的工作,正是因为被拉去设计这种变频器。磁芯的滞后效应很小,也就是说反应速度很快,不会损失信号。而且磁芯的响应不是线性的,它要么是北,要么是南,十分适合用做离散的开关存储,但是图灵他们却从未考虑过它。

千分之一秒的时间。在这段时间内，可以理解成，这条管道将声波存储在其中。该原理已经在雷达技术上得到了应用，利用存储在延时线中的信息，来抵消前一次扫描之后没有发生改变的反射信号。这样一来，雷达屏幕就只显示那些新出现的，或者正在运动的物体。ENIAC小组的埃克特提出，使用延时线可以存储电子计算机的脉冲信号。但这里面存在几个问题。管道，或者说延时线，需要接收百万分之一秒的脉冲信号，并让它们原封不动地进行传输。此外，脉冲不只是存储千分之一秒，而是需要永久存储，这就要让它一遍又一遍地在延时线内反复循环。如果只是单纯地让它回流，那么脉冲很快就会变得非常模糊，以致无法识别。所以，必须设计一种电子装置，来检测到达末端的（已经略有衰减的）脉冲，然后从发端重新发送一个干净的脉冲。这个装置有点像电报系统的中继器，它在计算机内部接收脉冲，再根据要求转发出去。众所周知，空气不是传播声波的好介质。雷达系统中使用的介质是水银，这种元素，将贯穿接下来几年的发展。

按照现有的技术水平，这是一种很有吸引力的低成本方案，并且已经被写入了《关于EDVAC的报告草案》。1945年9月，图灵他们在汉斯洛普对该原理进行了实验。唐·贝利用硬纸板做了一个管道，直径8英寸，长度10英尺（他们的房间只能容下10英尺）。图灵做了一个超级灵敏的扩音器，把扩音器的话筒连到管道的一端，把喇叭连到另一端。然后他们在一端拍手，让声波在延时线中循环，以此来探究这个原理。1945年10月1日，当图灵离开汉斯洛普，去国家物理实验室就职时，这项实验仍然没有成功。但是这至少意味着，当图灵到达新的岗位时，脑海中已经有了许多关于实践的想法，他不再是1938年的那位纯数学家了。

在组建新的数学部门的过程中，沃默斯利招募了一些数字计算领域的专家，这个领域在战争中取得了巨大进展。他的部门，取代了声望很高的海军计算部，成为西方世界最有力量的组织核心，竞争对手是美国国家标准局的相应部门。尽管他们用台式计算器做了大量计算工作，但它们却并不擅长计算，他们遇到的问题，大体上类似于图灵在1938年计算ζ函数时遇到的问题。即使充分利用了纯数学，但数论问题最终仍然有可能需要代入某些方程系统。用台式计算器来处理这种代入，是十分尴尬的。这是一个更为抽象的问题，并形成了一个称为"解析数论"的数学分支[1]。有一个特别存在的问题是，方程系统是基于无穷精度的实数，但实际的计算精度不得不是有限的，因此每一个计算步骤都会引起误差，如何评估并减小这种误差，是解析数论的一个重要问题。正是由于这个问题的存在，使得图灵认为，即使有了自动化的计算机器，数学家也不可能下岗。

数学部分成五个组，第一组从事上述的计算工作，由古德温领导，他在1934年读本科时认识图灵。统计组和打孔卡片组，也是图灵感兴趣的，后者与他的机器的输入机制有关。第四组的工作是围绕哈特里差分机的，这是曼彻斯特那段时光的延续。第五组只有图灵一个人。到了这一年的年底，整个数学部共有27名职员，大致相当于一个大学的数学系。

3月，国家物理实验室得到了两栋维多利亚式的房子，特丁顿楼和克洛默楼，10月，新组建的数学部就安顿在克洛默楼。图灵的办公室在北栋的一个小房间，对面的房间是古德温和他的同事

---

[1] "解析数论"恐怕是数学中级别最低的一个分支，甚至比统计学还要低。这种三六九等的划分，基本上取决于学院派数学家认为的有趣程度。

莱斯理·福克斯,他们在那里研究如何更好地求解矩阵的特征值,这关系到飞行器共振频率的计算。秋天时,他们时常听到图灵在敲打他的打字机。

图灵住在布西庄园旁边的一个旅店,基本上像战时一样,还是背着行李卷过日子。现在的图灵,已不再是军方的一员了,他现在是科学家的一员,这体现了战争到和平的改变。但是这种改变,并没有他想象的那么明显。他称呼沃默斯利为"老板",但心里却鄙视地认为,沃默斯利是个典型的花架子,虽然很有魄力和眼光,但却完全不懂科学。图灵觉得,既然担任这个职务,就应该对科学有足够的认知。沃默斯利在1945年早期前往美国考察,这是一次昂贵却失败的旅行,他甚至不懂得如何把看到的东西记下来,更不要说他能理解什么了。这导致弗洛文斯和钱德勒为了军用计算机的相关工作,只好在9月和10月亲自前往美国考察ENIAC项目。而沃默斯利的优点,比如管理天赋、精于利用名人效应、和蔼、热情、对待重要客人懂得优雅的办公礼仪、对报告内容使用圆滑的处理手段等,却都不是图灵看重的。这不光是因为图灵缺少这些本领,还因为图灵到现在仍然无法理解,人们之间的交流,除了客观事实之外,为什么还需要这些乱七八糟的东西。有一次,图灵在办公室里公然对沃默斯利粗鲁地吼道:"你到底想要干什么?!"如果沃默斯利指责图灵什么,图灵就转过身背对着他。反过来,每当沃默斯利带人参观克洛默楼的时候,总会带着一种非常夸张的敬畏,从很远的地方,指着图灵的办公室说:"啊,那个就是图灵,咱们不要打扰他。"仿佛是在参观稀有动物一样。

不过,沃默斯利虽然无知,但却不妨碍图灵的工作。实际上对图灵来说，那些对计算机有许多想法的权威科学家，才是真正的阻碍，而不是帮助。沃默斯利对任何想法都来者不拒，他还为图灵的项目取了一个比死气沉沉的"ENIAC"和"EDVAC"更好听的名字，叫作"自动计算引擎"——参考了巴贝奇的"引擎"一词——缩写为ACE。图灵后来说，这是沃默斯利对他的唯一帮助。事实上，沃默斯利为了让这个项目能够获得批准，还施展了很多政治技巧，也许这还要归功于他桌上那本《如何赢得朋友并影响别人》。但图灵对此浑然不知，他是最不关心政治的人。

图灵的第一个任务是写一份报告，内容是电子通用机的详细设计及其全部功能。出人意料的是，图灵提交的报告只字未提《可计算数》，反而引用了《关于EDVAC的报告草案》。然而，ACE的设计实际上是自洽的，其根源并不是EDVAC，而是图灵自己的通用机。有一段早期的笔记，清楚地表明了这一点：

> ……在《可计算数》中，我们假设所有的信息都是线性存储的，读取时间直接与存储量成正比，基本上等于读取一项的时间乘以存储的项数。这就是为什么在实际构造时，不能照搬《可计算数》里的设计。

在报告的开头段落，也暗示了这一点，图灵在此处解释了为什么改变机器的功能时不需要改动机器本身，他给出了示例[1]，并写道：

---

[1] 就是375页引用的那一段（计算720什么的）。

这是可以实现的，虽然看起来有点难以置信，我们怎么能指望一台机器能做那么多不同的事情呢？要回答这个问题，我们应该考虑到，这是一台执行指令的机器，我们把一件事分解成基本的指令，指令有标准的格式，使机器能够理解。

在一年后，也就是1947年2月，图灵在一次报告中详细阐述了这个想法，并且指出，ACE确实来源于他自己的思考：

几年前，我在研究数字计算机器的理论可能性和局限性，我考虑了一种机器，有核心的机制和无限的存储容量，也就是带有无限长的纸带，这种机器是通用的。我的一个结论是，"只基于记忆的过程"和"机械的过程"是同义的，而"机械的过程"显然可以由我考虑的这种机器来描述……像ACE这样的机器，就是上述理论模型的一种实现，至少是一种非常接近的模拟。

数字计算机器，包括一组核心控制机制，和一组大容量的存储机制。存储容量不一定要无限大，但肯定要非常大。像无限长的纸带这样的设计，在实际实现中是不可取的，因为这需要浪费大量的时间来反复移动纸带，才能在每个时刻取出需要的信息。一个实际问题，可以很容易地达到300万个存储项，假设它们的排列是随机的，那么每次访问存储器时，就需要移动平均100万次，这是无法忍受的。我们需要一种存储形式，能够在很短的时间内访问到需要的存储项。这个困难，也许常常使古埃及人感到苦恼，因为他们总在沙草纸卷上书写,要检索某个特定的内容是非常耗时的。而我们现在使用的书本,可以快速打开其中的一页。我们可以说,纸带或埃及纸卷这样的存储,是"不可读取的",因为它们需要消耗大量的时间,才能找到一个特定的项目。书本这种形式,就是相对更好的方案,更适合人类阅读。我们甚至可以想象一台以书本作为存储器的机器,虽然这种方案存在很多困难,但至少比一条长纸带要好。为了讨论这个问题,我们不妨假设有一种机器装置,能够模仿人类的眼睛和手,找到正确的书,并翻到正确的那一页。但即便如此,书里的信息仍然是"不可读取的",因为翻书所需的机械运动,仍然要消耗很长时间。翻得太快,会把书撕坏,而且要想快速地移动书本,则要消耗大量的能量。假如我们需要每毫秒将一本 200 克的书移动 10 米,而且其动能没有其他作用的话,那么该机器的能耗大约是 10^{10} 瓦,相当于全国能耗总量的一半。所以,如果我们想构造一台高速的机器,就必须有一种更合理的存储机制,而不是书本。

在这段天马行空之后(这是他的典型风格),图灵又讨论了各种各样更为靠谱的存储方案,并且说道,数字计算机的关键,就是合适的存储设备:

> 我认为,最关键的问题不是如何执行乘法之类的运算,而是如何实现高速的大容量存储。如果机器要足够快才有商业价值,那么高速就是必需的,如果机器的功能不光是基本运算,那么大容量就是必需的。因此,存储能力是更为基础

的需求。

接着,他给"建造一个大脑"做了一个简明的定义:

> 现在,让我们回到无限纸带的理论计算机。不难证明,一台特殊的机器,可以实现所有的功能,也就是说,它可以模拟任何其他机器,这种特殊的机器称为通用机。通用机的原理很简单:我们想让它模拟何种机器,就在它的纸带上写入那种机器的描述数。这个描述数规定了该机器在各种状态下应该做什么。通用机只需一直根据这个描述数,来决定每个时刻应该做什么。因此,机器的功能是集中地体现在纸带上,而不是体现在通用机上。
>
> 如果我们结合通用机和"机械过程与纯记忆过程是同义的"这个事实,我们就可以说,通用机只要能获得恰当的指令供给,就可以执行任何纯记忆过程。像 ACE 这样的数字计算机,也具有一样的特征,实际上,它们都是通用机的现实版。机器具有电子的核心设备和很大的存储体,我们想要处理什么问题,就把相应的程序指令写入 ACE 的存储体,然后它就被"设定"为运行这套程序。

图灵的重点在于,高速大容量的存储,以及尽可能地简化其他硬件。后者体现了他的荒岛心态:用最少的资源来做任何事。这两个重点,都是为了实现机器的通用性,他的想法始终都是这样:任何问题都要依靠指令,而不是依靠硬件来解决。

在他的哲学中,用硬件来实现加法和乘法,是一种浪费,因为它们都可以用指令来实现，而指令只需要更基本的逻辑操作：与、或、非。事实上，巨人机就是这样做的。他的 ACE 计划就是由这些原始的逻辑操作（EDVAC 草案中没有）组成的，不需要加法和乘法部件。但在实际构造中，他确实使用了特定的硬件，来执行算术运算，但他把这些运算分解成很基本的硬件操作，以便可以用更多的指令存储空间为代价，来节省硬件成本。这个概念，对于那个时代的人们来说，是极其难以理解的。在他们眼中，计算机就是用来计算的，而乘法是最基本的功能。但在图灵看来，乘法只是一个技术细节，逻辑控制才是关键的核心，这个核心从存储器中读取指令，并执行它们。

基于同样的考虑，图灵并没有在报告中强调这一点：ACE 将使用二进制。他只是轻描淡写地说到了二进制的优势，即电子开关可以很自然地用"开/关"来表示"1/0"，仅此而已。另外还有一个简洁的阐述：机器的输入和输出将基于常用的十进制，而且两个数制之间的转换过程"不需要任何外在可见的部件"。1947 年，图灵在讲话中又详细地阐述了许多细节，其中最重要的一点就是，该机器的通用性，使得数字可以在其内部编码成任何需要的形式——当然也包括二进制，如果技术上需要的话。收银机不适合二进制，因为对输入和输出进行转换的过程，导致的代价远远大于好处。然而对于通用的 ACE 来说，这种转换过程是不需要的——

> 这个说法听起来有些矛盾，但却是一个很简单的事实，因为该机器可以通过调用指令来执行任何程序。举个例子来说，要在 ACE 上实现前面所说的转换，只需要增加两条延时

线作为存储,这就是ACE的工作方式。当然这里面还有一些工程细节以及一些特殊的电路,需要考虑。我们可以在不改变机器本身的基础上,通过单纯的纸上工作,将相应的指令输入进去。

对于数学家来说,这并不难理解,他们至少在300年前就对二进制很熟悉了。但是那些所谓的工程细节,对其他人来说却是一种折磨,尤其是对工程师来说,二进制与十进制完全不是一回事,他们很难接受这一点。有许多人认为,ACE的二进制本身就是一项奇怪又奇妙的创举。但图灵却把这件事说成一个"小细节",可见他是多么不懂得在别人面前展示自己,哪怕是将要资助、组织、制造他的机器的人。

讲完这些细节之后,他的报告集中于两个确实非常重要的问题:存储和控制。

在存储方面,他列举了他跟唐·贝利研究过的每一种离散存储机制,包括胶片、插线板、转盘、继电器、纸带、打孔卡片、磁带,甚至还有大脑皮质,并且分别进行了评估。有一些明显是不靠谱的,要么太慢,要么太贵。比如说,把所有的数据都存在电子管中,读取时间不超过1毫秒,但其成本却极其高昂。他在1947年的记录中写道:用这种方式,存储一本普通的小说,成本将高达数百万英镑。他必须要在速度和成本上进行平衡。他同意冯·诺依曼的想法,即EDVAC报告指出的,未来有可能研制出一种光电摄像管[1],可以用于以点阵的形式存储数据。图灵认为这基本上是最有希望的方案,因为它兼顾了速度和经济性。然而,在 ACE 报告中,还有一个富有预见性的段落,其中图灵提出了另外一个方案,可以将能耗降至最低:

> 合适的存储系统,似乎并不需要任何新型管,只需要普通的阴极射线管,结合屏幕上的锡纸就可以实现。但这里需要做一些改进,要不断地刷新电荷分布,因为它会衰减……还需要能够在刷新周期中,将扫描束停下来,切到需要处理的点,在那里进行扫描或替换,然后再回到先前离开的点处继续刷新。还需要进行一些设计,以保证刷新过程不会被大量的读写过程中断太久。这些问题都不存在本质上的困难,但是需要一些时间来实现。

因为没有符合这种要求的阴极射线管存储器,所以图灵只好采用水银延时线。图灵对水银延时线并不是很热情,只是因为它们是现成就能用的。从可读取性和延迟的角度来看,水银延时线有明显的劣势。按照图灵的计划,每条延时线要维持一串 1024 个脉冲的序列,这就相当于把通用图灵机的纸带分段,每段 1024 个方格。这将花费平均 512 个单位的访问时间,来读取一个特定的存储项,与埃及沙草纸卷相比,这是很明显的进步。

另外一个重要的问题就是逻辑控制,相当于通用图灵机

---

[1] 美国无线电公司完成了关于光电摄像管的研究,这跟美国电视机产业的发展有关。图灵更喜欢雷达上用的阴极射线管,从技术上来说,前者比后者复杂得多。

的"扫描器"。它的原理很简单，通用机一直按照描述数，也就是纸带上的指令，来决定每个时刻应该做什么。所以"逻辑控制"就是一个带有两项信息的电子硬件，这两项信息是：它现在位于纸带的什么位置，以及它在那里取到了什么指令。按照图灵的设计，一条指令占 32 个方格，或者说 32 个脉冲。指令有两种，一种是使扫描器移到某个方格去读下一条指令，另一种是描述某种操作，比如对某个方格中的数进行加、乘、移位或复制。在第二种情况下，扫描器会自动移到相邻的方格去读取下一条指令。这些操作只涉及读取、写入、清除、改变方格的状态，以及左右移动扫描器，这都与理论中的通用图灵机完全一致。唯一的不同就是引入了特殊的计算部件，使加法和乘法可以在几步内完成，而不是几千步。

当然，在实际机器中，扫描器在读取指令或操作数据时，并不会发生物理上的移动，发生移动的只有内部的电子。ACE 的定位控制，是一个类似于电话号码的机制，它是一个树状的系统，很大程度上是由电路来解决的。还有一个问题，就是要用 32 条特殊的短程延时线组成的"暂存线"来中转脉冲。这与 EDVAC 非常不同，在 EDVAC 的设计中，所有的算术运算都是通过将数据输入或输出"累加器"来完成的。而 ACE 的设计则通过一种巧妙的方式，将算术运算分配在 32 个短程延时线上。

这样做的优点，就是提高了运算速度，而速度比简单更重要。图灵充分利用电子技术，使 ACE 的速度高达每秒 100 万次脉冲[1]。他之所以对速度非常重视，可能是出于他在布莱切利的经

---

[1] 图灵说，现在想做到更快，是不理智的。

历。在那里，速度就是一切，几小时的滞后，可以使所有工作前功尽弃。另外，速度跟通用性也有关系。1942年，第四转盘从天而降，他们必须使炸弹机跑得更快，才能对付它。如果不是后来德国乱发气象信号，他们可能需要一年的时间，才能解决这个问题。通用机的优点，就是能够随时着手，处理新出现的问题，而这也意味着，通用机必须尽可能地快。人们不可能为了解决一个更难的问题，而重新设计一个更快的通用机，所以必须尽量使它一次性地满足所有问题，以便后来的工作仅限于编写指令表。

虽然ACE是基于通用图灵机的，但在一个问题上，它们却是有区别的。这一点乍看起来有点不可思议，那就是ACE不具备条件分支能力，而这正是巴贝奇在100年前提出来的最重要的思想。因为ACE的扫描器只能定位一个"地址"，也就是当前在纸带上的位置，它不能定位多个地址，所以也就不能根据某些条件来决定下一个目标。

然而，这其实只是一个表面上的区别。图灵开拓了一条新的道路，他通过一种不需要定位多个地址的方式，巧妙地实现了条件分支的功能，这样做的代价是需要更多的指令存储空间，但好处是简化了硬件设备。举例来说，假如分支的判定条件是数字D，如果D等于1，则执行指令50，如果D等于0，则执行指令33。那么图灵的想法则是，把指令本身看成一个数，那么D×（指令50）+（1－D）×（指令33）的计算结果，正是需要执行的指令。图灵通过增加程序，而不是硬件，来实现"如果"的功能。他只增加了一个装置，以便实现数据（比如上例中的数字D）与指令的运算。这个想法本身，有着非凡的意义，这使得在机器中运行的程序，可以根据需要发生改变。不过，这还只是开始。

冯·诺依曼也看到了改变指令的可能性，但他是通过一种非常古怪的方法实现的。他的想法是，如果一条指令是"读取地址786中的数"，那么可以很方便地把786加上1，这样它就会变成"读取地址787中的数"。这在处理存储在786，787，788，789等位置的连续指令时，是非常好用的，而这种情况恰恰在大型计算中非常常见。他的想法是，机器可以随时跳到下一个地址，这样可以简化程序。但是，冯·诺依曼只止步于此，他甚至还提出一个方案，以确保这是改变指令的唯一方式，其他方式都被禁止。

而图灵的想法，则完全不同。他在报告中提出了可变指令的特性："这使机器可以自动地构造指令……这是非常有用的。"1945年，他和ENIAC小组都忽然意识到，指令可以存储在机器内部。但这个想法本身，并没有引出更深入的问题，也就是要利用这样一个事实：机器在运行时，指令可以发生改变。这也正是图灵接下来要面对的问题。

这几乎是图灵偶然得到的想法。对美国方面来说，他们之所以能想到内部存储指令，是因为这是快速供应指令的唯一方法。而对于图灵来说，这只不过是很自然地延续了通用图灵机的单一纸带。但是，这两种不同的理由，都没有涉及一种新的可能，也就是指令可以在计算过程中进行改变。美国方面直到1947年，才考虑到这个新特性。同样，通用图灵机在纸上操作时，也不能改变正在执行的描述数，它只能取出、识别和执行存储在纸带上的指令，这样的设计永远不能使指令发生改变。1936年的通用图灵机，只能操作固定存储的指令，这点与巴贝奇机是一样的。（不同的是，图灵机的指令存储、工作空间、输入和输出，都在同一介质上。）根据图灵关于通用性的观点，一个类似巴贝奇机的机器就已经足够了,在运行过程中改变自己的指令,是个多余的特性。这种特性只是能够节省指令,无法带来什么新的功能。不过,正如图灵所说,经济性也是"非常重要"的。

从这种通用性中得出的原理,可以用于一切机械过程,而这些过程并不仅仅局限于算术。存储在延时线上的脉冲"1101",不一定是代表十进制数"13",还有可能代表棋子的一步着法,或者代表一个密码。即使这个机器确实是在进行算术,"1101"也不一定代表"13",它还有可能代表13个单位的误差,或者是浮点数中的13[1],或者别的什么东西,这完全取决于机器操作者的选择。正如图灵一开始的想法,加法或乘法,并不只是让脉冲简单地通过加法器或乘法器,而是要对脉冲进行组织、变换、分解,然后根据它们的意义进行重组。他特别地阐述了浮点形式的算术,并演示了仅仅将两个浮点数相加所需的整个指令表。图灵事先写好了一些指令表,比如 MULTIP,它的作用是使两个浮点数相乘,并对结果进行编码和存储。这张表充分利用了这种机器的强大特性,因为他让机器本身内置了一些必要的指令,并且执行它们。

但是,如果像浮点数乘法这样的简单操作都需要整整一套指令,那么任何实用的程序,都会产生一个很大规模的指令表。因此,图灵设计的指令表并不是线性的,而是具有层次体系的,在这个模式中,像 MULTIP 这样的子表,将会服务于一个主表。图灵给出了一个主表的例子,叫作 CALPOL,它用来计算一个浮点形式的15阶多项式的值。每次需要执行加法或乘法时,它就会调

---

[1] 对于十进制浮点数 2.658×10^{13},通常会用 2658 13 这个序列来表示,计算机则使用与此对应的二进制数。

用子表，这种调用和返回，则是依靠机器本身内置的指令。图灵认为：

> 当我们需要调用子过程时，我们只需要标记一下我们离开主过程的位置，然后切到子表的第一条指令。当子过程完成时，我们找到那个标记，返回到主过程。每一个子过程，都用"RET"指令作为终止。那么如何做标记呢？办法当然有很多。其中一个办法是，将这些标记的队列，存储在一组标准型号的延时线上……包括当前最近的标记。而最近的标记，会同时保持于一条特定的短程延时线上，每次调用或终止子过程时，都会修改这个标记。这个模式稍显复杂，但它的好处是，不需要将需要调用的过程反复写很多遍。调用的过程由一个标准指令表 BURY 来实现，返回则由 UNBURY 来实现。

也许图灵是从银锭的故事想到这种标记方法[1]的，这是个革命性的想法。而冯·诺依曼此时只想到了一系列线性的指令表。

层次表的概念，为程序的动态修改带来了更好的前景。图灵想到，要"维护一组精简的指令表，在需要时再对其进行扩展"，而这个扩展工作可以由机器自动完成，依靠一个叫作 EXPAND 的表。图灵不断地拓展这个想法，在这个过程中，他越来越清楚地看到，ACE可以有能力自动地准备、检查或编排程序。图灵写道：

---

[1] 这种方法专业术语称为"栈"，这个名称很形象，它储存了子过程插入时的地址，以供将来返回。

编写指令表，需要依赖数学家的计算经验，或者说是一种解谜的能力。这会带来极大的工作量，因为每一个程序都需要编写成指令表。这些工作，在建造机器的过程中，就要开始解决，以避免机器交付后，需要再花很长时间才能让它具有实际功能。但是，这种滞后不可能完全避免，否则就需要几十年的时间来建造机器，在一定程度上讲，允许存在一些问题，比消耗这么长的时间更为明智。构建指令表的过程，是非常具有快感的，因为这可以把任何机械化的工作，交给机器来自动执行。

图灵认为编写指令表的过程具有快感，这并不奇怪，因为这是他亲手创造出来的一个世界，完全是由他创造的。艾伦·图灵，他发明了"计算机编程"这种技术[1]。这是对老式计算器的革命性突破，尽管图灵几乎不太了解计算器。计算器集成了加法和乘法的功能，人们把纸带插进去，然后它就按部就班地计算，它是纯粹用来做算术的机器，对它来说，逻辑控制是一个不可能承受的重任。而ACE则与此截然不同，它是一个可以运行"任何程序"的机器，它的核心在于逻辑控制，增加硬件算术器件，只是为了让常用操作更加方便。

在台式计算器上，数字0到9会明确地体现在键盘和显示端，于是操作者会产生一种错觉，认为计算器的内部存在着这些数字。实际上，那里面没有数字，只有轮子和连杆。但是，这种错觉非常强烈，一直保留到大型的继电计算器上，包括艾肯机、斯

---

[1] 不过，德国的楚泽现在也有了一些非常先进的想法。

蒂比兹机，也包括 ENIAC。就连 EDVAC 草案，也给人造成一种感觉：延时线上的脉冲其实就是数字。但是，图灵的概念则完全不同，他的想法更为抽象。在 ACE 上，脉冲可能表示数字，也可能表示指令，这完全取决于使用者的想法。正如图灵所说，机器本身并不需要"理解"它的工作，它只需要"执行"。机器的工作对象并不是数字或指令，而只是脉冲，我们可以把脉冲理解成指令或数字，但机器本身并不知道这些脉冲是什么意思。

图灵要推行这种思想上的解放，是完全有理由的。从他最早接触数理逻辑的时候起，直到现在，他一直把数学当成一种符号游戏，就像国际象棋一样，是由规则来控制的。他从来没有想过那些棋子有什么"意义"，这也正是希尔伯特所提倡的观点，正如哥德尔定理将"数字"和"定理"结合起来，以及《可计算数》用描述数来表示指令表。图灵正是依靠这种数据和指令的混合，把它们同等地视为抽象的符号，从而证明了那个问题。因此，在 ACE 上实践这种思想，是完全在意料之中的。事实上，图灵的战时工作经常涉及指示信号，而这种信号，往往都是蓄意地伪装在数据当中的。所以，这对图灵来说是个非常自然的想法。但同时，图灵也意识到，这对于别人来说，却是一种混乱不堪，甚至无法无天的想法。

这件事同时还涉及 ACE 的"执行性"问题。对于 ACE 来说，它永远无法像人类一样去"做算术"，它只是在"执行算术"。它只是在输入一组人类用来表示"67＋45"的脉冲时，相应地输出一组表示"112"的脉冲，机器内部没有任何数，一切都是脉冲。图灵为浮点数设计了像 MULTIP 这样的子表，可以像一个简单的"相乘"指令一样使用，机器内部会对此进行很多复杂的脉冲操作,但这全都与使用者无关,使用者可以认为,机器就是在直接操作浮点数。如图灵所说:"我们只要知道它能做,不需要知道它怎样做。"如果给机器编程,让它下国际象棋,道理也是一样的:你就当它会下棋一样来使用它。如此说来,这种机器只是在表面上模仿大脑。但如果要较这个真,那倒是要问一问了,谁知道真正的大脑是怎么工作的?图灵认为,无论对于机器,还是对于大脑,外在行为就是标准,而语言的唯一作用,就是实施这种标准。如果机器能够完全模仿大脑的外在表现,那就没有必要关心它的内部是怎么做的,人们应该直接认为,机器就是在做算术,就是在下棋,就是在学习,就是在思考。这些哲学想法,也被图灵写进了报告,这已经完全超越了建造计算机这个目标,所以让其他人感到异常困惑。

虽然图灵的工作重点从建造机器转向了编写程序,但他的ACE的工程目标同样非常清晰。关于延时线的问题,他写道:

> 延时线的性能指标,超额地满足了我们的需求,而且它非常适合量产,每条延时线的估算成本最多不超过20英镑。

图灵还前往海军通信部门,拜访了T.歌德,这个人是专门研究延时线的。图灵的计划是,200条水银延时线,每条容纳1024位数字。像型号、尺寸、成本,选择水银作为介质,这些本来该由雷达工程师来做的事,图灵已经全部自己解决了。根据他的计算,水银只比酒精的水溶液略好一点,所以他还希望用琴酒作为介质,这样成本更低。不过,图灵并不打算亲自来处理这些生产工艺问题,他把这些问题交给了曾经参与巨人机项目的工程师。

弗洛文斯对延时线已经非常熟悉了，他在1945年时参观过埃克特机。

至于逻辑控制和算术电路，图灵这样写道：

> 研究电子管的设计可能需要4个多月，但鉴于电路设计也还需要很多时间，所以这个耗时是可以接受的，但必须要尽快开始做……
>
> 生产用于逻辑控制和算术电路的少量电子管不需要太多时间，保守估计只需要6个月。

在这份报告中，许多电路都已经设计好了，包括算术电路的详细设计。图灵参考（并扩展了）冯·诺依曼的格式和写法，也许还结合了他在战前设计二进制乘法机的许多经验。这项设计还有另外一个特征，也利用了他过去的经验，那就是这台机器在必要的时候，可以通过一个设备来插入特定的电路，以通过硬件方式来执行特定的算术或逻辑运算。这个想法，与图灵"尽量用指令来代替硬件"的原则是矛盾的，但是，如果在执行一些特定任务时，正好有一些效率极高的电路可用，那么这种做法就是很合理的。比如说，炸弹机就是这种情况的一个典型例子，它的工作过程，如果通过继电器和指令表来实现，就会非常慢，但如果直接将谜机电路接入，那就只需要一瞬间。图灵的设计，考虑到了这种捷径，在必要的时候，能提供另一种可能。

图灵的规划不仅是逻辑层面的电路图，还有很多页谈到了需要的具体电子元件，有些是借鉴了黛丽拉的设计。图灵在这方面其实具备大量的专业知识，只是一般人都不知道。

延迟部件。延迟部件最基本的部分是一个网络结构，用于处理阻抗。该结构对于输入脉冲的反馈，在理想情况下，应表现为如图 50[1] 所示的效果，即初始脉冲在 1 微秒处取得峰值，在 2 微秒处取得零点，并在之后的每个 1 微秒的整数倍处取得零点。

具备这种效果的简单电路，如图 51A 所示……它与理想情形的差距在于，过早地取得了峰值。如果使用更小的阻尼，即可有所改善，但代价是在 2 微秒处无法取得很好的零点。

他还从整体上考虑了这个项目的实践需要：

我很难给出关于具体建造的建议，因为整个方案很可能还要再扩展，加入更多的特性，目前无法在这里详述。几年内，如果这种机器确实能够表现出应用价值，我们必然还会进行进一步的扩展，引入其他设备，或引入更新的想法。此外，该机器的实际建造规模，还要受制于我们能够拥有的部署空间。

图灵结合布莱切利的经验，建议使用 1400 平方英尺的空间来部署该机器及其辅助设备，预计配置 200 条延时线，预算成本共计 11200 英镑。实际建造时肯定会有一些变化，但他的计划已经为此留出了余地。这项大工程，现在正式准备启动了。

---

[1] 这张图非常类似于 354 页的波形图。

1947年2月，图灵在报告中详述了这台机器将如何"证明自己的价值"，他描绘了一幅机器运行的场景：

> 我们来看看这台机器如何解决客户提出的问题。首先是任务准备阶段，此时要检查所解问题是否相容，是否具有合适的形式，然后为其设计一个大概的计算过程。

图灵给出了一个具体问题作为例子，即贝塞尔函数的差分方程的数值解（这是数学和工程中非常典型的问题）。接下来他假设贝塞尔函数的指令表已经"在架子上"准备好了，求解差分方程的一般过程也准备好了，然后：

> 计算任务所需的指令，有一些是"架子上"的标准指令，还有一些是为了该问题而编写的专用指令。标准指令卡片是现成的，专用指令卡片则需要专门打孔制作。将这些都准备好并检查过之后，我们把这些卡片输入机器，这只需要一个简单的霍勒瑞斯卡片进给装置。将这些卡片放在进给槽里，按一个键，就可以将其输入机器。请注意，刚开始机器中是没有任何指令的，并不具备一些正常状态下的功能。因此，我们设计使用最先输入的卡片来解决这件事。这些卡片称为"初始化卡片"，它们的内容总是固定不变的，与后面的计算任务无关。将它们输入机器之后，机器会执行一些基础指令，对其自身进行初始化设定，然后准备读取我们为特定任务而制作的指令卡片。这个步骤完成之后，下一个阶段就会有各种不同的可能了，这取决于我们为具体任务而编写的特

定程序。我们可以使机器直接执行该任务，将计算结果打孔或打印出来，然后自动停机。但更有可能的是，我们会让机器在加载指令表之后先暂停一下，这样我们就可以检查存储内容是否正确，或者查看一些中间变量的值，这无疑是一个非常合理的中断时机。我们可能还需要一些其他的中断，比如我们可能对 a 参数的特定数值感兴趣，那就可以在每个不同的参数值之后暂停一下，还可以输入另一张卡片来改变参数值，这样就会很方便。也可能有人更喜欢事先把这些卡片全都放在进给槽里，让 ACE 在需要的时候自动输入，这些都没有问题，完全取决于个人需要。

图灵的这些想法很实际，也非常具有预见性，他预见了操作员与机器之间的灵活交互。当他使用巨人机的时候，他就已经看到了这样的未来。在报告的另一页，他谈到了远程终端的可能性：

> 一台 ACE 能够完成约 10000 个人工计算者的工作量，因此将会有大量的手工计算工作被它取代。人工计算者也许还能做些小规模的计算工作，比如替换算式中的数值，但即便是这样的工作，他们也要花上好几天时间才能完成。因此，小规模计算工作，最好也交给电子计算机。这并不需要每个从事这类工作的人都拥有一台电子计算机，通常情况下，他们可以通过电话线路来操纵一台远程计算机。这只需要开发一些特殊的输入输出终端，其成本最多也就几百英镑。

同时，图灵还考虑了对计算机编程人员的需求：

> 这些计算机器，将主要用于解决一些规模过大、手工计算无法完成的问题。为了将这些问题输入机器，我们需要大量的数学人员，由他们来对问题进行一些基本的处理，将其转换成可以由机器进行计算的形式。

实际上，图灵预见了一整套新型产业和就业领域：

> 该领域具有巨大的发展潜力，我们要解决的问题之一，就是要维持一些恰当的原则，以避免在前进的道路上迷失。我们需要一种高效的、图书馆式的管理规范和标准，以形成井然有序的发展过程。

实际上，图灵在20年之前，就已经从布莱切利的经验中，看到了这幅美好的计算机图景。当时，他们雇用了10000名操作人员和编程人员，拥有电话通信和远程终端，并保证了充分的"图书馆式"管理，这些都结合在一起，作为一个庞大的系统，井井有条地运转着。但是，图灵从来都没有直接提起过这些，也没有任何其他人，提起过这从未存在过的一切，以至于图灵的研究和分析，每每好似凭空而降。

这份ACE报告，首次展示了通用计算机的用途。ACE可以用来解决人类能够解决的问题，它只需要按照特定的规则，而不需要"理解"这些问题。人们只需要把问题用"普通的人类语言"传达给操作员，然后由操作员将其转换成"不超过50页纸"

的机器指令。机器计算所需的时间，只有人类计算者的十分之一。

这意味着ACE可以取代英国在战争中耗费的所有日常脑力劳动力。图灵首先给出了一个在政治上对他很有利的例子：在所有可能的应用中，排在首位的是构造射程表，ENIAC正是为此而设计的。接下来，他又举了四个更具实际价值的例子，如果用台式计算器来解决这些，就需要花费几个月甚至几年的时间。这四个例子，都是非数值问题，这体现了图灵对于计算机的本质有着更为广泛的理解，而且也更加符合他自身的经历。

第一个例子，是一种用来描述电子问题的特殊语言：

> 给计算机输入一组复杂电路及其组件特性，计算机就可以计算出对于给定信号的反馈结果。为此目的，可以容易地设计一套用来描述组件的标准编码和一套用来描述连接关系的编码。

这意味着他在汉斯洛普花了好几个星期的电路问题将可以由机器来自动解决。第二个例子更实际地反映了现实世界的工作：

> 根据军队提供的记录卡片，自动地统计1946年6月的退伍人数。

图灵写道："该机器完全可以进行这类工作，但它对此并不十分在行，因为整体速度会受到卡片读取速度的限制，所以无法体现该机器的高速性和其他一些有价值的特性。这类工作还是应该

由霍勒瑞斯的标准设备来完成。"第三个例子是这样的：[1]

> 如果将哈尔马板分割成小块，每块由一定数量的方格组成，如何将其重新拼合起来，这就构成了一个拼图问题。该机器可以自动地找到一个解，如果小块的数量不是无穷大，该机器还可以列举出所有的解。

图灵写道，这个问题本身并没有多大意义，但它却是一大类可以用该机器来解决的非数值问题的代表。在这类问题中，有些具有极其重要的军事意义，有些则对于数学家们具有极大的吸引力。最后一个例子，是图灵自己最感兴趣的，虽然他并不指望政府对此能有什么积极性：

> 给定一个棋局，机器可以计算出某一方在三步之内的优势着法。这与前面的例子不同，这把问题提升到了一个新的高度：机器会下棋吗？我们可能会轻易地认为它会下得很糟糕，因为下棋需要智能，而我们先入地假设了机器完全不具有智能。但是我必须要指出，如果我们愿意承受机器犯错的风险，那么就有办法使它表现出智能，也就是说我们有可能使机器下一盘好棋。

与其说这是一份报告，不如说这是一份作战计划，各种战略和战术在这些纸上、也在图灵的脑海中反复冲撞。"电子大脑"的

---

[1] 图论大师 W. T. 图特曾经研究过这个问题。

愿景，就像太空旅行一样美好，这份报告首先描绘了火星开发的好处，转而又开始讲解如何设计燃料泵。但遗憾的是，前面天真烂漫的讲述方式，无法打动那些权威，然而后面精密的细节设计，却又远远地超出了他们的理解能力。没有人打算看完那些程序示例和电路图，也没有人能够理解"完全不具有智能"的机器到底如何"表现出智能"。就连哈特里也觉得，这些东西实在太复杂了。

ACE报告于1945年底全部完成，这标志着一股惊人的力量就要爆发了。历史将由沃默斯利来续写，他向达尔文递交了一份备忘录，并向1946年12月19日的执行委员会会议递交了一份引言报告。沃默斯利敏锐地嗅到了通用机器将会带来的新机遇，他不顾图灵反复强调的局限性，大胆地声称这将是"科学与工业研究部[1]有史以来最有价值的投资……这种设备所带来的可能性太丰富了，以至于我很难举出一个不需要该设备的例子"。光学、流体动力学和空气动力学将产生革命性的进展，塑料工业也会以一种"目前的计算能力不可能做到"的方式实现飞跃。除了图灵提到的射程表问题之外，还有一个问题是数学部门预计要花三年才能解决的，即沃默斯利所说的"该机器将会成功地解决非均匀物质中的热量流动问题"。沃默斯利同时还说："外交部的爱德华·特拉维斯上校[2]所承诺的支持，将会获得不可估量的回报。"

在理论方面，沃默斯利强调："这种设备并不是字面意义上的计算机，它的功能并不仅限于算术，它还可以轻松地处理代数问

---

[1] 国家物理实验室是由该部门资助的。
[2] 特拉维斯现在已经获得了骑士爵位。

题……"在政治方面，沃默斯利着重强调，ACE将会胜过美国在这方面已经取得的成就。更巧妙的是，沃默斯利还指出了在国家物理实验室部署这种设备的优势：

> ……我们这个国家，尤其是我们这个部门，在该领域的发展进程中，做出了独立的贡献。我可以肯定地讲，在使用这种设备方面，我们比美国人拥有更多的资源和经验……美国人的机器全都放在电子工程部门。如果把这种设备部署在我们部门，那就是把它交给了真正的使用者，而不是制造者……

关于具体实施问题的讨论，一直被推迟到3月19日的执行委员会会议上。这次图灵应邀参加了会议，在被沃默斯利介绍成令人生畏的"数理逻辑领域顶级专家"之后，他尽量简单地介绍了ACE。这是一段非常清楚的表达，他在开头说道：

> 总而言之，如果想提高计算速度，就必须实现自动化操作。对于算术运算而言，光有电子速度是不够的，还要对数据进行移动和传输，于是就有了两个更进一步的需求：要"存储"或者说"记忆"那些暂时不用的数据，还要有一套方法来保证机器能按照正确的顺序执行正确的操作。这就引入了四个课题，其中两个是工程课题，还有两个是数学课题。
>
> 课题1（工程）研究适合该设备的存储系统。
>
> 课题2（工程）研究高速的电子开关组件。
>
> 课题3（数学）基于上述的存储系统和开关组件，设计

ACE 的电路。

　　课题 4（数学）将 ACE 所要解决的问题，分解成 ACE 能够执行的基本操作……构造指令表，也就是将问题转化成机器能够理解的形式。

　　我们就按照这个顺序来考虑这四个课题。图灵博士认为，存储系统必须兼顾经济性和可访问性。电传打字机的磁带系统，就是一个高度经济但却不具有可访问性的例子，其成本大约是每花费 1 英镑可以存储 10000000 个二进制位，但要想访问其中的某一位，却需要花费好几分钟。相反，真空管触发电路则是一个高度可访问，但却不具有经济性的例子，它可以在一微秒内访问到任何需要的数值，但其成本却高达每英镑仅能存储一两位。我们需要在这两者之间找到平衡，因此"延时线"是一个比较合适的方案，它存储 1000 个二进制位所需的成本只有几英镑，而且可以在一毫秒内访问到任何需要的信息。

接下来，图灵开始激情洋溢地给委员们讲解延时线的原理，结果这使他的形象迅速地变得过于专业，以至于还没讲到"指令表"就直接被打断了。然后达尔文提出质疑：

　　　　主任提问，如果用该机器来求解多根方程会怎么样，图灵博士的回答表明，这需要操作者事先考虑到所有可能出现的情况，因此，指令表的编写工作会显得无比繁琐。

这时，哈特里通过一组数据，将问题引至爱国主义，挽救了这个项目：

> ……ENIAC 使用了 18000 个真空管，而 ACE 只需要 2000 个，ENIAC 只能存储 20 个数，而 ACE 却可以存储 6000 个。如果我们再不发展 ACE，这个领域就会被美国人垄断……在计算设备的应用方面，我们已经表现出了比美国人更强的灵活性。他坚持认为，相比于差分机项目，ACE 应该拥有绝对的优先权。

哈特里不但富有远见，而且怀有宽广的胸襟，他本人已经在差分机项目上，耗费了多年的时间和精力。而他的这番公正而大度的讲话，使数字方法很顺利地赢了模拟方法。哈特里见过即将完工的 ENIAC，可能还在战后见过巨人机。他是一位非常善于合作、非常乐于助人的人。

达尔文仍然没有信服，他接着提问：

> 主任提问，假如这种机器，没有完全达到图灵博士的要求，那么它是否还有相应的用处？图灵博士回答，这基本上取决于该机器的具体哪个部分没有达到要求，一般来讲，仍然会有很多用处。

然后，沃默斯利引入了一个新概念，这在图灵的报告中完全没有提到——原型机。

接下来的讨论，是关于该机器的成本预算。沃默斯利先生指出，建造一套 ACE 的原型机，可能需要大约 10000 英镑。一项共识是，现阶段还无法准确估计完整的 ACE 所需的成本。

图灵在报告中所做的预算，没有得到太多的关注，沃默斯利认为，这个数字很可能会膨胀到 4 倍或 5 倍。实际上，他们可能是因为图灵插手行政事务而感到不满，他写了这些关于经费的问题，就好像他自己能做主似的。这时，会议桌上开始传递一封推荐信，这封信来自军需部，他们掌握着所有的军方合同[1]。接下来：

  委员会一致决议，大力支持数学部承担该项目，开发图灵博士提出的自动计算引擎，主任同意与上级部门共同协商经费及其他方面的事宜。

图灵对于这次委员会议抱有强烈的愤怒和不满，因为他们所做的决定，并不是出于与他的学术思想的共鸣，而是出于政治和统治的需要，图灵对此感到十分厌恶。在他提交的报告中，不得不有一大部分内容是扯淡，说一些没意义的话，只是为了取悦那些"矮胖子"。不过，达尔文的动作很迅速。早在 2 月 22 日，他就写了一封信给邮政实验室，他在信中说："这是全新的电子数学机器，迄今为止，全世界任何一台机器都不能与它媲美。"

  这种机器的原理，很大程度上是由贵部的人员在战时的一个外交部特别项目中提出的，我们希望能够发挥这一优

---

[1] 他们需要 ACE 以辅助进行"炮弹、炸弹、火箭和导弹"方面的工作。3 月 20 日，国家物理实验室的秘书长 E. S. 希斯考克向军需部保证"我们当然愿意为贵部提供所需的各类服务……"

势,以下是我们需要的帮助……特别是弗洛文斯先生,他在电子领域具有丰富的经验。

达尔文首先从邮政实验室得到了令人鼓舞的回应,并于4月17日被获准就具体的行动计划,向科学与工业研究部咨询委员会做一个报告,他在报告中阐述了基本的想法:

……该新型机器的思想起源,很有可能是图灵博士多年以前的一篇论文,当时他表明,只要将特定的规则赋予机器,机器就可以自动地解决很大范围内的数学问题。图灵博士目前正在国家物理实验室工作,他负责这个项目的理论部分,以及实际设计中的许多具体细节。

他列举了三个大规模计算的例子,然后又解释:

若建造一台完整的这种机器,显然需要花费巨额成本,目前估计会超过 50000 英镑,也可能是这个的两倍。因此,我们可以先建造一个具备基本功能的原型机,这样就只需要大约 10000 英镑,就能实现其主要功能,并能获得一些具体的设计细节,这是必须通过实验才能得到的。这个原型项目,涉及邮政实验室的延时线与触发电路,那里拥有所需的设备和受过良好训练的人员,包括图灵博士的助手和同事……

这个原型机,是完整机器的一个小型替代品,将来会作为完整机器的一个组成部分。我们希望能在三年之内建造出完整机器……该项目计划立刻开工，并在设计与建造原型机的过程中拥有高度的优先权，如果它能实现预期效果，后期的完整机器将会得到更强力更全面的支持。考虑到这种机器的高速性，以及它能容易地从一种问题切换到另一种问题，很可能只要有一台这样的机器，就能有效地解决我们国家需要计算的全部问题……

在这一财年，达尔文申请为原型机项目拨款 10000 英镑。1946 年 5 月 8 日，科学与工业研究部同意支持这项申请，并同意如果原型机达到了预期目标，他们会考虑将完整机器的经费提高到 100000 英镑。8 月 15 日，财政部批准了 10000 英镑拨款。同时在 7 月 18 日，国家物理实验室致信邮政实验室，请求关于延时线的技术成果。ACE 项目正式启动了。它现在就像政府五年计划一样正规，而不再是临时营房中的临时项目了，但有一点是不变的，它们都是承诺了一种机器，能够解决整个国家面临的所有问题。整个战时项目和语音通信项目的所有遗产，现在都被用到了新机器的建造中。

图灵在递交了那份报告之后，一直在埋头改进设计，以及编写指令表。现在他得到了一些协助，达尔文为这个项目分配了两位科学家。第一位是 J. H. 威尔金森，他于 1939 年完成了剑桥纯数学第三部分课程，目前已经在爆破数值分析领域工作了 6 年。查尔斯·古德温找到他，并请他到国家物理实验室做一些数值分析工作，但是当他来到这里时，听图灵讲解了 ACE 项目，一下子就被吸引住了。最后正是因为这个项目，才使他决定留下来，而没有回到剑桥。经过协商，双方同意他可以花一半时间为古德温工作，另一半时间研究 ACE 项目。这其实是一种非常难以协调的工作方式，但威尔金森是个冷静而能干的人。1946年5月1日，他正式加入了。图灵的第二位助手来得稍晚一些，他是年轻的麦克·伍格。他也是立刻就被图灵的通用机器吸引了，但不幸的是，当他在6月接受培训后不久就得了重病，直到9月才重新回来。同时就在这个6月，图灵被授予了正式勋衔，因为他在战争中为国家所做出的贡献，他被授予大英帝国勋章，这是该级别文职人员的统一勋衔。勋章与贺信一起，寄到了图灵的办公室，这令图灵非常生气，或许是他不愿意因此引起同事们的注意，也或许是他很反感这种形式化的奖励。国王病了，所以铭着"为了上帝和帝国"的勋章只能这样寄过来。图灵对它毫无兴趣，随手把它扔进了工具箱。

当威尔金森在5月加入时，ACE 的设计工作已经进行到第五个版本了，主要的改进是添加了一个新的硬件部件，以便实现条件转移。这个版本很快就被过渡性的第六个版本取代，随后又有了第七个版本。在这个阶段，相比于报告中提到的内容，图灵把更多的精力转到研究添加硬件部件以提高机器的速度。在第七个版本中，图灵引入了足够的硬件部件，使得只需一条指令就能完成整个算术操作，从存储器中读取两个数，把它们相加，然后把结果重新存储起来。同样是为了速度，图灵还要求，在执行一条指令的同时，就要读取下一条指令，这一点非常重要。因为不同指令的执行时间各不相同，所以这使指令表的结构变得非常复杂，而且每一条指令都需要告诉读写头，下一条指令在哪里。他放弃了自然的连续顺序，取而代之的是许多偶然的中断。另外，这还导致每条指令的长度从32个脉冲增加到40个脉冲，所以还需要更多的硬件设备。在第七个版本中，每次运算需要40微秒，但还要再花40微秒把下一条指令载入控制电路。为了进一步提高速度，图灵希望将一部分硬件设备变成双份，使得一条指令执行时，下一条指令可以同时载入，这样就能节省一倍的时间。

这些正如他最初在报告中提到的，随着编程经验的增加，他需要改变某些方面的硬件设计，以及为了更高的速度，他需要牺牲一定的简洁性。还有一点，不能过早地进行实际的硬件装配，因为现在要做一台真正的机器，这跟理论设计完全是两码事。

然而，这些方面的实际发展却是举步维艰。ACE项目现在面临着一个致命的障碍，那就是虽然国家物理实验室有个无线电部门，但是那里却没有一个工程师，能够独立地把图灵的想法变成现实。早在1944年12月，沃默斯利就向执行委员会提议，新型机器计划必须依靠各部门与工业界的共同合作，可能需要对外签订一些外包合同。但是这种合作并没得到真正的落实。达尔文与英国电力公司有联系，他们有能力生产商业水平的机器，那里的负责人乔治·尼尔森也参加了3月的那场会议，但现在还不清楚眼下的开发工作该由谁来负责。然而图灵在当初的报告中，却满怀自信地声称，完全能在6个月内生产出合适的逻辑控制设备，这一点没有任何问题。

还有一个更深层的困难，关于国家物理实验室内部的人员结构。图灵曾经在汉斯洛普庄园，与唐·贝利一起愉快地工作，充分发挥各自不同的技能，将它们很好地结合起来。从这个角度来说，黛丽拉项目是ACE项目的一次彩排，图灵希望现在仍然可以那样工作，只不过是项目的规模增大了。图灵曾经委婉地暗示，应该把唐·贝利调到国家物理实验室。

但是，国家物理实验室却不鼓励这种特殊的非正式合作，这里的人事部门，在脑力劳动和工程实践之间划出了非常清楚的界线。图灵毫无疑问地被视为纯理论设计者，完全不需要他插手什么工程方面的事情。这种官僚式的僵化作风，还体现在使用设备时必须填表申请批准。同时，更糟糕的是，战后的混乱局面（比如发达的战备物资黑市），使闲着的工程师都跑出去找机会发大财了。由于这些原因，眼下找不到合适的人来制造 ACE 的电路，甚至找不到合适的设备以供图灵自己动手。

此外，ACE 项目还面临着一个更加全局性的困难，类似于 1940 年的谜机项目所处的境况。图灵把领先世界几十年的思想，倾注在了一个迂腐落后的组织中。1940 年，密码专家们天真地希望，政府能够充分重视并利用破译的情报，把它们的价值发挥出来，因为这些是他们背负战争的重压，呕心沥血花了两年时间才得到的成果。如今 ACE 的先进设计，同样需要观念上的转变，但是因为没有先例，所以他们不知道该怎么办。在国家物理实验室，从未有过这种跃变式的创新，ACE 项目暴露了这个组织的保守和消极。同样，正如在 1941 年一样，图灵对于这种组织惰性，完全没有耐心去了解或适应。

当年的布莱切利拥有绝对的优先权，其他组织为之做出了大量的自我牺牲，然而到了 1946 年，这些都变成了不可能。所以在邮政实验室，尽管巨人机工程师们的技术实力完全可以胜任，但那里的负责人拉德雷，对于为国家物理实验室开发延时线这件事情，却根本没有一点积极性。邮政实验室在战争期间积压了许多工作，而且现在没有更高的优先权，也没有国家性的政策，能够支配这些机构的工作安排。1946 年 4 月 3 日，图灵和沃默斯利正式拜访了邮政实验室，继而他们的项目得以开工了，但却是以一种断断续续的方式，朝着一个不确定的方向，而且有着无法估计的时间延误。

图灵在他的报告中提及，阴极射线管可以用作一种完全不同的新型存储器，可能是在这个启发下，沃默斯利在1946年5月8日给电子通信研究所写信，探讨该设备在雷达上的应用情况，并表明这可能会是"一种更好的选择，来替代我们目前准备在ACE上使用的水银延时线……"此举并非徒劳，8月3日，达尔文给科学与工业研究部的爱德华·艾普莱顿写了一封信：

……我之前说过，沃默斯利给电子通信研究所写信，询问是否能够给予ACE项目一些帮助。他告诉我这是一个非常有前途的机会，我认为我们应该重视。他们的项目看起来非常好，我认为该工作对F. C. 威廉姆斯很有吸引力，这是他喜欢的工作也是一个很好的机会。我很自责我在之前几个月没有认真考虑这个可能性。

接下来沃默斯利还分析了我们与邮政实验室的关系，他们始终在帮助我们，做得非常不错，但他们却并不想在此消耗太多精力。在必要的时候，我准备行使最高优先权，为了使我们能够走在美国前面，我们不能错过这个不可多得的好机会。

F. C.威廉姆斯是电子通信研究所的顶尖电子专家之一，他对这项工作的热情，并不是因为喜欢计算机（其实他不喜欢），而是因为他需要在和平时期，为战时的雷达技术找到一个新的应用领域。对于寻找这样的机会，他有他自己的想法，而且对他来说还有另外一个机会，这与达尔文的优先权无关，这个机会来自曼彻斯特。

纽曼离开布莱切利之后，成为曼彻斯特大学纯数学系的教授，他还带去了杰克·古德和大卫·李，他们都当上了年轻的讲师。（李也是在1939年修完第三部分课程，并于当年12月加入威尔奇曼的营房，后来又跟随了纽曼。）纽曼和物理学教授布莱克特一起，组建了一个强大的团队，这个团队认为，电子计算机不应该被达尔文独家垄断。作为《可计算数》的第一个读者以及巨人机项目的参与者，纽曼也非常清楚计算机的潜力。也许他缺少图灵"建造大脑"这样的精神动力，以及自己动手组装硬件的实践能力，但是他在交际能力方面，要比图灵厉害得多。

1946年2月8日，纽曼写信给冯·诺依曼：

> 我希望能在这里开展计算机器方面的研究，近两三年来我对这类电子设备产生了浓厚的兴趣。大约18个月前，我就决定要着手建造一种机器，我之所以来到曼彻斯特，原因之一就是因为这里在该领域有很多先进的设备。在这之前，我从不知道美国方面和国家物理实验室的任何计划，后来我从哈特里和弗洛文斯那里，得知了各式各样的美国机器，包括已完成的和正在研究的。
>
> 国家物理实验室的项目启动之后，很难说是否还需要另一个组织来进行该领域的研究。但是我认为，仍然需要进行一些纯理论的、无须考虑生产问题的基础性研究……

纽曼的想法是：

> 我们可以尝试用机器来解决一些完全不同的问题，比如四色定理，以及各类关于格和群的问题……

他还说道：

> 总之，我已经向皇家学会提交了一份启动资金的申请。当然，我还与图灵保持着密切的联系。当我与图灵讨论并听取了哈特里和弗洛文斯的想法之后，我认为如果我们从数学问题入手，从上述意义来说，我们需要使用一些存储设备，当然我还向皇家学会申请了一些其他的支持。

纽曼申请的资助，足够维持五年的电子计算机研究。皇家学会为此专门成立了一个委员会，来考察这项申请。该委员会由布莱克特、达尔文、哈特里和另外两位纯数学家组成，这两位分别是来自剑桥的霍奇和来自牛津的怀特海。达尔文坚决反对ACE是为政治需要而服务的。另外沃默斯利曾经对他表示，他担心纽曼会从ACE项目组挖走弗洛文斯。但是达尔文最终被多数票击败了，因为大多数人都同意，纽曼的计划是一种"不同的机器"。5月29日，财政部给纽曼拨款35000英镑。因为纽曼要研究的是基础科学，所以他的提议属于皇家学会的势力范围，没有与科学工业研究部产生什么冲突。这件事意味着，在计算机的发展过程中，数学的纯粹性就要重新登上舞台了。

碰巧的是，布莱克特在战争之前就认识威廉姆斯，当时他们一起为了差分机,合作研究自动曲线仪。因此,纽曼和达尔文为了"超越美国",都想向威廉姆斯寻求帮助。达尔文独揽国家计算机部署权的打算,已经被悄无声息地破坏掉了,而威廉姆斯则在这两位之间犹豫着。谁来制造 ACE,这个问题现在仍然悬而未决。

在初期的竞争中,还有一件事,使局面变得更为复杂,那就是在 1946 年,英国的第三个电子计算机工程启动了,这是威尔克斯的智力杰作。1945 年战争结束时,威尔克斯放下电子通信研究所的工作,回到剑桥的数学实验室,担任这个项目的负责人。他马上与沃默斯利方面取得了联系,但是直到 1946 年春天,ENIAC 和 EDVAC 的计划还都是机密,所以只有哈特里给他讲了一些 1945 年的见闻,并为他安排了 1946 年到宾夕法尼亚参加 ENIAC 团队主办的一系列讲座。

莫尔学院的这一系列讲座,和冯·诺依曼团队发表的报告,对后来的计算机发展产生了巨大的影响。首先,这为 EDVAC 争取到了第一笔联邦资金。美国海军 CSAW 项目的代表詹姆斯·彭德格拉斯汇报了通用计算机的优点,并反对为特定目的制造特定的设备,"这通常是既昂贵又耗时"(特拉维斯早在一年前就提出了这样的结论)。另一方面,这极大地鼓励了威尔克斯,使他满怀信心地准备发挥自己在战争期间的电子经验,来建造一台英国版的 EDVAC。

美国的发展并没有给图灵带来影响,反而是美国受到了图灵的影响。在理论方面,他们是彼此独立的。国家物理实验室与美国之间,有一些间接的合同。哈特里在 1946 年夏天参观了 ENIAC,并且获准亲自操作,他带去了一份 ACE 报告,以及 ACE

第三版本的设计。但是这种基于编程的思想,并没有给美国人留下什么深刻的印象。

一位美国数学家,诺伯特·维纳,作为计算机理论研究者,加入了冯·诺依曼的团队。他在战争中,也从纯理论研究转向了机械,在自动防空系统方面产生了巨大的影响。因此冯·诺依曼与维纳在 EDVAC 项目中保持着联系,但大多数的讨论都是关于条件转移设备的,他们没有讨论程序的层次,也没有涉及计算机的重构和改变自身指令。他们都对麦卡洛克和皮茨的思想印象深刻,这些思想体现了电子真空管与人类神经系统之间的相似之处。1946 年 11 月 29 日,冯·诺依曼在写给维纳的信中提到:"麦卡洛克和皮茨的大胆尝试,与图灵博士的非神经观点同样重要。"

在其他方面,他们也有着一些有限的交流。在国家物理实验室,图灵使用《关于 EDVAC 的报告草案》中的符号标记来描述逻辑网络。大卫·李代表曼彻斯特,参加了莫尔学院的讲座,并将其汇报给图灵和威尔金森。但是,美国的项目没有对 ACE 项目产生多大的影响,美国将存储介质寄希望于光电摄像管,而图灵则非常怀疑该方法的前景。他并没有把美国项目当成竞争对手,那仅仅是另外一个项目,而 ACE 则是图灵自己的项目,就像海军谜机和黛丽拉一样。

ACE 团队并未表现出 8 号营房的那种同事情谊,或者说图灵与唐·贝利之间的那种友好关系。麦克·伍格 9 月病假归来后,在他的桌子上看到一张便条,要求他编写 BURY 和 UNBURY 程序。从此,他们就形成了这种老大和跟班的关系。图灵很喜欢这位热心的有点神经质的麦克·伍格,并且尽力地表现出友好,但这却被他唐突的、令人害怕的行为所掩盖了。也许图灵自己没有意识到，像麦克·伍格这样的刚刚参加工作的人，内心都会有一种畏惧感。图灵对缓慢很缺乏耐心，但又不懂得如何正确地提高沟通效率。

威尔金森比麦克·伍格资历更深，年纪也更大，但是他太专注于自己的工作，以至于冷落了图灵。他是一个"可亲，可爱……但有时很颓废"的人，他的情绪变化就像它研究的水银一样起伏明显。大概就在这个时候，图灵获得了期待已久的资深首席科学官职位，他带着威尔金森，还有古德温部门的莱斯理·福克斯，一起去伦敦的一家餐厅吃庆功宴。在火车上，他们为一个数学问题争论得面红耳赤，而当抵达滑铁卢时，天空中乌云散去，他们的心情也顿时轻快起来。

这场争论，是关于图灵涉足的一个古德温部门的数值分析问题。1943年，统计学家 H.霍特林分析了求解联立方程组的过程（或者可以粗略地看成求解矩阵的逆），他表明随着等式的消除，误差会迅速增长。如果这个结论成立，那它将会影响 ACE 的实际效用。古德温的部门正在直接研究这个问题，他们在1946年通过解一个空气动力学的十八元方程组，试图推翻该结论，图灵也用台式计算器参与了这项工作（值得注意的是，他本来最不擅长这类工作）。出乎他们意料的是，他们发现结果的误差小到完全可以忽略。图灵写了一篇文章来证明为什么会是这样。这是典型的图灵作风，他一定要反复推敲，并且亲自证明一切，正如他在布莱切利搞出来的概率理论。

当然，他的概率工作并没有沉睡在历史中。图灵交给麦克·伍格一些概率问题，包括一个关于"炸药桶"的问题。同时，当年的战时工作，还为现在促成了一些专业上的沟通：杰克·古德和纽曼拜访了国家物理实验室。纽曼自然对他的曼彻斯特计算机项目感兴趣，杰克则推翻了图灵的论断，图灵认为没有人能够写出毫无错误的指令表。杰克·古德写了一本书，叫《概率论与证据权重》，充分地总结了他们在布莱切利提出的理论，尽管没有提出什么新的应用。"序列分析"方法刚一出现，就被统计学家 A.瓦德在美国发表了，他为了检验工业零件而独立地提出了这个方法。与此相反，图灵没有为他在布莱切利的工作发表任何东西，他战时的实践经验和战前的机器理论全都随风而去，只在他脑中留下了一些思考。

  虽然图灵没有在国家物理实验室得到新的友谊，但他还保持着战争期间的那些友谊。他的朋友唐纳德·米奇现在从牛津毕业了。1946年10月，图灵在给杰克·古德的信中提到："唐纳德答应帮助我，而且我有了寻找银锭的必要工具。"（大卫·晨佩侬这时看到，他当年存在银行里的钢锭，现在带来了非常优厚的利润。）图灵想让唐纳德·米奇帮助他寻找银锭，他给了米奇两个选择，其一是把找到的银锭分给他三分之一，其二是每次寻找付给他5英镑工资。这是图灵概率论的一个很好的例子，悬殊的差额会让人忍不住赌一把。但是作为一个理智的人，米奇选择了后者。图灵此生第一次真正的寻宝，最后以失败告终了，他们来到绅利附近埋藏第一块银锭的树林里，但图灵发现，路标已经在1940年被更换了，所以他没法确定参照物。那个"必要工具"的底端，是图灵亲自设计并制造的一个金属探测器。在第二次挖宝时，它成功地在树林里探测到了很多金属，但都不是银锭。第二块银锭，图灵知道埋在哪，但是当他站在湍流的河水中时，他意识到这块银锭永远都找不到了。

对于这种失败,图灵会很轻松地一笑置之。这不是他唯一一次回到白金汉郡,他还花了一个周末(大概是在1946年12月),与唐·贝利讨论D.盖伯关于通信的新理论。在这次会面中,图灵刮胡子不小心刮了个口子,于是就眩晕了。之前他曾经告诉过唐·贝利,他对血有这种反应,但这是唐第一次亲眼看到。还有一次,大约是1945年11月,唐·贝利、罗宾·甘迪和"大个儿"李相约去参加一个电子工程师协会举办的战时无线电讲座,然后他们去牡蛎餐厅准备在那吃饭。图灵从特丁顿骑单车来到伦敦,然后把单车停在餐厅外面,结果当时就被偷了。

对图灵来说,骑单车15千米并非常事,因为对于这样的距离,他更愿意选择步行。他刚到特丁顿,就加入了当地的健身俱乐部,并且将跑步发展成了非常专业的业余爱好。图灵是个长跑健将,一口气能跑3000米。在这段时间,他每天都会花两到三个小时进行训练,周六下午还会代表俱乐部参加比赛。1946年10月,他写信给母亲,说道:

> 8月我跑步有了很大的进步。我在国家物理实验室运动会上赢得了1000米和500米的比赛,还有俱乐部的3000米比赛,以及莫茨帕拉公园的3000米障碍赛。那些"明星"们本来想在这次比赛[1]上打破纪录,但他们最终的结果却是肌肉拉伤。我也是运动员,我完成了比赛而且没有拉伤……跑道赛已经结束了,马拉松赛马上就要开始了。

---

[1] 确切日期是8月31日。

我觉得马拉松更适合我，虽然我平时只有晚上才有时间跑那么远。

图灵不断地练习更长距离的跑步，逐渐发展成了马拉松。如果时间允许，他会把工作和长跑结合起来，比如跑上 10000 米，穿过伦敦西区，跑到邮政实验室，去看看延时线的缓慢进展。每隔几个月，他还会一口气跑到 18000 米外的格尔福特，去看望图灵夫人。每个人都对此感到很惊奇，但图灵并不在意。

图灵甚至还把长跑和下棋结合起来了。他时不时会跟大卫·晨佩侬见面，有时是在晨佩侬工作的伦敦，有时候是他位于多尔金的父母家里。他们会一边打乒乓球，一边探讨概率论，他们还发明了一种下棋的方式，一个人走棋时，另一个人要在花园里跑完一定的圈数。跑得越快，对手可用的时间就越少，但如果跑得太快，又会抑制自己的思考，所以要在这两者之间找到平衡。图灵还被《帝国周末新闻》采访，让他谈谈训练技巧，他也许想起了《自然奇迹》中说的，当血液中含有过量的二氧化碳时，如何才能"教导"大脑不要"大吵大闹"。

而对于他的工作来说，困难之一就是，英国的大脑是由很多二氧化碳过量的血液在维持的。战后的英国已经精疲力尽，对于未来几乎打不起精神来了。在汉斯洛普，唐·贝利一直在测试并改进黛丽拉，然后在 1945 年把它送到邮政实验室进行评估，他们惊奇地发现，这个系统几乎没有漏洞。在 1946 年初，他把黛丽拉送到机密政策委员会，这是一个在 1944 年成立的联合组织。在他们的伦敦办公室里，他把黛丽拉组装好，并交给了他们的一名官员，建议军情六处的通信长官甘比尔派利，希望他能增派人手继续进行这项工作。但是甘比尔派利拒绝了，这意味着黛丽拉的故事就这样画上了句号。黛丽拉通过不超过30个电子管，实现了语音加密通信，但现在却将要被永远地遗忘了。这项先驱性的英国技术，成了纯粹的浪费时间[1]。

但是黛丽拉仍是 ACE 计划的前期基础的一部分，是图灵的逻辑思想的精髓所在。 ACE 计划现在已是万事俱备，只欠东风。1946年10月31日，无线电工程师协会主席蒙巴顿，满怀激情地发表了一个不怎么严谨的关于通信与控制领域的最新进展的演讲。现在的情况确实日新月异，相比于古埃及沙草纸，他们确实有了很大的进步：

> 这场战争不仅为我们带来许多新技术，而且还让我们看到了许多老技术的新用途，尤其是电子技术，它与我们人类的感官系统有巨大区别。除了扩展视觉的雷达技术之外，将来我们也许还可以利用其他形式的辐射，比如光、热、声、X射线、伽马射线以及宇宙射线，来将我们身体内部的图像显示在荧幕上，甚至可以看到每一个细胞。也许我们还可以探索地球内部，还有宇宙中的其他星体和星系……我们有理由相信，利用电子技术，还可以扩展人类的思维能力。
>
> 这是一个全新的舞台，是人类历史迄今为止最大的进步。这完全有可能发展出一个电子大脑，它可以承担人类大脑的一部分工作。它将会由真空管组成，按照脑神经细胞的方式运转，电子数字积分计算机（ENIAC）就是这样的机器，它

---

[1] 直到15年后，语音加密领域才重新发展到黛丽拉的水平。

使用了 18000 个真空管……

这些机器将具有一定的记忆功能,以及人类的选择与决策功能,有人还正在设计一台机器,用来玩我们普通的象棋!

如今,这样的存储器和电子大脑即将摆在我们面前,我们似乎真的在面临一场新的革命,这不再是工业革命,而是思想革命,今天的科学家们,肩负着重大而庄严的使命。"让我们拭目以待吧,"他总结道,"我们坚定地担负起这样的重任,历史必将证明我们是正确的!"

1946年,人们仍然相信,战争中过剩的科学技术现在有着很好的用途,尽管蒙巴顿所说的"使命"表明,几乎没有几个人知道到底该怎么做。

ENIAC在几个月前就已经从军方解密了,哈特里在学术刊物《自然》中提到过它,但仍然需要蒙巴顿把它变成"新闻"。蒙巴顿从国家物理实验室得到了这些消息,从他引用的不怎么准确的"下棋机器"可以看出,他肯定听到了图灵关于ACE的一些展望。(现有的机器没有能下棋的。)达尔文和哈特里对于蒙巴顿的这场演讲感到十分尴尬,一是因为他犯了许多科学错误,二是因为他说ACE将会具有"人类的选择和决策能力"。他们并不想批评蒙巴顿,但还是给《时代》杂志写信,抱怨"电子大脑"这个说法会给公众造成误解。[1]

在11月6日出版的国家物理实验室官方刊物上,则有着完全不同的说法,它表明ACE的建造工作仍然任重而道远,并不能够

---

[1]《时代》杂志后来把他们的信件刊登在"电子大脑"的下面。

一蹴而就。它正确地阐述了 ACE 的起源，是图灵在 1936 年的"严谨的数学论文"，并且解释了如何利用电子开关来提高机器的速度，还解释了 ACE 优于 ENIAC 的理由，比如它巨大的存储容量，以及指令表的编写工作目前已经完成。但是其成本目前已经增长到"100000 到 125000 英镑"，并且表示"预计仍需两到三年的时间才能完成，因为该项目在数学和工程方面都面临着巨大的难题"。

如果说英国民众对这件事的遥远前景真的产生了激烈的反响，那么《每日电讯报》则起到了很大的推动作用，他们巧妙地利用了爱国思想。在 11 月 7 日的报纸上，充斥着"英国创造电子大脑"、"ACE 远远领先美国"、"更大的存储容量"等语句，第二天的报纸上，则又刊登了一位记者的报道，这位记者在国家物理实验室采访了哈特里、沃默斯利和图灵：

ACE 将会帮助飞机提速

……随着 ACE 在英国诞生，也就是我们说的电子大脑，空气动力学研究将会产生革命性的进展，飞机将会提升到我们难以想象的速度。

……哈特里教授表示：这种机器的意义很广泛，我们无法预见它将会对我们的文明产生什么影响。人类在某些领域的活动，将会被它提速 1000 倍。

在交通领域，有了 ACE 这样的机器，从伦敦前往剑桥只需要 5 秒钟，我们简直无法想象那样的场景。

……ACE 的想法是由图灵博士提出的，根据他的预计，在未来 30 年后，我们向机器咨询问题，就像向人提问一样简单。

哈特里教授却认为，即使有了这样的机器，仍然需要操作者来做很多工作。他反对 ACE 完全取代人类的大脑，他还说道：

> "近 20 年来这股贬低人类的思潮，是一条通往纳粹的道路。"

计算机就像德国人一样无人性地执行命令，这种类比令人胆寒，但并没有吓住图灵。第二天，当地一家报社前来探索"国家物理实验室的新奇迹"时，图灵只是推迟了预期的完成时间。报社发表了对这位"34 岁的数学家"的采访，标题是《电子大脑将诞生于特丁顿》：

> 提到这种大脑的记忆能力时，图灵博士说，它的记忆能够保持一周或更长时间，类似于演员背诵台词的能力。我们谈到蒙巴顿所说的机器下棋时，图灵博士表示这项计划还很遥远……下棋不仅需要记忆，还需要自主的决策能力，图灵博士认为这是哲学家要考虑的事，而不是科学家。"但是，"他补充道，"我们也许能在 100 年内解决这个问题。"

这些事情虽然令人很尴尬，但却让国家物理实验室兴奋了好一阵子，而且达尔文也受到鼓舞，在广播里发表了一番讲话。他提到了《可计算数》中的"理想机器"，并说"图灵现在正与我们一起工作，他正在展示如何将想法变成现实"。直到一年后，流行音乐都过季了,但这个事件仍然停留在公众的视线中。图灵已经详细地说明了"将想法变成现实"的方法,但是达尔文仍然不知道,国家物理实验室到底要怎样才能实现它。

10月22日,当哈特里询问ACE的进展时,达尔文不得不承认"邮政实验室的帮助没有想象中那么大"。电子通信研究所现在有了更多的技术进步,威廉姆斯在6月左右展开研究,并希望用这些新技术来制造存储器。在战争期间,他知道麻省理工学院雷达实验室曾经做过这样的尝试,但是他们失败了。1946年秋天,威廉姆斯从图灵的ACE报告中得到了启发,他知道了应该怎么做。另一方面,在人事问题上,国家物理实验室又遇到了挫折,威廉姆斯接受了曼彻斯特大学的电子工程教职,还了他欠布莱克特的一个人情。达尔文向执行委员会解释:

> 他很希望能从电子通信研究所的威廉姆斯博士那里得到一些帮助,但是他得知威廉姆斯博士已经接受了一所大学的任命。他正在考虑是否能让威廉姆斯博士在大学里研究这个项目,与国家物理实验室和电子通信研究所的人员合作……

这种可能性很小,但确实值得考虑。1946年11月22日,威廉姆斯与另外两位电子通信研究所的高层人员,R.A.史密斯和A.阿特里,来到国家物理实验室,跟沃默斯利和图灵一起商讨,该以什么样的方式合作,以帮助推动ACE项目。因为威廉姆斯选择了曼彻斯特,达尔文对此非常不满,在与史密斯单独谈话时,他开门见山:

主任强调了他对 ACE 项目的重要意义，并表示该项目比电子通信实验室和科学与工业研究部的任何项目都拥有更高的优先权。对于该项目如今遇到的困难和延误，他感到非常担忧。

史密斯解释说，这非常困难。"现在除了少数为威廉姆斯博士工作的人员之外，大部分有能力的电路专家都转到了原子能部门"（这段话折射出战后的另一个故事），所以"电子通信研究所唯一能做的贡献，就是安排一些人员前往曼彻斯特大学，到威廉姆斯博士手下工作"。可以想见，这完全不是达尔文想要的结果，但他并没有放弃。讨论的范围扩大到了威廉姆斯、阿特里、沃默斯利，还有图灵。在关于 ACE 的讨论中：

> ……看起来尽管已经完成了精密的纸上设计，但存储设备的基本问题仍然没有解决，而且正与预料的一样，威廉姆斯博士在电子通信实验室做的关于阴极射线管的存储器研究，比邮政实验室为同一用途而做的延时线研究更加先进……

事实上，威廉姆斯确实取得了一些成功。最终，他们考虑了威廉姆斯"尽量避免互相干扰"的工作原则，达成了一个折衷的合作方式。国家物理实验室起草了一份合同，根据这份合同，威廉姆斯将会协助开发存储设备和算术设备。

然而，这份合同实际上却是三重的误解。首先，威廉姆斯即使得到了曼彻斯特的资助，他仍然可以独立于国家物理实验室，转头去做自己的存储器。第二，ACE 原定采用的是延时线存储，如果改用阴极射线管，几乎所有的设计和编程都必须推倒重来。沃默斯利和达尔文，对于这台机器的设计和编程竟然如此依赖于存储介质，感到很不满意。图灵则认为这不是问题，只要能取得进展，他不介意重写所有的东西，但实际上，这确实会造成更严重的困难。还有一个更为本质的误解，对于达尔文而言，他要做计算机，图灵已经做好了设计工作，他现在是要找一个能干活的人，把这份设计实现出来。但是对于威廉姆斯来说，他是要做他自己的计算机，他是来找资金的。他们讨论的压根就不是一码事。成功的关键在于跨越"数学"和"工程"之间的鸿沟，而这实在太困难了。

现在还有一张合作牌，握在哈特里手上。11 月 19 日，他告诉达尔文："威尔克斯先生准备在 ACE 项目上帮助我们，他在剑桥拥有相关的设备，在延时线方面也很有经验，可以让他与图灵博士交流一下。"第二天，威尔克斯写信给沃默斯利：

> 我相信哈特里教授已经告诉你，我准备做一些电子计算机方面的工作，并且非常希望与你们合作。如你所知，最近我去过美国，见到了他们所做的工作。哈特里教授告诉我，他已经和你讨论过了，并且认为我们可以达成一个双赢的合作。

一周后，也就是 11 月 27 日，威尔克斯拜访国家物理实验室，详细商讨他的计划。12 月 2 号，他再次写信：

上周三我们讨论的事,我已经认真考虑过了。我需要组建一个团队,除了我现有的人员和技工,还要再加 8 个人员。每年的工资总共需要大约 2500 英镑,另外还有材料费用,以及其他一些开销。

我非常肯定,对于 ACE[1]来说,首先开发某种原型,这是至关重要的步骤。我已经做了一份原型设计,附在此信之后。我希望你能尽快决定与我们签订合同,这将会非常有益。如果不先开发原型,我们在某些方面就无法获得经验,这会使很多问题无法解决。

附件中的原型设计,大体上是基于 EDVAC 模型,与 ACE 完全不同。它不仅采用了中心累加器,而且在很多方面都与图灵的设计哲学恰恰相反。图灵的原则是尽量简化硬件,把工作交给编程,而这份设计却尽量简化编程,引入了大量的硬件设备来识别和执行各种算术指令。很明显,威尔克斯根本不知道,国家物理实验室已经完成了 7 个版本的详细设计,而且已经做了 6 个月的辛苦的编程工作。威尔克斯的提议,令沃默斯利困惑了好几天,甚至耽误了手头的工作。 12 月 10 日,他把这份提议交给图灵,图灵的反应非常直接:

沃默斯利先生:

我已经看完了威尔克斯关于原型机的提议,我很赞赏他对这项工作的热情,我也很赞赏他对于延时线数量及其稳定

---

[1] 威尔克斯说的"ACE"其实是指广义的"计算机"。

性的一些想法。但是，他的提议与我们的发展路线完全不同，他与美国那边比较像，他依靠硬件设备来解决问题，而不是依靠思想。我考虑了一下，如果要实现他的原型机，我们就需要大量的电路组件，甚至比我们计划的完整机器还要多。而我们认为的一些最基本的运算，比如加法或乘法，他却没有包括。

在存储容量有限的情形下，是否必须要开发超级复杂的控制系统，这是有争议的。目前来看确实如此，但我认为，在我们做出原型并进行充分的实验之前，还不能下定论。因此，为原型机开发如此复杂的控制系统是很荒唐的。我更倾向于开发一个最小规模的原型，仅针对我们的测试实验，将来如果有必要，我们可以再逐渐扩展。

但是，12月9日，沃默斯利在给威尔克斯的回信中，却是这样写道：

感谢你为ACE的原型设计提出的建议，他们并不赞同图灵关于"最小规模"的想法。图灵认为，虽然你设计的存储容量不错，但为此需要的控制系统却过于复杂。我已经请他写一份文字材料，关于他说的"最小规模"都包括哪些东西。我会把它寄给你，然后我们可以见个面，进一步讨论关于正式合同的问题。

同时，对ACE的广泛宣传，引起了英国工业界的好奇心。11月7日，《工业化学》的编辑向图灵约稿，图灵回复说，ACE

确实可以自动处理固体或液体在无涡动情形下的热量转移问题，但只有在 ACE 开发完成并实际解决几个这类问题之后，他才能了解具体的细节，并写出准确的文章。11 月 11 日，无线电工程协会邀请图灵写一篇论文，蒙巴顿提前好几天就宣布了"敬请期待"，但图灵还是回复说：

> 非常抱歉，我不能发表这样的论文，我需要获得我们主任的许可，建议你直接写信跟他谈。

然而，领导们此时的想法是，需要将图灵的曝光率降到最低，报纸上的尴尬已经太多了。因此，沃默斯利建议达尔文，与其让图灵到处给人讲解他的机器，还不如让他给那些对此有兴趣的人员开设一个讲座。于是，讲座被安排在 12 月和 1 月的每周四下午，地点在军需部的办公室。他们一共发了不到 25 封邀请函，给相关的电子工程师、器件制造商、军方代表等。这场讲座可以看成英国版的莫尔学院讲座，尽管他们的背景并不相同。根据一份国家物理实验室的备忘录，图灵的讲座遭到了大量的批评。出席讲座的这些人，不同意图灵讲的东西，他们都有自己的想法，而且不想因为图灵而改变。威尔克斯后来写道：

> 图灵非常固执，他以为他的想法就是计算机的主流方向。我参加了他的第二次讲座，后来再也没去过。哈特里每次都去，而且把他的笔记给我看，但我完全没兴趣看。

另一方面，关于基础电子学的讲座也不太顺利，因为那些来自电子通信研究所的人，对于 ACE 的延时线存储器也有很多自己的想法。但是，尽管这些讨论不太客气，但却清楚地明确了 ACE 还有哪些工作需要电子通信研究所的帮助。事实上，他们真的提供了帮助，尽管不是以达尔文希望的方式。

12 月 13 日，这个讲座计划突然被一封来自美国的信打断了。沃默斯利得到邀请，参加一场 1 月 7 日到 10 日在哈佛举行的大型电子计算机座谈会，这同时也是艾肯的马克 II 号延时计算机的竣工仪式。但是达尔文当即决定，让图灵去向美国的专家们敬个酒，顺便去拜访一下 ENIAC 团队和冯·诺依曼团队。于是，讲座的事情就由威尔金森接手了。图灵在多尔金的晨佩侬家里度过了圣诞节，并参加了第二天节日运动会的 3000 米赛跑，他用时 15 分 51 秒，仅以 1 英尺的差距输掉了。《晚间新闻》的体育记者发表了一个独特的报道：

> "电子"运动员
>
> 公众普遍认为，图灵是一位高大、谦逊的 34 岁单身汉，在节日当天的 3000 米公开赛上，我们又见证了这位完美男人的另一面。
>
> 在当地俱乐部，图灵是一位明星长跑运动员，而在国家物理实验室，他又是众所周知的图灵博士。他是自动计算引擎的思想创始人，也就是我们所说的电子大脑。

图灵想把毛衣和套衫寄给母亲，她会帮他清洗这些容易缩水的衣服，但他却没找到邮局，只好作罢。当天傍晚，他带着干洗包裹，登上了伊丽莎白皇后号。四年之后他又来到了这片绿野仙踪，去拜访那些单调乏味的工人。

这场座谈会集合了几乎所有与计算机相关的美国人[1]，图灵则是唯一的英国人。他在这场座谈中，扮演了很重要的角色，他评论了 J. W. 弗莱斯特和 J. A. 拉奇曼关于阴极射线管存储器的提议，后者正在美国无线电公司负责开发光线摄像管。图灵的评论具有他一贯的风格，也就是用抽象的理论来讨论工程问题：

> 图灵博士说：我不知道是否应该向拉奇曼博士和弗莱斯特博士重申我的问题，因为这个问题已经在两份论文中提出过了。弗莱斯特博士提到了通过低速电子来刷新电荷的可能性，并且说拉奇曼博士将会在他的论文中对此给出详细的解释。弗莱斯特博士认为该方法对于他的存储器来说是可行的，但我认为这里面似乎存在着一个根本性的困难。除非这种存储介质具有颗粒状结构，否则这种方法将不可行，因为对于任何一个稳定的状态来说，如果它是稳定的，那么将它改变一个任意微小量而得到的状态就同样是稳定的。因此，你无法给出一个有限的稳定状态数，相反，这个数将是无限的。

图灵还将他的 ACE 计划与威尔克斯和冯·诺依曼划清了界线：

> 我们试着充分利用目前可用的设备，通过编程来使该机

---

[1] 诺伯特·维纳拒绝出席，以此公开表示自己脱离了所有军方资助的研究项目。

器得以处理各种不同的工作,而不是通过增加额外的硬件设备……

这是一个普适的原则,物理设备能执行的任何操作,都可以被解构,并在类EDVAC的机器[1]内部执行。因此,我们通过增加更多的编程工作量,就可以避免增加更多的硬件设备。

这次座谈会也使图灵再次见到了克劳德·香农和安德鲁·格力森。图灵还利用这次机会,向阿隆佐·丘奇的刊物提交了一些关于类型论的成果,这是他在战争期间做的。

然后,图灵到普林斯顿待了两个星期。在电子计算机领域,美国现在已经不比英国领先了,而且他们也遇到了一些障碍。数学与工程之间的鸿沟是其中之一,还有埃克特与莫切利分道扬镳,各自去搞自己的公司了, EDVAC也发生了专利纠纷,正在进行诉讼。与图灵一样,冯·诺依曼和戈尔斯坦现在也在思考矩阵求逆的数值算法,以及水银延时线的物理性质等问题。不过,戈尔斯坦误认为图灵不支持延时线,这可能是因为图灵谈到了一些延时线的困难。

图灵没有从美国带回来任何新想法,他现在已经不需要这样的交流了。但是他带回来一些礼物,一些尼龙和干果给母亲,一包食品给罗宾·甘迪,其中包括一罐很贵的奶油。当时的英国配给量,比战争时期还要严格。 1947年初,当图灵从大西洋彼岸回

---

[1] "类EDVAC的机器"其实就是指"一台计算机"。另外,尽管人们说"EDVAC"仿佛它是存在的,但实际上它跟ACE一样,还停留在计划阶段,而且在后来的历史中,从来没有一台名为"EDVAC"的机器被真正地制造出来。

来时,一个更加艰苦的冬天正在等着他。

合作的问题还在谈,但是也仅限于谈。1月21日,国家物理实验室的秘书长 E.S. 希斯考克报告:"邮政实验室已经成功地保持一个数值在延时线上循环了半个小时。这个消息令人振奋。威廉姆斯教授在电子存储方面的工作还有待继续。"但是就在两天后,威廉姆斯拒绝了国家物理实验室的合同,他为 ACE 工作的假象,就此彻底破灭了。1月2日,威尔克斯写信给沃默斯利,尽管与现有设计不太协调,但他仍然希望合作("我很愿意在原型设计方面听听图灵的想法")。这封信又一次在沃默斯利的办公室里造成了尴尬。哈特里还有另一个想法,相比之下更为现实,他邀请了 ENIAC 团队的成员 H.D. 哈斯基,作为休假在国家物理实验室度过 1947 年。当图灵回国时,哈斯基已经安顿好了。他将带来一些美国技术,尤其是在硬件方面。1946 年就这么过去了,在这一年中,巨人机得以从设计草稿直到建造完成,但是他们的 ACE 却没有取得任何实质性进展。图灵利用他的美国之行,总结了国家物理实验室目前的局面:

> 我的美国之行,没有看到任何重要的新技术,我认为这主要是因为,我们去年已经得到了很多美国方面的信息。然而,我却获得了许多新的想法,关于项目多元化的价值,以及他们的组织规模。他们开展了各种不同的计算机项目,数量之多甚至无法一一列举。我认为这是个错误,他们的网撒得太广了,这会造成资源的浪费。我们现在把所有的努力都集中在一个项目上,应该比他们做得更好,因为这个项目得到的支持,应该比美国的任何一个项目都更加有力。但是目

前来看，情况却不是这样，相比于美国的任何一个大型项目，我们得到的支持都很微不足道。如果说到美国在这项工作上投入的人力，我要说至少有200～300人出席了哈佛的座谈会，而且开设了大约40场专题讲座。我们完全做不到这些。

关于组织形式，有一点让我很受启发。他们的工程工作与数学工作是在同一栋大楼中完成的。我相信这是一条正确的路。在我们的组织中，这两个部分无法紧密联系，但实际上他们是需要互相依赖的。我们一直都在耽误进度，因为我们无法进行一些工作，这些本该由工程师来解决。而邮政实验室也发现了这个问题，电话沟通的效率非常低，因为电话里无法展示图表。更重要的是，如果这些工程问题能迅速解决，如果这两部分能够保持紧密的联系，我们就可以进行许多日常的自由讨论，从中可以得到许多灵感。我们必须要有一个工程团队，我必须要说，这件事越快越好。

从好的一面看，我的美国之行让我确定，我们的工作走在正确的道路上。普林斯顿的机器可能在速度方面比ACE快，但我们的机器有其他优势，我认为这两种方案都值得尝试。我认为在美国的所有组织当中，普林斯顿这个团队的方向最清楚、视野最开阔，所以我应该试着跟他们保持联系。

最终，我们得到了一份详细的会议记录，所有的信息都是不保密的。

尽管图灵的进度一再延误，但他的信心似乎丝毫未受影响。2月20日，图灵在伦敦数学学会发表演说，他煞费苦心地演示了想象中的 ACE 操作，好像它几乎就要完成了，用不了多久，终端就要开始运转了，大量的编程人员就可以投入工作了。

然而，图灵的这番想象，其实是基于他长期在布莱切利的环境中看到的场面。他展望的这种围绕 ACE 的"老大"和"跟班"的工作关系，非常像密码专家和女勤人员的关系，专家负责逻辑编程，助手负责操作机器。但是图灵还进一步说："随着时间发展，计算机本身将具有专家和助手的功能，助手将会被机器的电子四肢和电子感官取代。比如说，可以通过曲线识别器，从曲线中直接读取数据，不需要助手们人工读数再制成打孔卡片。"这并不是新思想，威廉姆斯已经为曼彻斯特差分机制造了这么一个东西。但是这件事意味着：

> 专家有被取代的趋势，因为任何技术一旦有了成熟方法，就可以设计一套指令表，由电子计算机自动完成。虽然这在技术上是有可能的，但是专家们可能不希望这样的事情发生，他们不愿意被这样抢走饭碗。在这种情况下，他们就会故意为他们的工作制造一种神秘感，精心编造一些谎言，我认为这种反应才是真正的危险。这个话题自然地引出一个问题，即原则上计算机应该模仿人类活动到什么程度。

这是一个更具争议性的话题。哈特里在 11 月给《时代》投稿，再次强调了他在《自然》中的声明："机器的应用并不能取代人类，因为机器需要由人类来制造。"达尔文的说法则更加清楚：

通常所说的"大脑"这个词，是与高等智力联系在一起的，但是实际上，大脑的很大一部分，可以看成是无意识的自动机器，产生着一些可以被模仿的复杂反应。但是，这仅仅是一部分大脑，新机器无论如何都不会完全代替人类思考，它们只会促进更高层次的思考……

达尔文和哈特里，实际上回应了阿达的评论，也就是洛甫雷斯伯爵夫人，她在1842年写了一份关于巴贝奇分析引擎的评论。她认为："这种分析引擎没有能力做任何创造性工作，它只能做那些我们已经知道明确步骤的事情。"这个论断推翻了一些天真的想法，即机器能做复杂的算术就说明机器有智能。作为第一位给通用机编程序的人，洛甫雷斯夫人非常清楚，智能在她自己的脑子里，而不在机器里。就目前而言，图灵还无法争论这一点。很显然，根据规则做出决策，这不能称为智能，智慧仍然属于规则的制定者。但是他又想不出来，机器为什么就不能取代编程人员的工作，或者说那些能够体现"智能"的工作。

图灵脑中的想法，比"机器取代编程人员"更为深远。对于未来的发展，他在ACE报告中已经清楚地提到了一些。

事实上，一个人可以用任何语言与这些机器交流（我们假定语言是精确的）。比如，我们把识别一种符号系统的指令表输入机器，理论上讲，我们就可以用这种符号系统与机器交流。这表明，符号系统将会产生比过去更加广泛的实用价值。如果有人想让机器直接解算普通的数学方程，那么他只需要为此开发一套专门的符号系统，这种符号系统与普通的数学方程非常相似，但同时要尽可能地避免歧义。

第六章 水银延时线

在计算机模仿人类活动这方面，图灵思考的是对于"学习"的模仿，在这个前提下，机器不只会执行洛甫雷斯夫人说的"我们已经知道明确步骤的事"：

> 有人说，计算机只能按照指令执行程序。在某种意义上，这种说法是正确的，这种意义就是如果它们不按指令工作，那就说明它们出错了。我们刚开始建造这些机器时，确实是把它们视为奴隶，只让他们做一些步骤完全清晰的工作，理论上说，机器的操作者在任何时候都对机器的运行状态完全清楚。迄今为止，所有的机器都是这样工作的。但是，它们是否只能在这样的方式下工作？我们假设我们建造了这样一种机器，它有初始的指令表，并且能在满足一定的条件时，自动地修改这个指令表。可以想见，这种机器运行一段时间之后，指令表就会改得令我们无法理解，但是我们必须承认，机器仍然是在有意义地运行着。

这一段文字表明，图灵第一次意识到了存储程序式通用计算机的真正潜力。但他同时也意识到，严格来说，修改指令的能力并没有增加机器的能力，他写道：

> 一台机器的规则怎么能自动改变？规则从一开始就应该完整地描述机器在任何情况下、在发生任何改变时，会有什么样的反应，因此这套规则本身是不会改变的……对这个悖论的解释是，规则在自动学习过程中发生的改变，相对来说是动态的，它们不断地修改，而且只是暂时有效。对于这一

点,读者可以类比美国的宪法。

但是从严格的逻辑角度看,图灵认为改变指令的过程与人类的学习过程具有值得注意的相似性,这一点应该要强调。他把机器在运行过程中改变自己的指令的过程,看成是小学生学习新知识的过程。这是图灵典型的跳跃式类比,就像从"指令便条"跳到"思维状态"。他继续解释他的学习机器:

> 也许这个机器得到的结果,仍然取决于我们一开始设置的指令,但其执行过程却是以一种更加高效的方式。在这样的例子中,我们必须承认,机器运行时的很多中间状态,是我们在设计初始指令时无法预见的。机器就像一个小学生,他会从老师那里学到一些东西,但是他自己也会感悟出很多知识。在这种情况下,我认为我们有必要将机器视为智能的。如果我们能建造一台具有大容量存储器的计算机,那么就可以进行这样的实验。人类大脑的存储容量大约是100亿个二进制位,但是其中的大部分可能都是用于记忆视觉图像,以及其他一些相对冗余的信息。我们有理由相信,几百万个二进制位就能体现出明显的进展,尤其是我们可以将其限制在某个特定的领域内进行研究,比如下棋。

然而按照计划,ACE的存储容量顶多只有20万位。图灵把ACE的存储能力比喻成"一条鲦鱼的脑容量"。然而即便如此,他仍然相信,学习式编程在很短的时间内就将变成可能,这并不是个假想,而是一条非常具体的实践道路。1946年11月20日,

图灵回信给 W. 罗斯·阿什比,这是一位神经学家,他十分急切地希望推动脑功能的机械模型的发展。图灵在信中如是写道:

> 正如你提到的,ACE 先会以完全确定的方式运行,就像人类大脑的某些低级行为,尽管它们很复杂,但却具有确定的关系。这些行为不具有纠错性,如你所说,只要出现任何差错,它就不知道该怎么反馈。这些行为也不具有任何所谓的创造性。然而,没有理由表明机器只能以这种方式工作,我们在建造的过程中,并没有把它限制在这里。机器同样有可能尝试行为的多样性,并按照你说的方式,接受或排斥某个行为的结果,这也是我希望机器能够做到的。这是可以尝试的,不需要改变机器的设计,因为从理论上说,这种机器可以作为任何机器来使用,只要给它输入相应的指令表。ACE 实际上与我在《可计算数》中描述的"通用机"很相似,这种理论上的可能性,在实践中也是同样可行的,通常情况下,最坏的代价也只是比专用设备稍微慢一点。因此,虽然大脑的运行机制实际上是通过树突和轴突来改变神经回路,但是我们同样可以在 ACE 中模拟这个模型,并不需要改变 ACE 的硬件设备,只需要存储相关的数据,并描述这个模型在各种情况下的行为。我想你会接受这个原理,并在 ACE 上进行实验,而不是建造一种专用的机器。

说到他最喜欢的机器对弈问题,图灵说:

> 编写一份指令表使 ACE 战胜普通人类棋手也许并不难,

贝尔实验室的香农告诉我,他已经用这样的方法战胜了人类,但他没说清楚,对手是个什么水平的人。

实际上这可能是个误解。大约在1945年之后,香农确实在思考机器对弈问题,他的想法也是基于"最大值最小化"原理,对搜索树进行"回溯",这与图灵和杰克·古德在1941年时的基本思想是一致的。但是香农并没有说,他已经做出了这样的对弈程序。不管怎样,图灵继续说:

> 这场胜利的结果本身并不重要,重要的是机器的自动学习能力。机器可以改变自己的指令,这是一个基础性的机制,但我们仍然还有很长的路要走。

接下来,图灵从他的核心问题上移开,考虑了一个反对机器智能的理由。根据《可计算数》得到的结论,一定存在某些问题,是机械过程无法解决的。在序数逻辑学中,图灵已经看到了不可证明的命题,也认识到了直觉的重要性。但这并不是他现在要说的。实际上,他的观点倾向于,这样的问题与"智能"无关。图灵并没有深入考虑哥德尔定理和他自己的结论,他快刀斩乱麻地给出了一个解释:

> 我们必须公平地对待机器。如果机器遇到无法解决的问题,我们完全可以让它给出一个错误答案。人类数学家在研究新问题的时候也会出错,显然我们并没在乎,反而会继续给他机会。但是,机器却不会得到这样的宽容,人们不允许

机器出错。然而，如果我们要求机器是绝对正确的，那么它就不可能是智能的，有很多理论可以支持这一点。但是这些理论没有说明，如果机器不故意掩饰其正确性，那么到底可以表现出何等程度的智能。

这个想法非常正确。哥德尔定理和图灵的结论，是关于机器的正确性，而不是机器智能。图灵的观点仍然围绕着模仿原则，他从"公平对待机器"，想到"测试机器的智商"，最终又回到他的机器学习：

> 人类数学家通常经历过大量的训练，这些训练的过程，就相当于把各种指令表输入给机器。因此，我们不能要求机器完全独立地为自己编写大量的指令表，正如没有人能够独立地思考出大量的知识。人类都做不到的事，我们为什么要苛求机器？机器必须与人类保持交流，这样才能接受人类对它们的训练。机器对弈就是一个很好的例子，人类走棋的过程，就是在与机器交流，在为它们提供训练。

图灵每当说完这番话，听者总是突然打个冷战，并带着怀疑的目光，环视一遍四周。这也许是因为图灵在谈到这一问题时的兴奋情绪。图灵自己心里非常清楚，他搞乱了科学与宗教的传统界线，这也正是"无意识的机器"和"高等人类智能"之间的界线。按照他的想法，这条界线根本就不存在。

这个问题的本质，是思想与物质的关系，爱丁顿曾经试图用海森伯不确定性定理来拯救自由意识论。但是这里有所不同。爱丁顿的着眼点，是塞缪尔·勃特勒在《埃万共和国》里描绘的维多利亚式科学图景：

> 如果说运动是化学的、机械的，那么感觉是否也是化学的、机械的？……意识是否也有作用？我们能不能推导一套动力学理论，来解释人的激情？我们是否应该无视人的性情，而去关心他是一个什么样的杠杆？他有多么平衡？如何才能让他不平衡？

这番质问反映了19世纪的物理、化学和生物学面临的挑战。但是图灵的挑战，是在决定论的另一个层面上，一个抽象的逻辑机器的层面。另外还有一个不同，维多利亚时代的人，比如勃特勒、萧伯纳和卡本特，他们讨论的是人的灵魂和精神，而图灵现在要讨论的是"智能"。

图灵没有直接讨论"智能"这个词，他会用机器对弈的例子，来说明如何训练机器达到目标，或者用智商测试作为这种能力的一个可操作的测试标准。从布莱切利的经历来看，这种"智能"太重要了，他们正是依靠这一点，才赢得了那场战争。他们参与了无数次"智能"的对弈，并在其中战胜了德国人。更广泛地说，图灵这一代的科学家，他们的人生就是一场"智能"的对弈，对手是愚蠢的教育体制、愚蠢的经济体制，更不用说纳粹了，他们简直把愚蠢发展成了一种信仰。

然而很多人可能会认为，科学家最终都是用智慧来取悦政府的。战争使政府对科学产生了兴趣，科学家们得到了重视，走出了荒凉的小角落，而且他们似乎还能化剑为犁，给政府提供许多和平时期的好点子。在某种程度上,图灵就是这种想法,而且他坚定地认为,当今世界的缺陷是由军事家和政治家造成的,而不是科学家。当年舍尔伯尼的默麦根,此时写信给图灵,问他如何看待数学和科学在战后世界的方向,图灵回信说:

> 关于数学的方向,我强烈地认为,考虑到 ACE 和制导武器等影响,某种程度上会增加对数学人员的需求。比如说,我需要大量的数学人员,把问题转化成机器能够理解的形式。他们只需要具备责任心,让机器按照我的要求工作,这个标准非常低,我想你可以放心地鼓励学生们从事数学事业。最严重的威胁就是那些反科学思潮("用科学家去试验氢弹的威力,不要用山羊!"[1]),当然这个有点离题了。

可是,做这些事情是为了什么呢?技术人员和管理人员的目标是什么呢?1947年中期,这里出现了一个真空。战争结束了,那个强大的对手被打败了,而新的对手却还没有出现。

在谈到机器智能时,图灵提到远程终端,还有社会管理的新模式,但这些都只是停留在表面,图灵对这些并不感兴趣。他在 ACE 报告中举出这些例子,只不过是为了得到政府的资助。图灵脑中设想的工作场景,就是复制布莱切利的一切。他知道那是什么样的,但他甚至对那也没有兴趣,他对一切关于组织和管理的事情都没有兴趣。图灵的一切动力,都来自知识本身的魅力,他要探索人类大脑的奥秘。他不是巴贝奇,他对生产效率这种事情

---

[1] 至少有一位科学家,确实遭受了一些核辐射,他就是冯·诺依曼,1946年他赶赴现场观看了氢弹爆炸。

没有兴趣,他对所谓的"机械化、实际化、现代化"也没有兴趣,虽然 ACE 是为这个目标而存在的。图灵的真正兴趣在于探险,在于对自然本质的渴望。在他写给阿什比的信中,有这样一句话:

> 关于 ACE 项目,我感兴趣的是探索模拟大脑的可能性,而不是计算机的实践应用。

在这一切关于机器智能的讨论中,图灵从未提过他自己在解谜战中表现出的智能。这是因为他的个性,而不是因为他觉得那种智能有什么特殊性。事实上,他的想法几乎正好相反。

这可能是图灵最让人难以理解的一点,尽管他在战争中完成了那样的工作,但他仍然不认为,科学家是个特殊阶层。他认为,智能机器迟早会取代"专家",人类的智慧将被拉下神坛。维多利亚时期的工业技术,把体力劳动实现了机械化,而未来世界的计算机技术,将把脑力劳动也实现机械化。图灵是个反权威主义者,他现在要把专家变成普通人,这怎么能不引起达尔文的反感?

就在图灵发表讲话的那一天,英国政府宣布从印度撤出。这场战争的教训,最终体现为严重失控的能源危机,英国不再是当年的"三巨头"之一,它在地中海地区的地位,迅速被美国取代。当一切尘埃落定时,英国成了一个荒芜的岛屿,而两个真正的巨头,现在又陷入了冷战,谁也没有闲心来照顾英国。如果说,在这阴云密布中还有一线希望的话,那么恐怕就是图灵说的:"美国依靠设备来解决问题,而不是依靠思想。"英国现在需要依靠思想。

英国政府现在积极地寻求科学方案以走出困境,他们在2月5日宣布了一个在东非殖民地开发花生的宏伟计划。虽然ACE项目的投资力度只是花生项目的零头,但它同样也是1947年的一个重要政府项目。这是左翼人士在1930年提出的主张,应该由政府来接管新型科学技术的发展,而不是将其扔进商业的漩涡。布莱克特是科学工作者协会的主席,也是这场运动的先驱,然而他把威廉姆斯挖到曼彻斯特,实际上却是伤害了ACE项目。达尔文的情况则更加矛盾,他持有右翼的社会达尔文主义观点,认为优胜劣汰是获得最优结果的有效途径,并认为精英人士应该多生孩子。然而在他的领导下,国家物理实验室的管理制度却是苏联的大拳头主义,他并没有为多样性和创造性提供一个良好的生存环境。

1947年春天,大拳头落到了图灵的项目上,激进派夺得了主动权,这其中之一就是哈斯基,他非常急于在这一年内看到实际成果。他大体上欣赏ACE的设计,但他认为最好的计划,是把这份设计与莫尔学院的设计结合起来,以便尽快造出一个小型的延时线机器。哈斯基与图灵的关系从一开始就非常僵,但从这个时候起,他们的关系更加严重地恶化了。图灵有一次去麦克·伍格的房间,发现他正在编"第八版"程序,这是哈斯基搞出来的,实际上是对图灵的第五版设计进行了一些删改,改到只剩下最少的设备,机器只能做一件事,即解八元方程[1]。虽然这与图灵的设计哲学是一致的,但是这样的修改,对于夺取图灵的主导权来

---

[1] 其深层的区别在于,这台计算机明显是专门做数值计算的,哈斯基删掉了ACE中他认为"通常不需要"的功能,但是他怎么知道计算机会面对什么样的问题?图灵在战争中经历过非数值问题的实例,但他现在却没有足够的话语权来争论这一点。

说，是非常有必要的。如果哈斯基失败了，他只是浪费一些时间，但如果他成功了，就会导致整个项目发生转折式的变化。图灵当然对此表示反对，但哈斯基却东拼西凑地搞到了足够的设备，他的正式职务就是"负责设备"，而且他非常擅长填表之类的事。另外，哈斯基与图灵不同，他不需要关心 ACE 的全局性问题，他只需要拼尽全力地对付这个小实验。威尔金森与麦克·伍格加入了他，数学部门的人事关系开始变得复杂了。

与此同时，图灵设法在地下室里做了一些自己的实验，并给麦克·伍格讲解了一些电子知识。图灵设计了一个电路，用来传输和接收延时线上的脉冲，还设计一个系统，用来检测示波器上的脉冲形状。国家物理实验室没有做这种实验的设备，于是就像在汉斯洛普一样，图灵自己造出了这些设备。他在面包板上焊了四五个真空管，然后就扔在那里，因为他没有延时线可以用。过了一会，吃完午饭后，图灵在草地里找了一根排水管，并叫人帮忙把它扛回来，他准备用这个当成空气延时线，以完成他的实验。 1947 年 3 月或 4 月，唐·贝利与"大个儿"李来看望图灵，图灵带着唐围着草地散步，并愁眉苦脸地抱怨他遇到的挫折和打击。哲学家艾利斯特·沃森，后来成了雷达专家，他有一次访问国家物理实验室时，听到图灵抱怨说"那些人竟然说我不懂磁学"。图灵在普林斯顿认识的弗兰西斯·普莱斯，则听他说过行政部门拒绝为他提供最基本的实验设备[1]。

这些乱七八糟的事情，被达尔文的一项决定终结了。达尔文终于接受了一个事实：现在不是战争时期，他不可能再把 ACE 的

---

[1] 1946 年 11 月，图灵甚至还向机密局索要黛丽拉的剩余零件，但最后却没有要到。

工程部分外包给其他组织了。与威尔克斯的联系在 4 月 10 日彻底中止了,邮政实验室那边的项目也取消了。目前的局面与 1946 年预想的很不同,现在英国不只有一个计算机项目,而是有好几个。于是,为了能让 ACE 原型机尽快完成,达尔文决定成立一个电子部门。1947 年夏天,在 H. A. 托马斯的领导下,无线电部门的电子分部成立了。

但是这里面有两个问题。第一,托马斯感兴趣的是电子技术的工业化应用,而不是电子计算机。第二,他在脉冲和电子计算机方面懂得很少。但是尽管如此,他还是很快就提交了一份关于应该如何建造计算机的报告(得到了沃默斯利"完全同意")。在这篇报告中,他几乎没有提到图灵。然后,托马斯从德国进口了一些大型的阴极射线管,打算将它们用作数字显示管。ACE 团队的人员对此非常关注,但是心里却犯了一些嘀咕:这玩意跟计算机有什么关系?

这一系列事情非常莫名其妙,国家物理实验室的管理层似乎是在不遗余力地给这个项目捣乱。他们死乞白赖地去挖威廉姆斯,不惜把所有的设计都推倒重来。他们还打算把制造工作交给威尔克斯,哪怕他的想法与所有的设计都完全相反。他们又花钱从美国雇来一个哈斯基,因为他有"硬件方面"的经验,但其实却根本用不上。最后他们终于任命了一个电子部门的领导,但这个人却对他要承担的工作没有任何兴趣和经验。他们似乎盲目地信任所有的人,却唯独不信任图灵。他们始终没有采纳他的建议:招募并培训工程师。也许这确实不容易,但他们从来都没有试过[1]。

于是,图灵打算退出,他不想继续在这里扯淡了。编程工作仍然在进行,他们成功地实现了浮点数算法,还有矩阵和微分方程的数值算法。图灵还实现了"助记指令码",这是他在原始报告中提出的想法,计算机可以基于这个来扩展自己的程序。他们创造了高级程序语言,这比其他地方的发展领先了许多年。但是这些都留不住图灵了,他已经对这里的工作失去了兴趣。他在思考如何让计算机体现智能,而国家物理实验室在这方面却没有任何帮助。达尔文与沃默斯利同意了他的想法。7月23日,达尔文向科学与工业研究部汇报,说 ACE 项目已经进展到"下厂制造"的程度了,既然他的设计者要"为了一种魔咒而辞职",那么也不是什么大不了的事。他们认为图灵确实应该回到国王学院,去研究他的理论。图灵在体制内的事业生涯,结束得似乎有点太早了,但是科学与工业研究部将他视为一个特例,同意他离开。

1947年8月18日,星期一,ACE 的制造工作正式启动。达尔文主持了一场晨会。图灵也到场参加了,但却一言未发。沃默斯利得意地向达尔文报告,ACE 将于1950年年初竣工。ACE 是一项回报率巨大的风险投资,希斯考克把这场晨会称为 ACE 的"诺曼底之日"。为了满足政治需要,国家物理实验室几乎已经成功地把 ACE 阉成了太监,现在只有图灵还在顽强地阻止这场"胜利",他尴尬地坚持着自己的想法。8月30日,图灵写信给

---

[1] 值得一提的是,沃默斯利根本不相信图灵的报告,他仍然坚持认为,美国人掌握着所有的王牌。1947年4月,达尔文去纽约参加联合国的会议,沃默斯利建议他访问普林斯顿,并收集 EDVAC 的最新消息。但这个建议是不合适的,因为美国军方于5月正式告知国家物理实验室,收集这些消息是"不合适"的。这项限制后来放宽了,美国允许英国收集这些信息,但仅限用于军事目的。

达尔文：

> 军需部来信……要求我们承担一些编程工作。这项工作从技术上来说，我们是可以做到的，但是我们目前的编程人员数量太少，所以实际上不可能完成。现有的人员，对于我们自己的项目来说，已经是非常紧张了，要想让 ACE 项目获得成功，至少需要三倍的工作人员。D. W. 戴维斯先生的到来，自然是很有一些帮助的，但是我们仍然需要立即再增加 2～3 位科学家……
>
> 立即为 ACE 项目招募预备人员，这是非常紧要的，因为在机器完工之前，必须有足够的时间对他们进行培训。如果我们想在机器竣工后马上做出一些像样的成果，那么就有大量的编程工作需要事先完成。

1941年的那次呼吁，曾经制造了奇迹，但现在已经是1947年了，"立即招募预备人员"简直是天方夜谭。新招募的戴维斯，来自原子研究所，他学习了《可计算数》中的通用机器，并且发现了一些建造方面的细节错误，这让图灵感到很不耐烦。图灵在国家物理实验室做了一场关于 ACE 的演讲，拉普特·默卡前来参加。已经11年过去了，通用机仍然是纸上谈兵，与1936年图灵在钟屋给他看的相比，没有任何新的东西能拿出来。图灵已经倾尽所能，但却什么都没有造出来。 1939年，历史的车轮似乎一度驶入了他的轨道，但现在却又脱轨了。

1946年夏天，图灵重逢了詹姆斯·阿特金斯，他是来特丁顿旅游的。他问图灵做了什么，图灵反问"你猜？"詹姆斯猜他做了与原子弹有关的工作。阔别9年之后,这两位故人已经没有什么实质的内容可聊了。詹姆斯走时,忘了一些东西,几分钟后他回来拿,正碰见图灵坐在卧室里,脸上带着极度扭曲的表情。图灵给詹姆斯讲了《邪恶之松》。1947年初,图灵与弗雷德·克莱顿也重新联系上了。5月30日,图灵给弗雷德回信:

> 很高兴听到你的消息,我很盼望再跟你一起去航海度假。
> 对我来说最合适的时间是9月初或7月初。去年也或者是前年,我喜欢上了跑步,也许是对我上学时不爱运动的一种弥补吧。我准备参加8月23日的马拉松比赛,所以不能在8月去航海,以免影响训练。

春天时,图灵开始挑战比当地俱乐部更为激烈的竞赛了。在2月22日的南方郡际10000米争霸赛中,他的表现很糟糕。两星期后,在全国10000米竞赛的300名运动员中,他获得了第62名。而在他提到的马拉松赛中,他获得了第5名,成绩是2小时46分03秒,仅比冠军落后13分钟。在他轻描淡写的一句"喜欢上了跑步"背后,他其实付出了大量的汗水。在这封信中,他还以同样漫不经心的语气提到了战争:

> 我在布莱切利听到好几次传言说你要过来,可你最终没来。不过这并不遗憾,不来也没什么好遗憾的。

6月底,图灵前往博山姆,安排好了9月的假期。

8月3日,图灵的父亲去世了,享年73岁,他已经病重好些年了。因为20年前为约翰找工作花了一些钱,所以他给图灵多留了400英镑遗产。但图灵认为这并不公平,并把这些钱给了约翰[1]。图灵还得到了他的祖父约翰·罗伯特·图灵的一块金表。图灵先生死后,图灵夫人很少提到他,她自己的生活也没有受到什么打击。她对图灵的工作更感兴趣了,她很高兴图灵终于在忙一些有用的事情,也很同情他遇到的各种阻碍。

图灵和弗雷德·克莱顿一起去海边呼吸新鲜空气,回忆1939年8月的那些时光。图灵对弗雷德的掌舵技术更加不耐烦了,总是骂骂咧咧地给他指导。不过有一天,弗雷德借着一阵好风,将船驶到了怀特岛,一路上非常顺利,除了在回来的路上撞到了浮标。图灵随口说了一句"我果然应该对浮标多加注意",然后两人突然意识到了笑点[2],并放声大笑。

但这件事其实并不好笑。他们互相谈论了自己的看法,弗雷德讲述了印度的风俗,当时他在那里破解相对简单的日本密码。图灵将战争比喻成性的沙漠("不来也没什么好遗憾的"),除了在美国的那段小插曲。接着,图灵表露了他的想法,他希望这次度假能往这个方面发展一下,这令弗雷德很惊讶,他以为图灵就要结婚了。

这是因为一个奇怪的巧合。那天他们遇到了另一艘小船,这时候图灵说:"真是太巧了,那就是跟我订婚的琼。"琼也认出了图灵,招手向他笑着,但他们谁都没有说话。图灵告诉弗雷德,他们的婚约后来又解除了。弗雷德对图灵解除婚约感到很困惑,他自己已经有了结婚的对象。他与图灵讨论了各自的决定。"自由

---

[1] 他慷慨地把这400英镑全都给了约翰。
[2] 英文中"浮标"音同"男孩子"。——译者注

地追随内心",这对弗雷德来说很难,但对图灵来说,这是他坚定的立场。

1947年9月30日,时隔8年之后,图灵终于重返国王学院,继续当他的研究员,他的职位现在续期到1952年3月13日。虽然他已经35岁了,但他看起来仍然像个27岁的年轻小伙子。有一次,他被学监拦住,学监误以为他是学生,批评他没有穿校服。图灵保持着年轻力壮的外表,仿佛一直在守候着那段时光,等待有朝一日回到这里。对他来说,此时此刻,恰如彼时彼刻,可是如今的剑桥,却已不是当年的剑桥。现在这里的大多数学生,都有了几年工作经历,而不是刚刚走出公学的学生了。现在的剑桥,比20世纪30年代少了几分政治意识,多了一些个人理想。没有人提起战争,它就像梦一样淡去,对于国王学院来说,战争不足以改变它的气质。

在那个夏天,罗宾·甘迪正在攻读数学学位的第三部分,并为了研究员职位而做一些理论物理方面的工作。开学后不久,罗宾拜访图灵,并向他借艾森哈特的书。当时屋里还有其他人,也许是罗宾的一位物理学家朋友凯斯·罗伯兹。图灵没有多说什么,但在第二天早上,图灵对罗宾说:"我们的关系已经很熟了……也许我应该告诉你,我是个同性恋。" 罗宾的取向是不同的,但他拥有卡本特所说的品质:

> 男人应该学会接受别人……尊重他们与生俱来的个性和自由。学会悦纳,学会相处,不要害羞,不要做作。

罗宾很高兴图灵能够坦诚地对待他,这与唐·贝利的尴尬场面完全不同。但他对这个事实感到十分惊讶,在汉斯洛普时,他从未看出,图灵对男人有兴趣。罗宾的反应,使图灵感到很轻松,他也不那么严肃了,他很开心罗宾能理解他。在这之后,他们成了无话不说(除了布莱切利)的朋友,无论是聊科学还是扯八卦。

与战争前相比,图灵现在与人相处更有自信了,他被选入了第十社,但可惜未能加入使徒社。罗宾是使徒社的一员,他本来可以引荐图灵,但是他们嫌图灵的年龄太大了。但不管怎么说,图灵现在与国王学院的社交圈有了更多的联系,罗宾在这方面起到了很大的作用,使他不再像以前那样寂寞而沮丧。图灵说:"当我忆起旧时光,我很想念我爱的人。"

这个冬天,图灵研究了好几个课题,但没有一个是值得关注的。11月,他完成了一篇关于数值分析的论文,这是他发表的唯一与ACE有关的东西。图灵更感兴趣的问题是"思维",是大脑到底如何运转。当时的心理学家,只能给出一些譬如神经刺激与反应之类的初级想法。图灵参加了R. H. 艾德里安的讲座,但却很是失望。化学和物理被引入了生物领域,但是这套理论还存在着另一个层面的描述,即神经系统的逻辑描述,化学和物理仅仅是个载体。图灵对彼得·马修表达了他的失望,这是一位非常聪明的学生,也是极少数在18岁就进入剑桥的学生之一,是他陪同图灵参加了这个讲座。自从他们住在同一楼后,他们经常在午餐时促膝长谈,或者是在晚上,伴着许多咖啡。

威尔金森到剑桥来了好几次,把特丁顿的进展或障碍告诉图灵,基本上都是关于阉割、窘迫和窄视。在11月的会议中,他们又删掉了ACE的很多先进思想,包括"助记指令码"。由于托马斯的抱怨，达尔文下令阻止了哈斯基的实验。本来好好的 ACE 项目，现在的目标却变成了写一篇报告就完事。

1948年，一条新道路摆在了图灵面前。国家物理实验室的项目已经搁浅到如此地步，但曼彻斯特方面却在飞速发展。1947年末，威廉姆斯已经能够在一个普通的阴极射线管中存储2048个二进制位。纽曼仍然拥有皇家学会的资助，而且他提出，图灵应该来曼彻斯特，指导计算机的建造任务。图灵没有立刻决定，但在3月时，纽曼就向学校提出，要设立一个新的职位，工资从计算机的研究资金中支出，级别在副教授和教授之间。

尽管计算机方面的工作仍有巨大的吸引力，但是对图灵来说，剑桥才是最像家的地方。他重新加入了道德科学俱乐部，并于1月22日为他们做了一场关于机器人的讲座。他还加入了犬兔俱乐部，继续他的长跑训练。他研究了一些冯·诺依曼的博弈论，并认真地设计了一套扑克游戏策略，在冯·诺依曼的基础上略有一些提高。罗宾从理论物理转到了物理哲学，他经常与图灵和凯斯·罗伯兹一起讨论。有一次他们试着对狭义相对论给出一个纯操作性的定义，他们其中之一反驳说，相对论中没有"刚体"这样的东西，然后图灵说："随便你，叫橡胶体也无妨。"他们用这种愉快的方式，而不是严肃的学术腔，这与使徒社和国王学院的风气有很大关系，而且对图灵来说也很自然。有一个周末，唐·贝利回来看望图灵和罗宾，他看见图灵买了一个带蒸汽机的玩具。图灵悲怆地说："我从小就渴望拥有一个这样的玩具，但我没钱买，现在我有钱了，终于可以拥有一个了。"他们整个下午都在玩这个玩具。

图灵告诉罗宾："有时候我坐下来跟别人聊天，我心里就已经知道，45分钟之后，我要么拥有一个欢愉的春宵，要么就会被一脚踹出门外。"当然他也并不是总这样，比如天真的彼得·马修就没有经历过这样的二选一。图灵仍然没有学会巧言令色，他太过于害羞，说话又非常直接，而且脸上总是缺乏自信。剑桥倒确实使他对自己的形象产生了一点兴趣，他有时会给罗宾看他16岁时的照片，并说"你看我当年还挺帅的"。然而按照20世纪40年代的审美观，图灵的外表并无魅力可言，这是一个挑剔的社会，而他总是显得落伍、破旧、憋闷、凌乱、粗糙。不过他也有一些优点，他有幽默感，这会让人联想到他的爱尔兰血统，他还有一双沁人心脾的蓝色眼睛，有着纤长而浓密的睫毛，还有一个秀丽挺拔的鼻子。不管怎么说，他在国王学院，时常还能约到年轻小伙子一起喝茶。他有时运气很好，1948年4月，奈维尔·约翰逊和他一起喝茶，而且喝了很多次。

奈维尔是三年级的数学系学生，当时24岁，然而数学并不是他们的黏合剂，反而成了他们之间的尴尬。虽然奈维尔获得了奖学金，但只是昙花一现，这使奈维尔在这个方面觉得很自卑。有一次图灵说："当你理解了可判定性，你就会明白我是个伟大的数学家。"他的眼里闪着悲凉的光芒，可是奈维尔却从来都没能理解。奈维尔觉得自己在国王学院是很平凡的，但他已经是图灵能交到的最好的朋友了。

对于图灵来说，这也许恰恰是奈维尔吸引他的地方，他很务实，也很强硬。图灵的问题在于，如何把戴了太久的面具摘下来，他实在戴了太久了。对奈维尔来说，图灵似乎对人很没兴趣，他对没有生命的东西反而充满热情。有一次，图灵躺在床上，对奈维尔："我与这张床的关系，比与任何人都更亲密。"他还透露了一些他的过去，克里斯朵夫仍在刺激着他，还有只要在他面前提到血或解剖，他就会立刻晕厥。

他们经常聚在一起，有时还会有图灵的其他朋友，虽然奈维尔会觉得很不自在。奈维尔也加入了扑克游戏，他们以此来测试图灵的最大值最小化策略。这并没什么特别可说的，因为这套策略基本上就是人们的自然打法。

图灵仿佛又回到了1939年。他的思想跨越了数学、工程和哲学，而这是主流学术界无法容纳的一种结构。战争暂时解开了他的困境，给了他智力上的满足，让他做了一些真正有效的事情。但是那些都已经成为过去了，而且在这一切之后，图灵仍然没有被容纳，而是被再次排挤开外。

他要怎么继续呢？他在战争中获胜了，却要在和平中失败吗？如果他不去国家物理实验室，那么选择将存在于剑桥与曼彻斯特之间。他可以回国王学院，继续做他的讲师，他可以回到希尔伯特和哈代的世界，就像过去的9年不曾存在一样。但是不管怎么说，现在不再是1939年了，图灵的精神世界也已经变了，他不想撤退，他舍不得他发明的计算机。在剑桥，计算机由威尔克斯牢牢掌控，图灵不想为此卑躬屈膝，看人脸色。如果他想使用计算机，现在还有一条出路，那就是去曼彻斯特。

与此同时，达尔文希望图灵能在期末时回到国家物理实验室。1948年4月20日，他向执行委员会提交了一份《关于图灵博士的下一步计划》：

> 图灵博士在剑桥大学有一年假期，他应当立即回到实验室，主任希望与他讨论他可以承担的工作内容和形式。主任

考虑了图灵博士的事业生涯,并认为,如果他认真地写一些论文,而不是去研究那些基础的生理神经问题,将对他的事业大有好处。图灵博士将来无疑会成为一位优秀的大学学者,但在这之前,他应该在国家物理实验室度过。

尽管达尔文此举确实是出于好意,是为图灵的个人发展着想,但事实却是,他们的项目在图灵离开后,几乎没有再取得任何进展。沃默斯利在同一场会议上报告:

> 该项目在18个月之前是遥遥领先的,但目前的进展却不容乐观……ACE面临着一些竞争,从实践情况来看,剑桥大学由威尔克斯教授领导的项目,也许是头号对手。

说到威尔克斯,合作早就变成了竞争。当初沃默斯利向达尔文报告关于建造ACE的提议时,他说这个项目在科学研究、行政和国家防务领域有着至关重要的作用,他主张充分利用威尔克斯的设计思想,并争取与威廉姆斯取得联系,得到曼彻斯特机器的设计蓝图。在ACE项目不断地变更,直至几乎废弃的过程中,他们从来都没有考虑过它的创始人的想法,他们始终把图灵当成空气,把他当成一个抽象的、无名的存在。

这次沟通的夭折,图灵是有责任的,他无礼地推迟了很久,才前往剑桥的数学实验室拜访威尔克斯。这本来只是一段很短的路,当然这并不是一段简单的路。有一天,图灵终于说"我真的必须去看看威尔克斯了",但是随后他又没有去。此行一拖再拖,直到5月下旬,EDSAC已经开始建造了。他们使用了水银延时线,并从科学与工业研究部、大学基金委员会以及一家食品公司得到了资助(这反映了私人企业对计算机的兴趣)。威尔克斯全权掌控着自己的项目,没有沃默斯利和达尔文的干涉,他以图灵希望的方式工作着,从未出现过数学与工程之间的障碍。这体现了国家物理实验室的政策有多么愚蠢,而且也使图灵很自然地产生了嫉妒。图灵去过之后,酸溜溜地说:"我听不进去他讲的每一个字,我一直在琢磨,他长得多么像一只甲虫。"他的访问任务就这样敷衍完成了。

几天后,5月28日,这一天正好是运动会,图灵回到了国家物理实验室。威尔金森给图灵讲解了整个悲惨的故事。与达尔文不同,威尔金森认为,国家物理实验室确实不适合图灵,他认为图灵就应该留在剑桥,回归到纯数学问题。他预见了曼彻斯特的问题。

曼彻斯特大学已经同意为图灵设立一个新职位,并且在5月21日,皇家学会也同意,纽曼可以用他们的资金给图灵开工资。5月26日,图灵收到一封信,通知他这些事。5月28日,图灵回信接受了这个职位,并从国家物理实验室正式辞职。根据他们的协议,图灵还应该留下两年,但他撕毁了这份协议。达尔文因此对布莱克特和纽曼非常愤怒,他这次遭到了一个很大的打击。

现在每个人都在放缓节奏,以适应战后的生活。在期待与邮政实验室合作开发延时线时,图灵与那些领导一样异想天开。另外,直到1948年5月,控制电路仍然连一点影子都没有搞出来。但这个失败不能归咎于图灵,这个计划的实施,是领导们的工作,而且几乎是领导们唯一的工作,是他们存在的唯一意义。可是,达尔文从来没有真正地想要造出一台计算机,正如海军从来没有真正地想要知道，德国的军舰在哪里。来自特拉维斯和军需部的"支持"，没有对这种官僚主义产生任何影响。达尔文与沃默斯利始终是主角，而图灵一直都是个打下手的。

实际上，即使图灵回来，继续付出全部智力，这个项目仍然可能会随风而散。他可能会高估自己的工程能力，从而低估微秒级脉冲的工艺难度。他也可能会涉及太多的细节，而其他人并不希望自己的工作被指手画脚。他可能不知道怎样申请需要的设备，不知道如何奉承那些他需要的人。他也不懂得管理技巧。不过，图灵并没有给自己机会来出这些丑，他的基本思想是正确的，他寻求"数学"与"工程"的协调配合，后来每一个成功的计算机项目，都做到了这一点。

这场战争，可能给图灵造成了一些错觉，使他把某些事情看得过于简单了。对图灵来说，破解谜机比人际关系要简单得多，尤其是那些附带权力的关系。在战争中，他的工作被放大到极其可观的规模，但这只是因为别人替他完成了所有的组织和协调，而且得到了丘吉尔的个人支持。但是现在，没有任何人为他做这样的事，那些国家物理实验室的领导们从未这么做过。如果换作别人，可能会比较容易适应和妥协，但是对图灵来说，要做就十全十美，要不就干脆不做。他就像他的父亲一样，当这个体制没有按照他的想法运作时，他就辞掉了公务员。然而，图灵与他父亲不同的是，他没有任何抱怨。图灵后来很少提起他在国家物理实验室的时光，这变成了他人生中的另一段空白。

尽管图灵已经辞职了，而且面临着各种各样的尴尬，但在1948年7月与8月间，他还是为国家物理实验室写了一份报告。这其中反映了很多他在布莱切利谈到的智能机器的思想。虽然名义上他是在休假，但这份技术基础理论却非常强而有力，这是一份真正的对布莱切利庄园的梦想的描述。图灵把这当成对自己过往生命的一份怀念，而不是贡献给国家物理实验室的实质性建议。

图灵把他在1947年2月提出的想法详细展开，挑明了为什么达尔文这些人会认为"智能机器"是个矛盾概念：

（1）他们不情愿承认人类智能存在竞争对手的可能性。不仅普通人会有这样的想法，知识阶层更会这样想，因为智力几乎是他们的全部资本。即使是那些承认这种可能性的人，也都认为，这种实现将会非常不愉快。有一种情况与此类似，那就是某些动物有可能比人类更加高等，虽然普遍认为这是不可能的，但从理论上讲，这是尚有讨论余地的。

（2）宗教观点认为，试图建造这类机器，是一种普罗米修斯式的大不敬行为。

对于这些观点，图灵写道，这纯粹是在闹情绪，根本不值一驳，就像是萧伯纳反对进化论的理由：让人不舒服。但是，图灵可不是追求舒服，他要追求事实。

接下来，他提到了不闹情绪但同样错误的观点：

（3）在人类短暂的利用机器的历史中（在1940年之前），机器扮演的角色非常有限，这使人们认为，机器只能完成那些指令明确的工作，甚至只能是重复性的工作。多罗西·塞耶斯的《上帝之心》（第46页）恰当地展示了这种观点："上帝创造完宇宙，便拧上钢笔的盖子，把脚搭在壁炉上，看着他的杰作自生自灭。"

多罗西·塞耶斯以此来表达自己的决定论观点,但他却没有看到,在1941年,小小的谜机就有那么多的变数,需要成百上千的人围着它团团转。但图灵当然也知道,黛丽拉密钥生成器虽然会产生一些看似随机的东西,但它在某种层面上也是确定的。这其实是个很好的模型,可以让他在决定论和自由意识之间做出协调,但他没有顺着这里走下去,他认为机器的学习能力才是这个问题的关键。

图灵还用1947年的方式,将"智能"与"不出错"区别开,回答了基于哥德尔定理的反驳。他给出了一个例子,来说明智能反而有可能导致错误:

> 类似于说高斯小时候做的 $15+18+21+\cdots+54$(诸如这样的加法),他立即写出了483,用 $(15+54)(54-12)/(2,3\cdots)$ 这样的方法……我们想象一种情形,让一个孩子做加法,前面是等差的,但中间却突然变了,比如说 $23+34+45\cdots+100+112+122\cdots+199$。高斯也许会把这当成等差数列,并运用他的技巧,但他却没有注意到,第9个数是112而不是111。很显然这是一个错误,但那些不怎么聪明的孩子,却反而不会犯这样的错误。

其实还有一个更贴切的例子,但图灵羞于启齿,那就是他在密码分析工作的细节上,犯过很多粗心的错误,但他仍然被称为"英国的大脑"。在他的第5条中,他含蓄地呼吁"公平对待机器"这一原则：

（5）如果一台机器表现出了智能，人们总是认为，它只是反映了其创造者的智能。

他这样描述道：

如果按照这种逻辑，那么学生就不应该得到学分，学分应该属于他的老师。老师肯定会用广泛的方式来训练学生解决某些问题，但他肯定不能事先预见到所有的问题和所有的细节。这种具备有限的学习能力的机器，现在已经成为可能。我们可以建造一种下棋的机器，如果你与这台机器下棋，你肯定会有一种感觉，那就是正在与一种生物体斗智。

这种"训练"机器使其表现出智能行为的想法，是这篇论文的关键点。这次图灵站在实践的角度上，讨论了行为模拟的原则，他开始严肃地思考，人类的自然智能与计算机之间，到底有什么样的相同和不同。随着时间推移，计算机逐渐变成了他思考的基础，而思考的内容也不再是数学，而是人。

图灵看到了两条发展路线。一是基于"指令便条"的想法，编写越来越庞大完善的程序，使机器具备越来越多的能力。图灵认为这是完全可以做到的，但他更有兴趣的是基于"思维状态"来建造大脑。他的指导信念是，人类大脑一定存在着某种内在机制，没有什么更高等的东西在为人脑编程。一定存在着某种方法，可以使机器自动地学习，就像人类的大脑一样。图灵解释

道,新生婴儿的大脑是不具备"智能"的,在论文中有一段,体现了他目前对心理学和哲学所做的研究:

> 人类大脑的很多部分,是由针对特定功能的特定神经回路组成的,比如说控制呼吸、打喷嚏、控制眼球来跟踪运动物体,这些反应都是由脑内的特定结构决定的。一些基本的图形和声音识别功能也属于这一类。但是,这一机制并不能够支持更加智能的一些行为,比如说,海峡两岸的语言不同,并不是因为法国人的大脑结构与英国人的不同。我们认为,大脑的大部分,尤其是皮质,其功能并不是固定的。在婴儿时期,这些部分并没有太大的作用,但在成人时期,他们却具有强大的、有针对性的功能,这一结果依赖于成长过程中所受的训练。而在成人时期,幼儿的一些随意行为,仍有很大一部分遗留在我们脑中。
>
> 上述这些想法表明,婴儿的皮质是一个未经组织的机器,可以通过适当的干涉性训练,来对其进行组织,而这种组织的结果,可能就会使机器变成通用机,或类似的东西。

这段话反映了先天和后天的关系问题,虽然图灵是用现代化的术语来表达的,但在实际内容上,并不比《自然奇迹》先进很多。总之,根据这个观点,图灵认为,机器一开始是无组织的,由一些类似神经元的组件随意搭建而成,后期需要对它进行训练:

> ……通过实施适当的干涉和模拟训练,我们就可以使机

器学会对特定的命令产生特定的正确反应。

图灵对"训练"的认识，就是公学那种软硬兼施的方式：

> ……人类儿童的训练，大部分是基于奖赏与惩罚机制，这表明，在机器的组织化过程中，也应该引入两种刺激，一种是"愉悦"或者说"奖赏"（R），另一种是"痛苦"或者说"惩罚"（P）。我们可以设计大量的赏罚系统……愉悦刺激会强化某一行为习惯，使其不容易发生改变，而痛苦刺激则会破坏该习惯，使其发生改变……也就是说，当机器的行为发生错误时，就给它痛苦刺激，而当它的行为非常正确时，就给它愉悦的刺激。训练者通过这样的赏罚机制，就可以使机器的行为逐渐趋向于某些特定的方式，错误行为会逐渐减少。

如果目标仅仅是通用机，那么最简单的办法，就是直接把它造出来。然而，问题的关键在于，这样的学习机器，需要的不只是指令，图灵把只会执行指令的机器形容为"最没脑子的人，只会照本宣科"。而他设想的这种机器，不仅能够执行指令，而且具备某种"直觉"，这几乎是智能的象征。诺威尔·史密斯很好地对这个问题进行了形式化：

> 新生婴儿的大脑，要逐渐变成一颗智能的大脑，它就必须要具有客观的规则和主观的能动性。目前为止，我们只考虑了客观的规则。将一台机器，或者一颗大脑，转变成一个

通用机,这是规则的最极端的形式。但是光有规则,是不能产生智能的,还必须要具有某种能动性。这个陈述,将会成为一种定义。我们的任务就是,研究人类的主观能动性,并尝试将其移植到机器上。

图灵倾向于通过"训练",让机器自动地产生主观能动性,他认为上面那种"移植"的方法是一种作弊,因为这相当于解构了机器的内部特性,并对它进行了改造。这更像是在破解密码,而不是在训练。他迫切地将论文推进到下一步:

> 我认为,更多的工作还要放在这个方向上。我要研究各种类型的无组织机器,并找出最适合人脑的"训练方法"的组织结构。我已经做了一些前期工作,但我发现,在目前阶段,这一目标太难实现,如果使用一些真正的电子机器来进行研究,我认为会更具有可行性。用一台现实中的特定机器来建立模型,比用想象中的机器要容易得多,只要确定了具体的训练策略,就可以马上编程输入机器。这样就可以让整个系统运行一段可接受的时间,然后就像学校里的督学一样,检查一下它取得了哪些进步。

这是个很开心的想法,机器就像公学的学生一样,以某种确定的方式逐渐成长,但却没有人知道,其内部发生了什么,人们只能看到最终的结果。这个赏罚机制体现了明显的行为主义倾向,也体现了舍尔伯尼的行为主义风格。

确切地说,这其实就是学校的官方说辞,而且几乎就是个玩笑。实际上，学校根本不关心学生的心智成长，没有人会按下愉悦按钮，来奖赏学生的主观能动性，也许根本就没有这样的按钮。痛苦的按钮却总是频繁按下，来强迫学生遵守某些行为模式，而这对智能的发展没有任何帮助。这其中唯一能结合图灵切身经历的地方就是，规则是沟通的必要条件，要想有效地沟通，就必须遵守一套既定的规则。但舍尔伯尼也没有通过按钮来刺激图灵的沟通愿望，唯一的动力可能就是来自克里斯朵夫·默卡，可是这是愉悦还是痛苦？正如维克托·别特尔经常对他说的，智能是从神秘中来的，而不是由人教出来的。

维特根斯坦也喜欢谈论学习和训练，但他的思想不是来源于英国公学，而是来自一所澳大利亚小学。与图灵的忍耐不同，维特根斯坦明确地逃避那种压抑的生活。有一次，图灵和罗宾互相比较他们的上学经历，罗宾在阿博茨霍尔姆学校度过了相对比较快乐的生活，那里的思想颇受爱德华·卡本特的影响，《亲爱的伙伴》是这所学校的校歌。图灵对罗宾说起舍尔伯尼，他说："公学虽然很痛苦，但也有个优点，那就是你可以放心，它已经糟透了，不可能变得更糟。"[1]。但是，图灵对舍尔伯尼的憎恶，在这份论文中并没有任何体现，除了他得意地打算让机器取代那些好为人师的老权威。

但是在另一方面，图灵也承认，他的机器大脑模型，缺乏一些非常重要的人类特性：

> ……目前来看，人类就是机器，一个非常容易受到外界

---

[1] 很显然，图灵错了。

干扰的机器。实际上,干扰更多的是一种规则,而不是意外。一个人要频繁地与其他人交流,并持续地接收视觉或其他刺激,这些东西组成了一个干扰模式。当一个人有意识地集中精力避免这些干扰时,他就接近一个不受干扰的机器……但即使是这样,尽管他的行为表现得像是不受干扰,但他的状态很大程度上仍然取决于他之前受过的干扰。

想象力在翱翔,图灵设想,机器除了"电子大脑"之外,还可以装备"摄像机、麦克风、扬声器、轮子和机械手"。他开玩笑地说,这样的机器可以在田间散步,寻觅自己想要的东西。他也许联想到了自己在布莱切利的经历,他古怪的行为被当地人以为是间谍。但图灵承认,即使是这样的一个机器人,仍然对"食物、性、体育和其他一些吸引人类的事情"不感兴趣,而这些事情显然吸引了图灵。他的结论是,有必要研究在不具备身体的情况下,或者最多在拥有视、听、说功能的器官时,这种"大脑"可以做到哪些事情,这将决定如何对机器进行训练。对于这个问题,他的提议几乎就是他自己在布莱切利所做的那些事情,很令人诧异,他竟然以这样奇怪的方式,透露了那些事情:

(1)各种游戏,比如棋类和桥牌
(2)语言习得
(3)语言翻译
(4)密码技术[1]

---

[1] 实际上根据后文可以看出,他要表达的意思是"密码分析"。

（5）数学

这其中的（1）和（4），尤其是（3）和（5），与外界的交互都非常少。比如说，机器要想下棋，它需要的感官就是"眼睛"，以便识别各种不同的棋局，另外还要有能力把自己的走法表达出来，仅此而已。在数学方面，则可以尽可能地限制不要使用图形。在以上可能的领域中，语言习得也许是最令人印象深刻的，因为它是这些活动中最接近于人性的。然而这项活动，似乎过于依赖感官和移动性。

密码技术也许是最实用的，可能也是最有回报的。这个问题对于物理学家来说，与对于密码学家来说，有很多一致之处，但也有所不同。对一条信息进行加密的过程，显然是遵循物理定律的，被拦截的信息会提供线索，而密钥则与日期或某些常数有关。在这一点上是很有关系的，但用这种方法处理起来，却非常之困难，相比之下，如果采用离散机器来处理，则要容易得多。

对于智能机器，这还没有说完。图灵还为"机器"做了一系列定义，这样就把1936年的图灵机与现实联系了起来。他首先区别出：

> "离散"机器和"连续"机器。我们称一台机器是"离散的"，当它所有的状态可以被自然地描述为一个离散的集合……而"连续"机器的状态则是无穷而连续的……微观来看，所有的机器都是连续的，但是只要有可能将其视为离散的，我们就应当尽量把它视为离散的。

继而:

"静态"机器和"动态"机器。我们称一个机器是"静态"的,当它只是处理信息。在实践中,我们希望这种机器的物理动作尽可能小……"动态"机器则能够产生一些明显的物理作用。

接下来图灵列举了一些例子:

推土机	连续、动态
电话	连续、静态
手摇计算器	离散、静态
大脑	连续、静态,但是非常像离散机器
ENIAC,ACE 等	离散、静态
差分机	连续、静态

谜机、炸弹机、巨人机、ENIAC,还有计划中的 ACE,这些机器都被视为是"静态"的,实际上它们都是物理实体,只是它们的本质是与物理作用无关的。这些"离散、静态"机器的抽象形式,就是图灵机,而物理形式则可以是加密机、解密机等,这两种形式加在一起,占据了图灵的大部分事业生涯。这个"智能机器"的理论基础是,大脑应该被"尽量视为"一台这样的机器。

这篇论文还包括一个简短的计算,以此将一台机器的逻辑和物理两种描述联系起来。图灵表明,如果一项工作的步骤超过

$10^{10^{17}}$，那么因为热噪声作用，其物理存储机制几乎一定会出错。当然这在现实中是很难达到的，所以并不是很严重的约束。图灵还做了另一个类似的计算，得出了由量子不确定性原理而导致的约束，这台逻辑机器的决定性，尽管还不完美，但却与物理上的那些"无意义的废话"绝缘。这一部分内容，整合了图灵在逻辑和物理方面的一些兴趣，他为自己的工作开拓了一个更为广阔的框架，表现出了尚未得到满足的巨大野心。

最后一个部分，谈到了实现"智能机器"的方法，这些方法并不是基于残酷的"训练"，而是基于他作为一位数学家的自身经历。他考虑了通过算式变换来解决问题的过程，也考虑了通过逻辑证明来解决问题的过程，这与人类数学家的工作紧密对应，也就是寻找规律，并在一些框架中寻找证明。"对机器智能的进一步研究，很大程度上将与这种寻找过程有关，"图灵写道，"我们可以称之为智能搜索，也就是人类大脑所执行的搜索过程。"很明显这与密码分析有关系，这就是在明显无规律的模式中寻找规律。

图灵写道：

> 关于这种搜索，我们可以做两个有趣的类比。基因的组合过程，就是一种自然的进化搜索，其标准就是生存法则。这种搜索的成功性，扩展了我们的想法，即智能活动还可能包括很多种不同形式的搜索。
>
> 还有一种搜索形式，我将它称为"社会搜索"。正如我前面提到的，一个孤立的个体，无法获得任何智能。对个体来说，社会环境是非常重要的，个体需要在这个环境中习得各

种技能，然后才有可能独立地进行一些探索，发现一些新东西，并传授给其他人。从这个观点来看，任何新技术都应该视为整个人类社会的产物，而不是某个人的产物。

这种想法，也许是图灵从他1937～1945年的经历中体会到的，那时候就有其他人提出了与他相同的关于机器的思想。这种"整体产出"的想法，比通常的"个人专利"的想法更具有现实意义。1948年的学术界充满了激烈的竞争，时刻面临着抄袭和作弊的危险。当图灵提到自己时，他从未说过"几年前我做了什么什么研究"之类的话，他在1941年就体会到了这一点，那时候他的工作需要整个布莱切利的协助。也许图灵更有兴趣的问题是，让大脑排除所有的"外界干扰"，是不是一种集中注意力的正确方式。这种对于个体智能的社会化描述，并不是故事的全部，图灵也并没有详细展开。但不管怎么说，他现在如果不想孤独地挣扎，就必须要依靠曼彻斯特的工作。

图灵为此写信给威廉姆斯，大概是在1948年7月8日，他收到了回复。那边已经于6月21日，在世界上第一台存储程序式电子数字计算机上，成功地运行了第一个程序。这台计算机的记忆装置，采用了威廉姆斯开发的阴极射线管，全部的1024个二进制位，都存储在一个管上。图灵注意到这份报告中关于"记忆容量"的一个列表：

手摇计算器	90
ENIAC（不算卡片和内置程序）	600

ENIAC（包括卡片）	无限[1]
计划中的 ACE	60000
已实现的曼彻斯特机（1948年7月8日）	1100

由此可见，这台机器与那个"计划中"的机器存在着很悬殊的差距，但这也说明威廉姆斯是以一种更务实的方式，来进行他的项目。曼彻斯特机器虽然很小，但却是现实世界中的第一台图灵机。图灵马上写了一段计算除法的小程序，并寄了过去。

杰克·古德和唐纳德·米奇来国王学院看望图灵，并且对于图灵在出门的时候，仍然唠叨他还没写完的《智能机器》，感到十分地不耐烦。在这一年夏天，他们时常相互通信，杰克在信中写道：

> 亲爱的教授：
> 我在牛津遇到了一位生理学讲师，他认为大脑中的神经元数量只有大约200万，我认为这实在太少了，我想知道你的观点。
> 另外，你离参加奥运会还有多久？
> 1948年7月25日

杰克正要从曼彻斯特辞去讲师职位，去伦敦西北面的国家通信总局从事公务工作。通往西柏林的空运还在进行着，美国空军开始在英国境内进行临时停靠。刚刚吃完战时配给的瘦弱的英国

---

[1] 任何类巴贝奇式的机器，原则上都可以通过外部，获得无限的数据和指令，但其代价则是无限的时间。

人承办了奥运会，结果最后被美国人拔得了头筹。图灵和安德森一同前往，这是一位来自犬兔俱乐部的朋友。他们观看了7月30日的10000米赛跑，捷克运动员扎托派克获得了冠军。马拉松项目的冠军是阿根廷人，他只比图灵的纪录快17分钟。图灵在回复杰克的信中写道：

亲爱的杰克：

我反复查阅了神经学的书籍，但是没有找到你问的那个数，我自己估计，是在 3×10^8 到 3×10^9 之间。我又问了很多生理学家，得到的答案从 10^7 到 10^{11} 不等。

我的大腿出了点问题，已经好几个月了，所以我最近无法参加任何马拉松比赛。

你的

教授

图灵臀部受伤，使他失去了参加奥运会马拉松比赛的机会，否则的话，他很可能会得到参赛资格。更令他遗憾的是，这次受伤，使他在长跑方面无法再有任何发展了。

8月2日，图灵又给曼彻斯特寄去了一个程序，是关于分数的。然后他与奈维尔一起到瑞士度假，他们几乎不敢相信，那里食物竟然那么新鲜。这次旅行的资金，来自25英镑的旅游补贴，是5张5英镑的钞票，他们把它花在骑车兜风和住旅馆。他们穿过河流，攀登高山，与其他度假者愉快地交谈，图灵还在旅馆里，对一个年轻男子产生了喜爱。对图灵来说，尽管这种生活还达不到佛斯特所说的"退隐山林"，但却是最接近的。

图灵还与彼得·马修斯一起,在庇古的湖区小木屋里待了一个星期。庇古非常喜欢爬山,图灵和彼得去之前,还特意在国王学院的大门上,认真地练了一阵子攀岩。图灵玩了一些简单的攀岩,但大多数时间还是在绕着巴特米尔湖慢跑。杰克·古德来信说:

> 亲爱的教授:
>
> 请原谅我使用打字机给你写信,我对离散机器的喜爱胜于连续机器。
>
> 我最近在剑桥也没有查到人类大脑的神经元数量,但是唐纳德找到了一份资料,他说大概是 100 亿个。
>
> 上个星期我去了一趟牛津,唐纳德给我展示了一台他和肖恩[1]发明的"下棋机"。但是这台机器有着严重的不足,它只能向前分析一步,我认为它的水平肯定很差,很容易被一些小技巧击败。比如说,考虑到这台机器的主要缺点是……
>
> 在牛津我成功地把唐纳德催眠了……
>
> 你是否同意,"类比"是大脑的一个重要特性?也就是说,只考虑全部信息的某一部分……
>
> 你那里有关于俄国电子计算机的资料吗?……
>
> 1948 年 9 月 16 日

唐纳德·米奇现在在牛津学习生理学,他结合他们在布莱切利想到的方法,和肖恩·怀利一起发明了一台叫作"马奇维利

---

[1] 肖恩·怀利。

机"的下棋机器。与此同时,图灵和晨佩侬一起,也发明了一台,起名叫"图罗晨普机"。它遵循最大值最小化的思想,而且能够走出连环步,在评估过程中,考虑了棋子的流动性,以应对"王车易位"这样的着法。这些东西,并没有超越图灵在1941年与杰克·古德的讨论,以及1944年与晨佩侬的讨论。大概在那年的圣诞节,图灵跟晨佩侬在散步途中打了一个赌,赌到1957年时,会不会有一台机器,能在下棋方面战胜晨佩侬。"图罗晨普机"显然还无法达到这样的水平,但它战胜了晨佩侬的夫人,她是个初学者。这些事情,都没有被认真对待,或者是详细地记录下来,但它们却使图灵产生了许多想法,这些想法都体现在《机器智能》当中。晨还设计了一个扑克机,跟它玩得不亦乐乎。图灵回信给杰克:

亲爱的杰克:
很高兴我对神经元数量的估计没有差得太远。
我和晨设计的下棋机,主要是根据我的想法,但是很不幸,我没有把那些想法明确地写出来,不过我打算过几天写一写与肖恩和米奇的机器对战的感受。
总体来说,我同意你关于"类比"的想法,但我不认为大脑是在"寻找类比",而是由于某种内在的限制,导致它不得不进行类比……

1948 年 9 月 18 号

图灵的那篇报告已经提交了,麦克·伍格很激动,并愉快地为它制作了一份清晰的打印版。达尔文的反应却很平淡,也许他就像多罗西·塞耶斯一样，对"机器人去乡间散步"之类的事情感到十分尴尬。在9月28日的执行委员会会议上，他嗤之以鼻地说："图灵博士这段时间做了一些基础性研究，并写了一份报告，但却不太适合发表。"这份不太适合发表的论文，被埋没在国家物理实验室的档案柜里。讽刺的是，1948年9月20日，冯·诺依曼举办了第一场关于"自动机理论"的公开讲座（实际上可以称为"离散静态机理论"），在其中他强调，通用图灵机具有非常本质的重要性。

罗宾去了威尔士，住在布莱克特家里，并且邀请了图灵，于是在这个夏天过去之前，图灵又享受了第三次度假。还有一场聚会，是与尼古拉斯·佛本科一起，他是佛斯特的朋友，写了一本关于塞缪尔·勃特勒的书。这场聚会，活像一场经典的剑桥读书会。图灵似乎非常开心。他们走在山间的小路上，做着提问猜词的游戏，图灵还提出一套理论，来说明如何提问才能获得最大的证据权重。有一天黎明，他们搭了一辆出租车，前往斯诺顿山，沿着克利布科奇山脊漫步。佛本科感到身心很愉悦，图灵也以一贯的风格大步前进，一切都与20年前一样，但不同的是，图灵终于与朋友同行了。

图灵站在了山顶，一览众山小，现在到了下山的时候了。他的房间中，还有一些ζ函数机的零件，跟他的天球仪和克里斯朵夫当年的图画放在一起。图灵留了几个齿轮作为纪念，其余的都交给彼得·马修斯，当作废品卖掉了，图灵对卖价很失望。

随后，图灵孑然一身，前往曼彻斯特，展开了他的新人生。他的计划被破坏了，但是这个空有计划的尴尬时代，也终于结束了。艾伦·图灵已经准备好了，接下来他要把一个腐朽的故事，改写成为传奇。

第七章　退隐山林

无数个看不见的蓓蕾,在深藏着,
在雪中,在冰中,在黑暗中,在每一寸空间中,
他们幼小,细腻,玲珑,精巧,待放,
就像子宫中的婴孩,潜伏,蜷曲,紧缩,安睡。
几亿几亿个,几万亿几万亿个它们在等待着,
在地上,在海中,在宇宙,在天堂的星星那里,
慢步徐行,却毅然向前,从不止息,
还有更多在等待着,永远永远,还有更多在等待着。

艾伦·图灵并不知道,自从他在5月被任命之后,曼彻斯特大学已经发生了巨大的变化。纽曼本来打算组建一个皇家学会计

算机实验室,让图灵担任这个实验室的副主任,由皇家学会负责资助。但到了10月,他们发现,威廉姆斯既不需要领导,也不需要资助。

在硬件方面,威廉姆斯的创造力得到了充分的发挥,因为他与电信研究所的关系很融洽,可以使用他们的设备,而且还拥有两位来自政府机构的助手。一位是获得了剑桥大学数学学位的年轻工程师T.吉尔博,另一位是来自电信研究所的G.C.托蒂尔。

在逻辑设计方面,纽曼取得了第一步进展。他倾向于冯·诺依曼的设计风格,采用了数据和指令共同存储的原则[1]。1947年末,在威廉姆斯和他的两个助手的帮助下,他们的项目迅速向前推进[2],如威廉姆斯所说,"没有时间停下来思考"。这台计算机的存在,使图灵在夏天学到了很多东西。它的存储器只有一条阴极射线管。

与延时线相比,阴极射线管的优势在于,它避免了两个方面的延迟。首先是在项目进度方面,阴极射线管是一种标准设备,随时都可以直接买到现成的,而不是像水银延时线那样,需要高精度工艺来专门制造。另外在性能方面,虽然阴极射线管并不是特别快,ACE读取一位需要1微秒,而它需要10微秒,但这却被它的另一个特点弥补了,那就是射线管中的信息是直接可读的,不像延时线那样,要等待一个很长的脉冲周期。就像那个羊皮卷的类比,图灵把它比作"大量的纸卷铺在亮堂的桌面上,目

---

[1] 1946年6月17日,纽曼给冯·诺依曼写信说:"我读过了图灵的报告,其中有很多东西比你的更难理解。"在1946年后期,他还前往普林斯顿待了一个学期,与冯·诺依曼一起讨论。

[2] 1949年,威廉姆斯前往美国,他的成功,震惊了IBM的人员,他们对此进行了仔细的研究。

光所及之处的字母或符号,可以立即被读出"。

通过周期性地刷新,他们能够在一个射线管上,存储2048个点,但最终他们只使用了1024个点,即32条线,每条线上有32个点。每条线可以表示一条指令,或者一个数值。第二个射线管,负责逻辑控制,它存储当前要执行的指令,以及该指令的地址。第三个射线管是累加器,用来执行算术运算。这是一个"单地址"系统,每次移入或移出,就是一条指令,这与ACE完全不同。物理上看,曼彻斯特计算机由许多的机架、真空管[1]和电线组成,有3台显示器在闪烁,部署在一个褐色砖块砌成的阴郁房间里,威廉姆斯说,这个地方的风格,很像一个旧式的厕所。

实际上,阴极射线管存储系统最明显的特征是,人的肉眼可以看到机器中的指令和数值,也就是3个显示器上面的亮点。现阶段就是这样直接看,没有其他的输出设备,也没有其他的输入设备,只有手动开关,每次向存储管中输入一个二进制位。

但是这就已经足够了,在胜利的那天,威廉姆斯描述:

> 第一次运行时,很费劲地输入一个程序,并按下"开始"开关,显像管上的点立刻开始疯狂地跳舞。
>
> 在早期的试验中,这种跳舞无法产生任何有用的结果,更糟糕的是,也无法给出关于错误的任何线索。但是有一天,那些闪光终于停在了期望的位置上,那正是期望的结果。

---

[1] 这已经是真空管时代的末期了。1948年10月3日,杰克·古德在致"教授"的信中写道:"你听说晶体管了吗?那玩意儿几乎具备真空管的全部功能,也许是战后最重要的新东西,英国打算发展吗?"

这一天是 1948 年 6 月 21 日，这是全世界第一个在存储程序式电子计算机上成功运行的程序，通过笨拙的暴力枚举，求解出一个整数的最大因数。吉尔博记录：

> 这样的小试验没有再重复，因为我们已经知道，建造一台真正有意义的机器，现在只是个时间和努力的问题了。我们立即增加了一位技术人员，以加倍我们的努力。

吉尔博对托蒂尔说："过几天有个叫图灵的家伙要过来，他编了一套程序。"威廉姆斯之前与国家物理实验室打过交道，他知道图灵。吉尔博大概也听说过他，托蒂尔则完全不知道这个人。托蒂尔是那个小程序的作者，他惊讶地发现，他的程序有多么低效（其实这是很自然的，不用惊讶），而且还存在一个错误。

曼彻斯特现在已经有了一台真正能工作的计算机，无论多么天花乱坠的计划，都不如这个简单的事实更有吸引力。但是，当图灵放下工作去度假时，有一些政治因素，使曼彻斯特的项目发生了变化。7 月，国防部首席科学顾问亨利·蒂扎德爵士见到了这台机器，并认为：

> 该项目具有国家级的重要性，应该尽最大可能快速推进，无论美国在同类项目上投入了多少努力和资源，我们都一定要保持英国在大型计算机器方面的领先地位。他保证在资源分配和优先权方面会提供全面的支持。

对于工程师来说，这样的结果令人很满意，但这却与纽曼当初说的"面向数学的基础研究"背道而驰,而这正是皇家学会的资助理由。

蒂扎德会有这样的观点,并不令人意外。他在1948年时,还支持英国发展原子弹。1946年8月的《麦克马洪法案》,使美国政府中止与英国分享核技术,英国政府在1947年秘密地决定进行独立研究。在这个过程中,至少有两位专家,使英国政府对电子计算机产生了兴趣,一位是科学情报局的气象学家大卫·布朗特爵士,另一位是政府首席科学家本·洛克斯皮泽爵士。在洛克斯皮泽考察过后几天,军需部向弗兰蒂公司下达订单,这家公司是与曼彻斯特大学对口的军火和电子设备制造商。这在1948年10月26日的一封信中有所记载,其中还写道:"按照威廉姆斯教授的要求,建造一台电子计算机器。"

政府为此支付了大约100000英镑,其动作之迅速,与国家物理实验室的计划,形成了鲜明的对比。相比于皇家学会的目标,这个项目现在与柏林和布拉格的事情更有关系(1948年10月,防空洞的拆除工作突然停止了)。当然,这一切都与图灵没有任何关系,在这场大型游戏中,他只是人微言轻的无名小卒。在全权委托合同上,甚至连纽曼和布莱克特也没有被提到。纽曼是一位纯粹的数学家,他希望布莱切利的智力核心能够在他的项目中发挥作用,他原本只想买一台现成的计算机,并与数学家们一起工作,但现在他意识到,这是不可能的。硬件的发展现在占据了主导地位,所以他的兴趣逐渐减小了,现在项目被易主,他也没有提出什么反对意见。然而布莱克特却表现出明显的愤怒,当然更主要的原因也许是,他反对研究核武器。

不过,即使不考虑政治方面,图灵也还是来得太晚了。他们已经决定采用旋转式磁鼓，作为一个大容量、低速存储器。数据可以存储在磁道上，被一个磁头读取，这在效果上等同于大量的低速、低成本延时线。这项设计中的另一个创新之处，是纽曼提出的"B管"，这个名称是因为，算术管和控制管分别叫作"A管"（即 arithmetic，意为算术）和"C管"（即 control，意为控制）。这一新增的射线管，可以在控制过程中改变指令，这在操作一组连续的数据时尤其有用，比如"下一个数"这样的想法，在程序中就可以大大简化[1]。然而这样的设计，与图灵的想法是完全不同的，图灵认为应该尽可能地把任务交给程序，而不是硬件。

总的来说，这个项目已经完全被其他人决定好了，它现在被称为"婴儿机"，但只是别人的婴儿。威廉姆斯咸鱼大翻身了，当初达尔文还希望他按照图灵的需求来开发，但现在图灵却需要为他的设计而服务。没有哪个工程师愿意顺应别人的想法，于是冲突就这么产生了，"数学"和"工程"之间的界线被描画得更加清楚，即使不把它比作铁幕，也至少可以说是像《麦克马洪法案》一样尴尬的障碍。图灵的机器永远没有机会来到这个世界了，因为他已经和 ACE 一起，在统治者那里失宠了。不过，图灵可以收养这个婴儿机，而且可以使用它，另外他的这个职位，每年还有 1200 英镑的薪水（1949 年时涨到 1400 英镑），以及令人欣慰的自由。

因此，图灵接受了这个职位，但不是作为"副主任"，而是作为一位没有教席的自由教授。按照传统的想法，曼彻斯特大学是

---

[1] 这一发明后来被称为"变址寄存器"，这在计算机硬件的发展过程中具有非常深远的意义。

第七章 退隐山林

不如剑桥的,人们普遍认为,这所北方大学主要是技术性的,产出的是一些工程师,而不是深奥的理论。然而,曼彻斯特人却以自己的学校为荣,他们有自己的评判标准,而且纽曼已经把数学系打造得不逊于剑桥了。所以,虽然图灵在这里是小池里的大鱼,但他至少不是脱水的鱼。当然,这所大学的硬件条件,相对来说比较恶劣,陈旧的维多利亚哥特式建筑,墙上到处是弹坑,墙角被炸得残缺不全,沾满了黑色的煤灰,因为不远处就是煤车的轨道,对面还有戒酒协会和贫民区。图灵还对这里的男性体格,给出了很低的评价,这并不奇怪,这个城市刚刚从经济大萧条中复苏。但是这种工业气质,也有一些小趣味,当麦卡姆·麦克菲尔1950年从普林斯顿过来访问时,图灵带他去观看布里奇沃特运河和曼彻斯特运河的交汇点,并让他猜猜那是怎么挖成的。

正如普林斯顿一样,图灵就像是被流放到了这里,但他却没有得到美国那样慷慨的补偿。曼彻斯特大学,也像美国的大学一样,是体面人的一片自留地,北方的中产阶级者,并不像剑桥那样包容人类的多样性。但是这座城市也有一种慷慨的精神,而不是狭隘的小农意识。图灵订阅了言论开放的《曼彻斯特卫报》和《观察家报》,他也许在这种平凡的英国工业生活中,找到了一些乐趣,至少这里没有剑桥的那些做作的传统礼仪。

假如图灵不喜欢孤单地留在这里,那么他还是有很多选择的。他可以辞职回国王学院,他仍然拥有那里的研究员身份[1]。他也许还可以去法国找个工作,因为维纳跟那里的一些学校有联系。他还可以随时去美国找到职位,虽然他不愿意去。不管怎么

---

[1] 不过,那里给他的薪水,还不够他住宿。

说，图灵做出了他自己认为最好的决定。尽管对于曼彻斯特的很多人来说，图灵的存在是一种尴尬，但他们不得不忍受他。

1949年3月，图灵写信给弗雷德·克莱顿说：

> 我已经逐渐习惯这个世界了，但我仍然无法习惯曼彻斯特。我一想到上班，就打不起精神。

他常常喜欢待在家里，做些工作或者杂七杂八的琐事。学校的大多数教工，都住在维多利亚庄园周边，但图灵却住在很远的一个公寓里。（他邀请弗雷德来玩时说："我这只有一张床，但我想，你是安全的。"）这个地方非常偏僻，所以他可以在柴郡的乡村中跑步，远离市区的喧嚣和学校里的烦心事。他与健身俱乐部仍然保持着联系，有时还去参加赛跑活动，比如1950年4月1日从伦敦到布莱顿的接力赛[1]。不过他参加比赛越来越少了，基本上都是一个人跑，有时他会跑步去曼彻斯特大学，但更多的时候是骑单车，下雨天时，他会穿着一件滑稽的带有卡通图案的黄色油布雨衣。后来他给他的单车安装了一个小型发动机，但他从来没有过一辆汽车，他对唐·贝利说："我说不定哪天就会突然发疯，然后就会出车祸。"他在普林斯顿时，就没有学好开车，他总是走神，思考一些数学问题。

图灵很少关心大学里的事情，他只关注跟他自己有关的，然后忽略其余的一切。他会主观地区分，哪些人是正经的，哪些人是不正经的，然后绝不在后者身上浪费一丁点儿时间。1947年9

---

[1] 他和克里斯朵夫·查特威一队。

月,就在图灵真正离开国家物理实验室时,他们任用了一名年轻的工程师,名叫 E. A. 纽曼,他从事过 H2S 机载雷达系统的工作,因此具备脉冲电子技术方面的经验。这位纽曼也是个强壮的跑步运动员,以前经常来曼彻斯特看图灵,除了在一起训练之外,他们还会对智能机器的想法争论几个小时。相反的是,那些更专业的学术人士,如果想跟图灵讨论一些问题,常常会被他断然拒绝。

图灵不会给人第二次机会。如果他们能与图灵产生共鸣,图灵会付出几个小时的时间,全力与之交流,同时伴随着令人尴尬的紧张和激烈的气氛。但是说不定什么时候,图灵的灯就会突然熄灭,门会砰然关上,对他来说,要么就是全部,要么就是没有,就像数字计算机的脉冲一样,没有中间值。他会扭头就走,连一句告辞的话都不会说。1936年,他被哈代拒之门外,但是现在,是他在强迫其他人,满足他自己的方式。

"孩子气"或"学生气",仍然被用来形容他的粗鲁举止、杂乱的毛发、过时的打扮,还有他总是揭穿"皇帝没穿衣服"的处事方式。他在曼彻斯特的角色,实际上经常是作为纽曼的一个让大人难堪的孩子。他在曼彻斯特很少有社会交往,这对他来说太难了。他只是偶尔去拜访鲍勃一家,他们住在柴郡的郊区,那里也是 M. 纽曼的家,可以算是北方的一隅剑桥,他在那里比较受欢迎。他们总是互相直呼其名,这让 M. 纽曼感觉有点不自然,他在自己的部门里,很显然是一位权威人物。他的妻子是作家莲·欧文,她第一次接触图灵,是在1949年一起过复活节时,当时他绕着卡迪根湾长跑,令她感到很惊奇。她对图灵的印象非常深刻,"他不拘礼节,长时间沉默,嗓音非常尖细,而且还是结巴，他从不直视别人的眼睛，有时候随便说句什么，然后就走出门去"。

图灵没有加入曼彻斯特的同性恋群体，他的性生活仍然留在剑桥。他自我流放到曼彻斯特，与奈维尔分开了，在接下来的两年中，他每过几周，就会去剑桥找他。奈维尔已经修完了两年统计学的研究生课程，1949年他们一起去法国，度过了一个短暂的假期。他们一起骑单车，还游览了拉斯科岩洞，图灵很喜欢那些原始的壁画，他常常想画一些速写来描绘自然。就像1937年一样，图灵回到国王学院，度过8月。

国王学院继续担当他的守护神，尤其是罗宾，就像白骑士一样，为他提供了最多的帮助。但在其他方面，罗宾根本不是白骑士，他比图灵更不安分。他搞了一辆马力很大的摩托车，有时会带着图灵去皮克区飙车。图灵给他的朋友们讲了普林斯顿的寻宝游戏，在接下来的几年里，他跟罗宾、尼克·佛本科、凯斯·罗伯兹一起，组织起来玩了几次。图灵负责研究线索，其他人负责骑车。有一次诺尔·安南参加进来，并用一瓶香槟来提示一条带有"香槟"这个词的法语线索。凯斯·罗伯兹跟图灵讨论过很多关于科学和计算机的事，但却从未谈过"那方面"的事。尼克·佛本科虽然没有学术背景，但他对博弈论和模拟原则很有兴趣。

图灵还跟尼克·佛本科和罗宾一起，发明了一套新的游戏。这个游戏是，一个人到房间外面去，其他的人则列出一个礼物清单，想象那个人会喜欢的礼物。然后那个人回到房间，他可以先提一些相关的问题，然后从这些礼物中选择一件，游戏的关键就在这里，其中一件礼物，会被秘密地设定为"机关"，如果他恰好选择了机关,这一局就结束了。这些想象中的礼物,很是令人玩味,图灵有一次提出了"骑士桥军营的茶叶",这也许反映了他20年前的渴望。曼彻斯特计算机,也是他的一个渴望,虽然是以他不希望的方式实现的。他还有很多其他的梦想,但却是同样地虚无飘渺,同样地枝节横生。

按照计划,曼彻斯特大学的工程师会建造一台模型机,然后弗兰蒂公司会以此作为"威廉姆斯教授的要求"。1949年一整年,工程师们一直都在对原始的"婴儿机"进行扩展。到4月时,他们又增加了3条阴极射线管,以达到更高的存储和乘法速度,还有一个小型的磁鼓设备,正在进行测试。另一项改变是,现在每条阴极射线管组成的"线"可以存储40个点,每条指令占用20个点,每5个点被划分成一组,存储5个二进制位,表示一个三十二进制的数字。

但在演示这台机器时,纽曼选择了一个很不明智的例子。这台机器的存储容量还非常小,但纽曼选择了一个在布莱切利曾经讨论过的问题——寻找大素数。在1644年,数学家推测$2^{17}-1$、$2^{19}-1$,$2^{31}-1$,$2^{67}-1$,$2^{127}-1$,$2^{257}-1$都是素数,而且是这个范围内仅有的这种形式的素数。到了18世纪,欧拉艰难地证明了$2^{31}-1=2146319807$确实是个素数,但如果没有新的理论来支撑,这种方法无法走得更远。1876年,法国数学家E.卢卡斯提出,可以通过一系列关于p的运算来检验2^p-1是否是素数,并证明了$2^{127}-1$是素数。1937年,美国的D. H.莱默利用台式计算器证明了$2^{257}-1$是素数。接下来几年的工作表明,梅森的猜想是错误的,直到1949年,卢卡斯的素数依然是人们所知的最大素数。

卢卡斯的方法是专门为二进制计算机设计的，所以他们需要做的工作，只是把大数分割成40位的小块，以便于存储。纽曼给托蒂尔和吉尔博解释了这个问题，并且在1949年6月成功地做到了，在加载了程序之后，仍有足够的空间来处理 p 小于353时的所有情形。他们检查了欧拉、卢卡斯和莱默的所有工作，但却没能找到更大的素数[1]。

这不是一个简单的合作，是"工程师"和"数学家"之间的妥协。纽曼对这台机器已经不怎么感兴趣了，图灵接替了"数学家"的角色。现在可以由他来指定，用什么操作来展示这台机器，尽管他提出的列表，已经被工程师们删减了不少。图灵在内部逻辑设计方面没有任何话语权，这些都由托蒂尔负责，他负责的是输入和输出机制，这与机器的使用者更直接相关。

在国家物理实验室，因为他们有一个打孔卡片部门，所以图灵就选择用打孔卡片进行输入。而在这里，他则更喜欢产生一条电传纸带，这样就可以把它放进电传打字机。图灵自然对电传打字机非常熟悉，因为布莱切利和汉斯洛普都有这套东西。5条电传纸带，上面有32种不同的0和1的组合，从此这些纸带就成了曼彻斯特机器的语言，日日夜夜地纠缠着它的使用者。

图灵的工作，是使曼彻斯特机用起来更方便，但是他眼中的"方便"，有时候会让别人觉得非常不方便。他研究过威尔克斯的设计思想，即通过机器的硬件设计，使其指令形式尽可能地符合人类的习惯，比如说在 EDSAC 上，字母"A"就表示相加（"Add"的开头字母）。但图灵的想法与此不同，他认为这种方便

---

[1] 下一个素数的 p 值是521，这超出了他们能够处理的范围。这个素数后来在1952年，也是利用计算机找到的。

性应该通过编程来实现,而不是通过硬件。在他1947年的谈话中,他说这些都是"杂七杂八的小细节"。现在在曼彻斯特,他有机会实现他自己的想法,因为这台机器的硬件设计,并没有故意迎合编程人员。但是现在,也就是1949年,他已经对这些"杂七杂八的小细节"失去兴趣了,比如说二进制和十进制之间的转换,他觉得完全没有必要,他发现,直接用三十二进制进行思考是很简单的,而且希望其他人都这样做。

要在纸上使用三十二进制,就必须为32个不同的"数字"找到32个不同的符号。图灵直接使用了博多电传码,来取代工程师们使用的五位组合码,比如说22这个数,在五位二进制码中表示为10110,而在博多码中可以用"P"来表示。要想以这种方式进行思考,就必须把博多码及其乘法表背下来。图灵觉得这个很简单,但很少有其他人这么认为。

因为这些外在的原因,使原始的编码显得十分可怕,使用者承受着巨大的压力,这时候阴极射线管的一项特性起到了作用,那就是可以让人们"查看"存储器里的内容,图灵称之为"显像管"。他强调,要保证使用者看到的内容,与程序写出来的内容是逐位对应的。但要想实现这种对应,就必须将那些三十二进制的数倒序地写出来。另一件尴尬的事情是,在博多编码中,五位组合码并不都能与字母对应(劳凯克斯机也遇到了这个问题)。托蒂尔引入了另外一个符号,即用"/"来表示三十二进制中的0,其结果就是,他们的程序纸上布满了大量的"/",人们都说,这就像是雨打在窗户上的感觉。

1949年10月,这台机器全部就绪,并交付给弗兰蒂公司进行生产。他们打算利用这段时间,为这台计算机(它将被称为"曼彻斯特马克1号")编写操作手册,以及一些基本的程序,以便制造完成后,很快就可以用起来。

这就是图灵的下一项工作,他要花很多时间,逐项地检查这个原型机上的每一项功能,并与工程师们讨论这些功能的效率问题。10月时,他写了一个输入流程,即首先打开开关,并清空指令,再从纸带上加载新的指令,将它们存储在正确的位置上,然后开始执行。

这是一项很低级的工作,而且在他编写的《编程人员手册》中,虽然考虑了很多实践建议,但却几乎没有什么新的想法,没有像他在国家物理实验室提出的关于浮点数的那样精巧的想法,也没有提到关于子程序库的组织结构问题。在曼彻斯特的项目中,这些都被两种存储器取代了。在弗兰蒂公司制造的机器上,共有8条阴极射线管,每条可存储1280个数字,另外还有磁鼓可以存储655360个数字,安排在256个磁道上,每个磁道存储2560个数字[1]。编程完全围绕着把数据和指令从磁鼓取到射线管的过程,以及再把它们送回去。子程序的存储和传输,或多或少也是由硬件来负责的。图灵要考虑这些问题,他考虑嵌套任意深度的子程序。在《编程人员手册》的另一段中,他提到了这种可能性:

> 任何程序的子程序,本身都可以再含有子程序。这就好比每一只跳蚤都可以生小跳蚤,而小跳蚤还可以继续生小跳蚤。

---

[1] 后来这一目标并没有完全实现,因为这样的磁道过于密集,经常导致故障。

他把这个留给使用者自行规划，他自己的"范例 A"中只介绍了一层子程序的调用。

这本手册，反映了图灵在曼彻斯特遇到的沟通障碍。对于威廉姆斯和其他工程师来说，数学家就是懂得如何进行计算的人，他们认为二进制计数这样的东西，就是由数学家引进来的。然而对图灵来说，这些三十二进制的计算范例，以及其他的一些简单例子，表明了一个更深层的事实，那就是数学家可以自由地根据需要，选择任何一种符号记法。对他来说，一个符号与它代表的东西之间，并没有什么本质上的明显关系，因此在《编程人员手册》的开篇，他就解释了关于用数字来表示脉冲序列的一系列人为约定。这比通常的"机器存储数字"的说法要准确得多，但对于那些根本不知道数字还可以用非十进制来表示的人们来说，这几乎没有任何直接的帮助。图灵并不是故意不走寻常路，但就像《可计算数》和 ACE 的报告一样，他在处理抽象和具体的关系时，总是用一套他自己觉得有道理的方法，而不考虑其他人。他对符号的深刻理解和他埋头苦干的精神结合起来，本来可以极大地推动编程语言的设计工作，但他却没有做这件事，他没有利用抽象数学赋予他的绝佳优势[1]。

---

[1] 图灵原本有很多机会，但却都被他忽视了，这很令人不解。比如说，他可以利用他关于"递归函数"的知识，来建立一套更强大、更巧妙的子程序机制。丘奇的λ算子，还有他自己做过的那些深奥的数理逻辑研究，都与编程语言的设计有关。他在研究谜机时应用的概率和统计知识，同样可以应用到编程理论中。搜索、排序、还有机器象棋中的"树"，都与计算机的编程问题尤其相关。他本来有巨大的发展空间，他可以为新兴工业设立标准，他可以轻松地推动这些技术的发展，他可以对抗纯数学与计算机应用的分裂。但是，他放弃了这一切的发展，只做了一些很少的工作，比如程序验证，这体现了他一贯的抽象观念。

1949年10月，图灵得到了两位助手，协助他编写开平方根之类的标准程序。其中一位是研究生奥德瑞·贝兹，另一位是赛斯丽·波普韦尔，她是剑桥数学家，毕业时具备了用于住房统计的打孔卡片经验。他们和图灵共用一间办公室，直到他们成立了新的计算实验室，以部署弗兰蒂公司的机器。这不是一个很好的安排，图灵从未真正地承认，这两个人在他的办公室里拥有"存在权"。赛斯丽来的第一天中午，图灵喊了一声"吃饭！"然后就大步流星地走了，他都没有告诉赛斯丽食堂在什么地方。如果有客人来访，他可能会和客人聊上很久，但如果哪个助手跟他多言，他就会大为恼怒。他们有时也会得到一些快乐，比如有一次他们邀请图灵一起打网球，图灵穿了一件雨衣就来了，惹得大家开怀大笑。但是通常情况下，当图灵不来上班时（他经常不来），他们才会更开心。图灵没有规定他们必须要学会什么，也没有帮助赛斯丽减轻在思维速度方面的"严重自卑"。当部门之间的关系出现紧张时，赛斯丽就会充当润滑剂的角色。

使用原型机进行工作并不舒服，这玩意就跟罗宾逊机差不多。据赛斯丽·波普韦尔说：

> ……基本上是个体力活。一开始你要到机器室去喊工程师，然后用手动开关把程序输入进去，显示器上出现一道亮带，这表示机器已经进入就绪循环了。然后你要跑到楼上去，把纸带放进读带器，然后再跑回机器室。如果机器仍然处于就绪循环，你就可以去叫工程师，给它切换到写入电流，然后清空累加器（让控制信号出来）。如果你运气够好，纸带就被读取了。显示器的模式一旦表明输入结束，工程师

马上把写入电流切换到磁鼓,关掉书写电流到鼓状物。因为每一个传输环节都有可能产生错误,所以往往要试很多次才能将纸带输入,而每试一次,你都需要跑到楼上去。

从射线管写入磁鼓是一个非常重要的过程,图灵对此写道:

> 从编程者的角度看来,这台机器最不可靠的部分,似乎就是磁写入设备。写入错误的后果,比其他任何错误都更加严重,所以自动写入从来都没有成功过……其他严重的错误还会发生在存储管和乘法器……

在1950年夏天,计算机使用者们,在32摄氏度的酷暑中,还要举着大锤子,猛砸机器的架子,以检查松掉的电子管。

1949年秋天,图灵对弗兰蒂机器的硬件设计,提出了很少的一些建议。比如他建议加装一个随机数产生器,这是他的ACE设计中所没有的。他自己的电子知识很有限,缺乏一些必要的实践经验,但如果在托蒂尔的协助下,他就完全能够设计出这个系统。这个发生器可以根据噪声,产生真正的随机数,而不是像密钥产生器那样,看起来随机,实际上却是确定的数。(如果图灵想要后者,他完全可以自己做一个。)也许他的设计是基于汉斯洛普的为劳凯克斯机生产密钥的电路。

托蒂尔对图灵的想法很感兴趣,但其中一些想法,从时间和资源的角度来看,是非常不现实的。比如说,图灵为计算机设计了一个符号识别系统,这个设计非常复杂,包括一个摄像机,用来把视觉图像转换成阴极射线管的信号,并把它缩放至标准大小。托蒂尔也许是最能接受这类梦想的人,但是对他来说,图灵虽然是最卓越的数学家(至少听说是如此),但在工程方面却是个半吊子。在这一年,图灵试图成为专业工程师的努力,彻底以失败告终了。

与此同时,计算机的理论方面的发展,成了更加一般化的问题。1948年,诺伯特·维纳出版了一本书,名为《控制论》,他给"控制论"的定义是"关于在动物和机器中进行控制和通信的科学"。这是在信息和逻辑的层面上描述世界,而不是能量或物质,这受到了战时技术发展的深重影响,尽管其基本思想,比如反馈,并不是新的想法。早在1943年冬天,维纳和冯·诺依曼就召开过一场会议,讨论控制论,但是维纳的这本书,才正式地标志着这个课题的诞生。《控制论》这本书非常艰深晦涩,几乎无法读懂,但是人们仍像握着魔法钥匙一样握着它,似乎这把钥匙能够解开过去10年间发生的秘密。

维纳把图灵视为"控制学家",而"控制学"也的确很贴切他长期以来的思考领域,那是战争给他机会让他去思考的领域,那是不属于任何现有学科的一个领域。维纳在他的书的引言中说,1947年春天,在他去法国的路上,曾"与图灵先生讨论过控制论的基本概念"。

1949年,人们认为美国是科学方面至高无上的中心,这一年2月24日的《新闻评论》杂志,刊登了维纳的一段话,他不无得意地给读者讲述,当他前往英国时,英国科学家如何围着他,给他提供"有价值的资料"。维纳就像是太阳,图灵就像是环绕他的行星,在照片中,他年轻、拘谨的外表,与维纳的庄严气质和生物学家霍尔丹的大脸形成了鲜明的对比。

在现实生活中，图灵和维纳并不是同类人，虽然他们有很多共同爱好，但他们的人生观很不一样。维纳有一种打造帝国的野心，他想把人类的所有学科都变成控制论的分支。还有一个区别是，维纳完全没有幽默感，而图灵则有着英国式的风趣。维纳讲话时，总是带着一种令人敬畏的庄重感，因此在《控制论》中，他严肃地指出，麦卡洛克和皮茨已经解决了大脑如何进行视觉识别这个问题。控制论的进步，非常依赖于在黑暗中进行这种过于乐观的摸索。有一个故事很有名，后来发现只是恶作剧，这是关于一个测量大脑记忆容量的实验，方法是把一个砖匠催眠，然后问他"第四排第五块砖上面的裂缝是什么形状的？"图灵认为这些控制论的故事全是一种笑话。

还有一个不同点在于，维纳广泛地思考控制技术的经济价值。战争没有改变他的坚定立场，他认为应该利用机器为人类服务，而不是把它视为人类的竞争对手。他评论说，工业机器人几乎把人类贬低到了与奴隶竞争的地位，这种优胜劣汰的竞争原则是原始落后的。因为他持有这种极"左"的科学思想，所以他出访英国时，不出所料地拜访了左派的科学名人 J. D. 贝尔纳、H. 莱维和 J. B. S. 霍尔丹。

但是在英国，对控制论的学术讨论与这些无关，与计算机的应用也无关，与战时技术在和平时期的发展也无关，与合作与竞争的问题也无关。《新闻评论》把控制论称为"恐怖的科学"，并不是害怕它的经济后果，而是担心它对传统信仰的冲击。这些维多利亚式的说辞，反映了战后的一种保守反应。而对于图灵来说，这很像他在 20 世纪 30 年代对思维问题的困惑。然而现在时代变了，引领英国知识界讨论这个问题的，不再是主教，而是脑外科医生。1949年6月9日,著名的杰弗瑞·杰弗逊爵士发表了演说,名为《机械人的思维》。

杰弗逊在曼彻斯特的神经外科享有一席之地,他还通过威廉姆斯得知了计算机发展,但他的大部分认识还是来自维纳,维纳强调了大脑神经细胞与计算机组件的相似性[1]。他还将计算机故障与神经疾病联系起来,但是在这个层面上,这些类比十分牵强。控制论要想发展得更加精确、经得起推敲,还应该引入图灵的关于离散状态机和通用性的思想。要想驳倒维纳的某些观点是很容易的,但是杰弗逊并没有止步于此,他还说:

> 无论是动物还是人类,都不能用孤立的神经机制来解释,他们还有着复杂的内分泌,以及多姿多彩的情绪。性激素能引起最让人难忘的行为,有些鱼类具有迁徙的习性,这些都不能只通过神经来解释。

他用了一段激昂的排比,这段话后来经常被引用:

> 除非有一天,机器能够有感而发,写出十四行诗,或者谱出协奏曲,而不只是符号的组合,我们才能认可,机器等同于大脑——不光要写出这些,而且还要感受它们。任何机器都无法对成功感到喜悦,对电子管故障感到悲伤,对赞美

---

[1] 图灵本人并不看好这种轻率的类比,他认为这与"大脑可以视为离散状态的机器"是无关的。1948年,在他写给国家物理实验室的报告中,他写道:"我们可以制造精确的电子模型,来复制神经元的行为,但我不认为这样做有什么必要。汽车用轮子可以跑得很好,为什么非要给它安上腿?"

感到温暖,对错误感到沮丧,对性感感到着迷,对失去心爱之物感到痛苦。

杰弗逊以"我愿做莎士比亚的同胞,而不是冰冷的机器,我想起了哈姆雷特的话:人类是多么了不起的杰作啊!多么高贵的理性!多么伟大的力量!"等作为结束。在这一类讲话中,莎士比亚经常会被引用为人类感性的典型。杰弗逊确实为"了不起的杰作"做了很多正经事,他不但治疗了许多被两次世界大战敲碎的脑袋,还在20世纪30年代发明了额叶切除手术。

这是一种鸵鸟式的观点,它基于这样一个假设:机器的配件是非生物性的,所以它不可能具有创造性的思维。杰弗逊说:"要说电子管有思维,简直荒谬到让人绝望。"但实际上,没人说电子管有思维,正如没人说神经细胞有思维,单独讨论一个配件是否有思维,这是没有意义的。在图灵看来,"思维"是一个整体系统,这个系统是一种逻辑结构,并不依赖于承载它的特定物理实体。

《时代》杂志抓住了杰弗逊的一个让步:

> 机器可以解决逻辑问题,因为逻辑几乎就是数学。我们大学的哲学系,正在进行一些这方面的研究。

他们的记者打电话到曼彻斯特,图灵口无遮拦地说:

> 这只是未来的一点预兆,只是将要发生的事情的冰山一角。而在我们知道机器真正的能力之前,我们必须首先积累

一点这方面的经验。我们可能还需要花很多年，才能确定更远的东西是什么，但我看不出来有任何理由可以证明，机器无法达到人类的智能，并与人类进行平等的竞争。

要说机器写不出十四行诗，我觉得你恐怕也写不出来吧。而且这种对比很不公平，因为机器的十四行诗，也许只能由机器来理解。

图灵先生还说，他们大学感兴趣的，是站在机器的立场上，探索机器的未来发展。他们的研究，旨在寻找机器能够从事何等程度的智能活动，能够为其自身进行何等程度的思考。

"他们大学感兴趣的"这些尴尬的东西，引起了天主教公学的猛烈地鞭笞：

……从杰弗逊教授的讲话来看……负责任的科学家们，应该立即远离这个项目。我们所有的人，都应该从中得到警示，即使是唯物主义者，也认为应该保护自己，就像勃特勒的《埃万共和国》，避免受到机器的威胁。那些发自内心相信自由的人们（假如我们没有心灵和灵魂，只有一个大脑，那么这将是很难理解的）必须想一想，我们国家的领导者，有几个人会像图灵先生那样想，有几个人会同意他的观点。

6月11日

大不列颠的领导者们，没有发表他们的意见。不过 M. 纽曼给《时代》致信，纠正了图灵令人冲动的预言，并说了一些关于梅森素数问题的解释。杰弗逊为曼彻斯特做了一次很好的宣传，因为《时代》刊登了那台年轻机器的照片，6月25日的《伦敦图闻》也刊登了，这碰巧抢了剑桥 EDSAC 的运行仪式的风头。

威尔克斯的团队进展也很迅速，他们造出来一台类似于 EDVAC 的计算机，并采用水银延时线作为存储器，这比美国的任何项目都更为先进。虽然它只有32条延时线，每位数据耗时2微秒，是 ACE 计划的两倍，但它至少是一台真正能运行的机器。如果说曼彻斯特的"婴儿机"是世界上第一台能运行的存储程序式电子计算机，那么 EDSAC 就是世界上第一台可以正式用于数学研究的计算机。[1]

1949年6月24日，图灵出席了 EDSAC 的运行仪式，并做了一个题为《控制大型程序》的报告。他给出了一套巧妙的方法，用于控制那些容易丢失数据的长程序。为了阐明他的想法，他转头在黑板上做了大量的演算，这时他就像是在曼彻斯特一样，把整个世界都抛到脑后了。威尔克斯说："我觉得他并不是故意在表演，也不是故意无视我们，他只是没有意识到，这些过于琐碎的细节会影响别人的理解。"然而，"这些过于琐碎的细节"，可能掩饰了一个有点讽刺的事实：EDSAC 的研究人员到1949年才开始写程序，然后想到了"子程序"的想法，而图灵在很多年前就做到了这些，并且进行了大量的论证。

与此同时，ACE 项目又起死回生了。图灵辞职的时候，正是

---

[1] 曼彻斯特机所做的梅森素数问题，是一个人为设定的问题，这台机器实际上直到1949年秋天，才开始应用到常规的问题上。除了图灵自己的那些问题之外，它还用于光学计算、追踪透镜系统中的射线，以及与导弹有关的一些数学问题。

这个项目最艰难的时候，在那之后不久，托马斯（负责电子工程的那位）也辞职了，而他的继任者 F.M. 克尔布鲁克则有着完全不同的风格。托马斯一走，数学家们就搬进了工程楼，克尔布鲁克带来了一个前所未有的局面，两个队伍很快就融合到了一起，像联合战线一样工作。建造机器的进度明显加快了，快到可以与图灵最初的展望相媲美。到了 1949 年中期，他们的延时线可以工作了，10 月，控制电路也完工了。ACE 原型机，是基于图灵设计的第五个版本，另外还有哈斯基的一些草率的改动。它仍然采用"分布式"的处理过程，与冯·诺依曼的累加器不同。在这个时候，查尔斯·达尔文爵士退休了，M. 纽曼认为，他把图灵带走，是帮了达尔文一个大忙，图灵自己可能也是这么想的。1950 年 11 月，图灵去参加 ACE 原型机的运行仪式，他大度地称赞威尔金森，说他们做得非常棒，比他在的时候更棒。当然，如果图灵不走，这台原型机根本就不可能造出来。但是他一定也知道，跟他最初的设计相比，这台原型机简直不足挂齿。

图灵离开之后，ACE 项目变成了沃默斯利的辉煌。在 1949 年 11 月 13 日的执行委员会会议上，克尔布鲁克把这个项目完全讲成了沃默斯利的故事：

> 克尔布鲁克先生接着谈到了自动计算引擎项目的组织历史。这项研究起源于图灵博士的论文——《可计算数及其在可判定性问题中的应用》。1938 年，沃默斯利先生在参考了这篇论文，并与哈特里教授讨论之后，便开始思考这台机器的逻辑设计。沃默斯利先生于 1944 年早期来到本实验室，并于次年前往美国考察了哈佛机和 ENIAC。1945 年，纽曼教

授前来拜访沃默斯利先生,并且介绍了图灵博士,不久之后图灵博士加入了本实验室。

这一段是唯一提到图灵的地方。克尔布鲁克继续编他的故事:

> 1946年,自动计算引擎项目正式启动,邮政实验室负责实验性工作,而本实验则负责理论工作和编程工作。由于邮政实验室进展极其缓慢,因此本实验室在1947年组建了一个新部门,负责制造ACE。

然后他富有技巧地把托马斯时期给忽略了,直接就跳到了1948年和1949年的进展。接下来他将ACE原型机和"最初的计划"进行对比,并且宣称:

> 原计划的完整型ACE,是沃默斯利先生拜访美国时,与冯·诺依曼教授交流之后,得到的思考成果。

到了1950年,图灵已经被彻底遗忘了。

然而,图灵只要做出了自己的决定,就绝对不会抱怨。在很多方面,就身份、级别、设备的缺乏而言,他在曼彻斯特的处境,与在汉斯洛普差不多。有一个不同是,曼彻斯特的环境无疑使他变得更加粗暴了。另一个不同是,1943年,他无心插柳地学会了不少电子方面的实践经验,而1948年他则学会了使用计算机。他曾经构想了理论中的通用机,而在1949年,他可以使用全世界仅有的两台真正的通用机之一了。

起初,他想要做一做以前想过的那些,能够展示通用机的实力的那些工作。他首先要重做关于黎曼ζ函数的计算。战争爆发时,他用齿轮来做,现在他可以使用通用机的纸带和指令来代替了。可是,这个计划却没有成行,一方面是机器的错,一方面是他自己的错:

> 1950年6月,曼彻斯特原型机进行了一些关于黎曼ζ函数的零点分布的计算,即判断是否存在脱离特定直线的零点。这项工作是事先计划好的,但在实践中却进行得非常匆忙。要不是破例为计算机增加了下午3点至次日早上8点的使用时间,那么这项工作也许永远都无法进行。计算机检查了 $2\pi \times 63^2 < t < 2\pi \times 64^2$ 这个区间,基本上只有这些。
>
> ……对 $1414 < t < 1608$ 这个区间也进行了检查,但不幸的是,就在这个节骨眼上,机器出了故障,无法继续计算。他们随后发现,在 $t = 1540$ 之前的区间内,零点全部位于特定的直线上,而在这之前,蒂施马奇只检查到了 $t = 1468$……

这项实验是一次不同寻常的合作,吉尔博整个晚上都陪在旁边,图灵拿着输出的电传纸带到灯光下面去看:

> 根据需要,纸带的内容可以自动打印出来……输出的结果主要是三十二进制数……最高位在右边。更方便的十进制也是可以实现的,但是这需要对存储过程进行转换,使用者

对三十二进制结果感到完全满意,他对此非常熟练。

还有一个曾经的想法是关于谜机的,现在是时候了结它了:

> 我在曼彻斯特计算机上实现了一个小程序,它只占用 1000 个存储单元,输入一个 16 位的数,机器可以在 2 秒内输出一个新的 16 位数。我确信任何人都无法根据输出来推断该程序的过程,因此也无法猜测其他输入数的输出结果。

简单地说,图灵设计了一个加密系统,并认为这个系统即使在明文被截获的情况下,也无法破解。还有其他的线索,暗示着他对密码学的持续的兴趣。他要求弗兰蒂公司的马克 1 号具备一个硬件设备,这个设备被他们称为"横向加法器",它可以在 40 位序列中,统计"1"脉冲的个数。这在算术程序中没有用处,但是在一些用数字表示"是"或"否"的逻辑问题中则非常有用,而这正是巨人机所做的。这些应用可能都是出于图灵的个人爱好,不过在此期间,随着国际局势日渐清楚,国家通信总局开始向他寻求这方面的协助。在密码学和电子计算机方面,如果他们不找图灵,那就是太不正常了,图灵早就说过,密码分析是"回报最大"的程序应用。当然,很少有人知道这一点,因为这比任何秘密都更秘密。

这段时间,在他与年轻的美国人大卫·塞尔的讨论中,也体现了他对密码学的回溯。塞尔在战争时期毕业于麻省理工学院放射实验室,现在在牛津大学师从多罗西·霍奇金,学习分子生物学。战时他曾与威廉姆斯一起工作,并去曼彻斯特参观了那台计算机,他认为这有助于 X 射线结晶学的研究,于是威廉姆斯把他介绍给了图灵。图灵对他表现出了不同寻常的友好和亲切，塞尔感觉"和他在一起非常轻松"。他们马不停蹄地聊了两天半，其中的间断只有当"有人打电话告诉他，如果要用机器，这几分钟可以用。然后他就会抓起一捆纸和几条打孔纸带……离开几分钟"。

塞尔猜到了图灵在战时研究过密码学。X射线结晶学现在用于研究蛋白质的结构，其本质上与密码分析学非常相似。X射线的衍射结果，可以看成是分子结构的密文，而其分析过程，可以看成是给定密文，求解明文和密钥[1]。因为这种相似性，所以：

> ……他把结晶学家目前为止发明出来的大部分方法，全部重新独立地发明了一遍。他在这方面的知识之精深，远远超过了我知道的任何一位结晶学家。假如他在这个领域认真研究一段时间，我保证他一定会推动结晶学的发展。他想到了一个结晶学界在1949年根本没想过的问题，即量化地计算，必须掌握多少信息量，才能确保得到一个解。

---

[1] 通过X射线测定，只能得到各个频率成分的振幅，而无法得到相位，因此必须要把相位推导出来。正确相位的标准是，当把它与振幅结合起来时，能够得出与实际情况吻合的晶体状态，包括准确的原子数量和电子密度。这与推导密钥是完全一样的过程，对于一个密文来说，正确推导的标准，就是能够从密文中得出合理的信息。

与密码分析更为相似之处在于，结晶学家在处理这个问题时，会首先对晶体的结构进行假设。就像沃森和克里克在研究DNA时，假设了螺旋形的结构，然后再缩小范围，逐渐逼近真正的解。这在本质上与"有可能的明文"是出于同样的想法，后者也可以急剧地缩小有可能的密钥范围，比如说对于谜机，他们根据炸弹机少量的停机，就能试验出合理的德文明文。

图灵能够量化地计算所需的信息量，这也是在意料之中的，这与他在布莱切利提出的"证据权重"非常接近，而这正是他当时的核心想法。

图灵给塞尔讲解了黛丽拉所用的香农定理，塞尔在一篇论文中用到了这个定理，这篇论文大大推动了该领域的理论进展。图灵自己并不打算在这个领域"认真研究一段时间"，这个领域太拥挤了，而图灵追求的是自给自足的生活。但他非常欢迎年轻的塞尔常来使用曼彻斯特机做一些计算。

另外一位来访者，正是克劳德·香农本人。他们关于机器和思维、信息和通信的讨论，在1943年之后，已经变得广为人知了。1950年9月，香农作为一位明星级嘉宾，来伦敦参加一场关于信息论的研讨会。就在不久之前，他刚刚发表了一篇关于国际象棋的论文，其中阐述了最大值最小化策略和树状搜索。有人对此做了一些评论，但图灵认为，这些评论混淆了原因和结果，用图灵的话说：

> ……这就好比，统计不同阶级的男士送到洗衣店的衣服的种类，然后根据统计结果总结出，只要每周送洗大量的衬衫，就能够成为成功男士。

随后香农来到曼彻斯特，看到了他们的原型机。在他回国之前，图灵还给他讲了黎曼ζ函数的计算实验。[1]

这场会议的举办，反映了控制论的广泛进步。1949年7月，K.洛伦兹在剑桥做了一场关于动物行为的报告，随后成立了一个

---

[1] 香农非常怀疑这项实验的有效性，而且他有很充分的理由。后来到了1977年，更加深入的计算机实验证明，黎曼ζ函数的前700万个零点，没有一个是脱离那条特殊直线的。这是暴力穷举方法的一个负面例子。

非正式的控制论讨论组,他们从此每月都在伦敦聚会一次。这个讨论组名叫"比率俱乐部"。在第一次聚会上,麦卡洛克发表了演讲,他和维纳一样,是对控制论最有发言权的人之一。他曾经到曼彻斯特拜访过图灵,但图灵觉得他是个"假内行"。图灵没有参加比率俱乐部,但在第一次聚会上,他的名字被歌德和生物学家约翰·普林戈反复提起,这两位都是他在国王学院的同学。

从那之后,图灵会不定期地参加他们的聚会,而且他觉得挺有意思的。罗宾·甘迪后来也去过几回。在 1950 年 12 月,图灵做了一个题为《训练数字计算机》的讲座之后,杰克·古德也参加了。电信研究所的阿特里和哲学物理学家 D. 麦凯也对机器智能很感兴趣,还有对早期控制论产生过巨大影响的神经学家 W. 格雷·沃尔特和 W. 罗斯·阿什比,也是这个时期的活跃成员。沃尔特制作了一些电动乌龟,它们在快没电的时候会自动去充电。他们对这些聚会充满热忱,但是过了几年就降温了,因为大家发现,控制论并不能立即解决人类面临的问题。

1948 年,出自布莱切利的彼得·希尔顿离开牛津大学,加入了曼彻斯特的数学系。图灵带他去看了那台机器,事实上这台机器在某种程度上,就是依靠他们的经验才得以研制出来。1949 年,希尔顿也参加了他们的讨论,这些讨论还涉及图灵很久以前研究过的东西,比如群论和数理逻辑,这些东西一直贯穿着他的学术生涯。

他们谈到了群论的"字问题",这与希尔伯特的可判定性问题有关,但这个问题并不是寻求一个机械过程来判定命题的真伪,而是寻求一个机械过程,来判定一个群中给定的两个生成元是否相等，也就是两组给定的操作是否具有同样的作用[1]。1943年，艾米尔·波斯特给出了一个结果，他证明了半群[2]的字问题是无解的，但是群的字问题仍然悬而未决。于是，图灵在这个问题上，让希尔顿震惊了一小下：

> 图灵表示，他从未听说过这个问题，并认为这十分有意思。他暂时放下了机器方面的工作，并在大约 10 天后宣布，他证明了群的词问题也是无解的。于是他们组织了一个研讨会，让图灵在会上展示他的证明。在研讨会的前几天，图灵突然说："不对，这个证明有点错误，它只适用于消去半群[3]。"因此，他实际上证明了消去半群的情形。

这个证明需要新的方法，在技术上也许比《可计算数》更难。但这件事表明，在任何时候，图灵可以随时重拾逻辑学家的身份，哪怕他已经离开很久。也许这会是个很好的回归，但图灵并没有回归，他只是回眸，与之相视一笑。他在群论问题上又花了一些时间，但并没专门投入其中。他没有得到更进一步的成果，但他一定重拾了 20 岁那年的纯真，那时候的图灵，还没有被卷入世界的大风暴。

图灵把他的结果投给了冯·诺依曼的杂志，他们于 1949 年 8

---

[1] 对于有限群，这种机械过程显然是存在的，比如可以通过原始的穷举方法，对每一种可能性进行检查。但问题在于无限群。

[2] "半群"也是一组操作的抽象，但它不一定满足构成"群"的条件，即其操作不一定是可逆的。

[3] "消去半群"是一种半群，但具备一个接近于群的特性：如果有 AC=BC，就一定有 A=B。

月 13 日收到了，而且那位大人物亲自回复了他：

亲爱的图灵：

……我们的机器项目进展十分顺利，但还没有达到你们的程度，我预计这台机器将于明年上半年正式完工。你现在在研究什么呢？接下来有什么打算？

祗请诸安

冯·诺依曼敬致

1949 年 9 月 13 日

冯·诺依曼的机器项目已经落后了好几年，因为他们把希望寄托于光电摄像管，但光电摄像管却不好使。在这批美国计算机项目中，最先完成的是埃克特和莫切利的 BINAC，它于 1950 年 8 月完工，并用于航空工程。接着是 1950 年 12 月完工的"阿特拉斯机"，用于密码分析。1949 年 9 月，苏联进行了原子弹试验，这促使美国在 1950 年初，决定发展高热核武器，这使冯·诺依曼的 EDVAC 项目和洛斯阿拉莫斯的 MANIAC 项目都得到了推进，但即便如此，它们还是直到 1952 年才完工。这一延误，导致氢弹的可行性计算是依靠 20 世纪 30 年代的老方法完成的，也就是计算尺和台式计算器，这耗费了好几年的人力劳动。最终，他们被迫放弃光电摄像管，转而使用威廉姆斯的阴极射线管。威廉姆斯战胜了美国，英国的创造力现在仍有机会"飞到美国前面"。

但是，图灵现在在研究什么呢？他接下来有什么打算？那位大巫师，向桃乐丝提出了正中要害的问题，因为曼彻斯特计算机无法满足图灵关于学习、训练和搜索的雄心壮志。图灵不得不承认这个现实，现在他必须找到新的道路，才能继续追逐他的梦想。

与此同时，控制论吸引了比杰弗逊更有分量的哲学家，图灵的观点也遭到了更加专业的反驳。这股强大力量，来自麦克尔·波兰尼，他是一位匈牙利移民，1933～1948年在曼彻斯特执掌"物理化学"教席，后来又转向"社会研究"教席，并从此对哲学产生了很大兴趣。

在很久之前，波兰尼带头反抗政府的"计划科学"。在战争时期，他成立了"自由科学会"，战争结束后，他试图将政治与科学哲学相结合，提出了许多观点，以反对各种形式的决定论。特别是他利用哥德尔定理，表明人的思维可以做到一些任何机械系统都做不到的事，这个看法促使图灵与波兰尼进行了一些讨论。图灵跑到波兰尼家，他家就在图灵住的地方附近。还有一次，波兰尼去拜访图灵，他惊讶地看到，图灵在冰冷的房间里拉小提琴，也不知道他是因为懒，还是不好意思找女房东给他生炉子。波兰尼反对爱丁顿的基于不确定性原理的观点，他认为自由意识可以改变分子的运动。他还很喜欢关于量子力学的"无意义的废话"这个说法，也就是说，任何科学都是存在于人的思维之中，如果人类不给它赋予特定的语义，那么它就没有任何意义。波普尔也持有类似的观点，他在1950年说，计算机必须依靠人类的大脑才能具有能力，而人类的大脑则可以凭空产生真理。波普尔和波兰尼都认为，人类有着无可替代的使命，而科学正是因此而存在。波兰尼认为，科学应该基于道德基础，他写道："我反对用通用机器来解释自然……科学必须保持绝对的道德中立性。"这套关于"使命"的说辞，很有一种公学教师的口吻，这与爱丁顿的温和观察截然不同。波兰尼还反对莱布尼茨的观点，理由是那会引起对物质的盲目追求，还会导致人们倾向用暴力解决政治问题。他把这些尖锐的意见，与苏联政府联系起来，反对"全力以赴地追求物质丰富"。图灵给波兰尼看了一张赛马的照片，照片中有两匹马正在并肩冲刺，图灵说，假如给其中一匹马加装喷气发动机，它就肯定会赢，而另一匹马则肯定会输（不考虑意外情况）。而那位基督教哲学家，却有着非常不一样的观点。

就在这样的背景下，1949年10月27日，曼彻斯特哲学系举行了一场正式的关于"思维和计算机"的研讨会。英国学术界所有的不同观点，差不多都在这里汇集了。会议一开始，M.纽曼与波兰尼争论哥德尔定理的意义，到快要结束时，图灵与神经学家J.Z.杨探讨了大脑细胞。在会议中，话题迅速地覆盖了每一种不同观点。会议的主持人是哲学家多罗西·艾米特，在间歇休息时，她说："最关键的区别在于，机器似乎没有意识。"

这样的说法显然不能说服图灵，还包括波兰尼所说的，任何形式系统都无法刻画思维的作用。图灵把自己的观点写出来，形成了一篇名为《计算机器与智能》的论文，并于1950年10月发表在哲学期刊《心灵》上。在这本严肃的杂志中，他的文章风格很鲜明，就像是在跟朋友聊天一样。他以"猜性别"游戏作为开头，提出了一个想法，一个对于"思维"或者"智能"或者"意识"的操作性定义。

图灵设想了一个游戏，一个房间里有两个人，一男一女，房间外面有一个人，这个人可以提问题，里面的两个人通过写字来回答，然后他要猜测，里面哪个人是女人。男人要设法欺骗猜测者，而女人则要设法使猜测者相信自己，所以他们都可以说："我才是女人,你不要相信他!"这段内容其实很跑题,而且图灵说得很不清楚。就这个游戏本身来看,即使男人能完美地模拟女人的行为,也不能证明任何东西,因为性别不取决于符号。但是,图灵本来想表达的意思,其实是这种模仿原则在思维和智能问题上的应用。把这一男一女,换成一个人和一台计算机,如果猜测者根据写出来的回答,无法辨别哪个是人,哪个是计算机,那么本着"公平对待机器"的思想,就必须承认计算机具有"智能"。

这是一篇哲学论文,图灵提出了一种基于模仿原则的检验标准。他的观点是,一个人无法真正地判断别人是否具有"思维",他只能将其与自身进行比较,而且他认为,没有任何理由不以同样的原则来对待计算机[1]。

这篇论文的大部分内容,来自图灵写给国家物理实验室的报告,当然,后者没有发表。其中也有一些新内容,包括一些不怎么严肃的。比如说他幽默地回应了"来自神学的反对意见",他说如果人类的思维确实来自于上帝赋予之灵魂,那么就没有任何理由能够阻止上帝把同样的灵魂赋予机器。他对"基于超感知的反对意见",则给予更为严厉的重击,他写道:

> 这些乱七八糟的现象,简直是要推翻我们所有正常的科学思想。我多么希望这些东西都是假的,但遗憾的是,至少对于"心灵感应",在统计学上确实有一些可靠的证据。但是,这些东西很难融入我们的思维体系,如果我们接受了这些,那么我们离相信妖魔鬼怪也就不远了。作为第一步,我

---

[1] 波兰尼反对这个观点,他说机器就是机器,人类就是人类,没有任何理由能改变这个先验事实。

们先来看看这样一种思想：我们身体的行为，完全遵守已知的物理定律，以及一些尚未发现但也跟这差不多的定律。

读者也许会产生怀疑，图灵是真的相信那些东西"确实有一些可靠的证据"，还是只是在开玩笑。J. B. 莱茵声称，超感知是有实验证明的，图灵显然受到了他的影响。这反映了图灵对梦和预言的兴趣，也反映了"敢于接受新事物"始终是他至高无上的价值观，这比任何东西都重要。图灵不像那些无知的人，总是轻率地无视一切与现有物理定律产生矛盾的想法，他更倾向于尊重实验。

在1948年之后，"训练机器"的想法也有了新的进展。现在图灵已经知道，试错和奖惩是一种非常低效的方法，而且他还知道了为什么，也许这使他想起了海兹赫斯特学校：

> 惩罚和奖赏的运用，充其量只是教育过程的一部分，假如教师仅仅通过这种方式与儿童沟通，那么儿童得到的信息量，就不可能超过奖赏和惩罚的总量。如果儿童只能通过试错来学习知识，他就会感到十分痛苦，因为每次犯错都是一次打击。所以，必须要有某种非情绪化的沟通方式，这样的方式也同样可以训练机器，使其遵守一些命令。这些命令是通过某种语言施加的，比如一种符号语言。这些命令是通过非情绪化的渠道传达的，这种语言的使用，将摆脱对惩罚和奖赏的依赖。

图灵还提出，学习机器可以像原子反应堆一样，达到一种

"超临界"状态,从而独立地创造出比已有想法更多的想法。这些想法本身,基本上都是图灵"独立地创造"出来的,这比1948年的说法更加严谨了,图灵认为自己的独创性是不言而喻的,也许他会联想到当初的反正切函数,还有广义相对论的运动定律。但是很遗憾,这次图灵仍然不是首创者,因为萧伯纳早就说过,在他的《千岁人》中,当皮格马利翁造出机器人时:

> 艾克拉西亚:他不能做点有独创性的事吗?
> 皮格马利翁:不能。但是我认为,你我也不能做什么真正有独创性的事。
> 阿基斯:那他能回答问题吗?
> 皮格马利翁:没问题,问题是个好东西,快问他个问题。

图灵的想法,与皮格马利翁十分吻合,虽然这其实是萧伯纳的一种讽刺。

图灵还给出了一个比较保守的预言,他比报社记者严谨得多:

> 我相信在50年之内,计算机的存储容量会达到10^9,并且能够在模仿游戏中取胜。普通水平的猜测者,在经过5分钟的提问之后,猜对的机会不会高于70%。我相信到那个时候,"机器能思考吗?"这个问题就会自然地失去意义,根本不值得讨论。我相信在20世纪末,常规教育会发生根本的改变,当人们说起机器能思考时,不会再遭到任何反驳。

这些条件（普通水平，5分钟，70%）都不是很苛刻，但最关键在于，"模仿游戏"允许提问任何问题，而不只是关于数学或象棋的问题。

这反映了图灵孤注一掷的学术勇气，而且他把这种勇气用到了最恰当的时候。新兴的信息和通信科学的第一代工程师们，比如冯·诺依曼、维纳、香农，还有杰出的艾伦·图灵，他们将自己在科学和哲学方面的洞察力，与第二次世界大战的经验相结合，为第二代工程师开辟了一条伟大的道路，赋予他们管理和技术方面的能力，来建造真正的机器。图灵现在面临的问题，是深远的洞察力与当前的技术水平的脱节，但是这篇论文，在被低下的技术水平掩埋之前，已经把最原始的强烈愿望传达给了整个世界。这是英国哲学的经典杰作，这是对维纳的沉闷文风的反抗，也是对20世纪40年代阴郁的英国文化的反抗。罗素非常欣赏这份杰作，他的朋友拉普特·克劳塞-威廉姆斯写信给图灵，表达了他本人和罗素有多么喜欢这篇文章。

从哲学的角度来看，这篇论文与吉尔伯特·赖尔的《思维的概念》有些吻合，这本书出版于1949年，其中提出思维并不是一种添加到大脑中的东西，而是一种对世界的描述。图灵则进一步提出了一种具体的描述，也就是离散状态机。相比于哲学家，图灵首先是一位科学家，他的重点并不是抽象地谈论，而是实践的检验。从这个角度来说，图灵就是这门新科学的伽利略。伽利略为实体世界创造了一个抽象模型，也就是物理学，而图灵创造的模型，就是逻辑机器。

图灵也会喜欢这样的对比，他在这篇论文中，也提到了伽利略。大约在一年之后，他做了一场题为《一个异端理论》的讲话。他总喜欢讲这样的故事：有朝一日，女士们会带着自己的计算机，到公园里遛弯，并且互相闲聊："你猜猜我的小计算机今天早上说了什么好玩的话？"有人问图灵，如何让计算机说出震惊世人的话，图灵回答说："让主教去跟它对话。"在1950年，图灵即使这样做，也不太可能遭到异端审判，但他无疑会觉得，自己确实是在战斗，他要与愚昧和迷信战斗。图灵继续说：

> 我认为，完全没必要隐瞒这样的梦想。人们普遍认为，科学家只能从一个确凿的事实，面无表情地推导出另一个确凿的事实，这种认识是不对的。猜想本身并无害处，只要我们不把猜想与已经证明的事实相混淆。而且猜想很重要，猜想会给研究带来灵感。

对图灵来说，科学就是追随自己的心，自由地思考。尽管他的计算机还乳臭未干，但这并不妨碍他的"猜想"：这个世界正在逐步走向皮格马利翁所描绘的人工智能。这凝聚了图灵从1935年以来的所有思考结晶，离散状态机、通用性、模拟原则，当然还有"建造大脑"。

在他坚定而自信的论文下面，他还列举了一些或尖锐，或刺激，或搞笑的反驳。图灵的视野非常之宽，他不像有些科学家那样，图灵自己会有一个想法，但其后的讨论，并不会局限在他自己的想法框架中。波兰尼指出，科学的不同分支，有不同的研究方法，并且他强调，对这些方法进行区分，是非常重要的。其实在很久以前，爱德华·卡本特已经一语道破了这个问题的本质：

科学研究的对象，是现世的具体的知识，因此其方法是有局限性的，是有选择性忽略的。大自然本身无所不包，但是科学家不能，我们只能在其表面，（有意或无意地）选择一些特定的细节来进行研究，并且忽略其他的细节。

图灵将大脑的行为，抽象成离散状态机，这就是"选择一些特定的细节"的典型例子。大脑可以在很多不同的层面上进行描述，而图灵的模型，只关心大脑的"思维"层面。图灵后来说过，我们对脑浆的黏度完全不感兴趣，我们也不能说，因为这个机器是硬的，所以它就不是大脑，所以它就没有思维。在论文中，图灵这样写道：

> 我们不能因为机器无法参加选美比赛而歧视它，正如不能因为一个人跑不过飞机而歧视他。上面给出的游戏方法，回避了这些不相干的问题。无论是机器还是人类，都可以声称自己很美丽，或者很强壮，但猜测者不会要求它们给出实际的证明。

在这个模型中，或者关于这个模型本身，自然也存在着一些问题。比如说，对于任何形式系统而言，一个无法避免的问题就是哥德尔定理。图灵对此做了一些讨论，比如说，在现实世界中，没有任何一台机器，能够做到真正的"离散"：

> 严格说来，真正的离散机器是不存在的。现实世界中的任何事物都是连续的。但是有一些机器，我们可以将之视为

离散的。比如说，我们考虑电灯的开关，我们总是假设，它要么是开着的，要么是关着的。很显然，开关还存在许多中间位置，但在一般情况下，我们都会忽略这些中间位置。

"忽略这些中间位置"，这就是科学方法所必需的"选择一些特定的细节"。图灵承认真正的神经系统是连续的，他写道：

> 神经系统本身，肯定不是离散状态机。神经脉冲冲击神经细胞时，任意微小的偏差，都有可能造成输出信号产生巨大的差别。有人认为，既然是这样，就不能用离散状态机来模拟神经系统的行为。

随后图灵又反驳说，无论这个系统中存在什么样的连续或随机因素，但只要大脑是以确定的方式在运行，就一定可以用离散状态机来模拟，而且其效果可以逼真到令人满意的程度。这种说法是有道理的，因为在应用数学中，有很多用离散模拟连续的例子，而这其中的很多近似方法，效果都是能够令人满意的。

《自然奇迹》曾经提过一个问题："我们和其他生物有什么相同，又有什么不同？"而现在图灵要问的是，我们和计算机有什么相同，又有什么不同。除了连续性和离散性的区别，他还考虑了受控性和主动性。他考虑这样一个问题：人类的感觉，分子活动，还有生化活动，这些是否与思维过程无关，或者说，这些是否能够融入一个与物理作用无关的控制模型。就这个问题，图灵进行了讨论：

训练机器的过程，不可能与教育普通儿童完全相同。比如说，机器没有腿，所以你不能训练它出去运煤。再比如说，它没有眼睛。虽然这些缺陷可以依靠先进的技术来弥补，但是即使给机器安上这些东西，把它送到人类学校去，不引起哄堂大笑也是不太可能的。然而我认为，腿和眼睛并不是必需的，海伦·凯勒小姐的故事告诉我们，只要教师和学生之间存在着任何一种沟通方式，就可以实施教育。

图灵在这个问题上，并没有独断专行，在这篇论文的最后，他又补充说：

……也不妨给机器配上相应的感觉器官，然后教它说英语，等等。这个过程可以参照人类儿童的教育过程，比如指着一样东西给它看，告诉它这个东西的名称。我不知道哪种方案更好，我认为两种方案都值得一试。

但是很显然，他个人的赌注，并不押在后一种方案上。他后来又说：

……我认为，并且我希望，不要费那么大的力气，让这种机器去模仿人类的一些没有智力特征的属性，比如说身体的外形。我认为这样的尝试是毫无意义的，其结果就像人工假花一样，不伦不类。在我看来，这些尝试与制造"思考机器"南辕北辙。

1948年，机械自动化技术已经有了很大提高，但图灵小心翼翼地选择了一个"与物理世界无关"的课题。在他眼中，下棋是与动作无关的，只与棋局的状态和棋手大脑的状态有关。这一类的课题，显然还包括数学、纯符号系统，还有密码分析，但是，是否包括语言翻译，还值得商榷。在图灵的论文中，他把智能机器的功能扩张到自然语言对话，这使他的前提露出了软肋，因为对话是与物理世界有关的。

图灵没有考虑到这一点：对话是一种交互，而不是在内部处理符号。语言可以改变世界，这种改变取决于语言的意义。"意义"这个词，被波兰尼引申到超自然的宗教观，但图灵认为，大脑与外界的联系，本质上跟电传打字机没有什么区别，这事没有什么超自然可言。图灵的模型，是一种"物理作用尽量小"的机器，但是对话这件事，无论是通过声音还是通过读写，都是与物理世界紧密相关的。图灵的模型，通过"选择一些特定的细节"，回避了这种相关性，但他却没有给出有力的论点，来证明这种做法的合理性。

图灵自己也说过，人类的知识和智能，源自与外部世界的交互，既然如此，那么人类大脑储存这些知识的方式，就必然也与外部世界的结构有关。大脑的结构必须能够储存这些语言，并且储存使用这些语言的方法，比如将拳头与眼泪联系起来，将脸红与害怕联系起来。图灵的问题在于，他要用一个离散状态机，储存语言并以此表现智能，那么没有感觉器官能行吗？没有运动器官能行吗？没有有机的神经突触能行吗？没有生命能有智能吗？没有交互能有心灵吗？没有意识能有语言吗？没有经验能有思维吗？这些问题，曾经也令维特根斯坦感到困惑。语言究竟是一种符号游戏,还是必须与现实生活有联系?对于象棋、数学和任何纯符号问题来说,图灵的理由很充分很有力,但如果扩展到所有的人类交互,那么这其中的问题,在这篇论文中连提都没提,更别说解决了。

实际上,在图灵1948年的报告中,这种"脱离身体的大脑"的活动,就已经被限制到了"无须感觉和运动"的范围。他之所以选择密码分析,就是故意在回避与人类交互而引起的困难。他把密码分析视为一种纯符号活动,这很像他当年在8号营房的经历,他在那里远离政治和军事,远离了外界的干扰,自给自足地工作。但同时,他们其实并没有真正地脱离作战部门,只有与实际行动结合起来,布莱切利的智力工作才有意义。领导者努力地试图将他们与实际行动隔离开,但这种隔离是不可能的,密码分析左右着军事行动的结果,这些结果同时也影响着密码分析的效果。战争是不可回避的现实,外面就在轰炸,在沉船,但8号营房很难想象这些。对他们来说,战争就像一个梦境,尽管他们工作在其中。

对于数学家而言,他们自然倾向于把机器和论文视为一种纯符号的描述,但实际上这些都是有实体的,并且对别人产生了巨大的影响。布莱切利的真正秘密,就在于它整合了那么多不同层面的描述:逻辑的、政治的、经济的、社会的。这些层面是那么复杂,而且不只在密码分析一个系统中,还在很多很多系统中,这些系统是如何运作的,也许是依靠丘吉尔所说的"大不列颠精神"。但图灵所追求的,一贯是保持自给自足,他关心技术,排斥他所谓的行政干扰。当年他是一颗自给自足的国家大脑,这种观念现在渗透到了他的模型化大脑。就像他的ACE一样,他总以为，只要把一切都设想好，然后行政力量就会像变魔术一样，把他的想法变成现实。他从来都没有想过，在现实世界中，要想实现任何东西，都必须要通过交互。

这个问题，实际上就是杰弗逊的反驳意见的本质。图灵并没有完全回避，他也尽可能地走了几步：

> 然而，针对前面提到了一些能力缺陷，有一些专门的评论。比如有些读者认为，机器缺乏品尝草莓冰淇淋的能力，是无关紧要的。实际上，要制造一台能够品尝这种美味的机器，也不是不可能，但只有白痴才会这么做。但是，这种缺陷却有更重要的问题，那就是它会引起其他的缺陷，比如说，人和机器之间，很难产生白人和白人，或黑人和黑人之间的那种友谊。

在这个问题上，图灵虽然走得不远，但他迈的却是大步，他直接把问题上升到语言智能在人类社会关系中的作用。可惜他没能成功探索下去。

同时，图灵也没有回避杰弗逊提出的直接反驳，即机器不能"体会"优美的十四行诗。他直接把机器按倒在莎士比亚脚下，这对图灵来说似乎有点残忍。图灵的回答仍然基于模仿原则，即如果机器像人类一样"讨论"十四行诗，那么能不能说明，机器是像人类一样地"体会"它？他举了一段对话作为例子，来解释他所想的：

> 猜测者：你的十四行诗第一行是"让我把你比作夏日"，

改成"春日"行不行呢?

被试:这样不押韵。

猜测者:那"冬日"怎么样?这就押韵了。

被试:是的,但没人愿意被比作冬日。

猜测者:匹克威克先生会不会让你想到圣诞节?

被试:有点。

猜测者:圣诞节也是冬日,匹克威克先生不会介意这个比喻。

被试:我认为你错了。"冬日"是指具有冬天特征的日子,而不是圣诞节这种特殊日子。

这个回答同样引出了那个问题,也就是与外部世界的交互。十四行诗是文学世界中的草莓冰淇淋,而不是肉,那么"体会"在哪里呢?杰弗逊想要的体会,并不是应试技巧,而是文字与世界、与内心经历之间的一种发自内心的共鸣。但是这种共鸣,不是离散状态机所能体会的。如果向机器提出这样的问题,比如"你有没有过……"或"战争时期你在做什么?"或者莎士比亚的一些更为朦胧的十四行诗,那就能明显地看出来了。这些涉及性、社会、政治或秘密的问题,说明人类说话时,往往并非受限于智力,而是受限于经历。然而,图灵在论文中没有进一步讨论这些。

图灵不喜欢那种教堂式的假正经,他喜欢用轻松的口吻来表达严肃的问题,比如一些有趣的比喻。这是使徒俱乐部的传统,也是塞缪尔·勃特勒和萧伯纳的风格。但是正如那些作家一样,图灵举的关于智能的例子,常被读者指责为胡扯。虽然图灵自己很享受这些有趣的想法,但如果以此为逻辑之剑,与上帝搏斗,与哥德尔搏斗,与自由意识之雄狮搏斗,与决定论之独角兽搏斗,那是不够的。

1949年,图灵读了乔治·奥威尔的《1984》,并且印象很深刻,他与罗宾·甘迪讨论时说:"……我感到很沮丧……我觉得唯一的希望,就在那些无产阶级身上。" 在奥威尔的书中,政治体制能改变语言,而语言能改变人的思维,这与图灵的论文有很大关系。奥威尔所想的智能,并不是真理不篡改历史式的智能,而是人类内心的完整的智能,与外界现实具有真实的联系。这其中体现了奥威尔的恐惧,为了抵抗这种恐怖,他抓住了科学真理,作为一种政治独裁者无法改变的现实,如他所说:"自由就是二加二等于四。"他还谈到无法改变的记忆,无法改变的对性的欲望。科学和性,图灵正是因这两样东西,跳出了外界的社会体制!但是他的机器,离散状态机,却不具备这些。如果没人训练它,它的宇宙就是一片真空,它也可以被训练成认为空间是五维的,如果"老大哥"有要求,他甚至可以认为二加二等于五。它怎么能像图灵所追求的那样,追随自己的心而自由地思考呢?

这一切都取决于如何定义"智能"。图灵最初使用这个词的时候,是指下棋或其他的一些解谜活动。这种认识,源自他在战争时期的体会,他认为8号营房是智能的,而海军是弱智的。但是这个词对其他人来说,总是具有更广泛的内涵,它关于对现实世界的洞察力,而不只是解谜或者分析密码。《计算机器与智能》中没有讨论这些,这篇论文中的交互方式,就是海伦·凯勒的那种方式。这个问题本是一块重石,但图灵却像打水漂儿一样把它抛开了,他认为大脑与现实世界的交互,与智能的获得是无关的。而萧伯纳尽管不那么理性，但却面对了这个被图灵回避的问题：

> 皮格马利翁：它们是有意识的，我教它们说话和阅读，但现在它们却学会说谎了，真是栩栩如生。
>
> 马特卢斯：不是的，如果它们有生命，它们就应该说真话。

图灵选择的侧重点，不可避免地反映了他的背景和经历。他是一个数学家，活在符号的世界里，而且他的事业生涯发端于一所最纯正的数学学校，那里明确地告诉他，数学就像一盘象棋游戏，完全不必考虑与现实世界的联系，这样的问题总会有别人去处理。他现在的讨论，就具有下棋一样的形式主义特点，可以这样说，图灵描述的这种机器能力，与行动无关的能力，并不像是思考的能力，而是做梦的能力。

离散状态机，只靠电传打字机来与外界沟通，这就像是图灵自己的生活理想，孤独地把自己关在房间里，单靠思想和理论来应对外面的世界。从这个观点看来，他的模型是很自然的，正如1936年的图灵机，只凭一张纸一支笔，就能独立地解决问题，这就是他对"可计算"的定义。

从另一个方面说，图灵的认识本来不仅限于此。1938年，在他的《序数逻辑》论文中，有这样的阐述："我们都在抛弃一种最重要的能力，一种寻找自己感兴趣的问题的能力，数学家的工作，变成了仅仅是判断命题的真伪。"而他自己则认真地找到了一个他感兴趣的问题，来施展他的智力，而他的离散状态机，却不具备这种"最重要的能力",因为这需要与外部世界的交互。况且,图灵和其他人一样,他必须活在这个世界上,并与这个世界进行沟通。他对计算机的痴迷,还有一个因素,就是他对社会规则的极端敏感。自从孩童时期,他就对"明确的义务"感到疑惑,他的社会生活,本身就是一场精神分裂的模仿游戏,一面是科学家,一面是同性恋。有很多东西在威胁他的自由,有一些他会接受,有一些他会屈从,还有一些他会反抗,总的来说,他对那些别人无须思考就会接受的东西格外敏感。因为这种精神,他很喜欢给计算机编程序,正如他喜欢简·奥斯顿和特罗洛普的小说。他很想把生活变成一盘棋,他已经努力地把第二次世界大战变成了一盘棋。这体现了他 1936 年的另一个关于可计算性的论点,即图灵机可以做到任何有明确规则的事情。[1]

一个自由的个体,时而与社会机器共转,但更多的时候是在反抗它,通过外界的"干涉"来学习,同时也对那干涉感到愤怒,那干涉是智能和义务的共同作用,也是环境带给他的刺激和碰撞——这就是艾伦·图灵的生活。当所有的这一切,反映在他关于机器智能的想法中时,它们并不能融洽地结合到一起。图灵没有考虑交互渠道的问题,也没有考虑智能在社会政治世界中的作用。他漠视这些问题。但他并不是一直这样,他曾经给默卡夫人写过信,问她如何才能像灵魂一样自由地生活和交流,但他同时也说:"可那样就什么都做不了。"思维和行动,逻辑和现实,

---

[1] 实体计算机的能力,与这两个可计算性的定义略有不同,图灵在《编程人员手册》的第一页做了这样的说明:机器的控制部分,功能相当于人类计算者,如果要让它处理所有可能的行为,就需要一个过度复杂的电路,因此我们只让他处理手册中设计好的指令,这样可以使机器的控制部分变得简洁。

这是他的学术问题,也是他的人生问题。

1950年夏天,图灵决定结束依靠旅行箱和女房东的日子,他在威姆斯洛买了一套房子。威姆斯洛是柴郡的一个中产阶级小镇,在曼彻斯特南方16千米。那是一栋半独立的维多利亚式的房子,离火车站不远,房后是皮克区的田野和小山。图灵在这里是自由的。奈维尔认为他不该一个人住,但对他来说,跟一群白痴住在一起反而更孤独。奈维尔已经修完了剑桥的统计学课程,在雷丁附近找了一份电子公司的工作,在那里他和母亲住一起。现在他们不太容易见面了,这给图灵的生活带来了一些变化。

图灵的房子叫"冬青居",面积远远大于他的需要,在1950年的住房危机中,这显得有点自私。图灵顺带得到了几件很不错的家具,但他总觉得对这些家具有一种疏远感,似乎一切都是临时的。与这栋房子相邻,是友好的韦伯一家。劳伊·韦伯是个几乎与图灵同年级的舍尔伯尼人,现在在曼彻斯特当律师。他们很欢迎图灵,常邀他一起喝茶,偶尔一起用餐,图灵还一直用他家的电话,因为他自己没安装。他们两家共用一个花园,韦伯一家帮助图灵打理一部分花园,图灵则偶尔做点园艺,平时就在那里下棋或者跑步。他对韦伯说"反正冬天不会长东西的",作为他不劳动的理由。韦伯一家慢慢习惯了图灵在任何时候都穿着背心和短裤,还请他帮忙照看他们1948年出生的儿子劳伯。图灵很喜欢这项工作,这其中有着关于智能的乐趣,他可以观察一颗大脑逐渐发育,而且与一个小男孩交流,本身也是一种简单的快乐。他们有时会坐在韦伯家的车库顶上,有人听到他们曾经大逆不道地说,如果上帝来到人间,准会得一场重感冒。

图灵有了自己的房子之后,就有了更多的机会来体验孤岛生活，发挥自己的创造力，制造自己需要的东西。他想要一条铺砖的小路，于是开始自己烧砖，就像在布莱切利自己烧棋子那样，现在他要铺一条路。他自己铺好了底层，然后发现远远低估了费用，所以这条小路一直没有完工。就像在战时一样，这些有趣的故事，有助于人们面对他那冷峻的一面，同时也像战时一样，他那混乱、朴素的生活环境，让不熟悉他的人们颇感震惊。有些人认为，中产阶级无法自己动手做出任何东西，图灵则让这些人大跌眼镜。

不过，图灵并没有实现彻底的自给自足，他雇用了一位姓"C某某"的女士，每个星期四为他购物和打扫房屋。实际上可以认为，图灵也渴望有人能照顾他，为他打造一个他自己做不出来的舒适环境。他喜欢这样的方便，但他不喜欢由此带来的忙乱和打扰。隔壁韦伯家的正常生活，使他与人间烟火产生了一些联系，他学会了自己煮饭，韦伯夫人还教他如何把袜子弄干，以及如何做松软的蛋糕。图灵很喜欢向客人炫耀这些技术，尽管这与他的学术造诣差得太远了。

并没有很多人从火车站跋涉1千米，走过皇家空军的基地，来到这里拜访图灵。他有时会邀请一些年轻的工程师，来摘一些苹果。鲍勃在出国工作之前，带着他的夫人来过一两趟。罗宾·甘迪是这里的一位常客，他从1949年10月起在莱斯特大学当讲师，每个学期至少会来一次，在这待上一个星期。图灵现在俨然成了他的博士生导师。他们主要讨论科学哲学，虽然罗宾的兴趣越来越偏向数理逻辑，而不是科学的逻辑。他的工作与图灵有一些交叉，他对类型理论感兴趣，这也使图灵重拾了对这个问题的兴趣。他们有时会在屋里或花园里一起干些活，然后共进晚餐，喝一瓶酒，图灵会把酒放在一壶开水中温热。这是一套固定的程序，包括饭后要把木塞塞回酒瓶，尽管罗宾其实想要全部喝掉。饭后他们一起洗刷，同时还思考一些问题，比如树木如何把水吸到9米多高。

除了在他家里之外，他还会邂逅另外一些人。在英国，一直还存在着另一个英国，这个英国在河沿上，在火车上，在酒吧、公园、厕所、博物馆里，在泳池、车站、商店里，其实对那些具有这双眼睛的人们来说，只要站在街上看，就能看到这个英国。这是一个由眼神组成的交流网络，成千上万的人，从愚钝的英国主流文化中分离出来，生活在图灵所在的世界。在战争之前，图灵过于害羞，但到了1950年，他已经发现了。传统而言，对于中上阶层的同性恋男性来说，到巴黎去，是双重的逃脱，既逃离了英国法律，也逃离了英国人如影随形的阶级意识。不过，英国也有英国的机会。图灵以前经常去伦敦的基督青年协会，因为他住不起更好的地方，他看着泳池里的裸体青年，眼睛里就会闪烁出一些东西。但是在曼彻斯特，故事就不一样了。

从维多利亚大学往市区走，会经过一个铁路桥，牛津路在这个地方转到牛津街。这里有几家电影院，一家娱乐商场，一家酒吧"联合客栈"，还有一家牛奶吧。这是男同性恋的乐园，也许维特根斯坦1908年就在这一片活动过。这个地下乐园存了很长时间，各样的灵魂，在这里结队穿梭，也有一些独自飘过，比如图灵。这里弥漫着不同的欲望——身体的快感、旁人的注视、家庭或工厂之外的刺激，还有金钱，这些欲望之间，并没有明确的界线。钱不多，但不同阶级的人相遇，总会响起"小费"的叮当声。在剑桥或牛津这样的特权圈子之外，这就是1950年的英国年轻人的普通生活。特别是对于年轻人来说，他们没有私人空间，同性恋就意味着这种街道生活。孤岛性爱不是正经人能做的，但图灵早就已经超脱了世俗评判。

不过，书归正传，图灵搬到这里之后，他接下来的打算是什么呢？过去的两年，几乎就是他早年生活的倒叙，他可以基于这些经历，从中尽可能地榨取精华。但这不是图灵的套路，他必须找到一些新鲜的东西，以支持他继续走下去。他开始注意到一样东西，实际上一直都存在，但现在才开始浮现出来的东西。它就像一个很长的子程序，从克里斯朵夫·默卡开始，穿过爱丁顿和冯·诺依曼、希尔伯特和哥德尔、可计算数、战争机器、机械程序、延迟继电器、电子、ACE、计算机程序，朝着对智能机器的探索——这条溪流逐渐变细了，给图灵留下了一份自由，使他得以去探索，那个曾因上学而被迫离开的世界。

在《智能机器》中，对此已有暗示：

> 从进化论和基因学的角度看，大脑皮质是一种非常优越的无组织机器。很明显，这种类似于……无组织机器的东西，不需要非常复杂的基因系统来构建。实际上，这比构建呼吸系统要容易得多……

大脑不知怎么就做到了，大脑时时刻刻都这样存在着，不需要像ACE那样费心费力。这有两种可能性，要么是大脑通过与世界的交互而学会思考，要么是大脑在诞生之初就规定了某种东西——某种程序，由基因编写的程序。直接研究大脑，似乎太复杂了，那么其他东西，是如何知道自己该如何生长的？这是个问题,这是每个孩子都会问的问题,也是《自然奇迹》的中心问题。当谈到微妙的"男孩和女孩究竟是如何造出来的"时,布鲁斯特以海星的成长为引,这样写道:

> 首先是一个小蛋,看不出任何成长的迹象。可能有人会希望这些油状物和胶状物能逐渐长成海星,但实际却不是这样。这个小蛋一样的东西会分裂成 2 个,变成 2 个相同的小蛋,挨在一起……大约半小时后,每个小蛋,现在叫作"细胞",会再次分裂,变成 4 个。这 4 个很快又会变成 8 个,8 个变成 16 个。几个小时过后,就会有成百上千个细胞黏在一起,每个都很小,看起来就像一团肥皂泡,漂在水面上。

布鲁斯特从细胞的角度继续讲解,动物是如何成形的:

> 这团东西在成形之前,是一个圆圆的球。在即将成为背部的地方,有一条沟会不断分裂,最后长成脊髓。在它的周围,则会形成脊椎。脊髓的前面一端,比其他地方长得更快、更大,最终形成大脑。大脑会长出眼睛。身体的表面将会长成皮肤,然后长出耳朵。额头向下生长形成脸庞。4 个没有形状的小块,慢慢地往外长,最后变成了手臂和腿……

图灵一直在思考胚胎学,他想知道生长的秘密,这是任何人都不曾知道的秘密。他在战前曾读过 1917 年出版的经典著作《生长与形状》,而这个领域在这本书之后,几乎没有任何进展。在 20 世纪 20 年代,不确定性原理表明,从本质上讲,生命是无法获知的,正如在量子力学中,位置和速度不能同时测量。至于思维,其宗教和魔法的光环,则引起了图灵更深的怀疑。这是一个全新的领域。

最奇怪的是,这种生物过程,如何能把微小的细胞,组合成如此巨大的结构?这些细胞如何"知道"自己要形成五边匀称的海星?上百万个细胞,如何协调出这样匀称的形状?冷杉球果如何能按部就班地长成斐波那契形式?这些东西究竟如何产生形状,或者说,形态形成的奥秘究竟是什么?"形态形成",这是个引人遐想的词语,就像"生命力"一样模糊,生物学家用这个词,来描述胚胎组织的隐形模式。人们猜想,或许可以用化学来解释这些"形成",但没有理论能证明为什么可以[1]。波兰尼认为,这根本不可能解释,这就是一种团队精神,而这种不可解释性,正是他反对决定论的诸多理由之一。但是图灵与他相反,图灵对罗宾说,他的新想法,就是要"打败神创论"。

图灵对薛定谔1943年的讲座《生命是什么》很熟悉,这个讲座提出了一个至关重要的想法:基因信息一定存储在分子层面,用分子键的量子理论可以解释,为什么这种信息能够维持数亿年。在剑桥,沃森和克里克正在想办法证明这一点。但是图灵并没有追随薛定谔的脚步,他在考虑另一个问题,他想要解释在生物模式的形成过程中,化学起了什么作用。他的问题是,基因信息是如何转化成行动的。与薛定谔一样,他并不是基于实验,而是基于数学和物理定理,基于科学的幻想。

---

[1] 当时有一篇文章评论说:"胚胎系统的模式化的形成原则的重要性已经得到了广泛的认识,但其运作机制和具体模式,仍是现代生物学最大的谜题之一。"

关于形态形成过程的本质，还有许多其他解释，图灵的想法是，这个过程取决于化学浓度的变化。他要基于这个前提，试试看能走多远，这使他回到了碘酸盐和亚硫酸盐的那段时光，他要研究化学反应的数学模型。但是这个新问题，还有更高层次的要求，他不但要研究 A 物质反应成 B 物质，还要研究在什么情况下，这种化学反应才能形成一种模式，一种化学波的脉冲模式，这种化学浓度波，可以使生物组织形成形态，使几百万个细胞，组合出大规模的秩序。这是图灵的基本想法，他认为化学物质本身，就蕴含着组成大规模的化学模式所需要的信息。

还有一个核心而基础的问题，《自然奇迹》描述了胚胎的发育过程，一个完美的细胞球，会突然长出一条沟，并形成动物的头部和尾部。这里的问题是，如果那个球是匀称的，各处的化学反应也是一样的，那么它是如何分出上下左右的？这个现象，使波兰尼不遗余力地强调非自然的力量。

这个过程以某种方式产生了信息，但却违背了人们通常的认识。方糖融化在茶里，在化学层面上，它的信息丢失了。但是在某些情况下，比如说结晶，这个过程是可逆的，也就是说，模式可以重新形成。要解释这个现象，需要多个层面的描述相互配合。在化学描述中，只考虑平均的浓度和压力，不考虑特定的空间方向；但是在更微观的层面上，拉普拉斯式的分子运动却不是匀称的，而且在某些特定条件下，比如晶化液体，还可以在空间中找到方向。图灵凭借他的电学经验，举出了一个例子：

> 这种情况与电子振荡器很相似。我们很容易理解，振荡器在开始之后如何保持振荡，但却很难搞清楚，它是怎么开

这是一个胚胎的形成过程,如《自然奇迹》中讲的那样

始的。其解释就是,电路中总是会有随机的干扰,而那些频率与振荡器本身频率相同的干扰,会导致振荡器产生振荡的倾向,所以这个系统的最终状态,就是以某个频率和振幅,

进行持续的振荡。频率和振幅是由电路本身决定的,而振荡的相位则是由干扰决定的。

他在办公室里制作了一个振荡器电路,经常给别人演示它如何逐渐产生振荡。

这样的结晶或振荡器产生模式的过程,可以用不稳定均衡点来描述。在细胞球的例子中,一定存在着某种方式,使得温度或催化剂的一点改变,就能使稳定的化学平衡突然变得不稳定。这种化学平衡的变化,就像是一根稻草压死骆驼,用图灵自己的比喻来说,就像是"一只老鼠爬上钟摆"。

这是图灵的一个想法,以解释基因信息是如何决定生理过程的。有关生物生长的整体问题,要远远比这复杂得多,但在对这个过程的分析中,也许蕴含着一条线索,告诉我们生物为什么能凭空形成和谐而对称的结构,仿佛无中生有,就像魔法一样。

要在数学角度上分析这个过程,就必须要进行反复的近似,忽略细胞的内在结构,忽略细胞在形成模式的过程中的自我移动和分裂。而这个化学模型,还有一个明显的问题无法解释:为什么人类的心脏总是在左边?如果细胞球的对称分裂是随机的,那么心脏在左边或右边的概率就应该是相等的。图灵避开了这个问题,他猜想这是因为分子本身的不对称性。

图灵采用了这个模型,他写道:

……将描述胚胎生长的数学模型,该模型是经过简化、理想化和假设化的,我希望首先讨论我们现有认识中那些最为重要的特征。

这项研究,再一次漂亮地运用了数学。曾经的图灵机,使图灵迈出了剑桥的数学边界,而这个简单的物理化学想法,又把他引入了一个新的数学问题。但是这一次,这些完全是由图灵自己研究出来的,再也没有任何人,会给他找麻烦了。

然而,尽管经过了极大的简化,但是4种化学物质的相互反应,相应的数学方程仍然十分难解。问题在于化学反应是非线性的,电磁方程是线性的,也就是说,如果2个电磁系统相互叠加(比如2个无线电台同时发射无线电),那么结果仅仅是相加,2个发射台不会相互影响。但是化学则很不一样,反应物浓度增加1倍,反应速度可能会变成4倍,如果叠加2个溶剂,那就什么事情都有可能发生。这种非线性问题,必须作为一个整体来解,而不是电磁理论中图灵熟悉的那种数学方法,把系统视为很多局部之和。不过,在发育刚开始的决定性时刻,当不稳定的系统开始结晶出模式的时刻,可以视为线性的——这是应用数学家们所熟悉的,也是图灵找到的第一个入手点。

总之,他开始研究另一个有关生命的核心问题了,这次不是关于思维,而是关于身体,但这两个问题都与大脑有关。图灵很轻松地转到了这个问题上,因为他走路和跑步的时候,总是喜欢观察植物。他在柴郡乡下认真地收集野花,在一本破旧的《英国植物志》上找出这些花,然后把它们归入剪贴簿,在一大张地图上标出它们的位置,再做一些统计。自然界充满了模式,这又是一场新的解谜,上百万的信息在等着图灵去解。与密码解谜一样，这也是个无底的领域，图灵现在有了化学模型，有了锋利的工具，但这仅仅是个开始。

图灵给韦伯夫人讲了一点科普，关于冷杉球果的斐波那契模式，这个模式也出现在向日葵的籽中，以及普通植物的叶子排列中。要解释这些现象发生的原因，这是图灵对自己的一个严肃的挑战，但是这需要进行二维分析，所以他暂时先把这放到一边，他首先要考虑一些简单的例子。

在《大自然的维修店》这一节中，布鲁斯特讲到水螅的再生，这种小小的淡水虫，可以在任何一个截断的部分上重新长出头和尾。图灵考虑了这个问题，对它简单的管状模型进行再次简化，忽略其长度，只关注其中的一圈细胞。接下来他发现，如果只考虑这个圈上的两种互相作用的化学物质，对其反应和扩散过程进行建模，就可以对生长时的所有可能性进行理论分析。虽然这个想法无疑过于简化和假设化，但它确实是有效的。其结果表明，在某些特定条件下，这些化学物质会形成稳定的浓度波，并能决定这个圈的叶数，可以想见，这将是组成触手模式的基础。这项分析同时还表明了非均匀浓度区形成的波概率，这使图灵想到了动物皮毛的不规则斑点和条纹。有了后面这个想法之后，图灵做了一些实验性的数学工作。到了1950年底，原型机已经停止运行了，大家都在等待弗兰蒂公司的新机器，所以这个工作只能用台式计算器来做。结果是，图灵成功地得到了类似泽西奶牛的斑纹。艾伦·图灵又一次开始大展身手了。

1950年圣诞节，图灵再次见到了 J. Z. 杨，继续他们1949年10月关于大脑细胞的讨论。杨在1950年恰好担任里斯讲座的主讲人，他用神经学解释行为，这是一个很激进的想法。杨后来回忆

起图灵,说:

……他就像个可爱的泰迪熊,他试着让别人理解他的想法。对于我,一个非数学家来说,我很难跟得上他的讲解,但他似乎一定要让我接受他的想法。他会在黑板上画一些滑稽的图表,并频繁地进行总结和泛化。还有,他对于任何人,说的任何话,都具有一种可怕的敏感,一句不经意的暗示,就会使他困惑好几天。这让我不禁十分犹豫,我不太敢随便跟他说话,因为他会非常认真地对待每一句话。

他们还讨论了记忆和模式识别的生理基础。杨写信说:

亲爱的图灵:

我一直在考虑你的想法,希望我能理解你要做的东西。虽然我在这方面不是很懂,但我认为,匹配过程是有可能存在捷径的。你说当大脑要识别一辆巴士时,它需要遍历从茶壶到云彩的所有东西,逐个进行匹配,那么你忽略了一点,大脑一定通过另外某种过程,对这种匹配进行了简化——这里按我理解——就是你说的抽象化。问题是,我们对大脑的运作机制所知甚少,我的观点是,大脑在识别大量不同的事物时,是通过与相对有限的模型进行匹配的。该过程无疑是分阶段依次进行的,也许是在每个阶段,对某些特征进行过滤,然后把余下的特征继续输入系统。

这在具体形式中可能不太好理解,唯一的证据是,人们会用相对简单的模型,对自己的反应进行分类——圆、上帝、父亲、机器、状态，等等。

如果我们考虑神经元的各种可能的组织形式，并假设其路径是最简的，能否确定 10^{10} 个神经元所支持的存储容量？它们的组织形式是不是有限的？比如说，每个神经元会向随机的，或者就近的神经元，输出 100 种可能的信号。我们能否假设，一条路径每次被使用时，其复用概率会有一个特定的增长，然后对各种组织形式的存储容量进行比较？

这一切都非常让人迷糊。如果你有其他的想法，请告诉我。如果我们能对皮质细胞的输出终点给出某种说明，是否会有很大帮助？我觉得我们应该通过某种方法，解开这个模式。

你的朋友 约翰·杨
1951 年 1 月 13 日

图灵的回复，反映了他对大脑结构的逻辑层与物理层之间的联系很有兴趣：

亲爱的杨：

我们很可能只是说法不同。我当然完全认识到，大脑不需要从茶壶到云彩逐个匹配所有事物，我也认为"识别"的过程是分阶段的，但是如果在这个前提下，我认为不应该将这个过程称为"匹配"。

你的关于 N（比如 10^{10}）个神经元和 M（比如 100）个输出的存储容量及其最简性的问题，这是一个描述得很精确的问题。如果我理解得没错，其大意是，假设通过相应的训练，某些路径变得有效，其余的会失效，在这种方式下，大脑可以存储多少信息？我的答案是，MN 个二进制位，因为一共有 MN 条路径，每条路径有 2 种状态。如果你假设每条路径有 8 种状态（不知道这意味着什么），那么答案就是 3MN……

我恐怕还不需要咨询关于解剖学的问题，我认为这是后续的工作，在这之前，我要首先在理论层面上搞清楚它的运作机制。

现在我并没有在研究这个问题，而是在研究胚胎学的数学原理，我记得我有一次跟你讲过。我想先研究这个，在我目前所见的范围内，这能够对下列问题给出解释：

（1）原肠胚形成。

（2）多边对称结构，比如海星、花朵。

（3）叶子的组织形式，特别是涉及斐波那契数列的形式（0，1，1，2，3，5，8，13…）的形式。

（4）动物的颜色模式，比如条纹、斑点和花纹。

（5）近球形的结构模式，比如一些放射虫类，但这有些难度。

我现在就在做这个，这更容易一些。但我想这与其他问题也是有关的，因为大脑结构必然是由遗传和胚胎机制产生的。我希望通过这个理论，搞清楚这里面有什么样的限制。你说的关于神经元受激的问题非常有趣，这说明神经元是要形成一个特定的回路，而不是通往一个特定的目标。

你真挚的朋友 A. M. 图灵

1951 年 2 月 8 日

几天后，弗兰蒂公司生产的马克1号计算机送到曼彻斯特了，部署在一个专门为它新建的计算机实验室里。图灵给国家物理实验室的麦克·伍格写信说：

> 我们的新机器会在星期一（1951年2月12日）交付，我想做的第一件事，是关于"化学胚胎学"的，我想解释冷杉球果的斐波那契数列。

已经21年过去了，计算机终于成熟了。图灵为世界所做的一切，还有世界对他做的一切，最终变成了一台电子通用机，供他探索生命的秘密。

图灵为ACE设想的很多关于计算机部署的场景，现在都成为现实，人们很快就开始用计算机来解决问题，老大们为它编程，小弟们为它跑腿。他们还建了一个程序库。图灵为常用的程序，建立了一套标准的形式描述，这可能是他对曼彻斯特计算机所做的最后一次贡献了。他在新的计算机实验室里有一个自己的房间，而且至少在理论上，他是首席的"老大"，他可以随时使用机器。工程师们现在开始着手，设计一台更快的机器，但图灵对此已经没兴趣了。

这是世界上第一台商用电子计算机，比埃克特和莫切利的UNIVAC早了几个月，所以在研讨会、出版物和展示等方面，可以用它做很多文章。同时它也得到了来自英国政府的商业支持，即英国研究发展公司，其主席是海斯贝瑞勋爵，他从1949年以来，掌管发明、推广及专利保护等工作。他们负责出售8台马克1号，第一台卖给了多伦多大学，用以规划圣劳伦斯海运航线，其他几台〔1〕秘密地卖给了原子武器研究机构和政密学校。图灵在政密学校担任顾问的角色，可以想见，他一定强烈建议他们引进电子计算机，也就是他 6 年前向特拉维斯许诺的通用机。不过现在，图灵的心已经不在这里了。当电子计算机开始影响世界的时候，图灵退出了这个江湖，他只愿埋头故纸堆，继续做他无人问津的基础研究。

发布仪式在 7 月举行，出席的都是工程师和弗兰蒂公司的人员。图灵没有参加，他不喜欢抛头露面。没有人能够猜到，他才是正式受任来"指导"实验室的人。1951 年春天，图灵找到一个机会，卸下了这个担子。剑桥的 EDSAC 团队有一位年轻人，名叫 R. A. 布鲁克，他在周末去西威尔士爬山归来的途中，来到这里，想参观那台新机器。他因为个人的原因，想到北方来工作，所以他问图灵，能不能给他安排一下。图灵同意了。同年没过多久，布鲁克就加入了。

图灵的卸任，使那些工程师们感到很困扰，他们知道，自己在数学和科学方面很欠缺。从某些方面来讲，计算实验室与 8 号营房的关系，就像计算与数学的关系，对图灵来说，前者只是后者的低级形式。1951 年 3 月 15 日，图灵被选为皇家学会院士，以表彰他 15 年前，关于可计算数的研究。图灵对此很开心，他在信中对唐·贝利说，皇家学会只是无法在他 24 岁时选他当院士。他的提名者是纽曼和罗素。纽曼现在对计算机也没有兴趣了，他很高兴图灵重拾了形态形成学研究。

杰弗逊是 1947 年当选的院士，他给图灵写祝贺信，说"我非

---

〔1〕 严格来说，除了曼彻斯特大学和多伦多大学的两台机器之外，其他几台后来又有一些改进，所以应该叫马克 1 号改进版。

常高兴,我诚挚地相信,你的电子管正洋溢着喜悦的光芒,向你发送荣耀的信息!"恐怕也只有他,能在一个句子之内,把逻辑和物理层面的不同描述搞得一团糟。图灵把杰弗逊称为"老呆子",因为他始终无法理解思维的机械模型,但杰弗逊却给图灵起了一个很恰当的绰号——科学界的雪莱。除了成就方面的相似之处,雪莱的生活也非常混乱,到处都堆满了化学仪器、书本、机器、未完成的手稿,家具被侵蚀得满是疮痍。而且雪莱的嗓音也很折磨人,那是一种不堪入耳的尖锐的噪声。他们一样,活在生命的中心,也都一样,活在社会的边缘。雪莱被风暴带走了,而图灵则要继续面对英国中产阶级的庸俗,他那雪莱般的品质,在隐忍的英国文化中,在迂腐的学术界的陈规中,慢慢地消磨着。

图灵夫人对他当选院士感到非常自豪,她在格尔福特举办了一场聚会,她的朋友们前来祝贺图灵。但图灵对这种聚会毫无兴趣,曾经有一次,他哥哥邀请他参加聚会,他仅仅坐了10分钟,就一言不发地走了。他的母亲很难相信,有那么多名人在称赞图灵,现在她逐渐适应了。自从20世纪20年代之后,他们都已经走过了漫长的路。虽然图灵总跟朋友抱怨她的脾气和宗教观,但不可否认,她是仅有的几个在乎图灵的人之一。她想提高图灵的生活自理能力,让他按照规矩,按部就班地做好每一件事。(图灵常带着哭笑不得的表情对罗宾说:"我妈妈说……")

他们的联系并不频繁,图灵基本上每年回格尔福特两次。他事先会发电报或明信片,说他即将抵达,但不再多说一字,这令他的母亲和哥哥很恼火。他的母亲每年夏天都会去一趟威姆斯洛。除了明信片之外,他们之间还会通几次电话,比如说,因为他们都喜欢《儿童时光》，所以图灵每次看到好故事，都会告诉她。对于图灵的工作，图灵夫人很乐于参与，她喜欢那种参与感。相比于计算机，她对生物学更有兴趣。虽然她不知道图灵在曼彻斯特做什么，但她会帮他采集野花，还有标记地图。她总是带着19世纪的乐观，从人类的益处着想，她觉得图灵离她的偶像巴斯德越来越近，她甚至猜测，图灵将引领人类攻克癌症！这样的想法确实远大崇高，但却并不是图灵的真正动机，没人能知道他的浮士德游戏会引领什么，只知道那与《美丽新世界》中的控制胚胎学有关。虽然他的实验方法还带着19世纪的天真，虽然这只是他孩童时期的兴趣，但他探索的这些东西，无疑走在了现代生物学的最前沿。在20世纪30年代，随着技术的进步，量化分析应用到了物理和化学。生命科学也不能落后，人们必须要知道，生命机制到底是如何运作的。

计算机实验室对图灵的认识，则是在一个更实际的层面上。这个实验室成立于1951年，这里没有人知道图灵的《可计算数》。与国家物理实验室不同，那里与剑桥数学系和皇家学会有着密切的联系，但马克1号的各位老大们，却是完全不同的人，他们对图灵的过去一无所知。图灵也不愿意解释。有一次，应用数学研究生N. E. 霍斯金，到这里来使用计算机，在喝咖啡的时候，他对图灵说："实在看不出来，你还是皇家学会的院士。"图灵只是哈哈大笑——干枯地、机械地笑。

作为皇家学会的院士，他看起来确实太年轻了，但他已经38岁了，并不是最年轻的当选者。哈代是33岁当选的，更不要说那位自学成才的印度数学家拉马努金，他是30岁当选的。莫里斯·普瑞斯是跟图灵同一年当选的，但他比图灵大一岁，所以这样来看，图灵算是超过了这位数学物理学家。自从战争结束后，他们就再也没见过面。菲利浦·霍尔写信祝贺图灵，在回信中，图灵写道，这就像"参加奥运会一样开心"。图灵还用数学语言，描述了他的"奶牛波"和"豹纹波"，并说"我很高兴听说，莫里斯·普瑞斯也当选了。我在1929年的奖学金考试中就认识他，后来在普林斯顿跟他熟悉了。有一段时间，他是我的主要动力"。信中还有一个数学玩笑，图灵说，希望皇家学会不要说他是"为无解的问题做出了杰出努力"。

图灵从实验室退休时，他们的计算机已经开始用于英国的原子弹项目了。年轻的科学家 A. E. 格莱尼，在曼彻斯特负责这项工作。他有时会和图灵聊天，讨论数学问题，但都是浅尝辄止。不过有一次，格莱尼被图灵拦住，图灵要找一个人，试验他的国际象棋程序。他们来到图灵的房间，花了3个多小时，图灵把所有的规则都写在纸上，然后他自己代替计算机，根据他的算法，计算应该怎么走。他会长时间沉默，来进行局面评估，以及选择最大值最小化的策略，当他发现自己落了下风，他就会冷笑，或者咆哮。讽刺的是，在过去10年中，计算机有了那么大的发展，但他还是无法实现一台真正的象棋机，因为现有的计算机的速度和存储空间，都无法达到要求。[1]

格莱尼觉得，图灵有时就像一个半兽人，他的内心非常黑暗而阴郁，他会无缘无故地放声大笑，也会无缘无故地暴跳如雷，

---

[1] 与此同时，弗兰蒂公司的 D. G. 普林兹，独立地计划用曼彻斯特计算机来解决两步深度的国际象棋问题。但是图灵对此不感兴趣。列出所有的着法，逐个试验每一种可能，找到其中最优的着法，这只需要耐心就够了。一个程序，除非能体现大脑的思维过程，否则无论多么巧妙，都无法吸引图灵。正如1941年那样，图灵感兴趣的，并不是象棋本身，而是人脑的思维过程。

这几乎是随机的。赛斯丽·波普韦尔也觉得，图灵是个很可怕的老板，但是反过来说，你永远不会在他面前失礼，因为他对这些完全不在意。他被人们视为数学方面的权威，如果想得到他的帮助，可以开门见山地提问，只要能够抓住他的兴趣和耐心，就一定能得到很有价值的想法。格莱尼对图灵在流体方面的知识感到很惊奇。但尽管如此，图灵并不是世界级的数学家，而且对他来说，相比于他已经知道的东西，他更喜欢那些他不知道的东西。他从不追求冯·诺依曼的高级职位或知识渊博的形象，事实上从1938年以后，图灵已经很少阅读数学文献了。

1951年，图灵从另一个角度，思考群的词问题，并得到了一个结果。牛津的怀特海认为，这是一个轰动性的成果，但图灵却从未把它发表出去。纽曼继续支持图灵研究拓扑学，图灵参加了一些这方面的研讨会，但是总的来说，他已经渐渐与纯数学的发展脱节了。数学在抽象海洋中一浪高过一浪，但这位半兽人，却只想待在自己的小岛上，他的小岛，处在抽象和实体之间的某个地方。他并不热衷于参加会议，他很讨厌学术圈里那些扯淡的事情，但他还是参加了纽曼主办的英国数学座谈会。1951年春天，他和罗宾一起前往布里斯托，参加这个座谈会，并在会上饶有兴致地与数学家维克托·古根海姆讨论了一些拓扑学。但这只是他的一种消遣。

还有一种消遣方式，是由 BBC 提供的。 BBC 制作了一套关于计算机的访谈节目，一共五期，这五期节目的嘉宾，分别是图灵、纽曼、威尔克斯、威廉姆斯和哈特里。图灵的那期节目，在1951年5月15日播出，主题是《数字计算机能思考吗？》，主要是关于他的通用机模型和模仿原则。图灵提到了自由意识和决定论的古老论战,提到了爱丁顿,提到了量子力学的不确定性,还提到了他自己对于机器的"自由意识"的想法,他说"可以通过轮盘赌或者利用镭,对于不知道其内部结构的人们来说,机器能够表现出非常随机化的行为"——其实这就是劳凯克斯的随机数发生器,但是听众们当然想象不到,这背后隐藏着这么大的秘密。图灵以自己对机器智能研究的评述作为结束:

> 整个思维过程,对我们来说仍然神秘,但是我相信,尝试建造具有思维的机器,将极大地有助于我们探索人类的思维机制。

这个简短的访谈节目,无法覆盖图灵关于机器思维的编程细节,他只说"这是一种训练式的过程"。有一位听众对此非常感兴趣,并且立刻做出反应,他就是奥利文·斯特拉齐的儿子,克里斯朵夫·斯特拉齐。

克里斯朵夫·斯特拉齐于1935~1938年在国王学院学习数学,虽然他的父亲是密码分析专家,母亲是数学家,但他本人在数学方面并不突出。他在战时从事雷达方面的工作,战后在哈罗公学教书。机器智能的想法,立刻吸引了他,正如这个想法当初吸引了图灵一样。1951年,通过朋友介绍,他与国家物理实验室的伍格取得联络,并为新的ACE原型机编写程序。5月时,他学习了图灵的《编程人员手册》,并得知了曼彻斯特的机器。在广播节目播出的当晚,他给图灵写了一封很长的信,雄心勃勃地诉说了他的计划:

第七章 退隐山林

> 首先必须要做的事，就是让机器能够根据最简单和一般化的输入，为其自身生成程序……如果我们使用的语言能像数学语言那样清晰，就会容易许多……只要选好了适当的语言，接下来就只需要数学，以及一个特殊的程序，这个程序能把这种语言转换成机器能够识别的指令。这听起来有点天方夜谭，但我相信这是可能的，而且这是实现机器学习的一个基础。我的想法还不是很严格，等我做完手头的工作，我会认真研究一下。

斯特拉齐对学习过程的思考，并不只在哈罗公学的教室里，还在他与朋友玩取子游戏[1]的时候。大部分数学家都知道，在《数学之乐》中，劳斯·鲍尔利用二进制来表示每堆火柴的数量，从而给出了一个必胜策略。没有多少人能在游戏时总结出这样的策略，不过斯特拉齐的朋友却发现了一个特殊情况，即只要能够达到 (n, n, 0) 这样的局面，就肯定能赢，因为在这之后，只需要一直模仿对手的取法，就能在最后使局面变成 (0, 0, 0)。这是人类学习者得到的抽象想法，斯特拉齐觉得很有意思。他编写了一个程序，把所有的必胜局面记下来，从而根据经验来提高胜率，但它只能离散而独立地存储这些局面，比如 (1, 1, 0)(2, 2, 0) 等。因为这个局限，他的朋友很快就击败了这个程序。斯特拉齐写道：

> 我认为这清楚地表明，思维的一个最重要的特征，就是

---

[1] 这个游戏有三堆火柴，两名玩家轮流选择一堆，从这一堆中挪走任意数量的火柴。挪走最后一根火柴的人就是赢家。

能在独立的元素之间,找到新的联系……

而他认为他之前所说的那种程序,正是使机器能够做到这一点的一个希望。

虽然图灵现在主要的兴趣是生物学,但他仍然喜欢琢磨关于机器学习的问题。在这个时期的一次讲话中,他基于办公室的文件管理工作,提出了一些想法,实际上这些工作就是当年4号营房的"智能":

> 机器是有记忆的……它可以记下它经历过的所有状态,比如它下棋时走过的每一步,或者打牌时打出的每张牌。这些可以按照时间顺序排列。除了这种简单的记忆之外,机器还应该有一个"经验索引表",我来解释一下这种索引表的形式,它可以按照字母顺序排列……这样就可以对记忆进行搜索。

接下来:

> 在训练过程的后期,机器的记忆覆盖了它经历过的每一时刻的状态,换句话来说,它记住了它曾经的所有想法。这将是一个非常有用的新型索引表……

从某种意义来说,图灵是在研究一种机器心理学,但这种机器只存在于他的想象中。

1951年7月9日到12日,曼彻斯特大学举行了计算机发布仪式。这时图灵刚从国外度假回来，他做了一场枯燥无趣的报告，关于曼彻斯特机的机器编码，以及三十二进制算术的一些细节问题。这场活动的焦点并不是他，而是威尔克斯，他的讲话关于"微程序"，这是一种新型的控制和运算硬件系统。当时的人们普遍认为，这是剑桥的一个巨大进步，他们拥有了开启未来的钥匙。剑桥的团队，把自己比作"宇航员"，其他人都是"原始人"。图灵是原始人中的原始人，因为他坚持要一位一位地跟踪机器的操作，但是在另一个层面，他却是最勇敢的原始人，因为他对智能机器的想法，让那些严谨的科学家们感到十分尴尬。

计算机在商业中的广泛应用，引起了严肃的讨论。曼彻斯特应用数学系的教授M. J. 莱特希尔说："到1970年，恐怕所有的本科课程都将围绕这种机器，数学教育将面临颠覆性的变革，但我个人很不希望'abc'被'/E@A'这样的符号取代。"这样的抱怨很快就得到了证明，因为三十二进制的算术，无论图灵多么拥护，但想要让普通使用者适应它是根本不可能的。但在1951年，这一问题还不是很清楚。这是图灵最后一次以计算机先驱的身份露面，这是一门没有历史的科学，而图灵却成了这门科学的一个神话传说。

在会议上，伍格做了一些对比演示，关于曼彻斯特的机器和国家物理实验室的机器的机器指令集。在会议期间，图灵邀请他住在冬青居，他并不知道图灵是同性恋，否则一定会毛骨悚然。他实际上只看到了乱七八糟的锅碗瓢盆，里面装满了野草和各种刺鼻的混合物，这就是图灵赖以度过退隐余生的业余爱好，从天然材料中提取化学物质。伍格很喜欢他的砖头小路，但却无法理解他讲的形态形成学。

现在图灵最喜欢的话题不再是模拟原则，而是生物理论，他终于拥有了一个可以公开讨论的兴趣。新计算机刚刚部署完毕，他就开始模拟他的细胞化学波，他称之为"图灵水螅"。在对很多种情况进行了研究之后，他得到了一系列很有说服力的猜想，初始状态相同的化学物质，有可能形成不同的浓度波分布。不同的速度能导致不同的结果，他称其为"快煮"和"慢煮"。他还实验了原肠胚的形成，其结果表明了球面上的随机干扰将如何影响轴线的选择。

在这项研究中，图灵产生了一种特殊的互动感，一种"个人计算机"的感觉。这很像他与巨人机之间的互动，新来的运维工程师劳伊·杜菲，看到图灵坐在控制台前操作机器，觉得就像是在"演奏风琴"。每个使用机器的人，都必须清楚它的工作原理，因为磁道和阴极射线管总会出一些差错，这都需要进行人工的调试。但是图灵把这些发展成了一门高雅的艺术，他写了一些指令，使机器在需要参数时，会发出一些不一样的响声，这样他就能直观地体会"煮"的过程。使用者还必须完全控制机器的运行和输出过程，图灵有时会把生物模式显示在射线管显示器上，有时则会把生成的轮廓图像打印出来。

图灵长期承包了每周星期二和星期四晚上的机器使用时间，并且经常一直工作到天亮。人们经常会在清晨遇到他，他会挥舞着打印出来的图片大叫"看！长颈鹿斑纹！"或者"看！菠萝！"然后回家睡觉，一直睡到下午。这样的通宵工作，不完全是关于生物学，有时还有一些对计算机程序和操作方面的深入探索。在一段技术性的文字中，图灵提出，程序员是在逻辑层面上使用机器，而工程师是在物理层面上使用机器。他还定义了一种"正规模式"：

机器的使用，有许多模式或风格，每个模式都有不同的方式，限制了其可以接受的操作。比如对工程师来说，用钳子卸掉一个电子管，或者断开两点之间的导线，这是可以接受的——当然，用斧头把机器劈了肯定是不行的。但对于程序员来说，卸掉一个电子管是不可接受的操作，他们有着更多的限制。机器的操作模式有很多种，这里我们只说"正规模式"。这种模式具有非常严格而明确的限制，其好处在于，它的输出结果能够完全展示整个计算过程，使用者可以从中得到他想要的任何信息。这些记录还包括使用者做的每一项选择，因此可以从中确切地分析出任意时刻的机器状态。

这就是对计算机"操作系统"的原始想法，但是除此之外，图灵所做的大部分工作，都是其他机器使用者无法理解的。自从1951年夏天之后，图灵就与所有人分道扬镳了。

1951年，图灵像往年一样，在剑桥度过了8月。他和罗宾、佛本科、罗伯兹还有罗宾的朋友克里斯朵夫·伯纳特，一起乘火车去伦敦。他们参观了南肯辛顿科学博物馆，那里正在展出很多科技方面的展品，包括沃尔特的机器乌龟。这些乌龟一直在绕圈，罗宾说它们可能得了麻痹性痴呆。不过他们也看到了漂亮的一幕，乌龟们对着镜子表演舞蹈。然后他们又参观了弗兰蒂公司的展品，那是一台能够与观众玩取子游戏的机器。弗兰蒂公司的员工见到图灵很高兴，招呼道："呀，图灵先生，想要玩一盘吗？"这样的游戏，图灵当然会玩了，而且他很清楚其中的原理，所以肯定会赢。果然，机器乖乖地显示"机器输了"的字样。

这并不是唯一的乐趣，他们还与一些前来参观的年轻人进行了一些讨论，感受到了从废墟中成长起来的英国科学新力量。随后，他们匆匆赶到巴特西公园，参加那里的节日游乐活动。图灵显得比以前活泼了一些，他还打破了他父亲的规矩——他没坐公交车，而是打了一辆的士。图灵不坐过山车，他觉得那很不舒服。

回到曼彻斯特之后，托尼·布鲁克加入了，他立刻终结了三十二进制的噩梦，编写了能够进行十进制输入输出的新程序，并改进了子程序的链接过程。图灵对此毫不介意，但他也保留了自己的想法，他对自己的想法很满意，这体现在他用32个符号拼出了各种各样的奶牛图案或者玫瑰花瓣。在这期间，斯特拉齐来到曼彻斯特，想要试验一个有史以来最长的程序，这是他根据编程指南写出来的。这个程序是为了解决一个图灵跟他提过的问题，通过让机器累积自身的行为，从而对其他程序进行检验。他们对此并不抱很大希望，但是斯特拉齐已经做好了打孔卡片，并得到了机器使用许可。图灵给他讲解了如何操作机器，以及一些快捷指令，然后就让斯特拉齐自己动手了。通常情况下，图灵总是因为别人拖拖拉拉的操作而感到极不耐烦，但这次的情况却不同，斯特拉齐只用了一个晚上，就顺利地让他的程序正常运行了。在图灵的推荐下，海斯贝瑞立马在英国研究发展公司给斯特拉齐安排了一份工作，其薪水之丰厚，足以使他辞去哈罗公学的教职。图灵作为机器大主管的日子，从此一去不复返了，他亲手把火炬传给了别人[1]。

---

[1] 斯特拉齐从此成为英国计算机和机器智能领域的核心人物，直到1975年去世。

第七章 退隐山林

11月初,图灵完成了关于形态学的论文,并寄给皇家学会的生物学会刊,他们于11月9日收到。在这篇论文中,有很多数学化的讨论,很少有人能像图灵那样,同时精通差分方程、物理、化学和生物学。生物学家通常比较擅长各种希腊名词,但却不擅长数学符号,反过来,数学家们往往对生命科学所知甚少。又一次地,图灵的想法陷入了不同领域的夹缝。后来,化学系给图灵提供了一点活动空间,1951年12月11日,图灵在那里召开了一个研讨会。

圣诞节马上就要来了,选礼物成了当务之急。虽然图灵对这类社会习俗很迟钝,但对这件事却一直很重视。他以前很喜欢希比尔阿姨,她是一位印度传教士,在她失明之后,图灵送给她一台盲文机。图灵在参加布里斯托研讨会期间,还特地去看望了她,她就住在那附近。在这个圣诞,图灵觉得欠自己一份礼物,因为他写出了一篇与《可计算数》同样伟大的论文,不只是提出了一个新成果,而且还建立了一个新格局,开创了一个新领域。

图灵写了一个小故事,笔调颇有一点安格斯·威尔逊[1]的味道。故事是这样的:

> 艾里克·普瑞斯对圣诞礼物越来越不当回事,他实在有点反传统。他在伦敦和曼彻斯特的商店里来回溜达,碰到中意的东西,就想一下,哪个朋友会喜欢这个东西。这种方式,似乎完全是依赖灵感的,他用这种方式工作,也用这种方式选礼物。他在商店里游荡了许久,大约每隔半个小时,他会

---

[1] 图灵在剑桥时,经罗宾介绍,认识了安格斯·威尔逊。安格斯后来也在布莱切利工作,但他们在那里却从未遇见过。

看中一件东西。这天上午，艾里克已经逛了两个小时，他看到了一个木制的果盘，正适合比尔维夫人，她一定会喜欢的。艾里克还给血管不畅的母亲买了一个电热毯，他没想到价格会那么贵，可是她肯定需要这个，而且她肯定不会自己买。他还买了一两件别的东西。现在到了午餐时间，艾里克朝大学方向走去，一路寻觅着，有没有像样的餐馆。

在两三个星期之前，艾里克一直很努力地工作，他的工作与星际旅行有关。艾里克一直对这种古怪的问题情有独钟。有机会的时候，他也喜欢在报纸或广播上讲话，他写的技术文章很有水平，或者说，他从小就很会写作。最近这篇论文，比他二十几岁时写的那篇更加出色。他二十几岁时，提出了"艾里克航标"的概念，现在已经广为人知。每当有人提起这个词，艾里克都会油然产生一股自豪感。他从来不隐藏自己的同性恋身份，但在去年夏天，在巴黎遇到那位士兵之后，他已经很久没有伴侣了。现在他的论文完成了，他有充分的理由，去找一个美男。去哪里找呢，他是知道的。

好吧，图灵成功了。他走在牛津街上，假装看着电影院旁边的邮筒，但实际上，他盯上了一个年轻男子。

阿诺德·莫瑞，今年19岁，由于营养不良和精神焦虑，他的身材很消瘦。战争时期，他被送到柴郡的一所男子学校，他喜欢这个新环境，成绩在班级里名列前茅。后来，人们为诺曼底登陆和欧洲胜利日而欢呼，但对他来说，这却意味着要回到贫民窟一样的家里，被父亲逼着出去打工。他做过几份工作，做得最长的一个，是从1948年开始，为国家卫生局生产眼镜框。在美朝战争时期，这个工作很吃香，因为新的财政预算中止了眼镜的免费供应。1951年7月，阿诺德打算调剂一下枯燥的生活，于是搭了一辆顺风车，去伦敦享受节日之乐，结果因为一些小偷小摸行为，被警察抓住了，遣送回曼彻斯特，成了无业游民。他现在经济很困难，基本靠父母维持生计。

阿诺德也在努力地追求自己应有的尊严，他觉得自己应该活得更好，而不是被踩在社会的最底层。科学这条路，他已经试过了，在14岁的时候，他制取了一堆化学混合物，并炸飞了窗户的玻璃。那一年，他还初尝性爱，所以他现在已有颇多经验。他不是那种自由而自我的人，他梦想能与一位姑娘谈一段完美的恋爱，但这并不是事情的全部。在他看来，同性恋似乎是成为精英人士的必备条件。虽然他瞧不起钱色交易，但是现在，图灵对他承诺，让他过上好日子。

图灵问阿诺德要去哪，阿诺德说不知道，于是图灵请他到对面的餐馆共进午餐。阿诺德举止文雅，长着漂亮的蓝眼睛，长期的营养不良，导致头发稀疏。他想要过上更好的生活，而且他很容易接受新思想，于是，他就这样走进了图灵的生命。阿诺德还有一种天生的活泼和幽默感，这些都曾帮助他度过最艰难的处境。饭后，图灵告诉阿诺德，他要回到大学去，他在那里当讲师，他的工作是关于计算机的，并邀请阿诺德在周末时去他家做客。对于这样的街头偶遇来说，常规的做法是在铁路桥下，或者在厕所里，开展一次简短高效的小运动。图灵请他共进午餐，还邀请他到自己家里，这显然超过了一般的待遇。阿诺德接受了邀请，但他并没有去。

本来故事到这里也就可以结束了，但是无巧不成书，在之后的那个星期一下午，图灵在牛津街上又碰到了阿诺德。阿诺德为他的失约找了个借口，然后图灵又邀请他到家里坐坐。阿诺德跟着图灵去了，并且一直待到很晚，还答应在1月12日会再来。图灵寄给他一个铅笔刀，作为圣诞礼物。

这个时期，BBC又做了一档节目，关于机器是否能够思考[1]。圣诞节前后，图灵去看望了晨佩侬，后来弗雷德·克莱顿也来了。弗雷德这时已经结婚了，并且顺利地当上了讲师。他此时正在做一项关于古典文学和英国文学的对比研究，为此向图灵请教了一些概率和统计知识。他还对占星术的意义很有兴趣，所以又跟图灵请教了一些基础的天文知识。

真实版本的讨论录音，是在1952年1月10日，录制于BBC的曼彻斯特工作室。讨论的主题是，脑外科手术能够揭示思维的奥秘，而图灵则一直反对这一点。M.纽曼和里查德·布列斯威特，作为两位皇家学会的科学哲学家，担任讨论的主持人。图灵的母亲收听了广播，图灵在信中对她说："大多数提问的问题都有点扯淡。"讨论刚开始，布列斯威特就提出："这完全取决于什么是思维。"图灵用模仿游戏来解释"思维"，但其他人立刻插嘴提出异议。布列斯威特问道："提问的内容是有规定的，还是我可以问它几点吃早饭？"图灵回答说："啊，是的，问什么都可以。而且不一定非得是问题，就跟法庭辩论差不多，你可以说'你只是在冒充人类'，这都是符合规则的。"他们还讨论了学习和训练，布列斯威特说，人类的学习能力是由"欲望、渴望、压力、本能"共同形成的，所以学习机器也必须具有某种"欲望"。

---

[1] BBC还播放了曼彻斯特机演奏的《铃儿响叮当》，使公众对计算机的认识普遍提高了一个层次。

纽曼则保守地讨论了一些数学问题，他指出，长度是实数，而计数则是整数，将这两者联系起来，需要进行一种联想："这种联想就是在两个事物之间找出一种关系……那么一个机器程序，能否在编程者不事先设定的情况下，自动地做出这样的联想？"实际上这正是图灵所想的事情：

> 我认为机器是可以进行联想的，而且这本身是一个很好的例子，体现机器如何做到一些我们认为是人类专利的事情。假设说，有人给我讲解"双重否定"，比如说"这个东西不是非绿色的"，那么它就是绿色的。这个东西不容易直接讲清楚，但他可以说："好吧，这就像你过马路，你过一次，然后再过一次，就会回到原来的地方。"这样的说法，就能解释这个问题。现在人们希望，机器也能做到这样的类比，而我认为，机器是可以做到的。对于我们的大脑而言，联想是这样的一个过程，当有两个或多个想法，具有同样的逻辑模式时，大脑就会利用其中的一部分，来理解另外一部分，这样可以减少工作量。一个是双重否定，一个是过马路，当人们说到那些枯燥的"否"和"否否"时，我无法理解那是什么意思，似乎这个想法不知道为什么，就是无法进入大脑，但他一说到过马路，这个想法马上就进入大脑了，但是走了一条不同的路径。如果能够在机械层面上解释这种路径，那就有办法让计算机进行这样的联想过程。

维特根斯坦在1939年也谈过对于双重否定的解释问题。接下来，杰弗逊用"欲望"的问题，把讨论拉回实际。"如果我们想要实现思维,那就不能忽略外在刺激的影响……你可以看到,机器是没有环境的,而人类却与环境密切相关,环境打他一拳,他就会打回来……人类本质上是一台化学机器,他会受到饥饿和疲劳……以及性欲的影响。"啊,这些欲望能影响思维!这是对离散状态机的一个有力反驳。但是杰弗逊再次糟蹋了他的论点,他又把问题扯到了神经系统的复杂性[1],他说道:"你的机器既没有基因,也没有家谱,孟德尔的遗传学,也显然不适用于电子管。"杰弗逊还说,他不会相信计算机有思维,除非他看到一台男性计算机主动去抚摸女性计算机的大腿。不过这段话在播出时被剪掉了,因为布列斯威特说:"我们很难把这种事称为思维。"布列斯威特也认为,计算机确实需要一个"情绪部件",但这会引出什么样的问题,则不是他们所关心的。

这场节目在1月14日正式播出,那一天,阿诺德第二次去图灵家。故事变得不一样了,这次图灵安排好了一切,阿诺德作为晚餐的客人,并被留宿一晚。他很喜欢对他来说很豪华的冬青居,并且他很惊讶,图灵竟然还雇了一位佣人。他们之间没有什么共同话题,但是阿诺德准确地掌握了图灵的聊兴。阿诺德有强烈的狭隘爱国主义情结,他反对美国空军基地占据柴郡的部分地区。除了时政之外,他们还聊天文学和小提琴,图灵演奏了一曲,并让阿诺德也试试。晚饭后,他们愉快地喝了点酒,然后一起躺在毯子上,阿诺德给他讲他做的梦,关于童年的梦,还有噩梦,他在梦中觉得自己浮在空中,然后听到越来越大的奇怪声响,吓得猛然惊醒,浑身冷汗。图灵问他,那是什么样的声音,

---

[1] 只要通用机有了足够的存储容量,能够模拟任意复杂的系统,那么神经系统的复杂性就对此没有影响。

阿诺德无法形容。图灵给他讲,附近皇军空军基地的旧机库,其实是个大脑,那个大脑是有程序的,它只为某个人工作,如果其他人走进去,就会陷在里面。然后他必须跟那个大脑下棋,三局两胜。那个机器很厉害,所以必须要跟它说话,这样可以分散它的注意力。先激怒它,再装傻,逗它笑,使它骄傲,这样它就有可能失误。

"你能体会吗?你能体会吗?"图灵越说越兴奋,反复地强调。他拿出一截粉笔,说可以故意假装很慢很傻很烂地做算术,这样就可以把那个大脑气疯掉,也许它会程序错乱,然后就自杀了。阿诺德听到这里,简直惊呆了。

阿诺德还聊了他的生活,虽然图灵平时很暴躁,但此时却无比地耐心,用苏格拉底式的语气开导阿诺德。"有志者,事一定能成。"图灵说。这对阿诺德是莫大的鼓励。他有自己的梦想,他想让自己的梦想成真。图灵觉得很沮丧,因为他话到嘴边,却不知道该怎么表达,他憋得满脸通红,告诉阿诺德:"一切都会变好,我会帮你走出来。"

这是同志之间珍贵的爱啊——1891年,爱德华·卡本特邂逅了他的乔治·米瑞尔,他就这样开始,与这个20岁的工人一起,生活了30年。图灵很明确地提出,想与阿诺德过夜,于是他们就过夜了。第二天清晨,图灵起床料理早餐,用完早餐后,他们就在一起聊天、吸烟,回味这一宵的欢愉。他们商量好,两星期后再见面。但他们少做了一件事,那就是钱。很显然,阿诺德缺钱,同样显然,图灵有钱。图灵本来要掏钱给阿诺德,但是阿诺德拒绝了,他不想如此直接,因为这将给他贴上"卖"的标签。图灵对他这种传统观念颇为不爽,然而第二天,图灵忽然发现,自己钱包里的钱少了。他心里咯噔一下，马上怀疑是阿诺德在他做饭时偷了钱。他给阿诺德写信，表示中断来往，几天后，阿诺德出现在他家门口，想要知道理由。他矢口否认偷钱的事，但图灵将信将疑。阿诺德还说，他分期付款买了一套衣服，还欠10英镑，并向图灵借3英镑。图灵把钱给了他，说这钱就给你了。后来图灵又给阿诺德写信，要求恢复交往。阿诺德在18日给图灵回信，表示感谢，并且要再借7英镑。图灵让阿诺德把他欠钱的公司的名称告诉他，他并不在乎钱，但他在乎这件事的真实性。21日，阿诺德再次来到冬青居，抱怨图灵不信任他，然后拿着7英镑的支票走了。他在曼彻斯特的印刷厂找了一份工作，承诺用工资来还钱。

与此同时，罗宾过来度周末，他们讨论了他的论文，这是一篇物理论文，关于爱丁顿的《基础理论》。图灵评价说："这比你以前做的所有东西都要好。"这个苛刻的赞赏，对罗宾意义重大，因为1949年时，他用来申请国王学院研究员的论文被图灵痛批一顿，把他批得泪流满面。

爱丁顿在1944年逝世了，他走的时候，正在尝试建立一个纯逻辑的物理学体系，但却未能如愿。这项工作颇有一些图灵式的冒险风格，但图灵在很早之前就认定，爱丁顿已经老糊涂了，并等着看《基础理论》被人拆穿。罗宾从来都不知道，20年前爱丁顿对图灵有多么重要，他果真在爱丁顿的论点中找到了很多错误，其中包括逻辑类别的混淆。这是逻辑和物理的又一次碰撞。

日子平淡地逝去。1月6日，图灵的姑姑希比尔去世了，给他留下了500英镑遗产。图灵失去了父亲家族的最后一位亲人，但是财产增加了。希比尔还给图灵夫人留下了5000英镑，但是图灵夫人不知道为什么，正想要把自己的房子给抵押出去。图灵形容这件事说:"这就好比,你家里正缺人手的时候,你却出去给别人当女佣。"图灵从1949年起,每年会给母亲寄去50英镑,但从这时候起,他不再寄了。

1月23日,星期三,广播节目有重播,图灵又听了一遍,并觉得自己的嗓音"越来越糟糕了"。就在同一天,他遭到了晴天霹雳。当天晚上他回到家,发现家里被盗了。第二天,图灵写信给弗雷德·克莱顿,在最后说道:

> 我家被盗了,有不少东西被偷了,直到此时,我还没能统计出来所有丢失的物品。幸好我买了保险,而且那些无可替代的东西没丢太多。但这件事让我非常不安,我出门去上班,刚走没多久,就有一种不祥的预感,我本来以为会有砖头掉下来砸我的头。

被偷走的东西,基本上是些零碎的杂物:一件衬衫、一些鱼刀、一条裤子、几双鞋、几把剃须刀,还有一个指南针,以及一瓶喝了一半的雪利酒。图灵估计,总损失大约50英镑。他报了警,两名警官到他家里采集指纹。这个时候,图灵强烈地怀疑,此案与阿诺德有关。邻居劳伊·韦伯给图灵介绍了一位律师,2月1日,图灵经过律师同意,写信给阿诺德,重申了钱包丢钱的事。图灵说,无论真相是什么,事情确实发生了,以后不要再见面了。他还用公学教师的口吻强调说,那7英镑还是必须要还的,并且说,如果阿诺德再到他家,绝对不会得到好脸色。

但是,2月2日星期六晚上,当阿诺德又来冬青居时,图灵又心软了。阿诺德气愤地捍卫自己的清白,一度冲动地威胁图灵,要把他们之间的事情告诉警察。图灵跟他叫板，让他尽管去使"最卑鄙的手段"。但阿诺德很快意识到，以图灵的地位，他不能把他怎么样。他的愤怒很快就发泄完了，一种不一样的气氛，又弥漫开来。图灵给阿诺德倒了一杯饮料，并谈起被盗的事情，他说不知道是谁干的。阿诺德立刻说出一个名字。阿诺德不知道这件事，但他知道是谁干的，因为他对一个熟人提到过图灵。这个人叫哈里，今年20岁，最近被海军解雇，成了无业游民。当时他们在牛津街，哈里怂恿他"干一票大的"，虽然阿诺德拒绝了，但他知道，哈里已经预谋好了。

于是，阿诺德和图灵又恢复了友好的关系，友好的性关系。他们又睡在一起，但这次，图灵多了一重心思。他在夜里起来，把带有阿诺德指纹的杯子收拾起来，准备跟窃贼留下的指印做比对。第二天，他们一起去镇上，阿诺德在警局外面等着，图灵进去送交昨夜收集的线索。他编了一个故事，解释他是如何采集到指纹的。他并不觉得过夜有什么大不了，但他觉得，如果主动讲出来，岂不是自找麻烦。

随后，阿诺德走了，并表示他会尽量帮图灵找回失窃的东西。几天之后，他真的给图灵写了一份汇报。但在这时，一切都已经不一样了。曼彻斯特敲响了大钟，这不是胜利的钟声，而是乔治六世的丧钟。星期四，继任的伊丽莎白女王从肯尼亚飞回，连任首相丘吉尔赶去机场迎接。就在这个夜晚，在伊丽莎白时代的前夜，图灵接到了警察打来的电话。他毕竟不是鲁宾逊，他现在到了生死关头。

第八章　面朝大海

在无人问津的小径上，
在池塘岸边的草木中，
脱去自以为是的生命，
脱去束缚我心的教条，享乐，金钱，妥协，
够了，我用这些糊弄我的灵魂太久了，
现在，我感受到了那疾走的新章，
我感受到了我的灵魂和我所歌唱的人的灵魂，
要在同志之间，方得欢愉，
现在，在这里，洗去俗世铅华，
在这里思量，唇齿在这里流露芬芳，
我不再羞涩，（因这幽静，我不惮一切坦诚）
这样的生活占据了我，它不张扬，却润泽万物，

我决意今天不唱别的歌，我只唱男人气概的爱，
我要让这爱，贯穿真正的生命，
我要在身后，留下刚健的音形，
这是我的第四十一年，美丽的第九个月的下午，
我要向一切年轻，或曾经年轻的人们，
我要诉述我日夜的衷曲，
我要歌唱那同志的爱情。

没过多久，警方就发现了图灵的罪，从他一开始报警，这个后果就已经注定了。警察取到了哈里的指纹，哈里在曼彻斯特还受到另一项指控，已经被逮捕了，他做了一份陈述，其中包括阿诺德告诉他的，他们在图灵家里做的"事"。星期天，警察又从图灵那里取得了更多的线索，于是毫无顾虑地采取了行动。

当时图灵带他们上楼，到他使用台式计算器的地方。两名警察，威尔斯先生和瑞蒙先生，感觉这个环境很古怪，写满了数学符号的纸片纷乱地散落了一地。他们对图灵说，他们已经"什么都知道了"，图灵搞不清楚他们知道了什么，是盗窃案还是什么。他后来告诉罗宾，警察的审讯技巧让人不得不佩服。警察让他重复一遍他星期天早上的陈述。图灵说："这个人25岁左右，身高大约178厘米，头发是黑的。"瞎编不是图灵的强项，要是让智能机器来编，可能会比他编得好。这番心虚的挣扎显然无用，威尔斯先生立即质问："我们有理由相信，你的陈述是假的，你为什么要撒谎？"

机灵的人这时应该说："我不知道是怎么回事。"但是警察刚一摊牌，图灵马上就全招了。他供出了警察想要的一切，承认自

己隐瞒了线人的身份，因为自己与他"发生过关系"。威尔斯先生问："请你告诉我们，你们发生了什么关系？"这个环节，令警察很难忘，因为图灵用半官方的语言，十分详细地列举了三件事，其细节之具体，甚至让警察打心里觉得，图灵是"一位非常可敬的人"。当他主动提供5页手写的陈述报告时，警察们更是大跌眼镜。通常情况下，警察都要把陈述者的语言，翻译成警察的专业语言，但是这次他们省事了。那份陈述报告，简直是"太可爱了"，写得就像散文一样流畅，只是有几个术语他们看不懂。但是同时，他们也被图灵的不知羞耻所震撼。"他是一个真正的异端……他真的相信他的行为无罪。"

图灵向警察们指出，皇家委员会理应"将它（同性恋）合法化"。但是他错了，而且他低估了这种陈词的可怕性。哈里合理地辩护说，盗窃图灵是合法的，因为他是性侵犯者，他已经丧失了法律的保护。图灵的陈述报告，把自己推入了这样的泥潭，因为其中包含大量的"性侵犯"细节，虽然这是阿诺德自愿甚至是主动的，但这只是他自己的理解。他希望把这描述成个人之间的"私事"，但这是不可能的，他没有认识到，同一件事对不同社会背景的人，可能会产生完全不同的意义。然而，如果说这是不现实的，那这至少是阿诺德有意寻找，并且很欣赏的一种不现实。阿诺德看到自己被一位社会精英视为朋友，感到十分鼓舞和感动。但是，图灵对法律的态度是不现实的，法律不关心他的精神矛盾，只关心他的所作所为。这对他来说太过荒谬，但事实就是如此。现在，警方对他的"性侵犯"行为展开了强制的、仔细的、彻底的调查。

这些警察并不关心图灵的过去，他们只是采集他的指纹和照片,拿到伦敦警察厅,去查他的犯罪前科。图灵与阿诺德的信件也被带走了,作为有力的犯罪证据。这时图灵意识到,如果他刚才一口咬定哈里在说谎,那么警察恐怕也无法把他怎么样,但现在什么都晚了,他们可以轻松地完成任务了。星期六早晨,威尔斯先生在曼彻斯特印刷厂逮捕了阿诺德,把他押到威姆斯洛警察局,并给他看了图灵的陈述报告。威尔斯先生很快便出具了一份材料,一笔一画地写上了"罪行成立",让阿诺德签字。2月11日,星期一,图灵不得不承认,这份材料"完全属实"。案子结了,刑期两年。

图灵违反的是1885年刑法修正案第11条"严重猥亵罪",此罪针对男性之间的身体接触,不论年龄和经济关系,也不论是公共场合还是私人场合。图灵的陈述报告,使他的罪行百口莫辩。他幻想他所做的一切很快就会合法化,但是他错了。不过,他认为政府对同性恋的认识会发生改变,这倒是对的。不管怎么说,图灵的平静生活到此为止了[1]。

这是英国历史的延续,从1885年刑法修正案,到王尔德的审判,到哈夫洛克·艾力士和爱德华·卡本特的书,再到艾伦·图灵。法律给出了明确的规则,取代了模糊的"违反本性"或"基督不许"这样的说法。王尔德说这是"不敢言说的爱",他看到了这个问题有多么残忍。

---

[1] 准确来说,这一事件使男同性恋问题再次引起了公众注意,正如1885年的修正案将"严重猥亵罪"规定为男性犯罪。第一次世界大战以后,德国特勤机关编写了很多"性变态者"的黑名单,其中既有男人也有女人。因此在1921年,英国下议院提出,将1885年的修正案扩展至女性,但这一提议被上议院驳回。女性并未受到男性所受的关注,这其实是男性特权的某种体现——尽管图灵也许不会这样认为。

在接下来的50年中,像《青春织机》和《邪恶之松》这样的书,试图通过谨慎的暗示,来渗透英国民众。到了20世纪40年代,一股新的浪潮卷过大西洋,来到这个保守的岛国。从1938年起,动物学家阿尔弗雷德·金西一直在记录和研究人类的性行为,1948年,他打破了"道德准则",他的证据很充分,就像对抗邓尼茨的那些证据一样,使人不能再视而不见。

在曾经的英国,这样的言论会被当作美国粗话一样被过滤掉,但是现在,这种掩耳盗铃的做法已经没有空间了。这也许是战争带来的后续作用,就像那些战争带来的"机械化、实际化、现代化"的科技发展。在1942年的军事斗争中,旧体制为了生存,被迫接受了现代化,但社会政策的相应调整,却需要更长的时间。1952年,英国公众对于男同性恋问题展开了公开的辩论。从传统观点来看,同性恋是一种"行为",是任何一个男人都可能因堕落而做出的行为。老一代人,以及20世纪40年代后被时代甩在身后的人,都持有这样的观点。然而在将近一百年来,还存在着另一种观点,即同性恋并不是一种行为,而是一种精神状态。19世纪的心理学家付出很大努力,解释"同性恋类型"或"同性恋人格",以厘清犯罪、精神疾病和"堕落"。他们将"同性恋"这个词视为一个医学词汇,这种描述框架常常被归功于弗洛伊德。图灵和罗宾有时会思考这个问题:在弗洛伊德之前的人们,如何描述性欲?

图灵在他1950年发表于《心灵》杂志的论文中,举了一个"洋葱皮"的比喻:

> 当考虑思维或大脑的功能时,我们发现,某些操作可以

完全从机械角度进行解释。这并不是真正的思维,而是一层表皮,要想找到真正的思维,就得去掉这层表皮。但接下来,我们又看到了新的一层表皮,以此类推。照此下去,最后我们会找到"真正的"思维呢,还是发现最后一层皮里空空如也?

当然,图灵的观点是,思维就像洋葱,而不像苹果,它没有一个核心的、不可归约的、不确定的内核。在19世纪和20世纪,科学家们在用各种方式削这个洋葱皮,并为"精神疾病"减轻一些责任,比如炮弹休克、神经功能障碍、精神崩溃……那么问题在于,底线在哪里?任何一种行为,从本质上来说,都可以解释成一种不可抗的冲动。在同性恋这个问题上,他们的底线是:不能因为这些人的"状态",而允许他们引起致命的社会罪恶和腐蚀。

然而还有第三种描述逐渐引起了人们的注意,即同性恋是一个社会性定义。这种观点不强调思维和感受,也不强调行为,而是强调金钱关系,以及与同性恋职业有关的一些特殊模式。社会学家戈登·韦斯伍德的《社会与同性恋》在1952年引起了英国公众的讨论,他逐一从各种角度描述了男同性恋行为。《星期日画报》关于"罪恶男人"的系列报道也引来了更多的关注者,打破了所谓的"缄默之阴谋",他们是从现代心理学和社会学的角度来看待这个问题,而不是从法律角度。"我们都知道这样的事,"报道中说,"有些年轻的男人,走着女性化的小碎步,把自己称作'酷儿'。"他接着说,这些表面上的"怪人和异类",只是冰山一角,其深处隐藏的问题,比大多数人想象的更为严重,需要更长时间才能解决。

这些讨论都涉及一个难题,即虽然每一种描述方式都有一些可取之处,但对于解决问题来说,却又都是不够的。有很多同性恋行为,与"欲望"和"社会圈子"都没什么关系,比如说在学校里。相反,《邪恶之松》的浪漫气氛沁人心脾,但它却是英国刑法所禁止的。还有一些人,比如阿诺德,他并不知道自己想要什么,但他却非常清楚一种社会模式的运作关系及其利益点。

医学和社会学的幕后学者们,将这些矛盾托出了水面。法律因其纯粹生理性的描述而受到质疑,韦斯伍德认为:"在处理同性恋问题时,必须考虑到这是一种精神疾病"。然而,现实往往是复杂的,法律的强制性,更大程度上是因为英国社会的体制关系,而不是因为这种行为的流行性。

出于这个原因,对更有力的科学描述之追求,与英国的思想矛盾发生了冲突。心理学家克里福德,在《星期日画报》上说:"我们也许曾在公学的操场上胜利过,但大量的失败却发生在宿舍中。"事实可能与任何官方说法都截然不同,在私下,最保守的人也可能认为,法律和那些心理学理论是荒谬的。不过,在这个巨大的复杂问题中,也有一个简单的特征。正如在公学这个"小型国家"中,不同社会阶层之间的交往,是最容易被抓住并受到惩罚的。图灵的罪行,正是这个特征的体现。从某种意义上来说,他这个案子的侦破过程,利用一个相关的小犯罪顺藤摸瓜,可以称得上是一个教科书式的案例。另外,这一时期的涉案者,年龄一般都集中在 30～40 岁之间。图灵正是韦斯伍德所说的,不熟悉社会环境的"局外人",他是一个自然而然的勒索对象。

在图灵的成长过程中,他在很多方面都表现出了同性恋的特征。国王学院有着不寻常的特权和环境,但是在外界,这一因素却起到了另一些作用。正如金西在解释如下统计数据时所注意到的:

> 有证据表明,在公开进行同性恋活动的男性中,受他人影响的人数比例,比因为自身生理欲望的人数比例要高得多。在这几年中,因为同性恋行为越来越坦率,对完整性关系的追求越来越直接,很多男同性恋者因此受到吸引,尽管其中一些人仍对被勒索怀有顾虑。

金西发现,在他调查的"活跃"人群中,他们的性行为频率一直在增长,直到35岁达到饱和,并保持该状态直到50岁。这证实了"社会禁忌"可以在大约20年内,抑展性行为的发展。在这方面,图灵可以说是刚刚开始。他30多岁才开始在国王学院之外寻找性伴侣。他有过两次持久的关系,但他并不安于稳定,当他逾越了自己的羞涩,他的探索欲就会填满他的全部。这倒不是因为他很杰出,也不是因为他不喜欢承诺,也不是因为他丢失了青春的理想。他在一个短篇自述中写道:"只是饥不择食。"他只是享受挣脱束缚的感觉,享受为自己做事,享受在没有特权的情况下,使一切不失控。他已经有了那么丰富的人生经历,如今到了不惑之年,他只想趁头发没白之前,再追求一点他想要的东西。因为这样的追求,他被逮捕了。

法律约束的另一个结果是,这种"灵魂堕落者"的数量始终在增长。在1931~1951年间,发案数量增长了5倍之多,就像闪电战和火箭弹一样快,即使在大萧条期间也稳步增长。在1933年时,情况确实如J. S.密尔所说,舆论力量比法律制裁更有决定性意义。到了1952年,随着政府触角的大幅度延伸,情况发生了变化。但也许有人会说,政府之所以在制约性行为方面成为主力,只是因为舆论的作用在减弱。

保守者普遍认为,一个人如果遭到了社会的排斥和孤立,法律只不过是最后一击。英王乔治五世说:"这样的人应该主动自杀。"然而,我们的图灵却丝毫不在乎社会评价,因为他比他的时代超前太多,而且他是国家的英雄。对于绝大多数男同性恋者来说,"谁知道"这个问题是意义重大的,他们的生活会因此划分成两面,一面是与知道的人来往,另一面是与不知道的人来往。勒索正是利用了这种划分,当然也利用了法律制裁。图灵也不例外,对他来说,这个问题同样重要,只是表现得不太一样。他不愿意看到,人们接受并尊敬另外一个自己,所以他总是对同事或见过几次的朋友,评论某个诱人的小伙子。要想和图灵交往,接受他的同性恋身份是很重要的,这是他的择友标准。

因此对图灵来说,同性恋身份的曝光,并没什么实质性的威胁。但是作为一个罪案,曝光的则不仅是同性恋的身份,还包括所有的具体细节。为了一个抽象的信仰而殉道,与为了一个具体的阿诺德事件而成为千夫所指,这是不同的两码事。这件事一曝光,他不但会被看成一个性变态,而且还会被看成一个笨蛋。从这个角度来说,图灵到现在还不慌不忙,倒是很令人惊奇的。这是他的孤注一掷的心理在起作用,他在工作和生活中总是这样的态度。也许在很久以前,他就已经想好了,活着就要图个快活,只要不伤害别人,有什么可羞愧的呢?他必须表明自己的立场,他不是为了一个信仰,也不是为了一个具体的成功,而是为了那份简单的真实。图灵没有丝毫退缩,警察去传唤他时,感到非常诧异,只见他托着小提琴,在演奏爱尔兰小曲,旁边还摆着美酒相伴。

3个星期后,2月27日,图灵和阿诺德到威姆斯洛地方法院出席听证会。刑事侦查局的威尔斯描述了详细的逮捕细节,并宣读了完整的调查陈述。图灵的银行经理作为证人,提交了关于7英镑支票的一些证据。图灵并未受到交叉审讯,他的律师为他保留了辩护权,并以50英镑把他保释在外。但阿诺德则不一样,他要一直待在看守所,直到开庭审理。当地报纸随后报道了听证情况和整个事件的要点,还刊登了两人的地址,以及一张图灵的照片。当然,对图灵来说,上报纸并不新鲜。

这个报道本身,并未占据很大篇幅,但是谁也没法估计,这会进一步地导致什么。不管怎么说,图灵现在得关心一下别人,以免他们受到伤害,尤其是他的家人。图灵给哥哥约翰写了一封信,这是他第一次给约翰写信,而不是明信片或电报。他开门见山地说:"我想你已经知道了,我是同性恋。"但约翰并不知道这件事,他一直以为,弟弟只是不喜欢女人,因为弟弟在格尔福特时,总是显得不解风情。图灵并不是约翰印象中的那种"娘娘腔",约翰也从未想过这种可能性。约翰收到信后,把它揣在兜里,到了办公室才拿出来看。

图灵在信中陈述了许多事情,并提到他要进行无罪辩护。约翰读后,立刻丢下手中所有的工作,火速赶往曼彻斯特,向一家顶级的律师事务所咨询。该事务所的一位资深律师,与图灵的律师进行了沟通,然后他们劝服了图灵,改成有罪辩护。实际上,图灵现在陷入了一个夹缝，如果否认自己的行为，那就是撒谎，反之则不得不接受一些荒唐的事。"有罪辩护""自首""主动供认"这些字眼，无一不在加强这种荒唐。图灵现在不可能再保持自洽了。从实用的角度来看，他交给警方的陈述是不可能翻过来的，而被说成"有罪"，并不是个很大的损失。更中肯地来说，约翰觉得"有罪辩护"可以使这个案件迅速而平静地结束。约翰认为，图灵到警察局去报告被盗是极其愚蠢的，他所做的事，体现了一个情报精英对外面世界的看法有多么天真。

现在还有一个问题，那就是这件事该如何告诉母亲，这是一件"应该主动自杀"的事。图灵对罗宾说，他觉得最痛苦的，就是要把这件事告诉母亲。他鼓足勇气，请约翰去说，但是约翰拒绝了。于是，前往格尔福特，并把自己的一切告诉母亲，这成了图灵的一项艰巨任务。图灵夫人没有完全理解这件事的真正意义，但她知道，有大麻烦即将发生了。但值得一提的是，她并没有与图灵产生冲突。在图灵小的时候，她总是和学校的领导站在一起，认为图灵是个棘手的孩子，而且不是学校的错。但是这一次，她安静地站在了图灵身边。

图灵写信给哥哥，抱怨他对同性恋没有同情心，确实如此。他还指责哥哥只在乎自己的面子，不关心其他，这却有失偏颇。他们都继承了父亲的性格，但却有着不同的思维方式[1]。约翰并不隐瞒他对图灵是同性恋感到恶心和丢脸，也不隐瞒他认为图灵极其自私，但他确实觉得，自己被这封信伤害了，因为他所做的一切，并非为了自己的面子，而是为了图灵。

---

[1] 有一次约翰问父亲最讨厌什么，图灵先生毫不犹豫地回答："欺骗。"

也许还有一个难题，如何把这件事告诉亦师亦父的纽曼。但图灵也许并不觉得这是难题，至少从他的行为上看是这样的。他们在餐厅一起用午餐时，图灵轻描淡写地讲了他被逮捕及其原因。他讲得格外大声，仿佛要让所有的人都听到。纽曼当时就震惊了，但他最终还是站在图灵一边。图灵请他作为证人出席庭审，他还请了现在在政府通信总局工作的休·亚历山大。他们两位都同意了。某种意义上来说，剑桥的自由主义准备好了，要站出来保护图灵。

相比之下，图灵面对那些已经知道他的同性恋身份的人，就要从容得多。图灵写信给弗雷德·克莱顿说：

> ……这不是一般的入室盗窃，其结果严重得多。我的男朋友把他的另一个朋友引到了我家，后来其中一个被警察抓了，并把我们的事情告发了。以后你到利物浦时，也许可以顺路到监狱看望我。

然后是奈维尔。图灵打电话给他，并赶到雷丁去见他。奈维尔也觉得图灵的报警行为非常幼稚，跟警察打这样的赌，分明是自己把自己逼上绝路。护航运输队现在沉了一条船，其他的船就必须格外小心了。一个为国家立下汗马功劳的英雄，竟然惨遭如此待遇，奈维尔并非出身统治阶级，他对此事感到义愤填膺。这次见面是令人难过的，因为奈维尔的母亲听说这件事之后，强烈地向奈维尔施压，坚决不许他再与图灵来往。

此外还有一些人需要告诉。图灵写信给琼·克拉克（她现在又跟别人订婚了），坦白了以前没有承认的事，即他确实有过性行为,而且现在他被捕了。图灵说"他们不像以前那么野蛮了",他也许是想到了王尔德案。他还给远在曼谷的鲍勃写了封信,信中"绝不道歉,绝不解释"的态度,令鲍勃感到震惊而悲哀。

在学校里,图灵还要承受另一种困窘。在以前,大部分教职员都把他视为怪物,尽量避免与他接触,而在这件事之后,他们是无论如何也不与他接触了。还有很多人采取冷处理,缄口不提这件事。不过在计算机实验室内部,气氛还是明显要随和一些的,尽管也有一两个成员感觉很震惊。托尼·布鲁克的态度最令图灵欣慰:他压根不知道有这么一条法律,并且很耐心地倾听图灵的倾诉。某种程度上来说,这件事说明图灵毕竟也是人。他打电话给赛斯丽·波普韦尔,哀伤地问:"你觉得吃惊吗?"并说自己恐怕要进监狱了。然而,图灵并不需要别人的同情和怜悯,这是他的个性,别人在这方面,也只能做个旁观者而已。图灵现在面对如此煎熬,却假装并不在意,他希望给别人留下这样的形象,而那些不太敏感的人,也确实相信了。即使再痛,他也会笑着。

在实验室里,大家议论着,如果图灵丢了饭碗,他该如何谋生。纽曼的想法非常坚决,布莱克特也是一样。布莱克特找到副校长、杰出的神经学家约翰·斯托福德爵士,表示无论付出什么代价,都务必保住图灵的工作。他引用了金西报告中的数据,来论证他的观点。可惜斯托福德不太认可金西的数据,他说:"我会怀着关心和同情,聆听任何人的任何辩护,但如果想要向我证明什么,必须拿出令我信服的证据。"不过图灵的职位最终还是保住了,纽曼对此起到了至关重要的作用。作为部门领导,他有他的自主权,他想要图灵留下来,这就已经足够了。

另外要考虑的，是国王学院方面。巧合的是，图灵在那的任期是到1952年3月13日，也就是说，他被逮捕时还是研究员，但审判时却不是了。图灵向菲利浦·霍尔咨询这个问题，菲利浦与艾德考克教授商量了下，然后他们建议图灵，不必主动提出辞职，他的职位到时候会自动终止。17年韶华，弹指间就结束了。当然，图灵认为没有理由因为被捕就与国王学院切断联系，毕竟这里还可以为他提供一些保护和支持。为他提供支持的，还有他的好邻居韦伯一家。虽然他们对这件事感到很不舒服，但仍然很欢迎图灵。

虽然这件事消耗了图灵的大量精力，但他仍然没有停止工作，就像战争事务并没有阻止他研究逻辑一样。对他来说，"不工作"才是最大的羞耻。甚至在被逮捕的那一天，他还在伦敦参加比率俱乐部的研讨会，并在会上大谈形态学。后来约翰·普林戈做过一场关于"原始时期化学物质中的生命起源"的讲座，正是以图灵这次发言为基础的。2月29日，当地报纸报道了第一次听证会，而这一天，图灵正在反驳比利时化学家尤亚·普莱戈根提出的意见，并去了一趟曼彻斯特化学系，还完成了对形态学论文的修改。3月15日，他向出版社提交了关于黎曼ζ函数计算的论文。虽然在曼彻斯特原型机上的实验并不十分理想，但图灵想赶在入狱之前尽快解决它。

3月21日，周末。图灵前往泰晤士河畔的亨利镇，出席一场关于生物学的大型研讨会。因为控制论的崛起，以及形态学问题得到了广泛重视，所以图灵在这里得到了许多共鸣。唐纳德·米奇也参加了，他以前研究生理学，现在转向基因学，与图灵的形态学有一些联系。图灵邀请他一起散心，可以看出，尽管他表现得沉着冷静，但其实还是很不安。他讲到了最近的听证会，以及一周之后的审判。唐纳德劝图灵鼓起勇气，说别人并不会把法院判决看得那么重要。但是图灵也许早就想过了，将要害他被社会遗弃的，不光是法律，还包括一切明面上的英国文化、体制、媒体、学校、教堂、生活。

心态是一回事，现实是另一回事。被警察审查私生活并指手画脚，这是非常令人厌恶的，更何况还将面临实实在在的惩罚。他犯罪的各方面情况，比如年龄因素、阶级差别，对他来说都是非常不利的。即使从非官方的角度来看，他这个案子也属于"老不正经"，而不是浪漫的爱情故事。另外，图灵毫不妥协的态度，对法律的威严来说，也是一种挑衅。

不过，一个有利的事实是，在1951年被指控"严重猥亵罪"的746人中，最终只有174人入狱，而且绝大部分都不超过6个月。如果图灵被指控"鸡奸罪"之类，他的处境就会更加危险，法律对各种性行为区分得很仔细。此外，图灵这次是初犯，这也会减小入狱的可能性。但是，随着时代变化，人们的想法也在变化，那些研究同性恋的人，现在不仅研究如何描述，还要研究如何治疗。

1946年，阿道斯·赫胥黎在《美丽新世界》的新序言中写道："原子能技术是人类历史上的一次大革命，但并不是最终的革命（除非我们把自己全都炸死，人类历史就此终结）。"虽然他也相信，原子能会加剧政府集权，而且这种趋势在第二次世界大战后明显加速，但是他仍然坚持自己1932年的观点。他认为："这种真正具有革命性意义的革命一定会成功，不在客观世界里，而在人类心中。"他还认为在"生物学、生理学和心理学"的研究已经体现了这种迹象。

图灵对此并不陌生。在他自己的成长过程中,始终是围绕着这个《自然奇迹》中的问题:"我到底怎么来到这个世界的?"他在论文中提到的"生长激素",已经被实验生化学家用化学方法提取出来了。无论是对于科学家,还是外行人,1889年发现的性激素,格外吸引人们的兴趣,而且这种兴趣不仅限于激素的生理作用。如布鲁斯特在1912年所说,化学信息还能决定人的心理。

如果说,人们过去认为同性恋是一种污秽,那么在现代心理学来看,这是由"男性"和"女性"的生理范畴导致的,即同性恋是天生的,是某些重要特征的特殊混合[1]。这种观点的关键在于,它带来了一种普适的关于同性恋的完整假说,这种明显的异常可以理解成"实际上是男人的女人",或者反之。按当时的逻辑来看,有些人看到,这个理论对同性恋给出了一个科学的正当理由,而另一些人则看到了解决这个问题的希望。

通过对激素的研究,人们发现,一个人是"男性"还是"女性",取决于一个简单的化学模式。1940年,美国人在洛杉矶进行了第一次重要实验,内分泌专家检测了17名被捕的男同性恋者的尿液,测量其中雄性激素和雌性激素的浓度比,同时他们还检测了31名正常男性。结果表明,对一个个体而言,这个比值并不是固定的,但从总体平均情形来看,男同性恋者的这个比值,只

---

[1] 1931年的美国小说《异兄怪弟》中出现过这个想法:"你看,我们的生殖器,并不只是用来生殖,它还控制化学物质,使男人像个男人,女人像个女人。"

有正常人的60%的水平[1]。

哥拉斯博士在描述该结果时表示:"很明显,如果能够探明病因,就有办法提出具有广阔前景的治疗方法。"通俗地说就是,如果他们能找到一种可以把同性恋变成异性恋的物质,他们就会使用它[2]。因此在1944年,哥拉斯进行了实验,为11名男同性恋者注射雄性激素,并伴随使用了一些药物。但在哥拉斯博士看来,这次实验并不成功。"只有3名被试表示有好转,却有5名被试表示同性恋倾向反而增强了。"这在科学语言中称为"情况加剧恶化",也就是说,这种方法对"男同性恋的临床治疗"毫无帮助。

然而,这次失败的实验,却暗示了一个完全相反的疗法。既然雄性激素会增强性欲,那么雌性激素也许可以抑制性欲,无论是对于男同性恋者还是正常男性。早在1940年,美国的先行者C. W. 邓恩就尝试过这种让人吃惊的想法。他在报告中写道:"在治疗结束后,性欲会完全失去。"

这个疗法值得注意的地方在于,它比物理阉割的效果好得多。物理阉割是一种传统的美国方式,尤其是在19世纪末,优生

---

[1] 结果中存在一些例外,比如某些"正常人"也会出现很低的比值,而某些同性恋者有时反而会很高。这一情况被巧妙地解释为:"某些正常人其实是潜在的同性恋,而那些高比值的同性恋者则并不是先天的同性恋。"

"每个人的胚胎中都同时存在这两种化学物质,如果发生某种差错,就会出现雌性激素在雄性个体中起支配作用的情形,或是反之。于是就造成某些雄性被雄性吸引,或雌性被雌性吸引。"

"这是现代科学所能给出的最合理的理论了,而且我们对白鼠和荷兰猪的实验也已经证明……我们可以证明,性别差异是化学的作用。"

[2] "该问题导致的社会影响日趋重要,迫切需要通过更广泛的手段进行解决。"

学流行的时候。在1950年，有11个州允许强制阉割，有50000个案例记录在册。但是科学证据却表明，物理阉割并不能成功地抑制性行为。从这个角度来说，化学方法看起来更有前途。

这一前途体现在该领域的第一篇英国论文中，它于几天后发表在医学期刊《柳叶刀》上，作者是F. L. 戈拉，他是布里斯托的博登神经研究院的主任。当年正是在布里斯托，沃尔特制造了他的机器乌龟[1]。戈拉在文中写道："1948年的《刑事审判法》强调了，社会有责任为性犯罪者提供治疗。"但是在英国，无论是强制还是自愿的物理阉割都是不允许的，因此，激素疗法则合法而有效地解决了这个矛盾。1949年，戈拉在13名男性身上进行了临床实验，其结果表明，如果激素剂量足够大，可以有效抑制性欲将近一个月。他总结道：

> 鉴于这种疗法能使患者得到内心的镇定，但却不会残害其身体，因此在任何男性案件中，如果患者的性欲异常或无法控制，我们就应当尽可能地使用这种疗法。

戈拉使所有的男同性恋者看到了化学阉割。1952年，《星期日画报》评论道：

> 他们需要的正是这样的新疗法，他们应该被送到医院接受治疗，而不是送进监狱里承受煎熬，医生和精神专家亦普遍认可该想法。我们必须明白，正是激素的平衡程度，决定

---

[1] 罗斯·阿什比曾向戈拉和沃尔特致谢，因为他们阅读了他1952年的控制论著作《脑的设计》的草稿。

了一个男人是否会进行那种令人遗憾的活动。

L. R. 布鲁斯特是该领域的领军人物,他提出了具体的治疗方法,目前已经取得了广泛进展,但仍处于探索和实验阶段。

事实上,这种可能性,使管理权扩张到了更有野心的层面上。另一篇文章,描述了对一名14岁的男孩施用雄性激素的情况:

> 很多年来,他不敢与人交往,敏感,羞涩,自闭日趋加重。他病态地沉浸于与他年龄不符的深奥理论,主要是哲学和宗教。在病房中,他大量地阅读和写作,表现出对哲学的浓厚兴趣,但是极少与其他人来往。

在一个药物疗程后:

> 他已经不再强迫性地思考宗教之类的事情了。他停药并且出院,情况有了明显好转。6个月后,有报告称他在印刷厂找了一份工作,但仍然略有思考宗教的倾向,而且对别人的嘲笑毫不在意。

可以看出,对于这名14岁的"图灵"来说,这种科学治疗比参加团队训练更为有效。在另一方面,专家则认为:

> 雌性激素可以有效地控制12~16岁的偶然同性恋行为。

相比于冷水浴,或是史密斯校长的训话,雌性激素是更有效的办法,可以使1948年《刑事审判法》的原则得以落实。这开创了一个新的领域,即用化学手段解决社会问题。

其他科学家也注意到了这个发展。1952年,一直高瞻远瞩的达尔文爵士经过长期研究,出版了《下一个100万年》。其中他从生物学而非物理学的角度,提出了"那些最激动人心的可能性",其中一个就是:

> 也许会有一种药,没有副作用,它能以人道的方式,抑制急迫的性欲望。

在人类历史中,曾经也有过其他治疗方法,但结果都很令人失望。戈登·韦斯伍德总结综述过所有关于同性恋治疗的实验和案例,其中包括脑额叶皮质切除,但韦斯伍德认为,这些方法都不成功。捷克斯洛伐克目前采用行为主义方法,在给予性挑逗的同时,施以电击或令人恶心的刺激性药物,但英国并没有采用这种方法。目前英国主要依靠监禁、失业、社会孤立、勒索的风险来控制同性恋,在这些都不管用时,美国人提出了化学阉割。这是当代科学给图灵提供的治疗方法,图灵认为这个相对不那么糟糕。他就在这样的背景下受审,这是一场新旧之间的较量。

最危险的时刻到了。1952年3月31日,柴郡地方法院开庭审理女王诉图灵与莫瑞案。法官是J. F.哈里森,图灵的辩护律师是G.林德史密斯,阿诺德的辩护律师是E.胡森,他们的控诉人是罗宾·大卫。他们总共面临12项指控,具有镜中奇遇一般的对称性：

> 艾伦·马西森·图灵
>
> 1. 1951年12月17日，威姆斯洛，被告身为男性，对另一男性阿诺德·莫瑞实施了严重猥亵行为。
>
> 2. 1951年12月17日，威姆斯洛，被告身为男性，参与了另一男性阿诺德·莫瑞实施的严重猥亵行为。

以此类推，后面都是这样的。阿诺德遭到的指控也是如此，比如最后一项：

> 12. 1952年2月2日，威姆斯洛，被告身为男性，参与了另一男性艾伦·马西森·图灵实施的严重猥亵行为。

他们二人承认了所有的指控，尽管图灵并不认为其行为是有罪的。控方律师在陈述时，特意强调了图灵毫不悔改的恶劣态度。

现在能够帮他开脱的，只剩下他的社会地位了。良好的社会地位是一种阶级象征，但是在这一案件中，阶级反而是他的不利因素。公共教育的目的，是权力与责任的平衡，而且身为上流人物，图灵应该做出榜样，而不是以身试法。然而，图灵其实对他的阶级权力和责任没有任何兴趣，他从未以此向警方施压，警察都觉得，他就是个平常人，偶尔逛一逛酒吧。但另一方面，在老一辈看来，他的罪行是对其阶级的背叛。而阿诺德的家人也认为，阿诺德真正的罪行，在于他把一位绅士拖入了堕落的深渊。

法庭提到，图灵曾获得大英帝国勋章[1]，休·亚历山大还作证说，图灵是国宝级的科学家。有人质问纽曼，能否接受图灵这样的家庭成员，纽曼回答，他已经这样做了，图灵是他们夫妻最亲密的朋友，而且是一位非常真诚厚道的朋友。"他完全沉迷于工作中，"纽曼说道，"他是当世最精深最纯粹的数学家之一。"林德史密斯提出，不应判处图灵入狱：

> 他现在正全身心地投入于工作，如果强迫这样一位非凡的人才停止工作，将会造成无比巨大的损失，人们再也无法享受他的研究带来的成果。应该给他提供治疗。强制他终止如此重要的工作，是对公众无益的，请法庭慎重考虑。

然而，阿诺德的律师胡森却辩护说，阿诺德是无辜的，他是受到了图灵的教唆：

> 他是一名印刷工人，他没有图灵那种倾向。如果他没有遇到图灵，就不会发生这种事情。

图灵的态度是，接受这种说法，但绝不忏悔。纽曼和亚历山大深感吃惊，图灵甘愿替阿诺德受难，亚历山大为他的"义气"感动，纽曼则为他的"坚定"感动。希尔伯特曾这样评论伽利略的忏悔："他不是傻瓜，只有傻瓜才认为科学需要殉道——那在宗教上也许是必需的，但科学自有时间来证明。"但是，图灵面对

---

[1] 他的勋衔仍被保留，这是本案的一个有趣细节。战争部认为，对于触犯1885法案者，应当撤销勋衔，但外交部对此持有不同看法。

的，并不是对科学真理的审判。

审判在新旧之间徘徊，最终倒向了新的一方。图灵被处以缓刑，条件是必须在曼彻斯特皇家医院接受治疗。

威姆斯洛当地报纸的头条登出：

> 大学教授被处缓刑
> 必须接受化学阉割

两个星期后，图灵写信给菲利浦·霍尔：

> ……我将被监控一年，并强迫接受化学阉割。他们说它的作用是减弱性欲，并最终使患者恢复正常。但愿他们说的是真的。精神专家似乎认为，一切精神疗法都是无效的。
>
> 审判的那天，感觉还不错。当我和其他犯人拘留在一起时，我仿佛回到了学生时代，那些看守就像监督生。我很高兴又见到了我的伙伴，但我再也不会相信他了。
>
> （邮戳日期是 1952 年 4 月 17 日）

入狱或治疗，图灵选择了后者，这个选择并不轻松。他要因此被切割包皮，他的文章也要受到各种讨厌的审查。而且，他其实并不在乎生活环境，一年的牢狱生活，并不比舍尔伯尼更糟。但从另一个角度来说，如果选择入狱，他的工作就很难继续，他极有可能失去曼彻斯特的职位，以及心爱的计算机。一面是自己的身心，一面是学术生涯，这是个非凡艰难的抉择。最终，图灵选择了"思维"，牺牲了"情感"。

就在同一天，哈里这个窃贼，因为另一个案件，被送进了教养院。阿诺德被释放了，他茫然地走出法院，他不知道自己是否应该感到愧疚。随后，他发现自己总被邻居们指指点点，几个星期后，他逃回伦敦，找了份工作，混迹于费兹罗维亚，这是个到处都是咖啡店的世界。为了融入这里的圈子，他还玩起了吉他。

图灵的下场截然不同，他要被迫接受药物治疗。虽然科学观点认为，治疗造成的阳痿是可逆的，停药后可以逐渐恢复，但问题在于，这种治疗还会导致其他生理变化，比如乳房发育：

> 雌性激素可能还会对中枢神经系统造成直接的药理作用。萨克曼（1952）通过啮齿动物实验，证明性激素会影响学习能力，雌性激素对啮齿动物具有大脑麻醉作用。虽然还不能证明这对人类也会造成同样的影响，有临床迹象表明其效果会减弱，但要想得到清晰的结论，还需要进一步的研究。

也就是说，药物治疗还会对思维造成影响，"思考"与"情感"，并不是干净利落的二选一[1]。

此外，还有很多其他的次生后果。《环球新闻》以题为《超级大脑也犯罪》的短篇，报道了这个案件。图灵现在生活在监视中。晨佩侬到曼彻斯特来使用计算机时[2]，图灵邀请他到冬青居用晚餐，晨佩侬在那里看到了缓刑监督官员。图灵告诉他，一位

---

[1] 在图灵参加纳菲尔德科学基金的一场会议时，考虑到他的情况，P. B. 梅达沃提出一项研究计划，通过对雄性动物注射雌性激素，观察其行为模式的变化，研究其神经生理机制。很少有皇家学会院士获得这种殊荣：担任实验动物。

[2] 他正致力于序贯分析在经济学领域的应用。虽然他知道图灵对贝叶斯统计很有兴趣，但他并不知道，图灵曾经在8号营房独立发明了序贯分析。

退休的利物浦主教听说了他的案子，想要见他，他去了。这让人不禁感慨。想起1936年，图灵无法容忍主教干涉别人的私事，但是现在，他说去就去了。现在对图灵来说，已经没有什么"私事"了。图灵本以为主教是出于善意，但结果却让人很失望。还有一个后果，也许对图灵影响甚微，但对另一个人却很严重：因为有了"颠覆道德"的犯罪记录，艾伦·图灵从此再也不能进入美国了[1]。

图灵并没有把审判看得那么重，他尽量表现得像什么都没发生一样，仿佛这一切只不过是在宿舍里做了个淘气的实验，被抓住了，实验工具被没收了。但这件事，确实迫使图灵更多地关心起自己的生活和处境，那篇匆匆写就的短篇故事，象征着他正在逐渐增强的自我感知。有一个名叫琳·纽曼的人回忆说，图灵从此变得有趣多了，也更合群了，不再是那个只有机械大脑的遥不可及的数学家了。图灵在真相大白后，也不再感到不安了。琳·纽曼说："在谈话时，图灵会直率而真挚地凝视对方，他的眼睛湛蓝澄澈，让人无法拒绝，甚至难以呼吸，生怕吐出来的气息会弄脏了它。"她还说：

> 我送给图灵一本《安娜·卡列尼娜》，后来还有一本《战争与和平》。我知道他喜欢读简·奥斯汀和特罗洛普的书，以抚慰自己的内心世界，不过他对文学或其他艺术并不热

---

[1] 1952年，美国移民政策发生了改变，对同性恋行为的定义，从法律层面转为医学层面。当年修改的《移民与国籍法》特别强调："心理变态的外国人……禁止入境。"1967年，美国最高法院确认："从法案的变迁史可以明确看出，国会毫无疑问地认为，心理变态包括同性恋。"所以，图灵被划入了禁止入境的范围。

衷，对诗歌也毫无兴趣，所以很难为他推荐书籍。《战争与和平》阴差阳错地成了他的最爱，他在给我的信中，还生动地写出了他对托尔斯泰的理解和感悟。通过《战争与和平》，图灵重新认识了自己，以及他面临的问题。托尔斯泰又多了一个陷入道德困境的读者，多了一个和他自己一样纯粹的灵魂。

图灵把自己置身于《战争与和平》中，就像主人公皮埃尔一样，踉跄着走到了战场中央——然后又怎么样？这意味着什么？这是为了什么？托尔斯泰的问题是，历史到底是什么？一个人，可以像历史故事那样，引发事件、执掌大权、施展抱负吗？托尔斯泰写道："历史不是人的意志，而是人们对于意志的表象。……我们把已知的东西称为客观规律，把未知的东西称为自由意志。在历史学中，自由意志仅仅是指那些未知的人类规律。"他还特别指出，人类内心与外部世界的关系，目前是未知的，所以我们说它是自由的。这些问题，图灵也以另一种形式思考过；在1月的电台讨论中，图灵说："所谓思考，就是指那些未知的内心过程。"

然而，托尔斯泰还写道，无论"自由意志"的说法多么不合理，但如果"没有这个概念，人们不但无法理解生命，而且片刻都不能生存。生命会变得无法忍受，因为人类一切的渴望和趣味，完全是建立在自由之上的……如果一个人没有自由，那就和没有生命是一样的"。

现在对于图灵来说，他还有一点自由，但不是托尔斯泰式的自由，而是鲁宾逊式的自由。在公学里，如果学院禁止男生交往,图灵就会去找其他学院的男生[1],他绝不允许自己被体制击败。1952年五朔节,他到剑桥参加比率俱乐部的研讨会,也许就是在这时,他认识了国王学院的诺曼·劳特利奇。图灵对他讲了审判和治疗的事("我的胸部变大了!"),诺曼则告诉图灵,挪威有一种"仅限男人"的舞会。

1952年夏天,图灵前往挪威度假,但是他很失望,因为这里根本就没有那种舞会。不过他遇到了很多斯堪的纳维亚人,得到了五六个地址,其中他尤其青睐一个名叫基尔的年轻人。回来之后,图灵把基尔的照片拿给罗宾看。基尔长得颇为妖娆。最重要的是,从这件事可以看出,图灵并不打算改变自己。

在学术方面,他的生物理论工作仍在继续,他全身心投入于此,在广度和深度上不断开拓。现在他正在研究解决第一篇论文中提到的问题,尝试用计算机来解决形态学的化学理论中经常会遇到的微分方程组。这是一项实践性的工作,他需要尝试各种不同的初始条件,并观察它们会导致什么结果。同时,这其中还需要一些非常精巧的数学技术,比如利用数值分析来进行近似计算。正如那个秘密的原子弹项目一样,计算机在这两个项目中,都是用来计算流体的相互作用。

此外,图灵还提出了一个关于叶子分布的描述性理论,这在生物学中称为"叶序"。图灵用矩阵来表示茎上环绕的叶子的螺旋结构,并引入了检晶器的"逆格"的概念。除此之外,他还提

---

[1] 为免牢狱之灾,图灵除了接受激素治疗外,也许还必须发誓不会再犯罪,这是很自然的。如果他做过这样的承诺,那么可以说,他确实遵守了,但他却也注意到,这个承诺并不妨碍他在国外做什么。因此,在1952年之后,出国度假也许成了图灵生命中最重要的活动。

出了许多自创的测量方法。他的目的是找到一个方程系统，能够产生矩阵系统所表示的斐波那契序列，并将这两套系统结合起来。

在这一系列研究中，图灵虽然与几位生物学家有书信来往，但本质上的工作，都是他独立完成的。曼彻斯特的植物学家C. W. 瓦德劳对此非常有兴趣，他写了一篇专业的生物学文章，介绍图灵的第一篇论文的重要性。这篇文章在1952年8月发表，不久之后，图灵收到了来自瓦德劳的信，信中说他对"化学说"非常感兴趣，但对其正确性表示怀疑。总的来说，图灵对这些人感到有些失望（他向莱特希尔倾诉过），因为他们对图灵的想法，总是表现得很迟钝。这也许和《可计算数》的情况是一样的，这位1936年纽曼所说的"隐者"，直到现在，仍然缺乏与人沟通的耐心。

在另一方面，图灵对不可逆过程热力学产生了一些兴趣。在一次化学系研讨会上，图灵做了一场专题报告，后来又与W. 拜尔斯·布朗进行了一些讨论，不过这三分钟热血很快就冷却了。或许图灵对布朗这位年轻小伙的兴趣，超过了对这门学科的兴趣。

春天，罗宾说服图灵一起参加了1952年英国数学研讨会，会议地点是格林尼治的皇家海军学院，这意味着他们可以顺便乘坐泰晤士汽船游览一番。在格林尼治的一片被炸毁的废墟上，图灵看到了一些美丽的小野花。在午餐时，有一位讨厌的逻辑学家，突然进门向图灵走来，图灵立刻从另一扇门跑了出去。当时他的《可计算数》已经很著名了，他愿意听别人评价图灵机，但他不愿意为此付出代价——比如被一些想套近乎的人纠缠。

不过，图灵和克里斯朵夫·斯特拉齐倒是聊得很投机，斯特拉齐为曼彻斯特的计算机实验室带来了新鲜的思想。他和图灵都有很多相同的想法，他们还具有相同的幽默感。斯特拉齐开发了一套很不错的跳棋程序，整个夏天都在玩，多年来图灵一直想着机器游戏，这是第一次有人正经地把它做出来。他和图灵还利用一个随机数发生器，开发了一个软件，来自动撰写"情书"，比如其中这样一封：

亲爱的宝贝：
你是我热烈的感情伙伴。我的爱意与你心愿紧贴在一起。
我的爱渴望你的心房。你是我惆怅的怜惜；我温柔的爱。
你的甜蜜的 MUC

对那些使用计算机处理光学、气动力学问题的人们来说，这个东西简直是瞎扯淡。但这确实是一种研究句法本质的好方法，而且它给图灵和斯特拉齐带来了许多快乐——他们俩的感情经历颇为相似。

与此同时，托尼·布鲁克开发了一套名为"浮点编码"的编程系统，可以把浮点运算翻译成机器指令，这是基于他在剑桥EDSAC项目中所做的类似工作。图灵在1945年设想过这样的系统，但他在曼彻斯特却没有做过。同样在1952年，格莱尼更进一步，研究出一套名为"自动编码"的系统，这实际上是世界上第一套可用的高级编程语言。斯特拉齐对此非常有兴趣——他曾在1951年提出过自动编码的理念，即自动地把数学运算翻译成机器指令。但是，当格莱尼给图灵讲解这套系统时，图灵却表现得很不耐烦，因为他在1947年就已经明确地描述过这种翻译，所以他早就没兴趣了。图灵感兴趣的，是让计算机真正地"做"数学运算，而不是"翻译"数学运算。

计算机产业现在迅速崛起，不再局限于精英专家的小圈子，开始走向更广泛的客户群，所以当务之急是需要一套通用的计算机语言。自动编码系统还不足以担此重任，而且在曼彻斯特以外，很少有人听说过这套东西。紧随其后的是美国的FORTRAN系统，在它的发展过程中，图灵也参与了重要的一环。

在1952年，曼彻斯特的工程师们不但有了马克2号，而且还开始设计基于晶体管的原型机。但这一切的发展，图灵几乎都缺席了。已经没有人知道，曾经的图灵，对新技术是多么热情，他为了亲手体验一下，不惜破坏一切规则。但在1949年，一切都偃旗息鼓。在反映英国计算机发展史的权威著作《比思考更快》一书中，没有提到图灵的任何实质性贡献。在其中，他似乎只是《数字计算机的游戏应用》这一章的作者，与格莱尼合作，并且在休·亚历山大的协助下，开发过一个跳棋程序。还有一句简介，提到他是《可计算数》的作者、沃默斯利的助理。除此之外，只有附录中的词汇表中的一个词条提到了他：

> 图灵机[1]：1936年，图灵博士发表了一篇论文，关于计算机器的设计和局限性，这种机器有时称为图灵机。其中增加了一个多余的变音符号，这是因为在人们的印象中，这种无法理解的东西，通常出自德国。

---

[1] 此处是"Türing Machine"，字母"u"上加了变音符号。——译者注

第八章　面朝大海

往事如烟，1945年的一切，现在变得就像1942年一样，遥远又神秘。如今的图灵，再也折腾不起了，他似乎彻底屈服了。

在罗宾的影响下，图灵仍然对拓扑理论保持兴趣，他翻出了一些战时写的但未发表的文章，比如《数学符号的改革》。但是历史又一次重演，这篇文章在战后已经变得多余了，因为图灵所反对的那种混乱，已经被其他方法纠正了。

这个夏天，图灵去拜访唐·贝利夫妇，他们住在布莱切利附近。图灵提到了他的《数学符号的改革》，还帮助唐做了一些数学工作，但这次旅行的真正重点，是为寻找银锭再做最后一次正式的尝试。唐给他买了一个金属探测器，然后他们开车去了绅利的桥边。图灵说"好像有点不一样了"，然后他脱掉鞋袜，趟入泥里，失声喊道："天呐！你猜怎么着？他们把桥重建了，河床浇了混凝土！"然后他们去了树林，寻找藏在那里的另一块银锭，图灵找到了他当时用来运输银锭的手推车，但仍然没有找到银锭。他们只探测到了一些钉子和铁屑，当年图灵和米奇一起来找，也是这样的结果。于是图灵彻底放弃了这个念头，就当它们永远失去了吧。他们开车去当年的王冠旅馆，在那吃了一些面包和奶酪。对图灵来说，银锭已经不算什么打击了，再加上朗肖夫人的热情接待，他很快就恢复了好心情。在战争期间，一直是朗肖夫人在照顾他。

唐·贝利去布莱切利车站迎接图灵时，发现图灵说话带上了挪威口音。图灵解释说，他从挪威度假回来，对那里的语言很有兴趣。虽然这时他还只会说几个最基本的句子，但他的进步却非常快，在一年之后，他已经可以给母亲读《安徒生童话》了。图灵告诉唐，他现在很喜欢去国外度假，但唐却没有想到，他的度假有多么特殊的动机。图灵给唐写过信，告诉他关于审判的事，在这次拜访时，他表现出一副若无其事的样子。图灵还讲到，他发现有一位女政客的儿子也是同性恋，于是他给这位女官员写了一封信，要求修改法律。这并不是辩护，正如王尔德所说，这根本就不是犯罪，只是一种缺陷。但最后，图灵只从女官员的秘书那里，得到了一封言辞粗鲁的拒绝信。

1952年10月的一个周末，唐·贝利和罗宾一起，前往威姆斯洛看望图灵，这似乎是汉斯洛普的一次重聚。唐首先到达，然后和图灵一起，在车站等罗宾，图灵给唐演示了站台灯光通过手帕形成的衍射。图灵在夏天拜访唐·贝利一家时，很喜欢那种传统的家庭生活氛围，而相比之下，唐却对图灵家的简朴和杂乱感到十分吃惊。图灵指着一堆来自世界各地的关于逻辑学的信件，说他现在已经不再为上班而烦恼了，因为他改为在家里工作，他还雇了一个助手，帮忙操作计算机。唐提醒他要留个心眼，助手很有可能窃取他的研究成果，图灵对此只是轻蔑地"哼"了一下，仿佛在说："我还在乎这个？！"

图灵的计算机事业，或许已经走到头了，但他仍然没有失去探索人类思维的兴趣。1952年10月，波兰尼和曼彻斯特哲学系，请来了瑞士心理学家皮亚杰，在此进行一个系列讲座（这让心理学系感到很意外）。图灵也参加了这个系列讲座，其内容是关于儿童的逻辑思维习得，以及符号逻辑与实际心理学的关系问题。对图灵来说，这或许是他第一次，在讨论学习和教育问题时，抛开自己的经历，转而考虑现代化的教育理论。可惜在舍尔伯尼，没有人知道这种理论的存在。大概在同一时间，图灵再次放下了他的自负，他开始与一位荣格派精神分析学家交往，他名叫弗朗兹·格林拜姆。

图灵的这一步,其实是带着一些逆反情绪,因为总有人说他有病,说他的同性恋行为必须改掉。在20世纪50年代,精神分析卷土重来,取得了很大进展,并且有一种说法,说精神分析能够有效地根除同性恋欲望。然而格林拜姆并不赞同这个说法,对他来说,同性恋并不是一种病,他很自然地接受了图灵的同性恋身份,并且作为一名荣格派,他并不从错位或潜意识等方面来考察人类行为。格林拜姆对宗教心理学最感兴趣,他有一位犹太父亲和一位天主教母亲,而且在1939年,他沦为了德国难民。当他得知图灵是计算机的发明者,并且正在研究生命的本质时,他感到非常高兴。他关注的问题与荣格一样,即"思维"与"情感"的整合。图灵长久以来对心理学的兴趣就此产生了自然的延伸:应用自身的智能,破译自身的密码,像哥德尔那样跳出局外,观察自身的系统。1952年11月23日,这是图灵此生的一个转折点。他写信给罗宾,信中写道:

> 我已决定与精神病专家进行另一些配合,希望他能让我的心境平和下来。

随后,格林拜姆要求图灵把所有的梦境记下来,于是他记了满满3个本子[1]。他们之间很快就从医患关系发展成了友谊关系。在这个过程中,图灵还花了一些时间和精力,来思考那些因

---

[1] 荣格认为梦境是有意义的,但这种意义并不能用固定的方法来解释:"解释梦境和符号需要智慧,这个过程不可能变成一个机械化的系统……它需要……对做梦者的个性进行持续深入地认识……"

为正经工作而被忽视的东西。正如在战时那样,他会充分利用那种境况,从中寻找自我。

通过对梦境的分析,图灵惊讶地发现,他对许多与母亲有关的东西都带有敌意。在现实生活中,他和母亲的关系正日渐温暖起来,她并不把审判看得那么糟,于是她终于变成了图灵仅有的几个朋友之一,而这时她已经70岁了。她意识到,儿子永远都不会再是她所担心的"情报疯子"了。但是图灵知道,她仍然会一直唠叨鱼刀之类的琐事,仿佛她还在古努尔安排晚宴一样。"艾伦你怎么回事!""妈你烦不烦。"这样的小别扭,在见面时经常发生。不过现在图灵或许已经开始理解她的困扰和沮丧了,而她也不再是那个走在切尔腾纳姆女子学院的都柏林姑娘了,她慢慢发现,图灵的活力,使她尝到了一丝从未尝过的艺术味道。她一生都在教会里、在体制里,追求更好的待遇、更高的地位,追求等级、追求头衔,追求了那么久,最后她在儿子身上找到了这些。40年来,她一直与图灵争吵,认为他所做的一切都是错的,但是现在她意识到,她需要改变了。而另一方面,图灵对她所关心的东西,也不再那么鄙视了。

与弗洛伊德理论中的感性而诱惑的形象不同,图灵的母亲积累了40年的不满,一直在发泄。而他的父亲,也没有展现出力量的一面,他的力量似乎总是不战而败,他从未表现出他儿子的那种马拉松特质。也许图灵还有一个埋藏已久的遗憾是,虽然母亲了解他的方式有些烦人,但父亲却连这样的方式都没有试过,他的父亲从来都没有试图了解他。图灵的朋友经常听到他对母亲的抱怨,但却很少听到他提起父亲。厘清这些复杂的内心情感是一回事,但面对1952年的现实世界却是另一回事,在这个层面上说，神经分析学家被一种局限性给束缚住了，这种局限性也曾出现在图灵的模仿论中——那是一个思维的世界，而不是行动的世界。独自想想"交往自由"是可以的，但如果真想要男性之间交往自由，那是坚决禁止的。格林拜姆无法为他构建一个永久的安宁的山林，因为光有内心的相容性和完备性是不够的，还需要有一些行动。

图灵曾经给一位政客写信讨论法律，但是对于个体而言，除了发出这点声音之外，实在做不到更多了。因为这并不是个体层面的问题，个体唯一能做的就是顺从。他受到指控，并不是因为他伤害了某个人，而是因为他违反了社会的秩序。图灵对控制别人从来都没兴趣，他对性的态度，始终是回答一句天真的"好呀"[1]。这不是理性讨论可以解决的问题，也不是格林拜姆博士可以解决的问题。

罗宾的博士论文，是关于物理学的逻辑基础。因为科学哲学家斯蒂芬·图尔敏无法接手，所以他的评审延期了。1953年初，图灵写信给罗宾：

> 他们最终安排布列斯威特来评审你的论文，我希望最好把答辩安排在剑桥进行，我已经写信给布列斯威特了……《统一科学》的短文还需要再改改。

这篇短文是罗宾投到《统一科学》杂志的，主题与他的学位论文一样。

---

[1] 他认同罗宾的这个观点：不应该将目光投向不满15岁的男孩。罗宾小时候就非常引人注意，曾经有个疯子，一度把他弄得对性非常排斥。

> 我认为排版非常重要。你有在其中回答"什么是时间"这个问题对吧?一开始我觉得"不可知性"这个说法很好笑,我还以为你引用了《镜中奇遇》里面那个胖子说的:"我说,不可知性。"后来我看了引文列表,才知道不是。

这封信是用计算机打印出来的,图灵也想顺便展示一下他的打印系统,尽管质量并不是非常好[1]。图灵建议在3月进行答辩,但罗宾说3月没有时间,因为他计划那时去奥地利滑雪。图灵写道:

> 很抱歉,答辩不能提前,因为布列斯威特无法在3月底之前把文章读完……如果你非要去滑雪,4月或5月再去不也一样吗?
>
> 我收到你的上一封信时,正处于一场关于"那个男孩"的危机中,所以我无法详细考虑关于感知论的那个部分……

从1953年3月11日的另一封信中,我们可以隐约看出那场"危机"的本质:

> 亲爱的罗宾:
> 为了阻止你的行程,我打算向奥地利移民局举报:
> (1)虽然你得到了令堂的许可,但你的市长签名,是由

---

[1] 但这比他曾经寄给晨佩依的一条电传纸带要好得多,当时晨佩依花了好几个小时才读出那些博多码。

施特劳斯[1]手下的一位精神病患者伪造的。

（2）滑雪是个幌子，你出国的真正目的，是为了满足拉孔泰萨亚的斯亚贝巴[2]（教皇夫人）的淫欲。当年在那不勒斯的歌剧院，她爱上了你。

（3）你是一个铁杆的异教徒，效忠过普林斯顿和国王学院的教会。

我觉得这其中任何一条都足够有说服力。如果他们仍然让你入境，那我祝你旅途愉快，我会让布列斯威特重新安排答辩时间。不管怎么说，3月底我会前往剑桥。

基尔的危机已经过去了，这件事折腾了一个星期。这都是因为一张明信片引起的，他说他正在赶来看我的路上。于是威姆斯洛、曼彻斯特和纽卡斯尔等地的警察都在到处抓他。具体的情况我改天再详细给你讲。现在他正在回卑尔根的路上，还没见到我就回去了。这真是太危险了，阿诺德事件差一点重演！

在计算机实验室里，图灵还对诺曼讲了这次"危机"。后来他去国家物理实验室，参加一场计算机研讨会时，又对佛本科讲了这件事。但图灵并没有讲出故事的全部[3]，他仿佛只是以自己的住处被警察监视为背景，在讲述一部有趣的荒诞剧。在他给罗宾

---

[1] E. B. 施特劳斯，一位荣格派精神分析学家，与罗宾是老相识。
[2] 这里要提到罗宾小时候的一件事，当时正在逃亡的阿比西尼亚皇帝就住在罗宾家附近，还请他们母子喝过下午茶。
[3] 这封信还有一个注释："前面那段怎么样啊？有意思吧？"——他自己没有回答，罗宾也没有。在回信中，罗宾巧妙地回应了这场"危机"，他向图灵推荐丹顿·威尔奇的小说。

的信中,也没有说更多,他把话题转向:

> 我现在的状态很糟糕,每天都碌碌无为,用各种事情消磨时间,不想做那些该做的事。其实我知道原因是什么,但知道又有什么用?我把浴室隔壁的屋子,改成了一个电子实验室,但估计没有你想象的那么好啦。

在这个实验室里,图灵可以做一些电子化的"荒岛实验"了。为了保证"荒岛性",他用焦炭作为电极,而不用旧电池里的碳棒,并利用草汁来制取氧气。他想试试看,自己在这样的原始环境下,能够造出多少种化学物质。他从最平常的物质开始,比如食盐。其实若不是母亲阻止,当年在迪纳时,他就已经能制出盐了。图灵夫人不让他做这些实验,主要是担心他会搞出意外,也许正是为了嘲讽这种担忧,图灵把这间实验室(其实是为间隔浴室而留出的一个小空间)命名为"噩梦室"。

图灵还在信中写道:

> 我还去了一趟舍尔伯尼,给一些男孩讲计算机。从很多方面来说,这是个美差。舍尔伯尼真是世外桃源,那些男孩十分诱人,他们非常有礼貌,还带着一丝高傲。

与接下来的故事相比,图灵的这段校园时光,可以说是既轻松又安全。他是在3月9日到那里去的,给一个社团做了一场讲座:

图灵详细地对比了笨拙的计算人员和他的机械化计算设备，还讲了他的论文、计算机指令以及电子大脑。这种机器是由一堆乱糟糟的电线、电子管、电阻、电容和电感组成的，只要将指令纸带输进去，答案就会在另一条纸带上输出来……

这个社团的名字叫"炼金者"，成立于1943年，它的存在标志着舍尔伯尼对现代科学的某种让步。但是除此之外，舍尔伯尼确实是"世外桃源"，无论是世界大战还是王权统治的终结，都没有使它发生什么改变。然而，图灵的那种坚毅的气质却在逐渐消逝，虽然他为"碌碌无为"而痛惜，但他已经不再执著于工作了。在这段艰难的时光里，他发明了一种游戏，每当和朋友们在一起，比如罗宾和克里斯朵夫·伯纳特，他们就会一起玩这个"大传奇小传奇"。

当图灵选到"大传奇"，他就会讲述一些阿诺德事件的细节，而如果是"小传奇"，则会讲一些其他的小秘密。图灵讲了他在巴黎的一次经历。当时他搭上一个年轻人，并且坚持要他不坐地铁，而是跟他一起步行回旅馆。那个人对此很惊讶，图灵解释说，因为"他眼中的巴黎，就像我们眼中的黎曼曲面，他只知道每个地铁站附近的收敛圆，却不能从一个解析连续到另一个"。在旅馆里，这个年轻人一本正经地把床垫抬起来，把裤子铺平压在下面，以保持裤子的折痕。这次轮到图灵感到惊讶了，他从来都没想过，裤子需要有折痕，他觉得这种做法很有意思。后来，这个年轻人提议，双方交换手表，作为下次见面的信物。图灵表现了自己的信任，于是失去了手表，但他认为这是值得的。有时图灵还会与罗宾一起去街上找美景，他们会互相迎合彼此的喜好。有一次图灵指给罗宾看："那个美女怎么样？"图灵也在试着扩大自己的兴趣范围，他觉得，至少按道理来说，这是应该做的。

不过，图灵的本性仍然坚定不移。有一次，从伦敦来了一个年轻人，到实验室使用计算机。图灵觉得此人很有魅力，马上去问托尼·布鲁克："那个漂亮小伙子是谁？"然后，他又去邀请这位年轻博士共用晚餐，不过却被一个牵强的借口拒绝了——那博士说，他要去看望生病的姨妈。

格林拜姆提出了一种理论，他认为图灵的兴趣所在，主要是那些与他相似的人，或者他想要成为的人。心理学总是这样，随便找些个例，就能总结出一套"定律"。不过图灵却觉得这个说法很有意思，他以前从没想过这一点。琳·纽曼也认可这个说法，她是图灵现在仅有的几位挚友之一。5月时，图灵写信给琳，在信中说："格林拜姆最近取得了很大进展，我们似乎已经接近问题的根源了。"

1953年春天，格林拜姆经常邀请图灵到家里去玩。图灵和格林拜姆夫人聊得很不投机，但与他们的女儿玛丽亚倒是玩得很开心，图灵还送给她一盒糖果。有一次，图灵看见隔壁花园里的一个年轻人，立刻表现得十分兴奋，这让格林拜姆夫人很吃惊，因为她实在看不出来那个年轻人有什么魅力，她觉得图灵简直是个"性爱狂"。

1953年4月，缓刑期结束了。在最后的3个月，他们在图灵的大腿里，植入了一个激素植入体，取代了口服药物。缓刑结束后，植入体被取了出来，图灵颇为恼火地认为，其作用还会持续很长时间。但不管怎么说，他现在自由了，更重要的是，他还保住了自己在曼彻斯特的未来。1953年5月15日，大学委员会进行正式投票，任命他为计算机理论教授，从9月29日，即他原有的5年任期结束后开始生效。如果图灵愿意的话，至少在10年之内，他都可以一直拥有这个职位。从这个角度来说，他对唐·贝利的那一声轻蔑的"哼"是很好理解的，因为他的薪水又涨了，他可以自由地做任何他想做的事。

5月10日，图灵给玛丽亚写信，给她讲了一个扑克谜题的完整解法，并在结尾写道：

> 祝你们在瑞士度假愉快。如果没有意外，我将会去希腊科孚岛的地中海俱乐部。
>
> 你的朋友图灵

在1951年时，他曾经去过法国海岸的一家地中海俱乐部。1953年的夏天，大概是在女王加冕的那段时间[1]，为了短暂的欢愉，他再次逃离英国，去巴黎待了几天，然后前往科孚岛。他本来打算搞几个希腊伴侣，然而在这个方面，他的东地中海探索是以失败而告终的。正如他当年在学校里，尽管法语很糟糕，但总是比希腊语要好一些。

图灵在科孚岛的海滩上，眺望着海平线，对面是阿尔巴尼亚的阴沉的群山。他在这里研究海草，也研究那些男孩子们。斯大林已经死了，阳光照耀着新欧洲。即使在僵化的英国，一种全新

---

[1] 5月24日，图灵回到格尔福特过降灵节。5月30日，他赶赴剑桥出席罗宾的博士答辩。据此推测，他的假期很可能是在6月初。

的、意想不到的氛围也开始形成了。官方思想与个人思想之间的界线变得越来越模糊。对于图灵这样的"垮掉的一代"来说，似乎有了更大的喘息空间。

在这样的背景下，性问题变得更加白热化。正如19世纪90年代那样，公众对性的态度越开放，官方就会对此越加注意——尤其是在美国，他们比英国开放得更早。这个时期的典型例子，就是1951年出版的小说《菲尼斯泰尔》，图灵非常喜欢这本小说。与《邪恶之松》一样，这本书也是以少年的视角，塑造了一个15岁男孩与老师之间的关系。然而在这部小说中，这种关系完全不同于弗雷德·克莱顿的那种含混而微妙。以前，图灵常以一种轻松的语气，给弗雷德形容同性恋之盛行，弗雷德感到惊慌失措。这本书就是以严肃的态度来审视这件事，它要打破所谓的社会禁忌，试图用讨论普通事物的心态来讨论性行为。它通过明暗交错的复杂线索，对社会禁忌进行了客观地揭露。但故事最后，却还是注定的毁灭，正如同性恋本身充满了自我矛盾："这是一条温柔的路，却又是一条不归路。"

《菲尼斯泰尔》很快就在众多同性恋小说中取得了一席之地，这主要是因为它的悲剧结局、自杀情节的末世感，以及对父母婚姻破裂与同性恋倾向之间的关系的暗示。战后的坦率取代了过去的鬼祟，这使同性恋与普通人之间开始变得相容。1953年，小说《流浪的心》成为一时风尚，它打破了上层阶级的禁忌，采纳了现代化的心理学阐释，并表达了"战斗仍将继续"的决心。在之前的1952年，安格斯·威尔逊发表了《毒药与明天》，这是一部关于阶级和礼仪的黑色喜剧，描述了现代社会的性现实。图灵和罗宾讨论过这本书，但他无法与任何人分享这种反社会道德的精神,无论图灵有多么希望,但他其实并没有看起来那么自由。此时此刻,图灵站在人生的海滩上,面朝大海。一年后,1954年6月7日夜里,他结束了自己的生命。

图灵的死,震惊了所有认识他的人。这件事就像一团迷雾,没有任何暗示,没有任何预兆,没有任何解释,似乎是一次无缘无故的自我了断。人们清楚地知道,他不快乐,他很敏感,他是个正在接受精神辅导的患者,他承受着任何人都不能承受的苦难。但是,审判已经过去两年了,激素治疗也在一年前结束了,他看起来已经经受住了一切。对于这两年与他相处的人们来说,他的死亡与这些事情没有关联,他们看到的图灵,完全没有表现出颓废、恐惧和绝望。他们无法相信他的死,他不是个会自杀的人。但是他们也许忘了,自杀和软弱并没有直接的关系,正如图灵1941年引用王尔德的话:勇者挥出锋利的剑。

1954年6月10日,尸检结果出来了,认定图灵是自杀。调查的过程非常草率,因为这个案子看起来十分清楚。6月8日星期二,他的女管家在5点左右进门,发现他干干净净地躺在床上,口吐白沫。当天晚上,验尸官断定,图灵死于氰化物中毒,死亡时间是星期一晚上。房间里有一个果酱罐子,里面装满了氰化钾,床边放着一个咬过的苹果,可以推测,氰化钾正是蘸在苹果上。但是他们没有化验这个苹果,所以这并不是十分确凿。

约翰·图灵赶来参与调查,他见到了格林拜姆和M.纽曼。图灵夫人当时正在意大利度假,接到消息后立刻飞了回来。约翰坚持认为,图灵不可能自杀,虽然报纸新闻铺天盖地,但约翰毫不动摇。这些报道的依据,仅仅是图灵死时的状态、死因、良好的健康状况和经济条件,没有提及任何关于性、激素治疗和被勒索入罪的事情。法庭宣称,"我只能得出这样的结论。因为对于他这样的人,根本无法预料他下一步会做什么","他的内心已经失去了平衡",因此自杀是一种合理解释。全国性的媒体对这件事情关注甚微,而且对1952年的审判只字未提。

图灵夫人也无法接受自杀的说法,她坚持认为这是一场意外。她想起曾经有一次,图灵躺在他的小床上,旁边的一个电解实验已经沸腾了很长时间,他却不加小心。他经常电解氰化物,因为这是镀金的必要步骤,而且最近他正在利用祖父的金表,给一个茶匙镀金。图灵夫人认为,图灵只是手上沾了氰化物,然后不小心吃到了嘴里,因为他有吮手指的习惯。在1953年的圣诞节,图灵最后一次回到格尔福特时,她还提醒过他:"图灵,去把手洗干净,不要吮手指!"图灵回答说:"没事,妈妈,我不会毒死自己的。"从这件事可以看出,图灵夫人对于这种意外的可能性非常敏感。从情感的角度考虑,她比任何人都希望图灵不是自杀,因为她希望图灵考虑到她的感受,并且记住了她的提醒。另一方面,对于图灵夫人来说,自杀这种行为过于残酷,这是一种极其罪恶的社会禁忌,她相信天主教义里的炼狱。 1937年,图灵对阿特金斯说过一个关于苹果和电线的计划,也许他真的实施了这个计划。如果是这样的话,那么这就是一场完美的自杀,图灵骗过了所有他想骗的人。

这种推理与化学的结合,很像当年的寻宝游戏,曾经有一次,图灵利用饮料的导电性找到了线索。 1953年夏天,图灵最后一次和罗宾一起,在莱斯特玩寻宝游戏。图灵准备了一瓶红色的液体,并用红色墨水把线索写在瓶子标签的背面,只有把瓶中的液体倒空,才能看到字。这条线索写的是:"美酒令人作呕,毒药十里飘香。"

每一个认为这是意外的人,都不得不承认,这种意外本身,也是一种荒唐的自杀。究竟是意外还是自杀,这个问题或许会难住图灵自己,因为这之间的界线,取决于自由意识的本质。也许他就像一个计算机中的随机数,拥有表面上的自由,在生命的最后,玩了一场俄罗斯轮盘赌。

他像白雪公主一样死去,咬一口苹果,蘸着女巫酿造的毒汁。这毒汁是由什么酿成的呢?在最后这几年里,审判到底给他造成了什么?或许这取决于描述的层次,因为"历史不是人的意志,而是人们对于意志的表象"。追究图灵的死,就像追究第一次世界大战的原因:手枪子弹、列车时刻表、军备竞赛、民族主义,恐怕谁也说不清楚。在某种层面上,原子只是按照物理定律永远地运动着,而在另一种层面上,这却是一个永远的谜。

从最表象的层面来看,我们什么都看不到。图灵正在做的论文,还摆在办公室的杂乱的桌子上。在他死前的那个星期五的晚上,研究镜头设计问题的戈登·布莱克,还看到他像往常一样,骑着单车回家[1]。图灵还像往常一样,预约了下个星期二晚上的计算机使用时间,到了星期二晚上,工程师们都在等他,但却听到了他的噩耗。隔壁的好邻居韦伯一家,在6月5日搬到了斯戴尔,在这之前的6月3日,图灵为他们举行了一个送行晚宴。当时图灵很开心,说了很多话,他说他很舍不得韦伯一家,以后会去看望他们,还说他很喜欢即将搬来的新邻居。图灵死的时候,桌上还有一张演出门票。皇家学会邀请他在6月24日出席一个活

---

[1] 图灵那几天没骑他的电动车,他跟别人借了一辆女式单车。

动,他接受了邀请,写好了回信,但还没有寄出。他死的前一天,也就是星期天,一位邻居在清晨看到他在散步,还对某个人点头打招呼,头发跟往常一样凌乱。那天,他还买了一份《观察者报》。星期一当天,他买了一份《曼彻斯特卫报》,吃完饭后,餐具还留着没有洗。这一切当中,看不出任何自杀的迹象。

根据老朋友们的回忆,图灵在生命的最后一年里,精神上确实出了一些问题,但并没严重到自杀的程度。1953年圣诞节期间,除了回格尔福特之外,图灵还去牛津看望了晨佩侬,又去伊克塞特看望了弗雷德·克莱顿。图灵和晨佩侬一起散步,并以非常担心的口吻,提到了那个挪威男孩。晨佩侬觉得,图灵这件事处理得非常鲁莽,但并没有造成什么明显的麻烦,也看不出来这与他的死亡有什么联系。

在伊克塞特,图灵与弗雷德夫妇一起散步,他给弗雷德讲了逮捕、审判和激素治疗的一些细节,他的胸部发育情况,还有一些其他的副作用。弗雷德看到,他最担心的事情全都发生了,于是他百般安慰图灵,并建议他在学术圈里找一个长久伴侣(弗雷德不知道奈维尔)。弗雷德是个热爱家庭的人,他相信自己的幸福生活会让图灵感动。他们在散步时,还发现了一个蘑菇,图灵说那个蘑菇可以吃,于是他们把它煮熟吃了。最后,图灵送他一张贺卡,一些天文学笔记,还有一个自制的日晷,装在一个纸箱里面。这几乎像是一场庄重的告别仪式。在这些短暂的拜访之后,图灵给母亲寄去了此生最后一封信,信的结尾说:"伦敦有间商店,里面有很多物美价廉的玻璃玩意。"

图灵的两个战前好友,罗宾和佛本科,都没有预见到死神的降临。就在图灵去世前一周,5月31日,那天是个周末,罗宾去威姆斯洛看望他。罗宾是与图灵最心有灵犀的挚友之一,但他没有察觉到任何不对劲的地方。他们一起做实验,尝试用全天然的材料制取除草剂和洗涤剂。他们还讨论了类型论,并约好了7月再见面。

图灵和作家佛本科的交情也日渐深厚,这种变化也许反映了图灵对文学的一些兴趣。6月13日,佛本科写信给罗宾,他在信中回忆道,曾经有一次,他与图灵在威姆斯洛闲聊,当时图灵提到了自杀的问题。但这并不能作为自杀的证据,最多能够说明,图灵自己没有排除"自杀"这个选择。还有格林拜姆,他也是图灵的密友,他非常清楚地了解图灵的内心和梦境,但他也无法解开这个谜团。他反复地研究图灵的梦境记录,但却没有找到任何答案。

格林拜姆在销毁这些梦境记录之前,把其中的两本借给了约翰·图灵。其中有图灵对母亲的一些"可怕"的评论,还有对他青少年时期的性行为的描述,这些都超出了约翰的想象,也超出了他所能接受的程度。约翰觉得,这些东西足以解释一切,所幸它们没被母亲看到。但对于图灵的朋友们来说,这些东西都是很普通的事实。

然而,有一条证据似乎能够表明,图灵确实做好了死亡的准备:1954年2月11日,图灵立了一份遗嘱,这无疑意味着某种宣告。图灵指定佛本科作为他的遗嘱执行人,而不是他的兄长约翰。在遗嘱中,他把所有的数学书籍和资料都留给罗宾,至于钱财,首先给约翰家的每位成员50英镑,然后给自己的管家30英镑，剩余部分平均分给他的母亲、佛本科、罗宾、晨佩侬和奈维尔[1]。他把母亲和朋友混为一谈，这让约翰感到非常难以接受，但在他的母亲看来，这种做法却显得很温情——她愿意被图灵当作朋友，而不仅仅是一种家庭义务。

在这份遗嘱中，还有一项条款，即从1954年开始，他的管家的薪水每年增加10英镑。如果他当时已经决定要自杀，那么这项条款就显得很古怪。另外，根据佛本科回忆，图灵当时已经开始收拾东西了，他把各种书信，分门别类地包装起来。但他并没有收拾好所有的东西，比如一些研究资料。看起来，图灵似乎确实在做这样的准备，但是还没来得及准备好，就因为某种原因，突然行动了。那么他为什么要做这样的准备？又是什么原因，导致他突然行动了？

图灵死的那天，是降灵节后的星期一。这是50年来最冷的一个降灵节，"圣灵"会在这一天降临，这是否会是某种象征？1946年，哈代曾试图自杀，因为他被中风折磨了7年，已经失去了生存的意义。在心理学层面上，图灵的生存和死亡，是否与哈代存在相同的模式？图灵在他的"小故事"中表明，自己的工作，是依赖于从天而降的"灵感"。他在1935年获得了这种灵感，在此之后，他一直努力地维持这种灵感。自从克里斯朵夫·默卡死后，这种灵感似乎恰好每5年降临一次：1935年发明图灵机，1940年破解德军谜机，1945年设计ACE，1950年提

---

[1] 图灵最终的遗产，共计4903英镑5先令4便士。此外，根据图灵的保险标准，曼彻斯特大学还需要支付给他一笔死亡抚恤金，共计6742英镑4先令11便士。对他的自杀裁定，并没有影响他的抚恤金，这笔钱由约翰担保，全部交给了他的母亲。

出形态学理论,这些都是图灵最杰出的作品。图灵的事业生涯,颇像一台图灵机,他不断地前后移动,在那些方格中奋斗,但并不是每一步都能产生有用的结果。

对于每一项研究,最后的那一步,无论有多么艰难,图灵都不会退缩,但中间过程的那些条条框框,却常常使他感到乏味透顶。他非常害怕自己被名声束缚,所以在1954年,他急于寻找一些新的想法,来摆脱当时的处境。但从这个方面来看,1954年6月并不是绝望的时候,事实上,早前的1949年,比这个时候要艰难得多。

或许是形态论的工作,使图灵精疲力竭了。3年前,他声称自己可以解释冷杉模式的形成原因,但是直到生命的最后,他也没有实现这个目标。然而,这也不是个充分的理由,因为没有任何迹象表明,他对此失去了信心。1953年的夏天,图灵雇了一个研究生,名叫伯纳德·理查兹,让他协助进行一些关于冷杉模式的细节计算。图灵设计了一些方程,关于单细胞放射虫的形态模式,伯纳德精确地解出了这些方程,其结果表明,图灵的理论是正确的。伯纳德非常坚定地认为,直到图灵生命的最后一刻,他的研究仍然充满希望,绝不是日薄西山。而且图灵仍在努力完善他的理论,他无论如何都不可能突然撒手,孤注一掷地把它扔在那里,任它自生自灭。对图灵而言,这是一个大舞台,他可以在这里施展他的化学和几何,他很想看到最后的结果。这个结果是未知的,需要依靠他长期积累的,对数学和各种科学的洞察力,而不是在条条框框里,解决一个固定的问题。

图灵给后人留下了大量详尽的研究资料,有些已经整理成论文的形式,还有一些是计算机输出的原始数据,只有他自己能够理解。其中，有这样一份比较典型的资料：

"毒素"的浓度 V 在很大程度上控制着波的振幅。

在《自然奇迹》的影响下，图灵把所有抑制生长的化学物质都称为毒素。他写道：

如果数量 R 很小，毒素就会迅速扩散，这将减弱它的控制力。在一个斑纹里，如果 U 值很大，数量也很大，则毒药的主要作用就是扩散到这个斑纹以外，以阻止其邻近区域的 U 值增大……当 R 值过大时，就会发生"边带抑制"，这将阻止六边形格子的形成……

这些发现，无一不体现了图灵通过大量实验而积累起来的洞察力。他还写了一份《雏菊生长纲要》，这次是真正的"观察雏菊生长"，他不仅"检验了15种植物"，而且还用计算机进行了大量计算。这只是他的研究的冰山一角，此外还有"冷杉计划"，以及与此相关的一个计算机程序。另外还有一个"基尔理论"，这是关于他的方程的另一种形式，同样也有一系列相关的计算机程序，命名为"杰浦拉斯""伊博森"等一些北欧人名。这些资料，远远地超出了他的论文所涉及的内容，所以说，他的研究还有很大空间，还有很多新希望。

在最后的日子里，图灵还与罗宾一起研究类型论，而且计划跟他合作一篇论文。1954年初，他还写了一篇科普文章[1]，关于群的字问题，发表在《科学新闻》上。俄国数学家诺维科夫曾经宣布，群的字问题不存在任何确定的解法。图灵在文章中详细地解释了这个结论，并把它和拓扑学联系起来，表明某些拓扑学问题本质上就是群的字问题。图灵的这篇文章，使俄国数学家的结论得到了完整证明，这是一项重要进步，图灵总是喜欢把问题解决到底。1954年5月，在图灵写给罗宾的最后一封信中，图灵评论了罗宾的一些关于哥德尔定理的想法，并在结尾写道："再想想那道彩虹吧，用声学可以解释，用电学却不行。爱着你的，图灵。"有一次，他们在莱斯特附近的树林里散步，遇到了一道不同寻常的双层彩虹。图灵后来花了很多时间分析这道彩虹，他一定要找到其中的原因。

如果说，图灵在追寻什么新的东西，那就是在理论物理方面。早在世界大战之前，图灵曾对艾力斯特·沃森说过，他对狄拉克电子理论中的"旋量"很感兴趣。在生命的最后一年里，他做了一些关于旋量的代数基础的研究。他定义了一个"活字"的

---

[1] 这篇文章题为《可解问题与不可解问题》。图灵首先给出了一个可解问题的例子，这是一个纸牌解谜游戏，具有有限种可能的情况（即16！= 20922789888000），理论上可以穷举所有的情况，所以这个游戏是可解的。通过理解这个问题，有助于理解他接下来给出的"不可解问题"。然而，这个巨大的数字，却体现了"可解"在理论和实践上的不同意义。图灵当年的炸弹机，确实利用了谜机的这种有限性，但是一般而言，这种有限性并不总是有用的。一个人不可能通过穷举来下棋，同样也不可能通过穷举解出谜机的配线。事实上，即使对于计算机程序来说，这个纸牌游戏也是一项非常艰巨的任务。在逻辑的世界里，图灵机享有很大的自由，但他一旦进入物理世界，就会受到各种因素的严重限制。

概念[1]，不是活字印刷的那个活字。1937年，狄拉克提出，引力常数会随着宇宙年龄而改变，图灵对这个想法颇有兴趣。有一次午餐时，图灵问托尼·布鲁克："如果引力常数是变化的，那么古生物学家还能通过脚印来辨认灭绝的动物吗？"此外，图灵对量子力学的基础也重新产生了一些兴趣，他在标准的解释中，发现了一个悖论。冯·诺依曼也发现了这个问题：如果一个量子系统被频繁观测，它的扩散速度会变得无限慢，有限的连续观测将使扩散完全停滞。因此，这个标准的解释，实际上依赖于一个假设，即"观测"只能发生在离散的时间里。

图灵给罗宾讲过一些颇为古怪的想法，比如："量子力学似乎需要无穷的维度，我应付不了那么多，我觉得有一百来个维度就足够了，你觉得呢？"再比如说："描述是非线性的，而预测是线性的。"图灵在这个时期把兴趣扩展到基础物理，可谓恰到好处。1955年，相对论的发展，在战后多年的萧条中，掀起了一场新的复兴。而量子力学自1932年冯·诺依曼的研究之后，一直进展甚微，要想有进一步的突破，就需要有新鲜的思想。而图灵，正是一个新鲜思想的源泉。

图灵夫人认为，图灵临死时，正在从事一项"划时代的探索"，但事实并不是这样。然而反过来讲，在图灵传奇的一生中，并没有任何明显的低谷或失败能够解释他的突然死亡。从他的事

---

[1] 虽然有些物理量（比如温度）可以表示成一个数，但更一般的情况下，会表示成一个集合，比如一个物体的空间位置。人们通常会用字母来索引这样的集合。这些集合的结构，反映出一种关于实体的对称群，当指称不同的对称群时，人们会使用不同类型的字母（大写、小写或希腊字母）。"活字"这个词，直观地体现了这个理论。

业生涯来看，这段时期正是一个过渡期，他的涉猎范围已经充分展开，而且他对学术和情感生活的态度，也变得更加开放了。

人们都以为，在这样的一年里，图灵不会发生什么大事，但结果却彻底相反。有一件非常奇怪的事，也许能够揭示一些深藏在图灵心底的想法。这件事发生在1954年5月中旬，当时图灵和格林拜姆全家一起去布莱克浦。那天的天气很晴朗，他们在海边愉悦地散步，途中遇到一个吉卜赛算命帐篷。图灵径直地走了进去，他想要算命。或许他还记得，1922年曾有个吉卜赛人说过他是天才。格林拜姆全家站在帐篷外面，足足等了半个多小时。图灵从帐篷里出来时，脸色惨白，呆若木鸡，在回曼彻斯特的途中，他一言未发。这是格林拜姆最后一次见到图灵。实际上，图灵在去世的前两天，给格林拜姆家里打过电话，但不巧的是，格林拜姆家里当时没人。后来，当格林拜姆正准备给图灵回电话时，却接到了图灵去世的噩耗。

那么图灵的"命运"到底是什么样的？也许，命运总是弄人的。图灵家族的信条是"勇者好运"，但他的叔叔阿瑟却在1899年被伏击身亡。在图灵这一生的镜中奇遇里，似乎一切事情都让人无法捉摸。但有一点是肯定的，那就是在图灵的内心深处，一定有些什么东西，是罗宾、佛本科和格林拜姆都不知道的。这些东西甚至不属于他自己，而是属于镜中奇遇里面那个操纵棋子的人：白皇后和红皇后。在卡洛尔的书中，爱丽丝打败了红皇后，但在现实世界中，故事却有着不同的结局。红皇后跑了，回到莫斯科吃喝玩乐，白皇后赢了，但图灵却死了。

1952年10月，图灵告诉唐·贝利一件事，这件事其他朋友都不知道，他也只是粗略地说了一下：在战后，他仍然承担着政府的秘密情报工作。他同时还说,这份工作现在做不下去了,因为这个圈子容不得同性恋。对图灵来说,这肯定是一次精神打击,不过相比于1952年他遭受的其他打击来说,这又算不上什么打击。然而,对于政密学校来说,这件事却是断腕之痛。但是他们别无选择,因为军情5处的权力迅速扩张,他们对这件事有不同的看法,他们认为自己更清楚什么叫作"安全",所以图灵的生活因此而改变了。图灵是对政治最不感兴趣的人,但国家和政府的微妙变化,却在左右着他的命运,他以为自己身处江湖之远,但实际上,他却陷在漩涡的中心。

在对待同性恋的问题上,美国政府走在前面,从临床管理到安全保障,一切似乎都在朝着合理的方向发展。1950年,美国参议院的一个附属委员会,详细地调研了同性恋者在政府机构的就职情况,以及为什么政府机构不愿意雇用同性恋者,并希望找到一个有效的方案来解决这个问题。他们最终得出了一系列结论,其中之一便是"同性恋败坏社会风气",因为:

> 人们普遍认为,与正常人相比,性异常者的情绪缺乏稳定性,而且有充分的证据证明该结论。性异常者的道德品质明显差于常人,他们不能承担重要的社会责任。

在这项结论的得出过程中,委员会听取了精神病专家的意见。而在第二项结论中,他们则听取了另一方面的意见:

> 同性恋者或其他性异常者,是一种潜在安全风险,这个结论并不是基于猜想,而是基于政府情报人员的观点而慎重

得出的。

美国政府吸取了第二次世界大战的经验，大力着手发展情报部门。在威廉姆·史蒂芬森的领导下，美国现在已经有了独立的对外间谍机构：中央情报局。1945年，美国准备重拾半球霸主的地位，如今，世界已经发生了天翻地覆的变化。自大战以来，英国的外交政策一直在努力地维持美国与欧洲的关系，但当时的策划者们很难想象，这种关系最终会以北约的形式存在。美国有了中央情报局之后，迅速摆脱了战前的弱智处境，其中最突出的一点就是，它现在准备与英国情报部门直接竞争。与英国不同，美国的中央情报局并不是秘密存在的，他们是明目张胆的。

> 相关证据……来自联邦调查局、中央情报局以及陆军、海军和空军情报机构的相关代表。上述部门一致认为，政府内部的性异常者是一种潜在的安全风险。
>
> 大多数性异常者，都缺乏稳定的情绪和良好的道德品质，所以他们很难经受住外国间谍的诱惑……另外，绝大多数性异常者，都会经常聚集在特定的餐厅、夜店或酒吧……一个性异常者，如果掌握或有机会接触机密资料，就会成为对方间谍首选的渗透目标，这在情报界是一个公认的事实。还有，虽然性异常者都声明自己不怕勒索，但在几乎所有的案例中，他们总是对性取向曝光表现出明显的恐惧。

联邦调查局获知："苏联情报机构命令其情报人员严格保密政府官员的私生活……"其中的原因是显而易见的。这是一个无可争议的论据，社会禁忌会使同性恋者很容易屈服于勒索，其他国家的间谍会利用这一点，苏联间谍也一样。这个政治事实，使图灵的人生，以一种微妙的方式，与红国王的梦境联系到了一起。

对这个世界来说，同性恋的特殊处境早已不是新鲜事，但是对于政府来说，现在必须对这个问题做出一些新的反应。他们的老一套，也许对于20世纪30年代的局势还能勉强应付，但现在面对着拥有原子弹的超级大国，必须要做出一些改变。重要的科研机构，必须保密其位置，否则一旦发生战争，立刻就会被对方摧毁。如今的世界，仍然是个战场，克里姆林宫对于一切有害于美国的事情，都表现得非常热衷。而且在实体的较量之外，各国对于逻辑的较量，也都已经有了充分的认识。但是在和平的表面之下，国家之间的信息流动，或者说人们之间的信息流动，不再像公开战争时期那样直接受控了。

在理想的状态下，国家事务应该以一种机器的形式运行，但在这个目标实现之前，它只能运行在人们的头脑中——而头脑中的信息，是不可擦除的，而且它可以与无法预料的信息组合起来，还可以转移到无法预料的地方去。对政府来说，这是一个很严重的问题，因为科学技术无法读取或控制人的内心想法，而这些无法预料的想法是非常危险的。但是政府没有别的选择，既然想利用这些头脑得到好处，那就必须承担由此带来的危险。

科学家们漂亮地打赢了战争，一举成为现代世界的巫师，但这并不完美，因为他们是不可靠的。但是就算是机器，也同样存在着危险。收益与风险，永远是一枚硬币的两面。科学家们对于政治的态度，从蔑视转向敬畏，他们在绝境中救了盟国的命，因此提高了自身的地位，但也牺牲了自己的纯粹。科学的意义，开始变得政治化，这是20世纪30年代留下的一个被忽视的矛盾，而正是这个矛盾造就了20世纪50年代的环境。

富克斯把美国原子弹的技术机密泄露给了苏联，这件事逐渐浮出了水面。没有人知道，他究竟是为了信仰，还是为了钱，是因为工作疏忽，还是故意为之。富克斯至少在某段时间里，确实对共产主义产生了虔诚信仰，而且相信自己所做的事情是正义的。战地记者艾伦·摩尔海德，在1952年出版的《叛徒》一书中写道：

> 富克斯在被捕后宣称，他已经看清了真相，他忠于英格兰，并发自内心地仇恨苏联马克思主义。我们愿意相信，此时此刻他是诚恳的，但他却是一个把内心世界摆在首位，把公共社会摆在次要的人。在制度化的社会中，这样的人是没有立足之地的，只有一个地方能容下他，那就是监狱。

这是一种非常尖锐的说法，因为这意味着，应该把凯恩斯、罗素、佛斯特、萧伯纳、奥威尔和哈代统统抓进监狱。他们都像爱因斯坦一样，不惮于怀疑公理，他们同意遵守规则，但要不要真的遵守，还要看他们内心的决定。然而，制度化的社会，正是要杜绝这种"超脱"，杜绝这种"自我决定"。即使是英国的自由作家，也承认这个逻辑结论，虽然他们的文化在这方面与德国不同，但他们也对这个矛盾视而不见。比如凯恩斯也说过，对于"曝光的后果"只能选择接受。当人们考虑到那些更"重要"的事情时，"内心自由"就会被挤到一边。无政府主义的小插曲一度掩盖了现实，但是到1950年，一切政治现实，都重新变得明朗起来了。

科学总是宣称自己的独立性,科学不依赖法律、传统、社会观念,科学是形而上的,科学是无国界的——但科学却暗示着脱离社会的后果。相比之下,更坚定地具有这些特征的,正是那些背离社会主流的性异常者。尤其是同性恋这个群体,他们面对社会的压迫,从来没有屈服,他们是无悔的忏悔者,是无罪的罪犯。在这个意义上,他们是不是跟富克斯一样?事实上,他们之间有着巨大的差别。富克斯发誓他不会那样做,但是他做了,他僭取了一种权力,他想用这权力改变历史,而不是控制危急的局面。同性恋者现在越来越多地开始玩模仿游戏,他们慢慢学会了虚伪和欺诈,没有人知道,他们会带来什么后果。

这些都不是新问题,但在核时代,这变得更加紧迫。表面上看来,鸡奸、异类和背叛,它们之间确实存在着某种等价关系,虽然这种关系被参议员麦卡锡夸张了,但其中确实有一定的真实成分。政府已经不再受到天主教条的束缚,但有一些社会传统仍然深入人心。人们理所当然地笃信,夫妻双双才能把家还,男女分工是家庭制度的基础,在他们之间,则应该由性爱来联系。而同性恋的存在,是对这个信念的破坏,尤其是在战后重建时期,"男人工作、女人持家",这种制度变得格外重要,所以同性恋的危险性也就格外明显。对于那些把婚姻和生育视为义务而不是自由的人们来说,同性恋这种行为,就像是宗教中的异端。

同时,政治原理认为,当国家面临敌人时,无论是真实的还是假想的敌人,这种纠缠行为的存在,都是对政府控制力的一种削弱,所以这种行为相当于叛国。此外,还有一种说法广为流传:如果一个人,连同性恋这种事情都能做出来,那他就没有什么坏事做不出来,他彻底丧失了自制力,随时都有可能投奔敌人。在很多古代传说中,都有同性恋叛徒的角色。

令人欣慰的是,美国参议院在1950年的报告中,回避了这些激烈的偏见。他们还是基于管理学和社会学的观点,将同性恋者视为一种弱势群体,这个群体随时面临着被勒索的危险。这样的温和说法,颇令人感到欣慰,但其导致的结果,仍然是很强硬的:从这一年起,美国所有政府部门拒绝雇用同性恋者[1]。另外,科学的观点并不能完全消除旧成见,反而把原本秘而不宣的担忧,变成了一种全民的恐慌。人们公开地认为,同性恋是社会的毒瘤,这些人都是怪异的、不受控的、不具有美国精神的人。

与美国参议院不同,英国立法机构不敢这样明目张胆地干涉政府行为,但国际环境的压力也同样影响着英国,所以在发生了一个事件之后,英国政府自身也采取了相似的措施。这个事件发生在1951年5月25日,外交部的两名官员,伯格斯和麦克林,突然神秘失踪了。6月10日,《星期日电讯报》报道了这次失踪,并且极力暗示英国政府应该向美国学习,采取强硬措施,清洗性异常者。

自从富克斯案件发生以后,英国对安全问题本来就非常担忧。但与失踪案件不同的是,富克斯是一个德国流亡者,这些流亡者在20世纪40年代是不受信任的,原子弹项目大量使用了这样的人员,这是该项目本身存在的管理缺陷。然而,伯格斯和麦克

---

[1] 1954年3月2日,《纽约时报》报道了几年来新政策的实施情况:"……国务院以'安全隐患'为由,解雇了117名雇员,其中43人涉嫌持有颠覆性的观点,还有49人涉嫌性变态。在高度机密的中央情报局……有48名'安全隐患'被解雇,其中31人涉嫌性变态……"

林却不同,他们出身于上流阶级,而且毕业于有着"政治家摇篮"之称的剑桥大学。在这之前,人们毫不怀疑,从公学走出去的人,都是非常忠于国家的人。而且在战争时期,英国政府没有采取美国那种"怀疑一切"的管制政策,节省了大量的人力资源。但是现在,人们困惑了,公学的信誉破产了,必须要采取一些新的手段了。然而这些新的手段,并不完全基于红皇后的经验,它不但摆脱了贵族统治的后遗症,而且充分体现了英国与美国的结盟关系。

1952年,《周日画报》发表评论指出:在政府部门,性异常者是一种特殊的危险,因为他们总是面临勒索的威胁。对于警方而言,正是这种勒索的威胁,使性异常者成了一项大问题。

他们同时还提到,在知识界,最常见的性异常,就是同性恋。 1952年,政府行动与这些媒体舆论配合,对所有涉及国家重要机密的人员进行了针对性审查[1]。在此之前,政府人员只接受过走马观花式的审核,简单地了解一下他们是否持有"颠覆性观点",在申请表上盖一个"未见异常"的戳。而针对性审查则不同,不但要详细地审查一个人的背景和性格,还要审查他是否具有严重的、易遭勒索的人格缺陷。一旦发现任何证据,证明某人涉嫌同性恋,那他就会被认定为无法担任相应的政治职务。

但事实上,要想确定一个人是同性恋是非常困难的,不能仅仅通过身体检查,没有任何外在的物理性状能够判定性异常。尤其是对于那些单线联系、私密行动的同性恋者,很难有办法认定他们的性取向。但是,一个人在遭到指控时,其处境就截然不同

---

[1] 这种针对性审查,广泛应用于"所有涉及机密信息、设备、政策或战略计划的重要部门",这样的描述,覆盖了政密学校的一切活动。

了，即使是最冷静的人，在巨大的压力和恐惧之下，也容易露出破绽。

在这样的背景下，图灵不但受到指控，而且对于官方来说，他还表现出一种可怕的顽固态度。每一个对国家安全敏感的人，都对此感到不寒而栗：这个人的脑子里，装着英国10年来最高级别的机密和情报，而他现在却在酒吧街上寻花问柳，谁知道他还去过别的什么地方？除了大战时期的军事情报和1948年以后的顾问工作之外，他还知道计算机技术，在全世界只有几台计算机的年代，这也是要求保密的[1]。不但这些信息的内容是机密，更重要的是，这些信息的存在本身，就是一种机密。图灵作为一个如此敏感的人，却做出了不可理喻的荒唐事。

这可以作为一种辩护，可能图灵也确实做了这样的辩护：这种顽固的态度，恰恰说明他不怕勒索。他勇敢地向警方坦白，而且承担了后果，在这一切过程中，他没有泄露任何秘密。他甚至还公开了所有的细节，这也体现出，即使他的朋友、同事和全体民众都知道了他的行为，他也不会畏缩。然而，这项辩护却引起了人们更严重的反感，人们普遍认为，这个人格外反常、格外古怪、格外失控。

图灵并不是夜店和酒吧的常客，但他频繁地出国度假，这对于安全人员来说，更是一场大灾难。然而英国是个自由的国家，他也是个自由的公民，没有人能阻止他，但他们可以阻止挪威人找上门来。没有人知道1953年3月的"基尔危机"的细节，当地

---

[1] 图灵知道的还不止这些，他还在负责原子弹计算工作的实验室里当过副主任。另外，他与弗兰蒂公司来往甚密，而弗兰蒂公司参与过导弹的研制。然而，相对于图灵脑子里的其他东西来说，这些都算不上什么"机密"。

警方也无法找到当时的资料，但我们能够知道的是，基尔最终没见到图灵，独自返回了挪威。

在这种情况下，图灵1953年夏天的度假之旅，自然地被视为一种挑衅，这种挑衅招来了"友爱部"的审讯。他们并不知道，图灵从来都没有真的屈服，更没有发疯，他仍然拥有他的社会关系。但同时，图灵并不危险，他对他的承诺始终一丝不苟地坚守着。然而，这样的君子协定，必须建立在信任之上，但在1953年，信任是很稀罕的。图灵也不是滴水不漏，他对奈维尔漏了一点。在他去世的前一年，游戏规则又变了，跟他的君子作风越来越不兼容，这场游戏越发让人看不明白了。

在1952年，当同性恋这个词首度面向公众时，《周日画报》评论说，这是一个必需的开端，将公众的注意力集中到这个反常的群体上，以此制止"沉默的阴谋"。但同时，这篇报道也指出，要想找到解决该问题的方案是非常困难的。到了1953年，这个问题突然白热化了，典型的表现就是1953年6月至1954年6月期间，政府采取了一系列突然行动。人们普遍认为， 50年前的王尔德事件又要重演了。

1953年8月，好戏开始。比尤利镇的蒙太古勋爵，向警方报告了一起盗窃案，但随后蒙太古本人却遭到指控，涉嫌猥亵了汽车博物馆的两个男童服务生。这项指控，是根据男童的一面之词，当事人完全不承认。与图灵不同的是，图灵的案子并没有受到媒体的大肆渲染，但此案却引起了巨大的轰动。这起案件，从头到尾就是一场大型表演秀，不是哪个人的表演，而是整个国家的一场道德表演。

1953年12月，此案以宣判无罪告终，但公诉方并不承认失败。1954年1月9日,蒙太古勋爵再次被捕,这次是指控他"猥亵"了《每日邮报》的记者彼得·怀特布鲁得以及一大批皇家空军人员。在这样的丑闻浪潮中,军队的荣耀与骄傲岌岌可危。对于这次审判,警方无所不用其极,采取了电话窃听、非法搜查等一系列越权的措施,甚至专门负责政治案件的"特别行动部"也参与了进来。公众的广泛轰动引起了议会的抱怨,他们认为这对公共道德构成了潜在威胁。但是政府的立场很坚定,必须要让整个社会对同性恋问题提高认识。内政大臣大卫·麦克斯韦法佛,专门召见了当地法官,向他传达政府的立场,提到"要抓住男人的弱点"。法官和媒体宣称,英国正在面临一场同性恋大爆发,但事实上,这只是政府注意力的一场大爆发。

1953年10月26日,年轻的工党议员戴斯蒙·唐奈利向英国内政部提议,要求负责"精神异常相关法律"的皇家委员会将同性恋问题纳入讨论范围。12月26日,保守党议员罗伯特·布斯比提议,组建一个新的皇家委员会,专门负责"在现代科学知识的基础上,重新研究对同性恋者的治疗方案"。还有一位议员提出,应该为同性恋者设立一家专科医院,让他们在那里得到合适的治疗和训练。但是麦克斯韦法佛反驳说,监狱已经对这个问题投入了足够的重视,已经尽量地应用了科学理论,对这个群体给予治疗。在他看来,"囚禁"已经是一种"尽量科学"的疗法了。

1954年4月28日,下议院对1885年刑法修正案展开辩论。5月19日,上议院也展开辩论。上议院辩论的基调,基本上还停留在19世纪:"有一群所谓的科学家,他们的学说已经或正在危害我们的青年。"有一位勋爵提出,曾经有一些非常繁荣的国家,就是因为道德败坏,最终逐渐没落了。另一方面,也有人在为科学辩护,乔力勋爵打断了大家对帝国时代的留恋,他指出,同性恋问题并不是犯罪问题,而是医学问题。布拉巴宗勋爵,也认同这是个医学问题:"这世界上有瘸子,有瞎子,还有聋子,但在所有的畸形中,性畸形无疑是最恐怖的一种。"

对政府来说,这些讨论是很有必要的,他们现在急需一套切实可行的、不那么形而上的方法,来处理人们的自由意识问题。4月29日,下议院在讨论原子能法案时,将注意力转向另一个侧面,提议为原子能管理局里那些被解雇的"安全隐患"人员建立一套申诉机制。大卫·艾科斯勋爵提出反对,他代表政府的立场,指出这种申诉机制是不妥的:

> ……道德上的败坏。直接地说,在现今的法律环境下,同性恋者比正常人更容易被勒索,而且在很多案件中,勒索的目标不是金钱,而是机密……

但是这并不是他想讨论的重点:

> 这些案件……还不是公众最关心的。我认为,公众最关心的是……这其中的政治关系。

无论公众是否真的关心,至少有一位工党议员很关心:

> 贝斯威克先生:撇开我们的其他争议,部长刚才做了一个非常严肃的论断。他是否是在说,同性恋行为必然地等同于安全隐患?是的,这就是他刚才所说的。我现在希望他再

次确认这一点。我认为,在这个国家,如果把所有的同性恋者,都视为安全隐患,然后把他们统统解雇,这是一件极其严肃的事。

大卫·艾科斯勋爵:我愿意接受这方面的意见,但我个人对我的观点确认无疑。这在美国已是不争的事实,也是我们当今法律所支持的结论。

就在这样的争论中,新的规则悄悄浮出水面。在会议结束时,艾科斯说:

也许我的表达有一些错误,尽管我自己没有察觉——所有的同性恋者都是必然的安全隐患——如果我这么说过,那么我表示非常抱歉。

他并没有纠缠于这场游戏,这是一场英美双方的游戏。在原子能领域,安全管制极其严厉,任何一个人,哪怕只是偶然接触原子能信息,都必须要经过针对性审查。这样做的原因,并不在于英国政府,而在于英美双方在原子能信息交换方面的一项共同协定。

对于美国政府来说,他们很怀疑英国是否有能力妥善应对议会,所以在与英国交换机密信息时,一定要立下这样的协定,这是可以理解的。在对富克斯的指控中,有一项罪行就是"破坏了英美两国的合作关系"。伯格斯和麦克林的案子,也威胁到了美国的情报安全,这是一个很敏感的政治关系问题。

公众很关心原子能的保密问题,但是一直以来,还有另一个秘密领域，官方甚至不承认它的存在。在这个领域，更不用说，早就采取了更加严厉的安全管制，而且它也与英美关系密切相关。1952年，一个美国人来到中央情报局驻英国伦敦办事处，感叹道："我们战时的伙伴关系仍然如此有用。"

英国政府意识到，为了牵制苏联，与美国保持积极的合作关系是至关重要的。在情报交换方面，英国政府对美国政府非常坦诚，不但提供了大部分最高级别的联合情报，还提供了绝密级别的军情6处报告。

正如在战争时期一样，这些情报不都是通过间谍获取的：

> 有些情报是从截获的电子信号中破译出来的，这些情报都汇总于国家安全局的报告系统，该部门成立于1950年，专门负责密码分析和通信情报。

如果说美国中央情报局是对英国情报机关的模仿，那这个更为机密的国家安全局，则是英国集权化的又一次胜利，美国自然还要学习英国的经验。伦敦成了人类历史上最集中的情报交换市场，那位美国官员，在这里感受到了同盟关系的巨大益处。如果没有这些情报，同盟系统就无法有效运作。交换的具体形式，就是对世界进行划分，他们各自负责不同的区域，然后互相交换各自管区内的情报。英国政府当年在布莱切利学到了重要的一课：

> 要想在情报问题上掌握主动权，唯一的办法，就是不计血本、不择手段地收集一切情报，然后充分地信任分析人员的智慧和经验，由他们从中筛选出少量最关键的情报，报告

给政府高层。

这些情报,为中央情报局的间谍活动提供了巨大的支持。相应地:

> 在英国,这些情报工作的进行,还要依赖于反间谍领域的协助,以及与盟国安全部门之间的密切配合。

因此,在这样的背景下,英国情报机构不得不适应美国的安全规定,在原子能合作问题上就是这样。所以,我们也有必要用美国人的眼光来看待图灵的案子。无论他在1945年以后做了什么工作,但至少在1943年,他是英美两国的秘密桥梁,有权进入美国的机密部门。他身为情报领域的核心人物,掌握着这个庞大系统的一切细节,从人员、地点,到技术、设备,这些全都在他的脑子里。《原子能科学家突然身亡》的新闻,迅速在公众层面引起了剧烈轰动,而图灵的案子之所以不明显,是因为情报领域比原子能领域受到了更为严格的保密。但在英美联盟这个层面上,图灵是个核心人物,现如今他的存在,成了英国政府的一种耻辱。在美国人看来,图灵所受的审判,还有他频繁地出国度假,这都是国际性的大事件。什么事情只要被美国人盯上,一下就会变成无底的深渊。

对于图灵这个人,从本质上来说,真正的难题并不是他的同性恋身份,而是他的那种神秘感,那种无法控制的未知感。正如法官所说,像图灵这样的人,没有人能猜透他接下来会做什么。当年在特殊的社会局势下,人们不得不容忍他的特殊性,哪怕是最傲慢的人，也要对这位解谜大师礼让三分。但在1954年，情况不一样了，他始终处于被怀疑的状态，于是成了一个多余的人。一切不完全纯洁的东西，都会被视为潜在的邪恶。

对于政治来说，图灵本来是个彻头彻尾的局外人。但他有着国王学院的背景，也支持过1933年11月的反战游行。虽然他从没进入过伯格斯和麦克林的那个圈子，也从没进入过使徒俱乐部，但是如果你仔细寻找，总能发现他们之间有着千丝万缕的关系。而现在正是一个"关系有罪"的时代，你什么都没做，但你有某种关系，你就是有罪的。既然那些人犯下了弥天大罪，那怎么能肯定，图灵不是下一个？有什么证据？这是一个现实版的维特根斯坦问题。在这样一场模仿游戏中，伯格斯和麦克林显然不是好玩家，可是，还有没有隐藏更深的高手？即使抛开这种恐怖的可能性，单说图灵这个人，他把"密码"和"同性恋"这两种可怕的东西集于一身，自然就会勾勒出一个恶魔的形象，激起人们心里本能的恐惧。

1938年，佛斯特写道，如果他面临背叛朋友与背叛国家的选择，他希望自己有勇气背叛国家。他始终把个人置于政治之上。图灵跟他不一样，图灵跟维特根斯坦、哈代都不一样。对图灵来说，个人就是政治的一部分，政治也是个人的一部分。他选择为政府效忠，这种选择对他来说，只是选择背叛自己的这一部分，还是那一部分。无论他在这种选择中如何摇摆，总是存在着一个坚实的逻辑，即绝对的自由是不存在的，他不得不承认这一点。虽然当年他耍过小聪明，戏弄过本土民兵队，但是当他面临真正关键的问题时，他不可能再有任何理由逃避军法。10年前是战争时期，可是战争何尝停止过？

10年前,在丘吉尔"流血、流泪、流汗"的感召下,50万名图灵的同胞牺牲了,他们没有任何选择。选择的自由,这是一种巨大的特权。1938年,图灵享有了这种特权,到了1941年,他的地位已经可以让很多人为他付出一切。他没有什么可抱怨的,但这种特权使他日益膨胀,最终超过了他能控制的范围,激发了不断恶化的矛盾。没有人注意到这件事,图灵自己也从来不说这些,并不是他在刻意掩盖,而是根本没有人想知道。人们在面对图灵时,总是小心翼翼地画出一条界线。甚至图灵面对自己时,也在试图保持距离。他与社会之间的关系,似乎总是存在着不确定性,他无法适应,但又没有发生特别激烈的冲突。在这个方面,图灵与其他一些纯粹的数学家有着相同的困惑——这个社会到底是荒唐的,还是本该如此。他索性像哈代(还有刘易斯·卡洛尔)一样,把这个世界看作一场游戏。这本身反映出一个事实,即对于他们这些对恐惧异常敏感的人们来说,数学是逃避社会的最好工具。他那种随性、自嘲式的幽默,则反映了他内心的另一个侧面——他蔑视这个社会,但又不得不屈服。

　　更糟糕的是,图灵从来没有真正地融入数学家、科学家、哲学家或者工程师当中。他从来孑然一身,不属于任何群体。在他死后不久,罗宾写下这样一段话:"他总是感到很孤独,因为他的兴趣不在人,而在事物和思想。但同时他却渴望人的认同和陪伴,这种渴望非常强烈。"他这种异样的、自相矛盾的孤独感,是任何人都没有体会过的。

　　图灵是个无师自通的存在主义者,他也许从没听说过萨特,但他一直在寻找属于自己的、通往自由的路。然而随着生活越来越复杂,他也变得越来越困惑,这条路到底通向哪里,他越发看不清楚了。可是，难道他以前看清楚过吗？20世纪让人们感受到时代的召唤，也让敏感的人感觉到深深的紧张。图灵尽了最大努力，避免自己卷入其中，他要直面自己的内心，但他的直率和坦诚，并不能阻止他被卷入，远远不能。

正如人们所想的，英国学术界与20世纪是割裂的。这个圈子能感受到图灵的反常，但却无法感知他的梦想，他们称赞他的智力，但却排斥他的观点，记得他的自行车，但却忘了他做过多么伟大的贡献。然而，图灵虽然是一个学者，却从来没有真正地属于这个圈子。琳·纽曼有机会走近图灵，当然她也只能从外部观察，她觉得图灵是个非常奇怪的人，从来不遵循主流的成功道路。以图灵的出身背景而言，他最后混成这样，可以说是相当失败。他倒也迎合过一些传统，但却不是有意为之，总体而言，他叛逆大多数人的思维方式，而且丝毫没有犹豫或紧张。学术界本来可以给他提供一个避风港，但结果却使他更加困惑和厌倦。他背离了自己的阶级，但却对此怀有一种矛盾的态度，他厌恶那些教条，但内心却仍然认为自己是帝国的一分子。对于自己的学者身份，他也有着类似的态度，一方面他对学术界的繁文缛节嗤之以鼻，但另一方面，他又得意于这个圈子赋予他的成就感和荣耀。

此外，图灵作为一个男人，生活在一个男权统治的社会中，他对这一问题的态度，同样是矛盾的。大多数时候，图灵认为这是理所应当的，国王学院的自由主义者认为只有男性才能积累财富，图灵对此没有什么质疑。在一次闲聊中，罗宾提到男女报酬平等的问题，图灵轻描淡写地说了一句，女性不工作只看孩子是不公平的。但他从来没有疑惑过，为什么在他的办公室里，女人只能围着他清理废纸,只能做那些他自己不愿动手的事。曾经在汉斯洛普,图灵把自己订婚的事情告诉了唐·贝利。图灵当时已经意识到,这不会真的有结果,因为他是个同性恋,但他仍然说,如果要结婚,就要找个会持家的人。这是一个打不开的结,至少在那个时期是这样。但图灵并没有利用他的男性特权,他跟这种理念也没有什么本质上的共同语言,他在寻找男伴的过程中,也从来没对对方做过优劣评判。他会很自然地提到布莱切利那些从事卑微工作的女性,但他从没想过要改变什么。从更远的角度来看,图灵从来就没想过改变这个世界,他只想解释这个世界。

图灵不是卡本特,他不知道同性恋禁忌跟女性地位低下有什么关系。他也许从来没想过,他遭受的这些苦难,与女性所受的社会压迫是同根同源的。这种压迫就好像他参加的那些委员会会议,那些领导们完全把他当成空气,又好像平时人们对他的言行举止品头论足,却毫不关心他的思想和贡献。女性需要付出异常的努力,才能弥补这种天然的蔑视,但图灵却什么也没有付出,他连试都没有试过。他希望这个男权社会能够容纳他,但他失败了。

在图灵自己看来,他是一个男人,在一个男人的世界里,做着只属于男人的工作。他扮演过这个世界所容许的许多角色,有喜剧的,也有悲剧的,有神圣的,也有阴暗的,当过局外人,也当过局内人,还当过受害者。最后,他从这些角色中升华出来,摒弃所有虚伪的面具,勇敢地担当起自己的行为——对于同性恋者来说,这是致命的危险。他后来搬到曼彻斯特,可能也是有意识地想要远离国王学院的诱惑,在这样的决心中,体现出另一个问题，也许他自己并未意识到：为了摆脱社会贴给男同性恋者的女性化标签，他会过分地追求所谓的"阳刚气"。他热衷于马拉松，他在战争中成为智力核心，他面对困难时孤注一掷，他用理性而非情感去面对一切，这些也许都是受到这种影响，他尽量不让自己显得"柔弱"。但他仍然很柔弱，就算他是机器，也是柔弱的机器。

图灵对自己的同性恋身份毫不避讳，但这却导致他更加困惑和矛盾。这个世界不允许同性恋男人正常地生活，不允许他们低调而纯粹地生活，不允许他们有隐私，一定要把他们拉到大庭广众之下接受审判。图灵就处于这样的局面，他要在沉默中孤独地面对这样的危机。就算1951年12月的事件没有发生，这种矛盾也迟早会以其他方式爆发出来。对他来说，生活注定不可能是纯粹的，正如科学不可能是纯粹的。布莱切利的故事让他明白，哈代对于纯数学的观点只是一种幻想，这世界上没有纯粹的事物，也没有真正的鲁宾逊。图灵是个眼里不容沙子的人，他原本活得很真实，但即便如此，科学却使他从事了一份建立在诡诈之上的工作，性爱则使他不得不对警察撒谎。

黄色的砖头小路分成两条，没有指示牌告诉路人，哪一条是真的，哪一条是海市蜃楼。而在图灵的这些矛盾之间，最令人们震撼的，并不是他对阶级、身份或性别的态度，而是他在"成年人"和"孩子"这两种角色之间的摇摆不定。对于某些人来说，这是一种幼稚，但对另一些人来说，这却是一种魅力。图灵在将近40岁时，变得越来越古怪，他的体型很魁梧，但举止却像个学生。尽管他不逃避成年人的义务，但他却不愿意享受成年人的权利。他与冯·诺依曼在学术上有很多共鸣，但在这个方面，他们却处在完全相反的两个极端。冯·诺依曼是一个极其精通人情世故的人,他是几乎所有美国军事机构的顾问,掌控着氢弹和洲际弹道导弹的研制,非但不受国家的管制,甚至可以说他管制着整个国家[1]。图灵正好相反,尽管出身于官员阶级,但他却非常反感把自己的想法强加给别人,除非对方蠢到家。从1933年夏天开始,这是他人生的转折,到1954年夏天,这是他人生的终点,20多年来,他一直陷于这场天真与成熟的冲突中。图灵留下的那篇小故事,深刻地浓缩了他自己的生活,在故事中,他描绘了这样一幅场景:

> ……艾里克在楼上脱掉外衣,他像往常一样,穿着一件旧运动服和一条很皱的劣质裤子。他不喜欢穿西装,他喜欢穿学生的校服,因为这会给他带来一种心理上的暗示,使他相信自己仍然是个富有魅力的年轻人。对于那些不可能成为性伴侣的人,艾里克就会对他们炫耀智力。他很享受现在这种感觉,因为在通常情况下,每次去饭店,他都会感觉很不自然,或许是因为孤独,或许是因为没有做成该做的事……

在留下来的手稿中,这是最后一段,冥冥之中像是天意,因为"孤独"正是图灵的自我意识核心。但这种自我意识,却超越了哥德尔式的内省,这是一种抽象的意识,本身又建立在一个抽象的自我之上。在图灵的生活中,数学就像一条永远追咬自己尾巴的大蛇,还有另一条蛇,鼓动他去摘那智慧树上的果子。希尔

---

[1] 冯·诺依曼也研究过生物形态的问题,这是他们的最后一点相似之处。冯·诺依曼的研究最终也没有完成,他于1957年2月8日死于癌症。

伯特曾经说，康托尔的理论为数学家们建立了一个得以永远安身的天堂，但图灵却在这个天堂里迷失了，不是因为他思想，而是因为他的行为。

1954年6月，图灵咬了那颗苹果，没有人察觉到这里的隐喻——那颗苹果浸满了20世纪40年代的毒药。在战争发生之前，图灵心中似乎就埋下了这种隐喻，当时他跟母亲谈到了密码学的道德问题，并且跟阿特金斯[1]说过自杀。图灵夫人是个科学实用主义者，阿特金斯则是一个和平主义者，但他们因此而联系到了一个共同点上，这个点是图灵生命中最重要的一个转折点。图灵当时可能已经意识到，对他来说，那是一条不归路，而且荆棘遍布。他是骄傲、冲动、不幸的图灵家族的孩子，也是务实的会造桥的斯托尼家族的孩子，但是归根结底，他还是时代的孩子。

图灵很少表露自己的情感，他总是保持一种隐秘的气质，他非常厌恶无病呻吟，没有人知道他为什么这样。另一个无法解答的问题是，他究竟是如何想到机器智能的，这是一个宏伟的梦想，他为此贡献了生命中最重要的部分。如罗宾所说，图灵只对思想和事物感兴趣，对人类不感兴趣，这确实是真的，但他的许多思想，似乎都是在试图理解人类，当然也包括理解他自己。在他早期的理论中，他把社会视为一种对个体智能的"干涉"，而在他生命的最后一年，他开始认为这种"交互"是很重要的。1952年夏天，他给唐·贝利讲了一些自己的研究进展，并且告诉他，数学已经越来越不能满足自己了。图灵去世时，书架上摆放着佛斯特的小说，在这些小说中，社会和个体的交互作用，不再

---

[1] 阿特金斯后来放弃数学，投身音乐事业，1949年，他成了一位职业歌手。

像萧伯纳、勃特勒和特罗洛普的书中那样机器化。与此同时,在最后两年中,"社会干预"给他的生活造成了重大的影响,这是否也使他的核心信念发生了改变?

一方面,曼彻斯特的计算机无法满足图灵的幻想,事实上,当时的任何一台计算机都不可能满足他。这很让他失望,在1945年战争结束时,他曾踌躇满志,但这种信心却逐渐消磨殆尽。但另一方面,他不是个轻言放弃的人,他绝不允许这个愚蠢的世界扼杀他的思想,他也不会怀疑科学,因为他自己就是科学的一部分。他热衷于连接抽象和实体两个世界,这种热情使他身不由己,他因此而关心科学的实际应用,却从没想过这些应用的动机。他对计算机的态度,就像哈代对数学的态度一样纯粹,他从没主张把计算机用于军事,也没想过用它促进社会进步或者经济发展。

1946年,他提到美国的原子弹测试,认为原子弹并不是最危险的,真正危险的是由此导致的"反科学"情绪。他自己被"科学疗法"百般侮辱和折磨,但他从不怀疑科学,他认为,带着个人情绪去看待科学真理,是一种极端的弱智。他经常指责其他学者,出于个人情绪而排斥智能机器。在他看来,对待科学就要像对待宗教一样,无条件地敬畏而虔诚,这一点非常重要。科学只关注事物本来的样子,这与人类的动机无关,与人类的价值判断无关,更与人类的感情无关。卡本特主张"人性化科学",但对图灵来说,他无法理解那些数据和指令跟人性有什么关系。他对待科学的那种冷酷而纯粹的态度,令琳·纽曼印象颇深。在图灵的人格中,似乎活着一个弗兰肯斯坦,他把纯科学本身那些疯狂的、不负责任的侧面,全都汇集到了一起。这种汇集非常恐怖,这意味着摒弃一切他自认为无关的东西，然后怀着一种意念，去挑战那些所有人都深感绝望的难题。这就是图灵隐秘的一面。他不愿意在别人的框架中解决问题，他会把问题高度抽象，变成一个简洁而优雅的模型，然后再用一种具体的方法，让这个模型运转起来。这是他最擅长的手段，但即使是这种手段，也没能帮助他解决"智能"的问题。

图灵曾经给罗宾写信说："我对任何东西都没有敬意，除了真理。"图灵坚信唯物主义，矢志不渝地守护自然真理，使它不受人类情感的玷污。然而，在他关心的那些关于智能、交流和语言的基本问题中，却蕴含着许多人类社会的元素。但这并不是图灵一个人的缺陷，而是主流科学方法的反映。图灵以象棋和数学问题作为范式而提出的"智能"模型，正是体现了这种正统的科学观，即科学就是客观事实的集合。在发表于《心灵》的那篇论文中，图灵明确指出，他认为他的模型概括了所有的人类交流行为，这再次反映了他的实证主义信仰：如同物理和化学领域的成功那样，科学将会解释人类自身的行为。因此，图灵的缺陷本质上就是，他把自然科学的分析方法，应用到了人类社会。所谓"客观事实"，也许在研究质数时很有用处，但却不能简单地用它来研究人类。

图灵在提出关于形态学的想法时，曾经说过这样一句话：任何一种"简化"，都是某种程度上的欺骗。如果说这句话在关于细胞的研究中是成立的，那么在关于人类的研究中，这句话就更加正确了。科学能否把社会抽象成数据和指令？科学能否脱离社会体制，通过独立地观察、实验、方程来解决社会问题？无论科学多么尊重事实，它能否违背统治阶级的意愿？在这样的"科学"中，真理和人性的界线，远远不像物理和化学那样清晰，这些问题都是图灵的机器智能所存在的缺陷。

这是个超哥德尔式的问题，其本质在于，科学能否跳到承载它的这个社会之外，图灵没有能力解决这个问题。事实上，在他的那个时代，任何人都无法解决这个问题。在20世纪30年代～40年代，很多学者希望将社会结构和科学真理联系起来，他们有的倾向于把社会制度移植到科学框架中，还有的倾向于通过科学来设计社会制度。事实上，纳粹和苏联的思想家们都在做这件事。波兰尼也在思考这个问题，他抵制20世纪30年代的机械马克思主义，希望能通过科学，推动基督教复兴，并解答那些悬而未决的宗教和政治哲学问题。但是，图灵对这种事情很陌生，他也不想参与其中，他只想安全地站在实证主义立场上。

然而有一个人，真的研究了语言区分事实的能力，这个人就是维特根斯坦。可是，没有任何人能够理解维特根斯坦的研究方法，相比之下，图灵的方法倒是有个优点，他构建了一幅清晰的图景，而且理论上是可以实践检验的。至于那些逻辑理论、心理学理论、托尔斯泰关于个体行为本质的历史理论、佛斯特关于个体和集体意识的理论——如果让一个人去整合这一切，那实在是过于复杂了，这不是图灵的研究或思维方式。他当年在布莱切利时，有大量的社会问题围绕着他，但他只专注于一个核心的问题，集中精力寻找一个答案。这才是图灵的风格，他不是那种汇集所有复杂性于一身的人。

在这个充满诱惑又令人恐惧的复杂世界中，图灵坚持着保持自己纯粹而简单。然而他并不是个坐井观天的人。图灵夫人坚持认为，图灵死于一场危险的实验，这话在某种意义上并没说错，图灵的一生就是一场危险的实验。他不但思维放纵，毫无约束，而且还同时吃掉两个禁果，社会的禁果和肉体的禁果。这两者之间，存在着极度的分歧，而这种分歧，给他带来了无法解决的难题。他的人生，背离了他的思想，因为人生不是离散状态机。在他人生的各个阶段，都会浮现出许多关系问题：思维和身体，智能和行为，科学和社会，个体和历史。图灵总是以一贯的风格，去面对这些问题：一言不发，扭头就走。这些问题，是罗素、佛斯特、萧伯纳、维纳和布莱克特的主战场，在这个战场上，图灵只是一个无名小卒，只能无条件地服从命令。佛斯特看到：

> 由于当前的政治需要，科学家处于一种非常的地位。政府惊慌失措，把他视为救命稻草，只要他顺从，就能得到补贴和庇护，但如果不顺从，就会遭到控诉。这使他变成了一个异常的人，他不具备正常人的感觉。他应该离开实验室，我们不需要他来规划我们的思想……

这段话是在攻击贝纳尔，不是图灵。图灵跟贝纳尔不一样，他没想过要让科学家统治世界。但图灵确实离开了他心爱的实验室，而且在某种意义上，他离开得更遥远。然而，图灵并没有得到那种"非常的地位"，这种地位属于机器，政府愈加依赖于机器，而不是机器的控制者。所以在这个过程中，图灵仍然是个无关紧要的角色。

对于科学家"规划我们的思想"的恐惧，事实上是毫无道理的，比如利用科学手段消除同性恋，比如控制论，比如吐真剂和测谎仪,这些东西在20世纪50年代的英国,都是不可行的提议[1]。虽然这方面的学术研究和医学实验一直不断,但从那时起,就再也得不到政府的全力支持了。同时,随着新型经济的发展,广告、旅游、休闲、娱乐,这些都使性变得更为开放,逐渐削弱了保守主义和医学模型。像"个人选择"这样的前所未有的概念,也开始有了一席之地。未来既不是20世纪30年代预想的计划工业,也不是20世纪50年代幻想的思维控制术,未来是属于新人类的。旧的道德和社会体制,尽管表面上反对,但却心有余而力不足了。不久之后,有一位主教借用卡本特的话,开始宣讲"新道德"。公学教育体制在20世纪20年代就已经过时了,第二次世界大战彻底证明了这种体制毫无益处,这个迟到的事实终于被人们艰难地接受了。

---

[1] 1954年4月至5月期间,议会围绕这个问题展开了辩论:"他们应该被送到医院,而不是监狱。"然而更有学者已经意识到,无论是对同性恋进行惩罚还是治疗,都是不现实的,而且蒙太古的审判已经表明,这种不正当的强权法律,会使司法系统的形象遭到极大破坏。3月,《周日画报》提出了更为可行的政策,即需要对"可以容忍的行为"和"必须根除的行为"进行明确的区分。7月8日,英国内政部指派J.F.沃尔芬登主持了一个委员会,专门研究关于同性恋和卖淫行为的法律。英国政府决定重新审视自己了,可是,就在这个关键的时刻,图灵却先走了一步。

不过,图灵的罪行并没有什么余地,他在光天化日之下与人"纠缠",搞了一个19岁的工人,这正是属于"必须根除的行为"。然而,因同性恋而受审的人数,在1955年达到顶峰后,突然开始掉头下降了,并保持这种下降趋势直至1967年。此外,在1954年夏天,就在图灵去世之后,社会对同性恋的恐慌好像一下子消失了,政府最终也没有建立专门的医院,更没有监狱。图灵生前的智慧,曾给丘吉尔政府带来了转折,而他的死亡,似乎也在冥冥之中扭转了同性恋的禁忌局面。

图灵死后,国际形势也变得缓和了。在日内瓦会议上,中国同意暂时与越南划清界线。6月24日,丘吉尔出访华盛顿,修补了英美两国关系的裂缝。英国的军费支出,在1954年戏剧性地达到了顶峰,随后就开始逐年下降,直至20世纪60年代中期。除了图灵之外,所有的人都得救了。

图灵也许能够预见这样的场景,但他却没有活着看到这一天:各个阶级都表现出多元的新文化,唱歌、跳舞、性交、思考,当然还有研制更加强大而危险的机器。人们不再盲目地猜疑科学家们会背叛国家,那只不过是安全部门"新官上任三把火"罢了。可是又有谁,能去揭开那层帷幕,看一眼躲在机器背后的,那颗脆弱、羞涩、古怪的大脑?图灵毕竟还不是桃乐丝,他连一个字都没有多说过。他也不是真正的异端,这只是个面具,也许他只是在最后关头克制了冲动,但他确实把他的承诺守到了生命的尽头。在他自己的世界里,他是伟大的主宰者,但在政治的世界里,他却正如他1941年在信中的落款:永远效忠于丘吉尔的奴仆。

但是图灵从来都没打算成为现代世界的焦点,这对他来说完全是个麻烦。虽然他渴望做一番大事,但他也想同时保持一个普通人的身份,过着平静的日子。可是鱼和熊掌不能兼得,所以他自己也不是很坚定。最终,他用死亡表达了他真正的内心:一个彻底的个人主义者,摆脱这个社会,使它的干涉最小化。奥威尔在小说《1984》中,体现了一些关于科学和智能的想法,他与图灵的想法很相似,图灵对这本书印象很深。但是奥威尔不知道布莱切利庄园,这是一个现实版的"真理部",他也不知道,发明计算机的那个人,并不关心计算机克隆了谁的智能,以及为了什么。但是他们却有着潜在的联系:在他们的头颅中,都有那么几立方厘米,是真正属于自己的,而且要不惜一切代价,抵御外部世界的入侵。

奥威尔相信"旧话"可以表达真理,但在图灵的生命中,却藏着太多的矛盾。图灵到底想从科学和性中得到什么,这是"旧话"也无法表达的，因为奥威尔的"真理"需要联系思想和外部世界，这是图灵机做不到的，也是图灵不想做到的。图灵在外部世界允许的范围内，尽量地追求自己的梦想，相比于温斯顿·史密斯，他找到了一个更纯洁的尽头。

图灵研究思维，可思维却是那样神秘，这位解密大师，最终败给了自己内心的谜。所谓"道可道，非常道"，尽管图灵没有这种哲学家的超脱，但他的生命实在是不可言说。他本想张口，却哑口失言。